Talent-Management spezial

Maximilian Lackner

Talent-Management spezial

Hochbegabte, Forscher und Künstler erfolgreich führen

2. Auflage

Maximilian Lackner
Wien
Österreich

ISBN 978-3-658-03182-4 ISBN 978-3-658-03183-1 (eBook)
DOI 10.1007/978-3-658-03183-1

Die Deutsche Nationalbibliothek verzeichnet diese Publikation in der Deutschen Nationalbibliografie; detaillierte bibliografische Daten sind im Internet über http://dnb.d-nb.de abrufbar.

Springer Gabler

Lektorat: Ulrike M. Vetter, Eva-Maria Fürst

Gedruckt auf säurefreiem und chlorfrei gebleichtem Papier

Springer Gabler ist eine Marke von Springer DE. Springer DE ist Teil der Fachverlagsgruppe Springer Science+Business Media
www.springer-gabler.de

Vorwort

Zwei Themen begleiten uns in den letzten 10 bis 20 Jahren konstant. Das eine ist der „War for Talent" – der Kampf um die Talente (eher die fähigen Mitstreiter). Das zweite ist die Diskussion zur Umgestaltung des Bildungswesens, das sich vor allem in Österreich und Deutschland als sozial sehr undurchlässig erweist. Die Ansätze und ideologisch geführten Diskussionen pendeln zwischen Gleichmacherei und Elitendenken. Diese beiden Schlagworte sind dadurch stark verbunden, dass es das Bildungswesen versäumt, die Zahl der Menschen, die als Talente gelten, zu mehren – obwohl fast alle als Kinder die Befähigung zu einer solchen Qualifikation aufweisen.

Die Menschen, die bei der oben erwähnten Diskussion höchstens in klischeebehafteten Andeutungen Erwähnung finden, werden von der Bildungsdebatte und dem professionellen Talentefördermanagement regelmäßig übergangen. Die Förderung und der Umgang mit den relativ wenigen Hochbegabten sollten nicht das Bildungswesen bestimmen. Die Hochbegabten sind per definitionem die Ausnahme von der Regel und entziehen sich den üblichen Regeln – und das ist gut so. Die Lücke, die dadurch entsteht, wird von wenigen Initiativen im Bildungswesen gefüllt, nicht zuletzt von der Sir Karl Popper-Schule des Andreas Salcher. Ist der Hochbegabte jedoch erwachsen und steht im Erwerbsleben, gilt der Anpassung an Systeme mehr Augenmerk als der Nutzung der wertvollen Ressource an Fähigkeiten. Hochbegabte verhalten sich anders und sehen die Probleme, Aufgaben und deren Lösung etwas anders als andere. Genau darin liegen ihre Besonderheit, ihr Wert und die Herausforderung für Unternehmen, Organisationen und die Volkswirtschaft als Gesamtes, diese zu nutzen.

Die aktuellen Anforderungen im Arbeitsalltag von Unternehmen kommen einerseits den Bedürfnissen von Hochbegabten entgegen, da von jedem Mitarbeiter mehr Eigenverantwortung und konzeptorientiertes Lösen der Herausforderungen erwartet wird. Arbeitnehmer sind in den allermeisten Bereichen nicht mehr Befehlsempfänger, sondern erhalten Aufgaben zur selbständigen Bewältigung. Die freie Einteilung von Zeit und Resourcen macht es Hochbegabten leichter. Eine Herausforderung ist allerdings, dass die oft unterentwickelten Kommunikationstalente und –fähigkeiten von hochbegabten Menschen in dem unternehmerisch geprägten Arbeitsumfeld zu einem Hindernis werden und die Leistungsentfaltung behindern können. Das ist ein Bereich der von Vorgesetzten und Unternehmern beachtet und kompensiert werden sollte.

Mit diesem Buch über das spezielle Management spezieller Talente können Unternehmen zu größerem Erfolg kommen. Es macht Hochbegabte auf die Herausforderungen, die sie ganz selbstverständlich anderen stellen, aufmerksam und schärft bei ihnen die soziale Intelligenz, die Erfolg auch ausmacht. Die größte menschliche Herausforderung im Management von Hochbegabten bleibt aber die, als Vorgesetzter geistig unterlegen zu sein und trotzdem die richtigen Vorgaben machen zu können und zu müssen.

Allen drei Gruppen hilft dieses Buch, was auch seinen imposanten Umfang erklärt, der jedoch nicht abschrecken sollte.

Genießen Sie die Lektüre und ernten Sie den Erfolg.

Mag. Florian Laszlo
Geschäftsführer
„OBSERVER" GmbH
Medienbeobachtung & Analyse
Wien, am 31. Juli 2013

Inhaltsverzeichnis

Einleitung

1

Management und Hochbegabung – zwei Begriffe, die selten in einem Satz gemeinsam auftauchen. Welche Wechselwirkungen gibt es?

Manager gelten als pragmatische Macher, und allgemeine Intelligenz schadet beim Managen sicher nicht. Bei hochintelligenten Menschen, sagt man, spielt sich vieles im Kopf ab und wird leider nicht in die Praxis umgesetzt. Wie viel Intelligenz braucht Management, und wie viel Management braucht Intelligenz?

Hochbegabung bezeichnet Menschen mit besonders hoher intellektueller Kapazität (Scheidt 2005). Klassische Managementliteratur befasst sich mit der Frage, wie das meiste aus gewöhnlichen Mitarbeitern herausgeholt werden kann (Ward et al. 2006). Die zwei Bereiche „Hochbegabung" und „Management" wurden in der Literatur bisher noch nicht zusammengeführt.

Peter Drucker, einer der anerkanntesten Managementautoren, schreibt in zwei seiner Managementbücher (Drucker 2008), (Drucker 2006) dazu: „*High intelligence is common enough among knowledge workers. Imagination is far from rare. The level of knowledge tends to be high. But there seems to be little correlation between a man's effectiveness and his intelligence, his imagination, or his knowledge. Brilliant men are often strikingly ineffectual; they fail to realize that the brilliant insight is not by itself achievement. They never have learned that insights become effectiveness only through hard systematic work. Conversely, in every organization there are some highly effective plodders*[1]*. While others rush around in the frenzy and busyness that very bright people so often confuse with „creativity", the plodder puts one foot in front of the other and gets there first, like the tortoise in the old fable.*"

Forscher und Künstler sind häufig hochbegabt. Da sie generell der Auffassung sind, kein Management zu benötigen, ist es für ihre Führungskräfte nicht immer einfach, einen „Draht" zu ihnen zu finden, der optimale Resultate hervorbringt. Auch in ihren Organisationen gibt es zahlreiche Mißverständnisse.

[1] Plodder = Arbeitstier

M. Lackner, *Talent-Management spezial*,
DOI 10.1007/978-3-658-03183-1_1, © Springer Fachmedien Wiesbaden 2014

Heinz-Deflef Scheer meint in (Hegele-Raih 2009): *„Sowohl Hochbegabte als auch Topmanager sind in der Regel ein bisschen schneller als andere Menschen. Viele Manager scheinen ebenso wie viele Hochbegabte geradezu unablässig im Vollgalopp unterwegs zu sein. Und um noch eine Gemeinsamkeit zu nennen: Dabei gleichen beide mitunter eher einem Rhinozeros als einem Rennpferd. Ein Rhinozeros kann eine enorme Kraft entwickeln. Aber es merkt dabei vielleicht nicht immer, was es alles platt walzt"*.

Als Hochbegabter fällt einem das Denken leichter, und man erzielt im Allgemeinen schneller ein geistiges Ergebnis als die Mitstreiter.

Hochbegabte, die in ihrem Umfeld wirklich etwas erreichen, können mit anderen Menschen umgehen und diese führen. Eine Voraussetzung, dass jemand in irgendeinem Bereich Erfolg haben kann, ist, dass seine Leistungen von anderen Menschen anerkannt werden, eine weitere Voraussetzung, dass sich andere Menschen von ihm beeinflussen und führen/anleiten lassen. **Ein Hochbegabter**, auch wenn sein Schaffen im Verborgenen erfolgt**, benötigt für Erfolg in den meisten Fällen die Fähigkeit, andere Menschen führen zu können.**

Ein brillanter Physiker, der bahnbrechende Theorien generiert und diese dann nicht an seine Fachkollegen zu vermitteln vermag, wird unentdeckt und erfolglos bleiben.

Manche Leistungen sind gar nicht von einem Einzelnen im „stillen Kämmerchen" zu erbringen; häufig ist eine Gruppe von Menschen nötig, die man um sich schart und führt. Um beim Beispiel der Physik zu bleiben: Experimentalphysiker sind heutzutage angehalten, in größeren Teams zu arbeiten, um Experimente vorzubereiten, durchzuführen und auszuwerten. In großen Forschungsanlagen wie dem Kernforschungszentrum Cern (Schweiz) benötigt die Vorbereitung eines einzigen Experiments häufig ein halbes Jahr und länger. Ein grenzgenialer Theoretiker oder Experimentator, der sich seinen Kollegen nicht mitteilen kann, wird nicht viel bewegen können.

Das Führen anderer Menschen ist eine komplexe und facettenreiche Aufgabe. Ein Mensch führt neben seinen direkt „Unterstellten" (**Mitarbeiter,** *subordinates, co-workers*) in Organisationen auch Kollegen, Chefs und Dritte, wie zum Beispiel Lieferanten und Kunden.

Für Hochbegabte ist es nicht immer einfach zu führen, ist die eigene Auffassungsgabe doch ungemein rascher als die der sie umgebenden Menschen und damit auch des durchschnittlichen, zu führenden Mitarbeiters. Außerdem bedarf es anderer Qualitäten als reiner Intelligenz, um andere Menschen zu etwas zu bewegen, zu beeinflussen und zu führen. Ein fachlich hochqualifizierter Ingenieur, der aufgrund seiner fachlichen Leistungen zum Gruppen- oder Abteilungsleiter befördert wird – kann scheitern. Management ist eine Disziplin, die sich erlernen lässt, und das Lernen ist ja gerade eine Stärke von Hochbegabten. Es gibt also gute Gründe, warum Hochbegabte gute Manager sein können. Sie sind es, sobald sie lernen wie. Dazu kann dieses Buch beitragen.

Als Führungskraft eines Teams stehen die Chancen gut, dass sich der eine oder andere Hochbegabte unter Ihren Mitarbeitern findet.

Ein hochbegabter Mitarbeiter kann an beiden Extremen des Leistungsspektrums liegen. Er kann Ihr absoluter Star sein, der mit Leidenschaft und Hingabe seine Aufgaben – und noch mehr – schnell und hochqualitativ erledigt. Er kann auch lust- und ziellos seine Stunden absitzen und Ihr schwächster Mann sein. Den Unterschied machen oft **Sie** aus – die feinen Nuancen im Management von Hochbegabten entscheiden darüber, ob diese eine förderliche Umwelt vorfinden, in der sie Top-Leistungen liefern wollen, oder eben nicht. Die Berücksichtigung der Eigenheiten von Hochbegabten ist der Schlüssel, dysfunktionales Verhalten in hohe Leistungen umzuwandeln. Eignen Sie sich dieses Wissen an und wenden Sie es an; Sie finden es in diesem Buch.

Wenn Sie selbst nicht hochbegabt sind, dafür aber einer Ihrer Kollegen, gibt es auch eine Reihe von Tipps, wie Sie in Bezug auf gute Beziehungen und gesteigerte Ergebnisse miteinander umgehen können. Indem Sie die Eigenheiten von Hochbegabten kennen, können Sie ihr Verhalten besser verstehen. Anregungen für den Umgang mit Hochbegabten im beruflichen Kontext werden ebenfalls in diesem Buch beschrieben.

Dieses Buch ist wie folgt aufgebaut: Im ersten Teil, der Theorie, werden Grundlagen von Management und Hochbegabung sowie verwandte Themen vorgestellt. Danach wendet sich das Werk im Praxisteil unter anderem folgenden Themen zu:

- erfolgreiches Management von Hochbegabten,
- erfolgreiches Management als Hochbegabter,
- erfolgreiche Gestaltung des Berufsalltags als hochbegabter Mitarbeiter.

Es werden unterschiedliche Beschäftigungsmöglichkeiten für Hochbegabte betrachtet. Im Anschluss wird das Management von speziellen Gruppen (Forscher, Künstler, Ingenieure etc.) mit besonderer Beachtung von Hochbegabung diskutiert. Spezifika von Projektmanagement werden ebenso behandelt wie die Unterschiede von selbständiger und unselbständiger Arbeit in verschiedenen Organisationen unter Berücksichtigung kultureller Gegebenheiten.

Alle Kapitel sind mit zahlreichen Quellenangaben versehen, die dem interessierten Leser das Vertiefen seiner diesbezüglichen Kenntnisse erleichtern sollen. Nicht alle Themen konnten in erschöpfender epischer Breite dargestellt werden. Um nicht auf sie zu verzichten, werden sie angeschnitten.

Der Autor hat sich bemüht, das vorliegende Buch möglichst allgemein und nutzbringend zu schreiben, aufgelockert durch kurzweilige Kommentare. Es werden weder neue, unbestätigte Theorien hypothetisiert, noch wird bestehendes Managementwissen „wiedergekäut" und breitgetreten. Stattdessen wurden möglichst viele Aspekte aus „Management und Hochbegabung" aus allen verfügbaren Quellen herausdestilliert und aufbereitet.

Betrachten Sie dieses Buch als Baustein, und machen Sie es zu einem Bestandteil Ihrer Management-Bibliothek. Wenden Sie die Erkenntnisse in Ihrem (Management-)Alltag an, um Ihre Ziele mit mehr Erfolg zu erreichen, als Hochbegabter und/oder mit Hochbegabten!

1.1 Hochbegabte – individuell und doch ähnlich

Definitionsgemäß unterscheiden sich Hochbegabte vom Durchschnitt der Bevölkerung in ihrer analytischen Intelligenz, ausgedrückt als IQ. Dass Menschen am anderen Ende der IQ-Skala mit einem IQ<70 eine gänzlich unterschiedliche Gedankenwelt als Durchschnittsbürger haben, ist auch einleuchtend.

Die Gruppe der Hochbegabten ist sehr heterogen. Hochbegabte unterscheiden sich stark in ihren Charaktereigenschaften und Interessen. Sie finden sich in allen Lebenslagen und Gemütszuständen. Wer eine Gruppe von Mensanern (Mitglieder beim Hochbegabtenverein Mensa, siehe später) bei einem Ausflug trifft, wird auf den ersten und zweiten Blick nichts unmittelbar Verbindendes feststellen können. Dennoch gibt es eine Reihe von Gemeinsamkeiten bzw. Eigenschaften, die bei Hochbegabten gehäuft bzw. stärker ausgeprägt in Erscheinung treten als bei durchschnittlich begabten/intelligenten Menschen.

Die Charakteristika von Hochbegabten werden in den folgenden Kapiteln näher beleuchtet, vor allem in Bezug auf ihre Signifikanz in Organisationen und im Umgang mit Menschen.

1.2 Management und Hochbegabung – ein Dilemma

Was verbindet Management und Hochbegabung?

Führung und Intelligenz – zu beiden gibt es die Erbtheorie (angeborene Fähigkeit, *nature*) und die Milieutheorie (erworbene Fähigkeit, *nurture*).

In der asiatischen Kultur überwiegt die Vorstellung von dominanten Umwelteinflüssen, während der Westen die genetischen Einflüsse überbewertet (Freeman 2005).

Die Psychologie studiert die Einflüsse von Anlagen und Umwelt in Zwillings- und Adoptionsstudien.

Persönlichkeitsfaktoren, die die Entfaltung und Ausprägung von Begabungen stark beeinflussen, sind Motivation, Ausdauer, Initiative, Kreativität und Stressbewältigung (FAQs 2010).

Umweltfaktoren, die sich ebenso auswirken, sind Familienklima, Geschwisterreihe, Schule, Freunde, wirtschaftliche Situation der Eltern, Gesundheit und kulturelles Umfeld (FAQs 2010).

Von durchschnittlicher zu guter und zu hoher Begabung gibt es keine scharfen Grenzen, wie in diesem Buch noch erläutert wird.

Hochbegabte und Wissenschaftler versuchen, einen Gegenstand bzw. ein Problem als Ganzes zu verstehen. Manager hingegen brechen alles in kleine Stücke herunter und nehmen diese Schritt für Schritt in Angriff.

„How will we chop down this big elephant?", fragte ein Vorgesetzter des Autors diesen einmal, bevor wir begannen, das Projekt in kleine Arbeitspakete zu strukturieren.

Zweifelsohne wünschen sich manche Organisationen Hochbegabte an ihrer Spitze – Menschen, die überdurchschnittliches Potenzial haben, etwas zu bewegen und ihre Ideen auch tatsächlich in handfeste Ergebnisse umsetzen.

Innerhalb vieler Organisation sind Hochbegabte entgegen wohlklingender Werbebotschaften häufig nicht wirklich gefragt – sie gelten zwar als intelligent und kreativ, aber gerade dadurch als schwierig und problematisch. Sie stellen alles infrage, sind rastlos, rasch gelangweilt und häufig anspruchsvoll. Da bevorzugen Organisationen lieber folgsame, graue Mitarbeiter, die brav ihren Dienst versehen, ohne unangenehm aufzufallen.

An der „Basis" ist es unumgänglich, dass qualitativ einwandfreie Arbeit verrichtet wird. Dazu sind Hochbegabte wohl in der Lage – der mit ihnen verbundene „Pflegeaufwand" erscheint so manchem Unternehmen jedoch ungebührlich hoch. Wie sollen dann die an der Spitze benötigten Kräfte ausgebildet werden, und wie soll man mit einer intellektuell homogenen Mitarbeitermasse die Konkurrenz schlagen? Ein Dilemma.

Ein weiteres Dilemma ist, dass für Innovationen Querdenker benötigt werden, diese jedoch in Organisationen häufig „schwierige Bedingungen" vorfinden, die ihr kreatives Denken und Arbeiten hemmen und mitunter sogar unterbinden.

Diese Dilemmata kann Ihre Organisation lösen, indem sie Hochbegabte anzieht und vernünftig managt.

Auf der anderen Seite steht der Hochbegabte, der sich seiner Umwelt häufig nicht so mitteilen kann, wie er möchte. Er fühlt sich unverstanden, weil ihm unter anderem Managementwissen fehlt.

Dabei lassen sich Management und Hochbegabung gut verheiraten, wie Sie im Verlauf des Buchs erkennen werden.

Talentmanagement ist ein wichtiger Teilaspekt, auf den auch ausführlich eingegangen wird, ebenso wie auf spezielle Gruppen von Hochbegabten – Forscher, Künstler und weitere Quer- denker.

1.3 Talentmanagement

Während Organisationen viel Aufwand betreiben, um die vermeintlich besten Talente zu gewinnen, lassen sich große Lücken erkennen, die internen Talente optimal einzusetzen und zu entwickeln. Dieses Paradoxon führt dazu, dass latentes Talent brachliegt – oder zur Konkurrenz abwandert.

Von den heute relevanten Produktionsfaktoren ist Talent („Humankapital") fast immer der beschränkende Faktor für das Wachstum und die Wettbewerbsfähigkeit von Firmen, und nicht mehr ihre Finanzkraft. Aus diesem Grund ist Talentmanagement wichtiger denn je.

Viele Mitarbeiter werden nicht aufgrund ihrer aktuellen Fähigkeiten, sondern aufgrund ihres Potentials für die spätere Übernahme „größerer" Jobs geheuert. Daher ist es eine essentielle Aufgabe von Talentmanagement, Potential in Leistung (*performance*) überzuführen, und Hochbegabte bringen eine Menge Potential mit sich.

Dem Management der speziellen Talente kommt eine herausragende Bedeutung zu. In diesem Buch finden Sie wertvolle Ansätze und Gedanken dazu.

1.4 Wie Sie das meiste für sich aus diesem Buch herausholen

Lesen Sie das Buch am besten aufmerksam durch. Sie können die Kapitel je nach ihren Interessenslagen erkunden. Um etwas für Sie selbst aus der Lektüre mitzunehmen, empfiehlt es sich, wenn Sie sich immer wieder die folgenden Fragen stellen:

Habe ich so eine Situation schon einmal erlebt?
Wie habe ich reagiert?
Was könnte ich in Zukunft in so einer Situation machen?

Standortbestimmung – bevor Sie dieses Buch lesen

Bevor Sie nun loslegen, bitte ich Sie, eine Standortbestimmung zu machen.

Überlegen Sie sich, was Sie mit Management und Hochbegabung verbinden. Am Schluss des Buchs werden wir dann analysieren, welche neuen Erkenntnisse Sie gewonnen haben und für sich in Zukunft nutzen möchten.

Nehmen Sie sich Zeit, und bringen Sie Ihre Assoziationen zu Papier.

Management ist für mich:

✍ ___

___

___

___

Hochbegabung ist für mich:

✍ ___

___

___

___

Unter „Talentmanagement" verstehe ich:

✍ ___

___

___

___

Wie, denke ich, lassen sich Forscher bzw. Künstler wirksam führen?

✍ ___

___

___

___

Wie kann ein Forscher bzw. Künstler ein wirksamer Manager sein?

✍ ___

___

___

___

Wie, denke ich, lassen sich Forscher bzw. Künstler wirksam führen?

Charakteristika, die ich von hochbegabten Managern kenne oder bei ihnen vermute:

✍ ___

___

___

___

Was ich über das Management von hochbegabten Mitarbeitern denke:

✍ ___

___

___

___

Literature

Jürgen vom Scheidt, Das Drama der Hochbegabten: Zwischen Genie und Leistungsverweigerung, Piper, ISBN: 978-3492244954 (2005).

Keith Ward, Cliff Bowman and Andrew Kakabadse, Redefining corporate leadership, pages 3-43 in: Cliff Bowman, Andrew Kakabadse, Keith Ward, Extraordinary Performance from Ordinary People, Value Creating Corporate Leadership, Butterworth Heinemann, ISBN: 978-0750683012 (2006).

Peter F. Drucker, The Essential Drucker: The Best of Sixty Years of Peter Drucker's Essential Writings on Management, Harper Paperbacks, ISBN: 978-0061345012 (2008).

Peter F. Drucker, The Effective Executive, The Definitive Guide to Getting the Right Things Done, Collins, ISBN: 978-0-06-083345-9 (2006).

Cornelia Hegele-Raih, Viele Filme gleichzeitig im Kopf, Harvard Businessmanager, (2009). http://wissen.harvardbusinessmanager.de/

J. Freeman, Permission to be gifted: how conceptions of giftedness can change lives, pp. 80-97, in: R. Sternberg & J. Davidson, Conceptions of Giftedness, Cambridge: Cambridge University Press, 2. Auflage, ISBN: 978-0521547307 (2005). http://www.joanfreeman.com/mainpages/freepapers.htm

FAQs – Frequently Asked Questions zur Begabungs – und Begabtenförderung, özbf, http://www.begabtenzentrum.at (2010).

Was ist Management?

2

Zusammenfassung

Die folgenden 150 Seiten sind eine komprimierte Darstellung von Management-Wissen. Sie richtet sich vor allem an Berufseinsteiger, Jungmanager und Personen, die sich mit dem Thema Führung noch nicht intensiv befasst haben. Management wird vorgestellt als Führung und damit als die Fähigkeit, andere Menschen zielgerichtet zu beeinflussen. Ein Manager ist Generalist im Gegensatz zu seinen Mitarbeitern, den Spezialisten. Dieses Kapitel streift wesentliche Aspekte, darunter die Aufgaben eines Managers, Wirksamkeit, die Rollen des Managers (planen, organisieren, delegieren, koordinieren, kontrollieren und motivieren), Führungsinstrumente, Führungsstile, Führungstechniken und –instrumente. Es wird der Frage nachgegangen, warum sich Menschen führen lassen. Der Leser lernt das Konzept der emotionalen Kompetenz (EQ vs. IQ) kennen. Feedback, das Management von Erwartungen, Entscheiden, Kommunizieren, Selbstmanagement und Zeitmanagement, Teams, Management im Ausland und Change Management werden beleuchtet. Der Leser erhält Anregungen für Manager. Talent-Management wird definiert mit seiner Relevanz gerade für kleine und mittlere Unternehmen (KMU) und dem Unterschied zwischen einem *High Potential* und einem Hochleister als Mitarbeiter. Saugen Sie in diesem Kapitel gebündeltes Wissen zu Management in einer facettenreichen Zusammenstellung auf!

Management entwickelt Ergebnisse und Menschen durch deren Arbeit.

Management ist ein vielschichtiger Begriff, in dessen Kern die Tätigkeit der **Führung** steckt. Der Mensch ist ein Rudeltier und kann sich ohne ein entsprechendes Sozialgefüge nicht entfalten. Von der Steinzeit bis zur Moderne, in allen Bereichen gab und gibt es das Phänomen Führung zu beobachten. Von Oberhäuptern per Geburt bis zu gewählten Anführern und Vertretern gibt es Leitfiguren, die vor allem in Zeiten der Krise und der Veränderung benötigt werden. Führer und Angeführter – jeder Mensch ist entweder das eine oder das andere, ggf. je nach Situation. Führer, vor allem öffentlich exponierte, werden heute als Helden bzw. als Schurken verklärt. Führung passiert im Großen und im

M. Lackner, *Talent-Management spezial*,
DOI 10.1007/978-3-658-03183-1_2, © Springer Fachmedien Wiesbaden 2014

Kleinen. Es gibt dramatische Erfolge und Misserfolge bei der Führung, die sowohl in der wissenschaftlichen Literatur als auch in Bestsellerbüchern behandelt und in persönlichen Anekdoten erzählt werden.

Führung ist die Fähigkeit, andere Menschen zielgerichtet zu beeinflussen. Einfluss ist das Schlüsselwort in diesem Zusammenhang, was anhand von zwei gegensätzlichen Zitaten illustriert sein soll.

Scott Adams, Schöpfer von Dilbert [1] und selbst hochbegabt, definiert Führung ironisch so: *„...the only reason for leadership is to convince people to do things that are either dangerous (like invading another country) or stupid (working extra hard without extra pay).“*

US-Präsident Harry Truman sagte: *„Ich sitze hier den ganzen Tag lang herum und versuche, Leute davon zu überzeugen, Dinge zu tun, die sie eigentlich aus eigener Initiative und ohne mein Zureden tun sollten.“* [2]

Die Beschäftigung mit dem Thema Führung reicht bis in das Altertum zurück, wovon zahlreiche Schriften aus den alten China, Ägypten, Griechenland, Irak, Indien und beispielsweise Italien Zeugnis geben. Schon damals wurden **Eigenschaften, Verhaltensweisen** und **Prozesse** von Führern diskutiert und untersucht. Eine systematische Untersuchung begann im 20. Jahrhundert [3]. Durch die lange Geschichte gibt es viel Verwirrung um die Begriffe, die Konzeptionalisierung und sogar die praktische Anwendung von Führung. Führer und Geführte treten in unterschiedlichster Gestalt zutage, und Führung bzw. Management lässt sich nicht in einer kurzen Liste von Eigenschaften zusammenfassen.

Der moderne Manager soll unter anderem in der Lage sein [2],

- eine Vision für die Zukunft zu formulieren,
- diese Vision an Mitarbeiter zu vermitteln,
- Entscheidungen zu treffen,
- Netzwerke aufzubauen,
- zu delegieren und
- die Erwartungen der Mitarbeiter zu steuern.

Ein erfolgreicher Manager erfüllt „harte“ und „weiche“ Kriterien, das heißt, er nimmt Aufgaben wahr, die sich an Fakten und an Menschen orientieren. Manager betreiben Ressourcenzuteilung, um mit ihren Mitarbeitern definierte Ziele zu erreichen.

Wer managt, muss in erster Linie mit Menschen umgehen können. Es sind nicht die Regeln, Vorschriften und Techniken, sondern die Mitarbeiter, die jemand für seine Ziele begeistern kann – oder eben nicht. Insbesondere zeichnet es einen Manager aus, seine verschiedenen Mitarbeiter sinnvoll zusammenzuspannen, damit ein Ziel gemeinsam erreicht werden kann. Jeder Mitarbeiter soll so eingesetzt werden, dass er seine Stärken nutzen kann und seine Schwächen irrelevant werden (Peter Drucker). Organisationen sind keine *„One- Man- Show“*, und jeder Mensch hat – zahlreiche – Schwächen. Organisationen sollen die Stärken ihrer Mitarbeiter bündeln und deren Defizite dämpfen bzw. neutralisieren.

Hier ist ein Beispiel: Ein hochintelligenter und kontaktscheuer Steuerberater wird in der Selbständigkeit mit hoher Wahrscheinlichkeit scheitern, weil er es nicht schafft, auf potenzielle Kunden zuzugehen. In einer großen Firma kann er „gedeihen" und sich ausschließlich seinem Metier widmen, ohne in 30 Jahren auch nur einen Kunden zu Gesicht zu bekommen. Das Team gleicht hier seine Lücken aus, ohne dass diese auffallen.

Eine erfolgreiche Führungskraft arbeitet in den drei Bereichen Aufgaben, Beziehungen und Wandel [4].

Führung bedeutet auch, Menschen ihr Potenzial zu kommunizieren und zu zeigen in einer Art, dass sie es selbst erkennen und nutzen können. Glauben Sie als Manager an Ihre Mannschaft!

Um Management zu beherrschen, sollten Sie es eine Zeit lang praktisch ausprobieren. Es verhält sich wie mit dem Verstehen eines Themas in der Schule oder an der Universität: Erst, wenn Sie es unterrichten und einem anderen erklären können, haben Sie es wirklich selbst verstanden.

Der deutsche Fernsehmoderator Robert Lembke sagte in einem anderen Zusammenhang: *„Eines der Probleme beim Fußball ist, dass die einzigen Leute, die wissen, wie man spielen müsste, auf der Pressetribüne sitzen."*

Zum Thema Management hat wohl jeder seine eigene Meinung und Weltanschauung, wobei der kleinste gemeinsame Nenner ist, dass man Ziele durch die Beeinflussung anderer Menschen zu erreichen versucht. Das Management einer Organisation schafft Strukturen und führt die Mitarbeiter.

▶ **Brain Teaser** Wissen/Erfahrung und Verhalten/Eigenschaften einer Führungskraft sind wichtig für ihren Erfolg. Während sich Wissen und Erfahrung erlernen und erleben lassen, ist es ungleich schwieriger, sein Verhalten zu ändern. Wenn jemand beispielsweise nicht gerne mit anderen Leuten spricht, wird er eine Rolle im Kontakt mit Kunden zwar beherrschen lernen, doch ob er sie genießt, ist eine andere Frage. Je lieber man etwas tut, desto erfolgreicher kann man auch sein. Folgen Sie daher zuerst Ihren Interessen.

2.1 Grundlagen des Managements

Um zu verstehen, was Management ist, sehen wir uns einmal die Wurzeln des Worts an. Der Begriff Management stammt vom Lateinischen *manu agere*, an der Hand führen, ab. Man begreift unter **Management** im engsten Sinn die **Personalführung**. Derjenige, der Management ausführt, ist ein **Manager**, zu Deutsch: Führungskraft oder Leiter.

Offiziellen Arbeitsmarktstatistiken aus Schweden zur Folge sind etwa 10 % aller Vollzeitbeschäftigten in einer Führungsrolle tätig, das heißt, sie sind Manager oder zumindest Aufsichtsperson [5]. Arbeitnehmer können sowohl Mitarbeiter als auch Manager sein. Arbeitgeber können Manager und auch „Gemanagte" sein, beispielsweise ein Musiker, der einen Musikmanager beauftragt.

Der Ausdruck **„Management"** hält für eine Vielzahl an Begrifflichkeiten her. Er ist ein Synonym für „Leitung" und wird verwendet für:

- Geschäftsführung, Führung bzw. Leitung einer Organisation,
- Management- Team, die Summe aller Leiter einer Organisation,
- Bewältigung, Planung bzw. Verwaltung, z. B. als Zeit- Management, Traffic- Management, Informations- Management oder Risiko- Management,
- Managementlehre, als Teil der Betriebswirtschaft eine Wissenschaft bzw. Lehre von der Gestaltung, Lenkung und Entwicklung zweckorientierter sozialer Systeme.

Ein **Manager** kann definiert werden als eine *„Person mit Budget und/oder Personalverantwortung“* [6]. Er ist gewissermaßen der „verantwortliche Kümmerer“ in seinem Aufgabenfeld. Hier sind die wichtigsten Bereiche angeführt, in denen Manager eingesetzt werden:

- In der Wirtschaft ist ein Manager im klassischen Sinn eine Führungskraft. Führungskräfte (Manager) sind Vorgesetzte mit Personalleitungsfunktion. Es gibt sie in Unternehmen der Privatwirtschaft und der öffentlichen Verwaltung, ebenso in Nonprofit-Organisationen (NPOs). Man kann unterscheiden zwischen dem Top- Management (Vorstand, Geschäftsführer), dem mittleren Management (Bereichsleiter, Abteilungsleiter), dem unteren Management (Gruppenleiter, Teamleiter, Schichtleiter) und dem Management auf Zeit (Projektmanagement). Es gibt Unternehmen mit flachen Hierarchien sowie solche, die durch eine Vielzahl an Stufen bzw. Managementebenen gekennzeichnet sind.
- Inzwischen wird der Begriff „Manager“ auch für Personen ohne Personalverantwortung, die jedoch in wichtigen Bereichen eines Unternehmens tätig sind, gebraucht. Beispiele sind der Facility Manager (gemeinhin Hausmeister), der Sales Manager (Verkäufer), der Key Account Manager (Betreuer von Schlüsselkunden), der Fondmanager (Verwalter von Geld), der Risk Manager (Sachbearbeiter, der Risiken beurteilt) und der Tax Manager (Steuerberater).
- Im Sport und in der Kunst ist ein Manager ein Agent, der für den Sportler oder Künstler vermittelnd tätig ist und ggf. ein Vermarktungskonzept ausarbeitet, Verträge aushandelt und sich um dessen Interessen kümmert.
- In der Computertechnologie werden viele Programme „XY- Manager“ genannt, weil sie für eine Funktion XY zuständig sind, etwa eine Internetverbindung, die Dateiorganisation oder den Drucker.

Zur Verwässerung des Begriffs „Management“ schreibt Fredmund Malik [7]: *„Von Wissensmanagement zu reden, ist ungefähr gleich aussagekräftig, wie in Zusammenhang mit der Entstehung oder auch der Aufführung einer Beethoven- Symphonie vom Soundmanagement zu reden, oder die Kunst Claude Monets als Pinselmanagement zu bezeichnen.“*

Der Manager im klassischen Sinn ist also der „Chef“ (*boss*) einer bestimmten Organisationseinheit. Sein Chef ist wiederum ein Manager (Manager von Managern) oder der Eigentümer der Unternehmung. Der Eigentümer kann selbst der oberste Manager sein (beispielsweise ein geschäftsführender Gesellschafter). Er kann auch einen Vorstand, Direktor etc., bestellen, der die Unternehmung für ihn leitet. Angestellte Manager an der

Spitze eines Unternehmens, sogenannte Top- Manager, sind heute die Regel („Top" steht für „Spitze" der Hierarchie, und hoffentlich auch für „Top"- Leistung [*performance*]).

▶ **Brain Teaser** Zu den Unterschieden zwischen angestellten Geschäftsführern und geschäftsführenden Gesellschaftern: Womit, meinen Sie, geht man sorgsamer um: mit eigenem oder mit fremdem Geld?

In diesem Buch wird unter einem Manager eine klassische **„Führungskraft"** verstanden. Im englischen Sprachgebrauch wird differenziert zwischen *Manager* und *Leader* bzw. *Management* und *Leadership* (gleich mehr dazu). Auch im Deutschen verwendet man bisweilen die Bezeichnung *Leader*, weil der Ausdruck *Führer* historisch arg überstrapaziert wurde. Eine Führungskraft unterscheidet sich von den übrigen Mitarbeitern eines Unternehmens dadurch, dass sie Arbeiten nicht nur selbst erledigt, sondern diese an ihre Mitarbeiter delegiert und Aufgaben so durch andere und mit anderen erledigt.

Ein Manager ist **Generalist** im Gegensatz zu seinen Mitarbeitern, die in der Regel **Spezialisten** auf ihrem jeweiligen Gebiet sind. Selbst Spezialist in allen Disziplinen zu sein, die seine Mitarbeiter abdecken, das wird kaum ein Chef schaffen.

2.2 Die feine Kunst, mit Menschen umzugehen

Management lässt sich einfach auf den Punkt bringen: In den Worten des amerikanischen Managers von Ford und Chrysler Lee Iacocca bedeutet Management: *„Pick the right people and set the right priorities"* [8].

Wenn Sie die richtigen Leute einstellen, ist Management viel, viel einfacher, wie das vorherige Zitat von Lee Iacocca veranschaulicht.

Ihr Erfolg als Manager hängt fast ausschließlich davon ab, welche Leute Sie einstellen, und wie Sie diese führen. Wenn Sie jemand Großartigen finden, macht das Welten aus. Sie sollten Leute einstellen, die Leidenschaft für ihre Zunft versprühen und Dinge erledigen wollen.

Die knappste Ressource in jeder Unternehmung sind Menschen, die *performen*, also Leistung bringen [9]. Die knappste Ressource des Einzelnen ist Zeit.

Menschen als Mitarbeiter sind zeitraubend, indem sie Zeit ihres Chefs in Anspruch nehmen. Wissensarbeiter, das heißt intensiv ausgebildete „Kopfarbeiter", fordern von ihrem Chef mehr Zeit als beispielsweise Fließbandarbeiter.

Die Persönlichkeit eines Mitarbeiters ist von außerordentlicher Wichtigkeit. Wissen und Erfahrung lassen sich leicht ändern bzw. gewinnen, die Persönlichkeit eines Menschen ist jedoch relativ konstant.

In jeder Organisation gehören zwei Sachen gemanagt: Geld und Mitarbeiter [9]. Der Manager hat diese beiden Ressourcen, um sein vorgegebenes Ziel zu erreichen. Der Umgang mit Geld und Tabellenkalkulationen ist einfach zu erlernen und zu begreifen, der Umgang mit Menschen auch – allerdings bedarf es hier einer genauso gründlichen Auseinandersetzung wie mit dem Zahlenwerk, was häufig vernachlässigt wird.

Im Umgang mit Menschen – ob als Mitarbeiter, Chef, Partner oder Bekanntschaft – geht es darum, einen „Draht" zu seinem Gegenüber herzustellen, den sogenannten **„Rapport"**.

Ihr Team bestimmt, ob Sie als Manager Erfolg haben oder nicht. Damit Sie mit Ihrem Team Erfolg haben, ist es notwendig, dass Sie mit den Teammitgliedern umgehen können. Der Umgang mit Menschen ist eine der schwierigsten Facetten im Business. Das zeigen auch die Gehälter. Wer lediglich eine Fachdiziplin beherrscht, verdient deutlich weniger als ein Manager, der führen kann, also Menschen zu begeistern imstande ist. Das ist auch der Grund, warum Verkäufer hohe Provisionen erhalten: Sie vollziehen eine Königsdisziplin der Führung – das Management des Kunden.

John D. Rockefeller sagte: *„The ability to deal with people is as purchasable a commodity as sugar or coffee. And I will pay more for that ability than for any other under the sun."*

Der Kern von Management ist der Umgang mit Menschen. Nicht nur im Management, sondern in der gesamten Wirtschaft geht es um Beziehungen. Wenn Sie nicht gerade das Patent auf ein lebensnotwendiges Medikament oder ein Monopol haben, sind es menschliche Beziehungen, die schlussendlich zum Geschäftsabschluss führen, auch, wenn Firmen generell neutrale Beschaffungskriterien wie etwa Punktezahlen bei einer Lieferantenbewertung und Auftragserteilung zum Einsatz bringen wollen.

Für den Umgang mit Menschen gibt es keine Universalgesetze. Im Gegensatz zu den Naturwissenschaften, wo die „Hauptsätze der Thermodynamik", die „Axiome der Physik", die „Menschel'schen Gesetze" in der Biologie oder das „Gesetz von der Erhaltung der Masse" in der Chemie immer und überall gelten, wo sich eine Wirkung unmittelbar aus einer Ursache ergibt, ist Management **mehr Kunst als Wissenschaft**. Management ist keine exakte Disziplin (aus der Thermodynamik ist dem Autor eine direkt auf das Management anzuwendende Beobachtung bekannt, und zwar Murphys Gesetz der Thermodynamik: „Unter Druck wird alles schlimmer"). Ein Manager improvisiert. Wäre er Musiker, wäre sein Stil **mehr Jazz als Konzertmusik**. Als Manager sollten Sie ein Schwamm sein, der die Ideen seiner Mitarbeiter aufsaugt. Ein Manager spielt nicht „sein Spiel", sondern ein gemeinsames Spiel mit seiner Mannschaft.

Es gibt keine Abfolge von Handlungsschritten, die Ihnen garantierten Erfolg verschafft. Kein Buch, keine Personalabteilung und keine Firmenrichtlinie kann einem Manager das Denken und die Notwendigkeit, die aktuelle Situation zu beurteilen und nach Augenmaß zu handeln, abnehmen.

Ein Manager trifft seine Entscheidungen nicht alleine nach Fakten, sondern manchmal mehr diplomatisch und „politisch geschickt". Management basiert nicht auf Fakten, sondern lediglich auf der Deutung von Fakten, und das unter Zeitdruck.

Es gibt Themen, die Sie als Manager mit Takt und Feingefühl behandeln, etwa Liebschaften in Ihrer Abteilung oder zwischen einem Ihrer Mitarbeiter und einem Kunden oder Lieferanten. Neben den Fakten bzw. deren Interpretation gehören „Hausverstand" und „Realitätscheck" zum Urteilsvermögen eines Managers. Hier ein Beispiel, wo der Realitätscheck vor einer Fehleinschätzung bewahrt: Wenn ein Mitarbeiter ein Projekt, sagen wir einen Hausbau, in einem Jahr erledigen kann, schaffen es 365 von ihnen rechnerisch in einem einzigen Tag. Dem ist natürlich lediglich auf dem Papier so …

Bei jeder Entscheidung geht es um Menschen, und das Handeln des Managers richtet sich nach den Gegebenheiten im Rahmen der zur Verfügung stehenden Flexibilität. Dass dabei die lokal geltenden Vorschriften und Gesetze sowie die Firmenrichtlinien einzuhalten sind, versteht sich von selbst.

Jeder Mensch ist anders und hat unterschiedliche Bedürfnisse. Sein direkter Vorgesetzter tut gut daran, diese zu kennen. Gerade Hochbegabte legen oft großen Wert auf Individualität, auch wenn sie dies nicht explizit zum Ausdruck bringen. Da ist der Manager gefordert, nach Maßgabe der Möglichkeiten flexibel zu reagieren und dennoch von allen als „fair" wahrgenommen zu werden.

Vergleichen Sie Spitzenleister in einer Firma mit Spitzenleistern im Sport. Je besser jemand ist, desto individueller sind seine Ansprüche zu erfüllen.

Nicht alle Hochbegabten sind Spitzenleister in Unternehmungen, trotzdem wollen sie individuell behandelt werden. Wenn Sie es richtig machen, werden Sie rasch bessere Resultate sehen.

Als Manager verbringen Sie viel Zeit mit dem seelischen Wohlbefinden Ihrer Mitarbeiter, um zwischenmenschliche Spannungen abzubauen. Bei persönlichen Problemen ist es Ihre Aufgabe, dem betroffenen Mitarbeiter zuzuhören. Machen Sie allerdings keine unqualifizierten Versprechungen, beispielsweise in Bezug auf absolute Vertraulichkeit, solange Sie nicht wissen, worum es sich beim Anliegen Ihres Mitarbeiters handelt. Ein anderer wichtiger Aspekt im Umgang mit Menschen, bezogen auf das Verhältnis Mitarbeiter – Chef ist, dass Sie als Chef die unmittelbare Bezugsperson sind. Sie repräsentieren die Firma und sind teilweise auch Firmenvertreter. Achten Sie auf Ihre Vorbildfunktion. Management fußt zu einem großen Teil auf dem Beispiel, mit dem die Führungskraft vorangeht. Der Führer wird bewusst und unbewusst, in positiven wie in negativen Aspekten seines Verhaltens, und permanent beobachtet, bewertet und sogar nachgeahmt.

Management wirkt nicht wie eine Impfung. Permanente Auseinandersetzung mit den Mitarbeitern ist notwendig, und es sind viel Geduld und Arbeit, plus Kreativität, vonnöten, um seine Mannschaft zu entwickeln und dorthin zu bekommen, wo man sie haben will.

Management lernen Sie nicht alleine aus einem Buch oder in einem MBA- Studium. Sie gehören nach dem Drücken der Schulbank in die Lehre geschickt, und zwar in die Schule des Lebens.

Wie Sie in diesem Buch noch lesen werden, ist ein wesentlicher Bestandteil der Kompetenz, mit Menschen umzugehen, in Ihrem Umgang mit sich selbst verwurzelt.

Selbstwahrnehmung und **Selbstmanagement** sind wichtige Aspekte, auf die später noch genauer eingegangen wird.

Beeinflussen von anderen Menschen

Der Kern von Management ist, Arbeit durch andere erledigen zu lassen. Kein Manager wird mit Intelligenz, harter Arbeit und Fachwissen alleine seine Ziele besser erreichen können. Um andere Menschen zu beeinflussen, können Manager nach verschiedenen Strategien vorgehen. [10] nennt folgende sieben Taktiken:

- Appellieren an die Ratio (Vorbringen von vernünftigen Argumenten),
- Freundlichkeit,
- Bilden von Koalitionen,
- Verhandeln,
- Auftreten mit Bestimmtheit,
- Anrufen einer höheren Autorität,
- Sanktionen (Zuckerbrot und Peitsche).

Je nach Mitarbeiter haben unterschiedliche Taktiken die beste Wirkung. Bei Hochbegabten sind das Bilden von Koalitionen und das Verhandeln als besonders zielführend erkannt worden, neben dem Ansprechen der Vernunft.

> **Tipp** Erwecken Sie die Begeisterung Ihrer Mitarbeiter für ein Thema, und Ihre Hochbegabten machen sich an die Arbeit, es für Sie zu lösen!
> Wenn Sie mit einem gezeigten Verhalten nicht zufrieden sind, sprechen Sie den Mitarbeiter darauf an, und zwar umgehend und unter vier Augen! Zeigen Sie auch Konsequenzen auf, anstatt still und leise „enttäuscht" zu sein. Sie wollen ja als Manager Verhalten beeinflussen. Wenn Sie das Verhalten Ihrer Mitarbeiter nicht beeinflussen, findet keine Führung statt!

Von Führungskräften wird erwartet, dass sie ihre Mitarbeiter führen und Einfluss auf sie nehmen. Wer das nicht macht, wird als „schwach" erlebt. Schwache Führungskräfte verlieren den Respekt ihrer Mitarbeiter und geraten so in eine Abwärtsspirale. Bisweilen unterbleibt Führung, weil schwache Führungskräfte lieber „soziale Erwünschtheit" zeigen, als sich einer Konfrontation auszusetzen. Stellen Sie sich als Manager notwendigen Konflikten, um sie aus der Welt zu schaffen.

Es gibt verschiedene Stufen, wie Sie Ihr Begehr ausdrücken können: vom Wunsch über die Erwartung und Forderung zu Ermahnung, Anordnung und Befehl bzw. Drohung. Starten Sie „von unten", denn jeder lässt sich gerne einladen und bitten (das kommt natürlich auch auf die Kultur an; in asiatischen Ländern ist ein allzu freundlicher Führungsstil nicht angebracht).

Siehe auch später zum Thema Kommunikation.

Eine wichtige Eigenschaft, um als Manager Erfolg zu haben, ist die Fähigkeit, **mit Menschen gut auszukommen**. Ein Klassiker zu diesem Thema, *„How to win friends and influence people"*, von Dale Carnegie, ist seit über 70 Jahren im Druck und wurde millionenfach verkauft [11].

Wie bringt man jemanden dazu, etwas zu tun, das man will? – Indem man dafür sorgt, dass der Betreffende es auch will!

Die Fähigkeit, Mitarbeiter für eine Aufgabe zu begeistern, ist eine Schlüsselfähigkeit eines Managers. Menschen setzen sich für das ein, was sie begehren. Wenn Sie als Manager dieses Begehren in Ihren Mitarbeitern entfachen, werden Sie die gewünschten Resultate „spielend" erzielen.

2.3 Management und Leadership

Führung ist, wenn Menschen den Willen verspüren, einer Person zu folgen.

Es gibt hunderte Definitionen von Management und Leadership und unzählige Bücher und Seminare für verschiedenste Zielgruppen, von Studenten in den ersten Semestern des Studiums bis zu arrivierten Praktikern in unterschiedlichsten Organisationen, die versuchen, Management zu konzeptionieren und zu operationalisieren. Sie reichen von sehr allgemein gehaltenen Werken bis zu extrem speziellen, etwa einem „Management- Handbuch für Radiologen" [12]. Leadership ist zu einem beliebten Modewort aufgestiegen. Auch gibt es eine Unzahl an Modellen zur Führung. In keinem anderen Bereich der Verhaltensforschung gibt es eine ähnlich große Anzahl von ihnen [3]. In einer praktisch orientierten Disziplin wie dem Management geht es, in Abgrenzung zur Wissenschaft, nicht um die „Richtigkeit" eines Modells, sondern um seinen Nutzen.

Die meisten Definitionen von Management und Leadership – sie sind eher vage und ungenau – umfassen Aspekte wie Zielerreichung, Gruppe oder Organisation, Struktur und zwischenmenschliche Beziehungen. In [5] wird Management definiert als *„das Erreichen von Zielen mit und durch andere(n)"*.

Das Thema Leadership wird mit Widersprüchen und Übertreibungen behandelt.

Victor Vroom schreibt in [13]: *„Leadership is a popular concept rather than a scientific one."* Nach Jeffrey Pfeffer ist Leadership vor allem eine Illusion, die aus dem Wunsch der Menschen nach einem Helden entsteht.

Leadership wurde über die Jahre unterschiedlich konzeptionalisiert – über Eigenschaften, Verhalten, Fähigkeiten und Stile. Es hat sich herausgestellt, dass das eine unzulässige Vereinfachung ist (vergleiche die Reduktion von Intelligenz auf einen einzigen Zahlenwert, den IQ.); Leadership kann eben nicht auf Eigenschaften und/oder Verhalten eines Managers reduziert werden [13]. Eigenschaften sind etwas, das man besitzt, während Verhalten etwas ist, das man tut.

Zusammenfassend gibt es drei Schulen der Leadershiptheorie:

- Leader haben gewisse Eigenschaften *(trait theory)*.
- Leader zeigen ein gewisses Verhalten *(behaviour theory)*.
- Leader zeigen ein bestimmtes Verhalten je nach Situation und eigenem Stil *(contingency theory)*.

Leadership sollte in Weiterentwicklung der drei genannten Theorien als komplexes Konstrukt angesehen werden, das sich aus der Wechselwirkung von Führungskraft, Mitarbeitern und der Situation ergibt [14].

So lässt sich erklären, warum erfolgreiche Führungskräfte manchmal kläglich scheitern, wenn sie von einer Firma zu einer anderen wechseln.

Hier ist ein prominentes Beispiel, wie sich die Umwelt (Situation) auf den Führungserfolg ausgewirkt hat: die fortschrittliche Technologie der US- Armee für Norman Schwarzkopf in der „Operation Wüstensturm", einer Offensive gegen den Irak während des 2. Golfkriegs 1990/1991. Welchen Schluss kann man daraus ziehen? Eine „praktisch intelligente" Führungskraft sollte ihr Umfeld entsprechend wählen (etwa eine Wachstumsbranche und ein Ort, wo sich die eigenen Stärken voll entfaltet werden können).

Nach Robert J. Sternberg besteht Leadership aus folgenden Komponenten: Weisheit, Intelligenz und Kreativität [13]. Weisheit sei die wichtigste und auch die seltenste Eigenschaft in diesem Zusammenhang. Weise Führungskräfte sind oft charismatisch [13].

Leadership ist die Fähigkeit, eine Vision in die Praxis umzusetzen bzw. die Fähigkeit, andere Menschen zu ihrem Beitrag für den Erfolg einer Unternehmung zu beeinflussen, zu motivieren und zu unterstützen [4].

85 % der *Fortune-500*-Firmen (jährlich erscheinende Liste der 500 umsatzstärksten Firmen der Welt) haben nach [4] keine ausreichend große Anzahl an qualifizierten Führungskräften, und 65 % von ihnen betonen, dass ihre Manager mehr Fähigkeiten benötigen.

Ob Manager oder Leader – in beiden Fällen gilt es, Ziele zu erreichen. Diese Ziele können jene einer Gruppe sein, die der Manager anführt, oder jene einer Organisation, in der ein Manager mithilfe von Angestellten die Ziele der Eigentümer und anderer Interessenträger verfolgt.

Die Begriffe Management und Leadership heißen übersetzt beide „Führung" und werden bisweilen synonym verwendet. Sie können auch unterschiedliche Aspekte des gleichen Phänomens beschreiben und werden gerne vermischt.

Die Abgrenzung des Begriffs „Leadership" geht auf die Harvard- Professoren Abraham Zaleznik [15] und John P. Kotter [16] zurück. Letzterer erläuterte den Unterschied zwischen Managern und wahren Führern (Leadern) wie folgt: Manager seien eher Verwalter und Bürokraten, die organisieren, planen und kontrollieren, Leader dagegen seien Visionäre, die die Geführten mit Visionen mitreißen, inspirieren und motivieren. Nach Kotter sind es Leader, die Kreativität, Innovation, Sinnstiftung und Wandel bringen [17]. Der sogenannte transaktionale Führungsstil ist mit Management und der sogenannte transformationale Führungsstil mit Leadership verknüpft. Etliche Bücher sind erschienen, die Management und Leadership gegenüberstellen. So seien Unternehmen *„overmanaged"* und *„underled"* [18] – Leadership quasi als Kür des Managements?

Im Falle von Leadership habe man es als Chef mit der enthusiastischen Begeisterung der Angeführten durch den *Leader* zu tun – und bei Management lediglich mit gleichgültigen Befehlsempfängern, die durch Dominieren statt Überzeugen geführt würden und widerwilligen Gehorsam in der Pflichterfüllung zeigten. Diese Sichtweise ist allerdings zu eng, weil sie nicht erklärt, warum Manager, trotz der ihnen zur Verfügung stehenden **Macht** (*power*), manchmal eben nicht **wirksam** (*effective*) sind, und manchmal schon. Setzt man Leadership mit Wirksamkeit gleich, so bringt man Ursache und Wirkung durcheinander. Die Effektivität einer Organisation hat mit dem Erreichen ihrer Ziele zu tun, unabhängig davon, wie dies erfolgt. Die Ziele können mittels enthusiastischer und auch mithilfe widerwilliger, lustloser Mitarbeiter erreicht werden [5]. In [19] wurde festgestellt, dass mit technisch kompetentem, aufgabenorientiertem, unsensiblem und hartem Management eine relativ hohe Produktivität erreicht werden kann.

In der Realität, und das schrieb schon Kotter, braucht eine Unternehmung beide Typen von Führungspersönlichkeiten: Manager sind zu jedem Zeitpunkt vonnöten. Ein Leader ist in Zeiten des Umbruchs praktisch, weil er die Mitarbeiter zusammenschweißen und auf eine neue Richtung einschwören kann [17] in einer Art und Weise, wie es ein trockener, eher einfallsloser und kontrollierender Manager nicht zustandebrächte. Laut Kotter kann niemand gleichzeitig Leader und Manager sein. Anstatt diese Tatsache zu beherzigen, versuchen viele Unternehmen, „Leader-Manager" heranzuziehen. Jemand kann ein toller Leader und gleichzeitig ein zweitklassiger Manager sein – sowie umgekehrt.

Man kann die Wirksamkeit bzw. Effektivität einer Führungskraft mit der Effektivität ihrer Organisationseinheit gleichsetzen [5]. Die *Performance* (Leistung, Arbeitsleistung) eines Managers sollte nicht mit seiner Effektivität (Wirksamkeit) verwechselt werden; Performance bezieht sich auf einzelne Größen wie Umsatz oder Produktionsmenge, Wirksamkeit hingegen auf das Erreichen des Gesamtziels.

Neben Intelligenzunterschieden und äußeren Lebensbedingungen haben nicht intellektuelle Persönlichkeitseigenschaften wie Leistungsmotivation und Führungsstreben einen großen Einfluss auf die Leistung einzelner Manager und Mitarbeiter [20], wie später noch ausführlich beschrieben wird.

Management im Sinne der Personalführung ist die direkte und indirekte Beeinflussung der geführten Personen auf ein bestimmtes Ziel hin. Dabei reicht der Einfluss von Führungskräften, speziell solchen, die in den Medien präsent sind, reicht oft weit über die eigene Organisation hinaus. Da es die **Mitarbeiter** eines Managers sind, die die **Aufgaben erledigen**, ist der Manager auf sie angewiesen. Er wirkt steuernd auf seine Mitarbeiter ein, damit diese das von ihm angepeilte Ziel erreichen (können). Die Beeinflussung seiner Mitarbeiter bewirkt ein Manager mit diversen **Führungsinstrumenten** *(management tools)*. Dabei wendet er verschiedene **Führungsstile** (*leadership styles*) an. Von **Manipulation** spricht man übrigens, wenn jemand einen anderen Menschen ohne dessen Einverständnis beeinflusst. Mitarbeiter eines Managers wissen, dass ihr Manager sie leitet, und akzeptieren dies, weil sie mit ihm auf ein gemeinsames (Firmen-)Ziel hinarbeiten. Nach **Peter Drucker** [9], der in 70 Jahren fast 40 Bücher zum Thema Management geschrieben hat, lässt sich die Frage „Was ist **Management?**" auf der Basis weniger Prinzipien wie folgt eingrenzen:

- Management betrifft Menschen. Seine Aufgabe ist es, Individuen zu einer gemeinsamen Leistung zu befähigen, indem deren Stärken genutzt werden und deren Schwächen irrelevant gemacht werden.

- Management hängt stark mit der jeweiligen **Kultur** zusammen.
- Die Rolle des Managements ist in allen Ländern gleich. Unterschiede existieren in der Ausführung.
- Jede Unternehmung braucht gemeinsame Ziele und Werte. Diese werden vom Management zuerst festgelegt, ansonsten arbeiten die Individuen unkoordiniert.
- Kontinuierliches Lernen und Wachstum sollten für die Unternehmung als Ganzes sowie für jeden Einzelnen gegeben sein. Dafür hat das Management zu sorgen.
- In jeder Unternehmung arbeiten Menschen unterschiedlicher Qualifikationen mit unter- schiedlichem Wissensstand. Kommunikation und die Übernahme von Verantwortung sind der Schlüssel zur Erfüllung von Erwartungen und Zielen.
- Management erzielt Ergebnisse. Ergebnisse gibt es rein außerhalb einer Organisation, als Resultat für den Kunden. Innerhalb einer Unternehmung existieren lediglich Kosten.

Die „klassische" Unterscheidung zwischen einem Manager und einem Leader als zwei sich ausschließende Archetypen von Führungsfiguren gibt in der betrieblichen Praxis Anlass zu Missverständnissen. Management und Leadership sind zwei Aspekte von Führung. „Gutes" Management bzw. „gute" Führung lassen sich als professionelle Führung in den Dimensionen Effizienz und Effektivität auffassen. Effizienz bezieht sich auf den Mitteleinsatz und Effektivität auf den zu erzielenden Effekt (Ergebnis).

Man kann sagen, dass Managementwissen als Sammlung von erprobten Lösungen für bekannte Probleme gelernt werden kann, und dass man Leadership durch die Entwicklung einer Lösung für ein nicht vorhersagbares Problem erlernt [21].

Die Gedanken zur Unterscheidung zwischen „Manager" und „Leader" kann man auf den Unterschied zwischen einem Manager einer existierenden Organisation und dem Gründer einer neuen Unternehmung übertragen. Zu einem Vergleich der Forschung in Führung und Unternehmertum *(Entrepreneurship)* siehe [3].

> **Brain Teaser** Anstatt Management zum Gegenpol von Leadership zu erheben, kann man von Leadership vs. Headship, der Leitung einer Organisation, sprechen.

2.4 Führung – von Anspruch und Wirklichkeit

> Menschen lassen sich führen – an der Nase herum, in die Irre oder auf den richtigen Weg. Der Manager sollte sich auf Letzteres beschränken.

Wie oben beschrieben ist Führung die beabsichtigte und zielgerichtete Beeinflussung von Menschen zur Erreichung der gesetzten Ziele einer Organisation. Führung ist die geplante, kontrollierte und (im Idealfall) methodisch durchdachte, legitimierte Einflussnahme auf andere. Führung passiert, wenn die Führungsperson anerkannt bzw. akzeptiert wird.

Genauso unrealistisch wie die Anforderungen an den idealen Bewerber (25 Jahre alt, Promotion, zehn Jahre Berufserfahrung, davon fünf im Ausland, fünf Sprachen, Gehaltsvorstellung von 1500 €/Monat für 50 Wochenstunden) sind, verhält es sich auch mit dem Anspruch an Führung: Er ist schier grenzenlos.

Der perfekte Manager ist ein „Allwettermanager", einsatzfähig auf allen Kontinenten und in jeder Lebenslage mit universeller Kompetenz.

Nicht nur Berater und Bücher postulieren den perfekten Manager, auch sind es Führungskräfte selbst, die mitunter einen Omnipotenzanspruch entwickeln. Sie meinen, alles selbst zu können und tun zu können und zu müssen – Überforderung, Scheitern und Burnout sind dann nicht mehr weit. Hochbegabte mit Leitungsfunktionen sind besonders gefährdet, sich selbst zum Opfer dieses Musters zu machen. Ihr hoher Anspruch an sich selbst, ihr Perfektionsstreben und die Tendenz, alles selbst machen zu wollen und zu können, treibt Hochbegabte hier mitunter in die Falle.

Die ideale Führungskraft gibt es genauso wenig wie den idealen Mitarbeiter!

Wenn man von einem „guten Mitarbeiter" spricht, ist die Aussage nicht vollständig. Man sollte ergänzen, „wofür er besonders gut geeignet ist".

Ein Mitarbeiter ist dann „gut" für eine Organisation, wenn sein Qualifikationsprofil sich mit der zu besetzenden Rolle und sein Eigenschaftenprofil sich mit der Kultur einer Unternehmung möglichst weiträumig decken.

Auch die perfekte Organisation existiert nicht. Das ist der Grund, warum Manager im Großen und im Kleinen permanent ihren Wirkungsbereich umgestalten (siehe dazu das Kapitel „Change Management").

Gutes Management und gute Führung

Es ist wie bei der Werbung – woher soll man wissen, ob eine Werbekampagne gut war –, eine andere Kampagne hätte vielleicht mehr Erfolg gebracht.

„Gutes" Management kann als nachhaltige Wertsteigerung eines Unternehmens aufgefasst werden. Was man allerdings bei der Beurteilung von Managern nicht sieht, ist,

- welche Probleme durch ihre präventiven Maßnahmen verhindert wurden,
- welche Möglichkeiten sie ungenutzt gelassen haben.

Für Ersteres wird kein Manager belohnt und für Letzteres kein Manager bestraft. „Gutes" Management ist demnach schwer absolut greifbar zu machen.

Je höher ein Manager in einer Unternehmung angesiedelt ist, desto stärker wirkt sich sein Handeln aus. Der schwedische Unternehmer und Bankier Peter Wallenberg hat dies treffend ausgedrückt:

> Kein Unternehmen kann so schwach sein, dass es durch ein gutes Management nicht wiederbelebt werden könnte. Kein Unternehmen kann so stark sein, dass es durch ein schwaches Management nicht zerstört werden könnte.

Folgendes Zitat aus dem militärischen Bereich drückt dasselbe aus:

> *A competent leader can get efficient service from poor troops, while on the contrary an incapable leader can demoralize the best of troops.*
> John Joseph „Black Jack“ Pershing (1860–1948), US- amerikanischer General

Als Manager stehen Ihnen Ressourcen (Geld und Mitarbeiter) zur Verfügung, um daraus „das Beste“ zu machen.

Führung ist ein wichtiger Teil von Management. Mit der philosophischen Frage, was „gute“ Führung ist, beschäftigen sich Menschen schon lange. Ein Manager kann dann als gut angesehen werden, wenn er wirksam ist (effektiv und effizient). Wirksamkeit alleine reicht nicht aus. Von einem Manager wird erwartet, dass er den allgemein anerkannten Führungstugenden entspricht und seine Ziele nicht rücksichtslos „mit allen Mitteln“ verfolgt. Mit vorbildhaftem Beispiel voranzugehen ist eine ganz wesentliche Führungstugend. Sun Tzu, ein chinesischer General und Philosoph um 500 v. Chr., nennt in „Die Kunst des Krieges“ [22] folgende Tugenden eines Anführers: Klugheit, Aufrichtigkeit, Wohlwollen, Mut, Geradlinigkeit.

„Gute“ Manager unterscheiden sich grundlegend voneinander – in Alter, Ausbildung, Persönlichkeit, Wissen, Interessen und Temperament, so wie alle anderen Menschen (und Hochbegabte) auch. Unter ihnen sind, wie es in [23] zum Ausdruck gebracht wird, Exzentriker genauso vertreten wie graue Konformisten. Sie werden gestellt von Trinkern und Abstinenzlern, Nervösen und Entspannten. Der kleinste gemeinsame Nenner ist, dass „gute“ Manager etwas bewegen (*getting things done*), oder anders ausgedrückt, dass sie **wirksam** sind. Eigentümern kommt es auf die Resultate ihrer Manager an. Ob in der öffentlichen Verwaltung, in der Industrie, in Kleinund Mittelbetrieben oder Konzernen, im Verkauf oder in Forschung und Entwicklung, befragt man Mitarbeiter nach „guter“ Führung, ist der Kanon derselbe: Mitarbeiter wollen keinen „lieben“ Chef, sondern einen fairen. Sie möchten als mündig wahrgenommen werden, informiert, beteiligt, gefordert, gefordert, gelobt und gehört werden [24]. Als Chef können Sie ruhig unnachgiebig sein, solange Sie sich gerecht verhalten.

Führungsverhalten wird subjektiv wahrgenommen. **Feedback** ist die beste Möglichkeit, sein Führungsverhalten zu korrigieren bzw. zu optimieren.

► **Tipp** Entwickeln Sie ein Gespür für Ihre eigene Wirkung!

Wirksame Manager entsprechen nicht zwangsläufig dem Stereotyp des charismatischen Leaders. Nach Peter Drucker folgen wirksame Manager acht Prinzipien [23]:

- Sie fragen: „Was gilt es zu tun?“
- Sie fragen: „Was ist richtig für das Unternehmen?“[1]
- Sie entwickeln einen Handlungsplan.

[1] Vergleiche das Prinzip der Unternehmensberatung McKinsey: *„Client first, firm second, self third.“*

- Sie übernehmen Verantwortung für ihre Entscheidungen.
- Sie kommunizieren.
- Sie sehen Möglichkeiten anstatt Probleme.
- Sie führen Besprechungen effizient durch.
- Sie sprechen von „wir" anstelle von „ich".

Wirksame Führungskräfte managen ihre Zeit sinnvoll. Sie konzentrieren sich auf ihren Beitrag zum Unternehmen, und sie nützen Stärken von sich und ihrem Team, setzen Prioritäten und treffen effiziente Entscheidungen [23].

Neben wirksamer Führung gibt es **unwirksame** Führung und **dysfunktionale Führung**.

Bei unwirksamer Führung passiert nicht allzu viel. Bei dysfunktionaler Führung ist es noch schlimmer: Das Verhalten der Führungskraft führt zu Wirksamkeitsverlust der sie umgebenden Menschen.

Ein wirksamer Manager ist in den Bereichen technische, interpersonale und konzeptionelle Fähigkeiten bewandert: Er verfügt über IQ, EQ und die richtige Ausbildung plus Erfahrung.

Wirksamkeit können Sie als Manager lernen.

▶ **Hier ein Tipp für Hochbegabte** Um wirksam sein zu können, ist Konzentration auf wenige Aufgaben angesagt. Wer sich zu sehr verzettelt, büßt seine Wirksamkeit ein – egal ob als Mitarbeiter oder als Manager.

In schlanken Organisationen wird jeder Mitarbeiter gebraucht. So wichtig auch der Beitrag jedes einzelnen Mitarbeiters für ein Unternehmen ist, ohne Management kann keiner von ihnen irgendeinen (Kunden)- Nutzen stiften. Vergleichen Sie die Belegschaft eines Betriebs mit den exzellenten Musikern eines Orchesters – ohne Dirigenten können sie kein gemeinsames Werk vollbringen.

Die Produktionsfaktoren Grund und Boden, Kapital und Arbeitskraft lassen sich allesamt beschaffen. Den entscheidenden Unterschied am Markt macht das Management aus. Erfolgreiche Unternehmen lassen sich nicht eins zu eins kopieren, weil die agierenden Personen nicht ersetzt werden können. Topausgebildetes Fachpersonal lässt sich leichter finden als herausragende Firmenlenker.

Ein mustergültig geführtes Unternehmen bzw. einen „intakten" Unternehmensbereich kann man daran erkennen, ob die Abwesenheit des Chefs unmittelbar auffällt oder nicht. Wenn der Chef einer Abteilung fehlt und es „drunter und drüber" geht, hat er diese nicht im Griff. Nachfolgeplanung ist übrigens eine extrem wichtige Aufgabe eines Managers. Wenn ein Manager „abdankt" und ein Chaos ausbricht, hat er in einer wesentlichen Funktion schlichtweg versagt.

Nach Peter Drucker macht Management das Funktionieren von größeren Organisationen erst möglich.

Es gibt allerdings auch konträre Einschätzungen und Erkenntnisse. Studien von Gary Yukl [25], [26] zeigen, dass der Zusammenhang zwischen Leadership und Ergebnissen nicht zwangsläufig eindeutig ist, und dass es vor allem auf die Unternehmensstruktur ankommt, ob Ergebnisse produziert werden oder nicht.

Das Management gibt die Richtung vor, in die sich eine Firma bewegt. Durch „gutes" Management können Sie mehr aus Ihren Mitarbeitern herausholen. „Gut" bedeutet im Kontext von Management wie gesagt „wirksam". Hier ein triviales Zahlenbeispiel zur Veranschaulichung, gefunden im Internet in mehreren Varianten derselben Machart.

Nehmen wir an, eine Führungskraft hat 15 Mitarbeiter, von denen jeder etwa 1800 h/Jahr arbeitet. Falls diese Führungskraft die Effizienz des Teams um lediglich 5 % steigern kann, lassen sich 1350 Arbeitsstunden/Jahr (90 h/Mitarbeiter) bzw. fast ein ganzer Mann einsparen bzw. gewinnen. Dieser Effizienzgewinn lässt sich auch monetär bewerten. Bei einem durchschnittlichen Stundensatz von 26 € kommt man auf über 35.000 €.

Zwei Kommentare zu dieser „Milchmädchenrechnung":

- Eine Führungskraft, der 15 Mitarbeiter direkt unterstellt sind, weist eine sehr hohe „Führungsspanne" von 15 auf. Sieben direkt unterstellte Mitarbeiter ist ein bewährtes Verhältnis, ab zehn ist eine Führungskraft rasch überfordert. Je intensiver die Mitarbeiter eines Managers in ihrer täglichen Arbeit miteinander wechselwirken, desto geringer sollte seine Führungsspanne sein. Ein Meister, der Arbeiter an unterschiedlichen Maschinen überwacht, oder ein Verkaufsleiter, der für verschiedene Filialen zuständig ist, kann weit mehr als sieben Mitarbeiter effizient führen. Ein Projektleiter in einem interdisziplinären Team stößt bei sieben Mitarbeitern in der Regel an die Grenzen.
- Die durchschnittliche Arbeitsleistung eines Vollzeitmitarbeiters in Europa beträgt 1700 bis 1900 h/Jahr (man spricht in diesem Zusammenhang auch von Vollzeitäquivalenten, FTE, full time equivalent).

Es kommt darauf an, die **Dinge richtig** zu machen, und noch vielmehr, die **richtigen Dinge** zu tun. Diese Alltagsweisheit ist den meisten Menschen geläufig. Das Management sorgt in einer Firma nicht alleine dafür, dass die Dinge richtig gemacht werden, sondern vor allem dafür, dass die richtigen Dinge passieren. Die besten Mitarbeiter können Dinge richtig machen. Dafür, dass die richtigen Dinge gemacht werden, sorgt das Management. Was „richtig" ist, wird von zwei Faktoren bestimmt: den Eigentümern einer Unternehmung, die mit dieser ein bestimmtes Ziel verfolgen, und dem Markt – am Schluss entscheidet der zahlende Kunde, ob das Unternehmen das Richtige tut.

Sorgen Sie für ein schlankes, effizientes Team. Je weniger Mitarbeiter Sie für eine bestimmte Aufgabe einsetzen, desto weniger „Leerläufe" wird es geben. Allerdings werden Sie dadurch auch unflexibler, wenn plötzlich zusätzliche Projekte anstehen.

Wenn zu viele Personen in einer Organisation beschäftigt sind, kommen sie einander in die Quere; Als Manager werden Sie viel Zeit damit verbringen, Konflikte zu schlichten. Als Daumenregel gilt, dass, wenn Sie mehr als 10 % Ihrer Zeit mit dem Managen von Mitarbeiter- Mitarbeiter- Problemen verbringen, Ihre Organisation zu „fett" ist.

Anmerkung: Aus Sicht des Autors sind westliche Manager bemüht, Konflikte in ihrem Team zu schlichten. In Asien dulden viele Manager Konflikte in ihrer Abteilung, wenn sie sie nicht sogar selbst schüren, aus der Überlegung heraus, dass sie ihre Mitarbeiter so besser kontrollieren und managen können. Verfeindete Kollegen verbünden sich nicht gegen den Chef, und jeder wird dem Chef bereitwillig die Fehler des anderen zu Gehör bringen …

Führung ist eine Kunst, die erlernbar ist. Sie ist abhängig vom Einsatz der richtigen Werkzeuge (Führungsinstrumente) und von der Persönlichkeit des Managers. Werte, Einstellungen und Gefühle beeinflussen stark das Führungsverhalten. Die Persönlichkeit der Führungskraft macht deren Unverwechselbarkeit aus. Somit hat die Entwicklung eigener Führungsqualitäten auch mit Persönlichkeitsentwicklung zu tun. Jeder Manager kann effektiv und effizient sein. Bei allen beliebt zu sein ist zwar nett, jedoch kein Zeichen von Wirksamkeit. Wer es allen recht machen will, ist Diener zu vieler Herren und wird am Schluss nicht viel erreichen.

Management sollte auch nicht überbewertet werden. Oft sind es die Strukturen und die Umweltfaktoren, die zu mehr Wirksamkeit führen als das Management selbst [3]. Und die tatsächliche Arbeit wird von exzellenten Fachkräften („Wissensarbeitern“) vollbracht, die auch unentbehrlich sind für den Erfolg des großen Ganzen.

Chefs aus Mitarbeitersicht

Eine Schlüsselqualifikation eines Mitarbeiters ist es, mit seinem Chef auszukommen, auch, wenn dieser „schwierig“ ist. Das fällt vielen Mitarbeitern nicht immer leicht. Ein Drittel der US- amerikanischen Belegschaft verwendet mehr als 20 h pro Monat darauf, über ihren Chef zu lamentieren [27]. Das Marktforschungsinstitut Gallup schätzt, dass die USA alleine jährlich mehr als 350 Milliarden Dollar verlieren, weil Mitarbeiter mit ihren Chefs unzufrieden sind.

Als Manager befinden Sie sich, wenn Sie Ihre Mannschaft zu Höchstleistungen inspirieren wollen, auf einer Gratwanderung zwischen Belohnung und Bestrafung. Wer ein Schiff bauen will, sagt man, sollte sein Team die Sehnsucht vom Meer lehren (siehe auch das Zitat von Antoine de Saint- Exupéry, später). Als Manager ist es wichtig, dass Sie sich auch klar ausdrücken. Erwarten Sie nicht, dass Ihre Mitarbeiter Ihre Gedanken lesen können! Sprechen Sie klar. „*Lösen Sie das Problem dort*“ wird Ihrem Mitarbeiter nicht viel von dem verraten, was Sie genau erwarten.

„*Machen Sie das besser*“ gibt auch wenig Hinweise, was Sie konkret an der Arbeit Ihres Mitarbeiters auszusetzen haben. Im populären Buch „Love ’Em or Lose ’Em“ [28] beschreiben die Autorinnen Beverly Kaye und Sharon Jordan- Evans, welche Verhaltensweisen ihres Chefs Mitarbeiter als besonders störend empfinden:

- Jemanden vor anderen schlecht machen: 41 %
- Die Unwahrheit sagen: 34 %

- Herablassend sein: 32 %
- Leute erniedrigen und in Verlegenheit bringen: 4 %
- Mikromanagement: 22 %

Eine besonders „wirksame“ Methode, Mitarbeiter zu erniedrigen und zu demütigen, besteht darin, sie zu ignorieren, etwa, indem man in ihrer Gegenwart telefoniert oder andere, scheinbar unwichtige Tätigkeiten durchführt, während der betroffene Mitarbeiter wartet.

Besonders autoritär handelnde Führungskräfte sind genauso unbeliebt wie solche der „Kuschelfraktion“, die nicht viel bewegen und keine Probleme in Angriff nehmen. Die Protagonisten dieser Zünfte sind nicht wirksam, weil sie kaum Ergebnisse erzielen. Die besagte Wirksamkeit ist es jedoch, die als Erstes von einem Manager erwartet wird.

Wirksames Management

Wirksamkeit als Schlüssel von Management wurde bereits mehrfach erwähnt.

Manager werden primär für ihr **Urteilsvermögen** bezahlt. Sie haben auch ein treffsicheres „Gespür“, nach dem sie handeln. Aufgrund ihrer Ausbildung und Erfahrung treffen sie **Entscheidungen**. Ob und in welchem Ausmaß ein Manager intelligent ist, ist nicht vordergründig wesentlich, es kommt darauf an, was er in seiner Funktion bewegt.

Forscher haben festgestellt, dass das **Erkennen von Mustern** ein wesentlicher Erfolgsfaktor für Manager ist [29], [30]. Manager, die Muster zu erkennen vermögen, sehen auch leichter Stärken und Schwächen ihrer Mitarbeiter [31] sowie funktionales und dysfunktionales Verhalten in Teams. Wie weiter vorne erwähnt wurde (Drucker), nutzen Manager in Organisationen die Stärken ihrer Mitarbeiter und gleichen individuelle Mängel im Team aus.

> **Brain Teaser** Für den Einzelnen gilt: Stärken zu stärken ist zumeist wirkungsvoller als Schwächen zu schwächen. Man kann viel Energie darauf verwenden, seine Mankos zu minimieren, der Erfolg ist aber zumeist bescheiden. Wenn man stattdessen seine Stärken ausbaut, sind Zeit und Energie oft besser investiert.

Manager sind so unterschiedlich wie Mitarbeiter einer Unternehmung. Ein guter Manager ist jedenfalls ein solcher, der nachhaltig gute Ergebnisse erzielt und damit **wirksam** ist.

Wer sich auf seinen Beitrag im Unternehmen konzentriert, hat hohe Chancen, wirksam zu sein. Sprechen Sie nicht von ihrem Arbeitseinsatz, sondern vom Ergebnis (Output statt Input).

Der Beitrag eines Managers kann vielfältig sein. Er kann direkt sichtbar sein oder den Grundstein für die Zukunft bilden, etwa die Entwicklung eines Mitarbeiters. Ein wirksamer Manager sollte das tun, was er kann, und den Rest an denjenigen delegieren, der dazu am besten geeignet ist. Eine effektive Führungskraft fragt ihre Mitarbeiter: *„Welchen Beitrag kann ich für Sie leisten, damit Sie Ihren Beitrag für das Unternehmen leisten können?“* [9]

Management ist ein Beruf, den man erlernt. Es ist eine intensive Beschäftigung mit den Grundlagen notwendig, um ein bestimmtes Niveau zu erlangen. Management erlernt sich durch zwei wesentliche Aspekte:

- **Beobachten** anderer Manager: Jeder beginnt als Mitarbeiter! Die „Lehre" bei einem erfahrenen Manager ist ein erprobter Weg, sich auf die Übernahme eigener Führungsverantwortung vorzubereiten.
- **Lernen durch Erfahrung und aus den eigenen Fehlern** durch möglichst frühe Übernahme von Führungsverantwortung.

Begleitend dazu sollten ein Studium der Literatur, ein konstanter Erfahrungsaustausch mit Fachkollegen und eigenes Nachdenken (Reflexion) erfolgen. Durch Diskussion der eigenen Erlebnisse mit Kollegen und die Bereicherung der eigenen Erfahrungen mit den Erkenntnissen aus Büchern können Sie Ihre Führungskompetenz beständig ausbauen. Das Gründen oder die Teilnahme an einer **Mastermind-Gruppe** kann eine Option für Sie sein, Erfahrungsaustausch zu betreiben, ebenso die Diskussion in **Newsgroups** und **Foren** im Internet. Achten Sie hier unbedingt auf Ihren Ruf, genauer gesagt auf Ihre „Online- Reputation". Wer unüberlegt kritische oder fragwürdige Behauptungen und Ansichten im Internet kundtut und diese später wieder löschen will, wird feststellen, dass dies an ein Ding der Unmöglichkeit grenzt. Viele Personaler „googeln" heutzutage einen Bewerber und finden in der Regel erstaunlich viel über ihn heraus.

Allein durch das Lesen von Büchern oder mit dem erfolgreichen Abschluss eines MBA-Studiums wird aus niemandem eine wirksame Führungspersönlichkeit!

Management betrifft die Wechselwirkung mit anderen Menschen. Somit ist es ein soziales Phänomen. Management ist wie alle sozialen Fähigkeiten erlernbar, einem Handwerk gleich. Es gibt eine Reihe von Schlüsselqualifikationen, die sich für Manager als wesentlich herausgestellt haben [32]:

- fachliche Qualifikation (Besitz von Fachwissen),
- konzeptionelle Qualifikation (Formulieren von Zielen),
- methodische Qualifikation (Fähigkeit zur Umsetzung),
- kommunikative Qualifikation (Umgang mit Menschen),
- soziale Qualifikation (Ethik, Moral).

Zu erwähnen ist, dass von Managern auf unterschiedlichen Ebenen sowie in verschiedenen Organisationen teilweise recht Unterschiedliches erwartet wird bzw. zum Erfolg führt. Je höher ein Manager in einer Unternehmung aufsteigt, desto geringer ist die erwartete Fachkompetenz, aber desto höher die notwendige Sozial- und Führungskompetenz.

Von einem Manager wird erwartet, dass er die an ihn gestellten Aufgaben zur Zufriedenheit seines Chefs erledigt. Ein Mitarbeiter wird als „gut" empfunden, wenn sein Chef es so sieht. Es gibt in den Sozialwissenschaften keine absoluten Kriterien wie etwa in den Naturwissenschaften.

In die Rolle des Managers wächst man hinein, indem man schrittweise größere Aufgaben in seiner Unternehmung übernimmt und Fertigkeiten quasi „auf dem Weg“ entwickelt und festigt. Das gilt für den Unternehmensgründer, der sein Unternehmen aufbaut, genauso wie für einen Angestellten, der die Karriereleiter hinaufwandert. Nicht jeder Unternehmer kann und will Mitarbeiter selbst führen. Die Stärke ist, das zu erkennen und entsprechend zu handeln. Ein Erfinder, der sein Produkt selbst herstellen und vermarkten will, verfügt vermutlich auch nicht über alle notwendigen Kompetenzen. Jeder soll das machen, was er beherrscht und womit er sich gerne befasst. Niemand soll und braucht alles selbst tun.

Hochbegabte sind geneigt, alles selbst machen zu wollen. Was sie nicht wissen und können, versuchen sie sich rasch anzueignen, bevor sie jemand anderen bitten, es für sie zu erledigen. Durch Delegieren und das Hinzuziehen von Spezialisten wird auch ein Hochbegabter rascher vorankommen.

Beförderungen erfährt ein Mitarbeiter üblicherweise, wenn er „alles richtig“ macht. Menschen steigen nach dem Peter- Prinzip so lange in einer Organisation auf, bis sie auf einer Stufe der Überforderung angelangt sind.

Einschub: Das Peter-Prinzip

An dieser Stelle soll kurz eine Hypothese besprochen werden, die von kritischen Stimmen in Organisationen, vor allem in den „unteren Rängen“, gerne zitiert wird: Das **Peter- Prinzip** [33]. Nach dem Peter- Prinzip steigen Menschen in Organisationen bis zur Stufe ihrer persönlichen Überforderung auf. Dort verharren sie dann und erfüllen in inkompetenter Weise ihren Job. Die Inkompetenz kann sich auf intellektuelle, emotionale, körperliche oder sonstige Aspekte beziehen, etwa gesundheitliche Inkompetenz (Alkoholproblem, Magengeschwüre, Schlaflosigkeit oder Migräne).

Akte der beruflichen Inkompetenz, die Laurence J. Peter in seinem Buch auflistet, sind:

- übersteigertes Bewerten von Mitarbeitern nach ihrem Input,
- Anführen einer langen Liste an Referenzen in wissenschaftlichen Arbeiten, die alle nötig waren, um ein einziges Körnchen neuer Erkenntnis zu gewinnen,
- Schwärmen über die „guten alten Tage“, Erwecken von Mitleid und Darstellen der eigenen Arbeit als Märtyrertum (anstatt auf die Idee zu kommen, dass jemand anderer den Job wirksamer machen könnte),
- starkes Bemühen, beschäftigt zu wirken, ausgedrückt beispielsweise durch exzessives Telefonieren („Telephonitis“ oder, wie Peter es ausdrückt, „Phonophilia“),
- Besessenheit, Papier und diverse Unterlagen im Büro aufzutürmen,
- irrationale Vorurteile,
- Witze erzählen anstatt zu arbeiten,
- pathologisches Verlangen nach Ordnung,
- Sprechen in Allgemeinplätzen ohne etwas auszudrücken, lange Reden gespickt mit Fachwörtern.

Für Organisationen lässt sich diese Liste noch um einige Punkte ergänzen, etwa das sinnlose Ausfüllen von Formularen oder die Ansammlung von zahlreichen, nicht produktiven Mitarbeitern in der Zentrale.

Die Hauptthese des Buchs „Das Peter- Prinzip" ist das *„Final Placement Syndrome"*, zu Deutsch: das Syndrom der endgültigen Jobplatzierung. Da die Anforderungen an einen Stelleninhaber mit jeder erklommenen Stufe der Karriereleiter steigen, so schlussfolgert Peter, erreiche jeder Mensch irgendwann das Stadium seiner persönlichen Überforderung bzw. Inkompetenz. Solange ein Mitarbeiter nutzenstiftende Ergebnisse bringe, habe er seine Stufe der Inkompetenz noch nicht erreicht. „Final Placement" sei eingetreten, wenn ein Mitarbeiter keine echten Resultate mehr liefert. Falls der Beobachter die Frage nach Kompetenz/Inkompetenz eines anderen nicht beurteilen könne, habe er vermutlich selbst schon seine Stufe der Inkompetenz erreicht.

So, wie das Peter- Prinzip die „Hierarchielogie" in Organisationen in lustiger Weise und mit pseudowissenschaftlichem Jargon beschreibt, fühlen sich viele seiner Anhänger wohler, wenn sie vermeintliche Inkompetenz ihrer Vorgesetzten mit Humor statt mit Ärger hinnehmen. Inkompetenz findet man im täglichen Leben an allen Ecken und Enden. Die reale Welt ist nicht perfekt. Es ist bekannt, dass jene Fähigkeiten, die man braucht, um einen Job zu bekommen, sich nicht mit den Fähigkeiten decken, die zu dessen Bewältigung notwendig sind, und dass hervorragende Leistung im alten Job häufig das Kriterium für Beförderungen ist. In den meisten Firmen finden sich gute und weniger gute Mitarbeiter. Letztere werden in Managementbüchern mitunter als „Deadwood" oder Ähnliches bezeichnet.

Auch Hochbegabte sind in den meisten Bereichen inkompetent, genauso, wie jeder von uns fast überall auf der Welt Ausländer ist.

Junge Menschen werden gelehrt, dass Erwachsene und hierarchisch Höherstehende ihren unerfahrenen Kollegen „niedrigen Ranges" fachlich überlegen sind. Da das Peter-Prinzip genau das Gegenteil behauptet, erfreut es sich großer Beliebtheit.

Peter führt den Begriff der „kreativen Inkompetenz" ein, nach dem sich ein Mitarbeiter inkompetent gibt, um eine Beförderung zu vermeiden. Er beschreibt auch die Wirkung von „Push" und „Pull" auf Beförderungen, wonach nur Letzteres wirklich effektiv sei. „Push" ist das Karrierebestreben des Mitarbeiters, während „Pull" für den Einfluss der Firma steht. Ein Personalchef sagte dem Autor einst: *„Karrieren werden zu 20 % vom Mitarbeiter und zu 80 % von der Firma gemacht."*

Peters Paradox besagt, dass Mitarbeiter sich in Wahrheit gar nicht um die Inkompetenz ihrer Kollegen sorgen, sondern dass Klatsch und Tratsch über Inkompetenz derer, die befördert werden, den Neid der anderen verdecken. Zum Thema Neid sagte der deutsche Politologe, Jurist und Aphoristiker Lothar R. Schmidt: „Wie viel besser wäre es um uns bestellt, ließe sich Motivation ebenso leicht erregen wie Neid."

Das Peter- Prinzip ist kurzweilige Lektüre für den frustrierten Arbeitnehmer, lässt jedoch wichtige Fakten außer Acht. Oft fehlt beispielsweise den Mitarbeitern der Blick für das Ganze, wodurch Entscheidungen des Chefs – aus ihrem Blickwinkel – nicht klar nachvollziehbar sind. Ebenfalls vergisst das Peter- Prinzip zu erwähnen, dass Menschen sich weiterentwickeln. Wer einen neuen Job übernimmt, baut systematisch Kompetenz in diesem auf, bis er ihn schließlich beherrscht.

Eine Weiterentwicklung des Peter- Prinzips stellt das (nicht ernst gemeinte) **Dilbert-Prinzip** [34] dar. In der gleichnamigen Comicserie skizziert der Zeichner Scott Adams, der auch Mensa- Mitglied ist, den ganz normalen Wahnsinn des Büroalltags [1]. Es gibt noch weitere derartige Prinzipen und „Gesetze". Das **Parkinson'sche Gesetz** genügt zwar nicht immer dem wissenschaftlichen Anspruch, wird jedoch von vielen intuitiv als „wahr" empfunden. Es besagt, eher humorvoll, dass sich Arbeit genau in dem Maß ausdehnt, wie Zeit für deren Erledigung zur Verfügung steht [35]. Die Zeitdauer zur Bewältigung einer Aufgabe hänge demnach nicht von ihrer Komplexität ab. Unter den Hochbegabten gibt es zwei extreme Gruppen: Auf der einen Seite stehen die Perfektionisten, die nach Parkinson alle verfügbare Zeit in ein Projekt stecken, um es zu perfektionieren. Auf der anderen Seite gibt es die Aufschieber, die Arbeiten erst kurz vor dem Stichtag beginnen, um sich so selbst zu Höchstleistungen anzuspornen (oder um einfach das aufzuholen, was sie vorher schlichtweg verabsäumt haben).

Abschließend soll gesagt werden, dass Manager in der Regel nicht mehr Fehler machen als andere Menschen, zumindest solche, die ebenso viele Entscheidungen zu treffen haben. Alleine die Auswirkungen von Management- Fehlentscheidungen sind viel gravierender als die Konsequenzen, die sich durch Fehleinschätzungen der übrigen, nicht leitenden Mitarbeiter einer Unternehmung ergeben. Daher sollten die Folgen von Fehlern minimiert werden, während der volle Nutzen aus richtigen Entscheidungen gezogen wird (vergleichen Sie dies mit dem bewährten Prinzip an der Börse, wo man auch dauernd gute und weniger gute Entscheidungen trifft: Verluste begrenzen, Gewinne laufen lassen).

Manager brauchen für gewöhnlich relativ lange, um auf Fehler zu stoßen. Während ein Arbeiter am Fließband sofort das Ergebnis eines Fehlers bemerkt, kann es beim Vorstand oft Monate und Jahre dauern, bis die Wirkung auf eine Ursache folgt.

2.5 Rollen des Managers

Ein Manager hat die Aufgabe, mit den ihm von seiner Unternehmung bereitgestellten Ressourcen definierte Ziele zu erreichen. Die Ressourcen sind im Wesentlichen seine Mitarbeiter und sein Budget.

Ziele

Jede Organisation verfolgt ein bestimmtes Ziel. Diesem arbeitet ein dort tätiger Manager zu. Es gibt Firmenziele, Abteilungsziele und Projektziele, um wesentliche Kategorien zu nennen. **Ziele** sollten zu Beginn eines neuen Jahres oder eines neuen Projekts klar festgelegt werden. Das Führen mittels Zielen **(Management by Objectives, MbO)**, welches später noch ausführlicher beschrieben wird, hat sich in sehr vielen Unternehmen etab-

Tab. 2.1 Rollen eines Managers nach Henry Mintzberg. Die Kommentare stammen vom Autor

Rolle	Funktion	Kommentar
Interpersonale Rollen	Galionsfigur (Vorbild) Vorgesetzter Vernetzer	Der Manager hält seine Abteilung zusammen, er geht voran und vermittelt zwischen den Mitarbeitern
Informationsrollen	Überblick behalten (Radarschirm) Information verteilen Sprecher	Der Manager kommuniziert mit seinen Mitarbeitern, er bringt ihnen die Ziele der Organisation und der Organisation die Bedürfnisse seiner Mitarbeiter näher
Entscheidungsrollen	Unternehmer Problemlöser Ressourcenverteiler Verhandlungsführer	Der Manager strebt mit seinen vorhandenen Ressourcen vorgegebene Ziele an. Er gibt die Richtung vor, trifft Entscheidungen und setzt sich für Organisation und Mitarbeiter ein

liert. Ziele werden vereinbart, also zwischen Mitarbeiter und Vorgesetztem abgestimmt und nicht einseitig vorgegeben. Sie sollten operationalisierbar sein und in Bezug auf ihre Erreichbarkeit im Verantwortungs- und Möglichkeitsbereich des Ausführenden liegen.

Sie sollen SMART sein (**s**pezifisch, **m**essbar, **a**nspruchsvoll, **r**ealistisch, **t**erminiert). Ein Manager kann nicht „ins Blaue" hineinarbeiten, um „das Beste" für seine Organisation zu erreichen, auch seine Mitarbeiter nicht. Es soll vorab feststehen, was man erreichen will. Ziele werden in der Regel von der Organisation vorgegeben. Der Prozess der Zielefestlegung kann in einer Unternehmung *bottomup* oder *top-down* erfolgen, zumeist jedoch aus einer Kombination daraus. Von den übergeordneten Zielen für das gesamte Unternehmen werden spezielle Ziele für einzelne Organisationseinheiten heruntergebrochen. Dabei gibt es je nach Situation auch einen gewissen Gestaltungsspielraum, den der Manager einer Einheit hat. Ziele können unterjährig an die neuen Gegebenheiten angepasst werden.

> **Tipp** Lassen Sie Ihre Mitarbeiter Zielvorschläge machen. Damit zeigen Sie nicht etwa, dass Sie sich in deren Wirkungsbereich nicht auskennen; Sie erreichen vielmehr, dass Ihre Mitarbeiter höhere Ziele vorschlagen, als Sie selbst genannt hätten. Auch wird der Ehrgeiz Ihrer Mitarbeiter, diese dann auch zu erreichen, höher sein. Natürlich haben Sie ein „Veto"- Recht und sollten dafür sorgen, dass die Ziele Ihrer Mitarbeiter Ihre eigenen Ziele direkt unterstützen. Die Ziele des Managers werden primär von dessen eigenem Manager festgelegt. Ein Manager beachtet allerdings die Interessen aller *Stakeholder* (Interessenträger), während er an den Zielen seines „Hauptkunden" arbeitet. Dies gelingt Unternehmern teil- weise einfacher als angestellten Managern, die sich vor allem den Interessen der Kapitalgeber („Shareholder": Eigentümer und Banken) verpflichtet fühlen. Ein Manager soll, wie beschrieben, vor allem eines sein: **wirksam** [7].

Nach Henry Mintzberg kann man die Rollen eines Managers wie folgt beschreiben [36], siehe Tab. 2.1.

Wie in Tab. 2.1 gezeigt wird, nimmt ein Manager in einer Organisation verschiedene Rollen ein. „*Wir spielen hier drinnen alle nur eine Rolle*“, sagte einmal ein Chef des Autors. Diesen Ausspruch kann jeder Soldat nachvollziehen, der sich in den Kasernengemäuern vor dem Ausbilder fürchtet und diesen auf der Straße bzw. im wirklichen Leben mit anderen Augen sieht; Was sich in der Kaserne abspielt, ist für die „Außenwelt“ irrelevant. Mit Firmen verhält es sich nicht anders: So groß oder so wichtig eine Firma auch erscheinen mag – „draußen“ ist das meiste nicht von Bedeutung.

Im Arbeitsleben versteht man unter der „Rolle“ eines Menschen die vom Arbeitgeber an ihn gerichteten Verhaltenserwartungen. Wenn Mitarbeiter lediglich ihre „Rolle“ im Unternehmen wahrnehmen („Dienst nach Vorschrift“), kann das Überleben einer Organisation nicht gesichert werden. Von (zumindest einigen) Mitarbeitern sind darüber hinaus Anstrengungen auf freiwilliger Basis notwendig [37].

Die Rolle, die ein Manager im Unternehmen spielt, ist eine vielseitige. Er vermittelt zwischen Mitarbeitern und anderen Personen, er informiert und entscheidet. Zur Wahrnehmung dieser Rollen übt ein Manager nach Richard Boyatzis folgende Funktionen aus:

- Planen,
- Organisieren,
- Delegieren,
- Koordinieren,
- Kontrollieren,
- Motivieren.

Planung und **Organisation** sind wichtige Aspekte für geordnete Abläufe in einer Unternehmung. Wenn man lediglich spontane *Ad-hoc*-Entscheidungen trifft, leidet die Effizienz der Arbeit sehr stark, sowohl die eigene als auch die der betroffenen Mitarbeiter. Je komplexer und dynamischer das Umfeld bzw. eine Organisation, desto wichtiger wird vorausschauende Planung für den Erfolg [3]. Die Aufgaben überträgt der Manager durch **Delegation** an seine Mitarbeiter; die Verantwortung behält er.

Im komplexen betrieblichen Umfeld nimmt ein Manager **Koordinationsaufgaben** wahr, setzt Prioritäten und ordnet Ressourcen zu. Die **Kontrolle** des Ergebnisses einer **delegierten** Aufgabe soll nicht vergessen werden. Zur Kontrolle gehört auch eine saubere Dokumentation. Übrigens: Wer alles kontrolliert, kontrolliert nichts. Setzen Sie Schwerpunkte und kontrollieren Sie stichprobenartig.

Sie können nicht davon ausgehen, dass alles, was Sie mündlich oder per E- Mail mit jemandem ausmachen oder ihm einfach zum Bearbeiten „hinwerfen“, auch erledigt wird. Selbst wenn eine Aufgabe erledigt wird, ist nicht zu erwarten, dass die Qualität genau dem entspricht, was Sie sich vorgestellt haben. Nachfragen *(following-up)*, nicht erst am Stichtag, ist eine wichtige, allzu oft vernachlässigte Führungsaufgabe.

> **Tipp für Hochbegabte** Ein Plan soll keine Zwangsjacke sein, er kann laufend an die neuen Gegebenheiten angepasst werden. Ohne Plan sollten Sie niemals an einer Aufgabe arbeiten.

Neben seinen Hauptzielen, das heißt der Unterstützung der Firmenziele, hat ein Manager noch weitere Ziele zu verfolgen. Ein besonders wichtiges Nebenziel ist die Weiterentwicklung seiner Mitarbeiter. Dieses bleibt in der Praxis allzu oft auf der Strecke. Investieren Sie in Schulungen und Trainings für heutige und zukünftige Aufgaben Ihrer Mannschaft!

2.6 Führung

Die zahlreichen Aufgaben eines Managers sind recht unterschiedlich. Führung ist ein wichtiger und großer Teil seiner Tätigkeiten. Es handelt sich dabei um die direkte oder indirekte Verhaltensbeeinflussung durch eine Führungsperson auf einen Geführten. Von direkter Führung spricht man, wenn die Führungsperson durch ihre persönliche Beziehung zum Geführten Einfluss auf dessen Verhalten ausübt. Indirekte Führung geschieht durch Strukturen, beispielsweise Anreizsysteme oder Kennzahlen. Führung passiert in unterschiedlichsten Situationen und kann eine Einzelperson oder eine Gruppe betreffen. Führung ist also ein **Prozess**, dessen Ergebnis nicht alleine von der Persönlichkeit der Führungskraft und ihren Taten abhängt, sondern auch von den Geführten bestimmt wird. Im Gegensatz zu anderen Aufgaben eines Managers ist Führung nicht delegierbar, ebenso wenig wie Verantwortung: Auch diese behält der Manager.

Apropos Verantwortung: Diese trägt ein Manager nicht nur für sein eigenes Handeln und seine eigenen Ergebnisse, sondern auch für die seiner Mitarbeiter und Vertragspartner.

▶ **Brain Teaser** Wenn ein vom Manager beauftragter Vertragspartner einen Arbeitsunfall erleidet, ist dieser mit dafür verantwortlich.

Über Führung wurde und wird viel nachgedacht und zu Papier gebracht. Es gibt eine Heerschar an Akademikern, die sich mit dem Thema Führung auf einer theoretischen Ebene befassen, und eine noch größere Anzahl an Praktikern, die im täglichen Führungsalltag nach Möglichkeiten suchen, wirksam zu führen. Ideen, Theorien und Konzepte zur Führung lassen sich zu „Führungslehren" kondensieren bzw. operationalisieren. Alle Management- bzw. Führungstheorien befassen sich mit dem menschlichen Verhalten in Organisationen. Einige Beispiele von Führungslehren stammen von

- **Konfuzius,** mit dem Ideal des tugendhaften Herrschers und der Harmonie in menschlichen Beziehungen,
- **Benedikt von Nursia,** mit der Regel „*Ora et labora*" (Bete und arbeite),
- **Niccolo Machiavelli,** mit dem alle Mittel rechtfertigenden Machtgewinn und Machterhalt.

- modernen Führungslehrern (manche dieser „Gurus“ sind allerdings schlichtweg Scharlatane[2]).

Den Begriff der „neuen Führungsliteratur“ (*new leadership literature*) hat übrigens Alan Bryman 1992 eingeführt [38]. Die Forschung zu Führung entwickelt sich laufend weiter und bringt neue Erkenntnisse hervor, allerdings sollte man vorsichtig sein, was „neue Führungsliteratur“ betrifft.

Selbsternannte Experten geben nicht selten ihre spekulativen, ungeprüften, nicht wissenschaftlich validierten und nicht praxiserprobten Ideen zum Besten, und zahlreiche Führungskräfte suchen ihr Heil und Antworten auf ihre brennendsten Fragen nach den Universalgesetzen der Führung in teuren Seminaren und Workshops. Sie laufen modernen Hypes nach, die mal banal, mal absurd sind, und übernehmen unkritisch das dort Gepredigte. So mancher Autor und Coach hält sich für Moses, indem er genau zehn „Wahrheiten“, „Geheimnisse“, Regeln oder Ähnliches postuliert.

Oft sind es Banalitäten, die als *management fads* auf das unkritische und ungeteilte Interesse von unsicheren Führungskräften treffen. Das Offensichtliche wird zu Geheimwissen hochstilisiert, und Wahrheiten werden durch Simplifizierung verzerrt und verfälscht.

Manchmal werden die Managementlehren auch falsch verstanden, sie werden dann zu „Managementleeren“.

Ein befreundeter Coach sagte einmal: „*There is nothing new under the sun.*“ Das klingt zwar ein wenig innovationsfeindlich, ist in Bezug auf einige neue, heilversprechende Führungslehren hingegen recht zutreffend.

Führungstheorien lassen sich in zwei Gruppen einteilen: solche, die Aspekte der Person hervorheben, und solche, die die Situation in den Vordergrund stellen. Neue Theorien vereinen beide Aspekte, wonach die Wechselwirkung von Führungskraft und Situation für den Führungserfolg entscheidend ist [13].

2.7 Aspekte der Führung

Unter Führung kann man in der Wirtschaft folgende Teilbereiche verstehen:

- **Unternehmensführung** (Leitung eines Unternehmens oder eines Teils davon, Abteilungsleiter nehmen beispielsweise eine Bereichsführung wahr),
- **Menschenführung** (Personalführung).

Daneben gibt es die Begriffe der Lebensführung (persönliche Bewältigung des Lebens), des Verhaltens (Gefangene), der Führung von Titeln und Tieren sowie der Führung in der Mechanik. Diese haben allesamt nichts mit dem Thema dieses Buchs zu tun.

[2] Nach Peter Drucker ist Guru ein Synonym für Scharlatan, weil in Zeitungsüberschriften oft nur Platz sei für vier Buchstaben ....

Unter der Menschenführung versteht man im engeren Sinn die Personalführung. Menschenführung kann im Rahmen einer Leitungsfunktion (Vorgesetzter und Mitarbeiter) erfolgen und auch als Beeinflussung nicht direkt unterstellter Mitarbeiter. Vor allem in modernen Organisationen mit Matrixstrukturen und vielen Stabsstellen ist die Führung „außerhalb der Linie“ besonders wichtig. Führung wird oft mit Management gleichgesetzt, obwohl Management sich mit dem Erledigen von Aufgaben befasst, was auch ohne Führung von Menschen erfolgen kann. Management ist somit ein breiterer Begriff als Führung.

Wer wird geführt?

Man kann unterscheiden zwischen

- Selbstführung,
- direkter Führung,
- indirekter Führung.

Jeder Mensch führt bzw. „managt“ sich zuerst einmal selber. Zum Selbstmanagement, um in weitverbreiteten Anglizismen zu sprechen, gehören Zeitmanagement und Work- Life-Balance (dazu später mehr). Direkte Führung passiert innerhalb einer Organisation, indem eine Führungskraft auf eine ihr direkt unterstellte Person einwirkt. Es handelt sich hier um das klassische Mitarbeiter-Chef-Verhältnis. Mitarbeiter – das können Arbeiter oder Angestellte sein, Menschen mit fixem Vertrag oder solche auf Zeit bzw. bei Leiharbeitsfirmen (Arbeitskräfteüberlassern). Manche Firmen haben nette Worte für „Mitarbeiter“ kreiert, zum Beispiel „Associate“ oder „Team Member“. Diese Rhetorik hat die Mitarbeiter aufgewertet. Als Untergebene bezeichnet kaum noch jemand seine Mannschaft, schon gar nicht in deren Anwesenheit.

Indirekte Führung ist gewissermaßen die Kür von Führung: die Beeinflussung anderer Menschen außerhalb der „direkten Reichweite“ und jenseits einer formellen Hierarchie. Bevor der Vorstand eines Unternehmens die Mitarbeiter in der Produktion erreicht, passiert seine Nachricht viele Stationen. Erst dann kann sie ihre Wirkung entfalten. Um einen Kollegen aus einer anderen Abteilung zur Mitarbeit an einem Projekt zu bewegen, bedarf es einiger Überzeugungskunst, da die „Macht der Linie“ fehlt. Ein Projektmanager führt seine Projektmitarbeiter, ohne Personalverantwortung zu haben. Ebenfalls schwer tut sich ein Verkäufer („Sales Manager“), der eine Kundenbeziehung managt.

Die besonders profitablen Firmen ihrer Zunft managen übrigens nicht nur den direkten Kunden, sondern die gesamte Wertschöpfungskette. Nehmen Sie als Beispiel Fensterläden. Der Rohstoffproduzent von Aluminium, der seinen Absatz für Fensterläden steigern will, sollte sich zuerst überlegen, wer der tatsächliche Kunde, der wirkliche Entscheidungsträger ist. Ist es sein direkter Kunde, der Fensterladenproduzent, der Endkunde (Hauskäufer) oder doch der Bauherr? In diesem konkreten Fall ist der Entscheider der Architekt, der bestimmt, welche Fensterläden er einbauen lässt. Folglich wird der geschickte Aluminium-Hersteller sich überlegen, wie er Architekten über spezielle Zeitschriften mit Fachinformation versorgen kann, oder wie er diese sonst ansprechen kann.

Führung eines Mitarbeiters durch einen Manager ist ein offensichtliches Phänomen. Führung findet auch auf vielen anderen Ebenen in deutlich subtilerer Form statt. Zinsen der Nationalbank und Steuern einer Regierung sind ein Führungsinstrument (z. B. Bremsen von Kreditaufnahmen und Investitionen bzw. Eindämmung von Alkoholkonsum), genauso wie hohe Preise für Übergepäck bei Fluglinien (Gewichtsreduktion) und Flaschenpfand (Erhöhung der Recyclingquote). Führung ist alles, was das Verhalten von Menschen zielgerichtet beeinflusst. Dem- nach führt jeder – und wird jeder geführt. Führung ist reziprok, sie passiert zwischen Führer und Geführtem. Sie kann auf Einzelpersonen, auf Gruppen oder auf ganze Organisationen gerichtet sein.

Geführt wird ein Mitarbeiter in einem Unternehmen primär von seinem unmittelbaren (direkten) Vorgesetzten. Der direkte Chef ist für seine Mitarbeiter die wichtigste Bezugsperson in Organisationen. Man sagt nicht umsonst, dass Mitarbeiter ihre Arbeit bei einer Firma aufnehmen und bei ihrem Chef kündigen, wenn sie unzufrieden sind. Wenn Sie einen Ihrer Mitarbeiter durch freiwillige Kündigung seinerseits verlieren, liegt das nicht unbedingt an dem Unternehmen als Ganzem, der Wirtschaft oder sonstigen externen Faktoren, sondern steht vermutlich in engem (!) Bezug zu Ihren Führungsqualitäten: Sie sind es, der Ihre Mitarbeiter motiviert und an die Firma bindet. Mitarbeiter führen auch ihren Chef, indem sie Einfluss auf sein Verhalten nehmen.

> *Je dois les suivre. Je suis leur chef.*
> Alexandre Auguste Ledru- Rollin (1807–1874), französischer Politiker

Es gibt fachliche und disziplinarische Führungsverantwortung. In Fachfragen lässt sich eine Führungskraft im Idealfall ohnehin von den Mitarbeitern führen, allerdings nicht unkritisch!

Man kann in interdisziplinären Teams eine sogenannte „rotierende Führung" beobachten, bei der unterschiedliche Experten je nach Situation die Führung übernehmen.

Anstatt alles blind zu erlauben, sollten Sie kleinere Entscheidungen, auch dann, wenn Sie nicht ganz von der Sinnhaftigkeit überzeugt sind, Ihren Mitarbeitern überlassen, um deren Motivation und Identifikation mit ihrer Arbeit zu steigern.

Die **Führungsqualität** eines Managers kann gut (wirkam), ineffektiv oder destruktiv sein.

Wo wird geführt?

Führung findet unter anderem im beruflichen Umfeld statt, in Organisationen der

- Verwaltung,
- Wirtschaft,
- Bildungssysteme (Schulen & Universitäten).

und anderen Institutionen. Dazu zählen beispielsweise die **NGO**s (*non- governmental organizations*, Nichtregierungsorganisationen [NRO] wie das Rote Kreuz) und die **NPO**s (*nonprofit organizations*, Gemeinnützige Gesellschaften wie ein idealer Verein) und auch das Militär.

Die „Arbeit" ist nur ein kleiner Ausschnitt aus den Bereichen, in denen das Phänomen der Führung beobachtet wird. Ob im Fußballteam oder in einer Gruppe von Freunden – sobald mehr als eine Person anwesend ist, kommt das Thema Führung zum Vorschein.

Warum lassen sich Menschen führen?

Allgemein gefasst kann man sagen, dass Menschen für Sie arbeiten werden, wenn sie sich daraus einen **Nutzen erhoffen**, weil sie **gewissen Normen folgen** (gesellschaftlich anerkannte Wertvorstellungen) oder **dazu gezwungen** werden. Diese Vorstellung geht auf den Soziologen Amitai Etzioni zurück. Am wichtigsten ist der Fall, nach dem sich Menschen einen Nutzen erhoffen, indem sie ihrem Chef/Manager folgen.

Falls Sie der direkte Chef eines Mitarbeiters sind, ist seine „Gefolgschaft" einleuchtend, Sie haben ja in diesem Fall eine Reihe von Möglichkeiten, bei qualitativ oder quantitativ nicht ausreichender Zusammenarbeit und Unterstützung wirksame Maßnahmen zu ergreifen bzw. im Falle von erwartungsgemäßer Zielerreichung Belohnungen zu verteilen, gemäß dem Prinzip „Carrot & stick" bzw. Zuckerbrot-und-Peitsche.

Wenn Sie Menschen eine Vision aufzeigen, auf die sie mit herausfordernden Aufgaben hinarbeiten können, Spaß an der Arbeit habend und auf ein höheres Ziel hinstrebend, werden Sie auch ohne „Karotten" in Form von Geld die Mitarbeiter, die Sie sich wünschen, haben. Non-Profit-Organisationen würden ohne Vision und als **sinnstiftend** anerkannte Ziele keine freiwilligen Mitarbeiter haben, die sich bekanntlich mit hohem Einsatz hinter ihre Aufgaben klemmen. Der Mensch als „Rudeltier" ist gerne unter anderen Menschen. Eine Aufgabe, die Sinn gibt, bedeutet in der Regel höhere und dauerhaftere Motivation als Bezahlung. Sobald man genügend Geld zum Leben hat, rückt die Bedeutung des Mammon in den Hintergrund (denken Sie an die Maslow'sche Bedürfnispyramide; demnach gibt es Grundbedürfnisse und hierarchisch höherliegende Bedürfnisse, und falls mehrere Bedürfnisse nicht erfüllt sind, ist unser Streben nach den Grundbedürfnissen am stärksten). Führung bedarf in jedem Fall der Anerkennung durch die Geführten. Ohne diese Akzeptanz kann ein Manager nicht viel bewegen.

Führung und Werte

Führung ist werteorientiert. In der Wirtschaft sind die Werte einer Firma maßgebend. Es gibt verschiedene Möglichkeiten, ausgedrückt als Führungsmethoden, ein Ziel zu erreichen. Der Manager kann autoritär agieren, eine Aufgabe komplett delegieren, mit Druck oder mit Motivation führen. Aufwand und Effizienz der diversen Methoden, die alle auf das gleiche Endergebnis abzielen, können sich stark unterscheiden. Dieses Endergebnis[3] ist es, was entscheidend ist. An die Frage „Wohin wird geführt?“ knüpft sich die Wertefrage. Adolf Hitler und Saddam Hussein sind nicht an mangelnder Führungsfähigkeit gescheitert, sondern an ihrem falschen Wertesystem [39]. Auch Bosse von Industrie-Unternehmen kommen an der Wertefrage nicht vorbei. Ein zentraler Begriff ist der der „Wertelandschaft“, eingeführt vom Nobelpreisträger Manfred Eigen.

Werte sind die Prinzipien und Ansichten, nach denen ein Mensch sein Handeln ausrichtet. Eine Reihe von Werten ist stark kulturabhängig, andere gelten quasi weltweit. Es sind dies Ehrlichkeit, Integrität, Respekt, Toleranz, Freundlichkeit, Solidarität, Fairness, Mut und Frieden [40].

Eine scharfzüngige Bemerkung zu Firmenwerten machte der Mental- und Erfolgscoach Markus E. Huber: *„Die Werte einer Firma repräsentieren vielfach genau das, was sich die Mitarbeiter wünschen, weil es fehlt (daher hat es einen Wert).“* In diesem Sinne ist das Unternehmen danach bestrebt, diese von ihr proklamierten, (fehlenden) Werte zu implementieren. Als Führungskraft erwartet die Organisation von Ihnen, dass Sie die Werte der Firma ständig vorleben. Sie stehen als Chef unter strenger Beobachtung Ihrer Mitarbeiter, die bisweilen jede Ihrer Taten und Worte in die Waagschale werfen und interpretieren. Da die Werte eines Unternehmens dessen „Seele“ sind, ist es für Sie als Führungskraft essenziell, diese Werte zu leben. Eine Firma ist für Sie geeignet, wenn Sie sich mit ihren Werten identifizieren können. Es brauchen nicht genau Ihre ureigenen Werte zu sein. Beide Wertelandschaften sollten sich so weit miteinander vertragen, dass Koexistenz möglich ist. Wenn Sie sich nicht mit den Werten einer Firma anfreunden können, wechseln Sie zu einer anderen Unternehmung, wo Sie mehr Leidenschaft verspüren. Denken Sie, um ein Beispiel zu nennen, dass ein militanter Nichtraucher mit Hingabe für einen Tabakkonzern arbeiten kann?

Ein besonders wichtiger Aspekt aus der obigen Auflistung universeller Wertehaltungen ist **Respekt**. Respekt zu zeigen kostet Sie nichts und rentiert sich in den meisten Fällen stark.

Weisen Sie niemanden als Person zurück. *„Be soft on people, and hard on the problem“*, das drückt diese Geisteshaltung treffend aus.

Der Psychologieprofessor Frank Barron sagte: *„Nimm einem Menschen niemals seine Würde. Sie bedeutet Dir nichts, aber ihm alles.“* Respekt zu zeigen heißt unter anderem, alle Menschen „gut“ zu behandeln und Wertungen sowie Aburteilungen zu vermeiden. Akzeptieren Sie andere(s). Über den asiatischen Raum sagt man, dass „Gesichtsverlust“ dort besonders schlimm sei. „Schlimm“ ist Gesichtsverlust jedoch überall.

Fairness ist eine weitere, zentrale, wünschenswerte Eigenschaft einer Führungskraft. Aus dem Sport ist Fairness (Fair Play)bekannt, man hält sich an die Spielregeln und spielt anständig. Richard von Weizsäcker sagte dazu:

---

[3] „Bottom Line“ lautet das Endziel von Unternehmen der Wirtschaft, also der Jahresabschluss mit positiven Zahlen. In den letzten Jahren hat sich der Begriff der „Triple Bottom Line“ (*people, planet, profit*) etabliert.

> Verlangt ist nicht nur die formelle Beachtung von Regeln. Nie werden geschriebene Regeln die menschliche Haltung des ‚Fair Play' ersetzen können. Der Sportler, der das Fair Play beachtet, handelt nicht nach dem Buchstaben, er handelt nach dem Geist der Regeln.

Eine Analogie zum Geschäftsleben sind Verträge: jener Vertrag der beste, den man nicht braucht. Fairness drückt die individuell empfundene Vorstellung von Gerechtigkeit aus und hat im Wirtschaftsleben eine wichtige Stellung (siehe auch Abschnitt über Verhandlungen). Ein finnischer Professor, Mika Kivimäki, hat herausgefunden, dass das Herzinfarktrisiko von Mitarbeitern, die ihren Chef als unfair empfinden, um bis zu 30 % ansteigen kann [27]. Als Manager brauchen Sie nicht besonders nett sein, allerdings erwartet man von Ihnen, dass Sie gerecht – sprich fair – sind.

Integrität: Erzählen Sie unterschiedlichen Gruppen nicht zwei Versionen derselben Geschichte, und bleiben Sie ehrlich. So können Sie Ihre Integrität wahren. Ehrlich sein heißt, die Wahrheit zu sagen, jedoch nicht zwangsläufig, alles zu sagen …

Achten Sie als Firma darauf, dass Ihre Werte gelebt werden und nicht bloß als Lippenbekenntnis auf dem Papier stehen. Vermeiden Sie Aussprüche wie *„Unsere Mitarbeiter sind die wertvollsten Assets"* (das ist ohnehin klar, außer für den, der es explizit ausspricht).

Ein Manager soll kein doppelgesichtiger Janus sein. Allerdings sollte er fähig sein, „unterschiedliche Hüte" zu tragen. Beispielsweise agiert der Geschäftsführer einer ausländischen Tochterunternehmung nach den lokalen Gepflogenheiten, vertritt das Unternehmen in der Zentrale jedoch nach den dortigen Regeln. Auch sollte man seine Worte je nach Gesprächspartner entsprechend unterschiedlich wählen, um optimal verstanden zu werden (siehe auch Abschnitt zur Sprache der Manager).

Wie wird geführt?

Die eindimensionale Sicht von Führung, wonach eine Führungskraft entweder auf „Menschen" oder auf „Zahlen und Aufgaben" konzentriert ist, und wo sich diese zwei Pole gegenseitig ausschließen, gilt heute als überholt [41].

Eine Führungskraft entscheidet sich nicht für „Menschen" oder „Aufgaben", sondern operiert entlang mehrerer Dimensionen. Wer im alten „Entweder- oder"- Modell denkt, wird nicht besonders wirksam sein.

Unterschiedliche Firmen, die in derselben Branche tätig sind, haben eine Reihe von Gemeinsamkeiten, nicht nur den Kollektivvertrag. So sind gewisse Branchen zyklisch, etwa Chemie und Kunststoffe, oder stark reglementiert, etwa Glücksspiel, oder extrem dynamisch, etwa Informationstechnologie, oder von großen Einstiegsbarrieren gekennzeichnet, wie etwa die kapitalintensive Flugzeugproduktion. Jede Branche hat ihre eigenen „Spielregeln".

Die wesentlichen Unterschiede von Firmen, die in derselben Branche arbeiten, ergeben sich aus den jeweiligen Firmenwerten und den dort praktizierten Führungsstilen. Natürlich ist auch die Strategie der Firma (Nischenplayer oder Marktführer, Kosten- oder Innovationsführer etc.) entscheidend für das Geschäftsgebaren. **Vision, Mission** und **Strategie** werden von der Unternehmensführung bzw. den Eigentümern, an welche diese berichtet, vorgegeben. Die richtigen Mitarbeiter sind am wichtigsten. Jack Welch schreibt in [42]: *„People first. Strategy and everything else next.“*

Die Unternehmensführung ist ausschlaggebend dafür, ob ein Unternehmen über oder unter dem Branchendurchschnitt abschneidet oder sogar aus dem Wettbewerb verdrängt wird. Vor allem in tradierten Branchen und global agierenden Firmen sind die Unterschiede jedoch oft kleiner, als sich so mancher unzufriedene Angestellte naiv ausmalt, bevor er in der Hoffnung auf Wandel zu einem Marktbegleiter wechselt.

Großkonzerne werden anders geführt als mittelständische Unternehmungen, und börsennotierte Gesellschaften gehorchen anderen Gesetzmäßigkeiten als Firmen im Familienbesitz. Neu gegründete Firmen (Startups) funktionieren anders als etablierte Firmen. Letztere sind durch Strukturen und Prozesse geprägt, während bei vielen jungen Unternehmen mangels Ressourcen und aufgrund rascher Veränderungen viel Improvisation gefragt ist.

Verständlicherweise gibt es auch Unterschiede nach geographischen Gesichtspunkten und nach Branchen. So ist die konservative Chemiebranche anders aufgestellt als die Mode- oder die IT- Industrie. Der typische amerikanische Führungsstil unterscheidet sich von den Gepflogenheiten in Asien. In US- amerikanisch geführten Unternehmen geht es häufig um den „Fast Buck“, um rasche Resultate unter enormem Erfolgsdruck. In Asien zählt die Leistung der Gruppe mehr als die des Individuums, und Widerspruch/Ambiguität werden toleriert. In Asien sind soziale Beziehungen wichtig für den Erfolg, während sie in Amerika oft als hinderlich angesehen werden. Viele Firmen haben Führungsrichtlinien ausgearbeitet, welche sie teilweise sogar im Internet präsentieren, siehe hierfür ein Beispiel [43].

Im Folgenden werden gängige und erprobte Führungsstile, Führungstechniken und Führungsinstrumente umrissen.

2.8 Führungsstile

Führung ist die Einwirkung einer Führungskraft auf ihre Mitarbeiter, um ein vorgegebenes Ziel zu erreichen. Führung sollte einem systematischen Ansatz folgen. Sie kann auf unterschiedliche Arten praktiziert werden, was man als **Führungsstile (Führungsansätze)** bezeichnet.

Max Weber (1864–1920) hat das Vorhandensein von drei Führungsstilen als Formen der Herrschaft postuliert [44]:

- **Patrimoniale Herrschaft:** Sie beruht auf dem Alltagsglauben an geltende Traditionen und der Legitimität der durch sie Berufenen.
- **Charismatische Herrschaft:** Sie fußt auf dem Glauben an die Herrlichkeit bzw. Heldenhaftigkeit einer Person und der durch sie geschaffenen Ordnung.

- **Bürokratische oder rationale Herrschaft:** Sie nährt sich aus dem Glauben an die Legalität gesatzter Ordnungen (Gesetze, Regeln, Zuständigkeiten).

Über die Zeit haben sich aus diesen für (moderne) Organisationen anwendbare Führungsstile entwickelt. Eine Führungskraft kann sich dabei eher an Aufgaben oder an Mitarbeitern orientieren. Eine hohe Mitarbeiterorientierung ist generell als positiv zu werten, weil sie ein konstruktives Klima zwischen Chef und Mitarbeiter schafft.

Der Führungsstil ist von vielen Faktoren abhängig,u. a. Unternehmensgröße, Tradition, Rechtsform, Marktform, Lage des Unternehmens und Menschenbild des Managers, um einige der wichtigsten Determinanten anzuführen. Der Führungsstil eines Managers wird vom jeweiligen Unternehmen und der agierenden **Person** sowie von der jeweiligen **Situation** beeinflusst. Je nach Situation sind unterschiedliche Führungsstile angebracht und führen zum bestmöglichen Ergebnis [45, 46]. So ist oftmals ein autoritärer Führungsstil in Krisensituationen – und wenn sich spezielle Chancen für das Unternehmen bieten, die eine schnelle Entscheidung erforderlich machen – angebracht. Eine Partizipation der Mitarbeiter hingegen ist im Routinebetrieb oftmals die bevorzugte Wahl, da sie die Führungskräfte entlastet und die Mitarbeiter durch das höhere Maß an Verantwortung motiviert. Im Folgenden sind die gängigsten Führungsstile in vereinfachter Form kurz skizziert (Tab. 2.2).

Nicht immer zeigen Manager einen bestimmten Stil, sondern eher Muster in ihrem Handeln. Wer von Stil zu Stil springt, weil er sich von einem aktuten Problem auf das nächste wirft, taumelt herum. Er hat, wie es in [47] beschrieben wird, den Stil eines kopflosen Huhns. Derartiges Handeln sollte nicht mit dem situativen Führungsstil verwechselt werden (siehe weiter unten).

Ein Führungsstil steht für Konsistenz. Wenn Manager in unterschiedlichen Situationen und über lange Zeit denselben Führungsstil an den Tag legen, bekommen sie manchmal einen Beinamen wie „Neutronen-Jack" (Jack Welch), „chainsaw" (Al Dunlop [13]), „the hardest working man in Korea" (Kim Woo Choong von Daewoo in Korea [48]), „the sultan of bling" (Gerald Ratner, der Sultan auffälligen Modeschmucks [49]) oder „Eiserne Lady" (Margaret Thatcher). Manche dieser Spitznamen sind wenig rühmlich.

Wie sollten Sie nun mit Ihrem individuellen Führungsstil umgehen? Zuerst sollten Sie ihn sich bewusst machen, inklusive der Wirkung, die Sie damit auf Ihr Umfeld ausüben. Sie können gezielt an Ihrem Stil arbeiten. Hier sind einige Anregungen:

- Aufgabenorientierte Menschen sollten darauf achten, die Gefühle ihrer Mitmenschen sowieihre eigenen nicht unterzubewerten.
- Gefühls- bzw. menschenbetonte Manager sollten bewusst Konfliktfähigkeit zeigen.
- Ein autoritärer Führungsstil wird bei Offenlegung der Entscheidungskriterien eher von den Mitarbeitern anerkannt, weil die sachlichen Beweggründe des Chefs klar und nachvollziehbar sind.

Tab. 2.2 Führungsstile im Überblick

Führungsstil-Konstrukt	Beschreibung	Kommentar
Autoritärer Führungsstil	Starke Lenkung, teilweise Geringschätzung der Mitarbeiter (Gehorsamkeitsverhältnis)	„Traditioneller", „befehlender" Führungsstil, findet sich bei mittelständischen Betrieben und in Familienunternehmen. In Notsituationen kann er angebracht sein
Hierarchischer Führungsstil	Siehe autoritärer Führungsstil	Geprägt von raschen Entscheidungen und einer Befehlskultur
Autokratischer Führungsstil	Ausgeprägtes „Top- Down"- System, die Meinung der Mitarbeiter wird nicht berücksichtigt	Ähnlichkeiten zum autoritären Führungsstil. Passive, unselbständige Mitarbeiter
Demokratischer Führungsstil	Entscheidungen werden gemeinsam getroffen, wenig Lenkung	Wertschätzung der Mitarbeiter, starke Einbindung, oftmals hoher Zeitbedarf
Patriarchalischer Führungsstil	Der Chef entscheidet. Er versucht, seine Mitarbeiter von seiner Entscheidung zu überzeugen	Die Führungskraft ist eine Art „Vaterfigur" und kümmert sich persönlich um das Wohl der Mitarbeiter
Kooperativer Führungsstil	Einbindung der Mitarbeiter in den Entscheidungsprozess	Siehe demokratischer Führungsstil
Partizipativer Führungsstil	Die Mitarbeiter arbeiten Problemlösungen aus, und der Vorgesetzte wählt die ihm am geeignetsten erscheinende Variante aus	Mitunter lange Entscheidungs- Findungsphasen
Bürokratischer Führungsstil	Versachlichung, Regelwerk; er ist aus dem autokratischen Führungsstil entstanden. Der Führungsanspruch leitet sich aus bürokratischen Regeln ab. Die Funktion ist nicht an eine Person gebunden, sondern auf Zeit verliehen und übertragbar. Instrumente sind zahlreiche Richtlinien, Stellenbeschreibungen und Dienstanweisungen	Oft in traditionsreichen Unternehmen und konservativen Branchen anzutreffen sowie im Bereich der (öffentlichen) Verwaltung
Laisser- faire-Führungsstil	Mitarbeiter haben volle Freiheit. Entscheidung und Kontrolle liegen bei der Gruppe. Teilweise Geringschätzung der Mitarbeiter. In Wahrheit wird bei diesem Führungsstil gar nicht geführt!	Dieser Führungsstil ergibt sich manchen Mitarbeitern gegenüber, nachdem ein ungelöster Konflikt aufgetreten ist. Die Führungskraft hat resigniert
Situativer Führungsstil	Angepasst an die jeweilige Situation	Die Führungskraft wählt aus ihrem Inventar an Führungsstilen den jeweils besten aus

Tab. 2.2 Fortsetzung

Führungsstil-Konstrukt	Beschreibung	Kommentar
Visionärer Führungsstil	Durch die Vision der Führungskraft fühlen sich die Mitarbeiter inspiriert und gehen der Erfüllung einer Aufgabe „von innen heraus" nach. Man spricht auch von der transformationalen (transformativen) Führung im Gegensatz zur transaktionalen Führung, welche auf einem Austauschverhältnis zwischen Chef und Mitarbeiter beruht	Folgendes Zitat von Antoine de Saint-Exupéry, dem Autor von „Der kleine Prinz", beschreibt das Wesen dieses Führungsstils: *„Quand tu veux construire un bateau, ne commence pas par rassembler du bois, couper des planches et distribuer du travail, mais reveille au sein des hommes le desir de la mer grande et large."* *
Coachender Führungsstil	Es geht vor allem um die Weiterentwicklung des Coachees und nicht so sehr um die zu erledigenden Aufgaben	Wirksam ist dieser Führungsstil bei Mitarbeitern, die sich beruflich weiterentwickeln wollen und ein **Commitment** zur Firma haben
Charismatischer Führungsstil	Eine singuläre Führungspersönlichkeit mit starker persönlicher Ausstrahlung vermittelt den Mitarbeitern, vor allem in Krisenzeiten, Zuversicht auf dem Weg nach vorne	Charismatische Führung erzielt ungewöhnliche Ergebnisse. Sie ist schwierig zu bewerkstelligen und zudem ein verklärter Begriff Sie kann gefährlich sein
Inspirierender Führungsstil	Siehe visionärer bzw. charismatischer Führungsstil	Menschen bringen hohe Leistungen nicht durch Autorität, sondern dadurch, dass sie inspiriert werden
Führung durch Kompetenz	Eine Mischform unterschiedlicher Stile	Für Details, siehe weiter unten
Führung durch emotionale Intelligenz	Mix aus sechs unterschiedlichen Führungsstilen mit starkem Bezug zum Mitarbeiter. Mit der Einführung der Emotionalen Intelligenz kam es zu einem Paradigmenwechsel im akademischen Intelligenzkonzept. In der Führung ist sie eine Weiterentwicklung der situativen Führung	Die emotionale Intelligenz (EQ) eines Menschen ist die Voraussetzung für diesen Führungsansatz. Die emotionale Intelligenz (auch interpersonale Intelligenz genannt) ist im Gegensatz zur klassischen Intelligenz (IQ) lern- und trainierbar
Führung durch Vorbildfunktion	Der Vorgesetzte zeigt vorbildhaftes Verhalten und erwartet dies auch von seinen Mitarbeitern; Beispiel: Sicherheitspolitik eines Unternehmens	Die Führungskraft nützt ihre Signalwirkung aktiv, um bestimmtes Verhalten herbeizuführen, das sie selbst vorlebt (*Walk the talk!*)
Fordernder Führungsstil	Die Führungskraft macht den Mitarbeitern hohe Zielvorgaben	Vgl. Pygmalion- Führungsstil: Der Manager legt die Latte hoch und spornt die Mitarbeiter so zu herausragenden Leistungen an

* Wenn Du ein Schiff bauen willst, so trommle nicht Männer zusammen, um Holz zu beschaffen, Werkzeuge vorzubereiten, Aufgaben zu vergeben und die Arbeit einzuteilen, sondern lehre die Männer die Sehnsucht nach dem weiten, endlosen Meer.

Je nach bevorzugtem Stil kann eine Führungskraft als entscheidungsschwach erlebt werden, was ihre Wirksamkeit reduziert. Die Schwierigkeit bei der Anwendung eines bestimmten Führungsstils ist, dass der Manager dabei leicht aus der Balance gerät und sich nur einseitig um bestimmte Aufgaben in seiner Rolle kümmert.

Die in Tab. 2.2 angeführten Führungsstile sind idealisierte, nicht ganz überschneidungsfreie Formen, die in der Praxis angetroffen werden. Alle weisen sie Vor und Nachteile auf.

Daneben gibt es noch einzelne Aspekte der Führung, die manchmal als Führungsstil dargestellt werden, etwa ethischer Führungsstil, instrumenteller Führungsstil oder symbolischer Führungsstil.

Unter **Commitment** [50] versteht man das Ausmaß der Identifikation eines Mitarbeiters mit seiner Organisation. Es ist gewissermaßen das „psychologische Band" [37], das einen Mitarbeiter und sein Unternehmen verbindet.

Nicht alle Führungsstile sind zeitgemäß. Manche sind für bestimmte Mitarbeiter effektiver als andere. Die Wirksamkeit einzelner Stile unterscheidet sich auch nach Ländern. Ungelernte Hilfskräfte werden von einem autoritären Führungsstil weniger „abgeschreckt" als intensiv ausgebildete Mitarbeiter. In Asien überfordert ein kooperativer Führungsstil manche Mitarbeiter, die eher gewohnt sind, dass ihr Chef für sie die Entscheidungen trifft.

Die Führungsstile (auch Führungsmodelle oder Führungstechniken genannt) des letzten Jahrhunderts sind generell von „Top- down", bürokratischen Paradigmen geprägt und nicht voll anwendbar auf wissensbasierte Unternehmungen [21].

Hochbegabte Mitarbeiter tun sich besonders schwer mit einem autoritären Chef, der seine Entscheidungen nicht begründet. Sie wollen verstehen, warum bestimmte Lösungen gewählt werden und nicht eine andere, ihnen logischer erscheinende.

Situative Führung

Situative Führung ist ein variabler, flexibler Stil. Sie können mit engen oder mit losen Zügeln managen, je nachdem, wie es die Situation gebietet. Der **situative Führungsstil** passt sich zwar der Situation, jedoch nicht dem Mitarbeiter an: Das erfolgt erst in der Führung mit **emotionaler Intelligenz**. Die Anwendbarkeit situativer Führung ist auf eine überschaubare Anzahl an direkt unterstellten Mitarbeitern beschränkt. Die situativ (richtige) Führung sollte nicht mit einem willkürlichen, der aktuellen Befindlichkeit des Managers entspringenden Führungsverhalten verwechselt werden.

Nach [24] bezieht der situative Führungsstil primär folgende Faktoren der zu führenden Mitarbeiter mit ein:

- Motivation,
- Kompetenz,
- Reifegrad.

Paul Hersey und Ken Blanchard haben eine Entscheidungsmatrix entworfen, siehe Tab. 2.3 hier:

Tab. 2.3 Zur Anwendung situativer Führung. Motivation und Kompetenz des Mitarbeiters bestimmen, wie er situativ geführt werden kann, um das bestmögliche Ergebnis anzupeilen

	Kompetenz gering	Kompetenz hoch
Motivation hoch	Unterstützen Fördern Anerkennen	Partizipieren, als Experten miteinbeziehen
Motivation gering	Unterweisen Anleiten Fordern	Delegieren Anordnen Anweisen

Eine 2 × 2 Matrix, wie Sie sie hier sehen, darf in keinem Managementbuch fehlen. Es geht im Management um Wechselwirkung, und die lässt sich in einer Matrix prägnant darstellen.

Kein Manager wird ausschließlich Mitarbeiter in seinem Team haben, die für sämtliche Aufgaben gleich motiviert und kompetent sind. Außerdem sollten Sie sich bemühen, ein „buntes" Team an Mitarbeitern zu haben. Zu Teams und deren idealer Zusammensetzung lesen Sie später noch mehr.

Nach dem situativen Führungsstil wählt die Führungskraft bei jeder Aufgabe den passenden Stil, ob bewusst oder intuitiv. Die Treffsicherheit kann nicht vollkommen sein, zumal sich die Kompetenz der Mitarbeiter verändert. Auch setzt die Anwendbarkeit der situativen Führung wie erwähnt voraus, dass die Führungsspanne begrenzt ist. Mehr als zehn direkt unterstellte Mitarbeiter situativ zu führen, das ist auch erfahrenen Führungskräften kaum möglich.

Manche Führungsstile treten gehäuft in bestimmten Branchen auf. So gilt das Gesundheitswesen als von einem autoritären Stil geprägt [51], während in der Kunst ein eher offener Stil praktiziert wird.

In [52, 53] werden sechs Führungsstile, deren Summe die Führung mit **emotionaler Intelligenz** bildet, näher beschrieben, von denen vier in bestimmten Situationen gewissermaßen ideal, in allen Situationen jedoch immer noch halbwegs funktionieren. Dabei handelt es sich um den **visionären**, den **coachenden,** den **demokratischen** und den **kooperativen Führungsstil**. Zwei Stile, der **fordernde** und der **autoritäre**, sind beispielsweise für Krisensituationen geeignet. Im Alltag vergiften sie allerdings rasch das Klima und demotivieren die Mitarbeiter.

Jeder Manager hat seinen eigenen Führungsstil. Er sollte auf mehreren Klavieren spielen können und je nach Situation den passenden Stil anwenden (**situativer Führungsstil**). Der **charismatische Führungsstil**, oft synonym mit dem **visionären Führungsstil** und teilweise auch dem transformativen [54] gebraucht, ist ein eher verklärter Begriff. Er ist die „dramatischste" Form von Führungsstilen. Manche Vorstandsvorsitzende (CEOs) werden wie Filmstars und Rockidole behandelt, und Charisma ist bei vielen Besetzungen wichtiger als die „harten" Qualifikationen für Konzernlenker [55].

Die in jüngerer Zeit entstandenen Führungsschulen sind folgende:

- visionäre Führung,
- Führung mit emotionaler Intelligenz,
- Führung durch Kompetenz.

Diese drei Schulen werden im Folgenden kurz umrissen.

Visionärer Führungsstil

Ein Manager, der visionär führt, gibt ähnlich einem Kapitän die Richtung vor. Er beschreibt ein Ziel, das heute noch keiner sehen kann, und für das es sich lohnt, Anstrengungen zu unternehmen. Aufgrund seiner Persönlichkeit und seiner Vision folgen ihm die Mitarbeiter. Bisweilen spricht man auch vom charismatischen Führungsstil, falls die Persönlichkeit des Managers stark im Vordergrund strahlt.

Es lässt sich zwischen folgenden zwei Modi unterscheiden: Führung durch Transaktion und Führung durch Transformation. Bei der transaktionsbasierten Führung steht der Prozess im Vordergrund, während beim transformativen (transformationalen) Führungsstil der Beziehung eine tragende Rolle zukommt. In beiden Fällen herrscht Klarheit über die Ziele, werden Leistungen der Mitarbeiter anerkannt und werden Ergebnisse belohnt. Der transformative Führungsstil, welcher beispielsweise von Mentoren praktiziert wird, beinhaltet die stark am individuellen Mitarbeiter orientierte Unterstützung, seine intellektuelle Stimulation und die klare Kommunikation der Erwartungshaltung des Chefs [56]. Führungskräfte, die nach dem transformativen Stil arbeiten, können Optimismus, Vertrauen und Hoffnung in ihre Mitarbeiter setzen und begeistern sie für ihre Ziele. Weitere Informationen finden sich in [57]. Der transformative Führungsstil gilt anderen Stilen gegenüber als überlegen [56]. Die von Bernard M. Bass und B.J. Avolio entwickelte Führungstheorie **FRLT** (*full range leadership theory*) umfasst die drei Führungsstile transformational, transaktional und laissez- faire [54]. Es versteht sich von selbst, dass der Laisser- faire- Führungsstil möglichst selten angewendet werden sollte, weil er Mitarbeiter im Dunkeln lässt in Bezug auf die in sie gesetzten Erwartungen.

Führung mit emotionaler Intelligenz (EQ)

Manche Menschen sind soziale Analphabeten, andere wiederum recht geschickt im Umgang mit ihren Mitmenschen.

Mitarbeiter und Führungskräfte erleben am Arbeitsplatz oft ein regelrechtes Wechselbad der Gefühle, welches von sehr positiven Gemütszuständen (Optimismus und Freude) bis hin zu extrem negativen Regungen (Frustration, Wut) reicht. Derartige Gefühle, auch wenn man ihre Existenz (und Berechtigung?) am Arbeitsplatz gerne leugnet, können das Verhalten der Akteure massiv beeinflussen. Jeder hat schon einmal am eigenen Leib erlebt, wie sich starke Gefühle auf die eigene Arbeitsleistung auswirken. Führungskräfte, die sich ihrer eigenen Emotionen und derer ihrer Mitarbeiter bewusst sind, können wirksamer führen als solche, denen diese Gabe fehlt. Man spricht von **emotionaler Intelligenz**.

Emotionale Intelligenz (EI) bezieht sich nach [58] auf Kompetenzen eines Menschen, Emotionen zu erkennen, zu verstehen, auszudrücken und zu managen, sowohl bei sich selbst als auch bei anderen. Gängige Tests für die emotionale Intelligenz, ausgedrückt als **EQ**, sind die *Multi- Factor Emotional Intelligence Scale* (MEIS) und der *Mayer- Salovey-*

Caruso Emotional Intelligence Test (MSCEIT). Eine Schlüsselfrage von EQ- Tests ist, wer die Normierung durchführt bzw. wer sagt, was „emotional intelligent“ ist: Das kann entweder ein Expertenteam sein oder der Konsens der „breiten Masse“.

Die Messung des EQ eines Menschen kann durch das Ausfüllen eines Selbstbewertungsbogens erfolgen oder durch eine Bewertung durch Dritte bis hin zu 360- Grad- Einschätzungen, wodurch sich Selbstund Fremdbild vergleichen lassen.

Die Führung mit emotionaler Intelligenz („EQ“ als Gegenpol zum „IQ“) wurde durch Daniel Goleman bekannt und basiert auf der Behauptung, dass emotionale Intelligenz einen weitaus größeren Beitrag zum Erfolg leistet als der Intellekt.

Nach dieser Schule verfügen alle Manager über ein **ausreichendes** Maß an Intelligenz. Die (als vorhanden vorausgesetzte) Mindestintelligenz sei groß genug, um Führungsaufgaben zu bewältigen. In Golemans Modell gibt es 19 Führungskompetenzen, die sich in vier Dimensionen gliedern lassen:

- persönliche Kompetenz: Selbstwahrnehmung und Selbstmanagement,
- Sozialkompetenz: soziale Wahrnehmung und Beziehungsmanagement.

Es gibt hochintelligente Menschen, die geradezu gefühlstot in der Selbstwahrnehmung sind. Folgende sechs Emotionen werden übrigens von allen Menschen geteilt: Freude, Überraschung, Furcht, Traurigkeit, Wut und Ekel [4].

Über Wahrnehmungsverzerrungen im Management findet sich mehr in [2].

Der richtige Umgang mit Stress gehört auch zu emotionaler Intelligenz. Perverserweise ist es heutzutage „in“, gestresst zu sein, da es Leuten das Gefühl gibt, wichtig zu sein.

Das Modell der Führung mit emotionaler Intelligenz bzw. die „Emotionale Führung“ hat große Resonanz erfahren. Es ist bekannt, dass unser Gehirn nicht rein kognitive Entscheidungen trifft, sondern dass Gefühle zuerst, noch vor den rationalen Gedanken, entstehen oder den Denkprozess zumindest begleiten [59]. Ein populäres Buch hierzu ist [60].

Bei der Führung mit emotionaler Intelligenz kommt es auf die Flexibilität des Managers an, je nach Situation zwischen den verschiedenen Führungsstilen wechseln zu können.

Studien gehen davon aus, dass der Erfolg eines Menschen in seinem Leben und in seiner Arbeit zu **47–56 %** vom EQ bestimmt wird, und dass der Führungserfolg (in den USA) sogar zu **79 %** vom EQ des betroffenen Managers abhängt [4].

Für Details zur Führung mit emotionaler Intelligenz (EQ statt IQ) wird der Leser auf Goleman [52, 53] verwiesen.

Kurzer Exkurs: Das Antonym von emotionaler Intelligenz ist wohl Alexithymie (Gefühlsblindheit, emotionales Analphabetentum). Darunter versteht man die Schwäche einer Person, Gefühle wahrzunehmen und zu beschreiben. Die betroffenen Menschen sind durch ein mechanisch wirkendes Verhalten, einem Roboter gleich, gekennzeichnet. Alexithymie trifft nach Schätzungen, in unterschiedlicher Ausprägung, auf einige Prozent der Bevölkerung zu. Es gibt sowohl Mitarbeiter als auch Manager, die alexithymisch veranlagt sind.

Führung durch Kompetenz

Traditionelle Definitionen von Kompetenz orientieren sich an dem aus dem angloamerikanischen Raum stammenden **KSA- Konzept** *(knowledge, skills, abilities)*, also dem Bündel aus Wissen, Fähigkeiten und Fertigkeiten, die ein Mensch besitzt.

Das US Office of Personnel Management definiert KSAs wie folgt:

- **KSA (knowledge, skills, abilities):** die Attribute, welche zur Erfüllung eines Jobs notwendig sind, und die sich durch betriebliche Praxis, Schulung und Training zeigen,
- **Wissen (knowledge):** der Korpus an Informationen, der direkt im Job angewandt wird,
- **Fähigkeiten (skills):** beobachtbare Kompetenzen, einen erlernten psychomotorischen Akt auszuführen,
- **Fertigkeiten (abilities):** die Kompetenz, ein Verhalten zu zeigen, das beobachtbar ist bzw. ein beobachtbares Produkt schafft.

Neuerdings werden Kompetenzen ganzheitlicher beschrieben, und zwar in Form eines Prinzips der Selbstorganisation [61]. Danach ist derjenige kompetent, der es versteht, zielgerichtet zu handeln, indem er auf sein fachliches und methodisches Wissen, seine Erfahrungen sowie auf seine Möglichkeiten der Kommunikation und Interaktion mit anderen zurückgreift, um eine komplexe Situation zu meistern [61].

Die Schule der „Führung durch Kompetenz" postuliert drei Führungsstile: zielorientiert *(goal oriented)*, einbeziehend *(involving)* und mitreißend *(engaging)* [62]. Die Forscher in [62] haben nach Sichtung der Literatur zum Thema Führung 15 Kompetenzen ermittelt, mit denen sie Führung erklären. Diese Kompetenzen stammen aus den drei Bereichen IQ, EQ und MQ (für intellektuelle, emotionale und managementrelevante „Intelligenz" bzw. Kompetenz).

Die folgende Liste führt diese 15 Kompetenzen an:

Emotionale Kompetenz

1. Motivation
2. Gewissenhaftigkeit, Pflichtbewusstsein
3. Empfindsamkeit, Zartgefühl
4. Einfluss
5. Selbstwahrnehmung
6. Emotionale Stabilität
7. Eingebungsvermögen

Managementkompetenz

8. Umgang mit Ressourcen
9. Kommunikation

10. Entwicklung
11. Befähigung
12. Erreichen von Zielen

Intellektuelle Kompetenz

13. Strategische Perspektive
14. Vision und Vorstellungsvermögen
15. Kritische Analyse und Urteilsvermögen

Dieser Führungsansatz wird in [45] mit anderen kontemporären und alten Theorien zur Führung verglichen.

Ein recht gängiges Klassifizierungssystem für Managementkompetenzen wurde von Richard Boyatzis entwickelt [29, 63]. Wichtige Kompetenzen in diesem Modell sind unter anderem Empathie, das Erkennen von Mustern, das Einnehmen von unterschiedlichen Perspektiven, das Koordinieren von Gruppenaufgaben sowie die Unterstützung und Entwicklung anderer Menschen [31].

Weitere wichtige Kompetenzen von Managern sind, dass sie in der Lage sind, sich in andere Menschen hineinzuversetzen, und dass sie alternative Szenarien entwickeln und durchspielen können.

Manche erfolgreiche Unternehmenslenker bringen ihren eigenen Führungsstil zu Papier, etwas Lee Iacocca [8], Frank Stronach [64], Jack Welch [42] und Sam Walton [65]. Im Wesentlichen folgen diese Führungsstile allgemeinen Richtlinien, angereichert um individuelle Regeln. Jack Welch hat beispielweise die 20- 70- 10- Regel aufgestellt. Diese besagt, die besten Mitarbeiter (20 %) zu belohnen, die mittleren 70 % zu fördern und zu fordern und sich konsequent von den 10 % der leistungsschwächsten Mitarbeiter („Zitronen“, „Deadwood“) zu trennen. Eine andere Regel von Jack Welch, dem ehemaligen Vorstandsvorsitzenden von General Electric und einem der anerkanntesten Manager, ist *„Fix it, sell it or close it“* [42].

Damit ist gemeint, dass General Electric in allen Bereichen entweder Nr. 1 oder Nr. 2 sein wollte. War das in einem Geschäftsbereich nicht der Fall, hatte der Manager unter Jack Welch drei Möglichkeiten: das Business optimieren, es verkaufen oder es schließen.

Der Führungsstil, wie er von einem Manager praktiziert wird, ist einer von vielen Aspekten seiner Wirkung. Es kommt vor allem darauf an, wie ein Manager mit seinem Stil von seinen Mitarbeitern wahrgenommen wird, und welche Gefühle diese daraufhin entwickeln. Dadurch wird indirekt ihre Leistung beeinflusst. Bestimmte Führungsstile entfalten bei unterschiedlichen Mitarbeitern und in verschiedenen Kulturen teilweise konträre Wirkungen (siehe dazu Geert Hofstedes Konzept der Machtdistanz [66]).

Vor allem der Grad der **Unterstützung**, den Mitarbeiter von ihrem Chef zu erhalten glauben, wirkt sich signifikant auf ihre Leistung aus [56].

Der Führungsstil eines Managers offenbart sich durch sein **Verhalten** und die Art, wie er sein Verhalten ausdrückt. Hochrangige Führungspersonen zeigen ein qualitativ anderes Verhalten als solche weiter unten in einer Hierarchie [54].

Der Führungsstil jedes Managers ist einzigartig, er ist ein Amalgam der eigenen Persönlichkeitsmerkmale.

Vom **Militär** lässt sich viel über Führung lernen [67], weil militärische Organisationen unter den ersten großen Verbünden waren, in denen viele Menschen auf ein gemeinsames Ziel auszurichten waren. Hier sind zwei Zitate militärischer Führer:

Leadership is the art of getting someone else to do something you want done because he wants to do it.
Dwight D. Eisenhower (1890–1969), 34. Präsident der Vereinigten Staaten

A leader is a man who can adapt principles to circumstances.
George S. Patton (1885–1945), General der US- Army im Zweiten Weltkrieg

Das Wesen von Strategie – die Kunst des Krieges

Um beim Militär zu bleiben: Es gibt zwei Standardwerke über Kriege: Sun Tzus „Die Kunst des Krieges“ [22] und Carl von Clausewitz‘ „Vom Kriege“ [68]. Nachdem ein Krieg viel mit Strategie zu tun hat, lässt sich einiges aus diesen Werken lernen und auf die Wirtschaft anwenden. Manche Menschen bezeichnen die Wirtschaft auch als moderne Form des Kriegs, obgleich es in den Büros weniger martialisch zugeht.

Hier sind einige Kerngedanken aus Sun Tzus Werk in Bezug auf das Arbeitsleben zusammen- gefasst:

- Die beste Form der Kriegsführung ist die Vermeidung des Kriegs.
- Vor Beginn eines Krieges ist die moralische Überlegenheit zu prüfen.
- Das Führen eines Kriegs macht lediglich dann Sinn, wenn man siegen wird.
- Die gesamte Kriegskunst beruht auf Täuschung.
- Blitzkriege sind von Vorteil. Wenn sich ein Krieg in die Länge zieht, werden alle Ressourcen aufgebraucht und verschwindet die Begeisterung der Mannschaft. Das Ziel ist der Sieg, nicht ein langer Feldzug.
- Man ist in der Lage warten zu können, bis der Feind unvorbereitet ist.
- „Wenn Du Deinen Feind und auch Dich kennst, brauchst Du nicht die Ergebnisse von 100 Kämpfen zu fürchten. Wenn Du zwar Dich kennst, nicht aber Deinen Feind, wirst Du für jeden Sieg eine Niederlage erleiden. Wenn Du weder Dich noch Deinen Feind kennst, wirst Du in jeder Schlacht versagen.“ [22]
- Ein kluger Kämpfer kann mühelos gewinnen. Er kämpft erst dann, wenn sein Sieg ihm schon sicher ist. Seine Siege bringen ihm folglich keine Anerkennung.
- Das „Geheimnis“ von Strategie ist, seine Kräfte zu bündeln und zusammenzuhalten.

Was bedeutet dies für Sie, was können Sie für sich mitnehmen?

Für Hochbegabte sind vor allem die letzten zwei Punkte relevant. Nicht jede Aufgabe braucht eine spannende Herausforderung zu sein. Ebenso ist die Gefahr, sich zu „verzetteln", für Hochbegabte ständig gegeben. Wenn Sie also das tun, was Sie gut können, und sich noch darauf konzentrieren, sind Ihre Chancen für einen „Sieg" hoch.

2.9 Führungstechniken

Unter den Führungstechniken (Führungsprinzipien) versteht man die recht geläufigen „*Management-by*"-Prinzipien. In Tab. 2.4 sind die bekanntesten von ihnen aufgelistet. Selten wird man sie in der Praxis in dieser einseitigen „Reinform" wahrnehmen können.

Unterschiedliche Situationen verlangen unterschiedliche Führungsstile und Führungstechniken. Im Militär wird anders geführt als in NPOs. Bei einer Unternehmenssanierung ist mehr Schlagfertigkeit angebracht als bei einer Firmenfusion, und ein neu gegründetes Unternehmen wird anders geleitet werden als ein etablierter Konzern. Ferner unterscheiden sich einzelne Manager wie erwähnt in ihren praktizierten Führungsstilen.

Je nach Ihrem tendenziell bevorzugten Führungsstil werden Sie in verschiedenen Situationen unterschiedlich erfolgreich bzw. wirksam sein. Manager mit einem aufgabenorientierten Führungsstil eignen sich besonders für die Lösung eines konkreten Problems. Wenn Sie von sich wissen, dass Sie aufgabenorientiert sind, sollten Sie das in Ihrem Führungsalltag berücksichtigen. Geben Sie nicht zu rasch und zu rigoros Strukturen vor, sondern beziehen Sie Ihre Mitarbeiter beispielsweise bewusst ein, und fördern Sie die Diskussion im Team.

Erkennen Sie Ihren eigenen Führungsstil und den Ihres Chefs. Machen Sie sich bewusst, welche Führungstechniken Sie beide aktuell einsetzen. Sind es die wirksamsten Instrumente im aktuellen Umfeld?

Die Technik des Führens mit Zielen (**Management by Objectives, MBO**), hat sich in vielen Firmen durchgesetzt. Führungskraft und Mitarbeiter vereinbaren zu Beginn eines neuen Jahres gemeinsam die vom Mitarbeiter zu erreichenden Ziele. Der Grad der Zielerreichung wird ein Jahr später bestimmt und ist ausschlaggebend für den Jahresbonus (dazwischen findet häufig der sogenannte „Halbjahrescheck" statt). Generell macht der Bonus, ein variabler Gehaltsbestandteil, einen umso größeren Prozentsatz des Jahresgehalts aus, je höher ein Mitarbeiter in der Hierarchie angesiedelt ist. Typisch sind 5–30 %.

MBO funktioniert dann optimal, wenn die Ziele vorher gründlich überlegt wurden. Das ist leider in 90 % der Fälle nicht der Fall [70].

Einige „Hardliner" vereinbaren Ziele mit ihren Mitarbeitern, die über das in deren Stellenbeschreibungen Festgelegte hinausgehen, um möglichst viel „extra" aus ihren Mitarbeitern herauszuholen. Die Ziele eines Mitarbeiters sollten sich auf sein gesamtes Tätigkeitsfeld erstrecken. Wählen Sie Ziele für Ihre Mitarbeiter, die Ihre Ziele direkt unterstützen – Ihre Mitarbeiter arbeiten schließlich für Sie! Wählen Sie auch ein Ziel, bei dem sich der Mitarbeiter persönlich weiterentwickeln kann. Die unterschiedlichen Ziele können Sie

Tab. 2.4 Zusammenstellung „klassischer“ Führungstechniken

Führungtechnik	Beschreibung	Kommentar
Management by Objectives (MbO, MBO, Führung mit Zielen)	Vorgesetzter vereinbart Ziele mit dem Mitarbeiter und ist in das Erreichen dieser Ziele nicht mehr eingebunden	Genau zu definierende Ziele. Mitarbeiter mit hohem Verantwortungsbewusstsein werden benötigt
Management by Delegation	Entlastung des Vorgesetzten, indem er die Verantwortung für bestimmte Bereiche an seine Mitarbeiter überträgt	Initiative und Einsatzfreude der Mitarbeiter werden gesteigert, der Chef sollte nicht in die delegierten Bereiche „hineinentscheiden“
Management by Exception	Mitarbeiter treffen routinemäßige Entscheidungen, der Chef greift in Ausnahmefällen ein	Die Führung nach dem Ausnahmeprinzip entlastet die Führungskraft stark
Management by Motivation	Durch Anreiz und Motivation werden die Mitarbeiter geführt	Methode zur Führung „reifer“ Mitarbeiter
Mangement by Decision Rules	Delegation von Aufgaben, Entscheidungen der Führungsebene finden erst ab einem bestimmten Grenzwert statt	Führung anhand von Entscheidungsregeln, Vorgabe detaillierter Verhaltensweisungen und Regeln
Management by Results	Enge Leistungsvorgabe an den Mitarbeiter	Siehe auch Management by Objectives, welches weniger autoritär ist
Management by Projects	Dieser Gedanke trägt der Entwicklung von Unternehmungen in Richtung Prozessorganisation bzw. Projektorganisation Rechnung	Quelle bzw. nähere Informa- tionen: [69]
Management by Systems	Management durch Systemsteu- erung	Vor allem große Organisationen haben einen regelrechten Kanon an Vorschriften, die sämtliche Befugnisse regeln
Management by Drive	Permanentes Antreiben der Mitarbeiter	Vergleiche mit dem Schrittma- cher bei Wettrennen im Sport
Management by Crisis	Inszenieren einer Krise	In einer Krise sind unpopuläre Entscheidungen möglich
Management by Möwe	Der Chef betrachtet die Situation von oben (Vogelperspektive). Er zeigt sich gelegentlich und gibt den Mitarbeitern ein Problem zu lösen	Vergleiche die Metapher mit der Möwe, die ihre Kreise zieht und etwas „Weißes“ fallen lässt. Weitere Informationen: [27]

verschieden gewichten. In [24] wird empfohlen, Ziele aus folgenden vier Bereichen zu selektieren:

- neue Aufgaben,
- zusätzliche Aufgaben,
- Optimierung bisheriger Aufgaben,
- persönliche Entwicklungsziele.

Es hat sich als vorteilhaft erwiesen, vier bis acht Ziele zu vereinbaren. Die Zielvereinbarung mit einem Mitarbeiter kann Einzelund Gruppenziele enthalten und sollte in der Schriftform festgehalten werden, ebenso wie seine Entwicklungsziele. Ziele sollten anspruchsvoll und realistisch sein. Wenn ein Mitarbeiter bei zufriedenstellendem Einsatz 80 % erreichen kann, ist die Latte vernünftig gewählt.

Häufig bieten Personalabteilungen entsprechende Formulare an.

Zu MbO gehört auch die Leistungsbeurteilung. Sie ist umfassender als die reine Beurteilung der Zielerreichung der letzten Periode. Auch das Verhalten und die allgemein erbrachte Leistung werden evaluiert. Das „Punktefeilschen“ ist für manche Mitarbeiter sehr unangenehm, und auch viele Manager fürchten sich davor, die Leistungen ihrer Mitarbeiter zu bewerten. Es geht darum, wirksames Feedback zu geben, um so die Leistung zu managen und mit Ihren Erwartungen abzugleichen. Der Weiterentwicklung des Mitarbeiters sollte dabei ebenso viel Augenmerk geschenkt werden wie den aktuell zu erreichenden Unternehmenszielen.

Unsere Gesellschaft ist eine Meritokratie – Performance Measurement sollte nicht aufhören, wenn jemand die Schule bzw. Universität verlässt.

MBO – *you get what you ask for* oder: der Kobra-Effekt

Wenn Sie als Manager bestimmte Ziele mit Ihren Mitarbeitern vereinbaren, bedenken Sie, dass diese Ihnen das liefern werden, wonach Sie fragen. Unter Umständen kann sich eine Fehlsteuerung durch ein Ausweichverhalten der Mitarbeiter ergeben.

Der Kobra- Effekt geht nach Horst Sieberts auf einen interessanten Fall in Indien zurück: Ein britischer Gouverneur, der der Kobraplage Einhalt gebieten wollte, setzte „Kopfgeld“ für jede gefangene Schlange aus. Die Rechnung schien aufzugehen, und die Inder lieferten fleißig erlegte Kobras ab. Es stellte sich jedoch heraus, dass findige Geschäftsleute mit dem Züchten von Kob- ras begonnen hatten. Nachdem der Gouverneur die Prämie abgeschafft hatte, wurden die Kobras freigelassen, sodass es zum Schluss mehr Kobras als zuvor gab. Die Prämie hatte somit genau das Gegenteil von dem bewirkt, was sie hätte erreichen sollen. Nach Joseph Stiglitz kann auch Staatsversagen zum Teil auf den „Kobra-Effekt“ zurückgeführt werden.

Zum Management by Drive

Viele Manager steuern ihre Abteilung nicht, sondern treiben sie lediglich an. Wer seine Mitarbeiter mit sinnlosen Aufgaben „auf Trab“ hält, führt nicht effektiv. Ein Produktionsleiter sagte dem Autor, er halte seine Mitarbeiter ständig beschäftigt, damit keine *„Faulheit einreißt, wenn die Auftragslage wieder vollen Einsatz verlangt“.*

Hochbegabte brauchen Sie nicht unter Strom zu halten, um sie vor dem „Verkümmern" zu bewahren. Nutzen Sie Leerläufe für sinnvolle Tätigkeiten, die direkt oder indirekt Kundennutzen stiften, z. B. Schulungen.

Zum Management by Crisis

Nach dem „Chicken- little"- Phänomen können Mitarbeiter eine Krise auch dann wahrnehmen, wenn in Wirklichkeit gar keine existiert. Manchmal inszenieren Manager eine Krise, um eine Firma, die zu viel Speck angesetzt hat, zu entschlacken und dafür zu sorgen, dass die Mitarbeiter nicht zu selbstgefällig und übermütig werden (z. B. aus Sicht der Geschäftsleitung überzogene Gehaltsforderungen stellen).

Zum Management by Möwe

„Management by Möwe" ist eine „Gegentendenz" zu Mikromanagement. Manche Manager fürchten sich dermaßen davor, als kleinkarierte Mikromanager zu gelten, dass ihr Verhalten ins andere Extrem umschlägt und sie den Kontakt zu ihren Mitarbeitern auf ein Minimum reduzieren. Vergleichen Sie diesen Ansatz mit dem Laisser- faire- Führungsstil. Wirksam wird so ein Zugang nicht sein.

Nehmen Sie diese idealisierten Modelle als Linse, um Führung zu studieren.

Ein spezielles Syndrom der Führung ist **„Management by Schuldgefühl".** Es handelt sich dabei um die Tendenz von Führungskräften, Konflikte zu vermeiden, um dem „Begleichen einer Rechnung" in der Zukunft zu entgehen. Führungskräfte treffen in ihrer täglichen Arbeit auch unangenehme Entscheidungen. Sie können es nicht vermeiden, andere zu beeinträchtigen. Da sie sich unterbewusst vor Vergeltung fürchten, können sie eine Paranoia entwickeln. Sie blasen dann proaktiv zum Angriff und starten „Gegenmaßnahmen" auf vermeintliche Gegner, also ihre Mitarbeiter, um diese klein zu halten oder zu vernichten. Die Angst vor Vergeltung lähmt manche Manager unnötig. Man spricht auch vom **Talionsgesetz.**

2.10 Führungsinstrumente

Wer Management nicht nur als Kunst, sondern auch als Handwerk ansieht, dem werden die nachfolgenden „Tools" bzw. Führungswerkzeuge gefallen. Der Kapitän eines Schiffs benutzt eine Reihe von Navigationshilfen und - instrumenten, um sein Ziel sicher zu erreichen. Im Vergleich zu einem Seemann in einem Boot ohne Ausrüstung ist seine Erfolgswahrscheinlichkeit ungleich größer. Diese Metapher lässt sich anschaulich auf das Management übertragen, wo Führungsinstrumente als Werkzeuge („*Tools*") zur Zielerreichung eingesetzt werden. Große Organisationen stellen Ihnen als Manager Führungsinstrumente wie Unterstützung in Personalfragen, Mitarbeitergespräch etc. zur Verfügung. Unter Führung ist, wie eingangs erwähnt, die Einwirkung auf Mitarbeiter zu verstehen, die eine Verhaltensänderung in Richtung Zielerreichung bewirkt. Die Verhaltenssteuerung erfolgt dabei persönlich durch Führung(sinstrumente) sowie unpersönlich durch die Vorgabe von Struktur (Organisation, Richtlinien). In diesem Abschnitt sind einige gängige und hilfreiche Führungsinstrumente angeführt, die in zwei Klassen fallen: **Motivation und Druck**.

Im Bereich der Motivation können die Führungsinstrumente materieller Natur sein (Lohn bzw. Gehalt, Boni, Prämien, Unternehmensbeteiligungen, *Incentives*, Weiterbildungsmaßnahmen, Büroausstattung) und ideelle Aspekte darstellen (Verantwortungserweiterung, Anerkennung). Druck kann positiv oder negativ erzeugt werden, etwa als Leistungsdruck über Zielvorgaben (positiv), oder über Kontrolle und Konkurrenz (negativ). Druck erzeugt Gegendruck. Das Führungsinstrument Druck ist nur begrenzt wirksam. Hier eine Analogie: Versuchen Sie, ein Seil anzuschieben bzw. daran zu ziehen: Der Unterschied in der Wirkung ist enorm. Die Kreativität und den Schaffensdrang von Mitarbeitern zu entfesseln wird Ihnen mehr Ergebnisse bringen, als die Erledigung einer Aufgabe unter Androhung von Repressalien einzufordern.

Eine Führungskraft sagte einmal zum Autor, mehr im Spaß: *„Druck auf Mitarbeiter ist gut. Druck erzeugt Diamanten"*.

Das wichtigste Führungsinstrument ist das **Unternehmensleitbild** bzw. die **Vision**, gepaart mit der **Mission** der Unternehmung.

Vision und Mission

Die Vision und die Mission einer Unternehmung sind von elementarer Bedeutung. Sie geben den Zweck des Unternehmens an und dienen somit allen Beschäftigten als Entscheidungsgrundlage für ihr Handeln.

Suchen Sie einmal in Internet nach der Vision und der Mission bekannter Firmen. Wenn Sie Ihre eigene Unternehmung leiten, sorgen Sie dafür, dass beide konkret, greifbar und spezifisch sind.

Einen sehr treffenenden Ausspruch um Thema Vision hat der Gründer der Carolifter-AG, Carl-Heinrich von Gablenz, getätigt:

„Wenn Deine Vision Dir keine Angst macht, ist sie zu klein."

Von Gablenz beflügelte mit seiner Vision einer Renaissance der Zeppeline die Phantasie der Menschen. Für das Scheitern der Cargolifter AG führt er die Tatsache, dass sich radikale Innovationen schwer am Markt durchsetzen, an.

Weitere gängige Führungsinstrumente sind im Folgenden angeführt (auf die Beschreibung der Werkzeuge Computer, Flugzeug und Terminkalender wird verzichtet).

Ziele vereinbaren

Das Vereinbaren von Zielen ist das wichtigste Führungsinstrument der Führungstechnik „Führen mit Zielen (MBO)“. Teilaspekte sind das Abklären von Erwartungen, die Motivation des Mitarbeiters durch Boni bei Zielerreichung sowie die Möglichkeit zur allgemeinen Leistungsbeurteilung. Ziele sollten, wie erwähnt, spezifisch, messbar, attraktiv, realistisch und terminisiert sein (SMART- Regel). Für Details, siehe MBO- Führungsstil weiter vorne.

Delegieren

> *Ich arbeite nach dem Prinzip, dass man niemals etwas tun soll, was ein anderer für einen erledigen kann.*
> John Davison Rockefeller (1839–1937), US- amerikanischer Unternehmer

Delegation ist das Übertragen von Aufgaben auf Mitarbeiter. Delegation entlastet die Führungskraft und trägt bei der Übertragung von qualifizierteren Aufgaben zur Mitarbeitermotivation bei. Der Grad der Unterstützung vonseiten der Führungskraft ist von der Qualifikation des Mitarbeiters abhängig. Neue Mitarbeiter brauchen ein vergleichsweise hohes Maß an Unterstützung, Training und Anleitung. Erfahrene Mitarbeiter können (fast) alleine die Aufgabe ausführen. Es sollten bei einer Delegation die Aufgabe, die entsprechenden Kompetenzen (z. B. Budget) und die Verantwortung gemeinsam delegiert werden (AKV-Prinzip). Auch qualifiziertere Aufgaben können und sollen delegiert werden.

Delegierbar sind alle Arten von Aufgaben: Koordinationsaufgaben, Fachaufgaben und kreative Aufgaben. Tatsächlich ist es so, dass ein Großteil der Aufgaben, die Führungskräfte erledigen, delegiert werden kann (und soll). Viele Menschen überschätzen sich maßlos, indem sie glauben, sie alleine könnten eine bestimmte Aufgabe erledigen. Diese Selbstüberschätzung trifft auch auf manche Hochbegabte zu.

Delegieren ist kein Zeichen von Faulheit. Wenn Ihnen ein Mitarbeiter ein Problem präsentiert, ist er vermutlich der am besten geeignete Kandidat, dieses zu lösen. Ermutigen Sie ihn dazu, eine Lösung zu finden, und delegieren Sie die Problemlösung direkt an ihn.

Beachten Sie, dass Sie als Manager Aufgaben zwar delegieren, dass die Verantwortung jedoch letztendlich bei Ihnen bleibt.

Der **Sorgenaffe:** Die Probleme von Büro- Menschen können Sie sich bildlich wie kleine Äffchen auf deren Schultern vorstellen. Je mehr von ihnen sich auf einem Träger tummeln, desto buckliger ist er von der Last. Wenn der Problemträger sich nun neben Sie stellt und beginnt, sein Leid zu klagen, werden Sie von den Affen entdeckt, die sofort beginnen, ihre Arme nach Ihnen auszustrecken. Hören Sie länger als 30 Sekunden zu, wird der erste Affe auf Sie übergesprungen sein. Das Problem ist nun das Ihre. Die Moral von der Geschichte: Hüten Sie sich davor, die Arbeit anderer Leute zu machen, indem Sie ihnen helfen wollen. Geben Sie stattdessen Hilfe zur Selbsthilfe.

► **Tipp** Delegieren Sie das, was Sie nicht besonders gut können!

Hochbegabte delegieren besonders ungern, weil sie meinen, etwas bereits komplett und darüber hinaus besser selbst erledigt zu haben, noch bevor sie fertig geworden sind, die Aufgabe jemand anderem zu erklären. Selbst wenn dem beim ersten Mal so wäre: Denken Sie an den Mann, den Sie das Fischen lehren, oder dem Sie einfach nur Fisch für Fisch vorsetzen.

Welche Aufgaben können hochbegabte Manager generell nur schwer loslassen? Es sind dies vor allem nicht routinemäßige Aufgaben, bei denen sich Hochbegabte schwer mit dem Delegieren tun, weil sie entweder selbst gerne daran tüfteln wollen, oder weil sie meinen, diese als Einzige selbst lösen zu können. Selbständige Hochbegabte hadern auch beim Delegieren von Kundenkontakt und Repräsentationsaufgaben. Ein Hochbegabter sagte. *„Da soll ja doch alles passen…“* Delegieren gehört gelernt. Hier sind die Aussagen von drei weite- ren hochbegabten Managern, die nicht loslassen können.

Hochbegabter A: *„Arbeiten, von denen ich weiß, dass sie andere ungern machen, mache ich meistens selbst und delegiere dann etwas „Schöneres“. Arbeiten, wo man viel erklären muss, mache ich meistens selber, da ich das schneller erledigen kann oder das Gefühl habe, die Zeit für lange Erklärungen und schriftliche Anleitungen nicht zu haben. Dabei weiß ich aber, dass man zuerst investieren muss, um später ernten zu können.“*
Hochbegabter B: *„Unbekanntes, neue Projekte – wegen meiner eigenen Neugier.“*
Hochbegabter C: *„Delegieren ist viel schwieriger als selbst machen, weil keiner das hohe Anspruchsni- veau erfüllt, das man an sich selbst stellt.“*

Kontrollieren

Kontrolle ist und bleibt ein wichtiges Führungsinstrument. Die Erfüllung einer Aufgabe oder der Stand der Zielerreichung wird vom Manager kontrolliert, weil die Ergebnisse sonst zufällig sind. Jedoch hat die Art und Weise der Kontrolle einen Einfluss auf die Mitarbeitermotivation. Kontrolle sollte nicht mit Bespitzeln verwechselt werden. Ein Zuviel an Kontrolle kann Mitarbeiter unselbständig machen. Hochbegabte werden durch ein Übermaß an Kontrolle durch ihre Vorgesetzten leicht demotiviert. Ein Zuwenig an Kontrolle kann zu unbefriedigenden Ergebnissen führen. Das liegt häufig daran, dass Mitarbeiter und Führungskraft zu Beginn einer Aufgabe aneinander vorbeigeredet haben, indem sie unterschiedliche Zielvorstellungen entwickelt haben. Bekanntlich ist gesagt nicht gehört – und gehört nicht verstanden.

Manager kämpfen ständig gegen Faulheit und Verschwendung – ohne Kontrolle stellt sich allzu schnell „Wildwuchs“ ein, das heißt, Mitarbeiter tendieren dazu, das zu tun, was ihnen Spaß macht und was sie für richtig erachten. Erinnern Sie sich: Mitarbeiter werden dafür bezahlt, Dinge richtig zu machen, und Chefs dafür, die richtigen Dinge machen zu lassen.

Mitarbeiter fördern und entwickeln

Jede Führungskraft hat auch die Rolle eines Trainers bzw. Coaches. Damit das gesamte Unternehmen erfolgreich ist, besteht die Notwendigkeit der Weiterentwicklung von Mitarbeitern. Weiterentwicklung heißt, die Fähigkeiten und Fertigkeiten der Mitarbeiter permanent zu steigern. Hierfür sind Entwicklungspläne und Trainings notwendig. Stillstand in der Mitarbeiterentwicklung bedeutet einen längerfristigen Verlust der Wettbewerbsfähigkeit.

Entwickeln Sie nicht nur Ihre allerbesten Mitarbeiter! Wenn Sie die gesamte Mannschaft schulen und ihre Leistung steigern, werden Sie herzeigbare Ergebnisse erzielen und auch indirekt profitieren, etwa über gesteigerte Loyalität.

Übrigens: Halten Sie Ihre besten Mitarbeiter nicht fest. Unterstützen Sie sie, wenn sie sich nach einigen Jahren innerhalb des Unternehmens oder extern weiterentwickeln wollen. Wenn Sie den Ruf haben, Ihre Mannschaft zu fördern, werden Sie einen permanenten Strom ehrgeiziger Interessenten haben.

Positives und negatives Feedback geben

Feedback geben heißt, dem Mitarbeiter eine Rückmeldung über seine Leistung zu geben. In der Praxis wird dies über Anerkennung und konstruktive Kritik getan. In deutschen Unternehmen wird allerdings mit Anerkennung häufig sparsam umgegangen. Nichts zu hören, das ist dann die höchste Form der Anerkennung. Manager, die ihren Mitarbeitern für spezifische Leistungen Anerkennung geben, anstatt sie gar nicht oder nur pauschal zu loben, steigern die Produktivität Ihres Bereichs. Neben guten Leistungen sind auch verbesserungswürdige Aktionen der Mitarbeiter anzusprechen. Kritik sollte spezifisch und auf das Verhalten bezogen sein. Hagelte es in früheren Zeiten zu viel Kritik vonseiten der Vorgesetzten, gibt es heutzutage auch eine Tendenz, nämlich die kritischen Punkte nicht zu benennen oder nur indirekt zu äußern oder anzuschneiden.

Menschen brauchen Anerkennung, sie wollen sich wichtig fühlen. Jeder Mensch hält sich selbst für wichtig – sogar für sehr wichtig.

Wirksame Kommunikation ist essenziell für das Erteilen von Feedback. Es ist wichtig, dass Sie zu jeder Zeit klarstellen, was Sie meinen. Greifen Sie nicht die Einstellungen oder Gefühle Ihres Mitarbeiters an, sondern erklären Sie, welches spezifische Verhalten Sie sich wünschen. „Richtiges" Feedback erfolgt professionell und sachlich. Es ist nicht mit „höflicher Zurückhaltung" zu verwechseln. Neben der großen jährlichen Feedbackrunde, dem Jahresgespräch, gibt es idealerweise tagesaktuelle Rückmeldungen von Vorgesetzten an deren Mitarbeiter: Im Zuge der täglichen Arbeit mit Ihren Mitarbeitern sollten Sie diesen nach Möglichkeit mehrmals wöchentlich Rückmeldung zum Verlauf ihrer Arbeit und Ihrer Zufriedenheit geben. Auf das Jahresgespräch als „Abrechnung" zu warten, ist der falsche Ansatz! Im Sinne einer „Manöverkritik" teilen Sie Ihren Mitarbeitern am besten kontinuierlich Ihre Erwartungen mit, um sie in die gewünschte Richtung zu bekommen.

Im beliebten Wirtschaftsbuch „The One Minute Manager" [71] steht zu tagesaktuellem Feedback: „*Feedback is the Breakfast of Champions.*"

Es gibt Mitarbeiter, die genau wissen, wie ihr Verhalten beim Chef „ankommt". Manchen Mitarbeitern sind eigenes Verhalten und dessen Konsequenzen allerdings nicht klar. Dazu gehören auch einige Hochbegabte, die über keine ausgeprägte Selbstwahrnehmung verfügen.

Kritisches Feedback zu geben fällt vielen Führungskräften nicht leicht, teils aus Unfähigkeit, teils aus einem falschen Harmoniebedürfnis heraus. Wenn beim Feedback allerdings nur schöngefärbt wird, weiß der Mitarbeiter nicht, was Sie von ihm wollen, und er kann seine Leistung nicht steigern.

Verpacken Sie negative Botschaften wie ein Sandwich: erst Lob, dann Kritik, dann wieder Lob.

Gehen Sie wie folgt vor, nachdem Sie positiv in das Gespräch eingestiegen sind:

1. Sagen Sie, was der Mitarbeiter falsch gemacht hat.
2. Sagen Sie, was Sie dabei empfinden.
3. Sagen Sie zum Abschluss, dass Sie den Mitarbeiter und seinen Beitrag für das Unternehmen schätzen.

Negatives Feedback hat anlassbezogen – also sofort – zu erfolgen. Sie sollten es nicht wie einen „Joker" im Ärmel behalten. Wenn Sie Verhalten ändern wollen, fangen Sie sofort damit an. Eine rasche Intervention verhindert, dass sich Dinge aufschaukeln. So können Sie das Verhalten eliminieren und den Mitarbeiter behalten.

Beim Feedback sollten Sie Türen offenlassen. Wenn Sie ein konkretes Verhalten ansprechen, räumen Sie die Möglichkeit ein, dass der Mitarbeiter die Wirkung seines Verhaltens auf das Team bisher nicht wahrgenommen hat. So lässt sich Feedback leichter annehmen.

▶ **Aufgepasst!** Kritik durch den Vorgesetzten ist einer der größten Motivationskiller. Vermeiden Sie es, Leute einzuschüchtern! Sie werden von diesen ansonsten in absehbarer Zeit kein ehrliches Feedback mehr erhalten.

2.11 Das tägliche Brot des Managers

Erwartungen als Schlüsselfaktor für Management

Fast nichts ist im beruflichen Umfeld so wichtig wie über Erwartungen Bescheid zu wissen, die in einen gesetzt werden. Kennen Sie die Erwartungen, an denen man Sie misst, und schaffen Sie Klarheit über Ihre **Erwartungen** an Ihre Mitarbeiter. **Kommunikation** ist immer wieder eine große Herausforderung der zwischenmenschlichen Interaktion, wie später noch ausführlicher beschrieben wird.

Setzen Sie niemals unrealistische Erwartungen. Erwartungen sollen anspruchsvoll und erreich- bar sein, sonst kommt es zu Skandalen wie Enron und Worldcom.

Hier ein fiktives, überspitztes Beispiel:

Eigentümer zum Geschäftsführer: „*Ich will 30 % Umsatzwachstum, sonst bist Du gefeuert.*" Geschäftsführer zum Verkaufsleiter: „*Ich will 30 % Umsatzwachstum, sonst werfe ich Dich raus.*" Verkaufsleiter zum regionalen Verkaufsleiter: „*Gib mir 30 % Umsatzwachstum, dann belohne ich Dich, sonst werfe ich Dich raus.*"

Regionaler Verkaufsleiter zum Verkäufer: „*Gib mir 30 % Umsatzwachstum, oder Du bekommst Probleme.*"

Was, denken Sie, wird der Verkäufer machen, wenn er mit lauteren Mitteln keine 30 % Umsatzwachstum erzielen kann, beispielsweise weil sein Markt schrumpft und er nicht unter Herstellkosten verkaufen kann?

Nachfragen bezüglich der in einen gesetzten Erwartungen sollen nicht als Schwäche oder Unsicherheit gesehen werden.

Erwartungen betreffen die Zukunft. Sie können sich als Hoffnungen und Illusionen entpuppen.

Im Kern von „Talent" und „Begabung" stecken die Erwartungen des Managers, die er an die jeweiligen Personen richtet. Von talentierten Mitarbeitern erwarten Manager besonders viel [47].

► **Tipp** Wer in einer Organisation alle Erwartungen erfüllt, kann damit rechnen, nach ein paar Jahren befördert zu werden. Wenn er dann wiederum alle Erwartungen erfüllt, wird es nochmals die Möglichkeit für einen Karrieresprung geben. Sorgen Sie daher für anspruchsvolle, realistische Ziele, und lassen Sie Ihre Mitarbeiter diese erreichen.

Entscheiden

Management bedeutet *Action.* Ein abstrakter, oder sogar ein wohldurchdachter, bodenständiger Plan, der nicht ausgeführt wird, stiftet keinen Kundennutzen und bringt daher auch einem Unternehmen so gut wie gar nichts. Erst wenn ein Plan mithilfe der richtigen Ressourcen umgesetzt wird, erwacht er zum Leben.

Als Manager ist es eine Ihrer Aufgaben, Entscheidungen zu treffen. Nicht alle davon sind einfach und angenehm. Manche Entscheidungen lassen sich nicht verhindern, aber lieber eine schmerzhafte Entscheidung im Sinne von „ein Ende mit Schrecken" als ein „Schrecken ohne Ende".

Es gibt viele Wege zur Entscheidungsfindung. Wichtig ist, dass Sie entscheiden, wenn eine Aussage zu einem Problem erforderlich ist. Eine suboptimale Entscheidung ist zumeist dem Aussetzen einer Entscheidung vorzuziehen, weil das Problem, in diesem Fall unmittelbar wieder auf Ihrem Schreibtisch landet und Sie erneut entscheiden können. Allerdings sollten Sie sich die Frage stellen, ob Sie wirklich gezwungen sind, zu entscheiden. Eine Alternative ist immer, nichts zu tun.

Am Ausgangspunkt einer Entscheidung gibt es keine Daten und Fakten, sondern lediglich Meinungen. Die Fakten, die man sucht, werden von den meisten Menschen so selektiert, dass sie zur jeweiligen vorgefassten Meinung passen. Jeder hat seine eigene Realität, und ein Mensch ändert seine Weltauffassung erst, nachdem sein bisheriges Bild der Realität gewaltig erschüttert worden ist. Realitätsverlust ist übrigens etwas sehr Reales. Menschen nehmen oft nicht die Realität war, sondern das, was sie dafür halten oder gerne glauben wollen.

Zumeist haben verschiedene Mitglieder Ihres Teams unterschiedliche Meinungen. Falls nicht, sorgen Sie für Diskussion im Team, um eine möglichst solide Basis für eine Entscheidung zu bekommen. Oft drängt es Sie, auch nach einer gründlichen Analyse, zu entscheiden, ohne alle Informationen beisammen zu haben. Im Geschäftsleben fehlt oft die Zeit für eine erschöpfende Analyse aller Zusammenhänge. Hier heisst es, eine möglichst gute Entscheidung im Hier und Jetzt zu treffen, anstatt irgendwann eine vielleicht bessere.

> *There are risks and costs to action. But they are far less than the long range risks of comfortable inaction.*
> John F. Kennedy (1917–1963),
> 35. Präsident der Vereinigten Staaten von Amerika

Peter Drucker wird in [70] zitiert: „*The sins of omission are bigger than the sins of commission.*"

Entscheidungsschwäche ist eine große **Führungsschwäche**. Das Treffen von Entscheidungen hat mit dem Übernehmen von Verantwortung zu tun. Die Furcht vor Entscheidung und Verantwortung lähmt Menschen ab und an.

Wenn Sie zu lange mit dem Entscheiden warten, kann der Druck so groß werden, dass Sie sich plötzlich gezwungen sehen, eine Entscheidung zu treffen – diese wird dann ein unüberlegter „Hüftschuss" sein. Ebenso besteht die Gefahr von zu schnellen Entscheidungen, wenn Sie voreilig „A" oder „B" sagen. Bei Hochbegabten liegt deren Zögern bei Entscheidungen bis hin zu Entscheidungsunfähigkeit häufig darin, dass sie die Gründe der Gegenpartei recht gut nachvollziehen können.

„Wissen behindert", hat einmal ein Chef des Autors gesagt. Informationsüberladung bzw. zu viele Fakten erschweren es manchmal, eine Entscheidung zu treffen. Management ist keine exakte Wissenschaft, daher werden nicht nur Fakten benötigt, sondern auch die auf Erfahrung beruhende Einschätzung des Managers.

Selten haben Sie nur die Wahl zwischen A oder B bzw. zwischen „richtig" und „falsch", sondern können zumeist eine von mehreren Optionen, die alle plausibel erscheinen, wählen. Ein Beispiel für solche ambivalenten Entscheidungssituationen, bei denen zwei oder mehr ähnlich attraktive Optionen zur Auswahl stehen, ist etwa die Frage, welches Getränk man zum Essen bestellen sollte, oder die Frage, ob der Wochenendtrip nach Amsterdam, Rom oder Paris gehen sollte. Im beruflichen Umfeld kann eine solche ambivalente Frage die nach zu priorisierenden Kundensegmenten sein.

Das größte Problem einer Führungskraft ist die Entscheidung unter Unsicherheit. Wir werden heute alle mit Informationen überhäuft, die sich nicht mehr vernünftig filtern und sortieren lassen. Deshalb versuchen manche Manager krampfhaft, sich an Formalismen zu halten, in der Hoffnung, das könnte bei der Entscheidung helfen.

Nach dem Fällen einer derartigen, knappen Entscheidung stellt sich beim Entscheider für gewöhnlich ein unangenehmes Gefühl ein, das als kognitive Dissonanz bezeichnet wird. Indem man die Entscheidung vor sich selbst rechtfertigt, entkommt man diesem Gefühl[4]. Es ist schwieriger, „nein" zu etwas zu sagen als „ja". Nur dadurch, dass Sie „nein" sagen können, erhält Ihr „ja" einen Wert. Es gibt sowohl notorische Nein- Sager als auch notorische Ja- Sager (vergleiche den Kinofilm 2009 „Der Ja- Sager").

Eine Hilfestellung für Menschen, die nur unter großem seelischem und physischem Schmerz „nein" sagen können, vermag das Buch [40] zu geben, wo Sie in mehreren Schritten lernen, ein „positives Nein!" zu überbringen und dazu zu stehen.

Die Gattin von Jack Welch hat ein Buch zur einfachen Entscheidungsfindung im Alltag herausgebracht [72]. Ein anderer Ratgeber beschäftigt sich mit dem Thema, wie man es schafft, möglichst viel zu erleben, indem man sich nicht für A oder B, sondern für beides entscheidet: [73]. Dieses Buch von Barbara Sher enthält viele Tipps mit Relevanz für Hochbegabte, die dort als „**Scanner**" beschrieben werden. Mit der Auswahl einer unter mehreren Optionen tun sich Hochbegabte besonders schwer. Einige Kernaussagen aus dem Buch („Scanner" können Sie durch „Hochbegabte" ersetzen":

- Sie werden erkennen, dass Sie sofort damit aufhören sollten, der Norm entsprechen zu wollen.
- Seien Sie stolz auf Ihren neugierigen Geist
- Scanner schaffen es kaum, einer Sache den Rücken zuzukehren. In einem Süßwarenladen verhungern sie, weil sie sich nicht entscheiden können. Sie sind ewig unzufrieden mit sich selbst.
- Scanner sind multitalentiert und nicht oberflächlich.
- Sie können kein Spezialist sein, und das brauchen Sie auch nicht.
- Eine der größten Ängste ist, das eigene Potential nicht ausschöpfen zu können.
- Die Suche nach einer einzigen, wahren Leidenschaft wird Ihnen nicht gelingen. Sie brauchen die vielen Sachen, die Sie begeistern.
- Scanner befinden sich in einem Dilemma: Sie wollen in Wahrheit gar nicht so viele Dinge machen und auch gar nicht in der Intensität, wie sie meinen.

Als Tipps, die Angst vor dem Sich-Festlegen abzulegen, präsentiert Barbara Sher das Anlegen eines „Projektbuchs" und eines „Wandkalenders", mit denen Sie Ihre Träume einfangen und festhalten. So erhält der Scanner/Hochbegabte die Möglichkeit, seinen Ideen zumindest ein Stück weit zu folgen, anstatt sie gleich als Hirngespinst abtun zu müssen

[4] Hier ein heißer Tipp für Marketingleute: Legen Sie einem Produkt, das ein Kunde gekauft hat, einen Zettel bei mit der Aufschrift „Sie haben gut gewählt". Damit beseitigen Sie seine letzten Zweifel.

[73]. Weiters wird den Lesern dort empfohlen, für jedes Projekt eine Ablage, z. B. einen Ringordner, zu schaffen, und mit einer „Interessensliste" einen Überblick über die wahren Interessen zu gewinnen.

Wenn Sie jedoch im Moment keine zufriedenstellende Entscheidung treffen können, sagen Sie lieber **„nicht jetzt!"**, anstatt sich voreilig festzulegen. Sie haben auch die Macht, nicht gleich zu reagieren. Wenn Sie reagieren, ist die Kontrolle (wieder) beim anderen.

Die Qualität von Analysen, Schlussfolgerungen und Entscheidungen ist im Allgemeinen robus- ter, wenn

- mehrere Varianten zur Verfügung stehen,
- mehrere Personen an der Entwicklung beteiligt sind [24].

Logischerweise steigt die Qualität einer Entscheidung mit der Qualifikation der beteiligten Personen. Damit eine Gruppenmeinung bzw. - entscheidung eine hohe Qualität besitzt, sollte die Gruppe möglichst inhomogen zusammengesetzt sein. Ansonsten kann es zur Entstehung von **Groupthink** (siehe später) kommen. Workshops, die eine große Anzahl an Personen in eine Entscheidungsfindung miteinbeziehen, kosten Zeit; Zeit, deren Investition sich rasch bezahlt machen kann, wenn es um größere Entscheidungen geht, die von der Gruppe getragen werden sollen.

Dass Gruppen – statistisch gesehen – oft Recht haben, wissen wir nicht erst seit der Millionenshow mit dem „Publikumsjoker". Die Entscheidung einer Führungskraft wird der Entscheidung ihres Teams dann überlegen sein, wenn sie über zusätzliche Informationen verfügt. Ansonsten empfiehlt es sich, das Team in Einscheidungsprozesse einzubeziehen.

Effektive Manager entscheiden nur wenige, dafür wichtige Fragen. Sie gehen nicht überhastet vor.

Hochbegabte Jungmanager laufen Gefahr, zu viele Entscheidungen in zu kurzer Zeit zu treffen. Anstatt sich die Zeit zu nehmen, die Grundursache für ein Problem zu ergründen und zu beheben, entscheiden sie *ad hoc* wieder und wieder zu ähnlichen Fragestellungen.

Entscheidungen von Managern sollten generisch sein und das zugrunde liegende Prinzip bzw. Problem erkennen, sie sollten nicht im Einzelfall entscheiden.

Entscheidungen werden in vielen Firmen über Instrumente erzielt, um Objektivität bzw. vermeintlich wohlüberlegte Ergebnisse zu erzielen. Oft wird eine Entscheidung, besonders eine unpopuläre, auch nach außen delegiert, indem man Berater engagiert.

Schwerfällige Instrumente zur Bewertung/Entscheidungsfindung sind aus der Sicht mancher Hochbegabter eine „Hommage an die Dummheit".

▶ **Tipp** Gehen Sie bei der Analyse eines Problems bis zur Grundursache *(root cause).*

Ein Gegenbeispiel ist ein Staat, in dem es zu viele Gesetze gibt: Jedes Problem wird als spezieller Einzelfall gelöst, anstatt allgemeine Richtlinien zu schaffen, unter denen es zu behandeln ist.

Fundierte Entscheidungen beziehen die Randbedingungen mit ein [23]. Entscheidungen, die auf Wunder bauen, sollten klarerweise vermieden werden.

An Entscheidungen sollte ein Manager festhalten, außer, neue Fakten kommen ans Tageslicht. Sein Team sollte ein Manager so instruieren, dass intern gestritten werden kann und soll. Eine einmal getroffene Entscheidung wird dann von allen Teammitgliedern unterstützt und nach außen hin vertreten.

Delegieren

Das Delegieren ist eine Kernaufgabe des Managements. Es handelt sich dabei um das Übertragen von Aufgaben und Befugnissen an Mitarbeiter. Nur Chefs, die delegieren, haben den Kopf frei für die Kernaspekte ihrer Arbeit und werden auch als „Boss" anerkannt. Delegiert werden kann im Prinzip alles außer der Führungsverantwortung. Aufgaben, die einen Mitarbeiter überfordern, sollen nicht an diesen delegiert werden. Der Chef hat darauf zu achten, dass der Delegationsempfänger alle Ressourcen zur Bewältigung der Aufgabe zur Verfügung hat. Derjenige, an den eine Arbeit delegiert wird, kann diese in der Regel besser – im Sinne von Qualität, Zeit und Aufwand – erledigen als der Chef selbst (oder sollte es mit Unterstützung des Chefs lernen). Der Mitarbeiter (Delegationsempfänger) erfährt einen Motivationsschub, weil er Verantwortung übernehmen kann. Durch Delegieren kommt es zu einer Teilung der Verantwortung zwischen Chef und Mitarbeiter: Der Delegierende behält die Führungsverantwortung, und der Delegationsempfänger die Handlungsverantwortung (*responsibility & accountability*). Eine Ergebniskontrolle ist notwendig, ebenso Feedback über die Zufriedenheit mit der Umsetzung.

Typische Gründe, warum Chefs zögerlich sind beim Delegieren, sind mangelndes Vertrauen, Sicherheitsbedürfnis und die Angst vor Kontrollverlust.

Für hochstehende, auf ihren Vorteil bedachte Taktierer und „Politiker" in Organisationen empfiehlt es sich, besonders harte und unpopuläre Entscheidungen zu delegieren [74, 75], wie schon Machiavelli in „Il Principe" den Fürsten riet. Diese sollten *„alle harten Maßregeln durch andere ausführen lassen und Gnadensachen sich selbst vorbehalten"* [76]. Was mit dem Überbringer einer sehr unerfreulichen Botschaft passiert, ist auch hinlänglich bekannt. Vermeiden Sie es aus eigenem Interesse daher, permanent negative Botschaften zu übermitteln (Ihrem Team gegenüber haben Sie sehr wohl die Aufgabe, alle relevanten Informationen preiszugeben!).

Als Manager brauchen Sie nicht alle Details zu wissen. Vertrauen Sie Ihren Mitarbeitern!

Vertrauen ist wichtig. Im Straßenverkehr gilt der Vertrauensgrundsatz – ohne ihn wäre eine Bewältigung des Verkehrs nicht möglich. Auch im beruflichen Umfeld ist Vertrauen vonnöten. Mitarbeiter sollen sich auf ihren Chef, und ein Chef soll sich auf seine Mitarbeiter verlassen können. Vertrauen wird mühsam aufgebaut, und es kann blitzschnell zerstört werden. Eng verknüpft mit Vertrauen ist die Reputation eines Managers [55]. Die Forschung zeigt, dass Mitarbeiter, denen eine Firma vertraut, weniger kontrolliert werden

[55]. Führungskräften, denen Mitarbeiter vertrauen, gelingt es leichter, diese von ihren Entscheidungen zu überzeugen. Sie fahren gut, wenn Sie nach dem Grundsatz leben: Vertraue dem Mitarbeiter, vertraue nicht der Kommunikation. Mangelhafte Kommunikation führt schnell zu Missverständnissen. Die meisten Mitarbeiter sind ehrlich. Geschätzte 5 bis 10 % der Bevölkerung sind kriminell und nicht vertrauenswürdig. Daher sollten Sie niemals „blind" vertrauen.

Ressourcenknappheit

Management bedeutet, mit den bereitstehenden Ressourcen ein Ziel bestmöglich zu erreichen. Reichen Personal, Zeit und/oder Budget nicht aus, wäre es auf den ersten Blick nahe liegend, einfach mehr Ressourcen anzufordern bzw. als Unternehmen bereitzustellen.

Das ist nicht immer möglich und schon gar nicht sinnvoll.

Kostendruck und eine absolute Beschränktheit der Mittel in einer Organisation setzen hier Schranken. Bündeln Sie stattdessen Ihre Kräfte!

Anstatt den *Input* zu erhöhen, ist es zur Erreichung der Ihnen vorgegebenen Ziele hilfreicher, wenn Sie den *Output* steigern, also Effizienz und Effektivität. Ein Spezialfall dieser allgemeinen Regel ist Brooks Gesetz: Personelle Aufstockungen in einem verspäteten Softwareprojekt führen zu weiterem Zeitverzug.

> **Tipp** Ihre Mitarbeiter werden Sie permanent um personelle Aufstockungen ersuchen. Überlegen und fragen Sie, was passiert, wenn nichts passiert. Nur, weil jemand überarbeitet ist, braucht keine Organisation zusätzliches Personal. Helfen Sie stattdessen, die Agenden Ihrer Mitarbeiter zu entschlacken, anstatt Ihre Abteilung unnötig aufzublasen.

Kommunizieren

Gerade weil es so viel Stoff zum ewigen Thema Kommunikation gibt, sind im nächsten Abschnitt einige wesentliche Aspekte herausgegriffen und kommentiert.

Sie kommunizieren als Manager und/oder Mitarbeiter mit jeder Handlung, die Sie setzen: ob gesprochenes Wort, Schriftverkehr, Ihre Kleidung oder das, was Sie unterlassen: In jedem Fall setzen Sie ein Zeichen, das andere Menschen wahrnehmen und interpretieren.

Stellen Sie sich zum Einstieg folgende Frage: Wenn jemand eine Präsentation hält, welcher Anteil an der übermittelten Botschaft, also dem, was die Zuhörer wahrnehmen, basiert Ihrer Einschätzung nach auf den Fakten? Es sind lediglich 10–30 %! Der Rest der Kommunikation läuft über andere Kanäle, also mehr oder weniger unbewusst, ab. Ob es die Stimme, das Gewand, die Aufmachung der Präsentationsfolien oder die Wortwahl sind – Kommunikation ist mehr als die reine Information, die es zu übermitteln gilt.

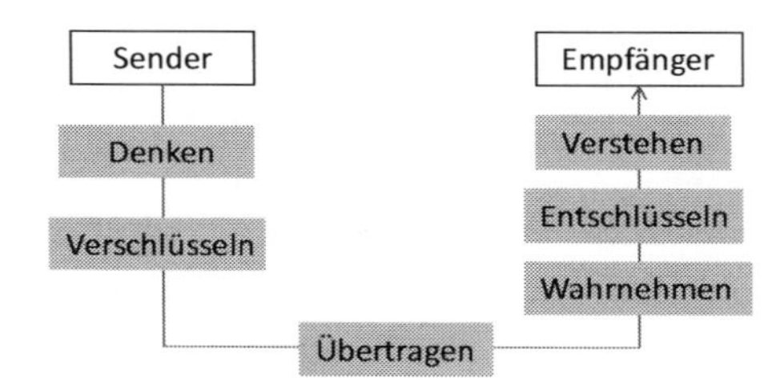

Abb. 2.1 Der Kommunikationsprozess, entnommen aus [77]

Auch, wenn „reine Information“ übertragen werden soll, gibt es Schwierigkeiten. Denken Sie an den klassischen Fall im Büro: „Im Prinzip“ ist es ganz einfach, Sie schreiben Ihrem Mitarbeiter eine E- Mail, was Sie bis wann erledigt haben wollen, und erwarten, dass es am Stichtag (in manchen Kulturen sogar davor) als erledigt zurückgemeldet wird. Wie Sie aus eigener, leidvoller Erfahrung wissen, ist Kommunikation keine Einbahnstraße, und gesagt ist nicht gehört, gehört ist nicht verstanden, verstanden ist nicht erledigt, und erledigt ist nicht automatisch „richtig“ bzw. „komplett“ erledigt. Die Wurzel des bedeutungsschwangeren Worts „Kommuni- kation“ geht zurück auf das Lateinische, *communicare*, was soviel wie „teilen“, „einen Anteil gewähren“ bedeutet und somit zwei Parteien, Sender und Empfänger, miteinbezieht. Die folgende Abb. 2.1, entnommen aus [77], zeigt die Vielschichtigkeit der Kommunikation.

Eine Kette ist so stark wie ihr schwächstes Glied. Dieses Prinzip gilt auch für Kommunikation. Der Kommunikationsprozess hat viele „Schwachstellen“. Häufig fängt es schon beim Denken des Senders an. Zusätzlich wird der Kommunikationsprozess von außen gestört. Sprachbarrieren erschweren die Kommunikation erheblich. Hier ist vor allem die Kommunikation von zwei Muttersprachlern unterschiedlicher Fachgebiete gemeint.

Mitarbeiter in Forschung und Marketing, Produktion und Verkauf, Chemiker und Biologen – sie alle sprechen eine andere Sprache und verfügen ob ihrer Ausbildung über unterschiedliche Vorstellungen gleichlautender Begriffe. Unter einem „Produkt“ verstehen verschiedene Gruppen von Mitarbeitern einer Pharmafirma üblicherweise Folgendes, um ein Beispiel zu nennen (entlehnt aus [77]):

- Chemiker: Produkt = eine neue Substanz, die gerade nachgewiesen werden konnte,
- Prozessingenieur: Produkt = eine Rezeptur, die produktionssicher herstellbar ist,
- Marketing: Produkt = eine verkaufsfertige Ware, getestet, zugelassen und natürlich verpackt.

Die anderen Personen der Organisation, die in die Prozesskette eingebunden sind, haben wiederum gänzlich andere Vorstellungen von dem, was ein „Produkt“ ist. Der Weg zu einem neuen „Blockbuster-Medikament“, als dem angepeilten Produkt einer Pharmafirma, kostet im Durchschnitt mehrere hundert Millionen Euro und viele Jahre Arbeit. Ob sich ein Projekt lohnt, entscheidet sich oft erst ganz zum Schluss. Zwischen den einzelnen Spezialistenteams kommt es zu unzähligen „Übersetzungsfehlern“. Diese passieren in allen interdisziplinären Teams. Sie sind zu minimieren, damit die Organisation Erfolg auf dem Markt haben kann.

Die Kultur spielt auch eine wichtige Rolle in der Kommunikation. Menschen aus unterschiedlichen Ländern vertreten die Auffassung, Kommunikation liege im Verantwortungsbereich des Senders – oder eben des Empfängers. Wenn der Sender es als seine Aufgabe sieht, eine klare Botschaft zu geben (Bringschuld), und der Empfänger sich in der Holschuld sieht, sein Verständnis derselben sicherzustellen, haben die beiden eine passende Basis für Kommunikation. Die Praxis zeigt, dass allzu häufig jeder die Verantwortung beim anderen vermutet.

Kommunikation unterliegt der Verantwortung von Sender und Empfänger. Als Sender sollten Sie klare Botschaften geben, und als Empfänger sollten Sie auch zwischen den Zeilen lesen. In der westlichen Kultur liegt es im Verantwortungsbereich des Sprechers, dass das Gesagte verstanden wird, während es in der stark kontextbezogenen asiatischen Kultur der Empfänger ist, welcher sicherstellt, etwas richtig verstanden zu haben. „Westler" mit ihrem sehr direkten Kommunikationsstil erscheinen in Asien oft als schroff und roh.

Die Schwierigkeiten der Kommunikation potenzieren sich, wenn Information nicht nur einmalig, sondern entlang einer Kette weitergegeben wird. So kommt es regelrecht zu einer „Stillen Post", sobald über mehrere Hierarchieebenen hindurch Botschaften zu übermitteln sind. Stellen Sie sich eine Kommunikationskette von fünf Personen vor. Wenn in jedem Schritt auch nur 10 % der Information verloren gehen, kommen lediglich noch zwei Drittel der Originalbotschaft beim letzten Empfänger an.

> **Tipp** Wenn Sie einen Anruf mit vertraulichem Inhalt erhalten, sagen Sie, Sie wären gerade in einer Besprechung und würden in zehn Minuten zurückrufen. In dieser Zeit können Sie die angegebene Telefonnummer, den Namen des Anrufers sowie sein Begehr verifizieren bzw. sich darauf vorbereiten. Indem Sie den Rückruf anbieten, verschaffen Sie sich einen Zeitgewinn.

Die Vermittlung von Information ist nicht trivial – ganz zu schweigen von bewussten Störungen der Kommunikation wie Geheimhaltung, Klatsch und Tratsch, Verleumdung etc.

Ferner nehmen wir alle das wahr, was wir wahrnehmen wollen oder glauben, wahrzunehmen. Unerwartetes nehmen wir nicht wahr, überhören wir oder verstehen wir falsch. Gegen diese Störung auf der Seite des Empfängers ist wohl niemand immun.

Um erfolgreich kommunizieren zu können, empfiehlt es sich, folgende Punkte zu beachten [78]:

- Ehrlichkeit,
- richtige (positive) Einstellung,
- Interesse am Gesprächspartner,
- Offenheit in Bezug auf sich selbst.

Der erste Punkt umfasst auch das Zugeben von Fehlern. Hochbegabte, die einen sehr hohen Anspruch an sich selbst stellen und meinen, keine Fehler machen zu dürfen, haben in der Regel auch Schwierigkeiten, diese zuzugeben. In einem Gespräch kann das zu wilden Verstrickungen führen.

In seinem *Buch „How to Talk to Anyone, Anytime, Anywhere"* [78] beschreibt der US-Journalist und Talk Show-Mann Larry King einige peinliche Situationen vom Beginn seiner Sprecherkarriere, aus denen er durch ehrliches Schildern der Lage rasch wieder Oberwasser gewinnen konnte.

Die Bedeutung des zweiten Punkts, eine positive Einstellung, sollte nicht unterschätzt werden. Ihre Gesprächspartner werden unterbewusst wahrnehmen, wenn Sie innerlich gar nicht mit ihnen reden wollen, was Ihrem Gesprächserfolg nicht zuträglich ist.

Der dritte Punkt, das Interesse am Gesprächspartner, ist auch häufig ein Fallstrick für Hochbegabte. Wenn sie sich langweilen, hören sie nur mit einem Ohr zu, und ihr Gegenüber wird unweigerlich das Gefühl entwickeln, man nehme ihn nicht ernst.

Eine Grundaussage im Bestseller von Dale Carnegie *„How to win friends & influence people"* ist, aufrichtiges Interesse an anderen Menschen zu zeigen. Der ideale Kommunikator ist gleichzeitig ein guter Zuhörer.

▶ **Tipp** Passen Sie Ihre Sprache an den Empfänger an. Schon Plato lehrte, dass man im Gespräch mit Zimmermännern die Metapher von Zimmermännern verwenden sollte. Wenn Sie dann auch noch authentisch bleiben, leere Worte vermeiden und Augenkontakt halten ohne zu starren, kann fast nichts mehr schiefgehen.

Kommunikation von Hochbegabten

Hochbegabte sprechen oft schnell, in rascher Abfolge von Gedanken [10], sodass Zuhörer manchmal schwer folgen können, vor allem, wenn das Gesagte mit Fachausdrücken gespickt ist. Hochbegabte sollten sich daher bemühen, in Argumentationen keine Schritte zu überspringen, um den Gesprächspartner nicht zu „verlieren". Es ist für sie erforderlich, sich in Geduld zu üben, um anderen, fachfremden Menschen ihren Standpunkt klar verständlich zu machen, indem sie diesen deutlich erörtern.

Für Hochbegabte ist es nicht immer einfach abzuschätzen, wie viel Information sie ihren Mitmenschen zukommen lassen sollen. Mal ist es zu viel, mal zu wenig. Generell ist es auch nicht einfach zu sagen, welche Information für den Empfänger relevant und notwendig ist. Wenn man direkt auf den Punkt kommt, ist es schwierig, ein ganzes Buch zu schreiben. Noch schwieriger ist es, ein Thema, bei dem man sich auskennt, kurz und prägnant darzustellen.

- **Brain Teaser** Je kürzer eine Rede sein soll, desto länger sollte man sich darauf vorbereiten.
  Die Aussage von Adam S. über seinen Professor kann als anschauliches Beispiel fungieren: *„Die Telefonate mit ihm sind furchtbar. Er springt von einem Thema zum nächsten und ist dann böse und enttäuscht, wenn man ihm gedanklich nicht folgen kann und nachfragt."*

- **Achtung, Falle** Hochbegabte sind häufig extrem verschriene Zuhörer. Der Erfolgsautor Harvey Mackay wird von Larry King wie folgt zitiert: *„Listen to the answers. Don't make it appear that you're more interested in your own clever questions than you are in the hearing and reacting to the responses."*

Manager und Kommunikation

Beim Management ist es wohl die Kommunikation, bei der sich die investierte Zeit besonders stark rentiert. Kommunikation ist DAS Führungsinstrument und eine Hauptaufgabe von Führungskräften. Sie findet meist anlassbezogen statt.

Bereiten Sie sich vor, wenn ein Gespräch mit Ihren Mitarbeitern ansteht. Dadurch wird das Gespräch kürzer und qualitativ hochwertiger ausfallen.

Einzelgespräche sind in der Regel effektiver als Unterredungen mit Gruppen.

Wählen Sie den richtigen Zeitpunkt, und steigen Sie positiv in jedes Gespräch ein und aus (denken Sie daran, negative Botschaften sollten wie ein Sandwich aussehen, betten Sie sie in zwei positive Mitteilungen ein).

Starten Sie das Gespräch mit einer lockeren, belanglosen Diskussion, und gehen Sie nicht gleich von 0 auf 100. Achtung bei Gesprächen mit Hochbegabten: Sie mögen keinen „unaufrichtigen" Small Talk. Daher können Sie bei hochbegabten Mitarbeitern ziemlich direkt zum Thema kommen.

Legen Sie Anlass, Botschaft und Ihre Erwartungen dar. Nach dem Gespräch sollte klar sein, wer was bis wann erledigen soll. **Verbindlichkeit** ist ein Schlüssel. Sorgen Sie dafür, dass Vereinbarungen eingehalten werden, indem Sie sie in Schriftform fixieren und deren Erfüllung überprüfen.

Studien zeigen (was nicht überraschend ist!), dass die verbale und nonverbale Kommunikation der Manager einer Unternehmung sich direkt auf die Produktivität der Mitarbeiter und damit auch auf das Endergebnis auswirken [51]. Es ist bekannt, dass ein Mangel an Kommunikation, gepaart mit Fehlinformationen durch die unmittelbaren Chefs und Kollegen, in Firmen die größte Quelle für Misstrauen ist [51].

Information fließt in Unternehmen in mehreren Richtungen. Zum einen gibt es einen Informationsfluss „von oben nach unten", sprich vom Geschäftsführer zu den Abteilungsleitern und von diesen zu den jeweiligen Mitarbeitern. Die Information wird auf dem Weg vom Sender zu den Empfängern, auf formalen Wegen, vielfach gefiltert. Informationen fließen auch aufwärts, zum Beispiel in Form von Monatsberichten. Daneben gibt es noch die **Gerüchteküche** *(information through the grapevine)*, über die eine Vielzahl von Informationen und Fehlinformationen verstreut wird. Gerüchte werden übrigens in Organisationen sowohl von „unten“ als auch von „oben“ in Umlauf gebracht. Klatschtanten und - onkel setzen gerne unbestätigte Meldungen über Kollegen in die Welt, oft aus Spaß oder Rache. Ein Vorstandsmitglied kann die Akzeptanz einer Idee, die er demnächst umzusetzen gedenkt, über die Reaktion auf ein entsprechendes Gerücht unverbindlich in seiner Organisation testen.

Zur Kommunikation gehört nicht nur das Sprechen, sondern auch das **Zuhören**. Nicht umsonst hat der Mensch einen Mund und zwei Ohren. Schärfen Sie Ihre Sinne für das Zuhören! Nonverbale Signale Ihres Gesprächspartners können Ihnen wichtige Hinweise geben. Bei Interesse an einer Sache erweitern sich beispielsweise die Pupillen eines Menschen. Diese Beobachtung haben chinesische Jadehändler vor unserer Zeit bereits zu ihrem Vorteil genutzt, indem Sie erkannten, welche Objekte die Begierde der potentiellen Käufer geweckt hatten. Dieser „Trick“ wird auch von erfolgsorientierten Verkäufern angewandt. Allerdings sollten Sie Ihrem Gesprächspartner nicht ununterbrochen in die Augen starren. Halten Sie Blickkontakt, und lösen Sie diesen regelmäßig. Übrigens: Wer sich gezwungen sieht, abwechselnd in das linke und das rechte Auge seines Gesprächspartners zu blicken, kann stattdessen auf dessen Mund oder Nasenspitze schauen.

Stellen Sie interessierte Fragen, und unterbrechen Sie Ihr Gegenüber nicht.

Veränderungen sind schwierig zu kommunizieren (siehe auch Kapitel über *Change Management*). Schönen Sie keine Fakten, seinen Sie ehrlich, und gehen Sie auf Bedenken Ihrer Mitarbeiter ein.

Richten Sie Ihre Botschaft an den Empfänger. Botschaften sollten kurz, direkt und einfach sein. Neben Fakten gehören auch Werte und die **Kultur eines Unternehmens** kommuniziert – eine Tatsache, die nicht nur Techniker gerne übersehen. Geert Hofstede definiert Kultur als *„the collective programming of the mind which distinguishes the members of one human group from another“* [66]. Die Unternehmenskultur definiert Hofstede wie folgt: *„the collective programming of the mind which distinguishes the members of one organization from another“*, wobei auch die Geschichte, die Riten und Rituale der Organisation Berücksichtigung finden [54].

Die Informationsvermittlung erfordert Zeit und Mühe. Wer sich dieser Verantwortung entzieht, spart zwar kurzfristig Zeit, mittelfristig büßt er jedoch Effektivität in seinem Team ein.

Ihre Worte sollten mit Ihrer **Körpersprache** stimmig sein. Wenn dem nicht so ist, sind Ihre Aussagen bzw. ist Ihr Feedback rasch als unehrlich entlarvt.

Kommunikation soll effektiv sein und Sie nicht bei jedem beliebt machen.

Suchen Sie das Gespräch mit Ihren Mitarbeitern. Warten Sie nicht darauf, bis der Mitarbeiter Sie aufsucht. Es liegt an Ihnen, beständig aktive Kommunikation zu betreiben. Nur im aktiven und stetigen Dialog mit Ihren Mitarbeitern können Sie notwendige Informationen in Erfahrung bringen.

▶ **Tipp** Lassen Sie Ihre Bürotür generell halb offen. Schließen Sie sie nur, wenn Sie nicht anwesend sind bzw. wenn Sie gerade eine vertrauliche Besprechung führen. Wenn Sie eine geöffnete Bürotür haben, signalisieren Sie Ihren Mitarbeitern und Kollegen, dass Sie offen sind für Gedankenaustausch und Interaktion. Eine offene Tür ermutigt Menschen, mit Ihnen ins Gespräch zu treten. Wenn Sie sich hingegen hinter verschlossenen Türen verschanzen, wird man Sie nicht „stören" wollen.

Feedback

Eine Kernaufgabe von Managern ist es, Feedback zu geben. Feedback ist die Rückmeldung an eine Person über deren Verhalten, und wie dieses von anderen wahrgenommen, verstanden und erlebt wird. Als konstruktive Kritik ist Feedback ein wertvolles Instrument, das den Abgleich von Selbst- und Fremdwahrnehmung erlaubt.

Feedback gibt es in allen Lebensbereichen. Ein Kind entwickelt sich nur durch Feedback, und falsche Handlungen des Menschen werden durch Feedback der Natur (Umweltkatastrophen) augenscheinlich, sodass ein Umdenkprozess gestartet werden kann.

Ihre Mitarbeiter erwarten Feedback von Ihnen. Wenn sie etwas zufriedenstellend gemacht haben, sollten Sie sie loben, allerdings nicht inflationär und pauschal, sondern anlassbezogen und möglichst konkret.

Falls ein Mitarbeiter außerhalb der von Ihnen vorgegebenen „Leitplanken" agiert, ist es Ihre Aufgabe, ebenfalls Rückmeldung zu geben. Es ist nicht unbedingt angenehm, einem Mitarbeiter dieses negative Feedback zu geben, allerdings handelt es sich dabei um eine unablässige Notwendigkeit! Feedback- Geben, auch negatives, kann trainiert werden.

Achten Sie auf die Feedback- Regeln. Hierzu finden sich zahlreiche Bücher und Gedankenansät- ze im Internet.

Die meisten Menschen denken erst nach vielen negativen Feedbacks um, wenn überhaupt. Zumeist wird die Schuld für etwas, das schiefgegangen ist, sofort und unreflektiert auf andere projiziert. Diese Abwehr ist ein natürlicher Schutzmechanismus, um seine Werte und Ideale nicht infrage zu stellen.

Fehlendes Feedback schadet dem Betroffenen. Eine Analogie können Sie bei Singles erkennen. Sie leben alleine mit all ihren Schwächen, Komplexen und Fehlern. Diese werden nicht korrigiert und können so wachsen und gedeihen. Der Single glaubt, sich frei entfalten zu können, und er entwickelt sich in Wahrheit gar nicht weiter.

▶ **Tipp** Auch Sie sollten für Feedback zugänglich sein, um sich weiterentwickeln zu können.

Wenn Sie aufmerksam beobachten, werden Sie laufend indirektes Feedback sammeln. Beispiel: Falls Zuhörer bei Ihrer Präsentation einschlafen, sollten Sie sich überlegen, was Sie das nächste Mal anders machen können.

Feedback, welches von mehreren Personen gegeben bzw. eingeholt wird, ist besonders zuverlässig. Ein wertvolles Werkzeug für umfassendes Feedback in Organisationen ist das sogenannte **360- Grad- Feedback**, bei dem Sie Rückmeldungen von oben (Ihre Chefs), unten (Ihre MitarbeiterInnen) und seitwärts (Ihre KollegInnen) erhalten. Damit Sie nicht nur vorsichtige Allgemeinplätze von Ihren Mitarbeitern zu hören bekommen, wenn Sie sie nach Ihrem Führungsstil fragen, überlegen Sie, wie Sie fragen, ganz nach Goethe: *„Wenn Du eine weise Antwort verlangst, frage vernünftig."*

An der Spitze ist es einsam. Der Geschäftsführer oder Vorstand eines Unternehmens ist häufig umgeben von Vasallen, die ihm nach dem Mund reden, um zu gefallen und davon persönlich zu profitieren. Je höher jemand in einer hierarchischen Organisation arbeitet, desto schwieriger ist es für ihn, ehrliches Feedback und ungefilterte Informationen zu bekommen.

Unternehmen können (anonyme) **Mitarbeiterzufriedenheitsbefragungen** durchführen lassen. Besonders aussagekräftig sind hier Trends über mehrere Jahre. Von externen Firmen durchgeführte Umfragen sind vertraulicher als intern angefertigte, außerdem können so Benchmarks in die Auswertung einbezogen werden.

Viele Firmen sind dazu übergegangen, anonyme Hinweise einzusammeln, etwa über ethik@firmaXY.com.

Ein anderes Phänomen ist **„Whistleblowing"**. In gewisser Weise kann man es, genauso wie Terrorismus, als eine spezielle Form von Feedback verstehen.

Feedback einer Gruppe

Die Meinung einer einzelnen Person braucht man nicht unter allen Umständen für „bare Münze" zu nehmen. Vertritt jedoch eine heterogen zusammengesetzte Gruppe eine bestimmte Meinung, sollte dieser unbedingt die angemessene Aufmerksamkeit geschenkt werden. Wenn sich eine Abteilung geschlossen gegen ihren Leiter stellt, liegt das Problem mit hoher Wahrscheinlichkeit an eben diesem und nicht an den Mitarbeitern, das heißt: Wenn Ihre Abteilung gegen Sie streikt, sitzen Sie am kürzeren Ast. Selten wird sich Ihr Chef dann auf Ihre Seite schlagen. Es liegt an Ihnen, die Situation zu managen.

Die Sprache der Manager

Das gesprochene Wort ist ein wichtiger Aspekt der Kommunikation. Der Kommunikationsexperte Larry King schätzt, dass der Durchschnittsmensch etwa 18.000 Worte täglich von sich gibt [78].

Die Art, wie jemand spricht, prägt dessen Denkweise und damit sein Verhalten [79]. Der Sprachstil in einem Unternehmen hat eine unmittelbare Auswirkung sowohl auf das interne Klima als auch auf den Kunden. Wählen Sie Ihre Worte mit Bedacht, und sagen Sie nichts Unüberlegtes. Wenn Sie etwas gesagt haben, ist dies nicht rückgängig zu machen.

Ihre Sprache sollte sich am Empfänger orientieren. Verwenden Sie einfache Sätze und einfache Worte. Was jemand sagt, sollte sofort verständlich sein. Alles, was gesagt werden kann, kann auch einfach gesagt werden. Sie sind im Berufsalltag, nicht auf einem wissenschaftlichen Kongress, wo Sie andere vermeintlich übertrumpfen und Ihren IQ unter Beweis stellen wollen. Eine akademische Ausdrucksweise ist eher hinderlich, genauso wie das Sprechen in Floskeln und das Parlieren mit vagen, nichtssagenden Botschaften. Noch schlimmer ist es, gemischte, zweideutige Botschaften von sich zu geben. Oft sind es nur Kleinigkeiten, die einen Unterschied ausmachen. Hier ist ein Beispiel: „Wartet nicht verkaufen".

Was ist damit gemeint?

Möglichkeit 1: Ein Stoppsignal. „Wartet, nicht verkaufen!"
Möglichkeit 2: Die Aufforderung zu raschem Handeln: „Wartet nicht, verkaufen!"

Wenn Sie nicht – so wie es der dänische Neurologe und Psychiater Rasmus Fog dem als Genie gehandelten Mozart nachsagt – am Tourette- Syndrom leiden, haben Sie als Manager keine Entschuldigung, wenn Sie obszöne und unpassende Worte verwenden.

Manche Manager sind Meister im Beschönigen. Sie geben laufend aufwertende, mäßigende oder vertuschende Formulierungen (Euphemismen) von sich.

Verwenden Sie anschauliche Bilder, um Ihre Standpunkte klarzumachen. Sprechen Sie in rhetorischen Bildern, denn Sprache in Symbolen ist besonders einprägsam. Das ist vor allem in Zeiten des Wandels wichtig. Blumig sollte Ihre Ausdrucksweise auch nicht sein.

Jede Firma verwendet ihre eigene Sprache und ihre eigenen Abkürzungen. Gehen Sie nicht davon aus, dass Kunden diese verstehen!

Je höher Sie in der Hierarchie angesiedelt sind, desto einfacher sollten Ihre Botschaften sein, und desto öfter sollten Sie diese wiederholen. So werden sie einprägsam und lassen sich von der Organisation nachhaltig umsetzen.

Gehen Sie als Manager mit Takt und Diplomatie vor. Sagen Sie nie „Das ist absolut falsch", sondern lassen Sie Ihrem Gesprächspartner die Möglichkeit, sein Gesicht zu wahren, indem Sie beispielsweise „Halten Sie das für richtig?" fragen.

Vermeiden Sie es ebenfalls, mit Anglizismen und Fachvokabular um sich zu werfen.

Wer sich hinter denglischem Business- Kauderwelsch versteckt, wirkt wenig kompetent und unnahbar. Er heuchelt Kompetenz, die er nicht besitzt. Durch den exzessiven Einsatz von Fachbegriffen degradiert ein solcher Sprecher seine Zuhörer zu Laien. Üblicherweise werden Ihre Zuhörer, wenn sie Sie nicht verstehen, nicht nachfragen, sondern bloß nicken, um sich keine Blöße zu geben. Wie sonst könnte man den „Erfolg" von Hochstaplern wie Gert Postel alias Dr. Dr. Clemens Bartholdy [80] erklären?

Sie können einmal in einer Besprechung das „Buzzword- Bingo" gemeinhin „Bullshit-Bingo" spielen (die Anleitung finden Sie im Internet). „Klassiker" sind Worte wie Synergie, proaktiv, Taskforce, Milestone, Brainstorming, Leverage und Roadmap.

Bei der Verwendung von seltenen Fachwörtern besteht ferner die Gefahr, dass Sie sie falsch verwenden. Wer in der Physik Dichte und Masse, in der Chemie Eisen und Stahl oder in der Biologie Hase und Kaninchen verwechselt, verliert die Maske des Experten.

Im Management ist es dasselbe. Wer von Themen spricht, mit denen er sich offensichtlich nicht auskennt, wird mit Befremdung oder Widerstand empfangen. Begeben Sie sich also nicht unnötig in Gefahr im Versuch, Eindruck zu schinden.

> **Brain Teaser** Ihre Sprache bestimmt Ihre Wirkung, die Sie auf andere Menschen ausüben. Ebenfalls wirkt sie sich auf Ihre innere Einstellung aus. Vermeiden Sie daher negative Elemente! Negative Selbstsuggestion hat eine starke Wirkung (vgl. Hypochonder [eingebildete Kranke]).

> **Tipp** Wenn Sie Argumente vorbringen, beschränken Sie sich im Gespräch auf drei.

Das Wort „aber"

„Der Ton macht die Musik", so sagt der Volksmund. Sie können Ihrem Gegenüber einund dieselbe Botschaft auf verschiedene Arten vermitteln. Da es Ihnen als Manager auf die Wirkung Ihrer Worte ankommt, sollten Sie diese wohlüberlegt einsetzen. Streichen Sie das Wort „aber" aus Ihrem Wortschatz. Ein Kollege meinte einmal: „Alles vor dem aber kannst Du vergessen." Sagen Sie statt **„ja, aber"**, was nur Ablehnung ausdrückt, lieber **„ja, und"**, indem Sie zuerst Wertschätzung für das Gesagte zollen und dann Ihren eigenen Standpunkt offenbaren.

> **Tipp für Hochbegabte** Sie sind ein wacher, kritischer Kopf, dem zu jedem Argument gleich ein paar mögliche Gegenargumente einfallen. Wenn Sie Ihrem Gesprächspartner „Ja, aber" entgegnen, werden Sie auf unnötige Ablehnung Ihrer Idee stoßen. Sagen Sie „Ja, und", bevor Sie Ihre Bedenken formulieren, diese werden dann ganz anders beim Gegenüber ankommen.

Ferner sollten Sie mit dem Wort „ja" aufpassen. Der britische Premierminister Tony Blair sagte: *„Die Kunst von Führung ist nicht, ja zu sagen, sondern nein."* In [40] lernen Sie, wie Sie Ihrem Gegenüber ein positives Nein vermitteln können. In diesem Buch steht unter anderem, dass Warren Buffett seinen Reichtum auf seine Fähigkeit, „nein" sagen zu können, zurückführt. An Buffett wurden seit Beginn seiner Karriere unzählige Investment- Möglichkeiten herangetragen, die er alle abwies, bis die genau passende auftauchte. Mit dieser machte er dann einen guten Profit, und wiederholte seinen Ansatz.

Ebenso sollten Sie auf das Wort „**Problem**" achten. Manche Ratgeber empfehlen, das Wort „Problem" gänzlich aus dem Wortschatz zu streichen und stattdessen von „Möglichkeiten" und „Herausforderungen" *(opportunities, challenges)* zu sprechen. Dieser Rat greift allerdings zu kurz. Manchmal entscheidet die Zeit darüber, ob eine Angelegenheit *(issue)* noch oder schon eine Möglichkeit bietet oder ein handfestes, ernstes Problem darstellt, und dann auch so zu benennen und anzupacken ist. Wenn Sie sich und Ihren Mitarbeitern pauschal vorschreiben, es gäbe keine Probleme, erzeugen Sie eine Kultur, die echte Probleme ausblendet. Management und Mitarbeiter werden den Kopf wie der Vogel Strauß in den Sand stecken, bis das Problem unlösbar groß geworden ist.

Geizen Sie ferner mit dem Wort **„ich“**[5]. Manager, die selbstverliebte, selbstherrliche Egomanen sind, fahren zahlreichen Studien zufolge mittelund langfristig die schwächeren Ergebnisse ein.

Ausdrücken von Gefühlen

Als Manager kommen Sie regelmäßig in die Situation, Ihre Gefühle zum Ausdruck zu bringen. Achten Sie auch darauf, Übertreibungen zu vermeiden. **Immer, nie, nichts, alles** – diese Worte basieren in den seltensten Fällen auf Fakten. Stützen Sie sich auf reale, konkrete Beobachtungen.

Verwenden Sie „Ich“- Botschaften, wenn Sie ausdrücken möchten, dass Sie ein bestimmtes Verhalten stört. Verurteilen Sie Ihr Gegenüber nicht pauschal mit *„Sie sind immer zu spät!“*, sondern sagen Sie etwas wie *„Mich irritiert es, wenn Sie wie heute und vor drei Tagen zu spät kommen, weil …“*Statt zu sagen *„Du enttäuscht mich“*, ist es wirksamer zu sagen, *„Ich fühle mich enttäuscht, weil …“*.

Ich- Botschaften vermitteln Ihren Standpunkt, ohne den anderen zu verletzen. „Genug“ ist auch ein hilfreiches Wort, ein „Nein“ auszudrücken. Sie attackieren den anderen nicht, weil sich Ihre Aussage nur auf die Zukunft bezieht.

▶ **Tipp** Machen Sie eine Rede-Diät, indem Sie auf sinnlose Füllwörter wie **„eigentlich“** verzichten. Wer „eigentlich“ sagt, entwertet häufig sein eigenes Wort und kann eigentlich auch „eigentlich nicht“ sagen. Ähnlich verhält es sich mit dem dämlichen „nämlich“.

Überreden und Überzeugen

Wenn Sie Ihren Gesprächspartner auf Ihren Standpunkt bringen möchten, stehen Ihnen zwei Techniken der Persuasion zur Verfügung: Überreden und Überzeugen. Während das Überzeugen auf einer wertschätzenden, sachlichen Argumentation aufbaut, ist das Überreden eine unredliche psychologische Taktik.

Im Erfolgsfall haben Sie bei Ihrem Gesprächspartner die Meinung (kurzfristig) oder die Einstel- lung (langfristig) geändert, mitunter sogar das Verhalten.

[5] Im Japanischen gibt es übrigens mehrere Ausdrücke für „ich“, je nach Situation.

Im Gegensatz zu einem wissenschaftlichen Diskurs, wo ohne zeitliche Beschränkung nach der absoluten Wahrheit gesucht werden kann, ist man im realen Leben stets mit Annahmen konfrontiert, die nicht wahr, sondern höchstens wahrscheinlich sind. Auch ist die Zeit zur Lösungsfindung limitiert, und man hat es mit Menschen zu tun. Somit passiert es, dass Entscheidungen auf der Basis mehr oder weniger plausibler, emotional behafteter Meinungen gefällt werden.

Die Werbepsychologie hat sich intensiv mit den Techniken der Persuasion auseinandergesetzt. Beim Überreden nimmt man Bezug auf Gemeinsamkeiten und auf etwas bereits Akzeptiertes, um so den Denkprozess des zu Überrumpelnden auszuschalten. Schon Aristoteles hat die drei Dimensionen der Persuasion erkannt: *ethos, logos* und *pathos* (rationale Ebene, Glaubwürdigkeit und Gefühlsebene). Beispiel: Denken Sie, dass eine nackte Frau auf einem Sportwagen mehr mit Überzeugen oder mit Überreden zu tun hat?

Sprechen vor großen Gruppen

Sprechen ist eine essenzielle Aufgabe, nicht nur von Managern, sondern von allen Mitarbeitern einer Organisation, vom Verkäufer bis hin zum Entwicklungsingenieur. Das gesprochene Wort macht einen Großteil der Kommunikation aus. Eloquenz hilft einem Manager in seiner täglichen Arbeit. Während introvertierte Menschen auch Zweiergespräche belastend finden können, ist das Sprechen vor großen Gruppen für die wenigsten Menschen angenehm, doch es gehört zu den Aufgaben eines Managers.

Wer an übertriebener Furcht leidet, vor kleinen Gruppen zu sprechen, jedoch nicht vor großen Gruppen, ist vermutlich einer von zehn Menschen, die an einer sozialen Phobie leiden.

Die Angst, öffentlich zu reden, können Sie überwinden!

Wichtig ist die Vorbereitung einer Rede. Denken Sie zuerst an Ihre Zuhörer! Was wollen diese von Ihnen? Bereiten Sie die Rede vor, und sprechen Sie dann möglichst frei.

Große Gruppen attackieren einen Vortragenden in der Regel viel weniger als kleine. Wenn Sie tatsächlich jemand aus einer größeren Zuhörergruppe heraus verbal attackiert, wovor sich viele Redner fürchten, bleiben Sie ruhig. Starten Sie keinen Gegenangriff. Sagen Sie, Sie werden das Thema mit ihm nach dem Vortrag separat besprechen. Solange die Gruppe Sie sympathischer findet als den Störenfried, was zumeist der Fall ist, wird sie das Problem für Sie lösen. Jemand aus der Gruppe wird den Plagegeist rasch auffordern, sich hinzusetzen und still zu sein. Falls es im realen Leben überhaupt zu so einer Eskalation kommt.

Wer es versteht, sich gewählt auszudrücken, „verkauft" sich mit mehr Erfolg. Selbstbewusstsein ist ein Schlüsselelement für das freie Sprechen. Menschen, die gut sprechen können, werden häufig mit Führungsaufgaben betraut.

Besorgen Sie sich ein Buch über Rhetorik, beispielsweise [81]. Nehmen Sie die Hände beim Sprechen aus der Tasche, und schlucken Sie Ihren Kaugummi hinunter. Wenn Sie für einen Vortrag unzureichend vorbereitet sind, können Sie durch eine auffällige Kopfbedeckung oder schrille Krawatte vom Inhalt ablenken (siehe Haloeffekt) …

Wenn Sie eine Pause ankündigen, z. B. in zehn Minuten, wird die Aufmerksamkeit Ihrer Zuhö- rer steigen (allerdings sollten Sie die versprochene Pause auch tatsächlich einhalten!).

Übrigens: Zuhören ist viel schwieriger als Sprechen!

Wenn Sie als neue Führungskraft auf den Plan treten, gilt: erst beobachten, zuhören und die Regeln kennenlernen. Dieses Verhalten wurde auch bei Kindern festgestellt, die zum Anführer von Spielgruppen „aufstiegen" [31].

Körpersprache

Zur Kommunikation gehört mehr als das gesprochene Wort bzw. eine E- Mail. Ein großer Teil dessen, was unser Gegenüber aufnimmt, wird von der Körpersprache bestimmt. Diese ist unverfänglich und kann Aufschlüsse über den Gefühlszustand eines Menschen geben.

> *„Der Mensch kann mit dem Mund so viel lügen wie er will –*
> *mit dem Gesicht, das er macht, sagt er stets die Wahrheit."*
> Friedrich Wilhelm Nietzsche (1844–1900), deutscher Philosoph

Als Führungskraft können Sie Signale der Körpersprache nutzen, um etwas über Ihr Gegenüber zu erfahren. Sie sollten sich auch der Wirkung Ihrer eigenen Körpersprache bewusst sein. Eine gezielte Beeinflussung ist kaum möglich. Eignen Sie sich Wissen über Körpersprache an. Literatur zum Thema Körpersprache finden Sie z. B. in [82–85].

Verhandeln

> *„In business, you do not get what you deserve – you get what you negotiate."*

Wenn Sie auf einer Ölquelle sitzen, brauchen Sie nicht viel über den Preis Ihrer Ware zu verhandeln. In der Regel wird jedoch alles, was im Wirtschaftsleben passiert, über das Treffen einer Vereinbarung geregelt, das heißt, zwei Parteien verhandeln und einigen sich schließlich. Gesetzliche Vorgaben regeln nur ein Minimum der Entscheidungssituationen in der Wirtschaft. Ein Kollektivvertrag gibt Minimallöhne vor, das Kartellgesetz verbietet gewisse Praktiken, und das Steuergesetz schreibt bestimmte Regeln vor. Die Details des Austauschs werden zwischen den Parteien verhandelt. Wie das obige Zitat zum Ausdruck bringt, gibt es im Geschäftsleben keine von einer neutralen Instanz definierte Gerechtigkeit, sondern stattdessen einen mehr oder weniger breiten Rahmen, in dem zwei Parteien zueinander finden können. Wer Verhandlungsgeschick besitzt, wird, in welcher Organisation oder welchem sozialen Rahmen auch immer, sehr davon profitieren.

Ob als Mitarbeiter, der seine Gehaltserhöhung aushandelt, oder als Firmenvertreter, der mit Lieferanten und Kunden in Verhandlungen tritt – jeder sollte im Verhandeln bewandert sein.

Grundkenntnisse der Psychologie braucht man vielfach im Wirtschaftsleben, so auch bei Verhandlungen. Eine Verhandlung ist, sowohl im wirtschaftlichen als auch im privaten Bereich, ein Interessenausgleich zwischen zwei oder mehr Parteien, der durch Kommunikation herbeigeführt werden soll. Alle Beteiligten sind von Beginn an bereit, Zugeständnisse zu machen, um einen Kompromiss und vielleicht sogar einen Konsens zu finden. Im Idealfall entsteht das, was als „*Win- win-* Situation" bezeichnet wird. Je nach Situation sind unterschiedliche Verhandlungstechniken angebracht. Neben der Psychologie liefert die Spieltheorie wichtige Erkenntnisse für das erfolgreiche Verhandeln. Eine „Goldene Regel" der Verhandlung ist: „Wer fragt, führt". Besonders in der Wirtschaft ist Verhandlungsgeschick unumgänglich. Man bekommt niemals automatisch den „fairen" oder den „einem zustehenden" Preis, sondern vielmehr das, was man sich aushandelt. Eine kritische Stelle in Unternehmen ist in dieser Hinsicht der Einkauf. In den meisten Branchen sind es die Kunden, die die Verkaufspreise der Waren ihres Lieferanten bestimmen. Daher sollten Sie versuchen, möglichst viel Geld im Einkauf zu „verdienen", indem Sie günstig einkaufen. „*Buy cheap, sell deer*", das ist die Grundregel des Business. Ein klassischer Ratgeber zum Thema Verhandlung findet sich hier [86]. Für Arbeitnehmer gibt es zahlreiche Bücher zum Thema Gehaltsverhandlung.

Verhandeln ist wie ein Pokerspiel. Tun Sie beim Feilschen so, als ob Sie aus einer Position der Stärke heraus agieren können.

> **Tipp** Für jede Verhandlung gilt: Fokussieren Sie sich auf Ihr Hauptziel, und bleiben Sie flexibel. Definieren Sie Ihr Minimalziel und Ihr Sollziel.

> **Tipp für Hochbegabte** Achten Sie in einer Verhandlung auf Ihre Position, und lassen Sie sich nicht von Ihrem hehren Gerechtigkeitssinn übermannen. Wenn Sie in der Lage sind, mehr für sich herauszuholen, tun sie das, anstatt eine 50/50-Verteilung des Kuchens anzustreben. Ihr Gegenüber ist ein mündiger Geschäftspartner, verhandeln Sie nicht seinetwillen gegen sich selbst.

Fragen stellen

Ein Manager trifft Entscheidungen und ist dafür zuständig, seinen Mitarbeitern die Rahmenbedingungen zur Erfüllung ihrer Aufgaben zu schaffen. Dazu braucht er Informationen, die teilweise an ihn herangetragen werden. Den Rest der benötigten Informationen besorgt er sich durch Fragen. Im Management kommt es darauf an, die richtigen Fragen zu stellen. Ein erfahrener Manager kann seinen Finger „in die Wunde" legen. Mit den passenden Fragen bekommen Sie nicht nur Informationen, sondern inspirieren auch Ihre Mitarbeiter. Nach Peter Drucker fragen wirksame Manager beständig: „*Was gehört gemacht?*"

Ein wichtiger Aspekt des Fragen- Stellens ist natürlich auch das Zuhören.

Meetings

Besprechungen *(meetings)* kennzeichnen den Büroalltag, zumal sie ein wichtiges Instrument der Kommunikation zwischen Führungskräften und Mitarbeitern sind. Viele Mitarbeiter sehen Meetings als Zeitverschwendung und lästige Pflicht an. Es liegt an Ihnen, Meetings effizient zu gestalten. Manager verbringen bis zu einem Drittel ihrer Arbeitszeit in Besprechungen. Für kurze und gehaltvolle Meetings empfiehlt sich Folgendes:

- Aussenden einer Agenda und idealerweise eines Pre- readings (Vorbereitung zum „Einlesen"),
- Start zum vereinbarten Zeitpunkt,
- Führen einer Liste mit Aktionspunkten,
- Festhalten am Zeitrahmen,
- den Punkt „Sonstiges" kurz halten,
- Dokumentation des Besprochenen in kurzen Besprechungsnotizen,
- Nachbereitung *(follow- up)*.

Bereiten Sie eine Agenda vor, die rechtzeitig verschickt wird. Idealerweise gibt es eine Aktionsliste *(action list)* aus der vorangegangenen Besprechung, deren Abarbeitung Sie den Mitgliedern vor dem Treffen nochmals in Erinnerung rufen. Machen Sie klar, dass jeder vorbereitet zur Besprechung erscheinen soll, und dass es einen Zeitrahmen gibt. Fernbleiben gehört entschuldigt, idealerweise wird ein Stellvertreter entsandt. Streichen Sie den Punkt „Sonstiges", wenn Ihre Besprechungen zu Kaffeeklatsch auszuufern pflegen. Warten Sie nicht auf zu spät Kommende. Damit würden Sie nur die pünktlichen Mitarbeiter bestrafen und ein falsches Signal setzen. Unterbinden Sie Handy und E- Mail. Handys sollten auf lautlos gestellt werden, und wenn jemand unbedingt ein Telefonat (eines) annehmen will, sollte er den Raum verlassen. Die Notebooks lassen besser alle Besprechungsteilnehmer, bis auf den Vortragenden, zugeklappt, um nicht der Versuchung, E- Mails zu bearbeiten, zu erliegen.

Das obligatorische Besprechungsprotokoll wird vorteilhafterweise nicht in Prosa, sondern stichwortartig verfasst sein, damit es gelesen wird. Im Idealfall wird es noch am gleichen Tag verschickt.

Sie können das Besprechungsprotokoll *(minutes, minutes of meeting, MoM)* selbst anfertigen oder dessen Erstellung delegieren. Besonders beliebt ist es, diese Aufgabe alternierend allen Mitgliedern zuzuweisen. Wenn Sie jedoch selbst die Besprechungsnotiz verfassen, können Sie sicher sein, dass das enthalten ist, was Sie möchten. Wichtig ist, dass Meetings zu verbindlichen Abmachungen führen, die schriftlich fixiert werden. Ohne Nachbereitung ist ein Meeting zumeist zwecklos. Sorgen Sie unbedingt dafür, dass die Vereinbarungen umgesetzt werden.

▶ **Tipp** Versuchen Sie, Besprechungen im Stehen abzuhalten. Sie werden sehen, dass diese fortan viel kürzer dauern.

Zulassen von Konflikten

Am Arbeitsplatz kommt es permanent zu Spannungen und Konflikten. Mitarbeiter lösen Konflikte aus, nehmen diese wahr und werden hineingezogen. Konflikte an sich sind begrüßenswert und sollten in einem ausgewogenen Maße auftreten. Zu wenige davon erzeugen eine trügerische, lethargische Harmonie, zu viele davon stören ebenfalls die Produktivität. Es gibt „guten" Konflikt und dysfunktionalen Konflikt.

Typische Konfliktauslöser sind nach [10]:

- nicht kompatible Persönlichkeiten,
- Wettstreit um begrenzte Ressourcen,
- Wettbewerb zwischen und in Abteilungen,
- mangelhafte Kommunikation,
- zu hoher Zeitdruck,
- unklare und unvernünftige Regeln,
- faule Kompromisse.

Konflikte sollten sich in jedem Fall verbal lösen lassen.

Persönlichkeitskonflikte entstehen, wenn zwei Menschen, die sich „nicht riechen" können, aneinandergeraten. Derartige Konflikte sind ein Minenfeld für Manager.

Um Konflikte zu managen, stehen fünf Wege offen:

- Konflikt vermeiden,
- Konflikt entschärfen,
- eine Lösung vorgeben und erzwingen,
- Lösen des Problems,
- Finden eines Kompromisses.

Als Manager gehört es zu Ihrem Job, dass Sie Konflikte aufgreifen und einer Lösung zuführen.

Wenn Sie als Manager das Anpacken von dysfunktionalen Konfikten scheuen, erfüllen Sie Ihre Pflichten nicht. Ihre Mitarbeiter werden Sie fortan als schwach und ineffektiv wahrnehmen.

Sie können als Manager auch Konflikte zulassen und diese mitunter sogar erzeugen. Wenn zwei Teammitglieder die gleiche Meinung vertreten, braucht man den zweiten im Prinzip nicht, und wenn eine Gruppe nur eine Meinung hat, denkt nur einer (siehe Groupthink). Bei zu wenigen Konflikten sollten Sie einen *„advocatus diaboli"*[6] ins Spiel bringen.

[6] Von Papst Johannes Paul II im kirchlichen Bereich in „promotor justitiae" umbenannt, ist der „Anwalt des Teufels" im allgemeinen Sprachgebrauch der, der stets Gegenargumente vorbringt.

Konfliktlösung zwischen zwei Mitarbeitern

Niemand verlangt von Ihnen, dass Sie Salomon sind, um Zwist in Ihrer Abteilung zu schlichten. Vermeiden Sie es, die beiden Streithähne separat anzuhören. Stattdessen sollten Sie sie beide zu sich ins Büro kommen lassen. Wenn sie ihre Sicht der Dinge vor Ihnen und vor dem Kontrahenten darzulegen haben, wird die Version realistischer sein, als wenn jeder ungestört über den anderen „schimpfen" kann.

Entwickeln und Fördern der Mitarbeiter

Alle Manager sollten einen signifikanten Teil ihrer Zeit auf die Entwicklung ihrer Mitarbeiter (und ihre eigene Weiterentwicklung) verwenden. Das ist entgegen so mancher Meinung keine Zeitverschwendung! Mitarbeiterentwicklung ist eine Investition, die sich nicht sofort bezahlt macht. In der Zukunft jedoch kann sie eine beständige, attraktive „Rendite" abwerfen. Indem Sie Ihre Mitarbeiter entwickeln, zeigen Sie Interesse an ihnen als Person und erzeugen so Loyalität. Ihre Mitarbeiter werden Sie fortan besser unterstützen: nicht nur leidenschaftlicher, sondern auch fachlich versierter.

Bei Toyota werden Arbeitsprozesse standardisiert, um *muda* (waste) zu eliminieren.

Dieses Standardisieren und die Entwicklung von Mitarbeitern nehmen bei Toyota nach internen Schätzungen [87] etwa fünfmal so viel Zeit in Anspruch wie bei anderen Firmen. Der Erfolg gibt Toyota Recht.

Geben Sie sich nicht mit dem aktuellen Leistungsniveau Ihrer Mitarbeiter zufrieden, sondern fordern Sie sie! Treiben Sie Ihre Mitarbeiter über die jetzige Leistungsgrenze hinaus!

Besonders wichtig ist die Förderung und Entwicklung zukünftiger Führungskräfte, weil diese einen maßgeblichen Einfluss auf den Firmenerfolg ausüben.

Eine erfolgserprobte Methode bei der Ausbildung von Managern ist es, ihnen anspruchsvolle Aufgaben zu übertragen, bei denen sie zum Lernen gezwungen sind. Der Schwierigkeitsgrad der Aufgaben steigt etappenweise. Nur außerhalb der bisherigen Komfortzone lässt sich etwas Neues erlernen.

Kontrolle der eigenen Emotionen

Als Manager leben Sie davon, andere Menschen zu beeinflussen. Eine Voraussetzung hierfür ist, dass Sie Ihre eigenen Emotionen im Griff haben. Handeln Sie niemals aus blankem Ärger, Furcht oder einem Schuldgefühl heraus, und lassen Sie sich nicht gehen.

Starke Emotionen verleiten zu spontanen Reaktionen. Geben Sie dem natürlichen, impulsiven Gefühl bei einer intensiven Gemütsregung nicht nach, das ist typischerweise wenig hilfreich. Sie werden durch das „Dampf- Ablassen" zwar selbst ein kurzfristiges Gefühl der Erleichterung verspüren, allerdings verflüchtigt sich dieses rasch, und die negative (Nach-)Wirkung auf Ihr Gegenüber bleibt erhalten.

Jeder kann sich ärgern, auch stark. Wenn man sich regelmäßig und auch bei Kleinigkeiten länger als fünf Minuten ärgert, sollte man seine grundsätzliche Einstellung überdenken.

Das Ärgerliche am Ärger ist, dass man sich schadet, ohne anderen zu nützen.
Kurt Tucholsky (1890–1935), deutscher Schriftsteller und Journalist

Pokerspieler wissen, dass man seine Emotionen kontrollieren kann – alles eine Sache der Übung. Hier sind zwei Methoden, wie Sie Ihre Emotionen steuern können.

Introspektion: Diese Technik stammt aus Europa. Man stellt sich hierbei ein paar Fragen nach den Hintergründen seiner Handlungen, gewissermaßen in einem Blick nach Innen.

Meditation: Diese aus Asien kommende Technik sorgt für eine innere Beruhigung. Unter ande- rem wird spezielles Atmen angewandt, um sich von sich selbst zu lösen.

Balance zwischen strategischem und operativem Management

Im Management ist vieles ein Ausgleich. Eine Führungskraft managt sowohl opportunistisch, kurzfristig, als auch langfristig, strategisch.

Jack Welch sagte: „*You can't grow long term if you can't eat short term. Anybody can manage short. Anybody can manage long. Balancing those two things is what management is.*" [70]

Je weiter oben ein Manager in einer Organisation angesiedelt ist, mit desto langfristigeren Themen befasst er sich. Der Arbeiter am Fließband ist rein operativ tätig, während der Vorstand sich in der Regel nur mit den nächsten fünf bis zehn Jahren befasst. Er arbeitet strategisch/konzeptionell. Die strategische Planung einer Unternehmung ist langfristig ausgerichtet. Für die Strategie ist es am wichtigsten, seine Kräfte zusammenzuhalten. Auch das ist keine leichte Aufgabe für Hochbegabte, weil ihr Interesse vielen Themen gilt, und sie sich gerne rasch etwas Neuem zuwenden, anstatt beharrlich an einer Aufgabe zu bleiben. Apropos Strategie: Die Strategie eines Unternehmens sollte dem Wettbewerb nicht klar sein. Sehr wohl empfiehlt es sich, sie den eigenen Mitarbeitern zu kommunizieren. Wie sonst können sie diese für das Unternehmen umsetzen? In vielen Unternehmen ist den Mitarbeitern ihr Beitrag zur Strategie nicht klar.

2.12 Teams

Teams sind in der Berufswelt allgegenwärtig. Die Bedeutung von Arbeitsgruppen und Teams in der Arbeitswelt hat in den letzten Jahren stark zugenommen [46], zumal viele Prozesse „wissenslastig" sind und die Mitwirkung mehrerer Spezialisten erfordern.

Tab. 2.5 Teamrollen nach Belbin [88]. In einem idealen Team werden sie alle abgedeckt

Nr.	Teamrolle		Kommentar (als Manager)
1	Perfektionist	*Finisher*	Kann schwer delegieren, setzt sich selbst hohe Standards
2	Umsetzer	*Implementor*	Kann organisieren, übernimmt auch unangenehme Aufgaben, eben das, was zu tun ist, steigt oft in das Top Management auf
3	Beobachter	*Monitor evaluator*	Geschätzte Stabsstelle, wenig Enthusiasmus, dafür brauchbare Entscheidungen
4	Koordinator	*Coordinator*	Kann heterogene Teams führen. Kollidiert leicht mit einem Macher aufgrund der unterschiedlichen Führungsstile
5	Teamarbeiter	*Team worker*	Diplomat, steigt häufig ins Top Management auf und wird nicht als Bedrohung gesehen
6	Weichensteller	*Resource investigator*	Erfolgreicher Verhandler, kann Kontakte nach außen pflegen
7	Macher	*Shaper*	Wirksamer Manager, der etwas bewegt, oft besessen zielstrebig. Sitzt oft im mittleren Management
8	Erfinder	*Plant*	Arbeitet gerne alleine, gründet manchmal eine Firma, verträgt sich wenig mit anderen Erfindern, weil er auf seinen Ideen beharrt
9	Spezialist	*Specialist*	Kann seine Mitarbeiter in Sachfragen adäquat unterstützen

Eine Gruppe ist mehr als die Ansammlung von Personen. Es gibt verschiedene Typen von Gruppen: Freundschaftsgruppen, Arbeitsgruppen, Interessensgruppen und andere. Team und Gruppe werden im Alltagsgebrauch synonym eingesetzt, wobei Team der „modernere" Begriff zu sein scheint. Die Unterschiede zwischen einer Gruppe und einem Team sind subtil. Ein Team ist mehr als eine Gruppe (vergleiche Teamarbeit und Gruppenarbeit): Es hat ein gemeinsames Ziel und operiert mit intensiven, wechselseitigen Beziehungen der Mitglieder („Teamwork"). Der Grad an Kohäsion und einer gemeinsamen Zielsetzung unterscheidet ein Team von einer Gruppe. Um aus einer Gruppe ein Team und um aus einem Team ein „High Performance Team" zu machen, bedarf es gezielter Maßnahmen. Im Wort „Team" fehlt das „I" für „ich". Denken Sie daran.

Ein reifes Team baut auf das wechselseitige Vertrauen der Teammitglieder.

In Ihrer Rolle als Führungskraft fördern und entwickeln Sie demnach nicht nur Ihre Mitarbeiter, sondern auch das Team. Die Leistungsfähigkeit eines Teams hängt nicht nur von seinen Mitgliedern ab, sondern in einem ausgeprägten Maß davon, wie diese zusammenarbeiten. „Teambuilding" ist mehr als ein Schlagwort. Nach Meredith Belbin gibt es verschiedene Teamrollen [88], die sich aus den Verhaltensmustern der agierenden Personen ergeben, siehe dazu folgende Zusammenstellung (Tab. 2.5):

Perfektionisten, Macher und Umsetzer sind handlungsorientiert.

Koordinator, Teamarbeiter und Weichensteller arbeiten kommunikationsorientiert.

Beobachter, Erfinder und Spezialist sind wissensorientierte Rollen.

Die neunte Teamrolle, der Spezialist, kam später hinzu. Nach Belbin besteht das ideale Managementteam aus acht Personen, von denen jede eine der Rollen einnimmt. Eine Person kann üblicherweise ein oder zwei Teamrollen übernehmen.

Die Rolle „*Plant*" (Erfinder) kann nach [89] ideal von einem Hochbegabten besetzt werden. Auf den Teamrollen nach Belbin aufbauend ist das **innere Team** [90] ein nützliches Konzept, sich selbst zu verstehen. Das innere Team ist ein Persönlichkeitsmodell des Psychologen Friedemann Schulz von Thun, das den Facettenreichtum des menschlichen Innenlebens mit der Metapher eines Teams dargestellt.

Die Größe eines Teams richtet sich nach der Aufgabe. Generell gilt jedoch, dass Teams so klein wie möglich sein sollten. In kleinen Teams sind die Beiträge der einzelnen Mitglieder leichter erkennbar. Redundanzen sollten Sie vermeiden, weil sich die Personen im Team sonst „in die Quere" geraten, und weil es durch kleinere Streitereien zu enormen Zeit- und Qualitätsverlusten kommt.

Teams können auf unbestimmte Zeitdauer bestehen und auch zu einem speziellen Zweck, beispielsweise einem Projekt, ins Leben gerufen werden. Es gibt „echte" Teams und virtuelle Teams (siehe später).

Aspekte der Gruppendynamik

Der Mensch als „Gruppenwesen" bezieht seine soziale Identität aus der Zugehörigkeit zu bestimmten Gruppen. Gruppendynamik erfasst die Wechselwirkungen von Individuum, Gruppe und Organisation. Sie wurde von Kurt Lewin (1890–1947) begründet. Der österreichische Psychiater Raoul Schindler hat die Rangdynamik (soziodynamische Rangstruktur) in Gruppen entwickelt, nach der es die Rollen Alpha, Beta, Gamma und Omega (α, β, γ, ω) gibt. αs sind die Führer der Gruppe. Sie ergreifen die Initative. Die γs schließen sich den αs an, weil sie sich mit ihnen identifizieren. Sie sind gewissermaßen die „Arbeiter". Die βs sind „Unabhängige". Es handelt sich dabei um Spezialisten. Die βs schließlich opponieren. Sie sind zurückhaltend und nehmen die „Außenseiter"- Position ein.

Die Stellung, die jemand in einer Gruppe bzw. einem Team einnimmt, hängt nicht nur von der eigenen Persönlichkeit ab, sondern auch von der Situation. Ihr Chef wird bei seinem Chef beispielsweise zum Gamma oder Beta.

► **Brain-Teaser** Hochbegabte finden sich häufig in einer Gamma-Funktion.

Arbeitsbezogene Bedürfnisse und Teams

Von Abraham Harold Maslow (1908–1970) stammt die berühmte, bereits genannte Bedürfnispyramide. Maslow war es auch, der sagte: *„Das meiste, was wir über menschliche Motivation wissen, stammt nicht von den Psychologen, sondern von den Psychotherapeuten,* *die Patienten behandeln. Diese Patienten sind eine große Quelle von Irrtümern, wie auch von nützlichen Resultaten, denn sie stellen offensichtlich eine schlechte Stichprobe aus der Bevölkerung dar.*"

Eine Parallele zu dieser Beobachtung lässt sich zu den „verhaltenskreativen" Hochbegabten ziehen. Dadurch, dass verhaltensauffällige Kinder eher zu einem Psychologen kommen und dort einen IQ- Test absolvieren als unauffällige, werden tendenziell mehr Personen mit einer Hochbegabung erkannt, die zusätzlich eine Auffälligkeit zeigen, die nicht unbedingt ursächlich mit der Hochbegabung zusammenhängt.

Verhaltensauffälligkeit bzw. Verhaltensstörung ist ein Begriff, der aus dem angelsächsischen Sprachäquivalent „*conduct disorder*" entstanden ist. Man bezeichnet damit unspezifische Störungen des Sozialverhaltens. In jüngerer Zeit werden, vor allem im pädagogischen Bereich, zunehmend weniger stigmatisierende Begriffe wie „Problemverhalten" oder „herausforderndes Verhalten" gebraucht.

Nach David McClelland hat jeder Mensch im Arbeitsumfeld ein Bedürfnis nach **Macht, Leistung und Harmonie** *(need for power, need for achievement, need for affiliation)* – je nach Persönlichkeit in unterschiedlicher Reihenfolge und Ausprägung. Diese Erkenntnis gilt es bei der Zusammenstellung eines Teams zu beachten. Sie benötigen als Teamleiter ein ausgewogenes Team aus Menschen mit hohem Leistungsbedürfnis (diese machen Ihre Arbeit), hohem Machtstreben (diese planen strategisch) und hohem Harmoniestreben (sie sind der „menschliche Klebstoff") [77].

Wenn Sie selbst in einem Bereich schwach sind – nehmen Sie sich einen komplementären Assistenten. In [77] können Sie einen Selbsttest durchführen, wie es um Ihr individuelles Bedürfnis nach Macht, Leistung und Harmonie bestellt ist, indem Sie Assoziationen zu Bildern machen, die im Anschluss analysiert werden.

Sie sind als Führungskraft für Ihr Team verantwortlich, sowohl für die erbrachten Leistungen als auch für die einzelnen Teammitglieder als Personen. Selten haben Sie die Chance, Ihr eigenes Team frisch zusammenzustellen. Meistens „erben" Sie als Chef, wenn Sie in eine neue Abteilung kommen, ein Team. Lösen Sie etwaige Probleme schnell, denn nach etwa einem halben Jahr wird man Ihr Team mit Ihnen in Verbindung bringen. Probleme im Team sind dann Ihre Probleme! Fördern und entwickeln Sie Ihr Team!

Interessant ist die Frage, wie es zur Entstehung von Führung in Gruppen bzw. Teams ohne formalen Leiter kommt. Menschen, die die Führung eines Teams übernehmen, haben keine formale Macht, und die Bereitschaft des Teams, sie zu unterstützen, kann jederzeit entzogen werden.

Der „Vater" von Linux, Linus Thorwalds, ist ein viel zitiertes Lehrbuchbeispiel eines informellen Führers eines großen Teams. Die Linux- Gemeinde erkennt ihn als ihren „Obersten" an. Thorwalds hat sich jedoch praktisch täglich zu beweisen, um seine Rolle zu behalten.

Es wurde herausgefunden, dass die „natürlichen Führer" von „losen" Teams in zwei Gruppen fallen: Sie zeigen entweder aufgaben und teamorientiertes Verhalten. Ersteres ist das stärkste Indiz dafür, von der Gruppe als Anführer anerkannt zu werden. Das diesem Verhalten zugrunde liegende Bündel von Eigenschaften und Fähigkeiten lässt sich auf geistige und emotionale Stärken zurückführen. Zwei Charakteristika sind besonders entscheidend [31]:

- genaue Analyse der Situation,
- Zeigen von Empathie, das heißt Verständnis für die Gefühle und Bedürfnisse der Gruppe.

Auch zeigt sich, dass aus solchen Gruppen zumeist ein Führungsduo hervorgeht: Der erste Anführer, der auch einflussreicher ist, legt ein aufgabenorientiertes Verhalten an den Tag, wohingegen die Nr. 2 sich vor allem um die Anliegen der Gruppe kümmert [31].

Fachliche Kompetenz und die Fähigkeit, Vertrauen aufzubauen, sind wichtig. Die natürlichen Anführer zeichnen sich durch koordinierendes Verhalten aus.

An der Spitze einer Organisation steht auch oftmals ein Gespann von zwei Personen. In diesem Tandem ist die Nr. 1 stets sichtbar, während der Companion im Hintergrund „die Fäden zieht".

Ein interessantes gruppendynamisches Phänomen ist **Groupthink** [91–96]. Es wurde festgestellt, dass Gruppen unter gewissen Voraussetzungen ein extremes Bedürfnis nach Harmonie entwickeln, sodass alle Mitglieder unkritisch die vorherrschende Meinung übernehmen und diese auch dann beibehalten, wenn die Fakten ganz klar dagegen sprechen. Die Challenger- Katastrophe in der Raumfahrt oder die Causa „Schweinebucht" in der Politik sind klassische Beispiele, bei denen „Groupthink" das kritische Denken der – hochintelligenten – Gruppenmitglieder quasi ausgeschaltet hat. Der Ingenieur Roger Boisjoly hatte vergeblich vor einem möglichen Unglück, welches tatsächlich 1986 zum Absturz des Space Shuttles „Challenger" führte, gewarnt, wurde aber „überhört". Die Invasion kubanischer Asylanten in der Schweinebucht von Kuba, gestützt von der US- Regierung, welche die Eskalation des angespannten russisch/amerikanischen Klimas während des Kalten Kriegs in der Kubakrise 1962 beschleunigte, hätte, wie im Nachhinein klar war, auch leicht verhindert werden können. Groupthink tritt bei Selbstüberschätzung des Teams ein. Wenn sich ein Team für unschlagbar hält und seine eigenen Werte als hohe Standards ansieht, wird es durch das GroupthinkPhänomen „blind". Durch einen Hochbegabten in Ihrem Team sind die Chancen, Groupthink zu erliegen, geringer, denn er neigt dazu, Anerkanntes und Unlogisches zu hinterfragen.

Teambuilding

Das Leben spielt sich in Teams ab – niemand kommt ganz alleine sehr weit, und auch eine Organisation aus lauter Einzelkämpfern wird wenig am Markt bewegen. Mitarbeiter eines Teams können voneinander sequenziell, kollektiv und wechselseitig abhängen [77]. Zu Konflikten kommt es in der Regel bei verspäteter oder minderqualitativer Übergabe von Information oder Leistung. Häufig sind auch die Schnittstellen unsauber definiert.

Damit ein Team optimal zusammenarbeitet, hat es sich bewährt, zu Beginn und in etwa jährlichen Intervallen ein „Teambuilding“ durchzuführen. Bei dieser Veranstaltung, die idealerweise von einem externen Seminaranbieter betreut wird, lernen sich die Teammitglieder auf einer persönlichen Ebene kennen. Die Veranstaltung dauert üblicherweise eineinhalb Tage und sollte nicht am Arbeitsplatz stattfinden.

Am ersten Halbtag können Sie im Seminarraum ein „Fachthema“ behandeln und sich dann den Rest der Zeit gruppenbildenden Spielen widmen. Hochbegabte stehen „Habe-Dich- lieb- Übungen“ unter Arbeitskollegen generell skeptisch gegenüber. Überzeugen Sie sie gegebenenfalls vor einem geplanten Teambuilding von dessen Sinnhaftigkeit.

In Teambuilding und Workshops zu investieren, macht sich bezahlt, sofern diese entsprechend vorbereitet und durchgeführt werden. Sorgen Sie dafür, dass die Veranstaltung rechtzeitig angekündigt wird, damit alle Mitarbeiter teilnehmen können. Legen Sie die Spielregeln für Ihr Team fest: Intern kann gestritten werden, und nach außen wird eine gemeinsame Meinung vertreten.

2.13 Management von virtuellen Teams

Nicht alle Mitarbeiter einer Organisation arbeiten im Büro in „Sichtweite“ ihres Chefs. Außendienstmitarbeiter etwa versehen ihre Arbeit ohne direkten, unmittelbaren (Sicht-) Bezug zu ihrem Chef. Telefon und E- Mails erlauben asynchrone Kommunikation, sodass auch Heimarbeit stark zugenommen hat. Manche Mitarbeiter arbeiten einen Tag pro Woche von zu Hause aus, andere permanent („home office“). Auch nicht (permanent) physisch anwesende Mitarbeiter gehören geführt. Ein virtueller Führungskontext wird für Manager schwieriger zu bewältigen sein als das konventionelle betriebliche Umfeld [54].

Das Modell der Heimarbeit ist für manche Arbeiten optimal geeignet, und die Begriffe Teleworker bzw. Telecommuter haben Eingang in die deutsche Sprache gefunden. In Analogie zu einem nicht physisch anwesenden Mitarbeiter gibt es auch **virtuelle Teams**.

Ein virtuelles Team ist eine Gruppe von Menschen, die durch zusammenhängende Aufgaben durch Raum, Zeit und organisatorische Strukturen hindurch wechselwirken und dabei ein gemeinsames Ziel verfolgen [97]. Andere Bezeichnungen sind fraktales Team, verteiltes Team oder Cyberteam. Als solches ist es gekennzeichnet durch

- zeitliche Limitierung (Projekt- bzw. Aufgabenorientierung),
- Abhängigkeit von Technologie zur Kommunikation,
- zeitliche und räumliche Entfernung zwischen den Mitgliedern,
- Zusammenarbeit mehrerer Funktionen und Organisationseinheiten,
- Aufgaben sind nicht routinemäßig und stark wissenslastig,
- Teammitglieder arbeiten ohne direkte Kontrolle durch einen Chef.

Virtuelle Teams nutzen die besten verfügbaren Ressourcen einer Organisation, die allerdings nicht an einem Ort vorhanden sind. Damit sind wir beim größten Vorteil eines virtuellen Teams angelangt: Die Mitglieder werden nicht nach ihrem Wohnort, sondern nach ihren Kompetenzen rekrutiert. Sie können flexibel arbeiten, und körperliche Behinderungen spielen keine Rolle. Ressourcen werden maximiert (kein Zeitverlust für Pendeln, keine Reisekosten). Je stärker die Dispersion ausgeprägt ist, desto virtueller ist das Team. Das virtuelle Team kann kurzfristig einberufen werden oder über einen längeren Zeitraum bestehen.

Die Zusammensetzung eines virtuellen Teams ist in der Regel sehr heterogen, und die einzelnen Mitglieder bringen ein hohes Maß an Fachwissen ein. Das Managementteam einer großen Firma kann auch „virtuell" sein.

Für den Erfolg eines „Cyberteams" haben sich folgende Faktoren als entscheidend herausge- stellt:

- physisches Ersttreffen,
- Vertrauen,
- klare Kommunikationsregeln,
- genauer Arbeitsumfang mit Zielen und Meilensteinen,
- Respekt gegenüber anderen Teammitgliedern,u. a. für interkulturelle Differenzen,
- Vermeiden von Kompetenzüberlappung,
- Hilfsmittel für effektive Kommunikation,
- Reife der Mitglieder, Selbstmanagement.

Erschwerend wirken:

- traditionelle Barrieren für die Effektivität und Effizienz eines Teams wie ein Mangel an klaren Zielen und Leadership,
- Unterschiede in der Zeitzone,
- kulturelle Differenzen,
- Sprachbarrieren,
- Unkenntnis bzw. vage Vorstellungen über die Kompetenzen der Teamkollegen,
- Koordination von dem Treffen,
- Interessenkonflikt bzw. Zeitknappheit, weil neben den virtuellen Aufgaben auch das normale Tagesgeschäft zu bearbeiten ist.

In virtuellen Teams kommt es häufiger zu Konflikten als in traditionellen Teams [98], und deren Auflösung dauert länger.

Wenn Sie mit der Arbeitsleistung eines Telearbeiters nicht zufrieden sind, und elektronische Kommunikation nicht hilft, besuchen Sie ihn. Wenn das nicht zum gewünschten Erfolg führt, zitieren Sie ihn zu sich. Da Hochbegabte generell eine hohe Motivation mitbringen, sind sie als Telearbeiter leichter zu motivieren als andere Mitarbeiter. Stellen Sie Ihren virtuellen Teams passende Hilfsmittel zur Verfügung, etwa Diskussionsforen und hochqualitative Telefonverbindungen (Sternschaltung mehrerer Parteien).

Hochbegabte in virtuellen Teams

Hochbegabte kommunizieren in der Regel direkt ohne viele subtile Untertöne. Daher verspüren Sie keinen besonderen Verlust an Interaktion, wenn sie von zu Hause oder einem anderen Ort aus mit Kollegen in Wechselwirkung treten [10].

Eine größere Herausforderung für Sie als Manager von nicht physisch anwesenden Hochbegabten ist es, um ein Beispiel aus dem administrativen Bereich zu nennen, dass Hochbegabte einer täglichen Eingabe ihrer Arbeitsleistung in ein Formular zur Arbeitszeiterfassung widerwilliger gegenüberstehen als andere Arbeitnehmer. Je rascher Sie die Eingabe gestalten, desto eher wird sie angenommen. Ein komplexer Eingabeprozess ist in Ordnung. Falls er komplizierter ist als notwendig, werden Sie auf Ablehnung durch Ihre Hochbegabten stoßen. In [10] steht dazu geschrieben: „*A stupid process is made more stupid if it's also more complicated than necessary.*"

2.14 Management im Ausland

Die Wirtschaft agiert heute global, und der weltweite Wettbewerb ist ein hyperkompetitiver. Bereits 2003 war ein Drittel der gesamten Wirtschaftleistung der internationale Handel [4]. Weltweit gibt es zurzeit fast 200 Millionen Migranten [99], darunter zahlreiche Manager. Das Spektrum reicht von Billiglohnarbeitern bis hin zu Hochqualifizierten, die als Jobnomaden ihr Geld verdienen. In Deutschland ist jeder zwölfte Arbeitnehmer ein Ausländer [99]. Noch viel höher liegt die Quote beispielsweise in Singapur und den Vereinigten Arabischen Emiraten.

Unter Führungskräften ist es vor allem das mittlere Management, welches für zumindest ein paar Jahre im Ausland arbeitet [100], um die Expansion ihrer Unternehmungen voranzutreiben und um wichtige persönliche Erfahrungen für die weitere Karriere zu sammeln. Für eigene Erfahrung gibt es keine Abkürzungen *(shortcuts)*, allerdings lässt sich diese im Ausland gewissermaßen im Zeitraffer gewinnen.

Ein global tätiger Manager braucht mehr und höher entwickelte Kompetenzen als ein Kollege, der nur im Heimatland agiert [101]. Der Grad der Unsicherheit, Komplexität und Vielschichtigkeit des Handelns in unbekannten, ausländischen Märkten erfordert spezielle Kenntnisse und Trainings für Manager, die über die fachlichen Komponenten hinausgehen. Führungsstrategien sind nur bedingt „exportierbar". Im Ausland tätige Spezialisten und Manager tun gut daran, ein Gespür für die Unterschiede im Gastland zu entwickeln. Es ist wichtig, dass im Ausland tätige Manager lernwillig und lernfähig sind, um ein ***Global Leader*** zu werden [101]. Jemand gilt erst als echter Kosmopolit, wenn er in die Kultur anderer Länder „eintaucht" und sich dem Neuen aussetzt *(exposure, immersion)*.

International tätige Firmen benötigen fähige Manager, um ihr Wachstum in neuen Märkten zu initiieren und zu beschleunigen. Mitarbeiter, die von der Zentrale ins Ausland gesandt werden, bezeichnet man als **Expatriates**. Sie sind die knappste aller Humanressourcen [99]. **Inpatriates** sind lokale Mitarbeiter, die in das *Headoffice* geholt werden, und **Transpatriates** schließlich

stellen die Gruppe jener ausländischer Mitarbeiter, die in ein anderes Gastland als das der Zentrale entsendet werden. Kosten und Risiken derartiger Transfers sind hoch, daher ist es wichtig, Kandidaten aus dem Pool der am besten geeigneten Mitarbeiter auszuwählen. Die Selektion von Kandidaten für die drei genannten Fälle sollte nach unterschiedlichen Kriterien erfolgen [102].

Schlüsseleigenschaften von erfolgreichen Expatriates sind Empathie, Respekt, Interesse an der Kultur des Gastlandes, Flexibilität, Toleranz, Fachwissen, Initiative, Offenheit für Neues, ein positives Selbstbild und Geselligkeit [103].

Besonders häufig scheitern Expatriates in ihnen unbekannten und fremden Kulturen. In Asien, zum Beispiel, ist Kommunikation stark vom Kontext geprägt, und die Distanz zu dem, was in Europa kulturell und sozial „passiert", erscheint groß.

Nach [4] bleibt ein Drittel der internationalen Manager hinter den Erwartungen zurück. Gründe für das Scheitern von ins Ausland entsendeten Mitarbeitern sind nach [101] folgende:

- Mangel an entsprechenden Schulungen und Trainings,
- Ambiguität bezüglich der Auswirkung des Auslandseinsatzes auf die eigene Karriere,
- Grad der Neuheit in Bezug auf Kultur und Wirtschaft, Unterschiede zum Heimatland,
- Unstrukturierte Ad- hoc- Verhandlungen des Vergütungspakets,
- Mangel an Motivation und Bereitschaft, ins Ausland zu gehen,
- Schwierigkeiten von Familienmitgliedern, sich an die Umwelt im Gastland anzupassen (dies ist der häufigste Grund, dass Auslandsentsendungen scheitern),
- Mangel an politischem Geschick.

Eine ausführliche Diskussion der Faktoren für Erfolg und Scheitern eines Auslandseinsatzes im Bereich des Entsendeten, seiner Organisation und der Umwelt findet sich in [102].

In [102] wurde festgestellt, dass das Konstrukt der **multiplen IQs** sehr gut geeignet ist, die richtigen Manager für derartige Auslandseinsätze zu finden (Details zum Konzept der multiplen IQs werden etwas später in diesem Buch vorgestellt). Die Bedeutung der allgemeinen Intelligenz für den Erfolg von Expatriates in einem globalen, komplexen Umfeld wurde in der Vergangenheit vernachlässigt [102]. Ein hohes Maß an innovativer Intelligenz ist einer der Hauptgründe, bestimmte Mitarbeiter als Expatriates ins Ausland zu entsenden [102]. Ein hoher IQ reicht nicht aus, um als internationaler Manager Erfolg zu haben. Nach [4] braucht ein *global leader* folgende drei Intelligenzen:

- IQ (analytische Intelligenz),
- EQ (emotionale Intelligenz),
- CQ (kulturelle Intelligenz).

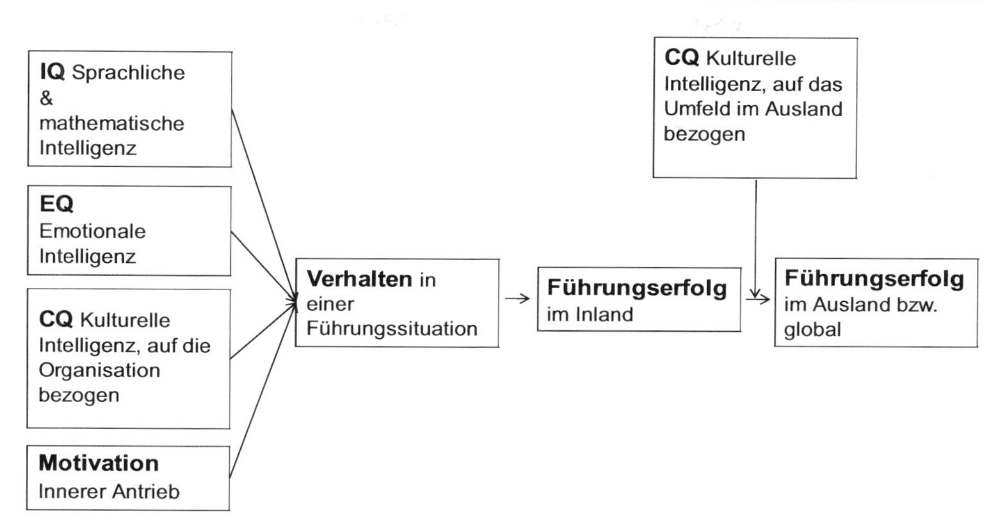

Abb. 2.2 Modell nach Ilan Alon und James M. Higgins zur Entstehung von Führungserfolg. (Modifiziert nach [4])

Kulturelle Intelligenz *(cultural intelligence)* ist eine Metaintelligenz. Es handelt sich dabei um ein recht neues Konstrukt. Sie kann definiert werden als die Fähigkeit einer Person, sich erfolgreich an neue kulturelle Gegebenheiten anzupassen [4]. Manager mit einem geringen CQ werden unnötige Konflikte, Verzögerungen und marginale Wirksamkeit erfahren. Wer einen geringen CQ hat, neigt auch dazu, in Stereotypen zu denken [4]. Die folgende Abb. 2.2 zeigt ein Modell zur Entstehung von Führungserfolg im Inund Ausland, entnommen aus [4]:

Genauso wie Branchen unterscheiden sich Länder tendeziell in den Praktiken ihrer Manager. Für amerikanische Manager, vor allem in börsennotierten Unternehmen, ist eine Ausrichtung an unmittelbaren, kurzfristigen Resulaten charakteristisch. Quartalsberichte über den Firmenerfolg sind nicht mehr ausreichend, inzwischen werden *„mid quarter updates"* von der Finanzwelt gefordert. Da ist es allzu verständlich, dass Entscheidungen sich am kurzfristigen Erfolg orientieren, und dass langfristige Projekte sich in der Realisierung schwieriger gestalten. Die amerikanische „Hire- and- Fire-" Mentalität unterscheidet sich grundlegend von dem Modell in Japan, wo es eine Art Anstellung auf Lebenszeit gibt. Das Senioritätsprinzip gilt in Korea viel stärker als beispielsweise in Japan – und noch viel weniger in den USA [48]. Für mehr Information zu für verschiedene Länder typischen Führungsstilen und Geschäftsgepflogenheiten sei auf die spezielle diesbezügliche Literatur verwiesen, eine Abhandlung würde den Rahmen dieses Buchs sprengen. Sie werden rasch eine Fülle an Informationen finden. Allerdings ist der Eindruck, den populäre Bücher und Internetseiten über das Management in anderen Ländern vermitteln, oft gefärbt und stimmt manchmal nicht ganz mit der Realität überein.

Zum Abschluss ein Zitat von Jack Welch: *„The Jack Welch of the future cannot be me. I spent my entire career in the United States. The next head of General Electric will be some-*

body who spent time in Bombay, in Hong Kong, in Buenos Aires. We have to send our best and brightest overseas and make sure they have the training that will allow them to be the global leaders who will make GE flourish in the future." [104]

2.15 Motivation und Demotivation

Chef ist nicht der, der etwas tut, sondern der, der das Verlangen weckt, etwas zu tun.
Edgar Pisani (1918–), französischer Politiker

In der Managementliteratur wird viel über Motivation geschrieben. Motivation, Kommunikation und Leadership – das sind die Dauerbrenner in Seminaren und die Business-Bestseller in Buchhandlungen.

Trotz der Fülle an Angeboten sollen auch in diesem Buch ein paar wesentliche Aspekte aus dem Themenkreis der Motivation herausgestrichen werden.

Der Ausdruck „Motivation" entspringt dem Lateinischen *movere*, was „bewegen", genauer gesagt „jemanden zum Handeln bewegen" bedeutet. Er ist vom Begriff „Motiv", der Ursache für zielgerichtetes Verhalten, abzugrenzen.

Motivationskiller Nr. 1 am Arbeitsplatz sind Probleme mit dem Vorgesetzten [24].

Nur 15 % der typischen Belegschaft sind ernsthaft engagiert, und genauso viele machen „Dienst nach Vorschrift". Die emotionale Bindung der Mitarbeiter an ihr Unternehmen nimmt mit der Hierarchiestufe zwar zu, allerdings haben auch etwa 10 % der Meister und des mittleren Managements „innerlich gekündigt" – und immerhin noch 4 % des Top Managements [24].

Die Arbeiten von Abraham Maslow und Frederick Herzberg sind wichtige Meilensteine in der Motivationsforschung (Bedürfnispyramide bzw. Zwei- Faktoren- Theorie, siehe später).

Die Motivation eines Mitarbeiters sollte primär intrinsisch, also von innen heraus, gegeben sein. Hunger lässt sich nicht erzeugen, er entsteht von selbst – so verhält es sich auch mit der Motivation. Für die Förderung von intrinsischer Motivation existieren nach [105] sieben Schlüsselfaktoren:

- Herausforderung,
- Neugier,
- Kontrolle,
- Vorstellungskraft,
- Wettbewerb,
- Zusammenarbeit,
- Anerkennung.

Der Mensch ist zur Arbeit geboren, wie der Vogel zum Fliegen.
Martin Luther (1483–1546), theologischer Reformer

Zwar verdingen sich viele Zeitgenossen nur des Geldes wegen, dennoch beobachtet man, dass etwa 90 % der Arbeitnehmer zufrieden sind [37]. Das Einkommen spielt interessanterweise keine Rolle für die (subjektiv empfundene) Arbeitszufriedenheit. Anders verhält es sich mit dem Alter, denn ältere Arbeitnehmer sind tendenziell zufriedener [37]. Die Beobachtung, dass die meisten Arbeitnehmer zufrieden sind, ist einleuchtend, will doch niemand über einen längeren Zeitraum hinweg unzufrieden sein. Die Unzufriedenen werden selbst dafür Sorge tragen, den Zustand der Zufriedenheit zu erreichen (außer, sie wollen unzufrieden sein und nörgeln).

Zufriedenheit ist im Übrigen das Verhältnis von Erreichtem zu Erwartetem. Wer seine Erwartungen zu hoch ansetzt, endet vermutlich unzufrieden. Viele Menschen nehmen andere Menschen als Maßstab her. Sie brauchen eine externe Referenz. Das schafft häufig Unzufriedenheit, denn es gibt immer jemanden, der mehr kann oder hat als man selbst, egal ob IQ, Geld oder sonst etwas.

In [56] wurde der Einfluss des Führungsstils und der Emotionen von Vorgesetzten auf die Leistung ihrer Mitarbeiter studiert. Es konnte herausgefunden werden, dass negative Gefühle des Chefs, vor allem Frustration, sich stärker negativ auf seine Mannschaft auswirken als positive Gefühle wie Optimismus.

Nach wie vor ist die These des deutschen Motivationstrainers Reinhard Sprenger [106] aktuell, dass Motivieren vor allen Dingen heißt, Demotivationen abzubauen. Versuchen Sie als Führungskraft die Unzufriedenheiten, welche Ihre Mitarbeiter in sich tragen, zu reduzieren, anstatt künstlich zu motivieren.

Bevor wir uns ansehen, welche Faktoren zu Arbeitszufriedenheit führen, interessiert Sie sicher, wie Sie Demotivation vermeiden:

Nach der Attributionstheorie fühlt sich ein Mitarbeiter hilflos und deprimiert, wenn folgende Bedingungen auf Misserfolge oder seine Lage zutreffen:

- **Stabilität:** Der unerwünschte Zustand wird lange für mich gelten.
- **Globalität:** Die Situation betrifft einen großen und wichtigen Teil meines Lebens.
- **Fokus:** Die missliche Lage ist meine Schuld.

Bezogen auf die Wechselwirkung dieses Mitarbeiters mit seiner Führungskraft lässt sich eine derartige Frustration aus einem Mangel an (wahrgenommener) Unterstützung konkretisieren [56]:

- **Stabilität:** Mein Chef wird lange mein Chef sein.
- **Globalität:** Mein Chef spielt eine wichtige Rolle in meinem Arbeitsleben.
- **Fokus:** Meine Leistung war nicht so, wie sie hätte sein sollen.

Sind alle drei Bedingungen gegeben, wird die Leistung des Mitarbeiters stark absinken [56].

Um derartige Frustrationen bei Ihren Mitarbeitern zu vermeiden, sollten Sie sie in ihrer Arbeit unterstützen: Versprühen Sie Optimismus, und gehen Sie auf die spezifischen An-

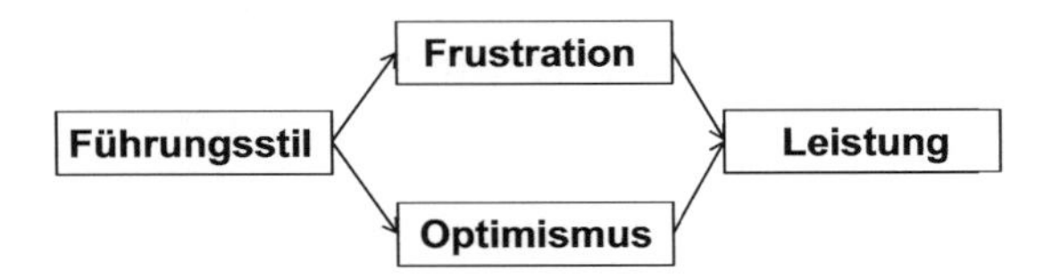

Abb. 2.3 Wie der Führungsstil sich auf die Leistung von Mitarbeitern auswirkt. Er erzeugt entweder Frustration oder Optimismus. Entnommen aus [56]

liegen Ihrer Mitarbeiter ein! Die obige Abb. 2.3, entnommen aus [56], verdeutlicht das oben Gesagte. Sie veranschaulicht, wie Ihr Führungsstil durch das Hervorrufen von Optimismus bzw. Frustration die *Performance* Ihrer Mitarbeiter bestimmt.

Performance kann als Funktion aus Motivation und Kompetenz eines Mitarbeiters angesehen werden.

Ihr Führungsstil sollte, wenn Sie ein wirksamer Manager sein möchten, nicht Ihren eigenen Emotionen folgen, sondern so zum Ausdruck gebracht werden, dass er in Ihren Mitarbeitern die gewünschte Wirkung vollbringt!

Aus **Erfolg** kann die größtmögliche Motivation geschöpft werden! Erfolg setzt voraus, dass zu Beginn ein Ziel festgelegt wurde, an welchem das Erreichte gemessen werden kann. Im Sinne der Selbstwirksamkeit des Mitarbeiters ist es wichtig, dass der Weg zu diesem Ziel Freiräume enthält. Vor allem Hochbegabte sehen sich nicht gerne als willenlose Erfüllungsgehilfen, die mechanisch die Anweisungen eines anderen abzuarbeiten haben.

Sie können also davon ausgehen, dass jeder Mitarbeiter eine Basis- Motivation mitbringt. Diese gilt es zu erhalten. Sie brauchen Motivation nicht erst zu generieren, das wäre viel schwieriger. Finden Sie heraus, was Ihre Mitarbeiter antreibt (das sollten nicht nur Sie sein). Jeder Mitarbeiter braucht sein individuelles Motivationspaket. Wenn Sie verstehen wollen, wie Sie Ihre Mitarbeiter motivieren können, hören Sie genau zu. Wie und worüber sprechen sie gerne, was sind ihre Vorlieben, wie arbeiten sie erfolgreich? Auch unterscheiden sich Gruppen von Mitarbeitern nach ihren Motivationstreibern. Nach [24] sind es primär die Herausforderungen und die Sinnhaftigkeit einer Tätigkeit für wissenschaftlich tätige Mitarbeiter, die einen hohen Einfluss auf die Motivation haben, während es bei Mitarbeitern aus der freien Wirtschaft/Industrie vor allem das Gehalt ist.

Die Bedürfnispyramide von Maslow

Nach Abraham Maslow haben Menschen folgende Bedürfnisse in absteigender Reihenfolge:

- physiologische Bedürfnisse (Essen, Trinken, Vermehrungsübungen),
- Bedürfnis nach Sicherheit,
- soziale Bedürfnisse,
- Bedürfnis nach Anerkennung,
- Bedürfnis nach Selbstverwirklichung.

Nur auf der obersten Stufe kann das volle Potenzial eines Menschen entfaltet werden. Die „Reichen" haben üblicherweise ihre Grundbedürfnisse gesättigt und können sich verwirklichen. Otto von Bismarck meinte dazu: *„Die erste Generation schafft Vermögen, die zweite verwaltet Vermögen, die dritte studiert Kunstgeschichte, und die vierte verkommt vollends."*

Nicht alle Menschen folgen dem Modell der Maslow'schen Pyramide bis ins Detail. Es gibt Markenfetischisten, die von Wasser und Brot leben und sich Luxusgüter auf Kredit kaufen.

Hochbegabte vernachlässigen manchmal auch ihre Grundbedürfnisse, um sich zu verwirklichen. Sie wollen ihre Zeit nicht mit „trivialen" Dingen vergeuden und beschäftigen sich gerne mit geistiger Akrobatik. Wer kennt nicht die Geschichten von begeisterten Programmierern, die nächtelang durchprogrammieren und nur von Pizza und/oder Energy Drinks leben? Das passiert, wenn jemand im **„Flow"** [107] ist, sprich voll und ganz in seiner aktuellen Beschäftigung aufgeht. Für Hochbegabte gilt, dass so eine Aufgabe intellektuell herausfordernd ist und Sinn macht. In der Regel ist sie selbst ausgewählt.

Einen alterantiven Ansatz zur Erklärung von Motivation liefert Hans-Georg Häusel in seinem Buch *„Think Limbic!"* [108].

Faktoren für Arbeitszufriedenheit

Man unterscheidet nach Frederick Herzbergs „Zwei- Faktoren- Theorie" der menschlichen Bedürfnisse zwischen **Hygienefaktoren** und **Motivatoren**. Das Modell ist speziell auf Arbeitszufriedenheit zugeschnitten und nicht so allgemeingültig wie Abraham Maslows Bedürfnispyramide. Nach Herzbergs Theorie sind Zufriedenheit und Unzufriedenheit eines Mitarbeiters nicht die extremen Ausprägungen ein- und desselben Gefühls, sondern gehören unabhängig voneinander betrachtet. Zufriedenheit ergibt sich demnach aus der zeitgleichen Anwesenheit von „Hygienefaktoren" (unzufrieden – nicht unzufrieden) und „Motivatoren" (zufrieden – nicht zufrieden). Die Hygienefaktoren, welche Unzufriedenheit verhindern, jedoch nicht zur Zufriedenheit führen, sind Umfeldfaktoren, deren störende Einflüsse -ähnlich dem Entfernen von Keimen durch Hygiene im medizinischen Bereich – abgebaut werden sollen. Lohn und Gehalt, Sicherheit des Arbeitsplatzes, Führungsstil und Arbeitsbedingungen zählen zu den Hygienefaktoren. Ihre Gegebenheit wird vorausgesetzt. Daneben gibt es die „echten" Motivatoren, die sich am Arbeitsinhalt orientieren und zu Zufriedenheit und Motivation führen, falls vorhanden. Leistung, Erfolg, Anerkennung, Inhalte der Arbeit, Verantwortung und Beförderungen zählen zu den Motivatoren. Man kann nach Frederick Herzberg vier Fälle unterscheiden (Tab. 2.6):

Demnach ist das Verhindern von Demotivation nicht dasselbe wie das Schaffen von Motivation.

Herzbergs Modell ist nützlich und kann herangezogen werden, um die Motivation im Unternehmen nachhaltig zu steigern. In neueren Studien wurde allerdings herausgefunden, dass auch Hygienefaktoren zu Zufriedenheit und (fehlende) Motivatoren zu Unzufriedenheit führen können [109]. Ebenso zeigt sich, dass Motivatoren zur Gewohnheit

Tab. 2.6 Herzbergs Modell zur Erklärung von Zufriedenheit am Arbeitsplatz

Hygiene	Motivation	Ergebnis
Hoch	Hoch	Motivierte Mitarbeiter mit wenigen Beschwerden
Hoch	Gering	Wenig Schwierigkeiten, unmotivierte Mitarbeiter („Söldner")
Gering	Gering	Unmotivierte Mitarbeiter, viele Schwierigkeiten
Gering	Hoch	Spannender Job und unpassende Arbeitsbedingungen

werden können, wodurch sie zu Hygienefaktoren mutieren. „Angestammte Rechte" kann man seinen Mitarbeitern nur schwer aberkennen. „*Nichts ist dem Menschen so wichtig wie sein Brauchtum*", meinte einmal ein Ausbilder des Autors. Wie Sie Veränderungen umsetzen, lesen Sie übrigens im Abschnitt zu „Change Management" gleich unten.

In [10] wird eine Kombination der Modelle von Herzberg und Maslow mit speziellem Bezug zu Hochbegabten vorgestellt.

2.16 Change Management – Management des Wandels

Die perfekte Organisation gibt es nicht. Durch die ständige Optimierungsarbeit an einer Organisation von innen und den permanenten Einfluss einer sich verändernden Umwelt sind Organisationen so gut wie immer im Wandel begriffen. Paradoxerweise werden die Lösungen der Probleme von heute oft zu den Problemen von morgen, nicht nur bei kurzsichtiger Handlungsweise. Den Wandel managen, das ist daher eine wichtige Aufgabe von Führungskräften. *Change Management* passiert ständig, im Großen und im Kleinen. Veränderung kann kontinuierlich und in Sprüngen passieren.

▶ **Tipp** *Think big* – versuchen Sie nicht nur, etwas zu ändern, sondern transformieren Sie Ihre Abteilung, Ihre Firma, Ihre Branche!
Als Manager sind Sie es, der den Wandel einläutet und dann mit der Mannschaft vollzieht. Sie sind gewissermaßen der Katalysator und die Triebfeder des Wandels.

Es gibt zwei wichtige Theorien zum Wandel:

1 **Verhalten ist eine Funktion der Umgebung (Behaviorismus)**
Gesetze gehen von der Annahme aus, dass die Umwelt das Verhalten bestimmt. Durch das Setzen von Anreizen und Zwängen wird ein gewünschtes Verhalten bewirkt (Behaviorismus). Von außen lässt sich ein Verhalten nur kurzfristig beeinflussen, denken Sie zum Beispiel daran, wie lange eine Strafzettel bei Autofahrern „wirkt". Allerdings ist eine Verhaltensänderung rasch erzielbar. Bei Wegfall des äußeren „Zwangs" verfällt man wieder in die alten Muster und Denkweisen.

Tab. 2.7 Wie Menschen ihr Verhalten ändern

Schritt	Beschreibung
Schritt 1	Der Ist- Zustand wird als unbefriedigend erlebt
Schritt 2	Das alte Verhalten wird infrage gestellt, innerliche Abwendung
Schritt 3	Umstellung der Ansichten und Verhaltensweisen
Schritt 4	Etablierung (Verinnerlichung, Institutionalisierung) der neuen Einstellungen und Verhaltensweisen

2 **Verhalten ist eine Funktion der Einstellung und Einsicht (Feldpsychologie)**
Diese Theorie hat als Basis, dass die innere Einstellung eines Menschen sein Verhalten bestimmt. Die anonymen Alkoholiker arbeiten nach der Maxime, dass Einsicht eine Verhaltensänderung einläuten kann. Durch die Verhaltensänderung aufgrund innerer Faktoren ist diese langlebiger bzw. nachhaltig. Der Psychologe Kurt Lewin hat festgestellt, dass Menschen ihr Verhalten in vier Schritten ändern [77], siehe Tab. 2.7:

Das Vier- Schritte- Model von Lewin, der einer der einflussreichsten Pioniere der Psychologie war, können Sie nutzen, wenn Sie nachhaltigen Wandel in Ihrer Organisation bewerkstelligen wollen. Es ist etwas aufwendiger als der Trick mit der Karotte (1. Modell), allerdings von längerem Bestand geprägt.

Wie Sie Wandel herbeiführen

Wandel vollzieht sich in Phasen, und nicht alle Mitarbeiter folgen gleich schnell („*early adopters*" sind die ersten). Für maximalen Erfolg können Sie in mehreren Schritten vorgehen. Räumen Sie der Organisation entsprechend Zeit ein, sich auf den Wandel einzustellen und ihn zu vollziehen.

1. Erzeugen Sie ein Bedürfnis nach Wandel
   In Krisenzeiten ist es einfach, seine Mitarbeiter von der Notwendigkeit, etwas zu verändern, zu überzeugen. Gibt es keine Krise, schaffen sich gewiefte Unternehmer bzw. Manager selbst eine. Ein wichtiger Schritt ist nun, eine kritische Masse innerhalb der Organisation davon zu überzeugen, dass Wandel notwendig ist. Durch dramatische Darstellungen wird das am ehesten gelingen.
2. Erste Verbündete
   Sie brauchen nun Verbündete – Mitarbeiter aus allen Bereichen des Unternehmens, quer über sämtliche Hierarchien hinweg, die sich zur Notwendigkeit des Wandels bekennen, vom obersten Chef bis zum WC- Manager. In heterogenen Gruppen sollen diese Mitarbeiter den Wandel kommunizieren sowie Lösungen und Strategien ausarbeiten, um die gesamte Organisation Schritt für Schritt zu „erfassen". Altes wird nun infrage gestellt. Denken Sie daran, dass äußere Faktoren, „die Krise", einen Wandel nur

unterstützen, ihn jedoch nicht bewerkstelligen können. Ein Wandel kann sich nur mit einer Änderung der inneren Einstellung der Mitarbeiter vollziehen.

3. Gestaltung des Wandels
   Gehen Sie als Vorbild voran, und leben Sie die neuen Werte. Erschaffen Sie eine neue Welt. Achten Sie dabei auf Ihre Sprache und die Signale, die Sie setzen.
4. Etablieren der neuen Muster
   Sobald Sie sicher sind, dass die Mehrheit der Belegschaft hinter dem Wandel steht, also mit der Ist- Situation unzufrieden ist, können Sie die neuen Grundsätze niederschreiben und fix einführen. Sie werden nun zur Gewohnheit.

Nicht alle Mitarbeiter folgen dem Wandel gleich schnell, und manche unterstützen ihn gar nicht, etwa, wenn sie Macht oder sonstige Vorteile zu verlieren drohen.

In großen Unternehmen kann ein Wandel mehrere Jahre dauern. Konzerne sind wie Öltanker – Sie fahren auch ohne Kapitän noch eine gewisse Zeit in eine Richtung und sind schwer auf einen anderen Kurs zu bringen.

Viele Unternehmensberater propagieren den schnellen Wandel. Was sich in der Praxis dann abspielt, weiß jeder, der in einer großen Firma arbeitet. Er stellt sich die Firma als Baum mit festen Wurzeln vor. Der Berater zieht ganz oben an einem Ast, und ein Teil des Baums bewegt sich in seine Richtung. Je fester er zieht, desto mehr Äste folgen ihm. Die Basis merkt gar nichts. Sobald der Zug weg ist, kehrt der Baum unverändert in seine Ausgangslage zurück und lässt natürlich ein paar Blätter und Blüten fallen, die symbolisch für Geldscheine stehen. Die sammelt der Berater eifrigst ein …

Der Hauptteil eines „Change" besteht aus Kommunikation.

Wandel und Krisen sind für ein Unternehmen wie ein reinigendes Gewitter, so sie sie überstehen. Während der „fetten Jahre" setzen Firmen buchstäblich Speck an, der weggehört: Die Mitarbeiter werden selbstzufrieden, stellen fortwährend höhere, realitätsferne Ansprüche und akzeptieren Trott und Mittelmaß.

Eine gesunde Balance zwischen Wandel und Aufrechterhaltung des Bewährten ist notwendig, weil eine Organisation eine Art „lebender Organismus" ist. Wer alles Alte über Bord wirft, erzeugt Anarchie und vertreibt die erfahrenen Mitarbeiter. Wer nichts verändert, geht am Markt ebenfalls unter.

Die Computerisierung der Welt hat dazu beigetragen, dass Information rascher bearbeitet werden kann. Die Wirtschaft hat sich beschleunigt. An die Stelle des Jahresergebnisses ist das Quartalsergebnis getreten, und die Börsen fordern mittlerweile die erwähnten Zwischenquartals-berichte.

Schätzen Sie einmal: Wie lange braucht man Ihrer Meinung nach, um ein gewohntes Verhalten abzulegen? Es hat sich gezeigt, dass etwa ein Drittel der Zeit erforderlich ist, um umzulernen bzw. sich komplett umzupolen. Sprich: Wer zehn Jahre eine bestimmte Arbeitsweise praktiziert hat, braucht etwa drei Jahre, um sich gänzlich umzustellen …

Einige interessante Fallstudien mit „Musterlösungen" für den Fall, dass die Organisation nicht auf Ihren eingeläuteten Wandel reagiert, finden Sie in [110].

You never change things by fighting the existing reality.
To change something, build a new model that makes the existing model obsolete.
Richard Buckminster Fuller (1895–1983), Erfinder, Ingenieur, Philosoph, Dichter und Futurist

Ein findiger Unternehmer hält Ausschau nach Veränderungen, entwickelt eine passende Lö- sung und profitiert von der Gelegenheit.

Allgemein gilt, dass es in Zeiten des Wandels viele Firmengründungen gibt. Die neuen Mög- lichkeiten wecken das Interesse an Entrepreneurship.

Ein populäres Buch zum Wandel ist „*Who Moved My Cheese?*" [111] von Spencer Johnson. Es ist eine kurze Parabel, die einige Grundgedanken zu Veränderungen im privaten und beruflichen Umfeld beschreibt. Die Charaktere sind zwei Mäuse, Sniff & Scurry, und zwei Zwergenmenschen, Hem & Haw, die in einem Labyrinth dem Käse, der eine Metapher für das, was wir suchen, darstellt, auf der Spur sind.

Wir können – so glaube ich – andere Menschen nicht (ver)ändern! Wir können jedoch die Umstände, die Umgebung, den ‚Handlungs- Raum' ändern, in denen wir und andere (re)agieren, UND dadurch können sich Menschen von selbst anpassen/ändern, anders (re)agieren.
Markus E. Huber, Mental- und Erfolgscoach

▶ **Brain Teaser** Menschen folgen dem Verhalten einer Führungskraft mehr als ihrer Strategie. Daher ist es für Manager wichtig, gerade in Zeiten des Wandels auf Stimmigkeit ihrer Worten und ihres Verhaltens zu achten.

Wandel in der Berufswelt

Der Wechsel allein ist das Beständige.
Arthur Schopenhauer (1788–1860), deutscher Philisoph

Unsere Berufswelt ist zahlreichen Veränderungen unterworfen, unter anderem hat sich die interkulturelle, interdisziplinäre Zusammenarbeit verstärkt und haben sich flachere, dynamische Hierarchien in Organisationen herausgebildet. Weiters kann eine Beschleunigung und eine gewisse Kurzlebigkeit im Wirtschaftstreiben beobachtet werden.

▶ **Tipp** Gestalten Sie Wandel als Experiment. Menschen wollen selten Veränderungen, sind aber offen für Experimente!

Dem Wandel trotzen

Nicht jeder Wandel ist nachhaltig. Modeströmungen verebben rasch. Es gibt Beispiele für Systeme, die dem Wandel der Zeit erfolgreich getrotzt haben: das Krokodil und die katholische Kirche. Eine gewisse Rigidität und Stabilität können helfen, kurzfristige Schwankungen in Umwelt und Markt zu „durchtauchen“. In Unternehmen widersetzen sich jene, die durch den Wandel etwas verlieren könnten, den Veränderungen.

Offenheit für Wandel

Wenn Du etwas haben willst, was Du noch nie hattest, musst Du etwas tun, was Du noch nie getan hast.
Nossrat Peseschkian (1933–2010), Neurologe und Psychiater

Hohe Intelligenz bedeutet hohe geistige Anpassungsfähigkeit – daher sollte auch Wandel von Hochbegabten in der Regel leichter angenommen werden als von anderen Menschen. Und tatsächlich verhält es sich so, dass Hochbegabte Wandel mögen! Sie begrüßen Neuerungen und Herausforderungen.

Wer glaubt, etwas zu sein, hat aufgehört, etwas zu werden.
Philip Rosenthal (1916–2001), dt. Porzellan- Unternehmer

Wenn das Management den Wandel nicht unterstützt, heißt das:
Change management = change *Management*, sprich Austausch der Führungsmannschaft gegen eine innovativere.

▶ **Tipp** Sträuben Sie sich nicht gegen Veränderungen, sondern gestalten Sie sie aktiv mit.

2.17 Selbstmanagement

Nur jemand, der mit sich selbst im Reinen ist, kann andere Menschen vernünftig führen. Wie der Begriff impliziert, ist Selbstmanagement die Kompetenz, seine eigene berufliche und private Situation und Entwicklung zu steuern, ohne – einem Blatt im Wind gleich – von äußeren Kräften passiv hin- und hergeworfen zu werden. Zielsetzung, Planung, Motivation und Selbstreflexion sind wichtige Aspekte. Beobachten Sie sich selbst, um sich weiterzuentwickeln (Metakognition).

Mehr über sich selbst können Sie durch Selbstbeobachtung erfahren, indem Sie Ihre aktuelle Situation mit früher vergleichen, oder indem Sie sich mit anderen Menschen in Relation setzen. Feedback ist die dritte Möglichkeit, etwas über sich selbst zu lernen.

Die meisten Managementbücher befassen sich mit dem Management anderer Personen. Dabei kommt dem Selbstmanagement eine besonders wichtige Rolle zu, die häufig unterschätzt wird. Andere Menschen können Sie nicht immer managen, im Gegensatz zu sich selbst. Sie können sich selbst in Richtung Wirksamkeit trimmen. Jeder, der Mitarbeiter führt oder ein Kind hat, weiß, wie schwierig es ist, fremdes Verhalten zu beeinflussen. Versuchen Sie daher zuerst, Ihr eigenes Verhalten zu ändern bzw. sich selbst zu verbessern im Sinne Ihrer Wunschvorstellung.

Im Vergleich zur Arbeitswelt vor einer Generation hat sich das Wirtschaftsleben beschleunigt: Die Produktivität pro Mitarbeiter ist stark angestiegen, und die Anstellung auf Lebenszeit gibt es kaum noch. Mitarbeiter (auch Manager!) können damit rechnen, im Laufe ihrer Lebensarbeitszeit irgendwann „freigesetzt" zu werden. Daher sollte man sich permanent um seine Vermittelbarkeit (*employability*) bemühen.

Setzen Sie sich Ziele, kurz- , mittel- und langfristig, für alle Bereiche in Ihrem Leben.

▶ **Tipp** Nehmen Sie sich jeden Tag etwas Zeit, um über sich und Ihre Ziele nachzudenken. Schreiben Sie diese auf ein Blatt Papier. Machen Sie jährliche Soll/Ist-Vergleiche.

Untersuchungen an Harvard- Absolventen haben gezeigt, dass über 80 % von ihnen keine klaren Ziele hatten, als sie ins Berufsleben starteten. Diejenigen mit einem definierten Ziel verdienten später das Dreifache, und die kleine Gruppe derer, die ihre Ziele klar und schriftlich formuliert hatte, etwa 3 %, erzielte das zehnfache Einkommen im Vergleich zu ihren Studienkollegen [112].

▶ **Brain Teaser** Die meisten Menschen überschätzen, was sie kurzfristig erreichen können. Noch viel stärker unterschätzen sie, was langfristig möglich ist.

Der Begriff Selbstmanagement wird in der Literatur auch für das Verhalten von Gruppen und Personen, die sowohl Fach- aus auch Führungskräfte sein können, welche ohne das Zutun eines formalen Führers funktionieren, eingesetzt.

Selbstkenntnis ist ein Schlüssel zu beruflichem Erfolg. Sie sollten mehr über sich selbst wissen als Ihre Sekretärin!

Selbstwirksamkeit *(self- efficacy)* ist die Überzeugung, eine Herausforderung erfolgreich meistern zu können [105]. Das aktive Handeln – Zugehen auf Herausforderungen, um diese zu bewältigen – ist besonders gut geeignet, seine Selbstwirksamkeit zu steigern. Das Beobachten von erfolgreichen Personen und die Ermutigung durch andere sind ebenfalls hilfreich. Man kann also nur dann auf seine Ergebnisse und seine Erfolge stolz sein, wenn man diese selbst beeinflusst oder sogar herbeigeführt hat. Demnach schränken starre Vorgaben und Reglementierungen das Selbstwirksamkeitserlebnis von Mitarbeitern stark ein.

Es ist von Vorteil, dass Sie ein Buch mit dem Thema „Management … (für) … Hochbegabte …" gekauft haben. Das ist Ihrer Selbstwirksamkeit mit Sicherheit zuträglicher, als ein Buch „Management für Dummies" o.Ä. zu lesen …

Weitere Informationen zu Selbstmanagement finden sich in [113].

2.18 Zeitmanagement

Zu erfolgreichem Selbstmanagement gehört auch Zeitmanagement [114].

Zeit ist die wertvollste und knappste Ressource. Napoleon Bonaparte sagte einmal: „*Es gibt Diebe, die einem das Wichtigste stehlen und dennoch nicht bestraft werden: die Zeit.*" Menschen tendieren dazu, Zeit mit Dingen zu verbringen, die sie gerne tun. Als Manager rennen Ihnen die unangenehmen Aufgaben leider nicht davon! Stellen Sie sich ihnen, sofern sie nicht sinnvoll delegierbar sind. Zeit zu haben, um nachzudenken, ist überhaupt das knappste Gut.

Viele Menschen meinen, dass „der Chef" seine Zeit müheloser einteilen könne als seine Mitarbeiter. Das ist allerdings eine große Illusion. Je höher jemand in der Hierarchie einer Organisation sitzt, desto weniger ist er Herr über seine Zeit. Vor allem interne Geschehnisse absorbieren seine Aufmerksamkeit, und er handelt mehr wie eine Telefonzentrale als ein selbstbestimmter Geschäftsmann. Generell teilen Büromenschen das Schicksal, frei verfügbare Zeit nur in kleingehackten Blöcken zur Verfügung zu haben. Typischerweise sind es lediglich 10 bis 15 min, denen man sich einer Aufgabe widmen kann, bevor einen Telefon, E- Mail oder ein Kollege aus der Arbeit reißen. Durch Mobiltelefon und BlackBerry setzt sich dieses Stakkato auch vor und nach der Arbeit im Büro fort.

Wer 15 min an einer größeren Aufgabe gearbeitet hat und dann unterbrochen wird, kann nachher quasi wieder von vorne anfangen; wenn für eine komplexe Aufgabe nicht ausreichend unterbrechungsfreie Zeit vorhanden ist, sind auch noch so viele kurze Fragmente wertlos.

Für geistig hochwertige Arbeiten ist Zeit „am Stück" erforderlich. Wenn ein Bericht fünf Stunden zur Erstellung benötigt, werden Sie es auch in der dreifachen Zeit nicht schaffen, diesen qualitativ hochwertig abzuschließen, wenn die verfügbare Zeit nur aus Viertelstundenintervallen besteht.

Das „Drama" am heutigen Büroalltag ist nicht nur, dass sich größere Aufgaben kaum erledigen lassen, sondern dass ein Großteil der Unterbrechungen sich bei genauerem Hinsehen als reine Zeitverschwendung entpuppt. Mitarbeiter legen gerne noch „eins drauf" und unterbrechen ihre Arbeit von sich aus, um Nebensächlichkeiten „nebenbei" bzw. „kurz zwischendurch" zu erledigen. Gerade Hochbegabte sind hier gefährdet, weil ihr Interesse rasch von einem anderen Thema angezogen wird.

> **Tipp** Um Ihre Zeit in den Griff zu bekommen, sollten Sie damit beginnen, genaue Aufzeichnungen zu führen, wie Sie Ihren Tag nützen. Wer versucht, seine Zeitverwendung aus dem Gedächtnis zu rekonstruieren, wird erfahrungsgemäß von sich selbst überlistet, indem man dazu neigt, seine Wunschvorstellung wiederzugeben. Nur zeitnahe Aufzeichnungen, geführt über ein bis drei Wochen, bringen Aufschluss über Ihre wahren Zeitdiebe.

Als Manager haben Sie nicht nur die Pflicht, auf die sinnvolle Nutzung Ihrer eigenen Zeit zu achten, sondern auch auf die Ihrer Mitarbeiter. Sie sind Multiplikator. Wer zehn Minuten mit fünf Mitarbeitern nutzlos zubringt, vernichtet bereits eine ganze Stunde. Ein weiterer Tipp für Manager: Mitarbeitergespräche benötigen – auch bei gründlicher Vorbereitung – Zeit. Es ist eine Illusion zu glauben, ein heikles Thema in fünf Minuten abhandeln zu können.

Wenn Mitarbeiter in Ihr Büro platzen, verjagen Sie sie nicht. In der Regel wird es ein wichtiges Anliegen sein, für welches man Sie „stört".

Fragen Sie Ihre Mitarbeiter regelmäßig, womit Sie deren Zeit verschwenden, und hören Sie aufrichtig zu. Suchen Sie eine gemeinsame Lösung.

Identifizieren Sie wiederkehrende „Krisen", und packen Sie das Übel an der Wurzel. Wenn Ihre Abteilung regelmäßig von den gleichen Krisen eingeholt wird, verschwenden Sie viel Zeit.

Sorgen Sie für ein schlankes Team. Zu viel Personal bedingt massive Zeitverschwendung: Die Mitarbeiter „wechselwirken" statt zu arbeiten.

Beschäftigen Sie Ihre Mitarbeiter sinnvoll. Nicht ausgelastete, hochbegabte Mitarbeiter suchen sich Arbeit, mit der sie andere Leute wiederum „beschäftigen", ohne dass ein echter Nutzen für Kunden bzw. die Unternehmung geschaffen wird.

Versuchen Sie, Ihre frei zur Verfügung stehende Zeit zu möglichst großen, unterbrechungsfreien Abschnitten zusammenzufassen. Vermeiden Sie, dass andere Ihnen wieder einen Strich durch die Rechnung machen und Sie in diesen Fenstern einteilen.

Ein Tag pro Woche in Form von Heimarbeit kann Ihre Effizienz enorm steigern. Alternativ können Sie zwei Stunden früher aufstehen und zu Hause arbeiten. Das ist in der Regel effizienter, als sich spätabends noch mit dem „Büro" zu beschäftigen, indem Sie mitgebrachte Firmenunterlagen neben dem Fernseher bearbeiten.

Nutzen Sie die Zeit, die Sie regelmäßig beim Pendeln verschwenden, indem Sie beispielsweise Berichte im Zug lesen. Nehmen Sie sich ggf. einen Zweitwohnsitz nahe am Arbeitsplatz für unter der Woche.

Ein populärer Zeitmanagement- Ratgeber ist [114]. Für weitere Aspekte zu Zeitmanagement siehe auch die Illusion von Multitasking weiter hinten in diesem Buch.

2.19 „Tabus" für Manager

Als Manager erwartet man von Ihnen, dass Sie die an Sie gerichteten Erwartungen erfüllen. Die Art und Weise, wie Sie dies anstellen, bleibt im Wesentlichen Ihnen überlassen. Es gibt aus der Erfahrung mehr oder weniger wirksame Herangehensweisen, jedoch lässt sich selten eine absolute Aussage treffen, was zu Erfolg bzw. zu Misserfolg führen wird. Dennoch haben sich einige No- Gos herauskristallisiert, die hier diskutiert werden. Ein grober Fehler ist es beispielsweise, die Erwartungen an die eigene Rolle und Person nicht zu kennen. Fehler können auch bei der Ausführung passieren. Jeder Mensch macht Fehler. Das ist normal und notwendig, denn nur aus Fehlern können wir lernen und uns weiterentwickeln. Als Manager ist es wichtig, mehr richtige als falsche Entscheidungen zu treffen, und vor allem nur solche falschen Entscheidungen, die nicht „gravierend" sind.

Laut Peter Drucker scheitern Führungskräfte primär aufgrund von zwei Fehlern:

- Es wird das getan, was man will, und nicht das, was richtig ist.
- Unzureichende Kommunikation.

Für das Scheitern eines Managers finden sich folgende Gründe in [47]:

- keine Prioritäten,
- Übertreiben der obersten Prioritäten,
- Vernachlässigen der weniger wichtigen Prioritäten.

Hochbegabte sind weniger gefährdet als andere Manager, Prioritäten aus der zweiten Reihe zu vernachlässigen, weil sie sich gerne mit vielen verschiedenen Dingen gleichzeitig befassen. Sie sollten allerdings tunlichst aufpassen, den wichtigsten Prioritäten ausreichend Aufmerksamkeit zu schenken.

Nach [24] sind karge Information und geringe Wertschätzung die am häufigsten angeführten Mängel von Managern. Führungskräfte, die nicht befördert, gefeuert oder frühzeitig pensioniert wurden, liefern einen Schlüssel für gravierende Managementfehler. Sie weisen häufig folgende zehn Schwächen auf [10], die im Englischen auch als *derailers* bezeichnet werden:

- mangelnde soziale Kompetenz[7],
- Arroganz,
- Vertrauensbruch,
- übersteigerter Ehrgeiz (Streben nach der Beförderung),
- Hang zum Übermanagement (kein Delegieren),
- Unfähigkeit in Bezug auf Personalentscheidungen,
- Unvermögen, strategisch zu denken,
- Unfähigkeit, mit dem eigenen Chef zurechtzukommen,
- Abhängigkeit von einem Mentor oder Berater.

Für Hochbegabte sind tendenziell mangelnde Delegationsfähigkeit, übermäßiger Ehrgeiz und ein Verhalten, das als arrogant wahrgenommen wird, Problembereiche, in denen verstärktes Aufpassen angesagt ist. Entscheidend ist, wie man Sie wahrnimmt, unabhängig davon, was „Realität" ist. Wenn Ihr Gegenüber Sie für arrogant hält, sind Sie es in seiner Realität. Ein paar Worte zum Delegieren: Auch, wenn Sie es schneller und „besser" könnten: Sie haben als Manager nicht die Zeit, alles selbst zu machen. Delegieren Sie Aufgaben an Ihr Team! Leiten Sie Ihre Mitarbeiter an, wie sie gewisse Arbeiten erfüllen sollen. Diese Investition Ihrer Arbeitszeit wird sich rasch amortisieren!

„Erziehen" Sie Ihre Mitarbeiter zur Selbständigkeit. Vor allem hochbegabte Manager und hochbegabte Projektleiter sollten ihre Mannschaft die Aufgaben machen lassen. Ein Manager gibt Hilfe zur Selbsthilfe.

Wenn Sie Ihre Mitarbeiter „beschützen" und deren Arbeit selbst erledigen, erzielen Sie folgende unerwünschten Wirkungen:

[7] Soziale Kompetenz ist ein Oberbegriff für viele Konzepte wie Selbstvertrauen und soziale Fertigkeiten, siehe auch EQ.

- persönliche Überforderung mangels Zeit,
- Sie geben dem Mitarbeiter zu verstehen, dass Sie ihn für inkompetent halten,
- Zusammenbruch Ihrer Organisation bei Ihrem Ausscheiden.

Nachfolgend finden Sie einige weitere, typische, schwere Fehler von Managern skizziert, die unter Umständen nicht oder nur unter enormem Aufwand zu korrigieren sind. Daher werden sie in der Praxis und in der Literatur auch als „Todsünden" beschrieben, die einen schon einmal den „Kopf kosten" können.

Personelle Fehlbesetzungen tolerieren

Fehlbesetzungen in der Personalauswahl lassen sich nicht vermeiden. Sie sollten allerdings, sobald sie erkannt wurden, korrigiert werden. Wenn sich ein Mitarbeiter auf einem Posten, dem er nicht gewachsen ist, nicht in angemessener Zeit entwickelt, können Sie ihn anders einsetzen und einen geeigneteren Stelleninhaber nachbesetzen. Man geht davon aus, dass nur ein Drittel aller Stellenbesetzungen ein Treffer sind; Als Fehlbesetzung entpuppt sich ein weiteres Drittel.

Sorgloser Umgang mit vertraulichen Daten

Teilen Sie alle notwendigen Informationen mit Ihren Mitarbeitern. Es existieren jedoch in jeder Unternehmung Daten, die man sorgfältig und vertraulich zu behandeln hat. Auf der einen Seite gibt es hier gesetzliche Vorschriften, welche Daten wie unter Verschluss zu halten sind. Auf der anderen Seite besitzt jede Unternehmung Informationen, die ihr einen Wettbewerbsvorteil sichern, und die es daher genauso sorgfältig zu hüten gilt.

Für Sie als Manager sind persönliche Daten, die Ihre Mitarbeiter betreffen, besonders kritisch. Schließen Sie Personalakten in einen Kasten ein. Vermeiden Sie es, sensible Informationen auf dem öffentlich zugängigen Laufwerk Ihrer Arbeitsgruppe abzulegen. Gelangweilte Mitarbeiter tendieren dazu, Firmen- PCs nach „interessanten" Informationen abzugrasen. Wenn sie auf sensible Daten von Ihnen stoßen, etwa Mitarbeiterbewertungen, und diese dann verteilen, können Sie ernsthafte Schwierigkeiten bekommen.

Geheimniskrämerei

Natürlich ist das intellektuelle Eigentum einer Organisation zu schützen, und vertrauliche Daten gehören richtig behandelt. Wer allerdings als Manager zu misstrauisch und unsicher gegenüber seinen Mitarbeitern ist und ihnen dadurch wichtige Informationen vorenthält, erschwert sachkundige Entscheidungen ungemein (abgesehen davon, dass er möglicherweise bald paranoid wird).

Mitarbeiter und Chefs, die nach der Maxime *„Wissen ist Macht“* operieren, schaden dem Unter- nehmen, und in letzter Konsequenz sich selber.

Unklare Kommunikation als Folge von Geheimnistuerei ist neben dem Zurückhalten von In- formation ein beliebter Managementfehler.

Unpassende Distanz zu Ihren Mitarbeitern

Studien haben sich damit befasst, wie sich die Distanz einer Führungskraft zu ihren Mitarbeitern auswirkt [54]. Distanz hat in diesem Zusammenhang drei Aspekte:

- physikalischer, geographischer Abstand,
- wahrgenommene soziale Distanz,
- Häufigkeit der Wechselwirkungen.

Eine andere Einteilung folgt diesen Kriterien:

- psychologische Distanz, bestehend aus demographischer Distanz (Alter, Geschlecht) und Machtdistanz (wahrgenommene Ähnlichkeit),
- strukturelle Distanz (örtliche Distanz und Abstand im Organigramm),
- funktionale Distanz.

Zwei gegenpolige Extrema sind hier Manager, die einen „Country Club“- Führungsstil praktizieren (starke Beachtung der Bedürfnisse der Mitarbeiter, informelles Verhalten, Abbau von Statusunterschieden), und solche, die der „autoritären Fraktion“ angehören.

Charisma kann am ehesten entstehen, wenn die Distanz des Leaders zu den Geführten groß ist. Im Tagesgeschäft sind die Schwächen einer Führungskraft viel leichter zu erkennen, als wenn sie „weit weg“ ist. Zu viel Nähe kann Illusionen zerstören [54]. Führungskräfte, die eine hohe Distanz zu den Mitarbeitern haben, werden eher idealisiert und daher mit bedingungslosem Vertrauen beschenkt [54].

Andererseits schafft eine zu große räumliche Distanz Umstände, die eine effektive Führung stark erschweren (siehe dazu auch Management von virtuellen Teams).

Vermischen von Privatem und Beruflichem

Von manchen Managern wissen ihre Mitarbeiter rein gar nichts Privates. Wenn Sie kein „aalglatter“ Manager sind, sondern Ihren Mitarbeitern auch ein wenig Ihrer privaten Seite offenbaren, erzeugen Sie Vertrauen und werden somit eine wirksamere Führungskraft. Achten Sie darauf, hier nicht zu weit zu gehen. Im Zweifelsfall sollten Sie professionelle Distanz wahren und Berufliches von Privatem trennen. Ein Foto Ihrer Familie auf Ihrem Schreibtisch ist in Ordnung. Breiten Sie Ihre Hobbys und Urlaube nicht zu sehr aus. Weder auf Firmenfeiern noch bei privaten Zusammenkünften mit Kollegen und Mitarbeitern sollten Sie sich betrinken.

Schwächen schwächen statt Stärken stärken

Ein weiterer Fehler von Managern ist es, sich auf die Bekämpfung der Schwächen ihrer Mitarbeiter zu konzentrieren, anstatt deren Stärken auszubauen. Die gängigen Instrumente zur Mitarbeiterbeurteilung und zur Führung mit Zielen (MBO) unterstützen diese Fokussierung auf Schwächen der Mitarbeiter. Dadurch verlieren Sie ein beträchtliches Maß an Wirksamkeit in Ihrer Abteilung und schwächen auch Ihr Verhältnis zu den betroffenen Mitarbeitern. Negatives Feedback kann für den Empfänger hilfreich sein, wenn es richtig und wohldosiert verabreicht wird. Auch soll es das Arbeitsverhältnis nicht dominieren. Wer als Manager das Jahresgespräch benutzt, um Mitarbeiter „klein" zu halten, und versucht, ihren Bonus wegzudiskutieren, wird kaum eine begeisterte Gefolgschaft halten können. Manche Firmen führen akribisch genau Buch über Schwächen ihrer Mitarbeiter, um sie ihnen die nächsten Jahre über vorhalten zu können, als Vorwand für negierte Gehaltserhöhungen und Beförderungen. Das Prinzip wird in „The One Minute Manager" als „NIHYYSOB[8]"- Führungsstil beschrieben.

> **Tipp** Leicht zu korrigierende „Schwächen" wie ein Mangel an Fachkenntnissen in PC- Programmen, sollten Sie natürlich schon ausgleichen!

Es ist relativ einfach, Stärken und Schwächen eines Mitarbeiters zu beurteilen, weil sie aus seiner Arbeitsleistung offensichtlich werden. Viel schwieriger ist es, die echten Interessen eines Mitarbeiters herauszufinden. Auf diesen Gebieten können Sie jedoch ein enormes *Commitment* erzielen! Somit hilft es Ihnen, die wahren Interessen Ihrer Mannschaft zu kennen, das, was sie „in der Früh aus dem Bett klettern lässt und sie am Abend wachhält". Wie Sie die Interessen Ihrer Mitarbeiter in Erfahrung bringen? Fragen Sie danach! In [87] wird empfohlen, sich nach Spielen zu erkundigen, die die Mitarbeiter mögen, und auch, warum.

Im nächsten Schritt können Sie dann Ziele formulieren, die zu den Interessen des jeweiligen Mitarbeiters und zu Ihren Aufgaben passen.

> **Brain Teaser** Ein Chef, der sich auf das Ausmerzen von Schwächen seiner Mitarbeiter konzentriert, ist nicht deshalb erfolgreich, sondern trotzdem!

---

[8] NIHYYSOB bzw. NIHYSOB: *„Now I have you, you son of a b.tch"*.

Seine Zeit mit „Pausenfüllern“ totschlagen

Als Manager haben Sie viel zu tun, wenn Ihre Abteilung „schief“ läuft. Wenn alles sauber organisiert ist, verfügen Sie als Manager über ein relativ großes, freies Zeitkontingent.

Vermeiden Sie es, Ihre Zeit mit sinnlosen Tätigkeiten auszufüllen, etwa Mikromanagement, oder zu mit zu vielen, unüberlegt gestarteten Veränderungsprozessen.

Stattdessen sollten Sie langfristig denken und sich überlegen, welche Strategie Sie für Ihren Bereich in den nächsten Jahren umsetzen möchten. Investieren Sie auch Zeit in die Entwicklung Ihrer Mitarbeiter – und Ihre eigene!

Verachtung

Eine große Gefahr für Manager ist die **Verachtung** *(contempt)*. Hüten Sie sich davor, **Geringschätzung** von Mitarbeitern oder Kollegen an den Tag zu legen! Zeigen Sie Ihren Mitarbeitern Wertschätzung *(appreciation)*, und verfahren Sie nicht nach dem Prinzip „Nicht geschimpft ist halb gelobt“. Vor allem Hochbegabte sehen leicht unter einer guten Leistung eine nicht erwähnenswerte Normalleistung ihrer Mitarbeiter, und sie geizen nicht mit Kritik bei Minderleistung. Die Mitarbeiter nehmen so ein Verhalten als nicht gerade motivationsfördernd wahr. Anstatt jemanden zu verurteilen, sollten Sie versuchen, ihn zu verstehen. Ergründen Sie seine Motive und Beweggründe. Genauso wie Geringschätzung ist auch Schmeicheln fehl am Platz. Es wird von den meisten Menschen rasch als unecht entlarvt.

Aktionismus

Als Manager brauchen Sie eine klare Vision und Strategie. Damit werden Sie vielleicht kritisiert, allerdings auch geachtet und respektiert. Die Unzufriedenheit vieler Bürger mit der Politik gründet sich zu einem großen Teil darin, dass es keine klar erkennbaren Ziele gibt, sondern vor allem viele kurzfristige Aktionen, Mini- Reformen und halbherzige Taten.

Manager im Aktionismus haben die Kontrolle verloren – sie kämpfen im Tagesgeschäft mit dem Verlauf der Ereignisse.

Gerade Hochbegabte laufen Gefahr, durch mangelnde Prioritätensetzung in Aktionismus zu verfallen.

Fahren Sie stattdessen eine klare Linie. Der Vortstand eines deutschen Unternehmens sagte einmal: *„Was auch immer ich tue, einem Drittel der Menschen gefällt es, einem weiteren Drittel missfällt es, und dem letzten Drittel ist es schlichtweg egal. Früher tat ich das, wovon ich glaubte, man erwartet es von mir. Nun tue ich das, was ich für das Unternehmen für richtig erachte. Geändert hat sich am Verhältnis der Befürworter und Gegner nichts.“*

> **Tipp** Vermeiden Sie, rasch unkoordinierte Aktionen loszutreten, von denen Ihre Mitarbeiter nicht wissen, welche nun am wichtigsten sind.

Sich treiben lassen und jammern

Die Realität erschafft man sich zum Teil selber. Als Manager haben Sie eine prägende Wirkung auf die Gefühlswelt Ihrer Mitarbeiter. Ihre Sichtweise eines zu 50 % gefüllten Bechers wird, je nachdem, ob Sie diesen als halb voll oder halb leer beschreiben, eine unterschiedliche Wirkung auf Ihre Mannschaft entfalten.

Wenn Ihr eigener Chef Ihnen keine klaren Vorgaben macht, sollten Sie tunlichst nicht mit Ihrer Belegschaft jammern und über Ihren Chef schimpfen! Warten Sie auch nicht untätig, bis neue „Befehle" eintreffen.

Nutzen Sie Ihre Freiräume, und definieren Sie Ziele für Ihre Mannschaft, die dem Unternehmen dienen!

Hochbegabte sehen generell mehr Chancen und Möglichkeiten als andere Mitarbeiter, doch einige von ihnen haben eine Misserfolgsorientierung.

Abhängigkeit von der Meinung anderer, Wunsch nach „Absegnung" des eigenen Handelns

Es gibt Manager, die stark nach Lob und Anerkennung durch ihre Chefs streben, und die von diesen vor dem Treffen einer Entscheidung die „Erlaubnis" dazu einholen möchten.

Wer als Manager von der „Genehmigung" seines Chefs abhängt, bevor er sich traut, etwas zu beschließen und zu unternehmen, hat nicht die idealen Karten für einen weiteren Karrieresprung. Manager kennen die Spielregeln, nach denen sie ihr Handeln und das ihrer Mitarbeiter ausrichten. Von Managern als „Macher" erwartet man ein vernünftiges Maß an Entscheidungsfreude und - fähigkeit.

In nicht genau definierten Situationen („Graubereiche") liegt es am Manager, die Regeln dem Sinn nach auszulegen und die jeweilige Gegebenheit anzupassen, ohne permanent mit seinem Chef Rücksprache halten zu wollen.

Beförderung fordert mehr

Eine Führungsposition ist **keine Belohnung** für frühere Leistungen in einer Unternehmung. Diese sind mit dem bereits bezahlten Gehalt (und den ggf. erhaltenen Boni) zur Gänze abgegolten. Als Manager haben Sie die Aufgabe, einen (noch) größeren Beitrag für Ihr Unternehmen zu leisten. Sie sind also mehr denn je gefordert. Ihr Führungsauftrag ist ein Privileg, ein Vertrauensvorschuss durch Ihr Unternehmen. Er gibt Ihnen besondere

Macht und Möglichkeiten zur Erreichung Ihrer Ziele. Machen Sie nicht den Fehler, sich auszuruhen und fortan nur Ihre Mitarbeiter arbeiten zu lassen.

Die Regeln gelten für alle

Es existieren **keine eigenen Regeln** für Manager. Manager unterscheiden sich von anderen Mitarbeitern eines Unternehmens durch die Vergütung (welche häufig neben dem Gehalt auch nichtmonetäre Aspekte wie ein großes Büro und Nebenleistungen wie ein Dienstauto beinhaltet), allerdings gibt es keine eigenen „Gesetze" für sie. Die Firmenrichtlinien gelten für alle Mitarbeiter gleichermaßen. Genauso wenig gibt es, trotz der vehementen Forderungen in der Presse, eine eigene Ethik für Manager – Manager haben sich an die allgemeingültige Ethik zu halten.

„**Walk the Talk**" – eine Voraussetzung, damit Manager glaubhaft sind, ist, dass sie in ihren Unternehmungen als Vorbild wirken. 100 % integer zu agieren ist notwendig, wenn Sie von Ihren Mitarbeitern Vertrauen ernten wollen. Gemischte Botschaften wie *„Richte Dich nach meinen Worten, nicht nach meinem Verhalten"* schaden Ihnen in Ihrem Ansehen.

„Quod licet Jovi non licet bovi": Was Jupiter darf, darf das Rind noch lange nicht; So sagte der Lateiner zu „Wasser predigen, Wein saufen". Nach dieser Maxime werden Sie keine treuen Mitarbeiter gewinnen.

Setzen Sie den Maßstab! Ihre Mitarbeiter werden nicht härter arbeiten als Sie! Führungskräfte werden als Vorbilder wahrgenommen.

Ein Fall von Missmanagement ist auch, wenn Sie zuerst „A" sagen und dann „B" erwarten.

Fragen Sie sich im Sinne der Selbstreflexion permanent: *„Wenn ich für jemanden wie mich arbeiten sollte, wäre ich motiviert und zufrieden?"* Setzen Sie keine Aktionen als Manager, die Sie als Ihr eigener Mitarbeiter nicht akzeptieren würden. Begründen Sie unpopuläre Entscheidungen, das steigert die Akzeptanz ungemein.

> **Brain Teaser** Ein auf Macht basierendes Nein ist nicht sehr stabil: „Nein, weil ich es so sage" wiegt weniger als ein begründetes Nein, das dem Gegenüber Respekt ausdrückt.

Die Scheu vor Konflikten

Diplomaten sind dadurch gekennzeichnet, dass sie direkte, harte Konfrontation vermeiden. Für Manager ist ein „Kuschelkurs" nett, einem guten Ergebnis im Wirtschaftsleben jedoch allzu oft abträglich. Wenn Konfliktpotenzial einfach „unter den Teppich" gekehrt wird, Probleme also nicht gelöst werden, verstärken sie sich häufig anstatt zu verschwinden. Sie können es nicht allen recht machen und Mitarbeitern jeden Wunsch erfüllen. Ihre Aufgabe als Manager ist es, die Interessen der Firma zu vertreten. Zwangsläufig können diese nicht deckungsgleich mit den Interessen der Belegschaft sein. Bleiben Sie in Ihrem Handeln fair.

Stellen Sie sich in Ihrer Arbeit als Manager stets die Frage: „Was ist zu tun?“, und handeln Sie dann nach den Firmenwerten, um Ihr Ziel zu erreichen.

Weitere Managementfehler

Im Umgang mit Menschen können Manager viele Fettnäpfchen „erwischen“, die sich vergleichsweise leicht vermeiden lassen, wenn sie Grundregeln der sozialen Interaktion berücksichtigen. Wer als Chef seine Mitarbeiter regelmäßig erniedrigt, um dadurch seinen Status zu erhöhen, ist ein schwacher Chef. Ein weiterer „beliebter“ Fehler von Managern ist es, die Ergebnisse ihrer Mitarbeiter für sich in Anspruch zu nehmen. Die Konsequenz wird eine sinkende Moral in ihrer Mannschaft sein, was sich negativ auf die Arbeitsleistung auswirkt.

Die größten Managementfehler bzw. Irrtümer aus der Sicht von Hochbegabten

Hochbegabter A: *„Dass der Erfolg eines Unternehmens von einem Manager abhängt.“*
Hochbegabter B: *„Meinen, als Manager alles wissen zu müssen.“*
Hochbegabter C: *„Mitarbeitern einen zu engen Gestaltungsspielraum zu lassen, Vorschläge und Lösungsvorschläge von Mitarbeitern nicht ernst zu nehmen bzw. nicht den Mut zu haben, diese umzusetzen.“*
Hochbegabter D: *„Zu glauben, Probleme erledigen sich mit der Zeit von selber, anstatt das Übel an der Wurzel zu packen.“*
Hochbegabter E: *„Überheblichkeit.“*
Hochbegabter F: *„Neuerdings heißt es oft, man kann MitarbeiterInnen nicht motivieren, man kann nur Demotivation beseitigen. Meine Erfahrung hat mir aber eigentlich schon gezeigt, dass man durch Vorbildwirkung, Eingehen auf die MitarbeiterInnen, Zuteilen passender Aufgaben und entsprechende Anerkennung sehr wohl eine Motivationssteigerung beobachten kann.“*
Hochbegabter G: *„Alles selbst machen, zu wenig Vertrauen in andere.“*
Hochbegabter H: *„Als einziges Ziel die monetäre Gewinnmaximierung zu sehen. Der generelle Beitrag des Unternehmens zu Wohlstand, Entwicklung und Nachhaltigkeit in der Gesellschaft wird zu wenig betrachtet.“*

2.20 Weitere wichtige Themen für Management und Büroleben

Menschenkenntnis

Management hat viel mit Menschenkenntnis zu tun. Es handelt sich dabei um die Fähigkeit, einen Menschen in Verhalten oder Charakter aufgrund eines **(ersten) Eindrucks** richtig einzuschätzen und vorherzusagen, wie er denkt und handeln wird. „Gedankenlesen“ ist keine Kunst, sondern lässt sich erlernen. Entscheidende Faktoren für diese Fähigkeit sind die persönliche Lebenserfahrung, Intuition [115] und Intelligenz. **Intuition**, der „6. Sinn“, ist ein „direktes Begreifen ohne Verwendung von bewusstem Nachdenken“ und „unentbehrlich in den Bereichen Management und Menschenführung“ [116]. Menschenkenntnis wird durch den häufigen Umgang mit Menschen erworben (vergleiche das Erkennen von Mustern). Durch ausgeprägte Menschenkenntnis kann man Menschen beeinflussen bzw. führen (sprich motivieren oder ihnen etwas verkaufen). Der griechische Philosoph Platon (427–347 v. Chr.) sagte über Menschenkenntnis: *„Beim Spiel kann man einen Menschen in einer Stunde besser kennenlernen als im Gespräch in einem Jahr.“*

Schwierige Mitarbeiter

Nach [37] haben etwa 80 % der Mitarbeiter ein gutes Verhältnis zu ihrem Vorgesetzten und zu ihren Kollegen. Es empfiehlt sich generell, ein vernünftiges Auskommen am Arbeitsplatz anzustreben, verbringt man dort doch einen signifikanten Anteil seiner Zeit. Nicht mit allen Menschen ist es allerdings einfach, in gutem Einvernehmen zu sein. Bleiben Sie hier dennoch auf einer professionellen Ebene, schwierige Kollegen brauchen ja nicht Ihre Freunde zu werden. „Schwierig“ steht nicht für leistungsschwach; „Schwierige“ Mitarbeiter erbringen unter den geeigneten Rahmenbedingungen exzellente Leistungen, fallen jedoch häufig dadurch auf, dass sie hohe Ansprüche stellen, ein hohes Maß an Betreuung benötigen, andere Mitarbeiter irritieren, nörgeln, uneinsichtig sind oder sonst irgendie „auffallen“. Zum Nutzen schwieriger Mitarbeiter gleich mehr...

Jeder Chef verdient die Mitarbeiter, die er hat

Ein zurückhaltender, befindlichkeitsorientierter Chef, der ungerne entscheidet und führungsschwach ist, braucht sich nicht zu wundern, wenn in seinem Team Sesselsäger auftauchen. Wer bekennende Gegenspieler in den eigenen Reihen vorfindet, hat es nicht leicht und kann sich das zumeist selbst zuschreiben. Das Aufrechterhalten der „Hackordnung“ ist ein zeitaufwendiger Prozess. Topmanager verbringen bis zu 30 % ihrer Zeit mit Machtspielchen.

Sie brauchen Ihre schwierigen Mitarbeiter wie einen Bissen Brot!

Streichelweiche Mitarbeiter sind angenehm, denn sie verursachen wenig Arbeit. Die schwierigen Mitarbeiter sind jedoch auch wertvoll für ihren Chef, mitunter sogar mehr als die einfachen Kollegen. „Schwierige" Mitarbeiter weisen Sie auf Fehler hin, und von ihnen können Sie als Chef besonders viel lernen und sich weiterentwickeln! Von ihnen erhalten Sie ehrliche Antworten und Hinweise für tragfeste Entscheidungen.

Je heterogener Ihr Team beschaffen ist, desto höhere Leistungen werden Sie mit ihm erzielen können.

Auch sind kreative, innovative, hochbegabte Mitarbeiter generell „schwierig". Außerdem sind es diejenigen Mitarbeiter, die Ihnen Unangenehmes sagen oder in Ihren Augen „unangemessen" reagieren, Forderungen stellen, etwas tun oder etwas unterlassen – sie sind es, die Ihnen helfen, zu einem wirksameren Manager zu werden und ein erfolgreicher Manager zu bleiben.

Oft sind es die schwer zu führenden **Exzentriker**, die besondere Leistungen bringen können.

> **Tipp** Halten Sie diesen Mitarbeitern den Rücken frei, denn sie erledigen wichtige Aufgaben für Sie. Gehen Sie sogar einen Schritt weiter, und fördern Sie „exzentrische" Ideen und Eigenschaften Ihrer besten Leute, indem Sie sie zu deren Erläuterung in der Gruppe anregen und Ihre übrigen Mitarbeiter geistig befruchten lassen. Laden Sie „Gastvortragende" anderer Abteilungen oder von auswärts ein, das hat eine ähnliche auflösende Wirkung auf intellektuelle Inzucht in Ihrer Abteilung.

Im folgenden Abschnitt sind einige archetypischen Mitarbeiter, die als schwierig gelten, näher beschrieben. Generalisierungen sind unspezifisch und bisweilen auch leichtfertig, dennoch sollen sie hier gewagt werden.

Berufseinsteiger, Neubesetzungen

Diese Mitarbeiter benötigen anfangs Zeit und Aufmerksamkeit, um ihre Rolle übernehmen zu können. Der Zeitbedarf vonseiten des Managements kann zu der Einschätzung führen, diese Mitarbeiter seien schwierig. Investieren Sie jedoch ausreichend Zeit, Sie werden sie vielfach zurückbekommen.

Nehmen Sie neue Mitarbeiter für die ersten Wochen bei der Hand bzw. weisen Sie ihnen einen Mentor zu. Planen Sie die erste Woche von neuen Mitarbeitern im Voraus, und arbeiten Sie ein Schulungsprogramm aus, welches Sie am ersten Tag überreichen können. Wenn Ihre Firma es schafft, dass auch die IT- Infrastruktur am 1. Tag funktioniert, sprich der neue Mitarbeiter einen Computer mit Passwort und E- Mail- Account vorfindet, haben Sie sich ausreichend vorbereitet und einen Großteil der „Schwierigkeiten" mit neuen Mitarbeitern vermieden.

Die Unberührbaren

In jeder Unternehmung gibt es „Unberührbare". Sei es der Sohn des Vorstandsvorsitzenden, die Sekretärin, die mit einem Lokalpolitiker verheiratet ist, oder der Forschungsleiter, der eine besonders enge Beziehung mit dem Geschäftsführer pflegt: Wer mit derartigen Mitarbeitern Reibungspunkte aufweist, hat Schlimmes zu befürchten.

Gerade Hochbegabte haben wenig Verständnis dafür, dass „Unberührbare" trotz Minderleistung offenbar nicht angegriffen werden.

Manager, die einen „Unberührbaren" in ihrem Team haben, sollten peinlichst darauf achten, diesen nicht bevorzugt zu behandeln, um nicht als unfair wahrgenommen zu werden.

Einem hochbegabten Manager hat dessen Chef einmal seinen Sohn „untergejubelt", der für die zu besetzende Stelle völlig ungeeignet und noch dazu desinteressiert war. Um sich aus der Affäre zu ziehen, hat er diesem Mitarbeiter dann eine neue, besser auf sein Profil passende Position außerhalb der Organisation gesucht.

▶ **Brain Teaser** Ihren Chef können Sie nicht wegmobben. Sie können ihm alternativ eine neue Stelle außerhalb der Organisation suchen …

Die Schwierigen unter den Etablierten

Ein Großteil der Mitarbeiter einer Organisation ist kooperativ, einige Individuen sind jedoch schwierig im Umgang. Sie haben nur ihren eigenen Plan vor Augen und führen zu Spannungen und Unruhe im Team. Ein Querdenker, der für gesunden Konflikt sorgt (vgl. die Rolle des *Advocatus Diaboli*), ist nützlich, denn er steigert im Allgemeinen die Qualität von Entscheidungen. Schwierige Mitarbeiter bringen Sie hingegen nicht voran, im Gegenteil: Sie beanspruchen überproportional viel Ihrer Zeit, ohne dass ein produktives Ergebnis entsteht.

Auch wenn Sie sie nicht unbedingt mögen, haben Sie als Manager doch einen Weg zu finden, mit ihnen umzugehen, um das Mögliche an Produktivität herauszuholen. Geben Sie den schwierigen Mitarbeitern unter Ihrem Stammpersonal regelmäßiges Feedback, und vereinbaren Sie entsprechende Entwicklungsziele.

Gefährliche Mitarbeiter

Hochbegabung und Hochsensibilität sind zwei Begriffe, die viele Menschen abschrecken. Ein Mitarbeiter, der intelligenter ist als Sie, ist nicht gefährlich, im Gegenteil. Ebenso sind hochsensible Mitarbeiter „harmlos".

Starke Mitarbeiter, die viel leisten, haben noch keinen Chef dumm aussehen gelassen.

Sie bezahlen bzw. Ihre Firma bezahlt Ihre Mitarbeiter nicht dafür, Sie zu erfreuen, sondern Sie bei der Erfüllung Ihrer Aufgaben zu unterstützen. Schwierige Mitarbeiter, die etwas leisten, sind mehr wert als streichelweiche Genossen, die nicht viel bewegen.

Es gibt jedoch Mitarbeiter, vor denen Sie sich hüten sollten, etwa solche mit stark manipulativem Verhalten (Hochstapler). Derartige Menschen sollten Sie nicht aufnehmen. Entfernen Sie sie aus dem Unternehmen wie ein Krebsgeschwür, sobald sie als solche erkannt werden.

Zu kontraproduktivem Verhalten zählen unter anderem Diebstahl, Absentismus und Sabotage. Unpassendes Verhalten kann durch Einwirken (= Management) geändert oder minimiert werden. Wenn sich Fehlverhalten jedoch in zu extremen Ausprägungsformen und Entgleisungen zeigt, fehlt Ihnen die Zeit, dieses Verhalten beim betroffenen Mitarbeiter zu ändern. Hier ist eine Übersicht jener Mitarbeiter, die Ihnen als Chef und Ihrer Organisation als Ganzes in der Regel nicht guttun.

Low Performer

10 % der Belegschaft leisten für gewöhnlich deutlich weniger als der Durchschnitt. Falls dieser Zustand bei einem Mitarbeiter über zwei Jahre anhält und auch ein Wechsel des Aufgabengebiets keine Abhilfe schafft, sollte sich auch das sozialste Unternehmen von diesem trennen, da ansonsten der Rest der Mannschaft von den Minderleistern angesteckt wird. Es sollte nicht der Eindruck entstehen, dass eine Firma (oder Abteilung) Minderleistung toleriert.

Es ist kein Drahtseilakt, zwischen einem sozial verantwortungsvollen und einem rücksichtslosen Manager zu unterscheiden. Ersterer wird zuerst versuchen, den Low Performer zu besseren Leistungen anzuspornen. Auch er wird sich, wenn kein Erfolg sichtbar ist, vom betroffenen Mitarbeiter trennen.

Sich sofort von einem Low Performer zu trennen, ist keine empfehlenswerte Lösung, weil die Kosten für das Unternehmen für die Neubesetzung nicht unerheblich sind und nicht sichergestellt ist, dass der neue Mitarbeiter den Anforderungen gewachsen ist. Wenn ein Low Performer in einer anderen Funktion wieder befriedigende Leistungen bringt, profitieren Mitarbeiter, Unternehmen und Gesellschaft davon.

Subversive Mitarbeiter

Mitarbeiter, die permanent negative Kritik üben, destruktiv arbeiten und ihren Chef unterminieren, sind auch eine Gefahr für jede Firma und gehören eliminiert.

Folgende Verhaltensweisen sind typische Merkmale von subversiven Mitarbeitern, zu denen auch unglückliche Hochbegabte zählen können (wiedergegeben nach [10]):

- wörtliches Befolgen der Anweisungen des Chefs, jedoch Ignorieren der übergeordneten Ziele,
- Großzügigkeit gegenüber dem Kunden durch Zugaben bzw. zu geringem Preis,
- Weiterleiten von „absurden“ E- Mails des Chefs,

- Versenden von E- Mails unter dem Namen des Chefs,
- absichtliches Verpatzen von Projekten, die auf den Chef zurückfallen,
- Zurückhalten von Informationen,
- Einstellen von negativen Kommentaren über die Firma im Internet.

Blender

Wer kennt sie nicht – Kollegen, die mehr Zeit darauf verwenden, sich ins Rampenlicht zu stellen, als tatsächliche Arbeit zu leisten, die zu Ergebnissen führt. Blender können kurzfristig Erfolg haben.

Wenn Sie einen Blender in Ihrem Team erkennen, nageln Sie ihn mit konkreten, messbaren Zielen fest, die entsprechend anspruchsvoll sind. Spannen Sie ihn ein, und achten Sie auf seine spezifische Leistung und seinen Beitrag.

Antichambrierer

Für diese Type Mitarbeiter gibt es viele Bezeichnungen. Schwache Chefs lieben sie. Antichambrierer erkennen Sie daran, dass sie Sie imitieren – in Ihrer Kleidung, Ihrem Verhalten und Ihrer Wortwahl – in einem mitleidsvollen Versuch, Ihre Sympathie zu gewinnen.

Ja-Sager

Wenn Ihr Team nur eine Meinung vertritt, und zwar Ihre, brauchen Sie es nicht. Ihre eigene Meinung haben Sie ja selbst – gratis!" Ja- Sager sind Vasallen[9], die Sie von ehrlichen Meinungen in der Organisation abschirmen. Obgleich es wie Balsam für die Seele ist, wenn das Umfeld alles bejaht, was man tut, nützen Ihnen derartige Mitarbeiter nicht viel für die Erreichung Ihrer Ziele.

Übrigens: Hochbegabte werden Ihnen selten nach dem Mund reden, außer Sie haben sie extrem eingeschüchtert und Sie führen mit Angst.

Kultur-Negierer

Die Kultur eines Unternehmens macht einen wesentlichen Bestandteil seiner Unverwechselbarkeit aus. Top Performer, die nicht der Kultur folgen, untergraben das System und

[9] Ein Vasall war im frühen Mittelalter (6.–7. Jahrhundert) ein Herr, der sich freiwillig als Gefolgsmann in den Dienst eines anderen Herrn stellte.

gehören entweder „bekehrt" oder, auch wenn es schmerzhaft ist, ausgekehrt. Langfristig ist diese Vorgehensweise gesünder für ein Unternehmen.

Ein interessantes, kurzweiliges Buch zum Umgang mit schwierigen Mitarbeitern und Kollegen ist „Der Arschloch- Faktor" [117].

Management und Empathie

Empathie oder Einfühlung(svermögen) beschreibt die Reaktion eines Menschen auf die Emotion eines anderen Menschen. Sie ist die Fähigkeit, sich in andere Menschen hineinversetzen zu können, um eine Situation aus deren Blickwinkel zu sehen. Wer Empathie besitzt, kann einen direkten Draht zur Psyche anderer Menschen aufbauen, anders ausgedrückt: Er verfügt über eine hohe **emotionale Intelligenz (EQ)**. Empathie spielt eine zentrale Rolle bei der Führungskompetenz, da man Menschen nicht nur rational, sondern auch emotional „ansprechen" sollte. Von Ihren Mitarbeitern wird nicht verlangt, dass sie die Entscheidungen von Ihnen als ihr Chef lieben. Es ist manchmal unerlässlich, unpopuläre Entscheidungen zu treffen und diese hart zu vertreten. Als Manager tun Sie gut daran zu wissen, was diese Entscheidungen in Ihren Mitarbeitern auslösen, um die Konsequenzen beurteilen zu können. Um ein Führungsziel zu erreichen, sollten Sie die wirksamste Methode einsetzen (situativer Führungsstil). Dazu ist es wichtig, abschätzen zu können, welche Wirkung ein bestimmtes Verhalten von Ihnen in Ihren Mitarbeitern hervorrufen wird.

Nicht alle Menschen verfügen über eine ausgeprägte Empathie, manche sogar über einen star- ken Mangel, darunter **Narzissten und Psychopathen**.

Der Begriff „Narzissmus" ist in der Psychoanalyse kaum mehr zu gebrauchen, da er in der Alltagssprache inzwischen mehrdeutig und negativ behaftet ist. Hochbegabung generell als narzisstische Projektion der Eltern zu sehen, ist falsch.

Narzissten entwickeln gerne Allmachtsphantasien. Allerdings benötigen sie zur Bestätigung ein bewunderndes Publikum [2], was sie nur scheinbar frei macht.

Im Management findet man häufig Menschen mit einer narzisstischen Persönlichkeit, die dort ihre Gier nach Macht, Prestige und Glanz zu stillen versuchen [2]. Sie haben einen Hang zu oberflächlichen Beziehungen und können andere manipulieren. Dadurch steigen sie generell rasch auf und erzielen auch einmal brauchbare Resultate. Die Wirkung ist nicht von Dauer, und viele Versprechungen von Narzissten gehen nicht in Erfüllung. Die Arroganz und Missachtung von Strukturen und Regeln in ihren Organisationen, die Unfähigkeit zu Kompromissen und eine Immunität gegen Feedback und Kritik verhindern das langfristige Erreichen von Zielen. Mitarbeiter werden von Narzissten oft regelrecht ausgebeutet. Narzissten zeigen Geringschätzung für andere und rufen ein Gefühl der unterwürfigen, passiven Abhängigkeit hervor.

Psychopathische Personen (Soziopathen) haben eine eingeschränkte Empathie. Die meisten Menschen tragen psychopathische Elemente in sich. Etwa ein bis zwei % der Bevölkerung gelten als Psychopathen [118]. Unter mittleren und hohen Führungskräften sind es schätzungsweise mehr, möglicherweise fünf % [119, 120].

„Asoziale“ bzw. „antisoziale“ Personen werden in der Fachsprache „dissozial“ genannt. Sie weisen folgende Charakteristika auf:

- Mangel an Empathie, Zeigen von Gefühlskälte,
- Missachtung sozialer Normen,
- leichte Reizbarkeit,
- Schuldzuweisung bei anderen,
- Schwierigkeiten in Beziehungen zu anderen Menschen.

Borderliner sind gewissermaßen die Steigerungsstufe zu Psychopathen. Umgangssprachlich hat sich der Begriff fest etabliert und die Bezeichnung „Psychopath“ teilweise abgelöst. Die Borderline- Persönlichkeitsstörung (BPS) wird auch emotional instabile Persönlichkeitsstörung genannt. Borderliner sind schwer zu erkennen. Das Paradebeispiel eines Borderliners ist Richard „Löwenherz“ I. Plantagenet [121]. Sein Charisma ist noch heute nach außen hin ungebrochen. Eine genauere Analyse zeigt, dass sein Wirken jedoch extrem zerstörerisch war. Der Borderline- Experte Otto F. Kernberg [122] befürchtet generell eine Zunahme schwerer Persönlichkeitsstörungen durch den raschen Wandel in unserer Gesellschaft. Ihm zufolge fehlt Borderlinern ein inneres Wertesystem (das Über- Ich). Im Management sind Borderliner sehr gefährlich. Zuerst liefern sie zufriedenstellende Ergebnisse, vor allem in „harten“ Situationen wie Umstrukturierungen und in wenig bürokratischen, flachen Organisationen. Die Unterscheidung zwischen Führungsstärke eines Managers und der manipulativen Dominanz eines Borderliners kann schwierig sein. Es ist Borderlinern schier unmöglich, konstruktive Arbeiten zu verrichten und sich im sozialen Umfeld zurechtzufinden. Etwa ein % der Bevölkerung ist nach Schätzungen von BPS betroffen. Typische Symptome sind:

- wechselhafte Stimmungen und Affekte,
- extremes Emotionsgedächtnis,
- Nichtbeachtung des eigenen Erlebens,
- gereiztes Verhalten,
- Ausblenden von Gefühlsreaktionen,
- Blenden (Pseudokompetenz),
- Impulsivität,
- Schwarz-Weiß-Denken,
- selbstverletzendes Verhalten.

Weitere Informationen über Psychopathen finden sich in [118] und [122]. Psychopathen und Borderliner im Management werden in [119, 120] unter die Lupe genommen.

Hochbegabte legen zeitweise Verhaltensweisen und Merkmale an den Tag, die Borderline- Symptomen stark ähneln. Daher besteht die Gefahr, dass sie fälschlicherweise als Borderliner erkannt werden. Andererseits gibt es Hinweise darauf, dass Borderliner generell einen sehr hohen IQ haben [123].

Übrigens: Nach [10] sind 410 psychologische Störungen von Menschen, die in Organisationen arbeiten, möglich (!).

Erfahrung

> *Der Mensch hat dreierlei Wege klug zu handeln: erstens durch Nachdenken, das ist der edelste, zweitens durch Nachahmen, das ist der leichteste, und drittens durch Erfahrung, das ist der bitterste.*
> Konfuzius (551–479 v. Chr.), chinesischer Philosoph

Erfahrung, die man selbst sammelt, ist „teuer erkauft". Die Geschichte wiederholt sich bekanntermaßen, denn wir Menschen scheinen vieles einfach zu vergessen bzw. nicht zu glauben, bis es uns selbst widerfahren ist. Aus selbst gemachten Fehlern lernt man bekanntlich am meisten. Berufsanfänger, die frisch ausgebildet von der Universität in eine Unternehmung kommen, verdienen weniger als ihre Kollegen mit einigen Jahren Berufserfahrung. Diese „Erfahrung" gereicht diesen jedoch später zum Nachteil, wenn sie „zu alt" für ein Unternehmen sind. Für ein Unternehmen sind Mitarbeiter dann alt, wenn sie nicht mehr vollkommen flexibel und formbar sind, sprich ab etwa 30. Wer ein Haus gebaut, eine Wohnung gekauft oder eine Familie gegründet hat, büßt genauso seine uneingeschränkte Flexibilität ein wie jemand, der seinen Denk- und Handlungsmustern unkritisch verhaftet ist.

Generell ist Erfahrung positiv zu bewerten. Erfahrene Piloten, Anwälte und Ärzte gelten als sicherer und professioneller als ihre jüngeren Kollegen, und jeder, der einer Tätigkeit längere Zeit nachgeht, wird feststellen, dass sie ihm durch die gewonnene Praxis Schritt für Schritt leichter fällt. Das liegt – bezogen auf denkerische Aufgaben – unter anderem an der Art und Weise, wie jemand Entscheidungen trifft. Dazu bedient er sich seines **mentalen Modells**, welches auf Annahmen über Ursache- Wirkungs- Mechanismen in seiner Umwelt basiert. Der Entscheider wendet sein mentales Modell auf passende Situationen an und korrigiert es, gegebenenfalls, laufend. Dieses Verhalten ist an sich rational und zielführend. In einem neuen Umfeld kann der Erfahrungsschatz eines Mitarbeiters auch zu seinem Nachteil werden, wie in [124] für komplexe Softwareprojekte dargestellt. Ursachen können ein zeitlicher Abstand zwischen Ursache und Wirkung sowie falsche Grundannahmen sein. Die Autoren in [124] kommen zum Schluss, dass geübte Manager auch Fehler machen – und zwar tendenziell die gleichen.

▶ **Tipp** Bleiben Sie offen für Neues, und bleiben Sie am Lernen!

Ehrfurcht vor Erfahrung

Erfahrung kann zuallererst relevant bzw. irrelevant sein. Die Erfahrungen eines Menschen sind von einem subjektiven Charakter geprägt. Man macht seine Erfahrungen vor dem

Hintergrund seiner Erlebnisse und seiner eigenen, speziellen Ideale und Verblendungen und zieht daher höchstpersönliche Schlüsse, die in weiterer Folge das Handeln bestimmen.

Ein Fachmann, der seit 20 Jahren ein und dieselbe Tätigkeit ausübt, kann dies sicher mühelos. Die Erfahrung ist kein Garant dafür, dass er nicht wiederholt den gleichen, systematischen Fehler macht. Man wird reif, indem man Fehler macht: indem man zu früh, zu spät oder einfach falsch handelt. Es geht bei der Erfahrung um das Hinzulernen und nicht das Absitzen von Zeit. Alfred Adler, der Begründer der Individualpsychologie, sagte: *„Nicht die Erlebnisse diktieren unsere Handlungsweisen, sondern die Schlussfolgerungen, die wir aus diesen Erlebnissen ziehen.“* Der britische Schriftsteller Aldous Huxley hat diesen Gedanken sehr ähnlich ausgedrückt: *„Erfahrung ist nicht das, was einem zustößt. Erfahrung ist, was du aus dem machst, was dir zustößt.“*

Erfahrung ist auch ein zweischneidiges Schwert. Je erfahrener ein Manager ist, desto eher ist er geneigt, sich rein auf seine Intuition zu verlassen. Er ist nach alten Erfolgsmustern konditioniert und dadurch möglicherweise relativ resistent gegenüber Veränderungen.

> *In times of rapid change, experience could be your worst enemy.*
> Jean Paul Getty (1892–1976), amerikanischer Öltycoon

Generell gilt: Vertrauen Sie Ihren Instinkten, und treffen Sie Entscheidungen aufgrund von Fakten und Ihrem Gefühl. Das ist für Hochbegabte nicht unbedingt einfach. Ein großer Pluspunkt an selbst gesammelter Erfahrung ist, dass man sie ein Leben lang nicht mehr vergisst. Überlegen Sie hingegen, wie lange angelesenes Wissen in Ihrem Kopf verharrt, ob aus der Schulzeit oder aus einem Buch, das Sie vor ein paar Monaten oder Wochen gelesen haben.

Jeder Mensch sammelt täglich neue Erfahrungen. Nicht alle Erfahrungen sind jedoch nützlich für Sie. Definieren Sie zuerst Ihr Ziel. Sobald Sie wissen, wo Sie hinwollen, können Sie mit dem Sammeln von relevanten Erfahrungen beginnen. Es gibt angenehme und weniger angenehme Erfahrungen, die beide wichtig sind. Wer außerhalb seiner Komfortzone agiert, kann mehr lehrreiche Erfahrungen sammeln als einer, der Neues nicht wagt. „Schmerzhaft“ sollte das Sammeln von Erfahrungen nicht sein, denn Schmerz zu ertragen ist kein Lernprozess, sondern eine Krankheit.

▶ **Tipp** Sammeln Sie relevante Erfahrungen.

Die Wahrheit hat zwei Seiten

Über Balance in der Arbeit und die Entscheidungen eines Managers haben Sie bereits weiter vorne gelesen.

Das Leben eines Managers ist hektisch und von widersprüchlichen Anforderungen geprägt. Als Manager ist Ihre Handlungsgrundlage zumeist ein unvollständiges Bild aus Informationsfragmenten, die Sie von Ihren Mitarbeitern und aus anderen Quellen erhalten haben. Menschen verfügen über eine subjektive Wahrnehmung. Jeder beurteilt einen Sachverhalt aus seiner höchstpersönlichen Sicht der Dinge.

Selten gibt es ein absolutes „Richtig“ oder „Falsch“, und jemand, der eine bestimmte Meinung vertritt, ist von dieser überzeugt und schwer abzubringen. Von ihrem jeweiligen Stand- punkt aus betrachtet haben manchmal beide „Streithähne“ Recht. Möglicherweise verfügt ein Mitarbeiter mit einer abweichenden Auffassung über Informationsfragmente, die ande- ren fehlen. Hören Sie sich als Manager im Konfliktfall alle betroffenen Parteien an, bevor Sie ein Urteil fällen und aussprechen.

Wenn Sie selbst eine Meinung zu einem Thema gefasst haben, versuchen Sie, die Dinge vom Standpunkt des anderen aus zu sehen. Zu jeder These gibt es eine Antithese.

Als Manager obliegt es Ihnen, für Balance zu sorgen. Denken Sie an eine Libelle als Metapher. Sie hat zwei Flügel, die für das Gleichgewicht sorgen. Würde einer der beiden Flügel wegfallen, könnte die Libelle, wenn Sie auf einem Grashalm sitzt, ihre Balance nicht mehr halten.

Jede Stärke ist auch gleichzeitig eine Schwäche – und jede Schwäche wiederum eine Stärke. Es kommt nur darauf an, wo sie eingesetzt wird.

Zahlen und Statistiken können Sie nicht blind vertrauen. Sie werden zu jeder Annahme die Zahlen finden, um diese zu untermauern, genauso wie Ihre Gegenspieler. Ein lesenswertes Buch in diesem Zusammenhang ist „So lügt man mit Statistik“ von Walter Krämer [125].

Personalwesen (Human Resource Management)

Personalwesen (Human Resources [HR], Human Resource Management [HRM], Personalwirtschaft) ist jener Teil der Betriebswirtschaft, der sich mit dem Produktionsfaktor [126] Arbeit bzw. Personal befasst, genauer gesagt mit dem menschlichen Verhalten in Organisationen [37].

Die Aufgabe einer Personalabteilung ist es, Entscheidungen, die das Management in Bezug auf Mitarbeiter trifft, einem qualitativ optimierten Ergebnis zuzuführen.

In einem Betrieb zählen folgende Aktivitäten zu den wichtigsten Aufgaben der Personalabteilung:

- Personalauswahl,
- Personalführung,
- Personalentwicklung [127, 128],
- Personalverwaltung,
- Personalentlohnung.

Schulungen und Trainings gehören zur Personalentwicklung und sind auch manchmal in der Personalabteilung verankert. Häufig werden sie vernachlässigt, vor allem in kleineren und mittleren Betrieben.

Dass die menschliche Arbeitsleistung nicht nur von den objektiven Arbeitsbedingungen, sondern auch von den sozialen Faktoren, und zwar in einem starken Ausmaß, geprägt wird, konnte um 1930 in den Hawthorne- Experimenten nachgewiesen werden, die einen entscheidenden Anstoß zur Entwicklung des HR- Ansatzes gaben. Der Führungsstil eines Managers kann die Produktivität von Mitarbeitern nach den in Hawthorne gewonnenen Erkenntnissen um bis zu 30 % steigern [129].

Die Personalabteilung ist ein wichtiger Bestandteil eines Unternehmens. Als Manager sollten Sie die Personalauswahl jedoch niemals gänzlich an die Personalabteilung abgeben. Personalverantwortung liegt in der Linie. Nutzen Sie die Unterstützung durch Ihre Personalabteilung, sehen Sie die Mitarbeiterwerbung jedoch als eine Ihrer elementaren Aufgaben. Zwei wichtige Schlagwörter der letzten Jahre im Personalwesen sind **„Talentmanagement“** und **„Kompetenzmanagement“** (siehe dazu auch weiter hinten in diesem Buch).

Umfragen unter Personalern [130] haben gezeigt, dass diese in den nächsten Jahren folgende Herausforderungen für ihre Unternehmen erwarten (in absteigender Wichtigkeit):

- Besetzung von Schlüsselpositionen,
- Talentmanagement,
- Change Management,
- Attraktivität als Arbeitgeber,
- Motivation & Engagement,
- Kompetenzmanagement.

Demographischer Wandel und Diversity Management werden für die nächsten Jahre als nachrangig angesehen. Personalabteilungen kommt nur selten eine strategische Position zu. Vor allem in kleineren und mittleren Betrieben sind sie unterrepräsentiert bzw. gar nicht vorhanden [131].

> **Tipp** Sehen Sie die Personalabteilung als Ihren strategischen Partner und Ihren Dienstleister im Unternehmen.

Instrumente zur Personalauswahl

Personalentscheidungen zählen zu jenen Prozessen in einem Unternehmen, welche die größte Tragweite besitzen. Eine Fehlbesetzung kann viel Geld, Zeit und Ärger kosten, unter allen Beteiligten.

Die Schätzungen zu den Kosten einer Neubesetzung schwanken zwischen einem halben und zwei Jahresgehältern der jeweiligen Funktion, basierend auf Aufwendungen für Personalberater, Produktivitätsverlust während der Einarbeitung und mitgenommene Kundenkontakte, um einige Aspekte zu nennen.

Aus diesem Grund werden Auswahlinstrumente eingesetzt, die über eine größtmögliche prognostische Validität verfügen. [132] vergleicht die gängigsten Verfahren zur Personalauswahl. Folgende Verfahren haben sich, entgegen der weitverbreiteten Meinung, als nicht besonders effektiv herausgestellt:

- unstrukturiertes Vorstellungsgespräch,
- Assessment-Center (AC),
- Probezeit,
- Durchsicht des Lebenslaufs,
- Überprüfung von Referenzen.

Diese Verfahren hingegen weisen eine hohe Aussagekraft aus [132]:

- Intelligenztests,
- strukturierte Vorstellungsgespräche (Fokus auf Verhalten),
- Arbeitsproben (Stichwort Ferialpraxis).

Eine hohe Intelligenz ist generell ein aussagekräftiges Indiz für den späteren Erfolg im Beruf [132–134]. Sie ist eine notwendige, jedoch nicht hinreichende Karriere-Bedingung. Obwohl Intelligenztests viel einfacher und kostengünstiger als die weniger effektiven Assessment- Centers (AC) durchgeführt werden können, sind sie unter Personalern nicht allzu beliebt. Man kann nun mutmaßen, warum dem so ist. Ein möglicher Grund ist, dass es viel leichter und unverfänglicher ist, einem Kandidaten Feedback zu dessen beobachtetem Verhalten im Rahmen eines AC zu geben, als ihm seinen für die zubesetzende Stelle zu geringen IQ als Knock- out- Kriterium zu nennen. Das in einer bestimmten Situation gezeigte Verhalten ist auch nach Auffassung der Kandidaten weniger fest mit dem Selbst verwurzelt als der IQ, daher dürften auch viele Bewerber lieber Feedback zu einer AC- Situation erhalten, als über ihren für die ausgeschriebene Position angeblich zu geringen IQ informiert zu werden. Im Allgemeinen ist die Akzeptanz eines Verfahrens zur Personalauswahl dann bei den Bewerbern hoch, wenn es als fair gilt [132]. Ausgehend von den Erkenntnissen der Forschung kann klar empfohlen werden, Intelligenztests zur Personalauswahl miteinzubeziehen [133].

Eine weitere bewährte Quelle für neue Mitarbeiter sind Empfehlungen durch die existierende Mannschaft. Manche Firmen haben eigene *Referral*- Programme eingerichtet. Dabei handelt es sich um eine Belohnung an Mitarbeiter, die durch eine Empfehlung in ihrem Bekanntenkreis neue Mitarbeiter für die Firma gewinnen konnten. Als Unternehmen können Sie auch Ihre Website attraktiv für Jobsuchende gestalten. Ferner kann die Teilnahme an Job- und Karrieremessen sinnvoll sein.

Hochrangige Manager beschäftigen sich neben Strategiefragen vorwiegend mit Personalentscheidungen. Kaum andere Entscheidungen sind gleichermaßen wichtig, weil sie mit starken Auswirkungen verbunden und schwer zu korrigieren sind.

Die Mitarbeiterauswahl ist neben Kosten von einem hohen Zeitaufwand gekennzeichnet. Es gibt nur eine einzige betriebliche Tätigkeit, die noch mehr Zeit in Anspruch nimmt: die falschen Mitarbeiter wieder loszuwerden.

Für eine Stellenbesetzung sollten Sie drei bis fünf qualifizierte Kandidaten zur Verfügung haben [9]. Beachten Sie keine persönlichen Schwächen von Kandidaten, sondern konzentrieren Sie sich auf das, was der Bewerber kann bzw. was Sie von ihm erwarten. Dieser Ansatz wurde schon von Franklin Roosevelt erfolgreich praktiziert.

Als Manager „erbt" man für gewöhnlich das Team seines Vorgängers. Nach sechs Monaten wird eine neue Führungskraft mit ihren Mitarbeitern als Einheit gesehen. Alle alten, übernommenen Probleme sind, sofern Sie sie nicht lösen konnten, auf einmal die Ihren!

Bei Personalaufstockungen und Nachbesetzungen kommt einem Manager die Aufgabe zu, neue Mitarbeiter auszuwählen und in das bestehende Team zu integrieren. Manchmal kann auch ein komplett neues Team zusammengestellt werden, etwa bei Neuschaffung einer Abteilung.

Im Zuge von Vorstellungsgesprächen werden auf beiden Seiten regelmäßig viele Fehler gemacht. Vorbereitung und ein strukturierter Ablauf sind wichtig, damit das Unternehmen die besten Kandidaten, bezogen auf die zu besetzenden Positionen und ggf. auch für spätere Versetzungen, auswählen kann.

> **Tipp** Vermeiden Sie es, nur Leute einzustellen, die Ihnen ähnlich sind. Überlegen Sie zuerst, welche Type von Mensch Ihre freie Stelle ideal besetzen kann, und überlassen Sie die Besetzung nicht einem Personalberater. (Externe) Dienstleister können nur eine Vorauswahl treffen. Sie sollten als Linienverantwortlicher die Stellenbesetzung als Ihre Aufgabe sehen und auch wahrnehmen.

Eine Untersuchung im Vereinigten Königreich hat ergeben, dass die Chance, durch Einstellungsgespräche den „richtigen Mann" zu finden, nur 3 % höher war, als hätte man blind einen Namen der Bewerberliste ausgewählt. Lustigerweise war die Chance sogar 2 % geringer, als die Interviews von Menschen durchgeführt wurden, die direkt mit dem Bewerber zusammenarbeiten sollten, und 10 % geringer, wenn man sich auf einen „HR- Experten" im Interview verließ [136]. Möglicherweise sind dies Zahlen eines Extrembeispiels – sie verdeutlichen jedoch, dass es nicht einfach ist, die richtigen Mitarbeiter zu finden.

Keine Angst vor Mitarbeitern mit „Schwächen"

Es ist ein großer Fehler, Leute einzustellen, deren größte Stärke das Fehlen einer markanten Schwäche ist. Diese Personen werden graue Mäuse der dritten Reihe abgeben, Ihre Unternehmung jedoch nicht entscheidend vorwärtsbringen. Sie sind höchstens dort einsetzbar, wo individuelle Leistung kaum relevant ist.

Stellen Sie jemanden ein, weil er in **einem** Bereich herausragend ist. So vermeiden Sie Mittelmä- ßigkeit.

Nehmen Sie die Besten unter Vertrag, und akzeptieren Sie deren Schwächen. Natürlich sollen die Schwächen nicht derart ausgeprägt sein, dass sie zu Problemen führen, etwa Alkoholismus, Rassismus, Sexismus oder dergleichen. Kein Licht ist ohne Schatten und kein

Berg ohne Tal – jede herausragende Person besitzt auch ihre dunklen Seiten. Sie können die starken und schwachen Facetten eines Mitarbeiters nicht unbedingt gleich erkennen. Bei einer Münze sehen Sie auch nur entweder die Vorder- oder die Rückseite.

Um es klar herauszustreichen: Nur Stärken produzieren Ergebnisse. Das Fehlen von Schwächen alleine erschafft keine Resultate.

Es gibt nur eine einzige unzulässige Schwäche, die somit ein echtes Ausschlusskriterium ist: mangelnde Performance.

An Ihnen als Manager liegt es, die Schwächen Ihrer Mitarbeiter irrelevant zu machen.

Wenn ein Manager einen Mitarbeiter wegen seiner Schwäche feuern will, ist das ein Zeichen seiner ureigenen Inkompetenz (außer, er hat nur einen einzigen, sturköpfigen Mitarbeiter, mit dem er ein Ziel zu erreichen gedenkt). Sobald ein Manager ein kleines Team führt, kann er seine Aufgaben so verteilen, dass er die Stärken aller Teammitglieder ausnutzt.

Achtung vor Chefs mit ausgeprägten Schwächen

Während ausgeprägte Schwächen für Mitarbeiter (zumindest aus Sicht der idealen Organisation) kein Problem darstellen, sollten Sie zweimal überlegen, wen Sie zum Manager machen. Durch die exponierte Stellung von Managern in ihren Organisationen fallen deren Schwächen, besonders die extremen, stark auf. Die meisten sind irrelevant, jedoch nicht alle.

Wenn die Schwäche „Integrität“ lautet, ist der Mann/die Frau als Führungskraft nicht geeignet. Junge, engagierte Mitarbeiter werden von ihrem Chef geprägt. Ein nicht vorbildhafter Chef wird sie zeitlebens korrumpieren. Das sollte die Organisation verhindern, indem sie solche Menschen nicht in Führungspositionen hebt bzw. nicht dort verweilen lässt. Setzen Sie derartige Mitarbeiter lieber in eine Stabsstelle.

Wer über seinen Chef schimpft, zieht übrigens den Spott auf sich, denn er konzentriert sich auf die – irrelevanten – Schwächen seines Chefs. Kein neuer, potenzieller Arbeitgeber wird es schätzen, wenn Sie über Ihre Vorgängerfirma lamentieren, egal, welche grandiosen Schwächen dort existierten.

Stellen Sie die Besten ein, und halten Sie diese

Jack Welch: *„In manufacturing, we try to stamp out variance. With people, variance is everything.“*

General Electric ist ein Beispiel für ein Unternehmen, welches sich bemüht, die Besten zu halten. Die Rotation dieser A- Player war zu Jack Welchs Zeiten 1 % [42].

Allerdings haben nicht alle Firmen die Möglichkeit und die Zeit, die allerbesten Kandidaten zu suchen und einzustellen. Wer seine Firma in einer abgelegenen Gegend errichtet hat oder kein attraktives Vergütungspaket bieten kann, sollte sich mit dem Gedanken an die zweitbesten Mitarbeiter anfreunden. Auch hat man nicht in jeder Situation die Zeit, den allerbesten Kandidaten zu suchen. Ein Gedankenexperiment: Sie können einen Top-Mann einstellen, der 110 % leistet, den Sie allerdings noch nicht gefunden haben, oder zwei Mitarbeiter, die jeweils 80 % geben können und vor der Tür stehen. Welche Personalstrategie ist besser geeignet, wenn Sie eine kurzfristige Marktchance nutzen wollen?

Fehlbesetzungen

Die Erfahrung zeigt, dass etwa ein Drittel aller Personalentscheidungen „Treffer" ist, und dass ein weiteres Drittel sich als ganz passabel herausstellt. Das letzte Drittel ist in der Regel eine Fehlbesetzung [23].

Nicht alle Mitarbeiter zeigen sich bei Vorliegen der passenden Arbeitsbedingungen motiviert. Manche sind eher zufällig in ihrem Job gelandet, andere betrügen sich dort selbst mit ihrem Einkommen und/oder Titel auf der Visitenkarte.

Fehlbesetzungen gehören korrigiert. Trennen Sie sich rasch von einem Mitarbeiter, der sich als umpassend herausgestellt hat. Das wird zumeist nach spätestens sechs bis neun Monaten offensichtlich. Versetzen Sie ihn oder stellen Sie ihn frei (Personalfreistellung bzw. Personalfreisetzung klingt besser als Rauswurf). Sie erweisen damit sich selbst, Ihrer Organisation und dem betroffenen Mitarbeiter einen Gefallen.

„There is enough work elsewhere", sagte ein Vorstand einmal zu einem hochbegabten Mitarbeiter, der nicht in seine aktuelle Rolle passte. Ein halbes Jahr später war dieser glücklich und dankbar, dass er freigesetzt worden war.

Wer zum Manager befördert wird und der neuen Aufgabe nicht gewachsen ist, sollte auch keine Scheu davor haben, zum Spezialistentum zurückzukehren.

▸ **Tipp** Seien Sie stets ehrlich zu sich selbst!

Bestrafen von Mitarbeitern

Bestrafen ist kein Selbstzweck für einen „Gerechtigkeitsausgleich", sondern ein Mittel, gewünschtes Verhalten zumindest temporär zu erzielen. Strafe ist der Verhaltenskontrolle dienlich. Nachteilig am Bestrafen ist, dass es eine ständige Überwachung erfordert und den Selbstwert des Bestraften mindert. Damit reduzieren Sie seine Leistungsfähigkeit. Generell gilt, dass disziplinäre Maßnahmen unmittelbar zu setzen sind. Es ist nicht zulässig, „schwarze Punkte" gegen einen Mitarbeiter still zu sammeln und dann bei passender Gelegenheit die „volle Ladung" loszulassen. Richtiges Bestrafen hat nicht viel mit Bevormundung, Entwertung oder Herabsetzung zu tun. Wichtig ist, dass Sie beim Bestrafen Ihre eigenen Gefühle kontrollieren. Sie sind kein heiliger Kreuzfahrer, der für ultimative Gerechtigkeit auf der Welt zu sorgen hat. Gerade Hochbegabte haben einen stark ausgeprägten Gerechtigkeitssinn. Als Manager handeln Sie nicht für Ihren Seelenfrieden, sondern für das Beste Ihrer Organisation.

Spaß am Bestrafen – das hat der Autor im militärischen Bereich erlebt. Ausbilder, die im wahren Leben eine „kleine Nummer" waren, konnten in der Kaserne ihre Allmachtsphantasien ausleben. In den meisten Organisationen kommt so etwas glücklicherweise nicht vor.

Sie sollten Ihren Mitarbeitern Fehler verzeihen und ihnen die Möglichkeit einräumen, ihre Leistung zu steigern. Besonders für junge, unerfahrene Mitarbeiter empfiehlt sich hier eine Art „Schonfrist", damit sie nicht voreilig abgeurteilt werden. Coachen Sie Ihre frischen Kollegen, anstatt sie „dumm sterben" zu lassen.

Die Methode von „Zuckerbrot und Peitsche" lässt sich auch bei Tieren anwenden. In Analogie zu Menschen hält die Wirkung einer Belohnung für positives Verhalten generell länger an als die Wirkung von Bestrafung für unerwünschtes Verhalten.

In schwerwiegenden Fällen empfiehlt es sich dringend, dass Sie die Personalabteilung einbin- den und einen Eintrag in der Personalakte vornehmen.

Ein anderer Aspekt am Rand: Schuldgefühle ziehen Strafen und Maßregelungen an. Wenn Sie als Mitarbeiter etwas „angestellt" haben und sich schuldig fühlen, ist die Wahrscheinlichkeit, dass man Sie ob Ihres Verhaltens entlarvt, vergleichsweise hoch.

Kündigung und Entlassung

Sie brauchen die prinzipielle Bereitschaft, sich von Mitarbeitern zu trennen. Als Manager sind Sie mit ihnen genauso wenig verheiratet wie mit Ihren Lieferanten und Kunden. Leistungsschwache Mitarbeiter können gefördert oder gefeuert werden, und Mitarbeiter, die sich etwas Grobes zuschulden kommen ließen, gehören aus der Organisation entfernt. Damit setzt die Organisation ein mahnendes Zeichen für andere potenzielle Regelübertreter.

Leider unterstützen viele Großfirmen schwache Führungskräfte beim Aussitzen und Vertagen von schwierigen Entscheidungen. Oft ist ein Verdacht gegen einen Mitarbeiter wegen Untreue, Sabotage oder Spionage nicht einwandfrei nachzuweisen. 100 % Sicherheit für eine Entscheidung wird man in den seltensten Fällen haben. Wenn hingegen der stark begründete Verdacht für ein grobes Vergehen wie Diebstahl oder Bestechung vorliegt, sollten Sie handeln. Fehlt Ihnen ein Beweis, sollten Sie den „wahren" Grund für die Entlassung dem Mitarbeiter nicht nennen. Zu groß ist die Gefahr eines teuren und aufwendigen Prozesses, und falls Sie mit Ihrer Entlassung nicht „durchkommen", ist die Vertrauensbasis zum betroffenen Mitarbeiter jedenfalls unwiederbringlich zerstört.

Wegloben scheint für manche Manager eine der wenigen gangbaren Lösungen zu sein, unliebsame Mitarbeiter loszuwerden. In der Tat kann ein „Deadwood"- Mitarbeiter in einem anderen Bereich wieder Leben gewinnen und Leistung zeigen. Wer leitungsschwache Mitarbeiter weglobt, schadet seinem eigenen Ruf.

Ausscheidende Mitarbeiter

Reisende soll man bekanntlich nicht aufhalten. Wenn einer Ihrer Mitarbeiter die Firma verlassen möchte, lassen Sie ihn ziehen, und binden Sie ihn nicht unnötig lange. Sobald eine saubere Übergabe erfolgt ist, können Sie und der ausscheidende Mitarbeiter getrennte Wege gehen. Nur in Ausnahmefällen sollte sich eine Firma bemühen, einen Mitarbeiter durch Gehaltsaufstockung, Blitzbeförderung oder andere Maßnahmen zu halten.

Jack Welch wollte übrigens auch nach ein paar Jahren GE verlassen. Sein Chef konnte ihn da- mals davon überzeugen zu bleiben.

Wiederkehrende Mitarbeiter

Es gibt Mitarbeiter, die bei einer Firma kündigen, weil es ihnen dort nicht mehr gefällt. Ein oder zwei Jahre später stehen sie wieder – wie der verlorene Sohn – auf der Matte, weil ihnen die Arbeit anderswo offenbar noch stärker missfällt. Denken Sie, dass solche Mitarbeiter hochmotiviert für Sie arbeiten werden oder in Ihrem Unternehmen das kleinere von zwei Übeln zum Broterwerb sehen? In der Regel sollten Sie „Heimkehrer" kein zweites Mal anstellen. Anders liegt die Sache klarerweise bei Mitarbeitern, die nach einer geplanten Auszeit wieder in das Arbeitsleben einsteigen möchten, z. B. Karenz oder *Sabbatical*.

Entwicklung von Mitarbeitern

Als Manager tragen Sie für Ihre Mitarbeiter eine Verantung. Weiterentwicklung ist für Ihre Mitarbeiter wichtig, nicht nur, damit sie ihren aktuellen Job besser im Sinne der Aufgabenerfüllung machen können, sondern auch in Vorbereitung auf zukünftige Tätigkeiten. Das nützt Ihnen unter Umständen nicht direkt, für Ihre Unternehmung ist es hingegen essenziell. Wenn Sie sich den Ruf erarbeiten, Ihre Mitarbeiter zu entwickeln, werden bald viele fähige Menschen für Sie arbeiten wollen, und so profitieren dann auch Sie persönlich.

Entwickeln können Sie Ihre Mitarbeiter in der fachlichen sowie in der persönlichen Dimension. Helfen Sie ihnen, ihre Kompetenzen zu erweitern. Dem EQ kommt bei der persönlichen Entwicklung eine besondere Bedeutung zu. Es ist das emotionale Wachstum, durch das sich ein Mensch in Bezug auf Charakter und Verhalten ändern kann.

Sorgen Sie sich nicht nur um Ihr Stammpersonal, sondern auch um zeitlich befristete Mitarbeiter. Wenn Sie beispielsweise einen Studenten für seine Diplomarbeit oder Dissertation betreuen oder Projektmitarbeiter führen, überlegen Sie für diese und mit diesen, welches „Leben danach" es gibt. Als Manager trifft Sie eine gewisse Fürsorgepflicht, vor allem in Bereichen jenseits der freien Wirtschaft wie in universitären Forschungseinrichtungen, NPOs und NGOs.

Mitarbeiter, um deren Entwicklung Sie sich kümmern, werden ein höheres Maß an Loyalität zeigen als solche, die Sie nur für die Erfüllung aktueller Aufgaben „ausbeuten" bzw. heranziehen.

Genauso wie einen Manager die Fürsorgepflicht für seine Mannschaft trifft, hat auch ein Unter- nehmen eine gewisse soziale Verantwortung. Die Ausbildung von Lehrlingen ist eine davon.

Potenzial und Performance

Unter Potenzial versteht man das Lernverhalten eines Menschen in Bezug auf berufsrelevante Erfahrungen. Man bewertet Leistung (Performance) nach **Resultaten**, die sich nach folgenden Kriterien messen lassen:

- Menge,
- Qualität,
- Termintreue,
- Ressourcenverwendung,
- Beiträge zur kontinuierlichen Verbesserung,
- sonstige Beiträge für das Unternehmen.

Performance ist in diesem Kontext demnach der Leistungsbeitrag eines Mitarbeiters zum Unternehmensergebnis. Manager sollten sich auch permanent die Frage „Was ist mein Beitrag?" stellen und sich nicht nur über ihre Position definieren. Ihre Position versetzt sie lediglich in die Lage, einen besonderen Beitrag zum Erfolg der jeweiligen Unternehmung leisten zu können, und das ist es, worauf es am Ende des Tages ankommt.

In diesem Kapitel konnten nur einige Aspekte aus dem HR- Bereich angeschnitten werden. Eine Einführung in das Personalwesen geben [137] und [138].

Kompetenzmanagement

Der Kompetenzbegriff als Fähigkeit, sich selbst zu organisieren, wurde schon eingeführt, indem beschrieben wurde, wie „kompetente" Menschen situationsangepasst handeln, um ein Ziel zu erreichen. Dazu ziehen sie alle Register ihres fachlichen und methodischen Wissens, ihrer Erfahrungen und Fähigkeiten in der Kommunikation und Interaktion mit anderen.

Personaler unterscheiden üblicherweise zwischen Fach- , Methoden- , Sozial- und Personalkompetenz [61].

Fachkompetenz ist die Summe aller spezifischen Kenntnisse, Fertigkeiten und Fähigkeiten, die zur Bewältigung von beruflichen Aufgaben notwendig sind. Man erwirbt sie beispielsweise in einem Studium.

Methodenkompetenz ist das Bündel an situationsübergreifenden und flexibel einsetzbaren kognitiven Fähigkeiten, die eine Person zum Lösen neuer und komplexer Aufgaben anwenden kann. Problemlösung und Entscheidungsfindung sind Beispiele für Methodenkompetenz.

Sozialkompetenz ist ein Verhalten bzw. die Summe der Fähigkeiten, die das Erreichen von Zielen in sozialen Interaktionssituationen erlauben. Vieles baut hier auf Erfahrung auf.

Personalkompetenz ist die persönlichkeitsbezogene Disposition, das berufliche Handeln durch Motivation und Emotionen zu steuern, sowohl bei sich selbst als auch bei anderen. Sie äußert sich in Einstellungen, Werthaltungen, Bedürfnissen und Motiven [61].

Da Kompetenzen im Gegensatz zu den vergleichsweise zeit- und situationsunabhängigen Persönlichkeitsmerkmalen eines Menschen trainierbar sind, erfreuen sie sich in der betrieblichen Praxis einer großen Beliebtheit.

Für Unternehmungen ist es als Startpunkt essenziell, die eigenen **Kernkompetenzen** zu kennen. Kernkompetenzen werden gerne mit den Stärken eines Unternehmens verwechselt. Nach der Literatur [139] sind für Kernkompetenzen folgende sechs Kriterien nötig:

- wertvoll am Markt,
- selten,
- übertragbar auf mehrere Märkte,
- schwer imitierbar,
- beständig,
- nicht substituierbar.

Neben Unternehmensressourcen und Mitarbeiterkompetenzen werden Kernkompetenzen aus Wissen, Netzwerken und Beziehungen genährt [139]. Weitere Informationen zu Kompetenzmanagement finden sich in [140–142].

Wissensmanagement

Wissensmanagement *(knowledge management)* ist ein Sammelbegriff für alle strategischen bzw. operativen Tätigkeiten, die auf den bestmöglichen Umgang mit Wissen in einer Organisation abzielen.

Hochbegabte sollten ihr Wissen der jeweiligen Unternehmung zur Verfügung stellen, ohne es den Kollegen aufzudrängen.

Mit unserer Entwicklung zu einer „Wissensgesellschaft“ entwickeln. Der Begriff „Wissensgesellschaft“ gewinnt Wissen zunehmend an Bedeutung. Der Begriff wurde in den 1960er Jahren von Robert E. Lane geprägt und bezeichnet eine Gesellschaft, in der das wissenschaftliche Wissen verstärkt eingesetzt wird, um unsere Entwicklung zu begleiten und zu gestalten. (siehe auch Megatrends). Eine andere Beobachtung ist, dass die Halbwertszeit von Wissen beständig kürzer wird, ebenso die Zeitspanne für eine Verdopplung des verfügbaren Wissens. Von 1450 bis 1950, also von Gutenberg bis ein halbes Jahrtausend später, wurden weltweit etwa 30 Millionen Bücher veröffentlicht – und in den 20 Jahren danach die gleiche Anzahl. Wissen ist ein unendlicher Rohstoff und der einzige Produktionsfaktor, der sich bei Teilung nicht verringert, sondern sogar vermehrt.

In der Informationstechnologie veraltet Wissen besonders schnell. Diese Beobachtung lässt sich auch auf andere technologisch orientierte Branchen übertragen.

Man schätzt, dass die Halbwertszeit von Wissen in großen Organisationen etwa drei Jahre be- trägt, teilweise bedingt durch häufige Jobwechsel der Mitarbeiter. Das Wissen geht hier einfach „verloren". Daneben gibt es den bereits angesprochenen Fall der Veralterung von Wissen, in- dem Wissen seine Gültigkeit verliert. Es verhält sich mit Wissen wie mit dem Rudern eines Boots stromaufwärts: Wer damit aufhört, fällt zurück. Ein Mensch, der sich nicht permanent fortbildet, wird bald mit seinem Wissen aus Schul- und Studienzeit anstehen. Nach Peter Drucker sind Arbeitskräfte heute tendenziell weniger angelernte Hilfskräfte, sondern intensiv geschulte und trainierte Wissensarbeiter.

Der „gewöhnliche" Wissensarbeiter ist heute noch stark von seinem Arbeitgeber abhängig. Anders ist es im Bereich der Höchstqualifizierten – diese spielen in einer anderen Liga. Kraft ihres anerkannten Expertenstatus agieren sie fast autonom und ordnen sich nur kurzfristig einem Arbeitgeber unter. Sie sind mobil und setzen ihre spezielle Stellung in außerordentliche Honorare um [99].

Wissen als solches, vor allem Spezialwissen, produziert kein Ergebnis, und es stiftet keinen Kundennutzen. Damit das Fachwissen eines Einzelnen genutzt werden kann, bedarf es einer Organisation. In modernen Unternehmungen arbeiten hochspezialisierte Experten zusammen. Keiner von ihnen wäre ohne Management effektiv [9]. Management hat es geschafft, Wissen von einem gesellschaftlichen Luxusgut in echtes Kapital einer jeden Wirtschaft zu transformieren.

„Härter arbeiten" wurde von „schlauer arbeiten" abgelöst. Eine zentrale Aufgabe aller Organisationen ist es, das Wissen, welches primär – ebenso wie das Lernen – an Personen gebunden ist, verfügbar zu machen, zu erhalten und zu verbreitern.

Nach Ikujiro Nonaka und Hirotaka Takeuchi kann man in Unternehmen drei Arten von Wissensarbeitern unterscheiden [99]:

- **Wissenspraktiker:** die Wissensträger; Experten auf ihrem Gebiet,
- **Wissensingenieure:** Führungskräfte, die die Schnittstelle zu den Wissenspraktikern bilden,
- **Wissensverwalter:** als die „Wissensmanager" sind sie an der Spitze der Organisation angesiedelt; sie „bewirtschaften" die Ressource Wissen.

Im Gegensatz zum Archetyp des Industriebetriebs von Frederick Winslow Taylor, bei dem sämtliches Wissen im „Kopf" des Unternehmens, also bei den Führungskräften, liegt, ist es bei modernen Organisationen so, dass das wertschöpfende Wissen an der Basis zu finden ist.

Taylors Theorie, fußend auf einem naiv- mechanistischen Weltbild, war, Management und Arbeit in Organisationen mit einer rein wissenschaftlichen Herangehensweise optimieren zu können und so alle Ineffizienzen und sozialen Probleme zu lösen. Er begann, Fabrikabläufe mit der Stoppuhr zu analysieren und zu straffen. Taylor hat den Begriff der wissenschaftlichen Betriebsführung *(scientific management)* eingeführt [143]. Man spricht heute noch vom Taylorismus. Die Theorie war vor allem auf Fabrikarbeit zugeschnitten und wurde von der Human- Resource- Bewegung abgelöst (siehe Hawthorne- Experimente weiter vorne), weil Menschenführung eben nicht nur rein rationalen Kriterien gehorcht.

Wissensteilung ist wichtig, um Vertraulichkeit zu wahren und um Notfallpläne ausarbeiten zu können. Keine Firma kann es sich leisten, von einem einzigen Mitarbeiter abhängig zu sein. Selbst wenn dieser nichts von seiner Wichtigkeit weiß, besteht das Risiko, ihn plötzlich zu verlieren.

Wissensarbeiter werden idealerweise anders geführt als klassische Fließbandarbeiter. In [99] finden sich Hinweise zum erfolgreichen Management von gut ausgebildeten Wissensarbeitern, die gemeinhin als „ein Sack voller Flöhe", sprich anspruchsvoll und schwierig, gelten.

Wissensarbeiter, darunter Hochbegabte, wahren eine gewisse emotionale Distanz zum Arbeitgeber und lassen sich nur ungern gänzlich instrumentalisieren. Sie sollten nach ihrem Output und nicht nach dem Input bewertet werden. Die Ziele und die erreichten Ergebnisse sind wichtiger als die abgesessenen Stunden im Büro.

Zwei beliebte Methoden zur Wissensförderung in Organisationen sind:

- *Lessons Learned,*
- *Best Practice Sharing.*

Fachhochschulen bieten mittlerweile eigene Lehrgänge zum Thema Wissensmanagement an. Grundlagen zum Wissensmanagement finden sich in [144] und [145].

Investition in Bildung – die höchste Rendite

Weiterbildung und kontinuierliches Lernen sind für Organisationen genauso essenziell wie für die einzelnen Mitarbeiter.

In zahlreichen Studien konnte nachgewiesen werden, dass Investitionen in Bildung nicht nur für den betroffenen Mitarbeiter, sondern auch für das als Sponsor wirkende Unternehmen bzw. den Staat attraktive Renditen abwerfen.

Unsere Gesellschaft entwickelt sich in Richtung einer Wissensökonomie, in der der „hochspezia- lisierte Kopfarbeiter" bzw. „Wissensarbeiter" eine Schlüsselposition einnimmt.

Durch die zunehmend raschere Veralterung von Wissen wird es notwendig, Fortbildung in immer kürzeren Abständen zu betreiben.

In Deutschland nehmen nur 42 % der Arbeitnehmer an einer jährlichen Weiterbildung teil, während der Durchschnitt in anderen Ländern wie Finnland und Österreich bei bis zu 80 % liegt [139].

Alleine in Deutschland gibt es geschätzte 200 „Corporate Universities“ [99]. Die erste Firmen- universität wurde übrigens 1955 von General Electric im amerikanischen Crotonville eingerichtet.

Es gibt keine geeignetere Methode zu lernen, als zu unterrichten. Anstelle einer lernenden Organisation (der Begriff geht auf Peter Senge zurück) sind lehrende Organisationen im Vorteil, wie etwa Toyota [87].

Das Thema Überqualifikation Lassen Sie uns mit zwei Aussagen von Hochbegabten zum Thema Überqualifikation starten:

Matthias N.: *„Wenn jemand offensichtlich überqualifiziert ist (z. B. ein Mensaner für eine simple Sachbearbeitungsposition), dann macht es schlicht keinen Sinn, ihn zu nehmen. Da ist ein gründlicher Sachbearbeiter definitiv der qualifiziertere, weil besser auf das Anforderungsprofil passende, Kandidat.“*
Peter W: *„Wenn ich Bewerber wäre und wegen ‚Überqualifikation‘ keine Chance bekäme, käme ich mir verhöhnt vor. Wenn mir aber jemand sagen würde, ich sei fachlich hochqualifiziert, aber man denke, dass ich nicht ins Team passen würde (z. B. weil man im Team einen ganz anderen Arbeitsstil, als bei mir festgestellt, pflegt), dann wäre das bedauerlich, aber zu akzeptieren.“*

Niemand ist überqualifiziert! Natürlich gibt es Arbeiten, für die man in zehn Minuten angelernt werden kann. Wenn Sie recht qualifiziert sind, sollten Sie eben nicht jede Arbeit machen! Ein Stelleninhaber wird für das bezahlt, was die Stelle erfordert. Darüber hinausgehende Qualifikationen werden nicht entlohnt. Daraus folgt, dass der Beste nicht immer der Geeignetste ist, denn der Markt bezahlt nur für das, was er braucht. Wer also eine aufwändige Ausbildung absolviert hat, tut gut dran, etwas länger nach einem Job zu suchen, wo sich diese auch umsetzen lässt. Bedenken Sie jedoch: Nicht das, was jemand gelesen hat oder weiß, spiegelt seine Entwicklungsstufe wieder, sondern das, was er versteht und anwenden kann. Überschätzen Sie Ihre formale Qualifikation daher nicht.

Durch die stetig höher werdende Akademikerquote verrichten heute Studierte Arbeiten, die noch vor ein paar Jahren von Menschen ohne Studium absolviert wurden. Damit werden tendenziell weniger Qualifizierte von höher Qualifizierten verdrängt. Das brachliegende Potenzial an Qualifikationen ist natürlich eine Verschwendung, sowohl aus individueller wie auch aus volkswirtschaftlicher Sicht. In der Tat fühlen sich Umfragen zufolge etwa 30 bis 50 % der Studienabgänger in ihren ersten Jobs in der Wirtschaft überqualifiziert.

Einzelne Hochqualifizierte finden keine (passende) Anstellung. So gibt es arbeitslose Akademi- ker und solche, die Taxi fahren und Würstchen verkaufen.

Im Internet steht vielerorts geschrieben, Überqualifikation sei ein „Jobkiller“ bereits bei oder vor dem ersten Interview.

Wenn Sie hochqualifiziert sind, ist es essenziell, dass Sie Ihre „Ware“, sprich sich selbst, entspre- chend hochpreisig verkaufen. Auch Menschen mit exotischen Ausbildungen –

bzw. gerade diese – haben vielfältige und interessante Möglichkeiten, eine adäquate Stelle mit entsprechender Entlohnung zu finden [135]. Der Schlüssel ist, die Suche aktiv in die Hand zu nehmen.

> **Tipp für Hochbegabte** „Entschlacken" Sie Ihren Lebenslauf, wenn Sie das Gefühl haben, dass man Sie für überqualifiziert hält. Lassen Sie Preise und Auszeichnungen weg. Im Job können Sie dann Ihre Taten sprechen lassen.

„Best Practice" vs. Glück

An dieser Stelle soll in Erinnerung gerufen werden, dass der Zusammenhang zwischen Ursache und Wirkung keineswegs immer klar ist. Erfolgreiche Unternehmen werden für ihre Strategie gelobt und ihre Praktiken als „Best Practice Studien" weitreichend publiziert und nachgeahmt. Sie sind der Stoff für zahlreiche Bestseller wie „Built to Last" [146], „In Search of Excellence" [147], „Hidden Champions" [148] und „Good to Great" [149]. Dabei ist es bei genauerem Hinsehen oft nur der Zufall, das Glück, welches den betroffenen Firmen zum Erfolg verholfen hat, vor allem wenn es sich um ein kurzfristiges Aufblitzen handelt. Rebecca Henderson von der Sloan School of Management am Massachusetts Institute of Technology (MIT) macht jedes Jahr zu Beginn ihrer Vorlesung folgenden Versuch: *„I begin my course in strategic management by asking all the students in the room to stand up", she says. „I then ask each of them to toss a coin. If the toss comes up tails, they are to sit down, but if it comes up heads, they are to remain standing. Since there are around 70 students in the class, after six or seven rounds there is only one student left standing. With the appropriate theatrics, I approach the student and say, 'How did you do that? Seven heads in a row! Can I interview you in Fortune? Is it the T- shirt? Is it the flick of the wrist? Can I write a case study about you?'"* [150].

Für den Erfolg von Unternehmen gibt es eine Gaußkurve ähnlich wie beim oben angeführten Münzwurfexperiment und beim Intelligenzquotienten (IQ). Eine systemimmanente Streuung sollte nicht voreilig mit nachhaltigem Wettbewerbserfolg verwechselt werden (siehe dazu auch das Kapitel über den **Halo- Effekt**).

Glück und Zufall spielen im Leben immer eine gewisse Rolle. Wer allerdings an **Schicksal** glaubt, dem sei das Buch „Die Gesetze des Schicksals" [151] nahegelegt. Dort wird beschrieben, dass das Schicksal nicht von außen zuschlägt, sondern vor allem von den Gedanken jedes Einzelnen geprägt und herbeigeführt wird. Nach dem Autor dieses Buchs, Hermann Meyer, sind wir alle Marionetten unseres Unbewussten. Wer das erkennt, kann sein eigenes Leben in die Hand nehmen (siehe auch Abschnitt über Selbstmanagement in diesem Buch). Wer an Schicksal glaubt, lebt in einem pervertierten Größenwahn: Auf der einen Seite sieht er sich als kleines Würstchen, das nicht viel bewegen kann, auf der anderen Seite glaubt er, dass übersinnliche Mächte den ganzen Tag über nach dem Rechten sehen und ihm Winke und Hinweise zu seinem Glück schicken.

Die Bedeutung von Glück für Erfolg in allen Lebenslagen soll nicht geleugnet werden. Manche Herausforderungen würden alle Manager glänzen lassen, wohingegen andere fast jeden zum Scheitern brächten. Führungserfolg wird also immer im Kontext betrachtet, auch, wenn kein erfolgreicher Manager den Faktor „Glück" als Ursache angibt.

Das Glück des Tüchtigen

Karrieren lassen sich genauso wenig planen wie das Leben. Der Tüchtige kann und wird das Glück am Schopf packen, wenn sich eine Gelegenheit für ihn auftut. Glück als Begabung? Glück kann als die Fähigkeit, die Augen und Ohren stets weit offen zu haben, verstanden werden.

> *Opportunity is missed by most because it is dressed in overalls and looks like work.*
> Thomas Alva Edison (1847–1931), US- amerikanischer Erfinder und Unternehmer

Man sagt, dass der Unterschied zwischen einem Arbeitsplatz und einer Karriere in mindestens zwanzig Stunden pro Woche besteht. Nachdem Hochbegabte schneller arbeiten als andere Menschen, sollte es ihnen möglich sein, auch mit 50 Stunden pro Woche passabel voranzukommen. Allerdings verlangt das von ihnen, dass sie ihre Energien auf eine Tätigkeit bündeln, was für sie nicht allzu einfach ist.

Vom positiven Denken

Dieses Kapitel hat ins Buch gefunden, um Manager davon abzuhalten, unkritisches „positives Denken" zu betreiben und zu predigen. Motivation, Ziele und Visionen sind unabdinglich. Ein generelles „positives Denken" untergräbt jedoch Ihre Glaubwürdigkeit, weil Sie den Sinn für das Reale, die Fakten der Außenwelt, aus den Augen verlieren können. In der Wirtschaft wird die Realität, so wie in Sekten und Religionen, häufig komplett ausgeblendet. Wie sonst hätte es in Holland 1637 zur „Tulpenzwiebelblase", dem ersten weltweiten Börsencrash, und um das Jahr 2000 zur „New- Economy- bzw. Dotcom- Internet-Blase" sowie zehn Jahre später zur „Kredit- Blase" kommen können?

Um die reale Welt mit ihren Unsicherheiten und Rückschlägen leichtfertiger ertragen zu können, hat sich die Positiv- Denken- Bewegung etabliert. Die Positiv- Denker haben in den letzten Jahren stark an Gewicht gewonnen. Sie behaupten, dass alleine das positive Denken zu Reichtum, Glück, Gesundheit und Erfolg führe. Als Beispiel, wie derartige Verheißungen unrealistische Vorstellungen in den Menschen erzeugen, nennt die amerikanische Autorin Barbara Ehrenreich [152] die Geschichte von „Joe dem Klempner". Er dachte 2008, so wie die Mehrheit der Amerikaner, eines Tages mehr als das Durchschnittseinkommen zu erzielen, und kritisierte Barrack Obama für dessen zukünftigen Steuerpläne für Besserverdienende in Hinblick auf die geplante Gründung/Übernahme eines Klempnerbetriebs: „*Your new tax plan's going to tax me more, isn't it?*" Nüchtern betrachtet fehlten Samuel Joseph Wurzelbacher (Worzelbacher) jedoch zu diesem Zeitpunkt die Voraussetzungen, in absehbarer Zeit ein florierendes Klempnerunternehmen aufzuziehen, das ihn in eine höhere Steuerklasse katapultiert hätte (keine entsprechende Ausbildung, keine Lizenz, Steuerschulden) [153]. Heute ist Job der Klempner übrigens politisch aktiv [154].

Sie sollten Ihren Mitarbeitern als Manager ein Gefühl der Sicherheit geben. Wenn Ihre Branche wieder einmal die Talfahrt im Schweinebauchzyklus mitmacht, erwartet Ihre Mannschaft von Ihnen keine unqualifizierten „Alles- wird- wieder- gut"- Floskeln, sondern eine ehrliche Erläuterung, wie es aktuell und in absehbarer Zukunft um die Firma bestellt ist. Gerade Hochbegabte lassen sich durch das Teilen einer solchen ehrlichen Einschätzung motivieren, sich für das Wohl der Firma „ins Zeug" zu legen.

Geld

Geld ist es, wofür die meisten Menschen zur Arbeit gehen. Die Frage, ob Geld motivierend wirkt, ist nicht so einfach zu beantworten, denn auch Gutverdienende sind mit ihrem Salär nicht immer zufrieden. Folgende Behauptung dürfte allgemeingültig sein:

> Geld an sich motiviert nicht, Unzufriedenheit mit Geld demotiviert jedoch stark.

Nachdem die Grundbedürfnisse eines Menschen abgedeckt sind, wird Geld vor allem als Anerkennung gewertet – und das gerne im Vergleich zu anderen. Es ist ein sogenannter extrinsischer Motivationsfaktor. Gerade für Manager, die längst genug verdienen, um ihren Lebensunterhalt mühelos zu bestreiten, ist die Höhe ihrer Vergütung eine wichtige Maßzahl für Selbstwertgefühl und wahrgenommene Wertschätzung und Wichtigkeit in ihrer Organisation.

Geld verdienen unselbständig Beschäftigte primär durch Lohn und Gehalt. Teilweise gibt es auch Boni und Zuschläge bzw. Kommissionen, sowie vor allem für hochrangige Mitarbeiter unter Umständen Aktienoptionen. Die Tage der Internet- Startups, die eine größere Anzahl an Menschen innerhalb weniger Monate zum Millionär machen konnten, sind zumindest vorerst gezählt. Wer mehr Gehalt haben möchte, hat in seinem aktuellen Job nur geringe Chancen, dieses signifikant zu steigern. Wechseln Sie den Job, da springen typischerweise 10 bis 15 % Steigerung heraus, auch, wenn Sie auf der gleichen Hierarchieebene bleiben. In Asien werden beim Jobwechsel regelmäßig Aufschläge von bis zu 30 % bezahlt. Machen Sie sich fit für eine höherqualifizierte Aufgabe, damit Sie Ihr Einkommen steigern können.

Firmen bieten eine Reihe von nicht monetären Zusatzleistungen, die Sie auch in Geldwert beurteilen bzw. zu Ihrer Gesamtvergütung zählen können, vor allem beim Vergleichen mehrerer Jobangebote. Beispiele sind Handy, Firmenwagen, Kantine oder Zeitschriftenabos.

Selbständigen bleibt als Gewinn die Differenz zwischen Umsatz und Kosten. Ihr Einkommen ist stärkeren Schwankungen unterworfen als das der Unselbständigen. Ein Architekt, Berater oder Künstler kann durchaus in einem Jahr ein Drittel vom Vorjahr verdienen – und das Jahr darauf ein Vielfaches.

Mens sana in corpore sano

Achten Sie auf Ihre Gesundheit – wer Raubbau an seinem Körper betreibt, indem er zu wenig schläft, sich unausgewogen ernährt und keinen Ausgleichssport ausübt, der wird nach einiger Zeit Probleme bekommen. Nicht wenige Manager haben Schwierigkeiten mit –bzw. ohne – Alkohol oder können ohne Tabletten keinen ruhigen Schlaf mehr finden.

Generell trinken 95 % der Deutschen zwischen 18 und 65 Alkohol; 5 bzw. 10 % aller Betriebsangehörigen gelten als alkoholabhängig bzw. alkoholgefährdet [155]. Unter Managern in Alkoholsucht ein noch größeres Tabu als bei Mitarbeitern [156]. Beim Auftreten von gesundheitlichen Problemen im Job (in [33] als gesundheitliche Inkompetenz bezeichnet) helfen konventionelle medizinische Maßnahmen oft nur kurzfristig, weil sie das Problem an der Wurzel, die Überforderung, nicht bekämpfen. Auch wohlwollende Ratschläge wie *„Arbeiten Sie nicht so hart"*, *„Entspannen Sie sich"* oder, wie es Dogbert [157] ausdrückt, *„Versuchen Sie, sich zu rebooten"* können nicht viel bewirken.

Erhalten Sie Ihre Gesundheit, indem Sie Zeit in vorbeugende Maßnahmen investieren. Auch auf Dienstreisen können Sie etwas für Ihren Körper tun – die meisten Hotels haben ein kleines Fitnesscenter.

Work-Life-Balance

Das Gleichgewicht zwischen Berufs- und Privatleben ist eine Fragestellung, die in den letzten Jahren an Relevanz gewonnen hat. Für Berufseinsteiger ist es mitunter ein wichtiges Entscheidungskriterium für einen bestimmten Arbeitgeber, und auch langjährige Firmenzugehörige stellen sich die Frage nach einer vernünftigen Balance zwischen Arbeit und Freizeit. In [158] wurde über mehrere Nationen hinweg untersucht, wie sich ein Ausgleich zwischen dem Arbeits- und Privatleben auf die Karrierechancen von Managern auswirkt, verglichen mit weniger ausgewogenen, mehr karriereorientierten Kollegen. Indem die Selbsteinschätzung, Bewertung durch die Führungskräfte und durch die Kollegen von fast 10.000 Managern aus 33 Ländern ausgewertet wurden, konnte überraschenderweise festgestellt werden, dass die erste Gruppe mehr Aussichten auf weiteren Aufstieg hatte.

Legen Sie sich als Ausgleich ein Hobby zu. Nach [33] ist ein Hobby die einzig effektive Maßnahme, mit dem „Final Placement Syndrome" umzugehen, weil Sie sich ablenken.

Vergeuden Sie nicht Ihr Wochenende auf dem Golfplatz, nur, weil „man das so macht" – außer, Golfen macht Ihnen wirklich Spaß.

Workaholics, arbeitswütige Menschen, identifizieren sich stark mit ihrer Arbeit. Auch sie sollten, zumindest mittelfristig, auf einen Ausgleich achten.

Druck

Jeder in der Arbeitswelt steht unter Druck. Bei manchen unzufriedenen Zeitgenossen ist der Leidensdruck dem Vernehmen nach > 10 bar, und Murphys Gesetz wird benickt. Doch ernsthaft: Die „gemütlichen Zeiten“ mit den legendären Nischenjobs in Staatsbetrieben gehören größtenteils der Vergangenheit an. Der Wettbewerb spielt sich global ab und wird immer härter.

Manager stehen häufig unter dem Druck von mehreren Seiten. Vor allem das mittlere Management ist regelrecht eingezwickt zwischen den Anforderungen „von oben“ und „von unten“ in einem Versuch, beiden gerecht zu werden. Von der Firmenleitung bekommen mittlere Manager wie Abteilungsleiter ungefiltert *„the full load“* an Anforderungen. „Unten“ sind die zu führenden Mitarbeiter mittlerweile gut ausgebildet, kritisch und anspruchsvoll. Das mittlere Management befindet sich in einer unangenehmen „Sandwichposition“.

Schärfen Sie Ihren Verstand dafür, welcher Druck von außen kommt, und welcher Anteil des wahrgenommenen Drucks „hausgemacht“ ist, also durch Reibung in Ihrem Bereich entsteht. Wenn das Management bei Ihnen nicht so reibungslos funktioniert, kommt es durch die Beziehungen der Mitarbeiter unter und zueinander zu Spannungen und Problemen. Arbeiten Sie an deren Auflösung, indem Sie zuerst die Ursachen ergründen und dann Lösungen ausarbeiten.

Stress

Stress kann sich positiv (Eustress) und negativ (Distress) manifestieren. In der Arbeit hat jeder von uns schon einmal stressige Situationen erlebt. In einer Untersuchung mit fast 2000 Managern aus den USA [159] wurde der Frage nachgegangen, wie sich Stress auf Arbeitszufriedenheit auswirkt. Dazu wurde eine Longitudinalstudie durchgeführt (das ist eine Längsschnittuntersuchung, bei der dieselben Probanden zu verschiedenen Zeitpunkten untersucht bzw. befragt werden. Aus Zeit- und Kostengründen werden häufiger Querschnittuntersuchungen durchgeführt, bei denen zu einem Zeitpunkt verschiedene Gruppen von Probanden untersucht werden. Longitudinalstudien sind aussagekräftiger als Querschnittstudien. Ein Nachteil ist, dass die Methodologie, mit der eine solche Studie vor einigen Jahrzehnten gestartet wurde, im Verlauf der Studie als überaltet angesehen werden kann).

Die befragten Manager gaben an, dass Stress, der mit der Bewältigung von Herausforderungen verbunden war, als positiv erlebt wurde. Hingegen konnte Stress, der sich aus diversen Behinderungen in der Arbeit ergab, mit geringerer Mitarbeiterzufriedenheit und höheren Kündigungsraten in Zusammenhang gebracht werden.

Während ein kurzer Schock nur das Adrenalin in Ihrem Körper vermehrt, führt Dauerstress zu einem höheren Blutzuckerspiegel und gesteigertem Metabolismus. Depressionen und ein geschwächtes Immunsystem können die Folge sein.

Vermeiden Sie, einem **Burnout** zum Opfer zu fallen, indem Sie auf die ersten Warnsignale rechtzeitig reagieren (Details dazu gleich im nächsten Abschnitt)! Es ist eine Binsenweisheit, dass der Führungsstil eines Managers sich auf das Stress- Niveau der Mitarbeiter auswirkt, was auch in diversen Forschungen bestätigt wird [159]. Das Verhalten einer Führungskraft wirkt „ansteckend" auf die Mitarbeiter – sowohl im positiven als auch im negativen Sinn.

Burnout

In einem Akt der „Selbstausbeutung" treiben sich manche ambitionierte Hochbegabte und andere Menschen selbst stark an. Sie fordern von sich selbst mehr, als ihr Chef sich zu fragen traut. Diese besonders ehrgeizigen Menschen in Organisationen unterliegen der Gefahr auszubrennen, sprich einen Burnout zu erleiden.

Burnout, für manche ist es eine Modediagnose der Schwachen und Leistungs- Unwilligen, für andere ein „Schwelbrand" unserer Gesellschaft [160], die stark auf Leistung fokussiert ist.

Im Alten Testament wird von der Elias- Müdigkeit des Propheten Elias berichtet, und auch Goethe drohte einmal innerlich „auszutrocknen" [116].

Burnout ist kein anerkanntes Krankheitsbild, sondern eher ein Leidensbild, welches nach Prof. Volker Faust ein heimliches ist. Als seelische Störung führt Burnout leicht zur gesellschaftlichen Diskriminierung. Die Ursachen für Burnout sind im beruflichen Umfeld zu suchen, wo exzessiver Stress bei Männern und Frauen im „besten" beruflichen Alter zu den bekannten Symptomen führt. Betroffen sind ursprünglich zielstrebige, dynamische Menschen, die sich ihren Stress im Wesentlichen selbst erzeugen und dadurch „ausbrennen". Diese „Selbstverbrenner" können für Gewöhnlich schwer „Nein!" sagen und laden sich schlichtweg zu viel auf. Auf Dauer geht die übermäßige Belastung nicht gut. Daneben gibt es noch die sogenannten „Verschlissenen", die wenig durchsetzungsfähig sind. Auch diese Menschen können nicht „Nein!" sagen, weil sie negative Reaktionen aus dem Umfeld befürchten. Ihnen türmen Chefs und Kollegen bildlich so lange Arbeit auf dem Schreibtisch auf, bis es schlichtweg zu viel ist. Die dritte Gruppe schließlich wird von „Trittbrettfahrern" gestellt. Diese Menschen haben niemals „gelodert", sondern waren schon immer passiv und nutzen das Image des Burnout.

Erste Anzeichen für einen Burnout sind folgende: hoher, überengagierter Arbeitseinsatz, gekoppelt mit dem subjektiven Eindruck, für die Firma unentbehrlich zu sein. Dadurch vernachlässigt man eigene Bedürfnisse und die Beziehung zu anderen Menschen.

Im weiteren Verlauf kommt es zu einem chronischen Müdigkeitssyndrom, welches sich zunehmend zur Kraftlosigkeit steigert, die von Konzentrations- und Merkschwierigkeiten begleitet ist. Schlussendlich landet man in einer dauerhaften Niedergeschlagenheit und ist psychisch, physisch und emotional am Ende. Häufig zeigen die Burnout-Opfer nun Ironie, Sarkasmus und Zynismus, was sie für ihr Umfeld unleidlich macht.

Die Betroffenen merken in den meisten Fällen selbst nicht, dass sie sich auf einen Burnout hin- bewegen.

Eine ausgeglichene, gesunde Lebensführung kann einem Burnout entgegensteuern, denn auch hier ist Vorbeugung stärker anzuraten als Therapie, zumal die Heilungschancen vor allem im fortgeschrittenen Stadium nicht besonders aussichtsreich sind.

Auch Hochbegabte sind vor einem Burnout nicht gefeit! Sie können ausbrennen, wenn sie an zu vielen Projekten gleichzeitig arbeiten und anderen Menschen exzessiv helfen wollen [10].

Hochbegabte sind übrigens ferner gefährdet, einen **„Boreout"** zu erleiden. Als Boreout kann man in Analogie zum Burnout eine Art „Austrocknen aus Langeweile" verstehen [161, 162].

Als Manager achten Sie auch darauf, dass Ihre Mitarbeiter sich ihre Zeit vernünftig einteilen. Sorgen Sie generell dafür, dass Ihre Mitarbeiter regelmäßig ihren Urlaub konsumieren, und fordern Sie sie speziell in Zeiten geringeren Arbeitspensums dazu auf. Spitzen Sie Ihre Ohren für Zeichen von Überforderung und Langeweile. Wenn Sie sehen, dass sich einer Ihrer Mitarbeiter „verheizt", greifen Sie rechtzeitig ein, auch, wenn Sie kurzfristig von einem übermäßigen Arbeitseinsatz profitieren würden.

Als Organisation sollten Sie darauf achten, nicht den Input Ihrer Mitarbeiter in Form von freiwilligen und unbezahlten Überstunden zu bewerten und zu schätzen, sondern den Output, sprich messbare Ergebnisse. Der Autor hat einmal in einer Organisation gearbeitet, wo man schief angesehen wurde, wenn man um 19 Uhr „schon" das Büro verlassen hat. Wenn sich ein Mitarbeiter nach der 80/20- Regel auf das Wesentliche konzentriert, lässt sich in der regulären Arbeitszeit das Wichtigste erschöpfend abarbeiten.

Büro-Politik

Gehen wir kurz etwas näher auf das politische Geschick ein. David Butcher und Martin Clarke definieren „Politik" in Organisationen in ihrem Buch so: *„die bewussten Anstrengungen von Individuen, Macht zum Erreichen ihrer persönlichen Ziele einzusetzen"* [163]. Politisch motivierte Verhaltensweisen finden sich vor allem dann, wenn es um knappe Ressourcen geht. Intrigen in Organisationen werden manchmal auch als „Politik" bezeichnet. Hierum geht es in diesem Abschnitt nicht, sondern um die positiv konnotierten Aspekte von politischem Verhalten im Sinne von Wirksamkeit als Manager. Um als Manager möglichst erfolgreich zu sein, sind Diplomatie und politisch geschicktes Verhalten notwendig.

Nachdem Hochbegabte in Organisationen definitionsgemäß eine knappe Ressource darstellen, ist es nicht verwunderlich, dass mit ihnen und um sie politische Spielchen gespielt werden.

Nach Ferris [164] sind die folgenden vier Komponenten für politisch geschicktes Verhalten vonnöten:

- Selbsterkenntnis und soziales Bewusstsein *(self- and social awareness)*,

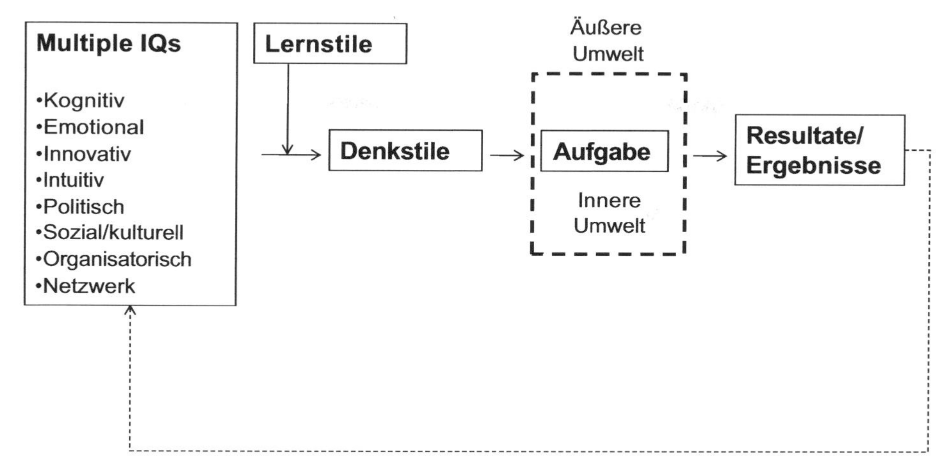

Abb. 2.4 Aufbau von politischem Geschick. (Modifiziert nach [101])

- Einfluss auf Menschen jenseits der eigenen Hierarchie,
- Aufrichtigkeit und Objektivität *(genuineness and sincerity)*,
- existierendes „soziales Kapital" innerhalb und außerhalb der Organisation.

Politische Spielchen verstören Hochbegabte für gewöhnlich, weil sie ihnen nicht logisch erscheinen und sie sie schwer durchschauen können. Hochbegabte bevorzugen „ehrliche Arbeit" gegenüber taktisch motiviertem Vorgehen. Daher unterschätzen sie die Bedeutung von Büropolitik für gewöhnlich und sorgen sich noch viel weniger darum, selbst politisches Feingefühl zu entwickeln und zu zeigen.

▶ **Tipp für Hochbegabte** Akzeptieren Sie die Tatsache, dass Entscheidungen in Organisationen in vielen Fällen nicht rein rational gefällt werden, sondern dass geschickte Personen durch „Politik" Meinungsbildung zu ihren Gunsten betreiben können. Kommunizieren Sie Ihre Wünsche, Anliegen und Ergebnisse daher klar, anstatt zu hoffen, die Organisation würde von alleine merken, was richtig und wichtig ist. Schließen Sie „Pakte" mit Vertrauenspersonen.

In [101] wird ein Modell vorgestellt, wie ein Manager politisches Geschick aufbauen kann, siehe Abb. 2.4 oben.

Ausgehend von multiplen IQs und unter Berücksichtigung der individuellen Lern- und Denk- stile wächst der Manager an Aufgaben, mit denen er Ergebnisse produziert.

Was ist mit multiplen IQs gemeint? Die multiplen IQs lassen sich nach Robert Sternbergs Theo- rie der triarchischen Intelligenz, die später noch beschrieben wird, einteilen in

- analytische Intelligenz,
- praktische Intelligenz (*tacit knowledge*),
- kreative Intelligenz.

Die IQs stehen zu Beginn des Prozesses. Sie sind nur das Potenzial eines Menschen. Es bedarf konkreter Handlungen, um das Potenzial schließlich in Taten umzusetzen.

Das Modell ist allgemein übertragbar auf die Entwicklung von Management-kompetenz.

Nachdem die multiplen IQs einer Person bestimmt wurden und man diese mit dem „Idealprofil" verglichen hat, lassen sich Entwicklungsprogramme starten, um gegebene Lücken in den dazugehörigen Kompetenzen zu schließen.

Der IQ eines Menschen kann nicht gesteigert werden; Kompetenzen lassen sich glücklicherweise aufbauen.

Tacit Knowledge (Implizites Wissen)

Wissen liegt in verschiedenen Formen vor. Ein großer Fundus an Wissen ist das geschriebene Wort, jedoch: Nicht alles Wissen kann man sich anlesen. Was im Englischen als *„tacit knowledge"* bezeichnet und sich als „nicht kodifiziertes Wissen", „nicht kodifizierbares Wissen" bzw. auch als „implizites Wissen" übersetzen lässt, steht für Wissen, welches schwer zu erklären und weiterzugeben ist. Es wurde durch Erfahrungen und Sinneseindrücke so verinnerlicht, dass es nicht in Worte gefasst wird oder aufgrund seiner Abstraktheit kaum zu Papier zu bringen ist. Jemandem das Fahrradfahren durch verbale Erläuterungen beibringen zu wollen, ist ein Beispiel für eine Situation, die sich nicht durch explizite Worte bewerkstelligen lässt. Tacit Knowledge – das sind auch die „ungeschriebenen Spielregeln" einer Organisation. Am Arbeitsplatz ist zu beobachten, dass die wichtigsten Regeln nicht niedergeschrieben sind. Manche Kollegen lernen sie einfach „nie", andere beherrschen sie mit Ach und Krach, einige hervorragend. Überall gibt es diese „ungeschriebenen Gesetze", die man einhalten sollte, wenn man in einer Unternehmung vorankommen bzw. sogar „überleben" will.

Der Investor Warren Buffett wurde oft kopiert, doch nie erreicht. Sein Wissen wurde abgedruckt und steht in unzähligen Büchern parat, doch das „gewisse Etwas" fehlt, als dass man es ihm gleichtun könnte. *Tacit knowledge* wird auch als Teil der praktischen Intelligenz (und der intuitiven Intelligenz im Speziellen, siehe unten) eines Menschen gesehen [102]. Wer über derartiges implizites Wissen verfügt, gilt als mit hoher „organisatorischer Intelligenz" [102] ausgestattet. Er oder sie versteht, wie eine Organisation „tickt", und wie man seine Ziele in ihr rasch und effizient erreichen kann.

Tacit knowledge ist „unausgesprochen", seine Bedeutung nicht offensichtlich. Der Lernende kann es sich nur selbst aneignen, ohne dabei Unterstützung durch sein Umfeld zu erhalten [165]. Faktenwissen kann man sich im Gegensatz dazu leicht aus Büchern näherbringen bzw. sich von einem Lehrer erklären lassen.

Mit *tacit knowledge* wird auch die erwähnte **„intuitive Intelligenz"** in Verbindung gebracht. Intuitive Intelligenz ist es, die es einem Manager ermöglicht, gleichzeitig zu denken und zu handeln.

Die **Intuition** ist das instinktive Erfassen eines Zusammenhangs, eine Art unmittelbares Begreifen bzw. ein „Gefühl", allgemein bekannt als das „Bauchgefühl". Die Wirkung des ersten Eindrucks basiert auf Intuition. Intuition unterscheidet gute von exzellenten global tätigen Managern [166]. Eine ausführliche Abhandlung zum Thema Intuition findet sich hier: [115].

Hochbegabte tun sich verhältnismäßig schwer, nicht kodifiziertes Wissen zu erwerben.

> **Tipp für Hochbegabte** Stellen Sie sich an die Seite eines erfahrenen Kollegen, dessen Ansätze zu den „ungeschriebenen Gesetzen" der Organisation Sie einfach annehmen und befolgen, auch, wenn sie nicht „logisch" erscheinen.

Soft Skills

Neben dem Fachwissen („Hard Facts") gibt es „weichen Erfolgsfaktoren" („Soft Skills"). Diese haben in den letzten Jahren enorme Aufmerksamkeit erhalten. „Hard Skills" sind Fach- und administrative Kenntnisse. Das Konzept der „Soft Skills" ist etwas vage und fußt auf der emotionalen Intelligenz. Man kann „Soft Skills" am besten mit sozialer Kompetenz über- bzw. gleichsetzen. Mancherorts werden sie auch als „Schlüsselqualifikationen" bezeichnet. Allerdings decken sie sich nicht, es gibt eine mehr oder weniger große Schnittmenge (die Schlüsselqualifikationen eines Managers sind zum Großteil Soft Skills, während sie es bei einem Fachmitarbeiter nicht sind). Die Soft Skills sind es, die die Anwendung des Fachwissens im beruflichen Umfeld erlauben. Der IQ eines Menschen wirkt sich auf dessen Fachwissen aus. Auf seine Soft Skills hat er keinen direkten Einfluss. Soft Skills sind für Manager unabdingbar.

Typische Eigenschaften, die zu den Soft Skills gezählt werden, sind:

- Leistungsbereitschaft,
- Leistungsfähigkeit,
- unternehmerisches Denken und Handeln,
- Lernbereitschaft,
- Kommunikationsfähigkeit,
- Konfliktlösungsfähigkeit,
- Offenheit.

Soft Skills lassen sich als Schlüsselqualifikationen bezeichnen, weil sie im Gegensatz zu spezifischen Fachkenntnissen Meta- Fähigkeiten darstellen. Sie helfen einem über alle Branchen und Berufe hinweg. Die Halbwertszeit von Wissen und Fähigkeiten im Bereich der Soft Skills ist auch vergleichsweise kurz, zumal sich Gepflogenheiten in einem laufenden Wandel befinden.

Macht und Status

„Macht" – mit diesem Begriff verbinden wir die Vorstellung, dass derjenige, der sie besitzt, andere zu einem Verhalten bringen kann, welches diese „gegen den eigenen Willen" zeigen. Die negative Konnotation von Macht kommt vermutlich vom eng verwandten Machtmissbrauch, wobei Macht durchaus etwas Legitimes ist. Auf Organisationen bezogen definierte Henry Mintzberg Macht wie folgt: *„Macht ist die Fähigkeit, organisatorische Ergebnisse zu bewirken oder zu beeinflussen."*

Macht ist ein elementares Thema des Menschen: Er wird machtlos geboren und stirbt machtlos. Ein Standardwerk über Macht in Organisationen wurde von Jeffrey Pfeffer verfasst [167]. Macht ist oft nur der Anschein von Macht.

Als Manager sollten Sie nicht immer das ganze Gewicht Ihrer Macht ins Spiel bringen, sondern durch Überzeugen und Motivieren Ihre Mannschaft zu einem Ziel hinführen. Was Sie als Führungskraft nicht tolerieren können, ist, wenn ein Mitarbeiter Sie vor anderen Leuten der Firma anschwärzt, beleidigt, bloßstellt oder blamiert. Reagieren Sie scharf, und zitieren Sie ihn unmittelbar danach in Ihr Büro. Dort erklären Sie ihm dann in Ruhe, was er falsch gemacht hat. Sie sollten sich nicht untergraben lassen, in Ihrem ureigenen Interesse und dem Ihrer Firma (welchem Chef nützt ein Unterchef, der keine Autorität in seinem Bereich hat?). Ebenfalls nicht tolerieren sollten Sie es, wenn ein Mitarbeiter Sie umgeht, indem er sich an Ihren Chef und nicht direkt an Sie wendet. Der Dienstweg ist einzuhalten, damit alle relevanten Stellen zeitgerecht informiert werden.

Als Führungskraft ist es nützlich, sich seiner Macht bewusst zu sein. Wer sich als Manager als „kleines Würstchen" sieht, wird entsprechend handeln. *„Der Elefant kennt seine eigene Stärke nicht"*, so lautet ein indisches Sprichwort. Ein Manager sollte seine Stärke(n) schon kennen.

Macht ist ein Narkotikum – sie regt an und kann eine Sucht erzeugen. Der Rückzug mächtiger Menschen in das Privatleben, beispielsweise nach der Pensionierung, gestaltet sich oft schwierig. Personen, für die es jahrzehntelang normal war, auf andere Menschen Einfluss auszuüben und im Rampenlicht zu stehen, droht die Gefahr, in eine Leere zu fallen, wenn sie nicht mehr „gefragt" sind. Sie nehmen den Machtverlust oft dramatisch wahr.

Besonders gefährdet sind Menschen, die früh in hohe Ämter gelangen und diese entsprechend lange bekleiden, denn sie gewöhnen sich stark an ihre Position und alles, was damit verbunden ist.

In jedem Fall ist es vorteilhaft, den beruflichen Ausstieg rechtzeitig zu planen und nicht um jeden Preis an der Macht festzuhalten.

Macht ist durch eine Wechselbeziehung gekennzeichnet: Chef und Mitarbeiter sowie Unternehmung und Mitarbeiter sind voneinander abhängig.

Laut Peter Drucker hat sich das Machtverhältnis allerdings zugunsten der Mitarbeiter verlagert, vor allem seit der massiven Verbreitung von „Wissensarbeitern".

Um Ihren **Status** zu wahren, sollten Sie stets wissen, was in Ihrer Abteilung „läuft".

Schaffen Sie ein offenes Klima für Kommunikation. Ihre Mitarbeiter sollen mit jedem Anliegen zu Ihnen kommen können.

Führungskräfte, die den demokratischen Führungsstil pflegen, zeigen in der Regel wenig Statusbewusstsein. Machtkämpfe mit Kollegen und Rivalen sollten Sie nicht austragen, konzentrieren Sie sich auf Ihre Leistung.

Machiavelli und Hofstede wurden bereits erwähnt, ihre Überlegungen zum Thema Macht seien dem interessieren Leser im Original empfohlen.

Nearly all men can stand adversity, but if you want to test a man's character, give him power.
Abraham Lincoln (1809–1865), 16. Präsident der Vereinigten Staaten

Insignien der Macht

Ein Eckbüro, dunkle Möbel, ein Parkplatz vor dem Firmeneingang – Personalabteilungen haben ein ausgeklügeltes System entwickelt, Führungskräfte bei der Stange zu halten. Diese legen gern noch eins drauf und kleiden sich in besonders feinen Zwirn, schmücken sich mit edlen Uhren und signieren mit güldenen Kugelschreibern.

Natürlich entscheidet Ihr Habitus mit darüber, ob Sie befördert werden oder nicht. Wer sich gänzlich anders benimmt als seine Chefs, wird von diesen nicht unbedingt gerne in ihre Kreise aufgenommen. Allerdings sollten Sie sich nicht hinter Oberflächlichem verstecken – nur durch Leistung und Integrität werden Ihre Mitarbeiter und Chefs Sie wirklich anerkennen.

Hochbegabte Mitarbeiter erkennen einen Chef noch viel weniger aufgrund seines Status an als andere. Albert Einstein meinte einst: *„Wenn die meisten sich schon armseliger Kleider und Möbel schämen, wie viel mehr sollten wir uns da erst armseliger Ideen und Weltanschauungen schämen."*

Auto und Uhr in Luxusausführung sind längst zu Persönlichkeitsprothesen mutiert.

Anständiger Haarschnitt und Kleidung sind, gerade in hohen Positionen, ein kritischer Erfolgsfaktor. Als der Weltbank- Präsident Paul Wolfowitz im Jahr 2007 die Selimiye- Moschee im türkischen Edirne besuchte, gingen die Bilder von den Löchern in seinen Socken mit Hohn um die ganze Welt.

Das Streben von Mitarbeitern nach Status führt zu Produktivitätsverlusten, kann allerdings auch geschickt in gesteigerte Arbeitsleistung kanalisiert werden, wenn Status als Anreiz fungiert [168].

Mentoring

Aus Homers Schriften kennen wir Mentor als einen griechischen Helden und Freund von Odysseus. Als Odysseus Ithaka verließ, um am Troja- Feldzug teilzunehmen, vertraute er

Mentor die Sorge für sein Haus und seinen Sohn Telemach an. In der griechischen Sprache wird der Name *Méntoras* heute als Synonym für einen treuen Freund und Berater benutzt.

Die Beziehung zwischen Mentor und Mentee ähnelt der zwischen einem Meister und seinem Lehrling. Sie kann sich über Monate bis Jahre erstrecken.

Sokrates war der Mentor von Plato, und Sigmund Freud der Mentor von Carl Gustav Jung.

Ein Lehrer (Mentor) ist im beruflichen Umfeld mehr wert als ein guter Freund: Ihr Freund macht Sie auf Ihre Fehler aufmerksam; ein Mentor und ein Lehrer zeigen Ihnen zusätzlich den Lösungsweg auf. Nach dem Motto „Es gibt keine ungeeigneten Schüler, nur ungeeignete Lehrer" sollte der Mentor Verantwortung für seinen Mentee übernehmen. Für Hochbegabte ist Mentoring auch interessant. Junge Hochbegabte können sich einen Mentor suchen, bzw. ihre Organisation sollte ihnen einen solchen zur Seite stellen. Die Leistungsbewussten erhalten wertvolle Anregungen zu ihrer Entwicklung, und Underachiever (Minderleister, Leistungsverweigerer) lassen sich auf die Leistungskurve zurückholen [169]. Es gibt auch als Underachiever bezeichnete „Aussteiger", die gar keine Arbeit „im System" anstreben, für sie ist Mentoring weniger interessant. Erfahrene Hochbegabte können sich als Mentor für jüngere Menschen versuchen. In [169] finden Sie einen interessanten Artikel über das Mentoring von hochbegabten Schülern. Ein Mentor kann seinem Schützling helfen, sein Potenzial zu erreichen, oder ihm zumindest aufzeigen, was ihn daran hindert, dieses voll zu entfalten.

> **Tipp** Achten Sie als Mentor darauf, dass die Zuwendung zu Ihrem Mentee diesem nicht zum Nachteil gereicht, indem Eifersüchtige eine unzulässige Sonderbehandlung zu erkennen glauben.

Coaching

Coaches gibt es nicht nur im American Football. Der Begriff „*coach*" stand ursprünglich für ein Beförderungsmittel, die Kutsche, und kann auch heute als „Beförderungsmittel" angesehen werden, indem es dem Coachee hilft, seine beruflichen Ziele zu erreichen. Coaching ist eine Hilfe zur Selbsthilfe, die Selbstreflexion und Perspektivenwechsel erlaubt.

Mit Vorsicht genießen sollten Sie gewisse großspurige Erfolgs- und Motivationscoaches amerikanischer Machart, wie sie in „The Simpsons" ab und zu verhöhnt werden (siehe dazu auch [170]). Ihr Coach sollte bodenständig sein.

Hochbegabte haben besondere Bedürfnisse beim Coaching, weil sie andere Themen beschäftigen als die Mehrzahl der karriereorientierten Menschen. Detlef Scheer schreibt in [171] dazu:

> *Hochbegabte haben spezielle Probleme, die für viele Coaches/Therapeuten offenbar so exotisch bis nicht mehr nachvollziehbar sind, dass sie ihre Professionalität im Kontakt mit Hochbegabten teilweise einbüßen.*

Aspekte, die Hochbegabte im Beruf mehr berühren als andere, sind beispielsweise die Schwierigkeit, sich auf eine Aufgabe zu konzentrieren, ihr Perfektionsstreben, ihr Hang zu Gerechtigkeit und ihr Unverständnis für langsame Kollegen sowie „unlogische" Vorgänge in Organisationen. Allgemein sagt Detlef Scheer über Hochbegabte in Organisationen: „... *Genauso trifft es Chefs oder Kollegen. Die Wahrnehmungs-, Informationsverarbeitungs- und Kommunikationswelten scheinen hier und da schlicht unvereinbar, inkompatibel zu sein.*" Sowie: „*Ein Hochbegabter gilt hier schnell einmal als ewiger Nörgler und nerviger Querkopf, der ständig „Probleme" sieht, wo niemand sonst welche entdecken kann. Dabei hat er eigentlich nur gute Ideen ...*"

> **Tipp** Probieren Sie Coaching einmal aus! In der Regel sind fünf bis zehn Einheiten, ausge- dehnt auf ein halbes Jahr, ausreichend.
> Wer keine Zeit oder kein Budget für einen Coach hat, kann sich ein Buch über Selbstcoa- ching zulegen. Zum Thema Coaching und Persönlichkeitsentwicklung siehe auch den Ab- schnitt zu Selbstreflexion in diesem Buch..

Gegner – warum Sie als Manager welche brauchen

Ein (hochbegabter) Held benötigt einen ebenbürtigen Gegenspieler, das wissen nicht nur Fans von James Bond. Natürlich ist es angenehm, sich mit allen Menschen zu vertragen, doch die Bedeutung eines Gegners ist nicht zu unterschätzen. Ein Gegner kann ein Konkurrent sein, mitunter sogar ein Feind. Ihr Gegner wird Sie geistig wachhalten. Um diese These zu untermauern, lesen Sie hier drei Zitate:

> *Ich wähle meine Freunde nach ihrem guten Aussehen,*
> *meine Bekannten nach ihrem Charakter und meine Feinde nach ihrem Verstand.*
> Oscar Wilde (1854–1900), irischer Schriftsteller,
> in „Das Bildnis des Dorian Gray"

> *Liebe deine Feinde; denn sie sagen dir deine Fehler.*
> Benjamin Franklin (1706–1790), amerikanischer Verleger, Schriftsteller, Naturwissenschaftler, Erfinder und Staatsmann

> *Der Umstand, dass wir Feinde haben, beweist klar genug,*
> *dass wir Verdienste besitzen.*
> Ludwig Börne (1786–1837), deutscher Journalist

Talent und Genie lösen bei Normalbegabten mitunter Neid, Aggression und teilweise sogar Verfolgung aus [172].

Machen Sie sich keine Feinde, die kommen von alleine, etwa, wenn Sie bereits Erfolg haben oder davor stehen, Erfolg zu haben, indem Sie zum Beispiel etwas verändern möchten.

„If you want to make enemies“, sagte der US- amerikanische Präsident Woodrow Wilson einst, *„try to change something“.*

Lernen Sie aus dem Verhalten Ihrer Gegner und Feinde, und leiten Sie daraus für sich selbst etwas ab. Ähnlich wie mit Feinden ist es auch mit der Konkurrenz: Konkurrenz ist nicht nur vorteilhaft für Ihre Kunden, sondern auch für Sie. Das Vorhandensein zumindest eines Konkurrenten treibt jede Firma zu höheren Leistungen und zu Innovation an. *„Single Source“* ist unter Einkäufern fast so ein starkes Tabuwort wie jene Begriffe, die Büchern einst den Einzug in den Index[10] verschafft haben (und damit erfreuliche Verkaufszahlen). Erst, wenn eine Technologie von mindestens zwei Firmen angeboten wird, sind viele Kunden bereit, sich auf diese einzulassen, da ihr Risiko der Abhängigkeit von einem Lieferanten ansonsten zu groß wäre.

Monopole können für eine gewisse Zeit den Markt abschöpfen. Irgendwann werden sie träge und durch etwas Neues abgelöst. Daher ist ein Mitbewerber für Firmen Ansporn für Innovation.

Bemühen Sie sich, die Standpunkte Ihrer Gegner zu verstehen.

Versuchen Sie, Feinde zumindest zu Gegnern zu entschärfen. Vernichten Sie Ihre größten Fein- de im richtigen Moment. Sie können sie vernichten, indem Sie sie zu Freunden machen.

Selbstverständnis von Managern

Für Manager ist ihre Leistung der Schlüssel zum Selbstbild [173]. In einer Umfrage des Magazins „Harvard Business manager“ gaben 66 % der befragten Führungskräfte an, dass berufliche Erfolge ihnen Lebenssinn stiften. 25 % sehen in Geld eher eine Belohnung als einen Sinnstifter und Antreiber.

In der Öffentlichkeit möchten Manager als leistungsstark, wertebewusst und sozial verantwortlich erscheinen [173]. Häufig sind Zuverlässigkeit, Ehrgeiz und Disziplin die angestrebten Werte. Auf Authentizität legen viele Manager, trotz teilweiser gegenteiliger Beobachtungen ihres Handelns, starken Wert [173].

Im Job geht es vielen Managern um das Funktionieren. Persönliche Interessen und Überzeu- gungen werden häufig nur im Privaten ausgelebt.

▶ **Tipp für Firmengründer** Es ist wichtig, dass Sie an Ihre Idee und Ihr Produkt uneingeschränkt glauben. Wer nur verkaufen will, um Geld zu verdienen, wird selten große Erfolge ernten können.

[10] Der Index Librorum Prohibitorum (Römischer Index) umfasste zuletzt 6000 Bücher, deren Konsum die katholische Kirche mit Exkommunikation bestrafte.

Diversity – Personelle Vielfältigkeit im Unternehmen

Menschen unterscheiden sich in vielen inneren und äußerlichen Charakteristika. Gerade in Unternehmen, die global agieren, herrscht eine Mannigfaltigkeit an Mitarbeitern, welche unterschiedliche Perspektiven in die Firma einbringen. Eine Monokultur schadet Firmen genauso wie großen Landstrichen mit Feldern nur einer Pflanze. **Diversität** *(diversity)* der Belegschaft spiegelt auch die Vielfalt der Kunden wider, welche Unternehmen betreuen.

Die Unterschiede in der Belegschaft bringen durch die Stimulation neuer Sichtweisen eine höhere Leistungsfähigkeit der Gruppe hervor. Es ist auch davon auszugehen, dass die *Diversity*, also die Vielfalt in Unternehmen, sowohl unter Mitarbeitern als auch unter Führungskräften, weiter zunehmen wird [174]. Allerdings bergen Unterschiede die Gefahr, dass Menschen Wertvorstellungen über die „anderen" haben, die zu Vorurteilen umschlagen können [77].

Traditionell gab es feste Rollenbilder von Männern und Frauen in der Gesellschaft, und blickt man nur ein paar Jahrzehnte zurück, so waren die Vorstandsetagen extrem homogen besetzt. Man fand fast ausschließlich männliche Vorstände ähnlichen Alters und ähnlicher Provenienz. In Führungspositionen waren Frauen früher sehr selten zu finden. Ein prominentes, frühes Beispiel einer Frau in einer Führungsposition ist Kleopatra (68–30 v. Chr.), die mit 18 Jahren Königin von Ägypten wurde. Weitere berühmte weibliche Führungspersönlichkeiten waren Jeanne d'Arc, die Jungfrau von Orleans (1412–1431, die allerdings auf dem Scheiterhaufen verbrannt wurde), Königin Elisabeth I (1533–1603) und Margaret Thatcher (1925–). Eine Gesellschaft, die von Frauen beherrscht wird, gibt es aktuell nicht (die Amazonen sind ein matriarchalisch organisiertes Volk der antiken Mythologie). In Deutschland liegt die Frauenquote aktuell bei 9 % im Topmanagement und bei 2,5 % auf der Vorstandsebene. In Norwegen ist seit 2008 eine Frauenquote für Aufsichtsräte von 40 % vorgeschrieben [175]. Nach einer Studie von McKinsey erzielen Unternehmen mit einem hohen Frauenanteil übrigens ein um 50 % höheres Betriebsergebnis als der jeweilige Branchendurchschnitt.

Es gibt eine Unzahl an Forschungen zu **Genderfragen** rund um Führung. Teilweise handelt es sich dabei um neue Forschungen, ein anderer Teil wird von Metaanalysen[11] gebildet.

Die Tatsache, dass der Genderaspekt so häufig und intensiv untersucht wurde, mag daran liegen, dass das Geschlecht von VersuchsteilnehmerInnen ohne großen Aufwand zu erheben ist. Daher ist das Geschlecht (immer) eine willkommene Größe, die Forscher in ihren soziologischen Untersuchungen betrachten können.

In [41] werden Vorteile von Frauen gegenüber Männern in Führungspositionen diskutiert. Dort wird eine Studie zitiert, wonach Männer den Alpha- Stil *(„command & control")*, Frauen hingegen den Beta- Stil, welcher auf sozialer Interaktion basiert, bevorzugen. Nach

[11] Eine Metaanalyse ist eine „Analyse von Analysen". Bestehende Studien werden zusammengefasst und nach neuen Gesichtspunkten ausgewertet.

Untersuchungen von Alice H. Eagly und Blair T. Johnson zeigen Frauen eine Tendenz in Richtung demokratischen Führungsstils, während Männer eine autokratische Gangart bevorzugen [176]. Gary N. Powell und D. Anthony Butterfield fanden vor 30 Jahren bei der Befragung von männlichen und weiblichen MBA- StudentInnen nach den Eigenschaften eines „guten Managers" heraus, dass vor allem „maskuline" Attribute genannt wurden, allen voran **Bestimmtheit, Unabhängigkeit** und die **Bereitschaft, Risiken einzugehen**. Auch „feminine" Attribute wurden erwähnt, darunter **Sensibilität, Mitgefühl** *(compassion)* und **Verständnis** *(understanding)*. Die Ergebnisse wurden vor drei Jahrzehnten gewonnen, es stellt sich die Frage, welche Erkenntnisse die Studie wohl heute zutage bringen würde.

Etwa gleich viele Mitarbeiter wünschen sich lieber männliche bzw. weibliche Vorgesetzte [41].

Studien, die sich mit „Gender- Vorteilen" befassen, sind häufig stark von Stereotypen, vorgefass- ten Meinungen und polarisierenden Annahmen geprägt. Man kann sagen, dass Stereotype und Vorurteile in alle Richtungen heute an Bedeutung verloren haben, weil die Menschen weltoffener geworden sind. Nicht nur Frauen, sondern auch Minderheitsgruppen wurden früher stark diskriminiert. Die „Gläserne Decke" war für viele Menschen im Berufsleben undurchdringbar. Ein Grund dafür, dass es früher weniger Frauen und Angehörige von Minderheiten in Spitzenpositionen gab, war, dass sie einfach keine Chance bekommen hatten, sich frühzeitig zu bewähren. *„Gut sind viele, aber eine Chance bekommen nur wenige"*, so Christoph K, Finanzvorstand bei einem deutschen Konzern. Vergleiche die Erfolgsstory von Mikrokrediten in Entwicklungs-ländern: Erst der Zugang zu (geringen) finanziellen Mitteln erlaubt es fleißigen Menschen, sich etwas aufzubauen.

Nur, wer die Möglichkeit erhält, sich zu bewähren, kann sich auch tatsächlich bewähren. Der Einzug von Frauen in die Vorstandsetagen ging jedoch langsamer vonstatten als ihre „Eroberung" anderer Führungspositionen [41]. In Norwegen wird mittlerweile jede dritte Stelle im Topmanagement von Frauen bekleidet [139].

In letzter Zeit entstehen Bemühungen, Frauen und andere Zielgruppen für Führungspositionen gezielt zu fördern, zum Beispiel über **Mentoring**.

Unterschiede im Führungsverhalten von Männern und Frauen werden teilweise über die nach anderen Schwerpunkten verlaufende Sozialisation erklärt [174]. So würden Buben vor allem zu Konkurrenz und Wettkampf erzogen und Mädchen in die Richtung, Fürsorge zu zeigen. In Folge würden Männer, wenn sie in die Arbeitswelt eingetreten sind, unter anderem stark auf die Gerechtigkeit beim Verteilen einer Belohnung innerhalb der Gruppe achten, während Frauen sich tendenziell an den Bedürfnissen der Gruppenmitglieder orientieren würden [174]. Schwarze Führungskräfte und Mitarbeiter würden gewisse, vor allem subtile, Benachteiligungen in der Berufswelt erfahren [174]. Diese Untersuchungen, zusammengefasst 1996, sind schon größtenteils überholt. Auch wurde festgestellt, dass sich Frauen und Männer in ihrem Führungsverhalten nicht unterscheiden, sobald sie als Führungskräfte legitimiert sind, das heißt, wenn sie bereits eine Führungsposition innehaben [174]. Sehr wohl unterscheiden sich laut derselben Untersuchung Frauen in Führungspositionen von jenen, die nicht nach Leitungsaufgaben streben.

Andere Studien konnten sehr wohl feine Unterschiede im Führungsverhalten von Männern und Frauen ausmachen. So haben Alice H. Eagly und Steven J. Karau vor etwa 20 Jahren ermittelt, dass es Männer sind, die in führerlosen Gruppen die Anführerschaft an sich ziehen, wenn diese nur kurz bestehen und keine hohe soziale Komplexität aufweisen, dass es jedoch vorwiegend Frauen sind, die in sozial orientierten Gruppen die Führerschaft übernehmen [174]. Es wurde in einigen Studien festgestellt, dass die Zufriedenheit von Mitarbeitern männlicher und weiblicher Führungskräfte gleich ist. Daher haben Wissenschaftler angeregt, derartige Untersuchungen mangels Nutzen und Aussagekraft nicht mehr voranzutreiben [174].

Auch der Alltag zeigt, dass sich die „traditionellen Berufsbilder" immer mehr vermischen. Weibliche Pilotinnen sind heute genauso akzeptiert wie ihre männlichen Kollegen, und in den Vorstandsetagen von großen Firmen finden sich erfreulicherweise immer mehr Frauen. Väter, die in Karenz gehen, sind heute ebenfalls anerkannt, eine Tatsache, die für viele früher nicht vorstellbar war.

In den letzten drei Jahrzehnten des 20. Jahrhunderts hat sich der Anteil von Frauen in Führungspositionen in den USA verdreifacht, und der Anteil der von Frauen gehaltenen Firmen ist ebenfalls stark gestiegen [41]. Hochbegabung unter Frauen wird übrigens speziell in einem Buch von Katharina Fietze behandelt [207].

Die zunehmende **Internationalisierung** und **Globalisierung** stellen uns vor große Herausforderungen und Chancen. Der Wandel ist ein Grund dafür, dass die Vielfältigkeit im Unternehmen ansteigt.

Ein wichtiger Beitrag zu **kulturellen Unterschieden** und daraus resultierenden Einstellungen zur Arbeit wurde von Gerard Hendrik (Geert) Hofstede [66] geleistet: Unterschiede in Werten und Persönlichkeitseigenschaften der Bewohner verschiedener Länder sind mitbestimmend dafür, welchen Führungsstil Menschen dort bevorzugen. Eine strenge Kontrolle wird in Thailand, einem Land mit hoher Machtdistanz, geschätzt, während in den USA, einem Land mit sehr geringer Machtdistanz, der demokratische Führungsstil mehr bei der Belegschaft „ankommt" und höhere Ergebnisse liefert [174].

Demokratische Prozesse sind, wie wir aus der Politik wissen, langsam und mühselig. In der Regel sind sie auch qualitativ hochwertiger als die Entscheidung einzelner.

Mexikanische Arbeitnehmer waren in einer Studie zufriedener und leisteten mehr, als ein autoritäter Führungsstil angewandt wurde, ganz im Gegensatz zu ihren US- amerikanischen Kollegen. In Russland wurde festgestellt, dass die Arbeitsleistung durch einen partizipativen Führungsstil sank. In Österreich und Deutschland ist es den Mitarbeitern wichtig, dass Vorgesetzte Mitgefühl *(consideration)* zeigen, was in Frankreich und Lateinamerika als nicht relevant wahrgenommen wird.

Neben diesen allgemeinen Grundsätzen, welche Art von Führungsstil in bestimmten Ländern zum Erfolg führt, sagt die Literatur wenig darüber aus, wie man **multikulturelle Teams** führen soll.

Abgesehen von den Unterschieden gibt es auch Gemeinsamkeiten, die wirksame Führungskräfte in verschiedenen Ländern und Situationen zeigen: Es ist der Wille, **proaktiv** zu sein, sowie das Bestreben, Arbeiten ohne die Ausübung von viel Macht erledigt zu bekommen [174].

Pensionierung, Ausstieg

Das gesetzliche Rentenalter (Pensionsalter) in der EU liegt heute bei knapp 64 Jahren und soll 2020 auf 62 bis 68 Jahre angehoben werden (Slowakei bzw. Irland). Das effektive Pensionsantrittsalter ist im Mittel 2,5 Jahre unter dem gesetzlichen Wert.

Nicht alle Firmen unterstützen ihre Mitarbeiter optimal bei der Vorbereitung auf deren Pensionszeit, weil sie dazu tendieren, kurzfristig zu denken. Organisationen neigen dazu, ältere Mitarbeiter zum vorzeitigen Ausscheiden zu bewegen.

Der Einzelne sollte seinen Ruhestand planen. Die Pension ist nicht das Ende, sondern eine neue Phase. Viele Manager versuchen sich als Berater oder in diversen Wohltätigkeitsveranstaltungen. Zahlreiche Professoren sind nach ihrer Emeritierung noch viele Jahre lang aktiv in der Wissenschaft tätig.

> **Tipp** So sehr Sie sich auch im Job engagieren – es gibt ein Leben danach, das deutlich mehr bieten kann als das Füttern von Tauben. Vermeiden Sie es, nach Ihrem Ausstieg aus dem aktiven Berufsleben in ein Loch der Leere zu fallen. Bereiten Sie sich rechtzeitig vor, indem Sie private Ziele definieren.

In [177] werden Konzepte zum Management der *Aging Workforce* vorgestellt und diskutiert.

Managementkybernetik

Ein weiterer Begriff, der praktizierende Manager ereilt hat, ist Kybernetik. Managementkybernetik ist, wie der Name vermuten lässt, die Anwendung von Kybernetikwissen auf das Management von komplexen Organisationen. Sie ist ein Werkzeug zur Bewältigung von Komplexität. Kybernetik ist die Wissenschaft der Kontrolle (Regelung) von lebenden Organismen und Maschinen. Charakteristisch sind Rückkoppelungsschleifen.

Berühren von Mitarbeitern

Wenn Sie nicht gerade in Südamerika arbeiten, sollten Sie es vermeiden, Kollegen und Mitarbeiter anzufassen. Für den Fall, dass Sie eine innige Beziehung zu diesem haben, können Sie die Grundregel „*When you touch, don't take*" [71] beherzigen. Berühren Sie nur, wenn Sie Unterstützung geben, nicht jedoch beim Kritisieren oder beim Abladen von Arbeit.

Manager reifen – kein direkter Einstieg an der Spitze

In der Regel lernt man eine Firma von unten kennen, bevor man in der Lage ist, sie wirkungsvoll zu leiten. Ein Offizier, der nicht aus eigener Erfahrung weiß, was ein Soldat zu ertragen imstande ist, wird öfter Fehleinschätzungen tätigen als ein Kollege, der selbst einst im Graben gelegen hat.

Wer zu rasch aufsteigt, ohne die nötige Reife erlangt zu haben, läuft Gefahr, auf der nächsten Stufe überfordert zu sein und einen paranoiden Schub zu erhalten [151]. Ungeduldige Gemüter sollen erkennen, dass sie „automatisch" aufsteigen werden, sofern sie alle Aufgaben „richtig" machen. Blicken Sie niemals auf andere herab! So, wie ein Schmetterling erst aus einer Raupe entstehen konnte, waren hochrangige Personen früher gewöhnliche Mitarbeiter. Dieses Stadium war für sie selbst eine notwendige Voraussetzung für das, was sie heute sind.

Wer auf andere Menschen herabblickt, lebt die Entwertungstendenzen eines Neurotikers aus [151]. Neurotizismus kann sich aus der Unterschätzung der eigenen Intelligenz entwickeln [58], womit Hochbegabte potenziell gefährdet sind.

Von Ernst Haeckel wurde das biogenetische Grundgesetz aufgestellt. Demnach durchläuft jeder Mensch die Entwicklung seines „Stammes" selbst, Stufe für Stufe nehmend. Das gilt für die geistige Entwicklung genauso wie für die Entwicklung in Organisationen.

Verbindlichkeit – der Schlüssel zur Wirksamkeit

Als Manager haben Sie für Verbindlichkeit zu sorgen. Wenn jemand sagt *„Man sollte XY tun"*, erwidern Sie: *„Welcher Mann?"* Vereinbarte Ziele sind einzuhalten, und jeder hat sich zu übernommener Verantwortung zu bekennen. Eine Aufgabe ohne Zeitpunkt und „Kümmerer" ist faktisch sinnlos. Um Verbindlichkeit zu erzeugen, ist es Ihr Job als Manager, die Zielerreichung einer delegierten Aufgabe zu kontrollieren. Bei größeren Projekten erfolgt dies idealerweise anhand von Meilensteinen, um rechtzeitig steuernd eingreifen zu können.

Führung heißt nicht Menschen reformieren

Chefs wollen gerne ihre Mitarbeiter, und Mitarbeiter noch viel lieber ihre Chefs, umerziehen oder lieber gleich ganz reformieren. Dieses Unterfangen ist selten von Erfolg gekrönt.

Bereits sein eigenes Verhalten zu ändern ist nicht einfach – möglich ist es durchaus. Wenn Sie 30 Tage lang bewusst ein neues Verhalten üben, wird es zur Gewohnheit. Vergessen sie auch nur einen Tag dazwischen, können Sie von vorne anfangen. Der persönliche Umlernprozess erfordert Konsequenz.

Es ist um etliches schwieriger, das Verhalten eines anderen Menschen zu ändern. Holen Sie lieber das aus einem Mitarbeiter heraus, was in ihm steckt, anstatt Ihre und seine Zeit damit zu vergeuden, etwas Neues aus ihm zu machen (vgl. „Stärken stärken anstatt Schwächen schwächen").

Als Führungskraft nehmen Sie Einfluss auf das Verhalten Ihrer Mitarbeiter. Gehen Sie in kleinen Schritten vor, um sie *peu à peu* dorthin zu bekommen, wo Sie sie haben möchten.

> If you realize that you are managing people, and not just their recent behavior, you will do well. [71]

Sichtbarkeit und Präsenz

Die Arbeit eines Managers erzeugt kein direkt greifbares Produkt, und so kommt es, dass sie nicht immer sofort wahrgenommen wird. Die Qualität der Arbeit, die ein Manager leistet, tritt erst mit erheblicher Zeitverzögerung zutage. Ein Beispiel für Leistungen von Managern, die nicht rasch zu erkennen sind, stellen jene von Führungskräften in Forschung und Entwicklung dar [77], zumal Ergebnisse lange benötigen und ihre Relevanz nicht immer gleich abschätzbar ist. Ein Manager in der Produktion erzeugt wenigstens indirekt ein greifbares Produkt. Das ist in Bereichen wie dem Finanzsektor und dem Schulungswesen beispielsweise nicht der Fall.

Als allgemeine Regel gilt: Ein guter Manager ist, wie Sie schon gelesen haben, derjenige, dessen Abwesenheit nicht sofort auffällt! Falls eine Abteilung nur dann reibungslos funktioniert, wenn der Chef permanent interveniert, hat dieser keine ausreichenden Strukturen geschaffen. Sind jedoch alle Arbeitsprozesse klar definiert und eingespielt, kann sich der Manager aus dem Tagesgeschäft zurückziehen und sich strategischen Aufgaben widmen.

Wenn einer Ihrer Mitarbeiter eine beeindruckende Präsentation vor einem Kunden hält, gewinnen alle: er, Sie und Ihr Unternehmen. Sie selbst brauchen primär keine Anerkennung, sondern, wie gesagt, Ergebnisse. Hochbegabte zeigen häufig ein ausgeprägtes Bedürfnis nach Anerkennung. Als Manager lernen Sie, Ihren Mitarbeitern diese Anerkennung zu überlassen, ja ihnen aktiv welche zu geben.

Als Manager ist es daher für Sie wichtig, abgesehen von der Wahrnehmung von Repräsentationsaufgaben, eine ausreichende Sichtbarkeit Ihrer Person für Ihr Team sicherzustellen. Ihre Präsenz ist ein Schlüssel zum Erfolg. Sie sollten für Ihre Mitarbeiter erreichbar sein. Präsenz bedeutet, Ihrem Gesprächspartner Ihre ungeteilte Aufmerksamkeit zu widmen. Auch wenn es nur fünf Minuten sind – bei einem Gespräch geht es ausschließlich um Ihr Gegenüber. Es sollte keine Ablenkungen wie Nebenbeschäftigungen oder Unterbrechungen, z. B. durch Telefonieren, geben.

Ursache und Wirkung

Was für den einen die Ursache ist, sieht der andere klar als deren Wirkung an. Ursache und Wirkung korrelieren manchmal wechselseitig. Hier ein Beispiel aus der Erziehung:

- Ein aggressives Kind bewegt die Eltern, es zu bestrafen.
- Die Strafe treibt das Kind zu einem noch aggressiveren Verhalten.

Wenn man in einer Situation in einem negativen Regelreis gefangen ist, kommt es zu einer gegenseitigen Verstärkung von Ursache und Wirkung („Teufelskreis" bzw. Selbstverstärkung).

▶ **Brain Teaser** Ursache und Wirkung sind nicht immer klar definierbar!

Erkennen der Grundursache

Im Trubel des Geschäftslebens ist man geneigt, sehr schnell die „Ursache" für ein Problem zu benennen. In der Regel ist dieser Anlass selbst nur eine Ausdrucksform einer noch tiefer liegenden Ursache. Eine medizinische Behandlung, die nur Symptome bekämpft, kann in Analogie zu einem Problem im Arbeitsleben gesehen werden, bei dem Sie immer wieder die gleichen oberflächlichen Ursachen bekämpfen. Oft ist es sogar so, dass Manager gegen die Wirkungen der Ursachen, die sie selbst herbeigeführt haben, zu Felde ziehen und damit klarerweise auf verlorenem Posten stehen. Wenn Sie hingegen mehrmals „Warum?" fragen, gelangen Sie an den Kern eines Problems. Hier ist ein Beispiel:

- Der Kunde hat Ware A statt Ware B geliefert bekommen. Warum?
- Weil der Lagerarbeiter unachtsam war. Warum?
- Weil er zu viel zu tun hatte. Warum?
- Weil es einen Arbeitsrückstand im Lager gab. Warum?
- Weil der Stapler zwei Tage lang defekt war. Warum?
- Weil der Stapler nicht ordnungsgemäß gewartet wurde. Warum?
- Weil das Instandhaltungsbudget im Lager gekürzt worden war. Warum?
- Weil das Management das Lager für nicht besonders wichtig erachtet hatte.

In diesem Fall würde eine Bestrafung des Lagerarbeiters zwar dazu führen, dass dieser in den nächsten zwei Wochen aufpasst wie ein Luchs, dass danach aber wieder alles „beim Alten" ist. Geben Sie sich daher nie mit der ersten Erklärung für ein Problem zufrieden. Fragen Sie nach, und arbeiten Sie sich an die Wurzel vor, von wo aus Sie das Problem so anpacken können, dass es tatsächlich eliminiert wird. Es gibt eine Reihe von einfachen Werkzeugen (*fishbone diagram (6M), loss causation model, fact tree analysis* → siehe Internet), die diese Ursachensuche erleichtern. Am besten machen Sie die Analyse im Team. Die Zeit für die Suche nach den Grundursachen sich im Betrieb manifestierender Schwierigkeiten und deren Behebung ist gut investiert.

Die Bedeutung von Organisationen

Eine Organisation ist ein aus Individuen, die gemeinsame Ziele verfolgen, gebildetes soziales System. Der Zweck einer Organisation besteht darin, der Außenwelt (Gesellschaft) einen definierten Nutzen zu stiften. Organisationen oder Hierarchien gibt es in fast allen Bereichen des täglichen Lebens, von der Kirche, Armee, Politik und Wirtschaft bis hin zu Gewerkschaften und Universitäten. Unsere heutige Gesellschaft ist geprägt von einer Vielzahl großer, organisierter Institutionen. Die Unternehmungen, in denen wir arbeiten, helfen den meisten von uns nicht nur, ihr Brot zu verdienen, sondern sind auch Mittel zum Zweck für Gemeinschaft, Freunde, soziale Anerkennung, Sinnstiftung sowie Messlatte für individuelle Leistung und Zufriedenheit [70].

Von den 100 weltweit größten Wirtschaftseinheiten, gemessen nach Bruttoinlandsprodukt (BIP) bzw. am Umsatz, sind 44 Staaten und 56 Firmen [70]. Dass diese Macht ausüben können, steht außer Frage. Organisationen beschäftigen eine große Anzahl an Mitarbeitern. Sie sind auch unmittelbare Kunden diese Ursachensuche erleichternfür Selbständige (außer Sie betreiben ein kleines Dienstleistungsgeschäft wie beispielsweise einen Frisiersalon oder ein Restaurant).

Für den Einzelnen ist eine Organisation ein Vehikel, seine Fähigkeiten zu nutzen und dafür entlohnt zu werden. Peter Drucker schreibt in [23]: *„Organization is a means of multiplying the strengths of an individual."*

Sinnhaftigkeit von Prozessen und Strukturen

Viele Hochbegabte leiden unter starren Vorgaben und engen, klar definierten Aufgabenbereichen für den einzelnen Mitarbeiter in großen Organisationen. Sie fühlen sich eingeengt und lamentieren darüber, dass Initiative und Kreativität von Kollegen und Chefs nicht immer positiv aufgenommen werden. Anstatt ein kleines, fremdbestimmtes Zahnrad zu sein, wären sie lieber unabhängig und freier in ihrem Schaffen.

Das Wesen einer Organisation ist jedoch Arbeitsteilung zwecks Effizienz. Ein kleines Familienunternehmen kann von einem tüchtigen, „hemdsärmeligen" Chef alleine gemanagt werden. Ein Großkonzern lässt sich so nicht führen. Damit eine größere Organisation funktioniert, benötigt man Spezialisten, die sich auf einzelne Aufgaben konzentrieren, und deren Schnittstellen klar definiert sind. Aus diesem Grund bedarf es genauer, vorgegebener Prozesse und Strukturen.

Einzelmaßnahmen sind immer teuer und zeitaufwendig. Durch die Standardisierung von Geschäftsvorgängen wird eine Organisation effizient und effektiv (Erzielung von Skaleneffekten).

Der einzelne Mitarbeiter kann gedeihen, wenn er eine Sache gut beherrscht. Die Organisation nützt so seine Stärken und macht seine Schwächen irrelevant. Als Einzelunternehmer bräuchte er eine Vielzahl weiterer Kompetenzen und könnte sich nicht uneingeschränkt auf den Ausbau seiner Hauptkompetenz konzentrieren.

Organisationen sind für Durchschnittsmenschen geschaffen. Sie bieten Hochbegabten viele Möglichkeiten. Zu bedenken ist, dass nicht jeder Hochbegabte dort glücklich werden wird.

Verkehrsplaner oder Polizist?

Wie lässt sich der Verkehr auf einer hochfrequentierten Kreuzung durch einen Hochbegabten am besten regeln?

Möglichkeit A: Durch ein Ampelsystem, das ein Hochbegabter entworfen hat.

Möglichkeit B: Durch einen Hochbegabten, der in der Kreuzung steht und mit der Kelle die Autos hindurch winkt.

Dieses Beispiel veranschaulicht Ihnen zwei Kerngedanken über Prozesse und Strukturen in Organisationen, die als gut gelten können:

- Ein Prozess regelt die Abläufe, ohne dass ein (hoch)begabter Mitarbeiter permanent korrigierend eingreift.
- Auch für den Hochbegabten ist es befriedigender, einen passenden Prozess zu kreieren, als dauernd „Polizist" zu spielen.

Firmen funktionieren mit Durchschnittsmenschen, die nach guten Prozessen arbeiten, besser als mit Hochbegabten, die unkoordiniert vor sich hinwerken und dauernd neue „brillante" Ideen und Lösungen gebären. Mit „besser" ist hier der Grad ihrer Zielerreichung gemeint.

In diesem Zusammenhang wird ein Manager bei Toyota während einer Werksführung in einem Autowerk zitiert: *„Ich erhalte bei der Verbesserung unserer Wertströme weitaus brillantere Ergebnisse von durchschnittlichen Managern, die brillante Prozesse einsetzen, während bei der Konkurrenz zwar brillante Manager arbeiten, jedoch diese viel schlechtere Ergebnisse erzielen, weil sie schlechte Prozesse einsetzen."*

Toyota ist bekannt dafür, mit gewöhnlichen Mitarbeitern Außergewöhnliches zu leisten.

▶ **Tipp für Hochbegabte** Denken Sie an obiges Beispiel, und lehnen Sie Vorschriften und Prozesse in Unternehmen nicht kategorisch ab, denn sie haben ihre Berechtigung. Ungeeignete Prozesse können Sie ja durch andere ersetzen!

▶ **Tipp für Manager** Sorgen Sie dafür, dass die wesentlichen Geschäftsprozesse in Ihrer Abteilung sauber abgebildet sind, und stehen Sie hinter diesen. Sie werden so viel Zeit und Arbeit sparen.

Persönlichkeit und Arbeitsverhalten

Über den Charakter eines Menschen wird häufig schnell und flüchtig geurteilt. Es gibt zahlreiche Methoden, die Persönlichkeit von Invididuen vor dem Hintergrund der Arbeit zu beschreiben. Unter Persönlichkeit versteht man Eigenschaften und Verhaltensweisen eines Menschen, mit denen er auf bestimmte Situationen reagiert.

Die Chinesen setzten schon vor über 4000 Jahren standardisierte Tests ein, um Mandarine (hohe Staatsbeamte) auszuwählen. Ebenso liefert das Alte Testament Hinweise darauf, dass Richter nach individuellen Unterschieden ausgesucht wurden [37]. Unternehmen setzen Persönlichkeitstests zur Personalselektion ein, um „Fit" bzw. „Misfit" eines Bewerbers mit der Organisation vorherzusagen, indem sie von der Persönlichkeit auf das Arbeitsverhalten in gegebenen Situationen schließen. Es gibt keinen absolut perfekten Mitarbeiter, der in jede Stelle und in jede Organisation hineinpasst. Die jeweils vorherrschende Unternehmenskultur macht unterschiedliche Mitarbeitertypen erfolgreich.

Die Persönlichkeit eines Menschen lässt sich mithilfe der „**Big Five**" beschreiben. Unter den Big Five, auch Fünf- Faktoren- Modell (FFM) genannt, versteht man ein Modell der Persönlichkeitspsychologie. Nach diesem lexikalischen Ansatz lassen sich alle Eigenschaften eines Menschen, zu denen es in den Wörterbüchern der jeweiligen Sprachen über 10.000 Adjektive gibt, in fünf Faktoren aufteilen. Dies sind:

- Neurotizismus,
- Extraversion,
- Umgänglichkeit,
- Offenheit für Erfahrungen,
- Gewissenhaftigkeit.

Neurotizismus (emotionale Stabilität) ist die Tendenz, negative Affekte wie Traurigkeit oder Furcht zu empfinden. Neurotiker sind ständig angespannt und nervös, und sie haben ein geringes Selbstwertgefühl.

Extraversion (soziale Orientierung): Facetten sind Geselligkeit, Gesprächigkeit und das positive Wahrnehmen von Umgang mit anderen Menschen. Extraversion ist eine interpersonelle Dimension, genauso wie

Umgänglichkeit (soziale Kompetenz): Die zwei Pole dieser Dimension sind Fürsorglichkeit/Altruismus und Feindseligkeit/Egoismus. Verträglichkeit ist – im Gegensatz zu den anderen Big- Five- Persönlichkeitsfaktoren unabhängig von der Intelligenz [20].

Offenheit für Erfahrungen: Sie wird manchmal auch als Intellekt bezeichnet.

Gewissenhaftigkeit (Sorgfalt, Pflichtgefühl, Durchhaltevermögen) ist für beruflichen Erfolg besonders ausschlaggebend, über alle Branchen, Erfahrungen und Tätigkeiten hinweg. Leistungsorientierung, Verlässlichkeit und Ordnung sind die wichtigsten Komponenten von Gewissenhaftigkeit [105]. Nach [20] korreliert hohe Gewissenhaftigkeit mit hoher akademischer und hoher beruflicher Leistung.

Die Einflüsse von Genetik und Umwelt auf diese fünf Faktoren werden etwa gleich stark eingestuft [178]. Die meisten Eigenschaften eines Menschen sind erlernbar. Die *Big Five* haben sich als unabhängig von der Kultur eines Menschen herausgestellt. Jeder Mensch trägt ein „Persönlichkeitsinventar" mit sich, welches in der Jugend noch schwankt, ab dem 30. Lebensjahr jedoch stabil bleibt. Weitere Informationen zu den *Big Five* lesen Sie in [179]. Wie man als Führungskraft die *Big Five* nutzen kann, um seine Wirksamkeit zu steigern, steht in [180].

Zusammenfassend kann man also sagen, dass die Annahme, als *Leader* werde man geboren, nicht zutreffend und sogar gefährlich ist: Sie fördert die Selbst- Illusion und schwächt die zu übernehmende Verantwortung des Einzelnen.

In [5] wird beschrieben, dass die Organisationsstruktur sowie die Umweltfaktoren einen wichtigeren Einfluss auf die Effektivität einer Organisation haben als ihre Führungskräfte. Diese Erkenntnisse wurden beispielsweise aus der Studie von Fällen der Führungsnachfolge gewonnen. Zur Bedeutung von Führungskräften bzw. der Organisationsstruktur für das Funktionieren einer Organisation gibt es sehr kontroverse Erkenntnisse der Literatur [26], ebenso zur Frage, was nun eine Führungskraft wirksam macht [26]. Die Schlussfolgerung in [5] lautet: „*The management of organizations is not about being or who you are. It is about acting and what you do and accomplish.*"

Management und Psychologie

Bei Führung handelt es sich um ein psychologisches Phänomen. Psychologie ist, so wie Management, eine „weiche" Disziplin. Pionierarbeiten zur Entschlüsselung menschlichen Verhaltens wurden von Sigmund Freud (1856–1939), dem Begründer der Psychoanalyse, geleistet. Der Großteil des Einflusses, den wir auf unsere Umgebung auszuüben glauben, ist nach Freud nur imaginär [2]. Ebenso wie es keinen Guten ohne Sünder, keinen Arzt ohne Patienten, keinen Coach ohne Coachee und keinen Pfarrer ohne Herde gibt, existiert auch keine Führungskraft ohne Geführte.

Ein wichtiger Aspekt in der Psychologie ist die Logik. Menschen sind irrationale Wesen, und so basiert auch ein großer Teil von Führung und Zusammenarbeit in großen Organisationen allgemein auf den **Gefühlen** der agierenden Personen. Diese Beobachtung sollte Hochbegabte hellhörig machen!

▶ **Brain Teaser** „Gefühle sind Fakten."

Als Manager agieren Sie nicht nur mit harten Fakten, sondern vor allem mit Menschen. Eine Ihrer Aufgaben ist es, die Richtung vorzugeben und vor allem in Zeiten des Umbruchs eine Art „Fels in der Brandung" zu sein. Sie sind es, der Ihren Mitarbeitern bisweilen Hoffnung spendet. Napoleon Bonaparte (1769–1821) wird zitiert als: „*A leader is a dealer in hope.*"

Apropos Hoffnung: Darauf sollten Sie als Manager nicht zu stark bauen. Natürlich gibt es reale Hoffnungen wie Marktchancen. Diese sind von irrealer bzw. neurotischer Hoffnung zu unterscheiden. Für reale Hoffnungen wird zumeist etwas geändert: Denken, Verhalten und Strategie.

Die Rolle von Charisma

Eng mit **„Leadership"** verknüpft ist das Bild eines charismatischen Führers. Management wird als Sachbearbeitertum dargestellt, wohingegen „Leadership" an charismatische Persönlichkeiten geknüpft wird. Der Markt ist voll von Angeboten, wie man sein Charisma steigern könne, doch was ist **Charisma** überhaupt? Damit ein Anführer von seinen Gefolgsleuten als charismatisch erlebt wird, kommt es zum Zusammenspiel von fünf Elementen [181]:

- eine außergewöhnliche, besonders begabte Person (zum Beispiel ein „Hochbegabter"),
- eine soziale Krise oder sonstige Situation der Verzweiflung,
- eine Vision, ein Satz von Ideen zur radikalen Lösung der Krise,
- Gefolgsleute, die von der außergewöhnlichen Person begeistert sind und ihr besondere
- Fähigkeiten zuschreiben,
- die Bestätigung der außergewöhnlichen Fähigkeiten dieser Person durch wiederholte Erfolge.

Charisma ist nach dem Stand der Forschung ein soziologisches Phänomen, das einen hochbegabten Anführer mit radikaler Vision benötigt, der damit eine erlebte Krise in Angriff nimmt. Charismatischen Führern werden sowohl bestimmte Eigenschaften, als auch bestimme Verhaltensweisen zugeschrieben.

Der Ausdruck **„Krise"** bezeichnet einen Zustand, in dem von einem System erwartet wird, eine Situation zu meistern, für die die bestehenden Ressourcen, Strukturen, Mechanismen und Vorschriften nicht geeignet sind. Sie ist eine Situation, in der wichtige Ziele gefährdet werden. Sie tritt plötzlich auf und lässt den Betroffenen wenig Zeit zu reagieren.

Eine Krise alleine bringt keinen charismatischen Führer hervor. Es ist die Reaktion auf eine Krise, welche in den Augen der Menschen einen charismatischen Führer entstehen lässt.

Manche Autoren, Trainer und Berater stellen die Vision[12], andere die Krise in den Vordergrund. Die Forschung zeigt jedoch, dass das Zusammenspiel aller fünf Faktoren, wie oben erwähnt, notwendig ist, damit Charisma entsteht.

---

[12] Laut Fredmund Malik fand sich *„bis Anfang der neunziger Jahre … im Brockhaus unter dem Eintrag ‚Vision' ‚Gesichts- oder Sinnestäuschung'. Und genau das war es. Der Begriff der Vision hat den Träumern doch nur die Möglichkeit gegeben, sich wichtig zu machen. Viel bedeutsamer wäre es, eine bodenständige Unternehmensstrategie zu entwickeln. Was wir brauchen, ist eine neue Nüchternheit"* [182].

Bei J. F. Kennedys Programm zur Mondlandung der USA stand beispielsweise die Vision klar im Zentrum. Erfolgreiche Unternehmenssanierer *(turnaround manager)* handeln aus einer Krise heraus. Ein Paradebeispiel ist Lee Iacocca, der den Turnaround bei Chrysler geschafft hat.

Das Mondprogramm trug stark zu Kennedys Charisma bei, ebenso wie die Sanierung Chryslers zu dem von Iacocca. Wer ein krisengeschütteltes Unternehmen nachhaltig aus der Verlustzone manövriert, erzeugt Charisma für sich. Klassische Hebel für eine **Unternehmenssanierung** sind übrigens:

- Optimierung im Einkauf,
- Verbesserung der Prozesse im Unternehmen (Steigerung von Effizienz und Effektivität),
- Verlagerung der Fertigung in das günstigere Ausland,
- Abstoßen von unrentablen Geschäftsbereichen,
- Outsourcing.

Es wurde beobachtet, das Charisma auch entstehen kann, wenn Anführer kleine Krisen meistern und sich erfolgreich mit einfachen Themen beschäftigen [181]. Charismatische Persönlichkeiten führen in gewisser Weise „natürlich" und automatisch. Ein charismatischer Führer steigt in den Köpfen der Menschen zu einem Identifikationssymbol auf, und er fordert Loyalität, Vertrauen und Hingabe seiner Gefolgsleute [54].

Charisma wird überbewertet. Manager brauchen kein Charisma, und auch Leadership ist nicht gleichzusetzen mit exotischen Charaktereigenschaften oder Charisma, wie schon John P. Kotter feststellte [16]. Führung ist auch ohne Charisma möglich – und sogar die Regel.

In einer Krise können Sie sich als Manager bewähren. Schönwettermanager gibt es viele.

In einer Krise lernt man als Manager auch viel mehr als in ruhigen Zeiten.

Die Popularität von George W. Bush stieg von 50 % auf 93 %, als er unmittelbar nach dem 11. September 2001 das „Böse" scharf verurteilt hatte [13]. Die Krise, die unerwartet über Amerika hereingebrochen war, hat die Beliebtheit und das Charisma des Präsidenten „automatisch" emporkatapultiert, noch bevor er konkrete Aktionen gesetzt hatte.

Der charismatische Leader entspricht dem Öffentlichkeitsbild des idealen Managers – andererseits gibt es viele „farblose" Manager, die nicht auffallen. Dafür sind sie wirksam und bringen Leistung – und das beständig. Sie sind so mitunter mehr Manager als die Charismatiker. Peter Drucker spricht im Zusammenhang mit einem charismatischen Manager von einem *„Boardroom Elvis Presley"*. Charisma kann auch für den Führer gefährlich sein, und zwar dann, wenn er sich für unfehlbar und unbesiegbar zu halten beginnt. Charismatiker sind generell unflexibel. Die Gefahr von charismatischen Führern ist, dass ihre Anhänger jede absurde bzw. merkwürde Idee unkritisch übernehmen. Charismatische Führer und die Werbung versuchen, Menschen durch das Anbieten von Versuchungen zu verführen. Versuchungen zu widerstehen – wie Odysseus den Sirenen – ist bekanntlich nicht einfach.

Das Konzept von Charisma führt unmittelbar zu einem weiteren, überbewerteten Thema aus der Leadership- Ecke: der „Great- Man"- Theorie.

Great Man Theory

There are no great men. There are only great challenges which ordinary men are forced by circumstances to meet.
William F. „Bull" Halsey (1882–1959), Admiral der US Navy

Alte Sagen, ob aus Griechenland, Rom, Island, ja sogar Erzählungen aus dem Alten und Neuen Testament, haben Große Führer zum Inhalt.

Alexander der Große, Karl der Große, der große Führer Genosse Kim Il- Sung – sie verdeutlichen den Personenkult um manche „großen" Führungspersönlichkeiten.

Führungserfolg ist, im Gegensatz zur bis vor 50 Jahren vorherrschenden Meinung, kein unerklärliches Phänomen. Führungskräfte benötigen keine charismatischen, „geborenen" Leader- Persönlichkeit. Führung ist erlernbar.

Von 1930 bis 1940 herrschte die Meinung vor, Leader hätten gemeinsame Wesenszüge und Merkmale, mit denen sie geboren würden [183]. Dieser Schule folgte die Bewegung, Führung sei erlernbar und nicht angeboren. Effektive Führungskräfte würden bestimmte Stile und Verhaltensweisen anwenden, um sich situationsangepasst zu verhalten [184]. R. M. Stogdill stellte die in der bisherigen Führungsliteratur diskutierten Eigenschaften von Leadern in Frage und katalysierte so den Wandel der Frage nach dem, was Leader sind, zu dem, was Leader tun [3].

Viele Behauptungen zum Wesen von Führung entspringen mehr Anekdoten und einer philosophischen Diskussion, die mitunter schon an religionsartige Überzeugungen stößt. Auch kommt es vor, dass Studien über Führung das Umfeld vernachlässigen, obwohl klar ist, dass Führungskraft und Mitarbeiter nicht im Vakuum miteinander agieren. Studien und Untersuchungen zu Führung befassen sich zumeist mit der direkten Führung im Gespann Führungskraft und Mitarbeiter. Die Führung von Gruppen und über mehrere Ebenen einer Organisation hinweg erfährt weniger Beachtung. Für eine ausführlichere, wissenschaftliche Übersicht zu Lehrmeinungen über Führung siehe beispielsweise [45].

Im Gegensatz zum Intellekt ist Management ein soziales Phänomen, welches sich durch den Umgang mit Menschen erlernen und verfeinern lässt.

Eine Studie aus 2007 [185] hat das Thema, ob man als Leader geboren oder erzogen werde (*nature vs. nurture*), neu aufgegriffen und kam zu der Erkenntnis, dass die Umwelt einen entscheidenden Einfluss auf die genetisch bedingten Anlagen eines Menschen für Führungsrollen ausübt (gewissermaßen ein *„Nurture- by- Nature"*- Prozess).

Basis dieser Untersuchung waren frühere Forschungsergebnisse, nach denen individuelle Unterschiede in Aspekten des Intellekts und des Verhaltens von Menschen eine genetische Komponente besitzen. Etwa 30 % der individuellen Unterschiede, die Menschen in Bezug auf die Übernahme von Führungsrollen aufweisen, können auf latente genetische Faktoren zurückgeführt werden [186]. Die Frage, der nachgegangen werden sollte, war, ob genetische Veranlagungen die Führungskräfteentwicklung durch diverse Maßnahmen und Programme eher behindern oder eher fördern.

Die Entwicklung von Führungskompetenz und das Auftauchen neuer Führer braucht zwischenmenschliche Konflikte und Widrigkeiten. Die Fähigkeit, aus negativen Situationen zu lernen und daran zu wachsen, macht einen zum Leader [187]. Daher ist zur Ausformung und Umsetzung von Führungspotenzial, im Gegensatz zu Intelligenz, definitiv ein Lern- und Entwicklungsprozess nötig [188]. In [188] wurden folgende Einflüsse untersucht:

- sozioökonomischer Status,
- wahrgenommene Unterstützung durch die Eltern,
- wahrgenommene Konflikte mit den Eltern.

Die Untersuchungen zeigen, dass eine fördernde Umgebung in der Jugend genetische Unter- schiede ausgleicht [188].

Die Literatur liefert auf die Frage, ob Persönlichkeitseigenschaften einer Führungskraft deren Effektivität beeinflussen oder nicht, mehrdeutige, inkonsistente Antworten. Jedenfalls kann Leadership NICHT vollständig durch Persönlichkeit erklärt werden. Die Persönlichkeit einer Führungskraft wurde zu 31 % mit ihrem Erfolg in Zusammenhang gebracht, wobei geistige Fähigkeiten und Gewissenhaftigkeit am relevantesten sind [189]. Eine andere Studie [190] fand keinen Zusammenhang zwischen Führungserfolg und Gewissenhaftigkeit. Geistige Fähigkeiten werden in der Literatur über Management oft als angelernte Fähigkeiten, und nicht als angeborene Eigenschaften, gesehen [5]. Nach [26] sind Fertigkeiten und Methoden zur wirksamen Führung wichtiger als Persönlichkeitsmerkmale der Führungsperson.

Entscheidend ist, ob und wie ein Leader handelt [5]. C. Hodgkinson drückte dies so aus: „*The world of the manager is the world of actions.*" [191]. Nach Marie von Ebner- Eschenbach gibt es für das Können auch nur einen Beweis: das Tun.

Es sind immer die Taten eines Managers, die zu Ergebnissen führen, und nicht sein Charakter bzw. seine Persönlichkeit. Taten werden zwar von Eigenschaften bzw. der Persönlichkeit beeinflusst, es gibt jedoch auch weitere Faktoren: Verhalten resultiert aus den Eigenschaften einer Person und der jeweiligen Situation. Was von beiden sich stärker auswirkt, wird heftig debattiert und polemisiert [5]. C. J. Vinkenburg hat herausgefunden, dass die situationsbezogenen Faktoren im Allgemeinen einen stärkeren Einfluss auf das Verhalten von Managern haben als ihre Persönlichkeitsfaktoren [192].

Eigenschaften können als Vorbedingung angesehen werden. So wurde festgestellt, dass effektive Firmenlenker nicht etwa jenen Führungsstil praktizieren, der ihrem Naturell am besten entspricht, sondern jenen, der den Bedürfnissen der aktuellen Situation gerecht wird [5].

Es wurde auch festgestellt, dass Menschen, die in bestimmten Situationen als *Leader* auftreten, in anderen Situationen nicht als Anführer geeignet sind bzw. nicht als Anführer in den Vordergrund treten [193].

Führung ist lernbar, und es bedarf keines geborenen großen Führers. Stattdessen sollte ein Manager sich auf wirksame Führung konzentrieren.

Nature vs. nurture – die freie Wahl

The history of free men is never written by chance but by choice – their choice.
Dwight D. Eisenhower (1890–1969), 34. Präsident der Vereinigten Staaten

Bei der *Nature-vs.-Nurture*-Debatte von der Entstehung von Führungsqualitäten handelt es sich um eine unzulässige Dychotomie – es ist der freie Wille, die Wahl eines Menschen, *leadership* zu übernehmen, die den Unterschied ausmacht.

Die Freiheit zu wählen und eigenständige Entscheidungen treffen zu können ist für Menschen in allen Lebenslagen wichtig.

2.21 Allgemeine Anregungen für Manager

Achtung vor gut gemeintem Rat

Egal, ob Sie um Rat gefragt haben oder nicht – viele Menschen lieben es, Ratschläge zu erteilen und weise Sprüche loszulassen. Oftmals steht ihr eigenes Handeln im Gegensatz zu den verkündeten Sprüchen.

Es ist leichter, anderen mit Weisheiten zu dienen, als sich selbst.
François Duc de La Rochefoucauld (1613–1680), französischer Literat und Moralist

Ratschläge kosten den Ratgeber quasi nichts und sind für diesen eine angenehme Möglichkeit, ein Problem zu behandeln. Anstatt dieses wirklich anzupacken, wird es nur knapp angesprochen. Ratschläge erteilen (= raten und schlagen) ist eben einfacher als seinem Gegenüber zuzuhören, ein Problem zu analysieren und zu verstehen.

> **Brain Teaser** Manch einer verdankt seinen Erfolg den Ratschlägen, die er nicht angenommen hat!

Prüfen Sie zuerst, aus welchem Mund der Ratschlag kommt. Kennt sich der Betreffende wirklich aus, können Sie ihm trauen? Ein Augenarzt mit Brille, der Ihnen zu einer Laserbehandlung rät, ist genauso unglaubwürdig wie so manche Finanzberater, die Ihnen unmittelbaren Reichtum verheißen, ihr Wissen aber offenbar selbst noch nicht zu Gold zu machen vermochten.

Zahlreiche Menschen plappern unreflektiert Sprüche und banale bzw. auch falsche Erkenntnisse nach oder reißen diese aus dem Zusammenhang. Wenn viele Menschen etwas behaupten, heißt das daher noch lange nicht, dass es richtig ist.

Schlussendlich sei auch noch bemerkt, dass konventionelle, erprobte Weisheiten veralten und ihre Gültigkeit verlieren können.

> **Tipp** Fahren Sie Ihre eigene Linie. Große Führungspersönlichkeiten machen nur deshalb einen echten Unterschied, weil Sie sich von der grauen Masse der Manager abheben.

Dennoch sollten Sie sich Anregungen zumindest anhören bzw. Feedback annehmen.

Bilden Sie sich – und stehen Sie zu Ihrer eigenen Meinung

Aussagen *(statements)* bekannter und für die jeweilige Organisation wichtiger Personen werden von vielen Menschen unreflektiert wiedergegeben. Denken Sie zuerst über den Sinn und Zusammenhang nach, bevor Sie etwas von sich geben, das jemand anderer behauptet hat.

Genormte Meinung gilt als normal. Somit erscheint der, der sich tatsächlich eine eigene Meinung gebildet hat, als dumm oder seltsam, und seine Meinung wirkt falsch.

Aufgrund der vielen Optionen, die Hochbegabte typischerweise sehen, kann es ihnen schwerfallen, einen Standpunkt zu beziehen. Wenn sie auf eine allgemeine Frage nur ein knappes „Es kommt darauf an" erwidern, weil sie eine Unzahl an Eventualitäten durchgedacht haben, vertritt der Gesprächspartner vermutlich einen der folgenden Standpunkte:

- Mein Gesprächspartner ist arrogant. Er will mit mir nicht über das Thema reden, wobei er eine eigene Meinung haben müsste.
- Seltsam, dass mein Gesprächspartner, obwohl er sich in der Materie auskennen müsste, keine Stellung beziehen kann.

Wenn Sie sich eine eigene Meinung gebildet haben, stehen Sie dazu, und vertreten Sie sie mit sachlichen Argumenten. Wenn Sie sich nicht sicher sind, erwähnen Sie mögliche Einschränkungen Ihrer Aussage.

Entwickeln Sie Ihren eigenen Stil

Jeder Manager sollte seinen eigenen Stil (*style*) entwickeln, bei dem anhand kleiner Details seine persönliche Note zu erkennen ist. Jack Welch beispielsweise verteilte handgeschriebene Dankzettel. Fragen Sie sich: Was machen Sie anders als die Masse?

> **Brain Teaser** Menschen tun sich in der Regel leichter, den Stil eines anderen als ihren eigenen zu beschreiben.

Ein Aspekt Ihres persönlichen Stils ist Ihre Kleidung, ein weiterer die Muster, nach denen Sie Ihre Handlungen auslegen. Ihre Sprache ist ein ganz wichtiges Element.

Vermeiden Sie Pauschalurteile

Es ist gefährlich, absolute Aussagen zu treffen, außer, Sie sind sich wirklich sicher. Wenn Sie Begriffe wie „alle", „niemals", „immer" oder „absolut" verwenden, lassen Sie keinen Raum für Optionen offen. Auch, wenn die Aussage stimmt, werden Sie von Ihrem Umfeld rasch als unflexibel und starr wahrgenommen.

Hochbegabte neigen dazu, in Diskussionen extreme Standpunkte einzunehmen. Sie sollten daher darauf achten, ihre Gesprächspartner durch Pauschalurteile nicht in die Ecke zu treiben.

Werden Sie ein aufmerksamer Zuhörer

Unterbrechen Sie Ihr Gegenüber nicht, auch, wenn Sie ein starkes Bedürfnis dazu verspüren. Ermutigen Sie Ihre Mitarbeiter – gerade die introvertierten Hochbegabten – zu sprechen. Zuhören ist eine Kunst, die für Manager besonders wichtig ist. Im Fall eines Konflikts sollten Sie alle betroffenen Seiten angehört haben und sich auch ein Bild durch die Meinung Dritter gemacht haben, bevor Sie eine Schlussfolgerung ziehen.

Weitere Anregungen für Manager

Kein Manager braucht Seminare oder Bücher von selbsternannten Gurus, die neue Hypes ausrufen, seltsame Praktiken ausloben oder das Offensichtliche als Eingebung verkaufen. Die meisten Aspekte der betrieblichen Zusammenarbeit ergeben sich aus der Logik. Diese einleuchtenden Zusammenhänge sollten nie aus den Augen verloren werden.

- Konzentrieren Sie sich im Unternehmen auf Ihren **Beitrag zum Ganzen**, nicht auf Ihren Status. Auch der Vorstandsvorsitzende wird nur für seinen Beitrag zum Erfolg des Unternehmens bezahlt.
- Es gibt kein absolutes Maß für berufliche Leistungen. Gut ist das, was der Chef als gut empfindet. Richten Sie sich daher nach seinen Erwartungen.
- Die erste Regel für einen Angestellten ist, mit seinem Chef auszukommen. Das gilt für Sie als Manager sogar in stärkerem Maß als für die „untersten Ränge" der Organisation. Vermeiden Sie es daher tunlichst, Ihren Chef und den Chef des Chefs „dumm" aussehen zu lassen, beispielsweise, indem Sie ihn vor anderen korrigieren oder negativ über ihn sprechen.
- Man dient jemandem, weil man hofft/glaubt, dass es einem nützt. Geben Sie Ihren Mitarbeitern das Gefühl, dass es für sie selbst von Vorteil ist, Sie zu unterstützen.

- Jeder fragt sich *„What is in for me?"*. Angestellte arbeiten in Wahrheit für sich selbst. Leben Sie nach diesem Motto, und geben Sie es auch an Ihre Mitarbeiter weiter. Jeder Angestellte sollte seine Kompetenzen in der aktuellen Position ausbauen und sich für höhere Aufgaben qualifizieren können, die ihm eine dickere Brieftasche und größere Erfüllung bescheren.
- Die Mitarbeiter eines Managers arbeiten für ihn (persönlich, direkt) – und nicht für die Firma per se. Setzen Sie Ihre Mitarbeiter so ein, dass sie Ihre Ziele erfüllen! Dazu hat die Firma Ihnen Mitarbeiter zugewiesen!
- Niemals in Wut interagieren! Lassen Sie einen Tag verstreichen, bevor Sie auf eine Sie erzürnende E- Mail antworten. Der amerikanische Schriftsteller und Journalist Ambrose Gwinnett Bierce sagte: *„Sprich in Wut, und Du wirst die beste Rede halten, die Du je bereuen wirst."*
- Die Firmenwerte und die Führungsrichtlinien der jeweiligen Unternehmung sind der Ausgangspunkt Ihrer Führung. Beziehen Sie sich regelmäßig auf die Werte der Firma.
- Zeigen Sie stets Ihre Vorbildfunktion (*Walk the talk*).
- Reflektieren Sie über Ihre Wirksamkeit, und entwickeln Sie Ihre Führungskompetenz kontinuierlich weiter.
- Vertrauen Sie Ihren Mitarbeitern, und vergessen Sie nicht die Kontrolle der Ergebnisse. Mahnen Sie Verbindlichkeit ein.
- Machen Sie sich niemals von einem Mitarbeiter abhängig, sorgen Sie für Redundanz.
- Zeigen Sie Präsenz: Ihr Gegenüber verdient während eines Gesprächs Ihre ungeteilte Aufmerksamkeit.
- Führen Sie authentisch. Wer sich in seiner Rolle selbst verleugnet, wird keinen optimalen Job ausüben können – und auch nicht glücklich dabei sein.
- Lassen Sie Konflikte nicht eskalieren, und kehren Sie sie nicht unter den Tisch.
- Packen Sie nicht zu viele Dinge an, sondern verfolgen Sie einige wenige konsequent.
- Klare Verantwortungen: Jeder Mitarbeiter braucht sauber definierte Ziele. Vor allem jene, die in Matrixorganisationen stecken, wollen dringend mitgeteilt bekommen, was vonseiten der Firma (Ihnen) von ihnen erwartet wird. Ein Diener zweier Herren ist in der Regel verwirrt; Bei drei Herren ist er ein freier Mann.
- Kommunikation: Denken Sie immer an Ihre Zuhörer bzw. Gesprächspartner. Bemühen Sie sich, für die jeweilige Zielgruppe zu schreiben und zu sprechen.
- Mitarbeiter sind unterschiedlich. Die Regeln der Organisation gelten für alle, die Behandlung bzw. das Management des Einzelnen sollte zwecks Optimierung der Wirksamkeit individuell angepasst sein, unter anderem bei hochbegabten Mitarbeitern.
- Achten Sie auf Ihre Work-Life-Balance.
- Aufgeräumter Schreibtisch: Der Ordnungsgrad Ihres Büros wird mit Ihrer Organisationsfähigkeit in Verbindung gebracht.
- Keine Angst vor guten Mitarbeitern! Wenn Sie starke Mitarbeiter haben, stärkt das Ihre Position als Chef.
- Minderleistende Mitarbeiter nicht wegloben: Finden Sie andere Möglichkeiten, diese auf die Leistungskurve zurückzuholen oder anders im Unternehmen unterzubringen.

Wenn Sie schwache Mitarbeiter wegloben, vernichten Sie Ihre eigene Reputation, was Ihnen weitere schwächelnde Mitarbeiter bescheren wird.
- Von jeder Abteilung wird erwartet, eine geschlossene Meinung nach außen zu vertreten. Die Meinungsfindung erfolgt im Team. Differenzen sind erlaubt und erwünscht. Sobald sich das Team auf eine Meinung geeinigt hat, stellen Sie sicher, dass alle Teammitglieder diese auch so vertreten.
- Unterlassen Sie es, eine Person vor anderen zu kritisieren. Damit würden Sie beide das Gesicht verlieren.
- Merken Sie sich Namen und Gesichter. Man wird Sie als wertschätzend in Erinnerung behalten.
- Tragen Sie ein Notizbuch bei sich, um Wichtiges gleich zu notieren.
- Geben Sie klare, unmissverständliche Botschaften.
- Tragen Sie immer Visitenkarten bei sich.

Anregungen für Jungmanager

Managen lernt man durch Erfahrung. Als Jungmanager ist es daher hilfreich, sein Handeln und dessen Auswirkungen kritisch zu beobachten. Versuchen Sie dabei nicht, es allen Recht zu machen Das ist schlichtweg nicht möglich. Personen im mittleren Management und Projektmanager machen sich besonders oft zu viele Gedanken darüber, ob sie beliebt sind [77]. Rund 50 % von Österreichs Managern leiden unter ihrem Gewissen [116].

Fahren Sie Ihre Linie und machen Sie einen guten Job, mit Interesse an Resultaten und Mitarbeitern. Hier ein paar Tipps für die ersten Schritte:

- Kein blinder Aktionismus.
- Keinen Ärger auf der arbeitsrechtlichen Front (Betriebsrat) verursachen.
- Keine voreiligen Selbstdarstellungsversuche.
- Keine Gewissensbisse bei unangenehmen Entscheidungen.
- Kein exzessives, inflationäres Lob für Ihre Mitarbeiter.
- Prioritätensetzung, Wissen, was wichtig ist. *„Everybody's darling is everybody's fool."*
- Falls Ihre Organisation Sie nicht richtig vorbereitet hat auf Ihre neue Rolle: Qualifizieren Sie sich durch Seminare und Bücher.
- Falls Sie gerade Ihren MBA gemacht haben: Benutzen Sie während der ersten Monate nur Ihren Hausverstand, und hören Sie auf die Leute im Unternehmen.

2.22 Weiterentwicklung Ihrer Managementkompetenzen

Unter **Managementkompetenz** versteht man in Organisationen nicht so sehr allgemeine, universell anwendbare Führungskompetenzen, sondern die Verhaltenserwartung an die Führungskraft in ihrer jeweiligen Rolle des Unternehmens.

Größere Firmen bauen die Führungskompetenz ihrer Manager unter dem Schlagwort „Führungskräfteentwicklung" systematisch auf und aus.

Um am Ball zu bleiben, bildet sich ein Spezialist laufend fort. Diese Erkenntnis ist einleuchtend. Nicht nur in dynamischen Branchen wie der Informationstechnologie veraltet Wissen rasch. Mit einem Studium hat heute niemand mehr ausgesorgt. Ohne „lebenslanges Lernen" verliert ein qualifizierter Mitarbeiter, ein sogenannter Wissensarbeiter, innerhalb weniger Jahre seine Einsetzbarkeit. Was für einen Spezialisten gilt, ist auch auf Manager anwendbar: der regelmäßige und stete Aufbau ihrer Managementkompetenzen. Dazu ist harte, kontinuierliche Arbeit erforderlich.

Als Jungmanager werden Sie sich vermutlich von ein paar einfachen, aufgeschnappten (oder angelesenen) Grundsätzen leiten lassen. Mit der Zeit wird Ihr Instrumentarium anwachsen.

Ein wichtiges Instrument dazu ist **Feedback**. Nehmen Sie konstruktive Kritik an, und reflektieren Sie regelmäßig über Ihre **Wirksamkeit**.

Niemand lässt sich gerne kritisieren. Deuten Sie Kritik als Feedback und nicht als Angriff!

Negatives Feedback gilt für den Moment. Wenn Sie sich mithilfe der Anregungen weiterentwi- ckelt haben, werden Sie ein Manager von mehr Wirksamkeit sein. Auch in sehr negativem

Feedback steckt zumeist ein Fünkchen Wahrheit. Schnappen Sie dieses auf und machen Sie etwas daraus – zu Ihren Gunsten.

Lesen Sie Bücher und Fachzeitschriften zum Thema Management, und beschäftigen Sie sich mit sich selbst. Diese Selbstreflexion ist ein Schlüssel zum Ausbau Ihrer Managementkompetenzen.

Es ist leichter, zum Mars vorzudringen als zu sich selbst.
Carl Gustav Jung (1875–1961), Schweizer Psychoanalytiker und Philosoph

> **Tipp** Übernehmen Sie Verantwortung für sich selbst, indem Sie Ihre Managementkompetenzen weiterentwickeln und aktiv Rückmeldungen einholen sowie über Ihren eigenen Stil und seine Wirksamkeit nachdenken.

2.23 Was Management nicht ist

In diesem Abschnitt sind einige Aspekte dysfunktionalen Verhaltens von Führungskräften zusammengetragen worden.

Ein Manager ist ein „Macher", jemand, der ein gestecktes Ziel mit den ihm zur Verfügung stehenden Ressourcen zu erreichen versucht. Wenn etwas nicht klappt, sucht er einen alternativen Weg.

Create the non- obvious, instead of watching the inevitable things happen by themselves.
Peter M., hochbegabter Manager

Über Hindernisse lamentiert ein Manager nicht, sondern stellt sich diesen. Weiterhin trifft ein Manager Entscheidungen, zu denen er steht. Ein Manager, der nur auf seinen Chef oder nur auf seine Mitarbeiter hört, ist nicht **professionell**. Eine klassische Metapher für einen derartigen schwachen Chef ist der „Radfahrer“: Er buckelt nach oben und tritt nach unten.

Vorsichtig sein sollten Sie bei Gurus, die „den letzten Schrei“ im Management verheißen. Springen Sie nicht auf Hypes auf, sondern managen Sie **authentisch** Ihr Team. Neben Authentizität ist **Konsistenz** wichtig. Ihre Überzeugung, Ihre Linie: darauf kommt es an und nicht, was als an neuen Erkenntnissen postuliert wird.

Achten Sie darauf, dass Ihre Körpersprache zum Gesagten passt: Ein gewichtiger Inhalt, präsentiert mit langweiligem Gesichtsausdruck, oder ein erstaunlicher Inhalt, aufgetischt mit selbst- verständlichem Gesicht, wird Ihre Zuhörer irritieren.

Weiterhin ist Management keine exakte Wissenschaft, sondern nach Peter Drucker [9] eher eine Kunst bzw. ein Handwerk, das teilweise auf Intuition beruht. Der Ansatz des „Scientific Management“ (Taylorismus) [143] gilt inzwischen als überholt. Im Buch „Lean Brain Management“ [194] wird der Ansatz neuerdings wieder popularisiert; 2006 wurde es zum „Buch des Jahres“ [195] gewählt …

Man kann Management mit Medizin vergleichen: Am Ergebnis, und das kann ein dramatisches sein, sind die Fähigkeiten der Praktizierenden zu erkennen.

Zu „lean brain“ ein paar Gedanken in einem Buch, das sich mit „more brain“ im Management beschäftigt: Obwohl sich „Lean Brain Management“ für weniger Intelligenz in Organisationen im Sinne von weniger intelligenten Mitarbeitern ausspricht, ist es doch bei richtiger Lesart ein Plädoyer für Hochbegabte. Gunter Dueck propagiert in seinem Buch [194], in Firmen an „teurer“ Intelligenz zu sparen, indem die gesamte „Intelligenz“ im System verankert wird. Er kritisiert, dass intelligente Menschen die Abläufe in Firmen komplex und kompliziert, und zwar in einem unnötigen Maß, gestaltet haben, sodass es wiederum einer großen Menge an Intelligenz bedarf, um damit zurechtzukommen. Wenn man nun die Abläufe entschlackt und vereinfacht, sodass angelernte Hilfsarbeiter einen Großteil der Arbeit machen können, lässt sich neben Intelligenz vor allem eines sparen – Geld.

Dueck schreibt: *„Routinearbeiten und Bürokratie werden oft von hochintelligenten Menschen durchgeführt, die aus verständlichen Gründen ihre gesamte Arbeit als intelligente Arbeit verschleiern, um entsprechend ihrem Intelligenzniveau bezahlt zu werden.“* Arbeitnehmer würden nach der jeweiligen „potenziellen Intelligenz“ bzw. der „Peak Intelligence“, die im jeweiligen Job nötig ist, bezahlt, und nicht nach der tatsächlich benutzten. Demnach werde Intelligenz in vielen Unternehmungen „sinnlos“ bzw. auf Vorrat gehalten, ohne in vollem Umfang benötigt zu werden. Es liege gewissermaßen eine Überkapazität an Intelligenz brach.

Komplexität ist nach [194] *„fast immer unsinnig verschwendete Intelligenz und daher Dummheit“*.

Was man in Gunter Duecks Buch nicht vergessen darf, ist, dass intelligente Systeme auch zuerst einmal geschaffen werden – dazu sind Hochbegabte prädestiniert. Somit spricht sich „Lean Brain Management“ für „more brain“ aus, allerdings richtig eingesetzt.

Last but not least: Management ist keine Position, sondern eine Funktion: Nicht das Amt, sondern die Taten machen einen Manager aus.

2.24 Berühmte Manager und Managementdenker

In den Medien besonders präsente Manager sind ein paar der unzähligen Vorstandsvorsitzenden (*CEO, chief executive officer*) internationaler Konzerne. Manche von ihnen haben nach ihrem Abdanken zu schreiben begonnen, darunter **Jack Welch** [42] und **Lee Iaccocca** [8]. Interessant sind auch die Biographien und Autobiographien von Unternehmern wie **Henry Ford** [196], dem Pionier der Massenproduktion, oder Sir **Richard Branson** [197], dem extravaganten britischen Unternehmer, Abenteurer und Eigentümer der Virgin Group, der mehr Firmen in unterschiedlichsten Branchen gegründet hat als das Jahr Tage zählt. Ihm sagte übrigens ein Lehrer voraus, er würde Millionär werden oder im Gefängnis landen, geschafft hat er beides [198].

Zu den einflussreichsten Managementdenkern gehört sicherlich **Peter Drucker** [9], der „Altmeister" des Managements. Ein weiterer bekannter Autor ist **Tom Peters** [199], der eines der ersten Managementbücher verfasste, welches eine Millionenauflage erreichte (Auf der Suche nach Spitzenleistungen, *In Search For Excellence*).

Im deutschen Sprachraum ist **Fredmund Malik** [7] mit seinem St. Galler Managementansatz eine fixe Größe, ebenso **Hermann Simon**, der Autor von *„Hidden Champions"* [148]. Als weitere wichtige Managementdenker gelten **Michael Porter** [200] (Strategie) und **Philip Kotler** [201] (Marketing).

Nicht unerwähnt bleiben soll **David Goleman** [52] als einer der Begründer des Konzepts des EQ (emotionale Intelligenz) und der emotionalen Führung [53], [202].

Dem Leser wird empfohlen, diese Werke im Original zu studieren.

2.25 Was ist Talentmanagement?

Wie viele Elemente der Alltagssprache ist „Talent" ein eher diffuser Begriff. Unter Talentmanagement (Talent- Management) versteht man die Personalpolitik einer Organisation, vielversprechende Leute zu erkennen, aufzunehmen, auszubilden, richtig einzusetzen, zu fördern und langfristig zu binden [99]. Personaler sprechen anstelle von Talent auch von „Humankapital". Durch Talentmanagement kann sich eine Unternehmung wertvolle Wettbewerbsvorteile erarbeiten. Es schafft eine Balance zwischen der Stellenbesetzung von intern und extern (*„make" vs. „buy"*), was sich vorteilhaft auf Kosten und Resultate der Organisation auswirkt. Alle Mitarbeiter eines Unternehmens verfügen über wertvolle Talente. Im Talentmanagement geht es um die Identifizierung dieser Talente sowie um die optimale Platzierung der Mitarbeiter – im Heute und im Morgen. Vor allem sind es die Schlüsselpositionen – leitende und nicht leitende Rollen – für die Talentmanagement betrieben wird. Nachfolgeplanung, sprich die Sicherstellung, dass Schlüsselpositionen in einer Organisation optimal besetzt werden können, ist ein wichtiger Teilaspekt. Somit ist die Definition von Zielgruppen der erste Schritt. Talent- Mangement lässt sich eher als ein *Mindset* denn als eine Sammlung von HR- Instrumenten verstehen. Es ist die Reaktion von Organisationen auf den demographischen Wandel, verstärkten Wettbewerb sowie den Trend abnehmender Loyalität der Mitarbeiter gegenüber ihren Organisationen.

Von Talent spricht man ganz allgemein, sobald sich auf einem beliebigen Gebiet ein bestimmtes Leistungsniveau zeigt.

Wer neue Mitarbeiter nach dem Prinzip *„Swim or Sink!"* in Organisationen einsetzt, muss damit rechnen, dass sich nicht alle von ihnen optimal einarbeiten und so nicht ihren bestmöglichen Beitrag liefern können. Die Aufgabe des Unternehmens ist es primär, den Rahmen für Erfolg zu schaffen. Talente entfalten sich in einem förderlichen Milieu [139] von selbst. Das Unternehmen gibt anspruchsvolle Aufgaben vor, damit die Mitarbeiter ihre Talente zeigen und nützen können. Im Personalwesen geht es bei der Bewertung von Talent um die Beobachtung von Verhalten. Bei Toyota sieht Talententwicklung einfach aus:

- Stellen Sie fest, was geschult werden soll.
- Schulen Sie es.
- Verifizieren Sie den Lernerfolg [87].

Personaler haben vor ein paar Jahren den „War for Talents" [203] ausgerufen, um auszudrücken, dass der Markt für umfassend ausgebildete Talente mittlerweile ein globaler ist, der sich durch den Wandel von der Industrie- zur Wissensökonomie zunehmend verschärft [99]. Die Transparenz des Arbeitsmarkts durch das Internet ist ein weiterer Grund dafür, dass Unternehmen es zunehmend schwer haben, gute und vor allem die richtigen Mitarbeiter zu finden und zu halten. Dadurch, dass im Talentmanagement teilweise besondere Ausdrücke verwendet werden, erscheint es manchen Beobachtern als *management fad* (Management- Mache bzw. - mode). Tatsache ist jedoch, dass sich Talentmanagement aus rein wirtschaftlichen Gründen ergibt, und dass es handfeste Ergebnisse produzieren kann. Es vollzieht sich in mehreren Schritten:

- Kandidaten für die Organisation interessieren,
- Kandidaten auswählen und unter Vertrag nehmen,
- Talente halten und entwickeln.

Der letzte Punkt ist der schwierigste.

Es geht beim „Talentekrieg" vor allem um einen Mangel an Nachwuchsführungskräften und bestimmten Fachkräften wie Ingenieure. In [204] wird beschrieben, dass viele Unternehmen Talentmanagement darauf beschränken, „der intellektuellen Elite im Unternehmen ein sicheres Umfeld und Perspektiven zu bieten" [131]. Man konzentriere sich auf die „Stars", die sogenannten **High Potentials**, und auf Führungskräfte, um deren Fluktuation gering zu halten. Idealerweise betrifft ein Talentmanagement- Programm die gesamte Belegschaft und kann sogar auf Menschen außerhalb der Organisation ausgedehnt werden, beispielsweise durch die Vergabe von Stipendien.

Eine einheitliche Definition für „High Potentials" gibt es nicht. Sie sind generell die „Besten der Besten" einer Organisation und – bezogen auf ein spezielles Anforderungsprofil – durch ein „exzellentes Zusammenspiel von Wissen, Wille, Können und Könnte" [139] gekennzeichnet, also „hochkompetent". Sie erfüllen ihre Aufgaben in der aktuellen Position zur vollsten Zufriedenheit und haben das Potenzial, schwierigere, zukünftige Aufgaben ebenfalls erwartungsgemäß zu meistern. High Potentials können zu Experten/Spezialisten oder zu Führungskräften entwickelt werden.

Bei „Talenten" denken viele nur an die Spitzenkräfte eines Unternehmens. **Leistungsträger** sind natürlich auch alle anderen tüchtigen Arbeitnehmer an unterschiedlichsten Stellen im Unternehmen, auch „Handwerker, Stahlarbeiter und Krankenschwestern" [99], um eine Stelle aus der Literatur zu zitieren.

Gerade in dienstleistungslastigen Betrieben, wo das Wissen und der Kundenkontakt bei dem Mitarbeitern liegen, ist es wichtig, diese optimal auszubilden und einzusetzen.

Viele Firmen betreiben inzwischen „*Talent Mapping*" und haben eigene „Talentdatenbanken", um möglichst viele Mitarbeiter zu erfassen und optimal im Unternehmen zu platzieren.

Nachdem eine Begabung erst durch Trainings und Lernen in eine Befähigung (Kompetenz) umgesetzt werden kann, greift Talentmanagement vor dem Kompetenzmanagement [131].

Die Anforderung in Unternehmen ist nicht, die besten Mitarbeiter einzustellen, sondern die richtigen [205]. Die „Passung" (*fit, match*) eines neuen Mitarbeiters mit dem Unternehmen sollte gegeben sein. Ein befreundeter Unternehmer meint übrigens, dass eine der besten Möglichkeiten herauszufinden, ob ein Mitarbeiter etwas „taugt" und zu im passt sei, ihn auf ein Segelboot mitzunehmen.

Gestalten Sie Ihr Talentmanagement qualitativ hochwertig – und auch quantitativ. Aus dem *Performance Management* (welches einen Teil von Talentmanagement bildet) ist bekannt, dass Leistung messbar gemacht werden sollte. Dies gilt auch für Talentmanagement ganz allgemein. Die Wirksamkeit Ihres Ansatzes lässt sich anhand von zwei Größen feststellen:

- Performance der geförderten Mitarbeiter,
- Auswirkung der Initiative auf den Geschäftserfolg.

Nach einer neueren Studie unter großen, global tätigen Firmen erzielen Unternehmen mit einem ausgereiften Talent- Management- System durchschnittlich 18 % höhere Gewinne als ihre Mitstreiter [206].

Talentmanagement bereitet Mitarbeiter mit Potenzial auf zukünftige Rollen vor. Dabei gilt es, auf die Balance zwischen dem Ausgleich einiger (weniger) Schwächen und den Ausbau der Hauptstärken zu achten.

Talentmanagement ist zu wichtig, um es an einen Beratungsdienstleister auszulagern. Jedes Unternehmen, unabhängig von seiner Größe, sollte dies selbst machen. Im Idealfall erklärt die Geschäftsführung Talentmanagement zu ihrer Aufgabe und nimmt diese auch wahr. Große Unternehmen, die ihre Talentmanagement- Aktivitäten zentral koordinieren, können Effizienz gewinnen.

Was die Literatur zum Thema Talentmanagement nicht ausführlich behandelt, ist, wie das Management von talentierten Mitarbeitern im Detail gestaltet wird. Noch weniger Informationen finden sich zum Talent-Management von Hochbegabten, darunter viele Künstler und Forscher. Die talentierten, hochbegabten Mitarbeiter leisten einerseits den größten Beitrag in ihrem Unternehmen, andererseits sind sie schwierig zu managen. Organisationen sprechen vom Talentekrieg: Dieser wird auf der individuellen Ebene gewonnen oder verloren. Es ist die Wechselwirkung des direkten Managers mit den Hochbegabten, wo sich entscheidet, ob diese in der Firma bleiben oder nicht, ob sie Überdurchschnittliches leisten oder nicht. Der Kern des Talentekriegs, das Management von Hochbegabten, wird in der Literatur und von Firmen nicht wirklich behandelt. Warum dem so ist, und wie Sie als Manager damit umgehen können, erfahren Sie weiter hinten im zweiten Hauptteil dieses Buchs.

In [131], [139] und [204] finden sich allgemeine Informationen zu Talentmanagement.

Talentmanagement für KMU

KMU (Klein- und Mittelbetriebe) stellen das Rückgrat der Wirtschaft dar. Sie beschäftigen etwa zwischen 20 und 2000 Mitarbeitern. Vor allem den kleineren KMU stehen weniger (finanzielle) Möglichkeiten zur Verfügung als Großkonzernen. In Bezug auf Talentmanagement fehlen ihnen manchmal spezielle Kenntnisse, allerdings haben sie einen entscheidenden Vorteil: Sie können Talente auf einer persönlichen Basis, Fall für Fall, managen.

Für KMUs ist Talentmanagement unter Umständen noch wichtiger als für Konzerne, weil jeder Mitarbeiter einen prozentuell größeren Anteil zum Erfolg beiträgt. Das Risiko einer Fehlbesetzung steigt damit stark an.

> **Brain Teaser** KMUs sind interessante Arbeitgeber. Während Mitarbeiter in Konzernen quasi Schachfiguren sind, können fähige Leute in KMU bald ein sehr großes Verantwortungsgebiet bekommen. Die Eigentümer sind generell an einer langfristigen Zusammenarbeit interessiert.

Talentmanagement und Organisationsstruktur

Konzerne haben sich an KMU insofern angenähert, als ihre Hierarchien abgeflacht wurden. Das macht Talentmanagement entlang der Linie schwieriger, wo sich zukünftige Hoffnungsträger anhand größerer und schwierigerer Aufgaben durch inkrementelle Schritte weiterentwickeln und qualifizieren können. Eine Organisation mit vielen Hierarchiestufen erlaubt vier bis fünf Karriereschritte von einer Einstiegsposition bis „oben“, wobei das Tätigkeitsfeld und die Verantwortung mit jeder Stufe größer werden. So kann sich en Mitarbeiter schrittweise entwickeln. In einer sehr flach organisierten Firma ist das nicht so einfach. Der Pool an möglichen Kandidaten in flachen Organisationen ist ungemein größer, und die exponierten Stellen, wo sich die „Ausgewählten" bewähren können, entsprechend rar. Heute sind Jobwechsel auf der gleichen Hierarchieebene *(lateral moves)*, durch die ein Mitarbeiter sein Wissen in verschiedenen Bereichen vertiefen kann, üblich.

Vom High Potential zum Hochleister

Von „alleine" werden Ihre High Potentials keine herausragenden Manager. Es ist die Aufgabe des Talentmanagements der Organisation, sie zu entwickeln. Erst durch die entsprechenden Aufgaben, an denen sie – neben dem Abliefern von kurzfristigen Ergebnissen – langfristig wachsen können, bilden sie die nötigen Fähigkeiten aus („*exposure*"). Ein Auslandsaufenthalt ist hier eine besondere Chance.

Welche Mitarbeiter tatsächlich herausragendes Potenzial haben, lässt sich nicht immer sofort erkennen. Jede, die es in sich tragen, zeigen es nicht in allen Situationen. So beschreibt Geoff Colvin in seinem Buch „Talent Is Overrated" [207], wie Steve Ballmer und Jeffrey Immelt, die später Microsoft und General Electric anführen sollten, in jungen Jahren bei einer Konsumgüterfirma „*wastebin basketball*" gespielt haben, anstatt Leistung zu zeigen.

Ihr eigener Antrieb, in Kombination mit einem passenden Umfeld, hat schließlich zum Erfolg geführt. Talentmanagement kann das in Mitarbeitern schlummernde Potenzial wecken.

Literatur

1. Scott Adams, Best of Dilbert. Die wahnwitzigsten Episoden, besten Geschichten und skurrilsten Ratschläge, Redline Verlag, ISBN: 978-3868812671 (2010).
2. Manfred F. R. Kets de Vries, Führer, Narren und Hochstapler: Die Psychologie der Führung, Schäffer-Poeschel, 2. Auflage, ISBN: 978-3791030142 (2008).
3. Claudia C. Cogliser, Keith H. Brigham, The intersection of leadership and entrepreneurship: Mutual lessons to be learned, The Leadership Quarterly 15, 771–799 (2004).
4. Ilan Alon, James M. Higgins, Global leadership success through emotional and cultural intelligences, Business Horizons 48, 501–512 (2005).
5. Jon Aarum Andersen, Leadership, personality and effectiveness, The Journal of Socio-Economics 35, 1078–1091 (2006).
6. VDI-Bericht Ingenieurinnen und Ingenieure im Spannungsfeld zwischen Beruf, Karriere und Familie, VDI (2008). http://microsites.vdi-online.de/fileadmin/user_upload/fib/studien/200806_studie_-_beruf_karriere_familie_abschlussbericht-final_.pdf
7. Fredmund Malik, Führen, Leisten, Leben : Wirksames Management für eine neue Zeit, Campus Verlag, ISBN: 978-3593382319 (2006).
8. Lee Iacocca, Where Have All the Leaders Gone?, Scribner, ISBN: 978-1416532491 (2008).

9. Peter F. Drucker, The Essential Drucker: The Best of Sixty Years of Peter Drucker's Essential Writings on Management, Harper Paperbacks, ISBN: 978-0061345012 (2008).
10. John M. Ivancevich, Thomas N. Duening, John Ivancevich, Managing Einsteins: Leading High-Tech Workers in the Digital Age, McGraw-Hill Publishing Co., ISBN: 978-0071375009 (2001).
11. Dale Carnegie, How to win friends & influence people, Pocket Books, Revised edition, ISBN: 978-0-671-72365-1 (1982).
12. Hans-Peter Busch, Management-Handbuch für Radiologen, Thieme, Stuttgart, ISBN: 978-3131483119 (2008).
13. Robert J. Sternberg, Victor Vroom, The person versus the situation in leadership, The Leadership Quarterly 13, 301–323 (2002).
14. David W. Chan, Leadership competencies among Chinese gifted students in Hong Kong: the connection with emotional intelligence and successful intelligence, The Free Library 22 March 2007 http://www.thefreelibrary.com/Leadership competencies among Chinese gifted students in Hong Kong:...-a0162695203
15. Abraham Zaleznik, Managers and Leaders: Are They Different?, Harvard Business Review, January (2004).
16. John P. Kotter, Force For Change: How Leadership Differs from Management, Free Press, ISBN: 978-0029184653 (1990).
17. Cornelia Hegele-Raih, Was ist... Leadership?, Harvard Business Manager, Heft 4/2004: Führung (2004).
18. Thomas J. Peters, Nancy Austin, A Passion for Excellence, HarperCollins Publishers Ltd, New edition, ISBN: 978-0006370628 (1994).
19. Rensis Likert, New Patterns of Management, McGraw-Hill Inc., ISBN: 978-0070378506 (1961). [20] Claudia Wetzel, Soft Skills und Erfolg in Studium und Beruf, Waxmann, ISBN: 978-3-8309-1815-8 (2007).
21. Mary Uhl-Bien, Russ Marion, Bill McKelvey, Complexity Leadership Theory: shifting leadership from the industrial age to the knowledge era, The Leadership Quarterly 18, 298–318 (2007).
22. Sun Tzu, Die Kunst des Krieges, Verlag: Nikol Verlags-GmbH, ISBN-13: 978-3937872872 (2008).
23. Peter F. Drucker, The Effective Executive, The Definitive Guide to Getting the Right Things Done, Collins, ISBN: 978-0-06-083345-9 (2006).
24. Reinhold Haller, Mitarbeiterführung in Wissenschaft und Forschung: Grundlagen, Instrumente, Fallbeispiele, Bwv – Berliner Wissenschafts-Verlag, ISBN: 978-3830513988 (2007).
25. Gary Yukl, How leaders influence organizational effectiveness, The Leadership Quarterly 19(6), 708–722 (2008).
26. Gary Yukl, Leadership in Organizations, Prentice Hall International, 7th International edition, ISBN: 978-0138157142 (2009).
27. Travis Bradberry, A Bad Boss Can Send You to an Early Grave, http://www.todays-engineer.org/2008/Oct/seagull.asp (2008).
28. Beverly Kaye, Sharon Jordan-Evans, Love ‚em or Lose‘ em: Getting Good People to Stay, Verlag ReadHowYouWant, ISBN: 978-1427085665 (2008).
29. R.E. Boyatzis, The competent manager: a model for effective performance, Wiley-Interscience, New York, ISBN: 978-0471090311 (1982).
30. L.M. Spencer, S.M. Spencer, Competence at work: models for superior performance, Wiley, New York, ISBN: 978-0471548096 (1993).
31. Steven B. Wolff, Anthony T. Pescosolido, Vanessa Urch Druskat, Emotional intelligence as the basis of leadership emergence in self-managing teams, The Leadership Quarterly 13, 505–522 (2002).

32. Werner Sarges, Management-Diagnostik, Hogrefe-Verlag, 3. Auflage, ISBN: 978-3801707408 (2000).
33. Laurence J. Peter, Raymond Hull, The Peter Principle: Why Things Always Go Wrong, HarperBusiness, New Edition, ISBN: 978-0061699061 (2009).
34. Scott Adams, The Dilbert Principle, Collins Business, ISBN: 978-0-88-730858-1 (1997).
35. C.N. Parkinson, Parkinsons Gesetz und andere Studien über die Verwaltung, 2. erw.Aufl., München, Econ Taschenbücher, ISBN 3-548-75072-9 (2001).
36. Henry Mintzberg, Mintzberg on Management, Free Press, ISBN: 978-1416573197 (1989).
37. Albert Martin (Herausgeber), Organizational Behaviour – Verhalten in Organisationen, Kohlhammer, ISBN: 978-3-17-017193-3 (2003).
38. Alan Bryman, Charisma and leadership in organizations, London, Sage, ISBN: 978-0803983182 (1992).
39. Manfred Sliwka: Das Abenteuer deines Werdens. Was junge Menschen lernen sollten, um in der Welt von morgen erfolgreich zu sein. BoD Verlag, Norderstedt, ISBN: 3-8334-2877-5 (2005).
40. William Ury, The power of a Positive No, Bantham Books, ISBN: 978-0-553-38426-0 (2007).
41. Robert P. Vecchio, Leadership and gender advantage, The Leadership Quarterly 13, 643-671 (2002).
42. Jack Welch, John A. Byrne, Jack: Straight from the Gut, Business Plus, ISBN: 978-0446690683 (2003).
43. http://www.boehringer-ingelheim.de/job/personalentw/fuehrinstr.htm (2010).
44. Wolfgang M. Schröder, Max Weber: Wirtschaft und Gesellschaft, Akademie-Verlag, ISBN: 978-3050042954 (2010).
45. Ralf Müller, J. Rodney Turner, Matching the project manager's leadership style 2 project type, International Journal of Project Management 25, 21–32 (2007).
46. Shelley D. Dionne, Peter J. Dionne, Levels-based leadership and hierarchical group decision optimization: A simulation, The Leadership Quarterly 19, 212–234 (2008).
47. Alan Robertson, Graham Abbey, Managing Talented People, Momentum , ISBN: 9781843040248 (2003).
48. Sangjin Yoo, Sang M. Lee, Management Style and Practice of Korean Chaebols, California Management Review 19(4), 95–110 (1987).
49. Gerald Ratner, http://en.wikipedia.org/wiki/Gerald_Ratner (2010).
50. N.J. Allen, J.P Meyer, The Measurement and Antecedents of Affective, Continuance and Normative Commitment to the Organisation, in: Journal of Occupational Psychology 63, 1–18 (1990).
51. Donna Wolk, Leadership Through Communication, Clinical Microbiology Newsletter 21(18), 148–152 (1999).
52. Daniel Goleman, Friedrich Griese, EQ. Emotionale Intelligenz, Deutscher Taschenbuch Verlag, ISBN: 978-3423360203 (1997).
53. Richard Boyatzis, Daniel Goleman, Annie McKee, Emotionale Führung, Ullstein Tb, ISBN: 978-3548364667 (2003).
54. John Antonakis, Leanne Atwater, Leader distance: a review and a proposed theory, The Leadership Quarterly 13, 673–704 (2002).
55. Angela T. Hall, Fred R. Blass, Gerald R. Ferris, Randy Massengale, Leader reputation and accountability in organizations: Implications for dysfunctional leader behavior, The Leadership Quarterly 15, 515–536 (2004).
56. Janet R. McColl-Kennedy, Ronald D. Anderson, Impact of leadership style and emotions 2 subordinate performance, The Leadership Quarterly 13, 545–559 (2002).
57. B.M. Bass, From transactional to transformational leadership: learning to share the vision. Organ Dyn 18(3), 19–31 (1990).

58. Moshe Zeidner, Inbal Shani-Zinovich, Gerald Matthews, Richard D. Roberts, Assessing emotional intelligence in gifted and non-gifted high school students: Outcomes depend on the measure, Intelligence 33, 369–391 (2005).
59. M.H. Dickman N Stanford-Blair, Connecting leadership 2 the brain, Thousand Oaks, CA, Sage (2002).
60. George A. Akerlof, Robert J. Shiller, Ute Gräber-Seißinger, Ingrid Proß-Gill, Doris Gerstner, Animal Spirits: Wie Wirtschaft wirklich funktioniert, Campus Verlag, ISBN: 978-3593389370 (2009).
61. Philipp Gonon, Richard Huisinga, Fritz Klauser, Kompetenz , Kognition und neue Konzepte der beruflichen Bildung, Vs Verlag, ISBN: 978-3531147703 (2005).
62. V. Dulewicz, M.J. Higgs, Design of a new instrument to assess leadership dimensions and styles. Henley Working Paper Series HWP 0311, Henley-on-Thames, UK, Henley Management College (2003).
63. R.E. Boyatzis, Cornerstones of change, building the path for self-directed learning, in R.E. Boyatzis, S.S. Cowen, D.A. Kolb (editors), Innovation in professional education (Seite 50–91), Jossey-Bass, San Francisco (1995).
64. Wayne Lilley MCumL: How Frank Stronach Became Canada's Best-Paid Man, Douglas Gibson Books, ISBN: 978-0771046384 (2008).
65. Sam W, John H, Sam W: Made In America, Bantam, ISBN: 978-0553562835 (1993).
66. Geert JH, Petra M, Martina S, Lokales D, globales H: Interkulturelle Zusammenarbeit und globales Management, Deutscher Taschenbuch Verlag, 4. Auflage, ISBN: 978-3423508070 (2009).
67. Harry S. Laver, Jeffrey J. Matthews, Steven W. Boutelle, The Art of Command: Military Leadership from George Washington to Colin Powell, Univ Pr of Kentucky, ISBN: 978-0813125138 (2008).
68. Carl vonC, Vom K, Nikol Verlags-GmbH, ISBN: 978-3868200010 (2008).
69. Roland Gareis, Handbook of Management by Projects, Manz'sche, Wien, ISBN: 978-3214082437 (1998).
70. Elizabeth HE, The DD: The Final Word from the Father of Modern Management, Mcgraw-Hill Professional, ISBN: 978-0071472333 (2006).
71. Kenneth Blanchard, Spencer Johnson, The One Minute Manager, Harpercollins, revised edition, ISBN: 978-0007107926 (2000).
72. Suzy Welch, 10-10-10: A Life-Transforming Idea: Transform Your Life with Clear, Consistent, Guilt-Free Life Choices, Simon & Schuster UK, ISBN: 978-1847374394 (2009).
73. Barbara Sher, Bettina Lemke, Du musst dich nicht entscheiden, wenn du tausend Träume hast, Deutscher Taschennbuch Verlag, SBN: 978-3423347402 (2012).
74. B. Bartling, U. Fischbacher, Shifting the Blame: On Delegation and Responsibility, Institut für Emp. Wirtschaftsforschung, Uni Zürich, Working Paper Nr. 380 (Juli 2008).
75. Olaf Storbeck, Kluge Chefs delegieren harte Entscheidungen, Handelsblatt, 24. 07. (2009).
76. Niccolò Machiavelli, Il Principe, Bibliobazaar , ISBN: 978-0559724367 (2008).
77. Alice M. Sapienza, Forscher managen, Management für Naturwissenschaftler und Ingenieure, Wiley-VCH, ISBN: 978-3527294374 (1997).
78. Larry King, Bill Gilbert, How to Talk to Anyone, Anytime, Anywhere, Three Rivers Press, New York, ISBN: 978-0517884539 (1994).
79. Markus E. Huber, VorSicht – Schau genau hin!: Wissenswertes zu Sympathie, erstem Eindruck, selektiver Wahrnehmung, Wortwahl und Sprachwirkung, ProcessEng Engineering, 2. Auflage, ISBN: 978-3902655981 (2013).
80. Gert Postel D: Geständnisse eines Hochstaplers, Goldmann Verlag, ISBN: 978-3442152476 (2003).
81. Roman Braun, Die Macht der Rhetorik: Besser reden - mehr erreichen, Piper, ISBN: 978-3492252522 (2008).

82. Samy Molcho, Körpersprache des Erfolgs, Ariston, ISBN: 978-3720526562 (2005).
83. Samy M, Alles über Körpersprache: sich selbst und andere besser verstehen, Prof. Goldmann Verlag, ISBN: 978-3442390472 (2002).
84. Samy Molcho, Das ABC der Körpersprache, Ariston , ISBN: 978-3720528412 (2006).
85. Horst Rückle, Körpersprache für Manager, MI, ISBN: 978-3478541008 (1998).
86. Roger F, William U, Bruce P, Ulrich E, Werner R, Wilfried H, Das Harvard-Konzept: Der Klassiker der Verhandlungstechnik, Campus Verlag, 23. Auflage, ISBN: 978-3593389820 (2009).
87. Jeffrey K. Liker, David P. Meier, Toyota Talent, Developing your people the Toyota Way, McGraw-Hill, ISBN: 978-0-07-147745-1 (2007).
88. Teamrollen BELBIN, http://www.belbin.com/(2010).
89. Frans Corten, Noks Nauta, Sieuwke Ronner, Highly intelligent and gifted employees – key to innovation?, Academic paper International HRD-conference 2006 „The learning society for sustainable development", Amsterdam, 11. Oktober (2006). http://www.triplenine.org/articles/Nauta-200610.pdf.
90. Friedemann Schulz von Thun, Wibke Stegemann, Friedemann Schulz von Thun, Das innere Team in Aktion. Praktische Arbeit mit dem Modell, Rororo, 4. Auflage, ISBN: 978-3499616440 (2004).
91. Michael F. Hoyt, Irving L. Janis, Increasing adherence to a stressful decision via a motivational balance-sheet procedure: A field experiment, Journal of Personality and Social Psychology 31(5), 833–839 (1975).
92. Philip E. Tetlock, Identifying victims of groupthink from public statements 2 decision makers, Journal of Personality and Social Psychology 37(8), 1314–1324 (1979).
93. Lynne Milgram, Alan Spector, Matt Treger, Groupthink, Managing Smart, Page 153 (1999).
94. Janis, Irving. Victims of Groupthink: A Psychological Study of Foreign-Policy Decisions and Fiascoes, Houghton Mifflin, ISBN: 0-395-14044-7 (1972).
95. John Schwartz, Matthew L. Wald, Smart People Working Collectively can be Dumber Than the Sum of their Brains: „Groupthink" Is 30 Years Old, and Still Going Strong, New York Times, 9. März (2003)
96. Marlene E. Turner, Anthony R. Pratkanis, Twenty-Five Years of Groupthink Theory and Research: Lessons from the Evaluation of a Theory, Organizational Behavior and Human Decision Processes 73(2–3) 105–115 (1998).
97. Hyung Jun Ahn, Hong Joo Lee, Keyehyun Cho, Sung Joo Park, Utilizing knowledge context in virtual collaborative work, Decision Support Systems 39, 563–582 (2005).
98. Yuhyung Shin, Conflict resolution in virtual teams, Organizational Dynamics 34(4), 331–345 (2005).
99. Dietrich von der Oelsnitz, Volker Stein, Martin Hahmann, Der Talente-Krieg. Personalstrategie und Bildung im globalen Kampf um Hochqualifizierte. Haupt-Verlag, ISBN: 978-3258072456 (2007).
100. Andrea J, Kampf um Spitzenkräfte, Succeed 4/2010, Seite 32 (2010).
101. Michael Harvey, Milorad Novicevic, The role of political competence in global assignments of expatriate managers, Journal of International Management 8, 389–406 (2002).
102. Michael Harvey, Milorad M.Novicevic, Timothy Kiessling, Development of multiple IQ maps for use in the selection of inpatriate managers: a practical theory, International Journal of Intercultural Relations 26, 493–524 (2002).
103. D. Kealey, B. Ruben, Cross-cultural personnel selection : Criteria, issues, and methods, in D. Landis, R. Brislin (Editors), Handbook of intercultural training, Vol 1., pages 155–175, Elmsford, NY, Pergamon (1983).
104. M. Javidan, R. House, Leadership and cultures around the world: Findings from BLOBE: an introduction to the special issue, Journal of World Business 37(1), 1–2 (2002).
105. Ulrike S, Mythos B, Vom PE, Verlag Hans Huber, ISBN: 978-3-456-844445-9 (2008).

106. Reinhard K. Sprenger, Mythos Motivation: Wege aus einer Sackgasse, Campus Verlag, 18. Auflage, ISBN: 978-3593385037 (2007).
107. Mihaly Csikszentmihalyi, Annette Charpentier, Flow : Das Geheimnis des Glücks, Klett-Cotta, 15. Auflage, ISBN: 978-3608945553 (2010).
108. Hans-Georg Häusel, Think Limbic! Die Macht des Unbewussten verstehen und nutzen für Motivation, Marketing, Management, Haufe-Lexware, 4. Auflage, ISBN: 978-3448068139 (2005).
109. David G. Myers, Matthias Reiss, Psychologie. Springer, ISBN: 978-3540790327 (2008).
110. Harvard BR, When Change Comes Undone. What Will You Do?: Management Dilemmas: Case Studies from the Pages of „Harvard Business Review" (Management Dilemmas Series), Mcgraw-Hill Professional, ISBN: 978-1591395034 (2004).
111. Spencer Johnson, Who Moved My Cheese? An Amazing Way to Deal With Change In Your Work and In Your Life, Random House UK, ISBN: 978-0091816971 (1999).
112. Lothar J. Seiwert, Wenn du es eilig hast, gehe langsam: Mehr Zeit in einer beschleunigten Welt, Campus Verlag, 14. Auflage, ISBN: 978-3593376653 (2005).
113. Harvard BR, HBR's 10 Must-Reads on Managing Yourself, Harvard Business, ISBN: 978-1422157992 (2011).
114. Lothar J. Seiwert, Das neue 1 × 1 des Zeitmanagement: Zeit im Griff, Ziele in Balance, Gräfe und Unzer Verlag, ISBN: 978-3774256705 (2007).
115. Jürgen Wunderlich, Intuition – Die unbewusste Intelligenz, ISBN 978-3-938358-77-1 (2008).
116. Marianne Skarics, sensibel kompetent, Zart besaitet und erfolgreich im Beruf, Festland Verlag, ISBN: 978-3-9501765-2-0 (2007).
117. Robert I. Sutton, Thomas Pfeiffer, Der Arschloch-Faktor: Vom geschickten Umgang mit Aufschneidern, Intriganten und Despoten in Unternehmen, Heyne TB, ISBN: 978-3453600607 (2008).
118. Robert D. Hare, Without Conscience: The Disturbing World of the Psychopaths Among Us, B & T, ISBN: 978-1572304512 (1999).
119. Paul B, Robert DHare, Menschenschinder oderM: Psychopathen bei der Arbeit, Hanser Wirtschaft, ISBN: 978-3446409927 (2007).
120. Paul Babiak, Robert D. Hare, Snakes in Suits: When Psychopaths Go to Work, Harper Paperbacks, Reprint, ISBN: 978-0061147890 (2007).
121. Christa Karas WW, Wiener Zeitung, 01. September (2006). http://www.wienerzeitung.at/DesktopDefault.aspx?TabID=3937 & Alias=wzo & cob=246031.
122. Otto F. Kernberg, Sabine Mehl, Katrin Grommek, Narzißmus, Aggression und Selbstzerstörung: Fortschritte in der Diagnose und Behandlung schwerer Persönlichkeitsstörungen, Klett-Cotta, 2. Auflage, ISBN: 978-3608960099 (2009).
123. Andrea B, Jenseits der Norm – hochbegabt und hoch sensibel? (Leben Lernen 180), Klett-Cotta, 4. Auflage, ISBN: 978-3608890143 (2007).
124. Kishore S, Tarek KAbdel-Hamid, Luk N Van, Die E, Harvard BM, Heft 11 (2008)
125. Walter, Krämer, So lügt man mit Statistik, Piper, ISBN: 9783492230384, Reihe: Serie Piper, Bd. 3038 (2000).
126. Karl Marx DK: Ungekürzte Ausgabe nach der zweiten Auflage von 1872, Anaconda, ISBN: 978-3866473256 (2009).
127. Martina D, Peter F, Human CL: Wettbewerbsvorteile für den Erfolg von morgen, Murmann Verlag, 1. Auflage, ISBN: 978-3938017043 (2004).
128. Viktor Lau GP: Prozesse, Methoden und Systeme, Hampp, Mering, ISBN: 978-3866181915 (2007).
129. Richard Gillespie MK: A History of the Hawthorne Experiments, Cambridge University Press, ISBN: 978-0521456432 (1993).
130. http://www.kienbaum.de/go/ehreshoven2009/flashpaper/hr_studie2009/hr_studie2009.pdf (2009).

131. Johanna Dahm, Talent Management: Ein Handbuch für die Praxis, Books on Demand, ISBN: 978-3833488146 (2007).
132. Jochen Kramer, Metaanalytische Studien zu Intelligenz und Berufsleistung in Deutschland, Dissertation, Bonn, 18. März (2009). http://hss.ulb.uni-bonn.de/diss_online/phil_fak/2009/kramer_jochen/.
133. Einstellungstest, Personalchefs achten zu wenig auf Intelligenz, 23. 04. (2009), http://www.management-praxis.de/personal/personalsuche/personalchefs-achten-zu-wenig-auf-intelligenz.
134. Karrierefaktor IQ, Der Spiegel, 29.04.2013, http://www.spiegel.de/karriere/karrierefaktor-iq-willkommen-zum-intelligenztest-a-894880.html.
135. Hunter JE, F.L. Schmidt, Intelligence and job performance: Economic and social implications, Psychology, Public Policy and Law 2, 447–472 (1996).
136. Bolles RN, What Color is Your Parachute? 2010, A practical manual for job-hunters and career-changers, Ten Speed Press, revised edition, ISBN: 978-1-58008-987-6 (2010).
137. Maria Stippler, Sabine Burger, Der Personalverantwortliche im Unternehmen, Hampp, Rainer, ISBN: 978-3866181144 (2007).
138. Hans J. Schneider, Hans Klaus, Mensch und Arbeit: Handbuch für Studium und Praxis, Symposion Publishing, ISBN: 978-3939707226 (2008).
139. Volker Heyse SO: Talentmanagement in der Praxis: Eine Anleitung mit Arbeits-blättern, Checklisten, Softwarelösungen, Waxmann Verlag, ISBN: 978-3-8309-1983-4 (2008).
140. Sascha G, Walter J, Strategisches K, Springer, ISBN: 978-3540279662 (2006).
141. Klaus North, Kai Reinhardt, Kompetenzmanagement in der Praxis – Mitarbeiterkompetenzen systematisch identifizieren, nutzen und entwickeln. Mit vielen Fallbeispielen, Gabler, ISBN: 978-3409143165 (2005).
142. Sven Grote, Simone Kauffeld, Ekkehart Frieling, Kompetenzmanagement : Grundlagen und Praxisbeispiele, Schäffer-Poeschel, ISBN: 978-3791023823 (2006).
143. Frederick WT, Die Grundsätze wissenschaftlicher Betriebsführung: The Principles Scientific Management, Vdm Verlag Dr. Müller, ISBN: 978-3936755657 (2004).
144. Sandra Gerhards BT, Wissensmanagement. 7 Bausteine für die Umsetzung in der Praxis, Hanser Fachbuch, 3. Auflage, ISBN: 978-3446412262 (2007).
145. Dietmar Kilian, Robert Krismer, Stefan Loreck, Andreas Sagmeister, Wissensmanagement. Werkzeuge für Praktiker, Linde, Wien, Auflage: 3. Auflage, ISBN: 978-3709301715 (2007).
146. Jim Collins, Jerry I. Porras, Built to Last: Successful Habits of Visionary Companies, Harper Paperbacks, ISBN: 978-0060516406 (2002).
147. Thomas J. Peters, Robert H. Waterman, In Search of Excellence: Lessons from America's Best-Run Companies, Harper Paperbacks, Reprint, ISBN: 978-0060548780 (2004).
148. Hermann Simon, Hidden Champions des 21. Jahrhunderts: Die Erfolgsstrategien unbekannter Weltmarktführer, Campus Verlag, ISBN: 978-3593383804 (2007).
149. Jim Collins, Good to Great: Why Some Companies Make the Leap...And Others Don't, HarperBusiness, ISBN: 978-0066620992 (2001).
150. Michael E. Raynor, Mumtaz Ahmed, Andrew D. Henderson, Best-Practice-Studien: Mehr Glück als Verstand, Harvard Business Manager, 28.04. (2009).
151. Hermann Meyer, Die Gesetze des Schicksals: Die Befreiung von unbewußten Zwängen, Goldmann Verlag, ISBN: 978-3442121427 (1992).
152. Barbara Ehrenreich, Smile or Die: Wie die Ideologie des positiven Denkens die Welt verdummt, A. Kunstmann, ISBN: 978-3888976827 (2010).
153. US-Wahlkampf, Die Wahrheit über Joe den Klempner, 17.10. (2008). http://www.spiegel.de/politik/ausland/0,1518,584695,00.html.
154. http://joeforamerica.com/(2013).
155. Führung statt Nachsicht, Werner Fürstenberg, 24.05.2013 http://www.humanresourcesmanager.de/ressorts/artikel/fuehrung-statt-nachsicht.

156. Carina G-K, Manager im Sog der Sucht„Eigentlich sind das die richtig armen Schweine“ 17.02.2013 http://www.handelsblatt.com/unternehmen/buero-special/manager-im-sog-der-sucht-eigentlich-sind-das-die-richtig-armen-schweine/7765422.html.
157. Scott Adams, Dogbert's Management Handbook, Harper Business, ISBN: 0-88730-881-3 (1997).
158. Karen S. Lyness, Michael K. Judiesch, Can a Manager Have a Life and a Career? International and Multisource Perspectives on Work–Life Balance and Career Advancement Potential, Journal of Applied Psychology 93(4), 789–805 (2008).
159. Marcie A. Cavanaugh, Wendy R. Boswell, Mark V. Roehling, John W. Boudreau, An Empirical Examination of Self-Reported Work Stress Among U.S. Managers, Journal of Applied Psychology 85(1), 65–74 (2000).
160. Volker Faust Seelische Störungen heute: Wie sie sich zeigen und was man tun kann, C.H.Beck, 4. Auflage, ISBN: 978-3406420870 (2007).
161. Philippe R, Peter R. Werder, Diagnose Boreout, Redline Wirtschaft, ISBN: 978-3636014627 (2007).
162. Jasmin A-K, Boreout: "So viel würde ich auch gerne fürs Nichtstun verdienen", 27. März 2013 http://derstandard.at/1363706080962/Boreout-So-viel-wuerde-ich-auch-gerne-fuers-Nichtstun-verdienen.
163. David Butcher, Martin Clarke, Smart Management: Using Politics in Organizations, Palgrave Macmillan, 2nd edition, ISBN: 978-0230542266 (2008).
164. G. Ferris, P. Perrewe, W. Anthony, D. Gilmore, Political skill at work, Organ. Dyn. 28, 25–37 (2001).
165. Robert J. Sternberg, Managerial Intelligence: Why IQ Isn't Enough, Journal of Management 23(3), 475–493 (1997).
166. S.C. Harper, Intuition : What separates executives from managers, Business Horizons 31, 13–19 (1988).
167. Jeffrey Pfeffer, Power in Organizations, Harpercollins, ISBN: 978-0273016380 (1981).
168. Christoph Loch, Michael Yaziji, Christian Langen, The fight for the alpha position: Channeling status competition in organizations, European Management Journal 19(1), 16–25 (2001).
169. J. Freeman, Mentoring gifted pupils, An International View, Educating Able Children 5, 6–12 (2001). http://www.joanfreeman.com/mainpages/freepapers.htm.
170. Uwe K, Wie Sie garantiert nicht erfolgreich werden! Dem Phänomen der Erfolgsgurus auf der Spur. Lengerich: Pabst, ISBN: 978-3899673883 (2007).
171. Detlef Scheer, Coaching für Hochbegabte, TopIQ, das MENSAzin, S 36, Nr. 350 (3), (2010).
172. Jürgen vom S, Das Drama der Hochbegabten: Zwischen Genie und Leistungsverweigerung, Piper, ISBN: 978-3492244954 (2005).
173. Paul J. Kohtes, Das Selbstbild moderner Manager, Harvard Business manager, 100–103, Mai, (2009)
174. Robert Hooijberg, Nancy DiTomaso, Leadership in and of demographically diverse organizations, Leadership Quarterly 7(1), 1–19 (1996).
175. Catrin B, Doris S, Robert F, Karriere? Das tue ich mir nicht an! Stern, 55–64, 40/2010.
176. A.H. Eagly, B.T. Johnson, Gender and leadershipstyle : a meta-analysis, Psychological Bulletin 108, 233–256 (1990).
177. Markus Rimser, Generation Resource Management: Nachhaltige HR-Konzepte im demografischen Wandel, Rosenberger, ISBN: 978-3931085568 (2006).
178. Bouchard McGue, Genetic and environmental influences on human psychological differences, Journal of Neurobiology 54, 4–45 (2003).
179. Thomas Saum-Aldehoff Big Five: Sich selbst und andere erkennen, Patmos, ISBN: 978-3491421042 (2007).

180. Pierce J. Howard, Jane Mitchell Howard, Silvia Kinkel, Führen mit dem Big-Five-Persönlichkeitsmodell. Das Instrument für optimale Zusammenarbeit, Campus Verlag, ISBN: 978-3593370767 (2002).
181. James G. (Jerry) Hunt, Kimberly B. Boal, George E. Dodge, The effects of visionary and crisis-responsive charisma on followers: an experimental examination of two kinds of charismatic leadership, Leadership Quarterly 10(3), 423–448 (1999).
182. Alexander J, Armin M, Meisterwerk derD, Spiegel Online, 2.9. (2002). http://www.spiegel.de/spiegel/print/d-24389628.html.
183. S.A. Kirkpatrick, E.A. Locke, Leadership traits do matter, Acad Manage Exec, March, 44–60, (1991).
184. Tannenbaum R, K.H. Schmidt, How to choose a leadership style, Harvard Business Review, March–April (1958)
185. Arvey RD, Zhang Z, B.J. Avolio RF Krueger, Developmental and genetic determinants of leadership role 2 among females, Journal of Applied Psychology 92, 693–706 (2007).
186. Richard D. Arvey, Maria Rotundo, Wendy Johnson, Zhen Zhang, Matt McGue, The determinants of leadership role occupancy: Genetic and personality factors, The Leadership Quarterly 17, 1–20 (2006).
187. M.C. Bligh, J.C. Kohles, J.R. Meindl, Charisma under crisis : Presidential leadership, rhetoric, and media responses before and after the September 11th terrorist attacks, Leadership Quarterly 15, 211–239 (2004).
188. Zhen Zhang, Remus Ilies, Richard D. Arvey, Beyond genetic explanations for leadership: The moderating role of the social environment, Organizational Behavior and Human Decision Processes 110, 118–128 (2009).
189. S. Taggar, R. Hackett, S. Saha, Leadership emergence in autonomous work teams: antecedents and outcomes, Personnel Psychology 52(4), 899–929 (1999).
190. T.A. Judge JE Bono, Five-factor model of personality 2 transformational leadership, Journal of Applied Psychology 85(5), 751–765 (2000).
191. C. Hodgkinson, The Philosophy of Leadership, Basil Blackwell, Oxford (1983).
192. C.J. Vinkenburg, P.L. Koopman, P.G.W. Jansen, Managerial behavior and decision making: personal and situational factors, in: C.M. Altwood, M. Selart (Editors), Decision Making: Social and Creative Dimensions, Kluwer Academic Publishers, Dordrecht, pages 211–238 (2001).
193. R.M. Stogdill, Personal factors associated with leadership: a survey of the literature, Journal of Psychology 25, 35–71 (1948).
194. Gunter Dueck, Lean Brain Management: Erfolg und Effizienzsteigerung durch Null-Hirn, Springer, ISBN: 978-3540311461 (2006).
195. Der W 2006, http://www.ftd.de/intern/zeitung/presse/:der-wirtschaftsbuch-preis-2006/118760.html, 4. 10. (2006).
196. Henry Ford, Curt Thesing, Marguerite Thesing, Mein Leben und Werk: Die Autobiografie, Deltus Media, ISBN: 978-3940626028 (2008).
197. Richard B, Geht nicht gibtÊ[1]s nicht!: So wurde Richard Branson zum Überflieger. Seine Erfolgstipps für Ihr (Berufs-) Leben, Börsenmedien AG, ISBN: 978-3938350898 (2009).
198. Richard B, Der Hippie-Milliardär, 22.01.2007 http://www.faz.net/aktuell/beruf-chance/mein-weg/richard-branson-der-hippie-milliardaer-1413306.html.
199. Tom Peters NB, Führung: Tom Peters Essentials, Gabal, ISBN: 978-3897497986 (2008).
200. Michael E. Porter, Wettbewerbsstrategie, Campus Fachbuch, 10. Auflage, ISBN: 978-3593361772 (1999).
201. Philip Kotler, Gary Armstrong, John Saunders, Veronica Wong Grundlagen des Marketing, Pearson Studium, 4. Auflage, ISBN: 978-3827371768 (2006).
202. Richard B, Daniel G, Annie McKee, Emotionale Führung, Ullstein T, ISBN: 978-3548364667 (2003).

203. Ed Michaels, Helen Handfield-Jones, Beth Axelrod : The War for Talent. Mcgraw-Hill Professional, ISBN: 1578514592 (2001).
204. Tamara J. Erickson, Lynda Gratton, Mark A. Huselid Harvard Business Review on Talent Management, Mcgraw-Hill Professional, ISBN: 978-1422122945 (2008).
205. Holger R, Das Elite-MissverständnisW, Gabler, ISBN: 978-3409127202 (2005).
206. http://www.thehackettgroup.com/about/alerts/alerts_2009/alert_12172009.jsp (2009).
207. Katharina Fietze, Kluge Mädchen. Frauen entdecken ihre Hochbegabung, Orlanda Frauenverlag, 2. Auflage, ISBN: 978-3936937749 (2013).

Was ist Hochbegabung?

3

Zusammenfassung

In diesem knapp 100 seitigen Kapitel erfährt der Leser vieles über Hochbegabung. Etwa 2% der Bevölkerung gelten als hochbegabt. Hochbegabte denken, fühlen und bemerken mehr als andere Menschen. Wer bereits von seiner Hochbegabung weiss, wird sich an vielen Orten dieses Kapitels wiederfinden, z.B. verwinkelter Lebenslauf und zahlreiche, ungewöhnliche Hobbies. Andere Leser wiederum erkennen möglicherweise ihre Hochbegabung und erhalten so die Möglichkeit, sich selbst besser zu verstehen . Dieses Kapitel definiert die Begriffe „Hochbegabung", „Talent", „Experte" und „Leistungsexzellenz". Der Leser lernt das Konzept „Flow" sowie die 10.000-Stunden-Regel kennen. Modelle der Hochbegabung werden neben dem Thema Intelligenz und Kritik am IQ behandelt. Ausgewählte Aspekte der Hochbegabung sind Förderung hochbegabter Erwachsener, Charakterisitka von Hochbegabten, Mythen zur Hochbegabung, Schwächen von und Stolpersteine für Hochbegabte, Hochbegabtenvereine und Selbstverständnis von Hochbegabten. Zwei Untergruppen der Hochbegabten, die *Underachiever* und die Extraordinären, werden neben hochsensiblen Menschen vorstellt. Sollen sich Hochbegabte outen? Wie ist es um ihre soziale Kompetenz bestellt? Das Kapitel schließt mit einer umfangreichen Sammlung an Tipps für Hochbegabte.

Hochbegabung ist ein hohes Maß an Befähigungen, die mit dem Geist eines Menschen in Verbindung stehen. Wie Sie weiter unten noch lesen werden, gibt es keine scharfe, allgemeingültige Definition – in der wissenschaftlichen Literatur finden sich über 100 davon –, und die klassische Definition von Hochbegabung als rein kognitive Fähigkeit (IQ > 130) wird von Forschern zunehmend als zu eindimensional angesehen.

Im IQ-Test sind relativ einfache Aufgaben unter Zeitdruck fehlerfrei zu lösen; Im realen Leben handelt es sich zumeist um komplexe Aufgaben, die ohne Zeitdruck auch mit Fehlern einem Ergebnis zugeführt werden sollen.

Lassen Sie uns die Geschichte der Hochbegabung bzw. ihrer Erforschung nachvollziehen: Eine der wichtigsten Langzeitstudien zur Hochbegabung und eine der größten Studien

M. Lackner, *Talent-Management spezial*,
DOI 10.1007/978-3-658-03183-1_3, © Springer Fachmedien Wiesbaden 2014

in der Psychologie überhaupt hat der Nestor der Hochbegabungsforschung, Lewis Madison Terman (1877–1956), durchgeführt. Ab 1921 wurden über 1500 hochbegabte Schüler, die „Termiten", regelmäßig zu ihren Lebenslagen befragt. Die Studie widerlegte Vorurteile gegen Hochbegabte und fand unter anderem heraus, dass sie über gute Führungsqualitäten verfügen [1]. Termans Studie inkludierte allerdings keine „Underachiever" (siehe dazu später). Auch führte die im Schulalter festgestellte Intelligenz nicht bei allen Probanden zu großem Lebenserfolg. Manche versagten vollständig, und zwei zukünftige Nobelpreisträger wurden bei der Auswahl der Kandidaten ausgesiebt (es waren dies William Bradford Shockley, der Entdecker des Transistoreffekts, und Luis Walter Alvarez, der damit für seinen Beitrag zur Elementarteilchenphysik geehrt wurde). Keine einzige „Termite" erhielt den Nobelpreis. Ferner wurden einige Probanden von Terman ausgewechselt, sodass keine vollkommene Längsschnittstudie gegeben war. Dennoch war die Arbeit bahnbrechend.

Die „Termiten" konnten wie folgt klassifiziert werden:

- 20 % Erfolgreiche (A-Gruppe),
- 60 % mittelmäßig Erfolgreiche (B-Gruppe),
- 20 % nicht Erfolgreiche (C-Gruppe).

Das soziale Milieu war ein markanter Unterschied dieser drei Gruppen. Die Erfolgreichen kamen vorwiegend aus der Mittel- und Oberschicht [2].

Terman wird in [2] zitiert: „*There is nothing about an individual as important as his IQ, except possibly his morals.*" Er war auch überzeugt, dass es die Hochbegabten sind, unter denen „*we must look for production of leaders who advance science, art, government, education and social welfare generally*".

Die Terman-Studie wurde gewiss überbewertet in ihren Aussagen zur Signifikanz von Hochbegabung für den Lebenserfolg. Ein Teil des Erfolgs der Probanden lässt sich, so wie der Erfolg der Abgänger von Hochbegabtenschulen, sicher aus dem Placeboeffekt[1] und der intensiveren Betreuung (vgl. Hawthorne-Experimente) erklären. Ein Indiz dafür ist, dass der Erfolg dieser Hochbegabten nicht immer über viele Jahre anhält [3]. Hohe akademische Leistungen und das Überspringen von Klassen führen im Leben vermutlich nur dann zu einem nachhaltigen Erfolg, wenn man im schulischen oder akademischen Bereich bleibt [3].

In den Medien ist Hochbegabung erst in den letzten Jahren salonfähig und mittlerweile sogar recht populär geworden. Immer wieder finden sich Beiträge zu den Lebenslagen Hochbegabter. Unlängst war von einer 3jährigen mit einem IQ von 162 zu lesen [4]. Nähern wir uns dem Thema am besten schrittweise.

[1] Auch das umgekehrte Phänomen ist bekannt als Noceboeffekt: Es treten unerwünschte Nebenwirkungen auf, weil der Patient sie erwartet.

3.1 Vom Wesen der Begabung

Der Begriff „Begabung" ist höchst politisch. Jeder behauptet von sich, „gewisse" Begabungen zu haben. Interessanterweise legt sich kaum jemand fest und steht zu einer besonderen Begabung. Das Risiko, sich zu exponieren, erscheint zu hoch, vor allem im beruflichen Umfeld. Am ehesten „bekennen" sich Menschen noch zu sportlichen Talenten. Intelektuelle Begabungen werden selten thematisiert.

Das Adjektiv „begabt" bzw. „hochbegabt" ist ein soziales Konstrukt und bezieht sich auf eine Eigenschaft des Betroffenen, die im Vergleich zu anderen erwünscht ist und so hervorgehoben wird. Damit ist der Begabungsbegriff immer in einem kulturellen Zusammenhang zu sehen [5]. Auch ist er relativ: In einer gewöhnlichen Schule erscheint jemand unter Umständen begabt, der in einer Institution, die hohe Zugangsvoraussetzungen hat, als normal gilt. Die Bezeichnung „hochbegabt" kann aufgrund eines hohen Potenzials oder nach Manifestierung einer tatsächlich vorliegenden Leistungsexzellenz in verschiedensten Bereichen vergeben werden.

Begabung impliziert die Annahme, dass zu Beginn der individuellen Entwicklung eines Menschen ein gewisses Potenzial vorliegt, welches sich aus der Genetik ergibt und durch die Förderung der Umwelt entwickelt werden kann. Begabung ist ein sehr vielschichtiger Begriff, der nicht einfach reduziert werden kann auf das gezeigte Leistungsniveau oder die Intelligenz eines Menschen. Intelligenz ist eine notwendige Bedingung für individuelle Leistungsfähigkeit und keine hinreichende.

Allgemeinbegabung kann als **Intelligenz** und **Talent** als Spezialbegabung angesehen werden, welche sich auf ein besonderes Gebiet wie Musik oder Sport bezieht. Eltern haben die Möglichkeit, das **Interesse** eines Kinds in ein formales Talent zu entwickeln. Im Sport bedeutet Talent ein überaus vielversprechendes, noch nicht völlig ausgereiftes Potenzial. Begabung hingegen kennzeichnet den Zustand, dass jemand auf einer Spitze seiner Leistungsfähigkeit steht. Für Hochbegabung gibt es keine exakte Definition. Landläufig wird ein **IQ ab 130** als Kriterium, hochbegabt zu sein, herangezogen. Dieser Punktewert ist willkürlich gewählt, dennoch hat er sich praktisch bewährt. Er ergibt sich aus der Verteilung der IQs der Bevölkerung anhand einer Gauß'schen Glockenkurve mit einem Mittelwert von 100 und einer Standardabweichung Sigma von 15. 130 liegt 2 Standardabweichungen über dem Mittelwert. Das heißt, dass zwei bis drei % der Bevölkerung diesem Kriterium genügen und per Definition „hochbegabt" sind. Der Beginn von Hochbegabung ist, wie gesagt, mit 2 Standardabweichungen festgelegt. Die Standardabweichung von 15 ist im deutschsprachigen Raum üblich (Wechsler IQ-Test). In den USA, wo die Skala nach Stanford Binet eingesetzt wird, beträgt die Standardabweichung 16 IQ-Punkte. Die Cattell-Skala hat sogar eine Standardabweichung von 24, sodass ein nach dieser Skala geeichter IQ von 148 einem IQ von „nur" 130 nach Wechsler entspricht. Daher sollten Sie bei besonders hohen IQs immer darauf achten, nach welcher Skala sie ermittelt wurden. Für einen Vergleich von IQs ist es daher eine Voraussetzung, dass die Standardabweichungen bekannt sind.

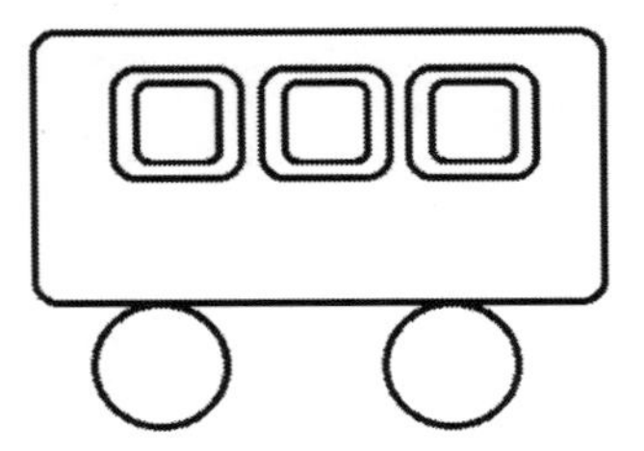

Abb 3.1 Wohin fährt der Bus?

Es gibt neben dem IQ-Grenzwert von 130 noch viele weitere Definitionen von Hochbegabung. Der Mindestkonsens aller Definitionen bezeichnet Hochbegabung als die **Fähigkeit zu außergewöhnlichen Leistungen**.

Eine Sonderbegabung ist eine spezifische Begabung, die sich auf einen bestimmten Bereich beschränkt. Dieser Bereich kann intellektuell oder nicht intellektuell sein.

Äußerlich sind Hochbegabte nicht zu erkennen. Es bedarf, ähnlich der Entstehung von Charisma, einer kniffligen Aufgabe oder schwierigen Situation, um die Hochbegabung zu offenbaren. Anhand ungewöhnlicher Erfolge sind Hochbegabte jedoch leicht zu erkennen.

> **Test** Sind Sie hochbegabt?
> Hier eine Frage aus dem Internet:
> *Dies ist die Geschichte eines Jungen. Während der Beerdigung seiner Mutter sah er eine Frau, die er nicht kannte. Er war von ihr so überwältigt, und er war sich so sicher, sie sei die Frau seiner Träume, dass er sich in sie verliebte. Doch nach der Beerdigung verschwand sie, und der Junge sah sie nicht wieder. Wenige Tage später tötete er seinen eigenen Bruder. Warum?*
> **Stopp!** Denken Sie nach, und blicken Sie erst weiter, wenn Sie meinen, die Lösung gefunden zu haben!
> **Lösung** *Er hoffte, die Frau würde wieder auf der Beerdigung erscheinen.*

Und, sind Sie auf die Lösung gekommen? Sind Sie möglicherweise hochbegabt?

Falls Sie die Frage nicht richtig beantwortet haben: Keine Sorge, das hat nicht viel mit Ihrem IQ zu tun. Sie können sogar froh sein, die Antwort nicht gewusst zu haben.

Falls Sie auf die richtige Lösung gekommen sind: Möglicherweise sind Sie ein Psychopath.

Die obige Fragestellung wurde von einem amerikanischen Psychologen entwickelt, um damit zu testen, ob jemand die Mentalität eines Mörders besitzt. Interessanterweise haben Serienmörder, die an der Untersuchung teilnahmen, die Frage sofort „richtig" beantwortet, wohingegen normal denkende Menschen, ob hochbegabt oder nicht, diesen Gedanken nicht entwickeln konnten.

Hier ist eine andere Testfrage: Sehen Sie sich das Bild (Abb. 3.1) an und entscheiden Sie, ob der Bus nach rechts oder nach links fährt.

Falls Sie auch diese Frage nicht beantworten können, fragen Sie ein Kind. Die Chancen sind hoch, dass Ihr Kind antworten wird, der Bus fahre nach links.

Warum? Ist doch logisch, weil die Tür zum Einsteigen auf der anderen Seite ist …

Klar, diese beiden „Testfragen" haben nicht viel mit Hochbegabung zu tun. Doch was ist Hochbegabung nun?

Der Ausdruck „Hochbegabung" existiert in der deutschsprachigen Forschungslandschaft seit 1963, als er von Franz Mönks eingeführt wurde. Die Entwicklung des Begriffs erfolgte über einen langen, historischen Zeitraum, beginnend im Altertum, als man **„Leistungsexzellenz"** weniger, bestimmter Personen mit „göttlichen" Gaben beschrieb. Daher ist der Begabungsbegriff ein diffuser. **Hochbegabung** kann jedoch nach [7, 8] definiert werden als das gleichzeitige Zutreffen von fünf Kriterien einer Person:

- Exzellenz: Die Person ist den anderen auf einem Gebiet deutlich voraus.
- Seltenheit: Es liegt eine hohe Ausprägung einer seltenen Eigenschaft (in dieser Höhe) vor.
- Produktivität: Die Begabung befähigt zu besonderen Handlungen oder zur Herstellung besonderer Produkte.
- Beweisbarkeit: Die Begabung ist durch Tests feststellbar.
- Werthaltigkeit: Die Begabung liegt auf einem gesellschaftlich wertvollen und geschätzten Gebiet vor.

Es gibt weit über 100 Definitionen von Hochbegabung, und jeder von uns hat ein anderes Bild des „typischen Hochbegabten" vor seinem geistigen Auge.

In der Fachliteratur wird oft der Begriff Begabung (*giftedness*) verwendet, während man im Deutschen von Hochbegabung spricht. Manche Forscher unterscheiden zwischen Talent und (Hoch)Begabung, andere verwenden die Begriffe synonym. Wieder andere sehen Talent als einen der Begabung untergeordneten Begriff. Es gibt Forscher, die Talent mit Potenzial und im Gegensatz dazu Begabung mit ausgezeichneten Leistungen gleichsetzen. Es existieren auch Forscher, die genau das Gegenteil meinen – ein echtes Babylonisches Sprachgewirr. Noch mehr Verwirrung herrscht fast nur bei der Frage, wie viele Hochbegabte es gibt.

Im Standardwerk zu Begabungstheorien von R. J. Sternberg und J. E. Davidson [9] werden Grenzen von 1 bis 20 % der Bevölkerung veranschlagt. Einen **IQ ab 130** haben 2,27 % der Bevölkerung. Dieser Wert ergibt sich aus der Normalverteilung (Mittelwert von 100 mit Standardabweichung Sigma 15) nach Gauß. Nach der Definition „Hochbegabung = IQ größer gleich 130" sind demnach etwa 2 % der Bevölkerung hochbegabt. Dieser Wert wird von manchen Forschern als 1 % bzw. 3 % angegeben. Einen IQ > 145 weist weniger als eine von 1000 Personen auf.

Prof. Albert Ziegler [7] hat die folgenden Definitionen gewählt:

Talent: Eine Person, die *möglicherweise* einmal Leistungsexzellenz erreichen wird.

Hochbegabter: Eine Person, die *wahrscheinlich* einmal Leistungsexzellenz erreichen wird.

Experte: Eine Person, die schon *sicher* Leistungsexzellenz erreicht hat **(leistungsexzellente/leistungseminente Person).**

Talente und Kompetenzen lassen sich wie folgt definieren:

Talente: Eine Begabung kann sich zu einem Talent entwickeln. Dazu kommt es auf die Persönlichkeit und die jeweilige Motivation an.

Personaler verstehen unter einem Talent für gewöhnlich einen „leistungs- und potenzialstarken Mitarbeiter".

In seinem Buch „Die Talent Lüge" beschreibt Daniel Coyle, dass Talent nicht von Begabungen, sondern von gezieltem Üben (aktivem Lernen) hervorgebracht wird [10]. Dort wird ein Talent definiert als *„Besitz wiederholbarer Fähigkeiten, die nichts mit unveränderlichen körperlichen Eigenschaften, wie beispielsweise der Körpergröße, zu tun haben"*.

Kompetenzen: Kompetenzen sind, bezogen auf die Berufswelt, persönlich erworbene Fähigkeiten und Fertigkeiten, die den Mitarbeiter in die Lage versetzen, ein bestimmtes Leistungsniveau zu erbringen. Kompetenz ist demnach eine Eignung oder ein bestimmtes Persönlichkeitsmerkmal. Zum Thema „Kompetenzmanagement" siehe Personalwesen weiter vorne.

Nach dieser „delphischen Definition" (also auf Expertenurteilen fußend) von Albert Ziegler [7] beschreiben Talente und Hochbegabungen die wahrscheinliche Entwicklung des gesamten Systems einer Person und ihrer Umwelt. Hochleistende sind Menschen, die ein bestimmtes Leistungskriterium erfüllt haben.

Die **Schwierigkeit** ist also, **Hochleistung vorauszusagen**. Zuerst versuchte die Wissenschaft, diese Voraussage alleine durch die Intelligenz eines Menschen, ausgedrückt über seinen Intelligenzquotienten (IQ), zu machen. Anstatt des **IQ** kann man auch **bereits erbrachte, überdurchschnittliche Leistungen eines Menschen heranziehen**, um einen **Hinweis auf seine Hochbegabung** zu erhalten. Die Tendenz in der aktuellen Forschung ist, auf Letzteres abzuzielen. Dazu Albert Ziegler in [7]: *„Die Überzeugung, dass eine Hochbegabung im Kern nichts anderes sei als eine hohe Intelligenz, wird zwar heute nur noch von wenigen Hochbegabungsforschern vertreten, sie dominiert aber unter Praktikern, Bildungspolitikern und Verbänden. Das wohl am häufigsten verwendete Hochbegabungskriterium verlangt einen Intelligenzquotienten von mindestens 130."*[2]

Machen Sie einen Analogieschluss zu Sport, Malerei und Management:

Überdurchschnittliche Leistungen von jungen Kickern werden als Indiz für Talent und Hochbegabung auf diesem Gebiet herangezogen. Künstler, die bereits überdurchschnittliche Gemälde fertiggestellt haben, kommen zur Förderung und Entwicklung ihres Talents in spezielle Akademien.

Manager werden nicht etwa aufgrund von Schulzeugnissen oder IQ-Tests eingestellt, sondern auf Basis bereits vollbrachter Leistungen. Auch Mensa-Mitglieder stellen selten andere Menschen nur aufgrund ihres IQs ein, sondern treffen die Entscheidung für Personalauswahl nach „handfesten" Kriterien wie Ausbildung, Erfahrung und nachweisbaren Erfolgen.

Selbst in klassischen akademischen Fächern wird diese Praxis zur Begabtenförderung angewandt: Nicht etwa derjenige, der den höchsten IQ hat, erhält Stipendien und Preise, sondern derjenige, der sich als Jahrgangsbester profiliert hat.

[2] Auf der in Deutschland gängigen Skala mit der Standardabweichung 15.

Es scheint eine Art Henne-Ei-Problem zu sein. Was kommt zuerst: die Leistung, welche Förderung erhält, oder die Förderung, welche Leistung erzeugt?

Die Bedeutung von Preisen für späteren Erfolg

Nicht immer sind Preise ein Garant für späteren Erfolg. Jurys bewerten das hohe Niveau eines Kunstwerks, Aufsatzes oder Konzepts nach intellektuellen Gesichtspunkten. Häufig sind derartige geistige „Höhenflüge" jedoch zu elaboriert für den Alltag, sodass viele brillante junge Menschen, die in ihrer Schul- und Studienzeit Auszeichnungen erhalten haben, im späteren Leben nicht den erhofften, großen Erfolg feiern können.

Ziehen Sie einen Vergleich zu Innovationen: Kleine, inkrementelle Innovationen lassen sich relativ leicht umsetzen und werden vom Markt angenommen. Damit eine „Durchbruchs"- Innovation zu einem erfolgreichen Produkt werden kann, ist viel mehr Aufwand erforderlich, sowohl in der Entwicklung als auch beim Überzeugen der (potenziellen) Nutzer und Käufer.

Ein aktuelles Buch zum Thema Hochbegabung ist [11].

3.2 Leistungsexzellenz

Im vorigen Abschnitt wurde der Begriff der „Leistungsexzellenz" eingeführt.

Leistung ist in der Physik die in einer Zeiteinheit vollbrachte Arbeit bzw. aufgewendete Energie. Ein Mensch hat eine Dauerleistung von etwa 70 W und ein Pferd von knapp 750 W (1 PS, 1 Pferdestärke: 75 kg in einer Sekunde um einen Meter heben).

Kurzfristig kann ein erwachsener Mensch etwa 1000 W Leistungsabgabe bewerkstelligen.

In Schule und Sport ist die Leistung das Ergebnis eines Menschen im Vergleich zu anderen Schülern bzw. Sportlern. In der Wirtschaft ist Leistung die Produktivität, also das Verhältnis von Output zu Input bzw. Output pro Zeiteinheit.

Exzellenz ist ein Ehrenprädikat in der Anrede von hohen kirchlichen Würdenträgern und von Persönlichkeiten in hoher amtlicher Stellung, wie etwa Botschafter oder Regierungschefs. Das Wort Exzellenz leitet sich vom Lateinischen *„excellentia"* für „Herrlichkeit" ab. Allgemein ist „exzellent" ein Ausdruck für besondere Qualität.

Leistungsexzellente Personen sind demnach Menschen, die auf einem bestimmten Gebiet sehr hohe Leistungen vollbringen. **Leistungsexzellent** ist eine Steigerungsstufe von **hochleistend**.

Hochleistende Personen vollbringen ihre Leistungen scheinbar mühelos. Dass dies ein Mythos ist, und in Wahrheit ein starker Wille, ein konkreter, enger Fokus und harte Arbeit dazu notwendig sind, entspricht nicht der allgemeinen Auffassung. Das Verhalten, das notwendig ist, um Hochleistung zu entwickeln, kann dazu führen, dass die Betroffenen von ihrer Umwelt als exzentrisch und „schwierig" wahrgenommen werden.

Wer sich mit durchschnittlicher Leistung zufriedengibt, kann es nicht zu Exzellenz bringen. Zur Erreichung von Exzellenz ist immer ein starker Wille, gepaart mit Potenzial und harter Arbeit, erforderlich.

Als „leistungsexzellent" kann man die jeweils Besten eines Bereichs (einer „Domäne") bezeichnen. Das sind beispielsweise **Nobelpreisträger** in der Wissenschaft, **Olympiasieger** oder **Weltrekordhalter** im Sport, **Spitzenpolitiker** in der Regierung und **Topmanager** in der Wirtschaft. Die „**Elite**" eines Landes wird zusätzlich noch aus Erben großer Vermögen gestellt. Die Konzepte Schicht und Klasse betonen die ökonomische Dimension sozialer Strukturen, während mit dem Konzept „Elite" deren politische Dimension im Vordergrund steht.

Hochbegabtenforschung und Expertiseforschung [12] befassen sich mit demselben Thema. Der Unterschied ist, dass sie sich diesem von zwei unterschiedlichen Standpunkten aus nähern. Erstere sucht früh unter mutmaßlich Hochbegabten nach späteren „exzellenten" Personen. Letztere versucht eine bereits festgestellte „Exzellenz" zu erklären. Auf dem Weg vom Anfänger zum Experten durchläuft ein Mensch fünf kontinuierliche Stufen [13]:

- Anfänger (Novize),
- fortgeschrittener Anfänger,
- Kompetenz,
- Gewandtheit,
- Experte.

Ein Experte ist jemand, der über lange Zeit herausragende Leistungen auf einem bestimmten Gebiet erbringt. Es können dies Spezialisten sein wie Richter, Ärzte oder Wissenschaftler, aber auch Musiker, Schreiber, Schachspieler, Künstler und andere. Um Expertise zu erlangen, benötigt eine Person, der Experte, Folgendes in seinem Fachgebiet [13]:

- große Wissensbasis,
- reichhaltige Erfahrung,
- überdurchschnittlicher Erfolg beim Lösen von Problemen,
- Effizienz, Fehlerfreiheit und Genauigkeit beim Lösen der Probleme,
- metakognitive Kontrolle,
- hohe Flexibilität gegenüber neuen Problemen, einem Chamäleon gleich.

Eine hohe Intelligenz ist für den Aufbau einer großen Wissensbasis sehr hilfreich – und damit eine wichtige Grundlage vor allem zu Beginn der Expertenlaufbahn. In späterer Folge rückt ihre Bedeutung in den Hintergrund.

Leistungsexzellenz tritt üblicherweise in einem sehr engen Gebiet, einer sogenannten **Domäne**, auf. Bobby Fischer war beispielsweise nur in Schach Weltmeister, und Einstein ist nur in Physik berühmt geworden.

Die Wahrscheinlichkeit, dass sich jemand zu einer leistungsexzellenten Person entwickelt, ist in einem IQ-Bereich von 118 bis 120 am höchsten [7], was deutlich unter der Grenze für Hochbegabung (IQ von 130) liegt. Leistungsexzellenz beruht auf Lernprozessen [7]. Biographische Analysen von leistungsexzellenten Personen belegen, dass für den Erwerb von Expertise etwa **10.000 Lernstunden** nötig sind [2, 14]. Man spricht auch von der **„10-Jahres-Regel“**, weil es eine Dekade braucht, bis man seine 10.000 Stunden absolviert hat. Früher ist diese hohe Anzahl an Lernstunden nicht zu bewältigen (obgleich ein Jahr 8760 Stunden hat). Die 10-Jahres- Regel wurde in unterschiedlichsten Bereichen, von Mathematik, Physik und Musik bis hin zu Literatur, Sport und Management, verifiziert. Auch „Wunderkinder“ und „Naturtalente“ benötigen etwa 10.000 Stunden, um zur Weltspitze zu gelangen [7]. Man spricht von **„deliberate practice“** bzw. **„intensivem, bewusstem Üben“**. Dabei handelt es sich um einen sehr organisierten und konzentrierten Lernprozess, der auf die ständige Steigerung der eigenen Leistung gerichtet ist. Lediglich „intensives“ Üben, das nicht auf die kontinuierliche Leistungssteigerung abzielt, ist zu wenig. Raus aus der **„Komfortzone“**! So können Sie die eigene Leistungsfähigkeit beständig ausbauen. Zeigen Sie Resilienz (Widerstandsfähigkeit gegen Schwierigkeiten)!

Nach [15] ist dieses „bewusste Üben“ ein schmerzhafter Prozess, der mit großem Aufwand verbunden und somit „schwer“ ist. Er ist mit starker Erschöpfung im Sport zu vergleichen. Dadurch kann man nur wenige Stunden pro Tag bewusst üben. Harte Arbeit führt nicht automatisch zu außergewöhnlichen Leistungen. Auch der talentierteste Mensch wird ohne etwa zehnjährige harte Arbeit nicht zum Meister seines Fachs werden. Ein genialer „Geistesblitz“ ereilt Erfinder auch erst, nachdem sie sich ein entsprechendes Wissensfundament aufgebaut haben. Der Unterschied zwischen „normalen“ und „erfolgreichen“ Menschen ist, dass sich Letztere permanent anstrengen, um ihre Leistungen auszubauen. Ziel der Übung ist es, aus der privaten Komfortzone in die Lernzone zu gelangen. Könner konzentrieren sich auf einen einzelnen Aspekt, den sie verbessern. Erst nach Perfektionierung dieses Aspekts wenden sie sich dem nächsten zu. Ein Amateurgolfer wird sich beispielsweise einen Nachmittag lang mit allen Schlägen befassen, während ein Profi tagelang eine einzige Bewegung perfektioniert.

Bewusstes Üben im Geschäftsleben ist schwierig, weil es nach bewusstem Scheitern verlangt. Das kostet Geld, und die meisten Leute sind zu feige, ein Misslingen zu riskieren. Chefs wollen keine großen Fehler ihrer Mitarbeiter riskieren, und Mitarbeiter scheuen Fehler aus Angst vor einem Karriereknick.

Bewusstes Üben erfordert auch ehrliches Feedback, doch wenige Chefs und Kollegen sind bereit, dieses zu geben. Der Zweck von „bewusstem Üben“ ist, über sich selbst hinauszuwachsen. Somit ist es in der Wirtschaft deutlich schwieriger, Leistungsexzellenz zu entwickeln, als beispielsweise im Sport.

▶ **Brain Teaser** Der gescheiterte Firmengründer hat vermutlich mehr gelernt als ein mittelmäßig erfolgreicher Manager in einer reibungslos funktionierenden Organisation.

Motivation und kognitive Fähigkeiten sind für Leistungsexzellenz – welche man durch bewusstes Üben erreichen kann – gleich wichtig [7]. „Spielerische" Tätigkeiten, die Spaß machen und in denen man selbstvergessen aufgeht (**„Flow"**) [16], führen **nicht** zur Leistungsexzellenz. *Flow* stellt sich übrigens häufig bei intellektuell herausfordernden Aufgaben ein. Nach [17] sind Hochbegabte prädestiniert, in den Zustand von *Flow* zu kommen. Dazu ist es allerdings notwendig, dass sie sich voll und ganz einer Aufgabe widmen und sich nicht ablenken lassen, was für Hochbegabte nicht immer einfach ist.

Jemand, der talentiert ist und sich gerne mit einer Sache beschäftigt, wird nur in den Augen von Laien ein ansehnliches Niveau erreichen, nicht jedoch Weltklasse werden.

Um Leistungsexzellenz bzw. Weltklasseniveau zu erreichen, kommt es nicht nur auf den Einzelnen an. Das Umfeld ist zur Entwicklung von Leistungsexzellenz ebenfalls wichtig.

Paracelsus, Newton und Leibnitz konnten noch in mehreren Bereichen Topleistungen bringen. Heutzutage ist das fast ausgeschlossen (obwohl es vereinzelt doppelte Nobelpreise gibt: Marie Curie und Linus Pauling waren die bisher einzigen, die den Nobelpreis auf zwei unterschiedlichen Gebieten erhielten: Physik & Chemie bzw. Chemie & Frieden; John Bardeen erhielt den Nobelpreis zweimal in Physik und Frederick Sanger erhielt ihn zweimal in Chemie). Für internationale Spitzenleistung ist eine extreme Spezialisierung erforderlich.

„Multitalente" sind besonders selten (außer in Werbeanzeigen für Drucker, Waschmittel und Küchegeräte, wo dieser Begriff recht beliebt zu sein scheint). All seine Begabungen in Leistungen umzusetzen, ist schwierig, zumal die Perfektionierung eines Talents ein besagtes Jahrzehnt dauert. Schnelle Auffassungsgabe und geringer Schlafbedarf (beides trifft laut Literatur auf Hochbegabte zu) helfen, allerdings sind hier natürliche Grenzen gesetzt [1].

Ein echtes **„Multitalent"** ist Carlo Pedersoli alias „Bud Spencer" [18]. Er wurde 1929 in Neapel geboren und startete seine Karriere als Sportler. Er war mehrfacher italienischer Schwimmmeister und nahm zweimal an den Olympischen Spielen teil. Nebenbei studierte er Chemie und Jura, wobei er in Jura sogar promovierte. Carlo Pedersoli arbeitete als Komponist, gründete seine eigene TV-Produktionsfirma, schrieb Drehbücher und kandidierte als Politiker in Italien. In Südamerika war er Fließbandarbeiter, Bibliothekar und Sekretär der italienischen Botschaft. Später wurde er Schauspieler und war vor allem im Duo mit Mario Girotti (Terence Hill) ein Publikumsliebling. Er hat einen Pilotenschein für Helikopter und Flugzeuge und gründete seine eigene Fluggesellschaft. „Intelligente" Filmrollen hat Carlo Pedersoli übrigens abgelehnt, weil sie nicht zum Image von „Bud Spencer" gepasst hätten.

Motivation sagt spätere Hochleistung genauso treffsicher voraus wie Intelligenz [7]. Wie sonst als mit starkem inneren Antrieb ausgestattet könnte man die jahrelange Verfeinerung der eigenen Fähigkeiten auf einem einzigen Spezialgebiet durchziehen?

Ein großer Teil der Hochbegabten bleibt hinter den Erwartungen, die man aufgrund ihres hohen IQs in sie legen könnte oder tatsächlich legt, zurück. Der Anteil an **Underachievern** (dazu später mehr) kann nicht alleine durch einen Mangel an Förderungen erklärt werden [7, 8].

Hochintelligent kann also nach dem Stand der aktuellen Forschung **nicht** mit **hochbegabt** gleichgesetzt werden.

Menschliche Hochbegabung kann nach Auffassung von Forschern nicht auf einen einzigen Zahlenwert, den IQ, reduziert werden. Das ist eine zu starke Vereinfachung, wenngleich sie häufig vollzogen wird (siehe Zitat von Albert Ziegler weiter oben).

Doch was ist **hohe Intelligenz** überhaupt?

3.3 Intelligenz

Was *Leadership* in der Wirtschaft ist, stellt **Intelligenz** in der Psychologie dar – das Thema, über welches nicht nur intensiv geforscht, sondern auch in der populären Presse am meisten berichtet wird, und bei dem es eine Fülle an Fehleinschätzungen, Irrtümern und vorgefassten Meinungen gibt.

Nicht-Psychologen stellen sich unter Intelligenz immer etwas Großartiges vor.

Robert J. Sternberg, ein renommierter Intelligenzforscher, drückt dies so aus: *„There seem to be almost as many definitions of intelligence as there* ... [are] ... *experts to define it."* [19] Gewissermaßen der kleinste gemeinsame Nenner aus 70 Definitionen wurde in [20] wie folgt herausgearbeitet: Intelligenz ist

- die Fähigkeit eines Individuums, mit seiner Umwelt in Wechselwirkung zu treten,
- die Fähigkeit, Ziele erfolgreich zu verfolgen,
- die Fähigkeit, sich erfolgreich auf verschiedene Ziele und Umwelten einzustellen.

Der zweite Punkt ist für den beruflichen Kontext besonders relevant. Man kann auch sagen, dass Intelligenz das Bündel an Fähigkeiten beschreibt, das den Erfolgreichen einer bestimmten Kultur gemeinsam ist [22]. Intelligenz kann heruntergebrochen werden auf akademische, praktische, soziale und sonstige Intelligenz [23], allerdings gibt es eine allgemeine Intelligenz als sogenannten **„Generalfaktor g"**. Den Definitionen ist gemeinsam, dass es sich bei Intelligenz um die kognitiven Fähigkeiten eines Menschen handelt. Man spricht auch von der allgemeinen mentalen Fähigkeit.

Auch haben unterschiedliche Kulturen divergierende Auffassungen von Intelligenz. Eine interessante Abhandlung hierzu ist *„The Geography of Thought"* von Richard Nisbett [24].

In [5] wird die Sicht des IQ in unterschiedlichen Ländern bzw. Kulturen diskutiert.

Das „westliche" Konzept von Intelligenz fußt vor allem auf praktischer Problemlösung, verbalen Fähigkeiten und sozialer Kompetenz. Im östlichen Denken stehen allgemeine kognitive Fähigkeiten (vgl. g-Faktor), inter- und intrapersonale Intelligenz, intellektuelle Selbstbehauptung und logisches Denken im verbalen und nonverbalen Bereich im Vordergrund [25].

Im Westen ist Geschwindigkeit des Denkens ein Indiz für Intelligenz, in Asien jedoch nicht [24]. Nach der konfuzianischen Sichtweise ist Potenzial sehr weit verbreitet, und jeder trägt es in sich. Es sind der Schüler und sein Lehrer gemeinsam, die es durch harte

Arbeit entwickeln können [5]. In Europa und den USA wird das viel individualistischer gesehen.

In Afrika gehören Höflichkeit, Respekt gegenüber den Älteren, Gehorsamkeit und soziale Verantwortung zum Verständnis von Intelligenz [24, 26, 27]. Intrapersonale Intelligenz ist die Fähigkeit, seine eigenen Stärken und Schwächen zu erkennen, welche durch intellektuelle Selbstbehauptung umgesetzt werden.

Zum Thema Selbstbehauptung schreibt Hermann Meyer: „Wer eine zu geringe Selbstbehauptung aufweist, wird von Vorgesetzen, Schwiegermüttern und anderen ausgeglichen." [28] Stehen Sie für Ihre Selbstbehauptung ein!

Die oben genannten Unterschiede rühren zum Teil daher, dass jede Kultur andere Fähigkeiten besonders hoch schätzt. Man kann Intelligenz, allgemein gesprochen, als die **Fähigkeit, Probleme zu lösen**, verstehen.

Ein mit Intelligenz gesegneter Mensch ist in der Lage, nicht-routinemäßige Aufgaben mit hoher Qualität und Geschwindigkeit zu lösen, logische Schlussfolgerungen anzustellen und sich in seiner Umwelt mehr oder weniger erfolgreich zu bewähren. Letzteres erfolgt auf zwei Arten:

- Anpassung (Akkomodation),
- Assimilation (aktive Gestaltung).

50 % der Bevölkerung gelten als durchschnittlich intelligent und je 25 % als über- oder unterdurchschnittlich. Die obersten 2 bis 3 % werden als hochbegabt bezeichnet, sie haben einen IQ von 130 aufwärts (siehe auch weiter vorne bzw. unten zum Thema Hochbegabung).

Intelligenz kann man über den **Intelligenzquotienten**, den **IQ**, ausdrücken. Der IQ ist das gebräuchlichste Intelligenzmaß. Im Gegensatz zur Körpergröße, die leicht zu messen ist, stellt die Intelligenz ein Konstrukt dar. Der IQ-Begriff wurde 1912 von Wilhelm Stern geprägt.

Dazu Albert Ziegler [7]: *„Der IQ ist ein reines Vergleichsmaß, das angeben soll, wie die intellektuelle Leistungsfähigkeit einer Person relativ zu derjenigen einer vorab bestimmten Vergleichsgruppe liegt."*

Der Durchschnittswert ist auf 100 normiert. Intelligenz ist normalverteilt anhand der Gauß'schen Glockenkurve, siehe Abb. 3.2.

▶ **Tipp** IQ-Tests können Sie bei Psychologen ablegen. Die Kosten hierfür betragen nach [29] etwa 200 bis 300 €. Vergleichsweise günstig sind Hochbegabtenvereine wie Mensa, wo Sie mit etwa 50 € dabei sind.

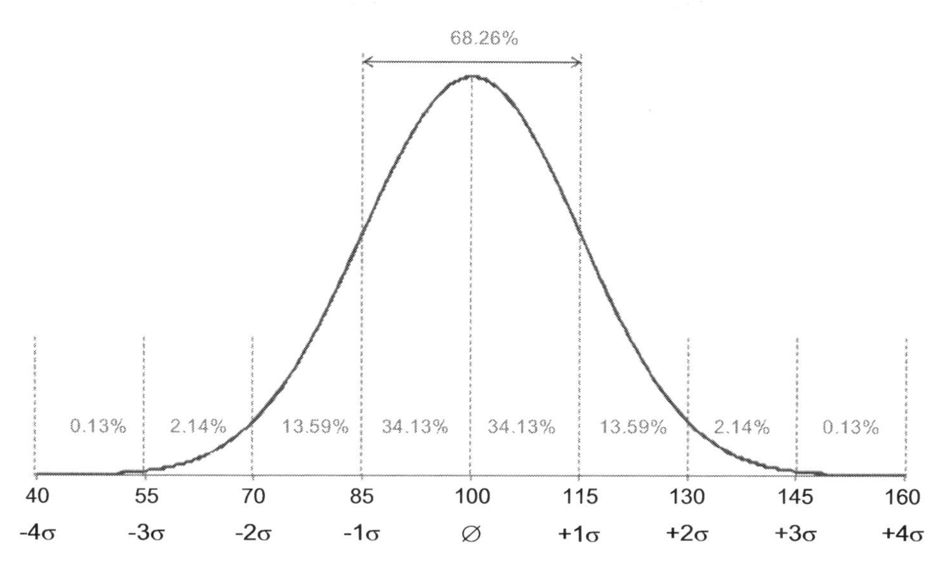

Abb. 3.2 Gauß'sche Glockenkurve. Im Bereich von plus/minus einer Standardabweichung finden sich mehr als zwei von drei Personen (68,2 %). Dieser Bereich wird als normal bzw. durchschnittlich bezeichnet. Überdurchschnittlich ist ein IQ damit ab 115. Das trifft auf ~16 % der Bevölkerung zu 68 % der Vergleichsgruppe liegen zwischen den IQ-Werten von 85 und 115. Menschen mit einem IQ von <70 werden im deutschsprachigen Raum als Minderbegabte bezeichnet und Menschen mit einem IQ von über 130 als **Hochbegabte**. Beide Randgruppen stellen je 2 bis 3 % der Gesamtbevölkerung dar

Der Durchschnitt

Wer will schon unterdurchschnittlich sein? Statistisch gesehen sind 50 % der Menschen immer unterdurchschnittlich, egal, worum es sich handelt (das gilt für den Mittelwert, jedoch nicht für den Median). Wie kann es sein, dass sich 90 % der Männer für überdurchschnittliche Autofahrer halten? Ein krasses Zeichen von Selbstüberschätzung. Auf die Intelligenz bezogen will mit an Sicherheit grenzender Wahrscheinlichkeit auch niemand unterdurchschnittlich sein. Natürlich möchte ebenfalls niemand finanziell unterdurchschnittlich dastehen. Der Grund, warum Intelligenz heikler betrachtet wird als andere Aspekte des Lebens, ist, dass diese mit einem Menschen verknüpft ist und sich nicht willkürlich steigern lässt. Egal, wie sehr man sich bemüht, die Intelligenz bleibt gleich (auch wenn sich durch Trainieren ein paar Punkte im IQ-Test gewinnen lassen).

Intelligenz hat als „Meta-Eigenschaft" (Über-Eigenschaft) einen besonderen Stellenwert unter den Persönlichkeitsattributen eines Menschen. Das ist nicht unbedingt die Sichtweise eines Psychologen, Presse und Öffentlichkeit halten die Intelligenz als das Maß vieler Dinge allerdings hoch.

Arten von Intelligenz

Es gibt folgende, voneinander unabhängige **Begabungsbereiche (Fähigkeitsbereiche)**:

- intellektuelle Fähigkeit (Intelligenz),
- soziale Fähigkeit,
- musische Fähigkeit,
- bildnerisch-darstellende Fähigkeit,
- psychomotorisch-praktische Fähigkeit.

Charles Spearman versuchte, über den oben eingeführten Parameter „g" die Fähigkeit eines Menschen, bei unterschiedlichen Aufgabenstellungen immer gut abzuschneiden, zu erfassen. Zahlenmäßig geht das mit dem IQ als Maß für die kognitiven Fähigkeiten eines Menschen.

Peter Medawar schrieb zum eindimensionalen IQ: „*Man muss kein Physiker oder auch kein Gärtner sein, um zu begreifen, dass die Beschaffenheit einer so vielfältigen und komplexen Sache wie der Erdboden auf einer großen Zahl von Variablen beruht. Tatsächlich aber wurde die Jagd nach einwertigen Kennzeichnungen von Bodenbeschaffenheiten erst in den letzten Jahren aufgegeben.*" Intelligenz hat mehrere Facetten, die sich nicht durch eine einzige Größe, den IQ, erfassen lassen.

Spearman formulierte 1904 die „Zwei-Faktoren-Theorie". Danach ergibt sich die intellektuelle Leistung eines Menschen aus dem Generalfaktor seiner Intelligenz (allgemeine geistige Fähigkeit) in Kombination mit dem „spezifischen Intelligenzfaktor" (s) für eine jeweilige Funktion, zum Beispiel räumliches Vorstellungsvermögen. Spearmans Theorie kann somit schlüssig erklären, warum manche Menschen eine hohe allgemeine Intelligenz, andere jedoch eine stark ausgeprägte spezifische Intelligenz aufweisen. Es zeigte sich jedoch, dass die s-Faktoren nicht unabhängig voneinander sind. Thurstone postulierte in den 1930er-Jahren sieben sogenannte Primärfaktoren anstelle von g:

- numerisches Denken,
- schlussfolgerndes Denken,
- Wortverständnis,
- Wortflüssigkeit,
- Raumvorstellung,
- Wahrnehmungsgeschwindigkeit,
- Gedächtnis.

Spätere Forscher kamen auf bis zu 120 geistige Funktionen [7].

3.4 Hochbegabung

Besondere Fähigkeiten vs. Hochbegabung

Hochbegabung ist nur das Potenzial eines Menschen, intellektuell mehr leisten zu können als der Durchschnittsbürger. Sie ist eine besondere intellektuelle Fähigkeit. Es gibt auch andere besondere Fähigkeiten, die sich mehr oder weniger im Beruf eines Menschen umsetzen lassen. Bei einer einzelnen Begabung („Inselbegabung") spricht von einem **Talent** oder mitunter von einem außergewöhnlichen Talent.

Einseitig Hochbegabte werden als **Savants** oder Inselbegabte bezeichnet. Der Begriff der Teilbegabung (partielle Begabung) ist ebenfalls geläufig.

Berufung sollte auch nicht mit Hochbegabung vermischt werden. Eine Berufung *(calling)* ist das Verspüren eines „inneren Rufs" zu einer Lebensaufgabe oder einem (religiösen) Dienst.

Modelle zur Hochbegabung

Es gibt zahlreiche Vorstellungen und Modelle zu dem, was man unter „Hochbegabung" versteht. Im folgenden Abschnitt sind die wichtigsten dargestellt. Es handelt sich dabei um eher tradierte Ein- und modernere Mehrfaktorenmodelle. Die eindimensionalen (monokausalen) Modelle werden zuerst vorgestellt. Die Modelle der Hochbegabung beschreiben nicht, wie diese nach außen in Erscheinung tritt (etwa als schnelle Auffassungsgabe und das Vermögen, sich in neuen Situationen durch Einsicht rasch zurechtzufinden und Aufgaben durch Denken zu lösen), sondern versuchen zu verstehen, wie Hochbegabung aufgebaut ist und zustande kommt. Hohe Intelligenz ist nur ein Teilaspekt dessen, was „Hochbegabung" darstellt.

1. Hochbegabung = göttliche Begabung
   Wohlstand und Fortschritt in Technik, Gesellschaft und Kultur haben wir vor allem wenigen herausragenden, „leistungsexzellenten" Personen zu verdanken. Es waren die Großen der Geschichte, die dafür sorgten, dass die Entwicklung der Menschheit nicht langsam und stetig, sondern rasch und sprunghaft erfolgte. Die Leistungen „großer Köpfe" versuchte man im Altertum über „göttliche" Begabungen dieser Menschen zu erklären. Im Mittelalter begannen Künstler, ihre Werke zu signieren, was darauf hindeutet, dass sie ihr Schaffen als individuelle Leistungen betrachteten. In Asien wird Hochbegabung als das Produkt der Wechselwirkung von Lehrer und Schüler angesehen, wobei man von einem sehr breiten, in jedem Menschen vorhandenen Begabungspotenzial ausgeht. Das Modell der göttlichen Begabung wird heute nicht mehr zur Erklärung von Hochbegabung angewandt.
2. Hochbegabung = hoher IQ

In psychologischen Begabungsmodellen wird Hochbegabung für gewöhnlich als ein Mindestergebnis eines Intelligenztests bezeichnet. Landläufig ist ein IQ > 130 das Kriterium für Hochbegabung. Etwa 2 bis 3 % der Bevölkerung sind demnach hochbegabt, genauer gesagt: intellektuell weit überdurchschnittlich begabt. Bisher wurde kein qualitativer Unterschied im Denken von Hochbegabten und Normalbegabten festgestellt, daher hat sich eine quantitative Definition „eingebürgert" [30]. Tatsache ist jedoch, dass wissenschaftliche Untersuchungen diese Definition nicht (mehr) voll stützen. So wurde von Detlef H. Rost [31] festgestellt, dass nur etwa 15 % der hochleistenden Schüler einen IQ von über 130 aufweisen, und dass die anderen 85 % „lediglich" extrem fleißig waren. Nicht alle Hochleistungen lassen sich mit dem IQ erklären, und auch nicht alle Hochbegabten sind hochleistend. Der IQ beschreibt nur das geistige Potenzial eines Menschen. Was dieser daraus macht bzw. in seiner Umwelt machen kann, ist ein anderes Kapitel. Wie erwähnt ist das Modell „Hochbegabung = IQ ≥ 130" in der Öffentlichkeit weit verbreitet.

3. Hochbegabung = frühere Leistungen
   Der nächste Ansatz zur Definition von Hochbegabung ist, diese an früher bereits erbrachten hohen Leistungen festzumachen. Hohe Leistungen in der Zukunft lassen sich mit hoher Treffsicherheit durch frühere prognostizieren. Wissenschaftlich ist diese Definition etwas holprig, weil sie nur auf Phänomenen basiert und auf keinen tieferliegenden Erklärungen.
   „Eintagsfliegen", das heißt Menschen, die nur einmal in ihrem Leben einen großen Erfolg erreicht haben, sind nach dieser Definition ebenso hochbegabt wie Dauerleister auf hohem Niveau. In der Musikindustrie bezeichnet man übrigens Interpreten, die nur einmal einen Titel in der Hitparade platzieren konnten, als „*one hit wonder*" (Eintagsfliege) [32].
4. Hochbegabung = Expertise
   Nach der besagten 10-Jahres-Regel führt ein intensiver Lernprozess in einem bestimmten Gebiet dort an die Weltspitze [2, 14]. Auch W. A. Mozart in Musik und Bobby Fischer in Schach waren hier keine Ausnahme. Mozart war nach Auffassung von Expertise- Forschern kein Wunderkind, sondern das „Produkt" intensiven Übens. Nicht alle Forscherteilen diese Meinung. Einigkeit herrscht darüber, dass bewusstes Üben einen Menschen zum Experten machen kann, zum „Genie" bedarf es jedoch mehr (*nature-vs.-nurture*-Theorie).
   Experten sind außerhalb ihres Fachgebiets von „normalen" Menschen nicht zu unterscheiden.
   Bücher mit Titeln wie „Mythos Begabung" [13] oder „Die Talent Lüge" [10] beschreiben dieses Modell der Hochleistung genauer.
5. Hochbegabung nach der Fünf-Ecken-Theorie
   Robert J. Sternberg und Li-fang Zhang haben die Fünf-Ecken-Theorie (pentagonale implizite Theorie) [33] entworfen mit dem Ziel, Alltagsdefinitionen von Hochbegabung einzufangen. Alltagsdefinitionen sind zwar nicht wissenschaftlich fundiert, sie haben dennoch eine große Relevanz in der Praxis, weil es schließlich vor allem Lehrer,

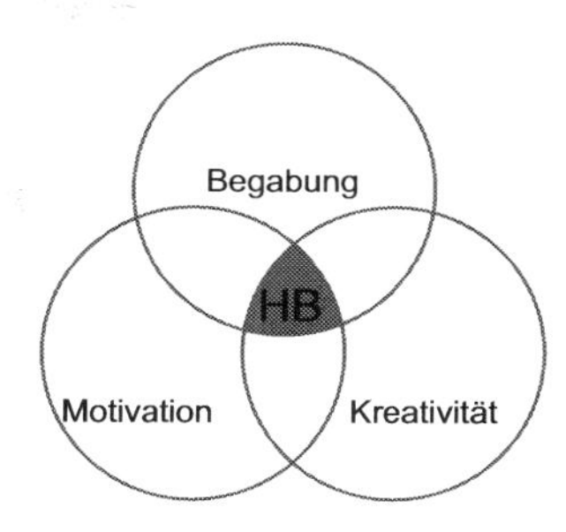

Abb. 3.3 Drei-Ringe-Modell der Hochbegabung (HB). Neben Köpfchen sind auch Motivation und Kreativitär notwendig

Arbeitgeber und Eltern sind, die sich mit Hochbegabten im täglichen Leben befassen und nicht die Forscher. Die Fünf-Ecken- Theorie, welche weltweite Gültigkeit besitzt, besagt, dass Hochbegabung beim gleichzeitigen Vorliegen von fünf Kriterien gegeben ist:

- Exzellenz,
- Seltenheit,
- Produktivität,
- Beweisbarkeit,
- Wert.

In [13] finden sich weitere Details zur Fünf-Ecken-Theorie.

6. Hochbegabung als Ergebnis mehrerer Faktoren – das Drei-Ringe-Modell
   Von Josef Renzulli stammt das Drei-Ringe-Modell der Hochbegabung [34], siehe obiges Venn-Diagramm (Abb. 3.3).

   Danach manifestiert sich eine Hochbegabung als sichtbares „Talent", wenn Begabung, Kreativität und Motivation zusammentreffen. Begabung ist in diesem Modell als überdurchschnittliche Fähigkeit eines Menschen eine notwendige, doch keineswegs hinreichende Bedingung für gezeigte Hochbegabung. Daneben sind andere individuelle Faktoren notwendig, darunter Motivation und Kreativität. Kreativität umfasst schöpferisches und unkonventionelles Denken. Sie ist zur Lösungsfindung nötig und die Motivation als Antrieb, überhaupt etwas aus der latenten Hochbegabung zu machen. Anstelle von Motivation kann man auch von „Engagement" sprechen als einer besonders tragfähigen, lang an dauernden Motivation, die Rückschläge verkraftet. Die drei Ringe sind überlappend, um ihre wechselseitige Beeinflussung zu zeigen. Renzulli gilt unter den Intelligenzforschern als Praktiker [13], sein Modell ist heuristisch und weniger empirisch fundiert. Weiterentwickelt hat dieses Modell Franz J. Mönks, indem er Umweltfaktoren miteinbezogen hat.

7. Hochbegabung nach dem Modell der „triadischen Interdependenz"
   Franz J. Mönks definiert Hochbegabung als individuelles Potenzial zu herausragenden Leistungen in einem oder mehreren Bereichen. Er hat die zentralen Persönlichkeitsfaktoren für Hochbegabung – Intelligenz, Kreativität und Aufgabenzuwendung (Motivation) aus Renzullis Modell (siehe weiter oben) – um Umweltfaktoren ergänzt und nennt seine Theorie das „triadische Interdependenzmodell" [35]. Als Umweltfaktoren werden Familie, Schule und Freundeskreis *(Peergroup)* betrachtet, siehe Abb. 3.4.

   Anhand des Schaubildes erkennt man, dass neben den drei wichtigen inneren Einflussfaktoren (vergleiche die drei Ringe bei Renzulli) auch noch die erwähnten drei äußeren Einflussfaktoren notwendig sind, damit sich Hochbegabung äußern kann.
   Kreativität ist keine fixe Größe, sie kann gefördert werden oder aber verkümmern [36]. Nach Mönks Modell sind also zahlreiche Bedingungen zu erfüllen, damit es zur Hochbegabung kommt. Die Umweltfaktoren können störend oder fördernd wirken. Da sie alle zusammenhängen, spricht man von „Interdependenz". Je stärker sie zusammenspielen, desto mehr kommt die Hochbegabung zum Ausdruck.
   Das Modell von Mönk wurde noch nicht vollständig in der Praxis erprobt [7]. Auch ist es nicht ideal (zum Beispiel können sich Schule und Freunde überschneiden).

8. Hochbegabung nach dem Münchner Hochbegabungsmodell
   Eine noch differenziertere Erklärung für Hochbegabung liefert das „Münchner Hochbegabungsmodell" von Kurt A. Heller und C. Perleth. Hier werden die Fähigkeiten eines Menschen in kognitive und nicht kognitive Persönlichkeitsmerkmale unterteilt. Damit erweitert dieses Modell die enge Sicht vieler konventioneller Hochbegabungsmodelle, die nur den akademischen Bereich betrachten. Anstelle einer Begabung geht das Modell von mehreren Begabungsfaktoren aus. Durch vielfache Wechselwirkungen im Modell (Begabungsfaktoren, Umwelt, Persönlichkeit, Domäne) wird Hochbegabung erklärt. Intellektuelle Fähigkeiten werden auch hier über den IQ erfasst [7].
9. Modelle der Informationsverarbeitung
   Das Auftauchen von Computern hat Intelligenzforscher dazu inspiriert, das menschliche Gehirn als Datenverarbeitungszentrum zu sehen, wo das Denken und das Lösen von Aufgaben als Prozesse ablaufen. Je besser und je schneller die Prozesse abgearbeitet werden, desto intelligenter ist jemand nach diesem Modell [37].

Zusammenfassend kann man sagen, dass „Hochbegabung" ein sehr komplexes Konstrukt ist, welches nicht nur über einen IQ ≥ 130 festgelegt werden kann. Hochbegabung beinhaltet kognitive und nicht kognitive Fähigkeiten. Das Umfeld spielt eine wichtige Rolle für die Manifestation von Hochbegabung. Auch ist Hochbegabung mehr als Prozess denn als Zustand zu sehen. Hochbegabung ist das Potenzial zu Hochleistung, welche in jedem Fall eine hohe innere Motivation erfordert. Auch ist die Bezeichnung nicht wertfrei, sie hängt stark mit der jeweiligen Gesellschaft zusammen.

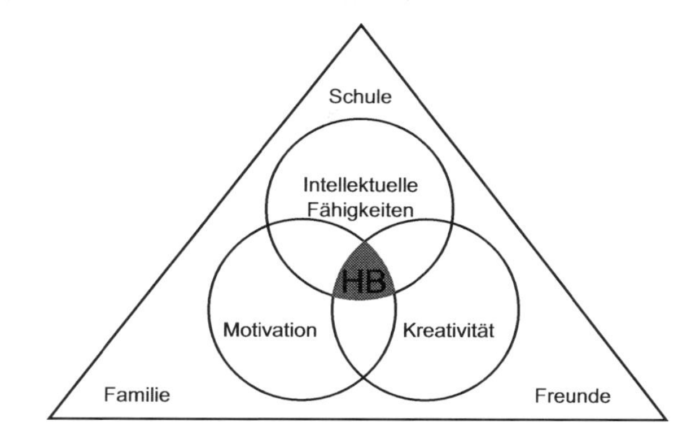

Abb. 3.4 Modell der triadischen Interdependenz zur Erklärung von Hochbegabung (HB)

Erweiterte Konzepte der Intelligenz

In seinem Modell der **triarchischen Intelligenz**, welches er aus den Arbeiten von Raymond Bernard Cattell entwickelt hat, führt Robert Sternberg [38] drei Arten von Intelligenz an:

- analytische Intelligenz,
- praktische Intelligenz,
- kreative Intelligenz.

Die analytische Intelligenz in Sternsbergs Modell entspricht der „klassischen" Form von Intelligenz, die mittels IQ gemessen werden kann. Die praktische Intelligenz ist eine Art „Alltagsintelligenz", ein „gesunder Menschenverstand" bzw. ein „gesunder Hausverstand".

Apropos Verstand:

> *Nichts auf der Welt ist gerechter verteilt als der Verstand, weil ein jeder glaubt, er habe genug davon.*
> René Descartes (1596–1650)

Robert J. Sternberg bezeichnet die Kombination der drei Intelligenzen als **„Erfolgsintelligenz"** [38, 39], [40, 41].

Erfolgsintelligenz ist die Fähigkeit, im Leben Erfolg zu haben, gemessen an persönlichen Erwartungen und eingebettet in den soziokulturellen Kontext, indem jemand seine Stärken voll ausnutzt und seine Schwächen kompensiert [42, 43].

Sternberg sieht eine Balance der drei Komponenten als wesentlich an. Die Dominanz einer der drei Intelligenzen behindert nach Sternberg die Realisierung des Potenzials eines Menschen. Gerade im Berufsleben sind Kreativität und praktische Intelligenz gefragt.

Nach der Persönlichkeits-Enneagrammtypologie verfügt jeder Mensch über drei **Intelligenzzentren:** Kopf (Verstand, Ratio), Herz (Emotionen) und Bauch (Instinkt, **„Bauchintelligenz"**). Emotionen und Instinkt werden als „Gefühl" zusammengefasst. Nach diesem

Modell gibt es auch drei Arten der Intuition: eine verstandesmäßige, eine emotionale und eine instinktive Intuition.

Nach [1] sind *„Hochbegabung und Kreativität zwei Seiten desselben Phänomens"*, während andere Quellen Kreativität und IQ komplett unabhängig voneinander sehen.

Es gibt viele Theorien zu **multiplen Intelligenzen:** In seinem Buch „Abschied vom IQ" beschreibt der Psychologe Howard Gardner acht verschiedene Intelligenzen, und zwar [13]:

- sprachlich,
- logisch-mathematisch,
- räumlich,
- musikalisch,
- körperlich-kinesthetisch,
- interpersonal (sozial),
- intrapersonal (emotional),
- naturalistisch.

Kritisiert wird an dieser Theorie, dass es sich eher um ein intuitives Konstrukt anstelle einer wissenschaftlichen Beschreibung handelt und dass die Intelligenzen eher Talente und Persönlichkeitsmerkmale wären. Auch die Unabhängigkeit dieser acht Intelligenzen wurde in Studien widerlegt [13].

Andere Forscher wie Joy Paul Guilford postulierten 120 bis 150 Intelligenzen bzw. Intelligenzfaktoren [7]. Daneben wurde von Raymond Bernard Cattell eine „kristalline" sowie eine „fluide" Intelligenz definiert [30]. Die kristalline Intelligenz soll über die Lebenszeit eines Menschen hinweg konstant bleiben bzw. zunehmen, während die fluide Intelligenz bei mangelndem Training verloren geht.

Multiple IQs erlauben eine differenziertere Betrachtung von Begabung, als dies mit dem klassischen IQ, der lediglich die kognitiven Fähigkeiten einer Person erfasst, möglich ist. Das Konzept der intellektuellen Hochbegabung wird durch multiple IQs stark verbreitert und verallgemeinert, indem die Hochbegabung nicht nur in analytisch-denkenden, sondern auch als in anderen Bereichen existent verstanden wird. Multiple IQs verwässern allerdings die Vorstellung von Intelligenz. Laut Arthur Jensen sei dies, als ob man Schachspielen als athletisches Geschick verstehe [15]. Der klassische IQ kann viel erklären, doch nicht alles. Aus diesem Grund entstand das Bestreben von Forschern, zahlreiche „erweiterte Intelligenzkonzepte" zu entwickeln. In der Literatur finden sich sogar Begriffe wie **„Führungsintelligenz"** [44] oder ***„Executive Intelligence"*** [45] sowie **„Managementintelligenz"** [38] und **„Wirksamkeitsintelligenz"** [46]. Auch wurden eine **„Beziehungsintelligenz"** [47] und eine **„soziale Intelligenz"** [48] postuliert. Man liest von **existenzieller** und **spiritueller Intelligenz.** Der Milliardär Donald Trump ruft in seinen Büchern unter anderem zu mehr **„finanziellem IQ"** auf. In der populären Presse finden sich ferner Bezeichungen wie **„Abnehm-IQ"**, **„Shopping-IQ"** oder **„Alkohol-IQ"**.

Ein gängiges Konzept im Zusammenhang mit multiplen Intelligenzen ist auch die bereits eingeführte **„praktische Intelligenz“** von Sternberg (Synonyme: **„Erfolgsintelligenz“**, implizites Wissen, Alltagswissen). Es gibt auch eine **„psychosomatische Intelligenz“** [49]. Weiter wird in Ratgebern und im Internet eine **„universelle Intelligenz“** beschrieben neben einer Vielzahl weiterer Begrifflichkeiten, die oftmals nur von Beratern verwendet werden und einer wissenschaftlichen Fundierung entbehren. Man findet sogar Bücher über die **„sexuelle Intelligenz“** [50] und eine **„kulinarische Intelligenz“** [51]. Die Managementintelligenz wird als **„MQ“**, die emotionale Intelligenz als **„EQ“** und die sexuelle Intelligenz als **„SQ“** bezeichnet, in Anlehnung an den **„IQ“**. In [30] wird eine **„moralische Intelligenz“** erwähnt. [52] beschreibt eine **„kulturelle Intelligenz“** mit **„CQ“**. Im Internet residieren unzählige Einträge zu weiteren Arten von Intelligenz, etwa **„kriminelle Intelligenz“**, **„sportliche Intelligenz“** oder **„innovative Intelligenz“** [25]. Firmen haben nach [53] einen **„Corporate IQ“** und nach [54] einen **„Innovations-IQ“**. In [55] wird für Individuen ein **„PQ“** (Promotion Coefficient, Beförderungsquotient) sowie für Organisationen ein **„MQ“** (Maturity Coefficient) postuliert. Der Autor von [1], Hochbegabter seines Zeichens, nennt seinen geschätzten „Lotto-Quotienten“ (**LQ**) von 120 [1].

Dass die meisten dieser „Intelligenzen“ und speziellen „IQs“ nicht viel mit dem Intelligenzquotienten eines Menschen zu tun haben, ist einleuchtend. Vieles, was sich zum IQ und den daraus abgeleiteten Konzepten findet, basiert nicht auf empirischen Untersuchungen, sondern auf der Meinung von mehr oder weniger versierten Experten, Anekdoten, Fallstudien und unveröffentlichten Untersuchungen und Betrachtungen.

„Künstliche Intelligenz“ [56], als **„KI“** oder im Englischen als „AI“ (*artificial intelligence*) bezeichnet, ist ein Teilgebiet der Informatik, das sich mit der Automatisierung von intelligentem Verhalten beschäftigt. Da schon Intelligenz an sich nicht genau definiert ist, lässt sich der Begriff „KI“ ebenfalls nicht scharf abgrenzen. KI ist das Bestreben, menschenähnliche Intelligenz nachzustellen bzw. zu programmieren.

Ferner gibt es das Konzept der **Kollektiven Intelligenz** (Gruppenintelligenz, Schwarmintelligenz, swarm intelligence).

Unter allen Intelligenzkonzepten ist der klassische „IQ“ jedoch am bekanntesten.

In der populären Presse ist der IQ sehr weit verbreitet. In der wissenschaftlichen Literatur finden sich, wie weiter oben angerissen, zunehmend differenziertere Modelle, dennoch hat der „traditionelle“ IQ eine hohe Relevanz, auch wenn dies von vielen Seiten immer wieder bezweifelt und bestritten wird.

Nachdem Sie die vielen erweiterten IQ-Konzepte auf den letzten Seiten dieses Buchs möglicherweise verwirrt haben, sind hier drei Passagen aus einem Interview mit dem bekannten Psychologen und Intelligenzforscher Detlef H. Rost im Nachrichtenmagazin Focus [57] aus April 2010 wiedergegeben: *„Natürlich gibt es ‚emotionale Kompetenzen‘. Wenn man klassische Persönlichkeitsfaktoren erhebt und zusätzlich auch die sogenannte emotionale Intelligenz, merkt man, dass das alles im Prinzip schon in den bekannten Persönlichkeitsfaktoren steckt. Es ist nicht sinnvoll, diese gut definierten und schön voneinander differenzierten Faktoren zu einem Kuddelmuddel zusammenzumengen und zu sagen: Das heißt jetzt emotionale Intelligenz, und das ist etwas ganz Neues. Emotionen: ja, emotionale Intelligenz:*

nein." ... „IQ-Tests sind die besten Prädiktoren für die Vorhersage von Schul-, Berufs- und Lebenserfolg. Die Psychologie hat keine besseren". ... „Ein Intelligenztest misst die Fähigkeit, neue Problemstellungen effektiv und schnell zu lösen. Diese Fähigkeit braucht man in unserer Gesellschaft an allen Ecken und Enden. Deswegen sagen die Tests so viel vorher – sie korrelieren mit allem. Der liebe Gott weiß alles, und die Intelligenz korreliert fast mit allem."

Forscher bemühen sich seit Jahrzehnten, Intelligenztests als valide und als zuverlässig *(valid & reliable)* zu gestalten. Die Validität eines Tests besagt, ob dieser das misst, was er vorgibt zu messen, die Reliabilität bezieht sich auf die Zuverlässigkeit und Wiederholbarkeit der Ergebnisse. Während die Zuverlässigkeit von Intelligenztests als gesichert gilt, ist ihre Validität (Vorhersagekraft) umstritten. IQ-Tests sollten kulturfrei bzw. kulturell fair sein. Je ausgewogener das Ergebnis eines IQ-Tests, desto zuverlässiger ist der ermittelte Wert. Manche Menschen zeigen eine Teil-Hochbegabung, beispielsweise auf sprachlichem oder mathematischem Gebiet.

In [25] wird ein Modell der **multiplen Intelligenzen für Manager** vorgestellt. Es besteht aus acht IQs:

1. kognitiver IQ,
2. emotionaler IQ,
3. politischer IQ,
4. soziokultureller IQ,
5. organisationsbezogener IQ,
6. Netzwerk IQ,
7. kreativer IQ, innovativer IQ,
8. intuitiver IQ („6. Sinn").

Nach Sternbergs Modell der triarchischen (dreiteiligen) Intelligenz lassen sich diese acht „Intelligenzen" zusammenfassen in:

- analytische Intelligenz,
- praktische Intelligenz,
- kreative Intelligenz.

Das Produkt dieser drei Intelligenzen wird manchmal als „Erfolgsintelligenz" bezeichnet. Die folgende Abb. 3.5 zeigt, wie dieses Modell eingesetzt werden kann, um das Profil möglicher Kandidaten mit dem Idealprofil für eine zu besetzende Stelle zu vergleichen (modifiziert nach [25]).

Hochbegabung in anderen Ländern

In den USA ist das Thema „Hochbegabung" positiver besetzt als beispielsweise in Deutschland, Österreich oder Holland [58].

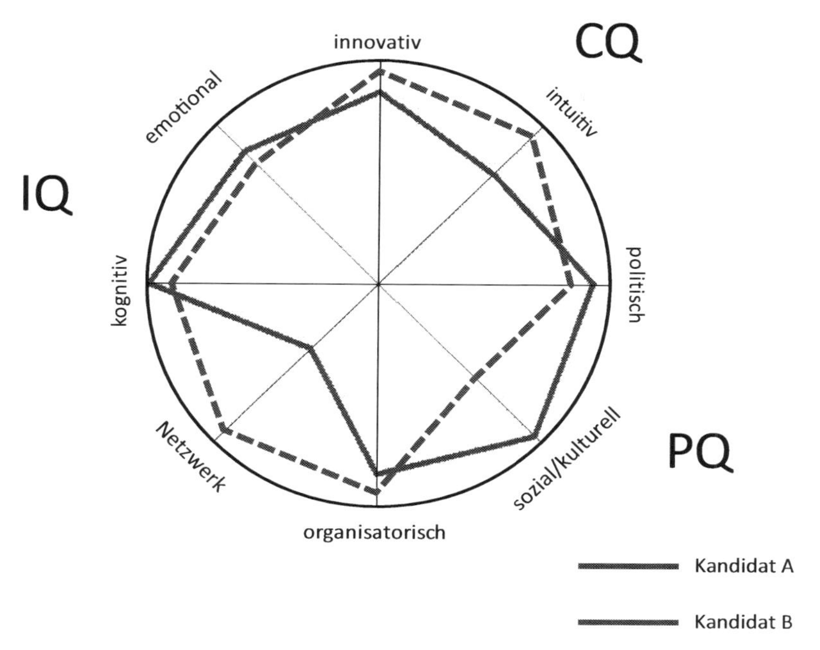

Abb. 3.5 Werkzeug, um das Profil von Bewerbern oder Mitarbeitern zu erfassen

Bei uns wird hohe Intelligenz zwar an sich als etwas Positives angesehen, allerdings gebietet es sich nicht, darüber zu sprechen und sich zu hoher Intelligenz zu bekennen, weil man dadurch die anderen abqualifiziert und sich als eingebildet darstellt.

In manchen Ländern unterscheidet man zwischen den „Hochintelligenten" und den „Hochbegabten", etwa in den Niederlanden. Dort gilt jemand als hochintelligent, wenn sein IQ > 130 ist, und als hochbegabt, wenn er zusätzlich Erfolg hat [58]. Nicht alle Forscher halten diese Zweiteilung für sinnvoll, weil manche Hochbegabte zwischen diesen zwei Gruppen pendeln.

Erkennen von Hochbegabung

Lehrer an Mittel- und Realschulen in Deutschland, den USA und Indonesien gaben in einer Befragung zu ihren Schülern an, dass sie 3,5 %, 6,4 % bzw. 17,4 % für hochbegabt hielten [5]. Dabei wurden starke Schwankungen beobachtet. Die US-amerikanischen Lehrkräfte vermuteten zwischen 5 und 10 % Hochbegabte unter ihren Schülern [5]. Dadurch, dass viele nicht hochbegabte Schüler fleißig und manche der hochbegabten Schüler schlichtweg faul sind, kommt es nicht selten zu Fehleinschätzungen des Begabungsniveaus aufgrund der gezeigten Leistungen. Es gibt übrigens Lehrer, die eine starke Abneigung gegenüber Hochbegabten empfinden. Auf der anderen Seite finden sich Lehrkräfte, die die allgemeinen Fähigkeiten von Hochbegabten überschätzen [5].

Kritik am IQ

Der Intelligenzforscher James Flynn entgegnet der Aussage, der IQ sei lediglich das, was der IQ-Test messe: „*Niemand würde sagen: Hitze ist, was ein Thermometer misst. Wer so redet, wird nie ein besseres Thermometer bauen können.*“

Vieles, was man über den IQ liest und hört, ist alltagspsychologisches Wissen, welches mittlerweile veraltet oder sogar falsch ist. Die Validität von Begabungstests wird stark debattiert, und vor allem der IQ-Begriff ist von vielen Seiten teils heftiger Kritik ausgesetzt. Seine Gegner bekritteln vor allem, dass es eine unzulässige Vereinfachung sei, alle geistigen Fähigkeiten eines Menschen, die sich entlang vieler Dimensionen erstrecken, über eine einzige Maßzahl auszudrücken.

Im Buch „Hochbegabung“ [7] schreibt Albert Ziegler: „*Die Ergebnisse der einschlägigen Forschungsstudien belegen, dass die Gleichsetzung von Hochbegabung mit einer hohen gemessenen Intelligenz jeglicher empirischen Grundlage entbehrt.*“ ... „*... der IQ [reicht] zur Definition einer Hochbegabung nicht aus, da er nur einen geringen Prozentsatz der Hochleistenden prognostizieren kann. Der beste Prädikator von Leistungen sind vorangegangene Leistungen.*“

Dieser Abschnitt ist einer kritischen Betrachtung des IQ und seiner Messung gewidmet. Die zusammengetragenen Argumente stammen vorwiegend aus [59].

Der erste Intelligenztest wurde 1904 von Alfred **Binet** und Théodore Simon für das französische Unterrichtsministerium entwickelt. Er diente dem Vergleich der Leistung von Kindern mit Gleichaltrigen. Darauf aufbauend kreierte der deutsche Psychologe William **Stern** einen Quotienten aus Intelligenzalter zu Lebensalter. Dieser Test ermöglichte allerdings nicht die Messung der Intelligenz von Erwachsenen (die Intelligenz bleibt in etwa konstant, während sich das Lebensalter von Jahr zu Jahr erhöht; somit würden Erwachsene von Jahr zu Jahr dümmer werden). David **Wechsler** ging dazu über, den Testwert einer Person auf den Mittelwert der Testwerte von Personen einer Vergleichsgruppe zu beziehen [60]. Heute gibt es eine Vielzahl an Intelligenztests, die einander auch sehr ähnlich sind, weil man darauf achtete, dass sie konsistent, das heißt „abwärtskompatibel“, sind.

Gängige Intelligenztests werden in [60] beschrieben. Zu ihnen zählen HAWIK IV (Hamburg- Wechsler-Intelligenztest für Kinder), Raven-Matrizen-Test, MHBT (Münchener Hochbegabungstestbatterie) und BIS (Berliner Intelligenzstruktur-Test) [37].

Ein IQ-Test misst soziale, emotionale und künstlerische Fähigkeiten nicht oder nur peripher. Mit der Zeit gingen Wissenschaftler dazu über, den Intelligenzbegriff auszuweiten, siehe dazu auch den vorigen Abschnitt.

Ein „guter“ IQ-Test ist valide und reliabel. Hilfestellungen durch den Testleiter können beispielsweise zu Verzerrungen führen, auch das wiederholte Ablegen aufgrund eines gewissen Übungseffekts. Messfehler beim IQ-Test können sich aus der Tagesverfassung und der Motivation des Getesteten ergeben.

Die Annahme, dass Intelligenz normalverteilt sei, ist nicht unbedingt valide. Die frühen Forscher gingen in Analogie zu anderen biologischen Merkmalen von Menschen wie Körpergröße davon aus, dass auch Intelligenz normalverteilt sei.

Nachdem Intelligenztests an Schulnoten validiert werden, ist davon auszugehen, dass sie vor allem die schulische Intelligenz erfassen. Würden Unternehmer anstatt Pädagogen einen Intelligenztest ausarbeiten, sähe dieser vermutlich nicht gleich aus, da in der Wirtschaft andere Erfolgskriterien gelten als in der Schule. Der IQ-Test messe demnach vor allem die „Testintelligenz" der Kandidaten.

Die Intelligenzforschung, vor allem jene früherer Tage, kann sich des Vorwurfs der ideologischen Belastung nicht erwehren. Nicht wenige Intelligenzforscher waren auch Eugeniker bzw. rassistisch angehaucht. Ferner wird oft festgestellt, dass Intelligenztests nur eine willkürliche Auswahl geistiger Fähigkeiten erfassen und damit Personen aus niederen sozialen Schichten und Minderheiten bzw. ganze Völker diskriminieren, teilweise mit dem Ziel, bestimmte Verhaltens- und Vorgangsweisen in unlauterer Art zu favorisieren (soziale Diskriminierung). Der Standford-Binet-Test beispielsweise zeigt stark ausgeprägte Schichtunterschiede. Japaner gelten übrigens als eines der intelligentesten Völker, wenn man die Testergebnisse klassischer IQ-Tests heranzieht.

Der IQ-Test sagt primär die Leistungsfähigkeit in westlichen Schulsystemen voraus.

Man kann zu Recht behaupten, dass es sinnvoller wäre, die sozialen Bedingungen in den unteren Schichten anzuheben, als einen IQ-Test zu entwickeln, der hier sozial „gerecht" misst.

Das Ergebnis eines IQ-Tests hängt auch von Lern- und Denkstil des Getesteten ab. So bekommt jemand einen hohen IQ-Wert attestiert, der überdurchschnittliche kognitive Fähigkeiten aufweist. Ein anderer Mensch mit mehr assoziativen Fähigkeiten schneidet unterdurchschnittlich ab, kann jedoch im Leben unter Umständen erfolgreicher sein.

Ein weiterer Nachteil des IQ-Tests ist, dass er die besonderen Stärken eines Menschen nicht hervorbringt.

Intelligenz ist ferner kulturabhängig. IQ-Tests sind kulturell unfair, wenn sie Vorwissen erfordern oder religiöse Konzepte mit einbeziehen. Europäische Kinder beispielsweise lernen früh, logische Reihen zu bilden. Kinder, die anders sozialisiert wurden, haben einen Startnachteil bei einem IQ-Test, der dieses Wissen abfragt.

In [59] wird folgendes Beispiel angeführt: Welches Tier passt nicht in die Reihe: Elefant, Kuh, Gans, Schwein, Huhn?

Christen nennen den Elefanten (kein Haustier), wohingegen Muslime das Schwein (unrein im Gegensatz zu den anderen Tieren) angeben.

Ferner ist die Aussagekraft eines IQ-Tests beschränkt. Intelligente Menschen sind nicht automatisch fleißig und/oder sozial kompetent. Wer einen hohen IQ hat, kann nicht automatisch alles „besser". Genauso, wie ein begnadeter Geiger nicht zwangsläufig einen tollen Klavierspieler abgibt, ist auch nicht gesagt, dass jemand mit besonders ausgeprägtem räumlichem Vorstellungsvermögen auch exzellent kopfrechnen kann (es gibt einseitige Begabungen, siehe Savants).

Die meisten Hochbegabten verfügen über sehr breit gefächerte, überdurchschnittliche geistige Fähigkeiten.

Ein hoher IQ alleine ist kein Garant für den Erfolg einer Person. Wer mit anderen Menschen nicht gut auskommt, das heißt einen geringen EQ aufweist, wird es im Leben im Allgemeinen dennoch nicht sehr weit bringen.

Ein empfehlenswertes Buch zur Kritik am IQ-Test ist das von Stephen Gould verfasste Werk „*The Mismeasure of Man*“ [61].

Hochbegabte Menschen

Den „typischen Hochbegabten“ gibt es genauso wenig wie den „typischen Manager“.

Da Hochbegabung an sich schon kein Durchschnittsphänomen ist, kann man auch schwer den typischen Hochbegabten beschreiben. In [62] sind anhand der Biografie von neun Menschen einige „typische“ Hochbegabte skizziert, die hier nur begriffsmäßig aufgelistet werden:

- der zerstreute Professor,
- die Grenzgängerin,
- die späte Künstlerin,
- die Asketin,
- der Zweifler,
- die Schillernde,
- der Perfektionist,
- die Intellektuelle,
- der Nonkonformist

Die Hochbegabtenförderung in Oberösterreich [63] nimmt folgende Einteilung vor:

- der erfolgreich Lernende,
- der Herausforderer/der Kreative,
- der Rückzieher,
- der Gefährdete/der Aussteiger,
- der doppelt oder mehrfach Außergewöhnliche,
- der selbstbestimmt Lernende.

3.5 Ausgewählte Aspekte zu Hochbegabung

„Begabung ist die angeborene Disposition zu objektiv wertvollen Leistungen."
William Stern (1871–1938), deutscher Psychologe und Erfinder des IQ

Hochbegabung ist mit Intelligenz eng verknüpft. Sie stellt eine umfassende, weit über dem Durchschnitt liegende intellektuelle Begabung eines Menschen dar und unterscheidet sich daher von besonderen **Talenten**. Man kann auch von einer sportlichen oder künstlerischen Hochbegabung sprechen, im Rahmen dieses Buchs ist die Definition jedoch enger gefasst und bezieht sich nur auf herausragende **kognitive** (geistige) **Fähigkeiten**. Die meisten Menschen sind durchschnittlich intelligent, sie haben einen Intelligenzquotienten (IQ) um 100, etwa im Bereich 90 bis 110. Wenige Menschen sind deutlich klüger („hochbegabt"), und ebenso wenige Menschen sind deutlich weniger intelligent als der Durchschnitt. Bei Hochbegabung handelt es sich demnach um einen statistischen Effekt, der nach der Gauß'schen Normalverteilung beschrieben werden kann. Männer und Frauen sind gleich intelligent, wobei bei Männern eine stärkere Streuung zu beobachten ist.

Von hochbegabten Kindern und Erwachsenen werden Zerrbilder skizziert oder Verallgemeinerungen getroffen, die nicht generell gültig sind. Man liest in der Boulevardpresse von Außenseitern und Sonderlingen einerseits und von „Genies" andererseits. Spekulationen, zu welchen Anteilen Vererbung und Umwelteinflüsse für die Hochbegabung verantwortlich zeichnen, werden häufig und emotional aufgeladen geführt.

Ein Grund, warum Hochbegabte manchmal als sonderbar angesehen werden, mag daran liegen, dass viele Hochbegabte nicht von ihrem Glück wissen, und Hochbegabung oftmals im Rahmen eines Intelligenztests festgestellt wird, der nach dem Auftreten von Problemen in Schule oder sozialem Umfeld von den jeweiligen Personen absolviert wird. Dadurch werden tendenziell viele auffällige Hochbegabte entdeckt, die nicht zwangsläufig repräsentativ für die Gesamtheit der Hochbegabten sind. Der Begriff Hochbegabung ist an sich etwas unglücklich gewählt, suggeriert er doch etwas Unerreichbares („hoch" in der Bedeutung von „weit vom Durchschnitt entfernt" und „begabt" als etwas, was unveränderlich und gottgegeben ist – oder eben nicht).

Die zahlreichen Elaborate Halbwissender in den Medien haben unter anderem 52 Wissenschaftler bewegt, 1994 im *Wall Street Journal* und 1997 in der Zeitschrift *Intelligence* eine gemeinsame Aussage zum aktuellen, allgemein anerkannten („Mainstream") Stand der Forschung abzugeben [64]. Die wichtigsten Elemente daraus sind hier aufgelistet:

- Intelligenz ist eine sehr allgemeine mentale Fähigkeit, Schlussfolgerungen anzustellen, zu planen, Probleme zu lösen, abstrakt zu denken, rasch sowie aus Erfahrung zu lernen.
- Intelligenz ist nicht nur das Aus-Büchern-Lernen, eine enge akademische Fähigkeit oder das Bestehen von Tests.
- Intelligenz kann gemessen werden, und Intelligenztests messen diese in annehmbarer Weise. Intelligenztests zählen zu den genauesten psychologischen Tests.

- Die Verteilung der Intelligenz von Individuen kann anhand einer Normalverteilung („Glockenkurve") dargestellt werden, bei der sich die meisten Menschen um 100 finden (durchschnittlicher Intelligenzquotient IQ = 100), mit wenigen sehr schlauen bzw. stark geistig minderbemittelten Personen.
- Etwa 3 % der Amerikaner liegen mit ihrem IQ über 130, der allgemein anerkannten Schwelle für Hochbegabung.
- Der IQ einer Person hängt stark mit ihrem Erfolg in Schule, Beruf und dem sozialen Umfeld zusammen, und möglicherweise ist der IQ der aussagekräftigste Einzelparameter.
- Ein hoher IQ ist im Leben von Vorteil.

Hochbegabung ist nicht gleichbedeutend mit Genialität. Sie mag eine Bedingung sein. **Genialität** basiert auf einer **echten, vollbrachten Leistung**, während **Hochbegabung** lediglich das **Potenzial** zu geistigen Überflügen darstellt. **Hochleistung** fußt auch auf Tatsachen. Hochbegabte sind individuelle Persönlichkeiten, ebenso wie Normalbegabte.

Hochbegabte Menschen weisen die gleichen Bedürfnisse in sozialer und emotionaler Hinsicht auf wie andere Menschen, nur brauchen sie teilweise mehr „geistige Nahrung". Manchmal überholen sie sich selbst in Gedanken.

In diesem Sinne wird **Hochbegabung** im Rahmen dieses Buchs in Anlehnung an die Fachliteratur als **herausragende, geistige Fähigkeit** verstanden. Ausgeklammert werden andere Bereiche der „Hochbegabung", etwa extrem hohe sportliche Leistungen.

Intelligenz ist angeboren, sportliche Höchstleistung nicht, diese wird hart und lange trainiert. Es gibt sogar Studien, die behaupten, Extremsport mache dumm [65] …

Hochbegabte sollten nicht einfach als Sonntagskinder gesehen werden, denen alles scheinbar mühelos in den Schoß fliegt. Sie haben nicht immer einen einfacheren Lebensweg als Normalbegabte [66].

Nicht vergessen werden soll, dass **Hochbegabung** keine allzu ungewöhnliche Erscheinung, sondern ein **Massenphänomen** ist. Etwa 2 % der Bevölkerung sind hochbegabt – das ist ein höherer Prozentsatz, als es Ärzte gibt. Die Grenze für Hochbegabung liegt bei einem **IQ von 130**, sie beginnt oberhalb von zwei Standardabweichungen des Mittelwerts (100) auf der Gauß'schen Glocken-Kurve. Diese Definition ist, wie gesagt, willkürlich gewählt, und daher setzen die Eigenschaften eines Hochbegabten nicht schlagartig bei 130 ein, sondern nehmen tendenziell mit dem IQ zu. Von **Höchstbegabung**, einem seltener verwendeten Begriff, spricht man im Allgemeinen ab einem IQ von 145, wobei die Messungenauigkeit in diesem Bereich stark ausgeprägt ist. Höchstbegabte haben einen höheren IQ als 99,9 % der Bevölkerung (die „Triple Nine Society" ist einer der Vereine, wo sich diese Menschen treffen können).

Typische Merkmale eines Menschen mit IQ 132 werden ähnlich denen eines Menschen mit IQ 128 sein. Das bedeutet, dass alleine in Deutschland etwa 5 % der Bevölkerung oder 4 Mio. Menschen einen IQ „um 130" haben.

Hochbegabung wird von „guter Begabung" unterschieden.

Intelligente Menschen fühlen sich manchmal veranlasst, ihre Natur zu verleugnen. Indem sie sich anpassen, hoffen sie, von ihrer Umwelt mehr angenommen zu werden und soziale Anerkennung zu finden.

Hochbegabte **stellen** gerne **Normen und Traditionen infrage.**

Da hochbegabte Menschen auch **oft überdurchschnittlich empfindsam** sind, lassen sie sich leicht kränken [66] (siehe auch die Ausführungen zu hochsensiblen Personen in diesem Buch).

Menschen, die in einem Teilbereich hochbegabt sind und nicht auch auf anderen Gebieten, leiden oft unter der Spannweite ihres Begabungsspektrums [66].

Hochbegabte Kinder haben ein höheres Risiko, zum Einzelkämpfer zu mutieren, da sie aus Gemeinschaften Gleichaltriger herausfallen.

Aufschlussreiche Erkenntnisse über Hochbegabung liefert das Marburger Hochbegabtenprojekt (Rost-Studie) [30].

Zum Thema hochbegabte Erwachsene gibt es viel weniger Literatur als über hochbegabte Kinder, deren Besonderheiten, Schwierigkeiten und Förderung.

Klassiker auf diesem Gebiet sind die Bücher von Mary-Elaine Jacobsen [67] und von Marylou Kelly Streznewski [68].

Da hochbegabte Kinder ihren Altersgenossen intellektuell weit voraus sind, kommt es zu Unterforderung. Daher werden sie glücklicherweise speziell gefördert, so ihre Hochbegabung offensichtlich bzw. erkannt wird.

Hochbegabten Erwachsenen wird in der Gesellschaft selten eine Sonderbehandlung bzw. Förderung zuteil. Man nimmt an, dass sich diese bereits in das System „eingefunden" haben.

Ein interessanter, allgemeiner Artikel über Hochbegabung findet sich in Wikipedia [69].

Im Englischen ist (Hoch-)Begabung die „*giftedness*", was sich von „*gift*" für Geschenk ableitet. Hochbegabung wird unterteilt in:

- „*mildly gifted*", „*basically gifted*" (IQ von 115 bis 129), hier liegt noch keine Hochbegabung vor,
- „*gifted*", „*moderately gifted*" (IQ von 130 bis 144),
- „*highly gifted*" (IQ von 145 bis 159),
- „*exceptionally gifted*" (IQ von 160 bis 174),
- „*profoundly gifted*" (IQ von mind. 175 [7] bzw. 180 nach anderen Forschern),

wobei manche Strömungen lieber nur „*differently abled*" hören würden. Die politische Korrektheit verbietet es heute fast, von unterschiedlichen Begabungen zu sprechen, und man behilft sich mit diversen Umschreibungen wie „sehr begabt" oder „überdurchschnittlich begabt".

Andere Forscher haben sogar Begriffe wie „*mildly gifted*" [70] am unteren Ende und „*terminally gifted*" [71] am oberen Ende der IQ-Skala eingeführt. Wenn man spezielle Fähigkeiten und Talente einer Person berücksichtigt, kann die obige Einteilung um etwa 10 Punkte nach unten erweitert werden [71].

Ein Gedanke zur Semantik der „Hoch“-Begabung: Vergleichen Sie die Termini mit dem Deutschen: Hochbegabt ist man in unserem Sprachraum ab einem IQ von 130, was im Angloamerikanischen lediglich *„gifted“*, also begabt, entspricht. Ein IQ von 145 aufwärts ist bei uns ein Indiz für „höchstbegabt“, im Englischen jedoch für „hochbegabt“ (*highly gifted*).

Tatsächlich sind die intellektuellen Fähigkeiten eines Menschen etwa zur Hälfte durch Vererbung *(nature)* vorgegeben und zur anderen Hälfte durch das Umfeld bestimmt *(nurture)*. Man geht davon aus, dass Intelligenz ein polygenes Phänomen ist, das heißt, dass es unter den 25.000 Genen eines Menschen kein „Intelligenz-Gen“ gibt. Unter **Talent** versteht man eine allgemeine, besondere Fähigkeit.

Förderung von Hochbegabten

Oft glauben Eltern und Lehrer, dass erst die Diagnose von Hochbegabung eine spezielle Förderung rechtfertige [60]. Hochbegabtenförderung sollte nicht mit dem „Drillen“ von Kindern verwechselt werden. Eine dauerhafte Verleugnung von Begabung führt zur Verkümmerung derselben [60].

Die Frühförderung von Kindern durch das Anbieten von Umweltreizen und Lernmöglichkeiten ist sehr förderlich für die Entwicklung des Gehirns [60], ob hochbegabt oder nicht.

Für die Förderung hochbegabter Kinder und Jugendlicher gibt es mittlerweile ein breit gefächertes Angebot, es ist über das Internet leicht zu finden.

So existieren in vielen Ländern spezielle Schulen (z. B. das Hunter College, die Dalton School, die Christophorusschule oder die Sir-Karl-Popper-Schule), da der Förderung Hochbegabter im Rahmen regulärer Schulen Grenzen gesetzt sind.

Förderung hat einen enormen Einfluss auf spätere Leistungsexzellenz. Nach James Flynn wird die Tatsache, dass der IQ-Wert der Bevölkerung jährlich um etwa 0,3 Punkte steigt [7], als der sogenannte „Flynneffekt“ bezeichnet. Er ist auf günstige Umweltbedingungen zurückzuführen. Allerdings dürfte sich der Effekt in neuerer Zeit umgekehren. Lauf Flynn führt die Reizüberflutung zu einer Verdummung [72].

Auch im Sport steigt die Qualität die Trainings. So können Athleten regelmäßig ihre Weltrekorde brechen.

Individueller Unterricht durch einen Mentor ist die beste Lernmethode, um Leistungsexzellenz zu erreichen [7, 66].

Die Rollenerwartungen an Mädchen und Buben beeinflussen auch die Entwicklung von Begabungen.

Zur Begabtenförderung in Schulen gibt es eine Reihe von Möglichkeiten, darunter frühe Einschulung, das Überspringen von Klassen (inkl. Teilspringen) und die Einrichtung spezieller Hochbegabtenklassen. Die Iowa Acceleration Scale (IAS) ist ein Werkzeug, um herauszufinden, ob das Überspringen *(acceleration)* angebracht ist oder nicht. Bei einseitiger Begabung (sportlich, musikalisch, sprachlich etc.) sollten andere Formen der Förderung in Erwägung gezogen werden.

Zu erwähnen ist, dass es zwar viele Förderangebote für hochbegabte Kinder gibt, allerdings fehlt im Allgemeinen Folgendes:

- gezielte Förderung der Höchstbegabten (jemand mit IQ 160 ist von einem Hochbegabten genauso weit entfernt wie dieser von einem Normalbegabten),
- gezielte Förderung der hochbegabten Erwachsenen,
- Ausweitung der Förderung auf Länder, wo dieses Thema bisher nicht beachtet wurde,
- Aufklärungsarbeit über Hochbegabte,
- gezielte Nutzung von Hochbegabung in Organisationen (davon handelt dieses Buch!).

Der Fischteicheffekt (Big Fish Little Pond Effekt)

In der Schule gibt es zwei Möglichkeiten für ein hochbegabtes Kind:

1. Das hochbegabte Kind sitzt mit lauter normalbegabten Schülern beisammen.
2. Das hochbegabte Kind drückt die Schulbank in einer Hochbegabtenklasse.

Die Pädagogik konnte einen Bezugsgruppeneffekt wie folgt beobachten:

Im ersten Fall wurde der sogenannte Fischteicheffekt *(big fish little pond effect)* festgestellt. Hochbegabte Kinder in „normalen“ Klassen zeigten eine besonders starke Lernmotivation, weil sie auffielen. Das brachte ihnen mehr Aufmerksamkeit durch die Lehrerin und mehr Ansporn, der Beste zu sein. Besonders Schüler mit geringem Selbstbewusstsein zeigten den Fischteicheffekt.

Im zweiten Fall manifestiert sich der Assimilationseffekt (Angleichungseffekt, *reflected glory effect*), nach dem Schüler mit einem geringen Selbstbewusstsein sich von dem hohen Leistungsniveau der anderen einschüchtern lassen und sich selbst weniger in den Unterricht einbringen. Jedoch ist auch das umgekehrte Phänomen möglich, wenn das Selbstbewusstsein des Schülers stark ausgeprägt ist. Nach dem *„basking-in-reflected-glory“*-Effekt, der auf der Theorie der sozialen Identifikation basiert, assoziiert sich das Individuum mit dem Erfolg der anderen. Der Effekt des „Sich-mit-fremden-Federn-Schmückens“ lässt sich in vielen Bereichen beobachten (Trittbrettfahrer, Co-Branding, sich als Politiker mit bekannten, populären Personen zeigen etc.).

In Anlehnung an die Metapher des Fischteichs fällt ein halbwegs großer Fisch in einem kleinen Teich mit lauter kleinen Fischen unweigerlich auf. In einem großen See ist ein relativ großer Fisch hingegen keine Besonderheit, weil es dort auch viele andere große und noch größere Fische gibt. Hier aufzufallen ist extrem schwierig (vergleiche ein Individuum im Fürstentum Liechtenstein und in der Volksrepublik China, das sich profilieren will; in China kann man nur unter extremem Aufwand wirklich auffallen, während die Konkurrenz im kleinen Liechtenstein sehr überschaubar ist und sich vergleichsweise leicht eine Lücke finden lässt, wo man der Beste sein kann). Für Details zum Fischteicheffekt, siehe [73].

> **Erkenntnis** Hochbegabtenförderung ist nur dann besonders wirksam, wenn sie mit einer Stärkung des Selbstbewusstseins des Betroffenen gekoppelt ist (und nicht wenige Hochbegabte tendieren bekanntlich zu starken Selbstzweifeln und einem geringen Selbstwertgefühl). Das gilt nicht nur für hochbegabte, förderungswürdige Schüler, sondern auch für hochbegabte Mitarbeiter, die deren Chef zu Bestleistungen inspirieren möchte.

Hochbegabte Kinder und Jugendliche

Hochbegabung von Kindern ist in den letzten Jahren richtig in Mode gekommen. So laufen manche Eltern als „*Test Hopper*" von Psychologe zu Psychologe, um ihr Kind auf Hochbegabung zu testen, gewissermaßen aus Eitelkeit und Ehrgeiz. Es gibt einen großen Markt für vermeintlich Hochbegabte, denn viele Eltern deuten Auffälligkeiten und kleine Hinweise als mögliche Hochbegabung. „Auffällig" bzw. „verhaltensauffällig" sollte man ja nicht mehr sagen, politisch korrekt ist eher „verhaltensoriginell", besser noch „unterfordert". Noch mehr zu vermeiden ist allerdings das Attribut „unauffällig", weil man es als „zurückgeblieben" auslegen könnte ...

Für manche Eltern gehört *„ein hochbegabtes Kind mit entsprechendem Gutachten offenbar schon zu den Statussymbolen wie Espressomaschine oder Designer-Sofa"* [74] geworden.

Tatsächlich hochbegabte Kinder sind neugierig. Sie sind es auch, die häufig früher gehen und sprechen lernen und auch fast ohne Hilfe rasch lesen und rechnen können. Sie interessieren sich früh für Informationen aller Art – und sind irgendwie „anders" als die Masse der Gleichaltrigen.

Die Kinder Hochbegabter schaffen es nicht immer, in die väterlichen bzw. mütterlichen Fußstapfen zu treten, beispielsweise Goethes Sohn August. Wenn Sie selbst sehr erfolgreich in einem bestimmten Bereich sind, sollten Sie ihr Kind nur bei außerordentlichem Interesse den gleichen Weg einschlagen lassen, damit es nicht in Ihrem Schatten bleibt. In diesem Zusammenhang ein kleiner Witz: Fragt ein hochbegabtes Kind seinen Vater: *„Sind Väter immer klüger als ihre Söhne?"*

Vater: *„Ja, mein Sohn."*
Sohn: *„Warum hat dann nicht Watts Vater die Dampflok erfunden?"*

Werte, Interessen und Verhalten von hochbegabten gegenüber normalbegabten (amerikanischen) Jugendlichen werden in [75] verglichen. Die Untersuchungen zeigen, dass hochbegabte Schüler

- mehr Zeit mit Hausaufgaben verbringen,
- weniger Fehlzeiten in der Schule aufweisen,
- weniger Zeit vor dem Fernseher sitzen.

Gerade die erste Erkenntnis, dass Hochbegabte mehr Zeit mit dem Erledigen der Hausarbeiten verbringen als normale Schüler, widerspricht der allgemeinen, vorurteiligen Auffassung! Gute und schlaue Schüler erledigen ihre Hausaufgaben nicht innerhalb kurzer Zeit, sondern bemühen sich um ein sorgfältiges Ergebnis. Eine Hochbegabte sagt über ihre Erfahrungen in der Schule: *„Ich habe nie verstanden, warum ich offenbar immer deutlich mehr Zeit für die Schule aufwenden musste als meine Klassenkameraden, die ich für ähnlich schlau hielt. Heute weiß ich, dass sie einfach gesagt haben, nie zu lernen und Hausarbeiten zu machen, einfach nur, um cool zu sein."*

Nach dem polnischen Psychologen Kazimierz Dabrowski zeigen hochbegabte Kinder Übererregbarkeiten *(overexcitabilities)*, indem sie auf Stimuli stärker reagieren als Normalbegabte (Vergleiche: Die Prinzessin auf der Erbse): Die Übererregbarkeit betrifft Psychomotorik, Vorstellungskraft, Empfindungen, Gefühle und den Intellekt. Wenn sie glücklich sind, sind sie es in einem größeren Ausmaß als Normalbegabte, und wenn sie traurig sind, schlägt dies ebenso stark ins Extrem aus. Hochbegabte halten sich, zum Beispiel, schon einmal im Kino die Ohren zu, weil ihnen der Lärmpegel massiv zusetzt.

Häufig zeigen hochbegabte Kinder starke **Empathie** und haben eine Aversion gegen Ungerechtigkeiten aller Art. Sie sind in der Regel **introvertiert** und suchen die Gesellschaft Erwachsener (siehe auch die Ausführungen zu hochsensiblen Personen).

Hochbegabte Erwachsene

Es gibt zwei Gruppen von hochbegabten Erwachsenen: die „Wissenden" und die „Unwissenden". Letztere kennen ihren IQ nicht. Bei den Betroffenen kommt es mitunter zu jahrzehntelangen Fehleinschätzungen der eigenen Kompetenzen. Wenn die Hochbegabung schließlich doch noch entdeckt wird, kann dies einen Wendepunkt im Leben der Betroffenen darstellen.

Aus hochbegabten Kindern und Jugendlichen werden irgendwann einmal hochbegabte Erwachsene, die noch dieselben speziellen Charakteristika und Fragestellungen in sich tragen – schließlich bleibt Hochbegabung lebenslang bestehen, und es gibt keine „Quereinsteiger"! Die wenigsten hochbegabten Erwachsenen, ob nun wissend oder unwissend, nutzen ihr Potenzial weder aktiv noch vollständig.

Nur ein Bruchteil, etwa ein Fünftel, der hochbegabten Erwachsenen kennt seinen IQ. Der Großteil ist eher in einem diffusen Gefühl der „Andersartigkeit" gefangen und fühlt sich von der Umwelt irgendwie missverstanden. In markantem Gegensatz zu hochbegabten Kindern, für die es mittlerweile zahlreiche Förderungen gibt, werden hochbegabte Erwachsene auch geradezu stiefmütterlich behandelt. Es gibt zwar Vereine wie Mensa oder Triple 9, die Hochbegabte zwecks Freizeitgestaltung zusammenbringen, gezielte Programme und Förderungen existieren kaum. Weder Firmen noch Staaten oder Gemeinden haben „Hochbegabtenprogramme". Auch in Volkshochschulen und in anderen Bildungsinstitutionen für Erwachsene sind Hochbegabte keine besondere Zielgruppe, und Universitäten werden von mehr Normalbegabten als Hochbegabten bevölkert.

Offenbar herrscht die Meinung vor, dass sich Hochbegabung von selbst mit zunehmendem Alter reguliere und keiner gezielten Förderung bzw. Nutzung bedürfe.

Die Hochbegabten tummeln sich unter der Masse der Bevölkerung – mit mehr oder weniger individuellem Erfolg. Einige Hochbegabte verdingen sich als Coach für andere Hochbegabte und bieten ihnen so Unterstützung „auf Augenhöhe".

Da Hochbegabte schneller und abstrakter denken als andere Menschen, werden sie in Organisationen manchmal zu Sonderlingen gestempelt und mutieren leicht zu Außenseitern. Sie können sich ausgegrenzt und missverstanden fühlen. Selbstzweifel machen sich dann breit. Viele hochbegabte Menschen sind auch sensorisch und emotional übermäßig empfindsam, was zur Ausbildung von Eigenheiten führen kann (hohe Sensibilität).

Sie interpretieren ihr komplexes, vielschichtiges Denken manchmal als „Verrücktheit" und nehmen ihre starken Empfindsamkeiten als persönliche Schwächen wahr, was sie teilweise frustriert. Sie passen sich an die Umwelt an, um zu „funktionieren", verleugnen sich dabei teilweise selbst. Sie haben oft Schwierigkeiten zu entscheiden, was sie überhaupt im Leben erreichen wollen.

Die Ursache ist zumeist, dass sie von ihrer Hochbegabung nichts wissen und daher auch nicht verstehen, was für Hochbegabte „ganz normal" ist.

Hochbegabte sind in der Minderheit – und keineswegs alleine! Je mehr sie über Hochbegabung lesen und in Erfahrung bringen, desto eher können hochbegabte Menschen erkennen, was sie wirklich erfüllt und glücklich macht. Von besonderer Wichtigkeit ist, dass sie sich einmal selbst, voll und ganz, als Mensch anerkennen und die eigene Hochbegabung als integralen Bestandteil der eigenen Persönlichkeit annehmen.

Ein neues Buch über hochbegabte Erwachsene von Joan Freeman ist [76]. Es sei dem interessierten Leser neben [67] und [68] empfohlen. Ein jüngerer Artikel über „erwachsene Wunderkinder" ist im Internet unter [77] zu finden.

Mathematik-Genie verzichtet auf Preisgeld von 1 Mio. $

Hochbegabte und vor allem Genies sind für andere Menschen oft schwer zu verstehen. Ein bezeichnendes Beispiel aus jüngster Zeit ist der russische Mathematiker Grigorij Perelman. Er lebt zurückgezogen in St. Petersburg bei seiner Mutter und hat eines der sogenannten sieben „mathematischen Jahrtausend-Probleme", für die das Clay Mathematics Institute in Cambridge ein Preisgeld von jeweils einer Million Dollar ausgelobt hat, gelöst. Die Veröffentlichung erfolgte schon vor ein paar Jahren im Internet, weil er Fachzeitschriften hierfür ablehnte. Perelman hatte 2006 die „Fields-Medaille", die als Nobelpreis der Mathematik[3] gilt, abgelehnt, und er wies ebenfalls das Preisgeld von 1 Mio. $ für die von ihm 2002 erbrachte und 2010 anerkannte Beweisführung der Poincaré-Vermutung ab [78, 79]. Ein menschenscheues, schrulliges Genie? Die Poincaré-Vermutung lautet übrigens: „Jede n-Mannigfaltigkeit mit dem Homotopietyp einer n-Sphäre ist zur n-Sphäre homöomorph." Das Medieninteresse an Perelman war groß, sogar die Bildzeitung verkündete „BILD.de erklärt das Millennium-Rätsel" [80].

Weitere Aspekte zu Hochbegabten im Erwachsenenalter

In diesem Kapitel erhalten Sie weitere Einblicke in die Hochbegabtenwelt. Es gibt eine Reihe von Persönlichkeitseigenschaften, die nicht direkt mit Intelligenz zusammenhängen, jedoch von einem hohen Prozentsatz der Hochbegabten geteilt werden. Viele davon betreffen den Bereich von intensiven Gefühlen und Wahrnehmungen und teilweise „ungeschickten" sozialen Wechselwirkungen. Ein Beispiel für **ungeschicktes Sozialverhalten** eines Hochbegabten ist, wenn er im falschen Moment eine peinliche Frage stellt, um seinen Wissensdrang zu stillen. Diese Merkmale führen dazu, dass Hochbegabte **missverstanden** und **unterschätzt** werden – nicht nur von ihrem Arbeitgeber und der Gesellschaft, sondern auch von ihresgleichen.

Wenn manche Hochbegabte gewisse Eigenschaften aufweisen, kann man nicht behaupten, die Gesamtheit der Hochbegabten trage diese in sich.

Hochbegabte gelten in der Bevölkerung als eher „schwierig", „kompliziert" und „anstrengend", nicht nur für Eltern und Lehrer. Das mag an der Überforderung liegen, den oft raschen Gedankensprüngen und Themenwechseln in Gesprächen mit Hochbegabten zu folgen.

Dass Hochbegabte manchmal zerstreut wirken, liegt daran, dass sie sich mit vielen Dingen gleichzeitig beschäftigen.

Viele Hochbegabte haben **keinen geradlinigen Lebenslauf** und gelten auch sonst als chaotisch. Weitere Eigenschaften, die in Zusammenhang mit Hochbegabung genannt werden, sind **Gerechtigkeitssinn** und weniger **Schlafbedarf** [81]. Bezüglich des Schlafbedarfs von Hochbegabten vertreten die Experten unterschiedliche Meinungen. Die Tatsache, dass Eltern, die mit ihren hochbegabten Kindern Beratungsstellen aufsuchen und dort über deren kurzen Schlaf berichten, deutet lediglich darauf hin, dass ein Teil der Hochbegabten, genauer gesagt die Hilfesuchenden, weniger Schlaf braucht [7], was sich nicht für alle Hochbegabten verallgemeinern lässt.

An physischen Auffälligkeiten Hochbegabter werden häufig Kurzsichtigkeit, Linkshändigkeit und eine Neigung zu Allergien genannt. Zu den psychischen Merkmalen zählen erhöhte **Sensibilität** und die **Neigung zu Minderwertigkeitsgefühlen** [82] (zum Selbst-

[3] Alfred Nobel hielt die Mathematik für eine nicht allzu wichtige Hilfswissenschaft, seines Preises nicht würdig. Anekdoten besagen, dass ein Mathematiker ihm eine Frau weggeschnappt habe, und er die Mathematik deshalb ausschloss.

wert, siehe auch [83]). Das gehäufte Auftreten von Kurzsichtigkeit wird Hochbegabten nachgesagt, vermutlich weil sie gerne viel lesen und damit ihre Augen überstrapazieren. Da Hochbegabte sehr **skeptisch** sind, gelten sie auch als eine wenig religiöse Gruppe. Es gibt zahlreiche Studien, die einen negativen Zusammenhang zwischen IQ und Religiösität ermittelt haben, zumindest in westlichen Gefilden. Diese Feststellung wird jedoch teilweise angezweifelt [7]. Andere Studien haben das Gegenteil in Bezug auf IQ und Glauben herausgefunden. Hochbegabte sind häufig **introvertierte Menschen** [17]. Nach Auffassung von Introvertierten neigen Extrovertierte dazu, erst zu sprechen und dann zu denken. Ein Analogon zu tiefen Gedanken ist ein Fluss: je tiefer, desto leiser.

Unterschiedliche Interessen und **außergewöhnliche Hobbys**, die noch dazu intensivst betrieben werden, können auch auf eine Hochbegabung hinweisen [84], ebenso wie ein großer Wortschatz.

Matthias zum „Freizeit-Aktivitäten-extrem-Betreiben“: „[Als Hochbegabter]*führt man eine Freizeitaktivität nicht nur aus und genießt sie entspannt, sondern geht ihr extrem auf den Grund (Erwerben von Spezialisten-Wissen) oder perfektioniert sie (bei handwerklichen/körperlichen Aktivitäten) oder verbessert das Werkzeug/die Ausrüstung für eine Aktivität mit eigenen Kreationen/Erfindungen etc. Beispiele von mir: Wandern – habe selbst Rucksäcke entworfen und genäht; Computerspiele spielen – ich hab' für eines gleich drei gut spielbare Level gebaut.*“

Hochbegabte sehen die Tatsache, dass sie schlauer sind als der Durchschnitt, nicht nur als Vorteil [85], indem sie ihre Andersartigkeit als **teilweise belastend wahrnehmen**. Viele Hochbegabte wissen nicht viel von ihrem geistigen Potenzial [62]. Ihnen ist nur bewusst, dass sie „anders“ sind, was manchmal zu einer verzerrten Wahrnehmung und **Selbstzweifeln** führt. Hochbegabten-Coach Detlef Scheer schätzt, dass 80 % der Hochbegabten ihren IQ nicht kennen, und dass 50 % der Hochbegabten „unauffällig“ sind [86].

Hochbegabte sind auf intellektuellen Gebieten Meister ihres Fachs, was das Scheitern an Alltagsaufgaben nicht immer verhindert. Je intelligenter ein Mensch ist, desto mehr scheint er an seiner Intelligenz zu zweifeln. Im krassen Gegensatz dazu überschätzen sich durchschnittliche Menschen häufig.

Bezeichnend für die typischen **Selbstzweifel** von Hochbegabten sind folgende Aussagen:

Die hochbegabte Rita, die sich über 15 Jahre lang für dumm hielt: *„Ich dachte, weniger intelligent zu sein als andere, weil ich immer mehr Fragen stellte als sie.“*Und der hochbegabte Franz: *„Ich stehe bei IQ 142 und habe mich seit jeher für einen Idioten gehalten. Enorme Selbstzweifel. Man erkennt die eigenen Unzulänglichkeiten und Fehler eben gnadenlos – und geht hart mich sich ins Gericht.“*

Folgendes Zitat des Nobelpreisträgers Bertrand Russell, der Philosoph, Logiker, Mathematiker und Sozialkritiker war, ist an dieser Stelle auch passend:

> Es ist ein Jammer, dass die Dummköpfe so selbstsicher sind und die Klugen voller Zweifel.

> **Tipp für Hochbegabte** Achten Sie auf Ihre Sprache. Wer zu oft „eigentlich" sagt, drückt starke Selbstzweifel aus.

Der Dunning-Kruger Effekt

„Ich weiß, dass ich nichts weiß" – diese Erkenntnis wird auf Sokrates zurückgeführt (obgleich es sich dabei vermutlich um einen Übersetzungsfehler handelt). Justin Kruger und David Dunning haben herausgefunden (Dunning-Kruger-Effekt), dass inkompetente Menschen ihre eigene Inkompetenz umso weniger wahrnehmen, je stärker diese ausgeprägt ist [87]. Diese Beobachtung der selbstüberschätzten Inkompetenz, die ein Spezialfall der illusorischen Überlegenheit ist, hat ihnen die Auszeichnung mit dem lg-Nobelpreis eingebracht. Umgekehrt ist es so, dass Hochbegabte umso stärker an sich und ihren Leistungen zweifeln, je begabter und erfolgreicher sie sind bzw. werden. Dazu hat Pauline Clance ein Buch mit dem Titel *„The Imposer Phenomenon: Overcoming the Fear That Haunts Your Success"* [88] veröffentlicht. Es ist für Hochbegabte äußert aufschlussreich zu lesen.

Der lg-Nobelpreis (Ig von „ignorable" für unwürdig) wird als satirische Auszeichnung für wissenschaftliche Arbeiten vergeben, die Menschen erst zum Lachen und dann zum Nachdenken bringen, und die so das Interesse der Bevölkerung an wissenschaftlichen Themen steigern. Der lg-Nobelpreis, der jährlich in einer Zeremonie – ähnlich der Oscar-Verleihung – vergeben wird, ist mittlerweile eine anerkannte Auszeichnung, die 2002 an einen echten Nobelpreisträger, und zwar Andre Geim (2010, Physik), vergeben wurde. Was in diesem Zusammenhang auch interessant ist: Für seine Studien zum bekannten Gesetz von Murphy[4] (Toastbrotscheiben fallen immer auf die gebutterte Seite) erhielt Robert Matthews ebenfalls den lg-Nobelpreis.

Die meisten Hochbegabten zweifeln übrigens am Ergebnis ihres IQ-Tests [84]. Wie erwähnt wissen die wenigsten hochbegabten Erwachsenen, dass sie hochbegabt sind. Wenn sie davon erfahren, sind sie häufig bestürzt und verstört. Sie bekennen sich selten „offen" zu ihrer Hochbegabung und gehen mit der Erkenntnis ängstlich und zurückhaltend um [84], möglicherweise sogar traurig wegen verpasster Chancen. Eine – auch erst im Erwachsenenalter – festgestellte Hochbegabung kann identitätsstiftend sein. Das diffuse Gefühl, „anders" zu sein, löst sich plötzlich auf. Wenn jemand von seiner Hochbegabung erfährt, ist dies oft ein Schock. Es wirkt, als sei man *sein „Leben lang nur auf einem Bein gehumpelt"* [1].

Intelligenztests scheuen viele Hochbegabte wie der Teufel das Weihwasser, sie sind getrieben von Selbstzweifeln. „Testjunkies" sind eher selten. Es gibt auch Hochbegabte, die nach ihrer „Diagnose" extrem hohe Erwartungen an sich selbst stellen. Die Zweifel vieler Hochbegabter über sich selbst werden genährt aus der Erfahrung, einfachste Alltagsaufga-

[4] Murphys Gesetz (Murphy's Law) ist eine auf den Ingenieur Edward A. Murphy zurückgehende Lebensweisheit, die eine Aussage über das menschliche Versagen bzw. über die Fehlerquellen in komplexen Systemen trifft: „Alles, was schiefgehen kann, wird auch schiefgehen."

ben häufig nicht so geschickt zu bewältigen wie Durchschnittsmenschen. Dagegen können Hochbegabte komplexe Zusammenhänge rasch erfassen, ohne sich dessen bewusst zu sein. Durch ihre hohe geistige Aktivität ziehen Hochbegabte komplexe Schlüsse und machen Vergleiche, was bei der Lösung einfacher Aufgaben ein Hindernis sein kann.

Charakteristika von Hochbegabten

Bruce Kline und Elisabeth Meckstroth schreiben in ihren Untersuchungen zu den Höchstbegabten, dass *„similar IQ scores do not necessarily indicate similarity on additional variables with any other person“* [71]. Andererseits konstatieren Frans Corten, Noks Nauta und Sieuwke Ronner in [58]:

> *„Giftedness is often accompanied by specific types of behaviour or characteristics.“* Sie schreiben weiter: *„The gifted think in a critical manner, 'out of the box'. They do not allow themselves to be put under social pressure, and they dare to engage in debate with authorities. They see problems as challenges and are eager to solve them.“*

Ein übergebührliches Anwachsen des Egos oder eine Entschuldigung für die eigene Faulheit können die „Nebenwirkungen“ der Diagnose Hochbegabung sein.

Das Erkennen der eigenen Hochbegabung ist für viele Betroffene oft ein kritischer Punkt in ihrem Leben [84], der eine Neuausrichtung anstößt und ermöglicht. Die Hochbegabten brauchen fortan nicht mehr nach Erklärungen zu suchen, warum sie, wie eine Betroffene in [84] schildert, ungeduldig sind, Teamarbeit ablehnen (*„alleine geht es einfach schneller“*), bei Hausarbeit vor Wut platzen können, sich in Gesprächen langweilen und Leute zum Beschleunigen eines Dialogs unterbrechen. Sie verstehen ihre bisher getragene Rolle als Außenseiter und Beobachter und tun sich fortan leichter, sich selbst zu akzeptieren.

Viele Hochbegabte interessieren sich für Comics und Science Fiction und ziehen sich bisweilen in ihre eigene Welt aus Büchern und Fantasie zurück, ganz nach dem Songtext von André Heller: *„Die wahren Abenteuer sind im Kopf, und sind sie nicht im Kopf, dann sind sie nirgendwo.“*

Hochbegabte werden von ihrem Umfeld manchmal aufgefordert, nicht so schnell und auch nicht überall mitzureden.

In ihrer Wahrnehmung unterscheiden sich typische Hochbegabte von anderen Menschen, indem sie mehr und intensiver sehen. Ivan S., seines Zeichnens Hochbegabter: *„Ich saß neben meinem Chef, als dieser sein Steckbuch mit Visitenkarten durchblätterte. Als er fertig war, meinte er, die Karte von XY verlegt zu haben. Als ich ihm sagte, auf welcher Seite er diese finden könnte, reagierte er ungläubig und regelrecht verstört, als er sie dort tatsächlich vorfand.“*

Große Erfindungen erscheinen einem Hochbegabten mitunter normal und einleuchtend/logisch. Hochbegabte können sexuelle Bedürfnisse leichter sublimieren.

Bei der Partnerwahl suchen sich Hochbegabte häufig einen „ebenbürtigen" Partner.

Peter B: *„Es war wie eine Offenbarung für mich, als ich eine Partnerin hatte, die selbst hochbegabt war. Das Gefühl, nicht laufend alles erklären zu müssen, war etwas ganz Neues für mich."*

Viele Hochbegabte sind extrem feinfühlig, „**hochsensibel**" [62, 89].

Vereinfacht gesagt, **denken, fühlen und bemerken** Hochbegabte **mehr** als andere Menschen [84].

Wenn Hochbegabte ein Buch lesen oder eine Dokumentation sehen, sind sie oft nicht besonders angetan und denken sich manchmal, sie könnten das auch oder sogar besser [84]. Dann kommen gleich wieder die Selbstzweifel, weil man ja im Leben noch nicht so viel erreicht hat. Hochbegabte hinterfragen gerne die Dinge.

Diese Aspekte ihres Lebens und andere Eigentümlichkeiten lassen in Hochbegabten manchmal ein Gefühl der Verlorenheit entstehen. Sie sehen sich als einsame „Kämpfer" in ihrer Welt. Es hilft vielen Hochbegabten bzw. ist ihnen angenehm, Menschen kennenzulernen, die ähnlich denken wie man selbst, die also auch hochbegabt sind. Hochbegabtenvereine sind eine interessante Möglichkeit dazu, ebenso wie entsprechende Diskussionsforen und soziale Netzwerke im Internet.

Viele Hochbegabte fühlen sich einsam und unverstanden, weil sie das Gefühl haben, unter ihren Möglichkeiten zu bleiben. Sie sind glücklich, solange sie ihren Interessen nachgehen können, wo sie Anregungen und neue Herausforderungen bekommen.

Hochbegabte haben eine andere Art von Humor [90].

Dass Hochbegabte gehäuft bestimmte Eigenschaften zeigen, konnte wissenschaftlich nachgewiesen werden [91]. Check- und Merkmallisten zur Bestimmung von Hochbegabung sind unter Wissenschaftlern jedoch umstritten [60]. Dennoch sind hier ein paar typische Charakteristika von Hochbegabten zusammengefasst [92]. Sie treffen auf Kinder und Erwachsene zu. Es handelt sich dabei um typische Verhaltensweisen, die nicht auf jeden Hochbegabten gleich stark oder überhaupt passen:

- großer Wortschatz und beeindruckendes sprachliches Ausdrucksvermögen,
- genaue Beobachtungsgabe,
- schnelles Lerntempo,
- hohes Lernvermögen,
- logisches Denkvermögen,
- sehr gutes Gedächtnis,
- starker Wissensdurst, Neugierde[5],
- geringeres Schlafbedürfnis,
- Phantasie und Abstraktionsvermögen,
- hohe Konzentrationsfähigkeit,

[5] Albert Einstein sagte: *„Ich habe keine besondere Begabung, sondern bin nur leidenschaftlich neugierig."*

- ungewöhnliche Lösungen für scheinbar klare Aufgabenstellungen („verkorkstes Denken"),
- hohe Sensibilität,
- starker Gerechtigkeitssinn.

Probleme, die bei Hochbegabten auftreten können, sind:

- rasche Langeweile,
- oftmalige Unterforderung,
- Interesse an einer Sache ist für die Auseinandersetzung damit erforderlich,
- Leistungsverweigerung oder Hyperfokus (Underachiever),
- Antipathie gegen Routine und Pflichten,
- kritische Grundhaltung,
- Akzeptanz von logischen Antworten,
- Ablehnen von willkürlicher Autorität,
- starker Enthusiasmus, der rasch abflauen kann,
- impulsives Verhalten,
- immer auf Entdeckungsreise,
- gehäuftes Auftreten von Linkshändern.

Für Hochbegabte sind folgende Verhaltensweisen **normal:**

- Zweifel an sich selbst,
- Zweifel an Autorität,
- komplexe Gedanken,
- viele Fragen stellen, Neugier,
- Suche nach Herausforderungen,
- ungewöhnlicher Humor,
- starker Sinn für Gerechtigkeit,
- Suche nach dem Sinn,
- hohe Standards, Perfektionsstreben,
- Suche nach Wissen.

Beschreibungen von Hochbegabten sind oft negativ geprägt, wie das in [5] gebrachte Beispiel, wonach das Northamptonshire Country Council die folgende ungekürzt (!) wiedergegebene Liste zu Eigenschaften von Hochbegabten im Jahr 1994 angeführt hat:

- *„Prefers friendship with older pupils or adults.*
- *Excessively self-critical.*
- *Unable to make good relationships with peer groups and teachers.*
- *Emotionally unstable.*
- *Low self-esteem, withdrawn and sometimes aggressive."*

In [1] hat Jürgen vom Scheidt typische Eigenschaften von Hochbegabten zusammengetragen. Positiv erwähnt er die ständige kreative Produktion, einen hohen Grad an Neugier und rasche Informationsbearbeitung, negativ **Arroganz** aufgrund von Erfolg. Typischerweise ist Arroganz mit Unsicherheit und Misserfolg verbunden, kann jedoch bei Hochbegabten aufgrund von Ungeduld und Überheblichkeit auch bei Erfolgreichen auftreten. Hochbegabte laufen daneben noch Gefahr, Anflüge von **Hybris** (Selbsterhöhung, Anmaßung, Größenwahn) zu entwickeln. Größenwahn kann aus Minderwertigkeitsgefühlen heraus entstehen. Hochbegabte sind **leicht ablenkbar**, weil ihr Gehirn schnell von Gedanke zu Gedanke springt. Diese Versuchung führt mitunter dazu, dass neue Projekte nicht abgeschlossen werden. (Vergleichen Sie diese Feststellung mit der Biographie des Genies Leonardo da Vinci. Auch er hat viele unvollkommene Werke hinterlassen.)

Manche Hochbegabte neigen zu **Perfektionismus,** und ihre Pubertät kann sich bis in das dritte Lebensjahrzehnt ziehen (sehen Sie sich nur den jugendlich und unerwachsen wirkenden Bill Gates an) [1]. Hochbegabte Männer überschätzen sich eher als Frauen. Probleme mit der Handschrift treten auch gehäuft bei Hochbegabten auf. Viele Hochbegabte sind gleichzeitig **hoch sensibel** [62, 93]. Die Idiosynkrasien (Überempfindlichkeiten) von Hochbegabten können eine Herausforderung nicht nur für deren Manager darstellen [17].

Das Leben als Hochbegabter scheint für Außenstehende sehr einfach zu sein, gibt es doch faktisch keinen Grund für Schul- oder Lernprobleme. Die Themen, die Hochbegabte beschäftigen, werden gerne als „Luxusproblem" gesehen.

„Lernprobleme" stellen sich bei Hochbegabten im Übrigen oft zum ersten Mal an der Universität ein.

Manche Hochbegabte nehmen die Tatsache ihrer Hochbegabung als **billige Ausrede:** Sie seien anders, und sie bräuchten sich nicht vergebens abzumühen, in einer Welt der „Normalintelligenten" etwas zu erreichen. Andere Hochbegabte wiederum beschäftigen sich intensiv mit ihrer Hochbegabung und lassen sich ob dieser „Andersartigkeit" beraten und coachen bzw. zelebrieren sie, anstatt sie Schritt für Schritt sinnvoll zu nutzen. So vergeuden sie einen großen Teil ihres Potenzials.

Viele Hochbegabte bleiben auch gerne unter sich, beispielsweise in eigenen Vereinen wie Mensa. Im täglichen Leben spielen sie manchmal eine Rolle, um „sozial kompatibel" zu sein [81].

15 % der Hochbegabten gelten als ***„Underachiever"*** [90], der Rest ist unauffällig.

Underachiever & Overachiever

Physiker haben im Allgemeinen einen IQ über 130. William Bradford Shockley und Luis Walter Alvarez waren beide nicht hochbegabt, wurden jedoch mit dem Nobelpreis ausgezeichet. Richard Feynman hatte „nur" einen IQ von 125 [94]. Auch er erhielt den Nobelpreis in Physik.

Man kann diese drei honorigen Männer reinen Gewissens als „Overachiever" (Überleister) bezeichnen, denn sie erreichten Leistungen über ihrem vermeintlichen Intelligenzniveau. Auch das Gegenteil wird beobachtet, das heißt, wenn Personen mit hohem geistigem Potenzial hinter den Erwartungen zurückbleiben (Underachiever bzw. „Minderleister"). Hier kann William James Sidis während seines späteren Lebens als prominentes Beispiel angeführt werden. Er hat trotz eines geschätzten IQ von 250 bis 300 der Welt weniger hinterlassen als viele weniger Intelligente (Näheres zu ihm später).

Die Begriffe Überleistung (*overachievement*) und Minderleistung (*underachievement*) werden vor allem im schulischen Umfeld benutzt. Hochbegabung (Potenzial) zeigt sich bekanntlich nicht immer in erstklassigen Schulnoten.

Überleistung ist durch besonderen Fleiß und Motivation zu erreichen. Sie wird ebenso angefeindet wie Hochbegabung, beispielsweise von neidischen Mitschülern. Die gezeigte Leistung wird nicht mit Talent verbunden, sondern mit übertriebender Strebsamkeit. Indem Menschen das Erzielen von hohen Leistungen als Gegenpol zu sozialem Verhalten erheben, wird Leistung und Strebsamkeit ein negatives Image verpasst, was zu Isolation der Leistungswilligen führen kann („Streber"). Überleister jedenfalls haben einen starken Antrieb.

Minderleistung ist selten nur in einer Ursache begründet. Die Gründe, dass ein Hochbegabter ein „Underachiever" ist, sind laut Literatur zumeist folgende:

- Mangel an Motivation, Desinteresse,
- unpassendes Lern- und Arbeitsverhalten,
- mangelnde Förderung,
- Umweltfaktoren,
- Werthaltungen,
- Angst vor dem Versagen.

Minderleister haben oft den für Hochbegabte typischen Leistungsanspruch, gepaart mit Perfektionsstreben. Dazu schreibt Andrea Brackmann: „*Das faktische Leistungsvermögen Hochbegabter* hängt von der Fähigkeit ab, die Unsicherheit beim Arbeiten über die Unvollkommenheit einer abgeschlossenen Arbeit zu ertragen." [84]. Minderleister wollen Resultate erbringen, schaffen es aber nicht.

Hier sind ein paar typische Symptome [95] von Underachievern aufgelistet:

- mangelndes Selbstbewusstsein,
- Unterlegenheitsgefühl,
- Pessimismus,
- Misserfolgsorientierung (man sucht sich zu leichte oder zu schwere Aufgaben),
- soziale Unzufriedenheit,
- starke Emotionalität,
- Neid,
- Eifersucht.

Neben bzw. unter dem *underachiever* existiert noch der *nonachiever*, der kaum etwas auf die Reihe bekommt.

Nach [96] ergibt sich *Underachievement* auch aus negativen Gedanken wie „*Ich kann nicht rechnen*" sowie dann, wenn die Fähigkeit zu lesen und schreiben fehlt, wobei der neue, elektronische Analphabetismus, das heißt die Unkenntnis des Umgangs mit Computern, einen an sich hochbegabten Menschen automatisch in ein *Underachiever*-Dasein versetzen kann.

„Aussteiger", die keine klassische Karriere anstreben, gibt es auch unter Mensanern. Sie werden manchmal ebenfalls als *Underachiever* angesehen. Es kommt es oft vor, dass sich Hochbegabte der Konformität unterwerfen und auf das Mittelmaß zurückfallen, um sozial anerkannt und nicht ausgegrenzt zu werden.

Erwähnt sei hier auch, dass nicht alle Forscher das Konstrukt der *Underachiever* unterstützen. Es gibt Menschen, die sich bewusst für einen Müßiggang entscheiden. Ein hoher IQ-Wert beim Test, der sich mangels Motivation nicht im „realen Leben" manifestiert, kann als „potenzielle Hochbegabung" angesehen werden [62]. Somit sind *Underachiever* zwar hochbegabt, zeigen davon jedoch, aus welchen Gründen auch immer, nicht viel. Ein interessanter Artikel zum Thema „Underachiever in der Berufswelt" ist im Harvard Business Review (2004) erschienen [97]. Dort werden die Betroffenen als vom ADT (*attention deficit trait*) befallen charakterisiert. Als Gegenstrategien empfiehlt der Autor:

- Schaffen positiver Emotionen (z. B. alle 4–6 Stunden mit einem Menschen, den man mag, sprechen)
- Physische Gesundheit: ausreichender Schlaf, ausgewogene Ernährung, Sport (wobei Stufensteigen im Büro genügt)
- Organisation und Zeitmanagement nach dem OHIO-Prinzip: Only handle it once

Das OHIO-Prinzip lässt sich zeitbringend für Emails und „Papierkram" nutzen: Sehen Sie zu, dass Sie jedes Dokument, das Sie in Ihre Hände bekommen, nur einmal bearbeiten: abschließen, delegieren oder entsorgen.

Hochbegabte im Prekariat

Der Begriff „Unterschicht" ist verpönt, allerdings sehr real, und wurde daher jüngst durch neue Begrifflichkeiten wie „abgehängtes Prekariat" ersetzt. Das Prekariat [98, 99] ist keine sozial homogene Gruppe. Es handelt sich dabei um eine Ansammlung von Menschen, die in einer „prekären" finanziellen Situation sind, darunter Arbeitslose, einkommensschwache Selbständige, Arbeiter, chronisch Kranke und Alleinerziehende. Auch Mitglieder der intellektuellen Oberschicht sind nicht dagegen immun, ins Prekariat abzurutschen: Als insolventer Unternehmer, erfolgloser Wissenschaftler oder unentdeckter Künstler können auch Menschen mit einem hohen IQ verarmen, nicht nur solche der Gruppe der „*Unde-*

rachiever". Der Wechsel von einem Extrem zum anderen innerhalb der sozialen Pyramide benötigt in der Regel übrigens zwei Generationen.

Als Erwerbsarme *(Working Poor)* bezeichnet man jene Menschen, die, trotzdem sie einer Erwerbstätigkeit nachgehen, arm sind. Selbständige ohne Mitarbeiter („Ich-AG") sind besonders gefährdet, ebenso Leiharbeiter und ungelernte Personen. Auch Akademiker sind nicht davor gefeit, vor allem Freiberufler wie Journalisten, Architekten und Rechtsanwälte. In Deutschland kann man 5 bis 7 % der Erwerbstätigen zu den Working Poor zählen.

Atypisch Beschäftigte, also Arbeitnehmer in ungeschützer Situation, was nach der Internationalen Arbeitsorganisation ILO auf rund die Hälfte aller Arbeitnehmer weltweit zutrifft, sind ebenfalls sehr stark gefährdet, ins Prekariat zu geraten.

Mit Hochbegabten, denen ihre wirtschaftliche Situation bzw. die ihrer Eltern und Familien vor allem in Entwicklungsländern keine Ausbildung erlaubt, befasst sich Joan Freeman in ihrem Artikel „*When earning interferes with learning*" [100].

„*Wir haben auch gestrandete Intelligente*", sagte der ehemalige Vorstand von Mensa Österreich, Rudolf Challupner, in einem Interview über seine Vereinsmitglieder [101].

Stempel „Hochbegabt"

Es ist von Vorteil, dass Hochbegabung bei Erwachsenen, so noch nicht im Kindesalter erfolgt, diagnostiziert wird, weil sich ansonsten latente Unzufriedenheit unter den Hochbegabten selbst breitmachen und es zu Fehlinterpretationen gewisser Verhaltensweisen durch andere kommen kann. Andererseits kann das Wissen um die eigene Hochbegabung für Erwachsene auch hinderlich sein, etwa, wenn man sie als plumpe Ausrede benutzt. Das ist glücklicherweise eher eine Ausnahme. Ein Hochbegabter sollte sich selbst so annehmen, wie er ist.

Es ist denkbar, dass ein Therapeut einen Hochbegabten als arrogant und unangepasst wahrnimmt und folglich die Fehldiagnose einer narzisstischen Störung stellt. Introvertierte und angespannt wirkende Hochbegabte können fälschlicherweise den Stempel „schizoide Persönlichkeitsstörung" erhalten. Der **Perfektionismus** Hochbegabter kann als „Zwangsneurose" fehlgedeutet werden, und Hochbegabte mit starkem Empfinden und Stimmungsschwankungen können als „manisch depressiv" eingestuft werden [62].

Derartige Fehldiagnosen führen zu unnötiger Stigmatisierung und Schlimmerem.

Die Etikettierung von Kindern als „hochbegabt" oder neuerdings als „Indigokinder" kann hingegen problematisch sein. Sie kann sich zwar positiv auf das Selbstwertgefühl auswirken, allerdings besteht die Gefahr, dass die immer noch verbreiteten Mythen vom „Genie", das ohne Anstrengung lernen und sonstige Ergebnisse erzielen kann, zu Problemen bei der Lernmotivation führen. Nach Joan Freeman, die sich in einer Längsschnittstudie über 30 Jahre lang damit befasst hat, wie sich das Wissen um die eigene Hochbegabung auf den Erfolg der Betroffenen auswirkt, ist es nicht ratsam, Kinder als „hochbegabt" zu titulieren [5]. Das wurde von anderen Studien bestätigt [13].

J. Freeman fand heraus, dass als hochbegabt etikettierte Kinder emotional mehr Probleme hatten als die Kinder einer hochbegabten Vergleichsgruppe, die ihren hohen IQ nicht kannten. Die genannten Schwierigkeiten wurden bis zum Erwachsenenalter beständig weniger und verschwanden schließlich fast zur Gänze [3]. Sowohl hochbegabte Kinder mit Etikett aus auch solche ohne bringen es im Leben für gewöhnlich deutlich weiter als normal Begabte [3]. Etikettierungen fördern nach Josef Renzulli Arroganz und Überheblichkeit.

Die Begabungsexpertin Katja Higatzberger sagt: „ Generalisierungen sind immer schwierig. Häufig lese ich ‚Hochbegabte sind so oder so…' Durch meinem Beruf und meinen Kontakt mit unzähligen Familien mit hochbegabten Kindern (inkl. hochbegabter Eltern) weiß ich, dass es den/die Hochbegabte/n nicht gibt.

Hochbegabung an sich ist für mich niemals Ursache von Problemen, sondern immer Katalysator. Macht schneller – leichter – stärker sichtbar was an Fragestellungen da ist. Selbstverständlich spielt die Umwelt eine wichtige Rolle. Etikettierungen, die uns sagen wollen ‚es ist so weil die Hochbegabung die Ursache ist' können am Anfang entlastend wirken. Letztendlich sind sie jedoch, wenn sie verhindern, dass man sich mit der eigentlichen Ursache der Probleme auseinandersetzt, hinderlich".

Hochbegabte Erwachsene werden manchmal **als arrogant angesehen**. Mitglieder in Hochbegabtenvereinen sind nicht *per se* arrogant.

> *Es hängt viel davon ab, wie man seine Intelligenz vor sich herträgt …*
> *Die anderen sind ja auch nicht blöd. Nur weil einer Zusammenhänge schneller erkennt, ist er kein besserer Mensch.*
> Rudolf Challupner, ehem. Präsident Mensa Österreich

Hochbegabung kann auch mit einer Teilleistungsstörung wie Legasthenie, Dyskalkulie oder Dyslexie verbunden sein oder mit neurologisch-psychiatrischen Störungen (ADS, ADHS [Aufmerksamkeitsdefizit-/Hyperaktivitätsstörung], Autismus, Asperger-Syndrom), doch dazu mehr im folgenden Abschnitt.

„Medical conditions", die in Verbindung mit Hochbegabung gesehen werden können

Folgende Aspekte können eine Hochbegabung begleiten, ohne ursächlich mit ihr verknüpft zu sein. Möglicherweise verdecken sie eine vorhandene Hochbegabung verdecken oder geben ein Hinweis darauf:

Aufmerksamkeitsdefizitstörung

Etwa 3 bis 10 % der Bevölkerung, vor allem Kinder, sind von Aufmerksamkeitsstörungen betroffen. Es gibt ADS (Aufmerksamkeitsdefizitsyndrom) und die hyperaktive Variante davon, das ADHS (Aufmerksamkeitsdefizitsyndrom mit Hyperaktivität), sowie einen Mischtyp, wobei ADHS etwa dreimal häufiger auftritt als ADS.

ADS und ADHS können von einer Hochbegabung teilweise kompensiert werden. Eine Hochbegabung wird aufgrund von ADS und ADHS möglicherweise überdeckt [60].

Teilleistungsstörungen

Dyskalkulie (Rechenschwäche) und Legasthenie (Lese- und Rechtschreibschwäche) sind **Teilleistungsstörungen**, die bei normaler und auch bei überdurchschnittlicher Intelligenz auftreten können.

Autismus

Autismus ist eine Wahrnehmungs- und Informationsverarbeitungsstörung des Gehirns, die sich in Schwächen bei der sozialen Interaktion und Kommunikation äußert, gekennzeichnet durch **repetitive und stereotype Verhaltensmuster.** Autismus manifestiert sich durch Stärken bei Wahrnehmung, Aufmerksamkeit und Gedächtnis. Die Medizin unterscheidet zwischen dem frühkindlichen Autismus und dem Asperger-Syndrom (AS), wobei manche Forscher von einem kontinuierlichen Spektrum ausgehen. Es gibt auch den sogenannten „subklinischen Autismus". In diesem Fall ist eine Person zwar autistisch, kommt jedoch dank ihrer Lebenssituation, Begabung und/oder Unterstützung durch ihr Umfeld ausreichend zurecht, um keine klinische Diagnose zu erhalten. Zu Auffälligkeiten kann es kommen, wenn die Unterstützung wegfällt.

Das Asperger-Syndrom ist eine leichte Ausprägungsform von Autismus. Autisten haben zumeist ein enges Interessensgebiet, auf dem manche von ihnen außergewöhnliche Fähigkeiten zeigen. Diese Beoabachtung wird „Inselbegabung" genannt und ihre Träger „Savants", teilweise auch „Superbegabte". Wegen des krassen Gegensatzes aus extremer Hochbegabung und absoluter Hilflosigkeit im Alltag nannte man Inselbegabte früher auch *„idiot savants"* (wissende Idioten).

Etwa die Hälfte aller Savants sind Autisten. Laut Darold Treffert kann man zwischen erstaunlichen und talentierten Savants unterscheiden. Erstere besitzen herausragende Fähigkeiten, ihrer sind weltweit etwa 100 Personen bekannt. Letztere weisen zwar höchstens durchschnittliche Leistungen auf, was aufgrund ihrer Behinderungen dennoch bemerkenswert ist.

Ein bekannter Savant war Kim Peek, der die Vorlage zum Film „Rain Man" geliefert hat. Er kannte den Inhalt tausender Bücher auswendig. Neuere Forschungsergebnisse [102] deuten darauf hin, dass in jedem Menschen außergewöhnliche, „autistische" Fähigkeiten schlummern. Den Anstoß zu den Untersuchungen, die darauf gekommen sind, gab die Beobachtung, dass Autismus manchmal nach Unfällen mit dem Gehirn, die gewisse Regionen „lahmgelegt" haben, auftritt.

Eine bekannte Person, die vom Asperger Autismus betroffen ist, ist die als internationale Kapazität für Verhaltensbiologie der Nutztiere anerkannte Temple Grandin. Sie hält auch Albert Einstein für einen Autisten, weil er in Bildern dachte.

Ein interessanter Artikel über die Leistungsfähigkeit einiger Savants findet sich in [103].

Psychopathen gibt es mit allen IQs. Natürlich existieren auch soziopathisch veranlagte Hochbegabte, jedoch trifft das nicht auf alle, nicht einmal auf einen großen Prozentsatz unter ihnen, zu.

Mythen zum Thema Hochbegabung

Die Vorstellungen von Hochbegabung sind stark mythenumrankt. Jeder malt vor seinem geistigen Auge ein anderes Bild, und vorgefasste Meinungen über Hochbegabte werden regelmäßig von Berichten in der Presse geprägt und verfestigt.

Stereotype von Hochbegabten umspannen das ganze Spektrum von „komplett unfähig im Alltag" bis zu „perfekt für alles geeignet".

In [104] wird auf die Arbeiten von J. Richards Bezug genommen: „*Unfortunately, much of the literature on the socio-emotional needs of the gifted lacks a scientific outlook, relying instead on case studies, anecdotes, programmes and ‚expert' opinion, from which unjustified generalizations may be made.*"

Dazu kommt noch, dass sich Psychologen und Psychiater vor allem mit „auffälligen" Hochbegabten auseinandersetzen, die sicherlich keine repräsentative Stichgruppe aller Menschen mit einem IQ > 130 darstellen.

Die folgenden Mythen wurden aus [105] entnommen und sollen Ihnen als solche enttarnt werden. Die Aufdeckung von falschen Vorstellungen über Hochbegabte hilft, den Dialog mit ihnen zu entspannen. Wenn man andere Menschen zumindest im Ansatz versteht, ist es leichter, konstruktive Beziehungen mit ihnen aufzubauen.

Mythos 1: Hochbegabte setzen sich automatisch im Leben durch

Es ist ein Irrglaube, dass Hochbegabte im Leben von alleine aufschwimmen wie ein Tropfen Öl auf dem Wasser.

Tatsache ist: Hochbegabung bedarf einer entsprechenden Förderung. Das wurde unter anderem in [106] nachgewiesen. Ein hohes Begabungspotenzial alleine reicht nicht aus, um Höchstleistungen hervorzubringen. Im schlimmsten Fall werden aus Hochbegabten die zuvor beschriebenen „*Underachiever*".

Mythos 2: Sonderbehandlungen Hochbegabter sind verwerflich

Im Marketing ist es eine Grundregel, die Masse der Menschen zu segmentieren und unterschiedlich anzusprechen. Kundengruppen haben unterschiedliche Charakteristika und Bedürfnisse. Eine spezielle Behandlung Hochbegabter wird von vielen Menschen jedoch kategorisch abgelehnt. Das Wort „Elite“ hat generell, wie erwähnt, einen negativen Beigeschmack. Es ist so auch nicht verwunderlich, dass man viele lautstarke Kritiker von Projekten zur Hochbegabtenförderung antrifft.

Tatsache ist: Das Ziel der Schule ist, das allgemeine Bildungsniveau zu heben. Unter dem Deckmantel der Sozialisierung werden Hochbegabte dort teilweise unterdrückt. Geistig minderbemittelte Menschen erhalten eine Spezialbetreuung in Sonderschulen. Die wenigsten Menschen würden sich dafür einsetzen, Sonderschülern eine Gleichbehandlung mit normalbegabten Schülern zukommen zu lassen, weil beide Gruppen einen offensichtlichen Nachteil daraus hätten. Bei der Förderung von Hochbegabten geht es nicht darum, diese von normalen Menschen zu separieren, sondern ihnen die soziale Integration zu ermöglichen, indem man ihnen hilft, ihr volles Potenzial zu entfalten. Glücklicherweise sehen Pädagogen dies auch zunehmend so. Von befragten Studierenden an einer pädagogischen Akademie erachteten über 90 % die Förderung von Hochbegabten als wichtig, im Gegensatz zu weniger als 20 % von Volksschullehrerinnen mit mehr als fünf Jahren Berufspraxis [107].

Stellen Sie sich einen Normalbegabten in einer Klasse von Hochbegabten vor: Er hätte ein ähnlich schweres Schicksal wie die meisten Hochbegabten im regulären Schulsystem.

Hochbegabtenförderung hilft dem Individuum und der Gesellschaft, indem brachliegendes Potenzial gezielt nutzbar gemacht wird.

Allerdings: Die Vorteile der maßgeschneiderten Ausbildung verschwinden innerhalb weniger Jahre [3]. Sogar die Jahrgangsbesten renommierter Bildungsstätten bringen es oft nicht besonders weit im Leben [3].

Mythos 3: Hochbegabte sind einfach als solche zu erkennen

So, wie „man“ sich den typischen Hochbegabten vorstellt (dicke Hornbrille, Wollpullover, vergammelte Ledertasche?), wird dieser kaum auf der Straße anzutreffen sein.

Tatsache ist: Es gibt Hochbegabte in allen sozialen Schichten, mit den unterschiedlichsten Berufen, Geldbeuteln, Interessen, Schwierigkeiten, Ängsten und Sorgen. Die Mitglieder von Mensa unterscheiden sich wie die Einträge eines Telefonbuchs. *Underachiever* und latente Hochbegabte sind aufgrund mangelnder, gezeigter Leistungen nicht „aktenkundig“.

Mythos 4: Intelligenz und Hochbegabung sind nicht wissenschaftlich festzumachen

Kritiker meinen, dass die Aussagekraft eines IQ > 130 willkürlich und irrelevant sei und nicht viel mit Begabung und Erfolg zu tun habe.

Tatsache ist: Zwar wurde die Eindimensionalität des IQ erkannt und gibt es neuere Intelligenzmodelle, so ist Intelligenz jedoch zweifelsohne etwas sehr Reales, das wissenschaftlich intensiv untersucht worden ist. Der IQ lässt sich treffsicherer messen, als jede andere Persönlichkeitseigenschaft in der Psychologie dies erlaubt.

Wenn Sie mehr zu diesen und anderen falschen Vorstellungen lesen möchten: In [108] hat Heinz-Detlef Scheer 25 beliebte Mythen zum Thema Hochbegabung zusammengetragen (auf dem Cover grinst übrigens ein Aktentaschenträger mit Brille und Wollpullover ...).

Beobachtung und Klassifizierung von Hochbegabten

Hochbegabte findet man in allen Lebenslagen. Ihr Erfolg ist vermutlich einer ähnlichen Gauß-Verteilung unterworfen wie ihre Körpergröße und ihr Gewicht. Die Literatur, vor allem die populäre Presse, widmet sich immer wieder hochbegabten Kindern und den „Überfliegern" unter den Hochbegabten. In TV-Dokumentationen über Hochbegabte hat es sich auch eingebürgert, „schräge Vögel" mit hohem IQ vorzuführen. Nach Reportagen im Internet finden sich häufig Foreneinträge und – diskussionen, die den präsentierten „Überfliegern" äußerst feindselig begegen. Ein gutes Beispiel hier ist ein Artikel aus dem Mai 2013 im Spiegel Online mit dem Titel „Hochbegabter 17-Jähriger: Wunderkind träumt vom Kanzleramt" [109].

Jürgen vom Scheidt hat eine Hypothese über die Verteilung und Ausprägungen der Hochbegabung entlang der gesamten IQ-Bandbreite in fünf Gruppen formuliert [1], siehe Tab. 3.1:

Die drei Hauptgruppen sind ähnlich den von Lewis Terman postulierten A-, B- und C- Kategorien seiner „Termiten". [1] geht von 3 % Hochbegabten in der Bevölkerung aus, was in Deutschland etwa 2,5 Mio. Menschen und weltweit an die 180 Millionen Menschen sind. Sie fallen in drei Hauptkategorien aus Tab. 3.1, sortiert nach dem oberflächlichen Merkmal „Erfolg". Nachfolgend sind einige Spezifika genannt.

Die Arrivierten

In der ersten Gruppe der erfolgreichen Hochbegabten sieht der Autor Jürgen vom Scheidt die Prominenten und *„das Gros der ... Millionäre in Deutschland"*, die materiell Reichen und die Einfluss-Reichen. Es sind die gesellschaftlich angepassten Hochbegabten, die nach [1] die Gruppe der Arrivierten stellen. Auch sei das Phänomen der „Selbstausbeutung"

Tab. 3.1 Einteilung von Hochbegabten nach Jürgen vom Scheidt

Gruppe	Anteil unter den Hochbegabten	Anteil in der Bevölkerung
Die „Arrivierten": Die Hochbegabung wird genutzt für ein zufriedenes und erfolgreiches Leben	1/3	~1 %
Die „Latenten": Die Hochbegabung ist „latent" vorhanden. Trotz ihres IQ > 130 kommen diese Menschen nicht (richtig) voran. In diese Gruppe fallen Frauen, die sich beruflich nicht entfalten, und „Spätentwickler"	1/3	~1 %
Die Underachiever: Die gezeigten Leistungen liegen deutlich unter dem aufgrund des IQ zu erwartenden Niveau. Teilweise ist die Leistungsverweigerung bewusst	1/3	~1 %
Die gefährlichen „Entgleisten", welche Erfolg auf kriminelle oder soziopathische Weise haben	<<	<<
Die Extraordinären mit einem IQ > 140	<<	<<

[110] unter diesen Hochbegabten weit verbreitet, weil Erfolg zu mehr verführt, und Hochbegabte oft eine Fülle grandioser Ideen gebären [1], die sie verfolgen wollen. Dadurch, dass andere Menschen ihnen langsam erscheinen, machen sie lieber alles selbst und haben kaum noch Zeit für soziale Kontakte.

Die Latenten

Die „Latenten", also die „gebremsten" Hochbegabten aus dem zweiten Drittel, hätten es sich im Leben „bequem" eingerichtet. Sie bräuchten sich im Beruf und auch sonst nicht wirklich anzustrengen. Dennoch würden sie in Form einer inneren Unruhe und irgendwie spüren, mehr Potenzial zu besitzen, und sie leiden darunter. Viele Neurotiker dürften sich aus dieser Gruppe rekrutieren. Man kann die Latenten auch als „marginal angepasst" oder als „Konformisten" bezeichnen. Oft ist zu beobachten, dass sie eine Art Doppelleben führen: eine soziale „Rolle" im normalen Beruf und daneben ein intensiv verfolgtes Hobby. Es sind dies die „Amateure mit Expertenstatus", die sich im normalen Leben unauffällig verhalten und sich nebenbei verwirklichen. In [111] werden zwei anschauliche Beispiele für derartige Doppelleben angeführt:

- Sokrates, der Steinmetz und Philosoph,
- Jesus, der Zimmermann und Religionsführer.

Die Underachiever

Das letzte Drittel, die „*Underachiever*", seien Hochbegabte, die keinen Erfolg haben und schon in der Schule nur Minderleistungen trotz eines hohen IQs gebracht haben. Sie verfügen über ein geringes Selbstbewusstsein, und sie haben manchmal auch ein darniederlegendes Selbstwertgefühl. Sie sind gefährdet, abzurutschen und existenzielle Blockaden zu entwickeln [1]. Bestimmte Underachiever verweigern Leistungen unbewusst, andere wiederum absichtlich und wählen einen anderen Weg, als die Gesellschaft ihn vorgibt. Die meisten „Verweigerer" sind männliche Hochbegabte; Frauen dürften sich in dieser Hinsicht erfolgreicher anpassen. Die Hochbegabten mit geknicktem Selbstwertgefühl neigen auch zum Helfersyndrom. Nach diversen Studien liegt der Anteil der mit dem Konstrukt „*Underachiever*" titulierten Hochbegabten zwischen 10 und 70 % [1] der gesamten Hochbegabten-Population. Normalbegabte Schüler, die aufgrund von Fleiß und Ehrgeiz Leistungen auf dem Niveau eines Hochbegabten erbringen, nennt man „*Overachiever*" (siehe weiter vorne). Unter den Underachievern tummeln sich bizarr anmutende Individuen. Sie werden gerne in Fernsehsendungen über Hochbegabte aufgespürt, um ihre Sicht der Dinge zum Besten zu geben.

Daneben postuliert vom Scheidt noch zwei Untergruppen, die „gefährlichen Entgleisten" und die „Extraordinären", welche jeweils eine Klasse für sich bilden (siehe auch weiter hinten in diesem Buch).

Arrivierte und Latente kommen im Leben gut zurecht, indem sie ihre Hochbegabung zumindest teilweise zu ihrem Vorteil nutzen. Die letzten zwei Drittel der Hochbegabten, Latente und *Underachiever*, fühlen sich nach [1] unsicher und befinden sich auf der Suche nach sich selbst. Sie sind blockiert und ihre Begabungen „verschüttet oder verdrängt" [84]. Um ihr Potenzial zu verwirklichen, ist der erste Schritt ein Bekenntnis zur eigenen Hochbegabung, vergleichbar mit der Suche nach der eigenen sexuellen Identität [1] (siehe *Outing*). Manche große Menschen schämen sich für ihre Körpergröße, und in gleicher Manier stellen Hochbegabte ihre intellektuellen Fähigkeiten gerne unter den Scheffel. So können Talente nicht entfaltet werden. Falsche Bescheidenheit und Unsicherheit in der Selbsteinschätzung – das trifft auf viele Hochbegabte zu. Selbstbeurteilungen liegen in der Regel ½ Standardabweichung über einer Fremdbeurteilung [30]. Bei Hochbegabten kann das schon einmal umgekehrt sein.

Hochbegabte sind als Individuen so verschieden wie alle anderen Menschen. Als kleinsten gemeinsamen Nenner kann man den Denkprozess – schneller, komplexer, vernetzender – angeben. Vor allem innovative und kreative Neuschöpfungen werden nach [1] vorwiegend von Hochbegabten vollbracht. Nach [1] sind auch Bestsellerautoren, Parteivorstände und Lenker großer Unternehmen in der Regel Hochbegabte.

Die Forscher Seokhee Cho, Doehee Ahn, Suksil Han und Hyejin Park haben die Entwicklung von Hochbegabten in Korea studiert und konnten diese in vier Gruppen einteilen [70]:

- Full-bloomer,
- Good-achiever,
- Fade-away,
- Late-bloomer.

Vergleichen Sie diese Kategorisierung mit der von L. Terman und J. vom Scheidt weiter vorne. Die IQs der Studenten in den vier Gruppen der koreanischen Forscher waren ähnlich, auch die Zeit, die sie in Lernen investierten. Ein markanter Unterschied war jedoch, dass die „*Fullbloomers*" in frühen Jahren viel gelesen hatten, was sich als „kumulativer Vorteil" zu deren Bestem auswirkte (vergleiche Schneeballeffekt oder Zinseszins!).

Es gibt eine Reihe populärer Bücher, die eine „*Think-Big*"-Mentalität als einziges, signifikantes Unterscheidungsmerkmal erfolgreicher und weniger erfolgreicher Menschen erkannt haben.

▶ **Tipp für Hochbegabte** Lassen Sie Ihren Ideen freien Lauf, und versuchen Sie, Ihre Träume zu verwirklichen! Wenn Sie dabei noch Ihre Risiken kalkulieren, steht Ihnen nichts im Wege, ein „Arrivierter" bzw. ein „*Full-bloomer*" zu werden.

Denken und Fühlen Hochbegabter

Mit Denken, Fühlen und Wahrnehmen beschäftigen sich Hochbegabte mehr als andere Menschen. In [84] findet sich folgende Zusammenstellung von Merkmalen, die als „typisch hochbegabt" gelten können. Sie ist in Tab. 3.2 wiedergegeben.

Die Logik von Hochbegabten

Hochbegabte sind wache Köpfe, die rasch und geschickt kombinieren und schlussfolgern können. Sie denken auch ums Eck, oder – wie man ihnen nachsagt – „verkorkst" bzw. unkonventionell. Das, was für Hochbegabte logisch ist, erscheint anderen Menschen mitunter absolut nicht einleuchtend. Auch ist es ihre kindliche Naivität, die sie Dinge aussprechen lässt, welche andere Menschen nicht in den Mund zu nehmen wagen (vergleiche die Geschichte „Des Kaisers Neue Kleider").

Hier sind drei Beispiele:

- doppelt gebrannter Schnaps,
- Handarbeit,
- ein Strauß roter Rosen.

Tab. 3.2 Entnommen aus [84]

	Mehr denken	Mehr fühlen	Mehr wahrnehmen
Positiv	Erfassen komplexer-Zusammenhänge, Auffinden vielfaltiger, Lösungswege, hohe Auffassungsgabe, Finden neuer Gedankenverbindungen und Ideen, Anstellen weitreichender Überlegungen, schnelleres Denken, Berücksichtigung zahlreicher Aspekte	Reiches Innenleben, starkevEmotionen, hohe Empfindungsfähigkeit, starker Gerechtigkeitssinn, hohes Einfühlungsvermögen, Mitgefühl, kreative, künstlerische Potenziale	Hohe Auffassungsgabe (sensorisch), feinfühlige Sinnesorgane, ausgeprägte visuelle Wahrnehmung „Fin-gerspitzengefühl", über-durchschnittliche Detailwahrnehmung
Negativ	Schwierigkeiten bei einfachen Aufgaben, vorauseilendes Denken, Ungeduld und Langeweile, überhöhtes Streben nach Perfektion, „Kopf in den Wolken", „über den Dingen schweben", Widerstand gegen Alltagsroutine, Schwierigkeiten bei Meinungsbildung/ Entscheidungsfindung	Überempfindlichkeit, Dünnhäutigkeit, Gefühlsausbrüche, Stimmungsschwankungen, sich vieles sehr zu Herzen nehmen, himmelhoch jauchzend – zu Tode betrübt, Misserfolge und Unangenehmes schwer verarbeiten	Lärm-, Licht- und Berührungsempfindlichkeit, Ablenkbarkeit (zu viel auffassen), Vermeiden von Körperkontakt, herabgesetzte Schmerzgrenze, Reizüberflutung (z. B. Sport, Menschenmengen)

Jürgen vom Scheidt fasst daher zusammen: „*Die größte Stärke und zugleich die größte Schwäche Hochbegabter sind also die Komplexität ihres Denkens, die Sensibilität ihres Gefühlslebens und die Differenziertheit ihrer Wahrnehmung.*" [84]

Der Durchschnittsbürger wird diese als Zeichen hoher Qualität bzw. als Liebesbeweis ansehen, für die er bereit ist, mehr zu bezahlen. Ein Hochbegabter wird mit hoher Wahrscheinlichkeit sagen:

- Anstatt den Schnaps doppelt zu brennen, soll der Hersteller eine ausreichend lange Destillationskolonne verwenden.
- Handarbeit ist teuer und anfällig für Fehler, maschinell hergestellte Ware weist viel weniger Qualitätsschwankungen auf.
- Beim dem Blumenstrauß handelt es sich um abgeschnittene Fortpflanzungsorgane. Das Geld könnte man nutzbringender investieren.

Themen, die Hochbegabte beschäftigen: Sinn und Selbstfindung

Die Sinnfrage

Hochbegabte fragen sich immer (!) nach dem Sinn einer Aufgabe. Da die Arbeitswelt derart hohen Ansprüchen nicht dauerhaft gerecht werden kann, ist Unzufriedenheit vorprogrammiert.

Bezeichnend ist hier die Aussage eines hochbegabten Musikers, der sich neben seinem Job verwirklicht hat, weil die Arbeit nicht sinnstiftend genug war: *„Es ist nichts schlimmer als über lange Zeit was zu machen, was keinen Spaß macht (habe ich 30 Jahre im Job gehabt, 90 % nur sinnlosen Blodsinn)."*

Selbstfindung

Selbstfindung ist für Hochbegabte ein wichtiger Prozess. Hochbegabte, die zwar im Beruf erfolgreich und im Privatleben ausreichend mit anderen Menschen vernetzt sind, wirken oberflächlich glücklich, sind jedoch von einer **unterschwelligen Unzufriedenheit**, ihre Möglichkeiten nicht voll auszuschöpfen, befangen. Sie suchen permanent anspruchsvollere Herausforderungen und fragen sich, ob ihr Beruf sie erfüllt. Häufig schmieden sie Pläne, mehr zu tun und zu erreichen. Das latente Gefühl der Unzufriedenheit können Hochbegabte schwer in Worte fassen [84]. Manche von ihnen werden daher **reizbar und aggressiv**.

Selbstverständnis von Hochbegabten

Welches Selbstbild haben Hochbegabte? Viele Hochbegabte definieren sich über ihren IQ. Dem Trend der Forschung, die Definition von Hochbegabung auszuweiten und die Bedeutung des IQ zu schmälern, sehen sie teilweise als Verleugnung ihrer Person. Über spezielle Hochbegabtenvereine suchen sie Anschluss an „ihresgleichen" (siehe auch den Abschnitt zu den Hochbegabtenvereinen). Das war vor allem zu Zeiten vor dem Internet eine der wenigen Optionen, andere Hochbegabte zu treffen und mit ihnen in Wechselwirkung zu treten. Um das Selbstbild von Hochbegabten zu verstehen, sehen wir uns einmal ein paar Aussagen von Mensamitgliedern an:

Markus: *„Mir gefällt die Hochstilisierung der Hochbegabung, der Selbstdarstellungsdrang einiger und das Selbstverständnis einiger, etwas ganz Besonderes zu sein, eher weniger. Hochbegabte tun sich bei einigen Dingen wesentlich leichter als andere, klar. Aber das ist selten ein Verdienst. Es ist eine ‚Begabung' gegeben, nicht verdient. Wenn man es schafft, diese Begabung gewinnbringend zum Wohle anderer (und dabei seines eigenen natürlich auch) einzusetzen, DANN kann man sich als was Besonderes fühlen. Alles andere macht einen nicht herausragend und nicht besser als andere, nur eben anders."*

Wolfram: *„Ich bin dafür, endlich mal aus der ‚Tut mir echt leid, dass ich klüger bin als ihr Ecke' rauszugehen. Stimmt, dass es keine Leistung ist, einen hohen IQ geerbt zu haben. Aber auch kein Verbrechen. [Mein] Testleiterkoordinator vergleicht es immer mit dem Klub der 2-Meter-Menschen. Wenn Du nur 1,95 bist, kommst Du nicht rein. Du musst aber dann auch keinen Zwergenkomplex entwickeln. Manchmal ist mehr aber auch besser – Dirk Nowitzki ist nicht nur lang, sondern auch echt gut. 2 Meter ist für die NBA aber auch Voraussetzung (wenige Ausnahmen), notwendig, aber nicht hinreichend. Sprich, mit 2 Metern hat man eine Chance mitzuspielen, aber keine Sicherheit. Mit 1,50 kann man gleich zu Hause bleiben. Für Basketball ist das dann eben nicht nur länger, sondern auch besser. Und intelligenter ist in Situationen, die ein Nachdenken erfordern, auch besser. Und da nervt diese Arroganz von unten nach oben (bzw. von links nach rechts), mit der man dann gelegentlich angefeindet wird, einfach nur. Meiner Meinung nach sollte man selbstbewusst dazu stehen."*

Matthias: *„Da die Schere von Machbarem zu tatsächlich Umgesetztem für einen Hochbegabten deutlich größer sein kann, läuft der Hochbegabte auch leichter Gefahr, frustriert zu werden und (in Folge) in resignative Arbeitsunzufriedenheit zu verfallen. In konstruktiver Arbeitsunzufriedenheit befindet er sich eh fast ständig."*

Andreas: *„Hochbegabte sind laufend in einem Wettrennen mit sich selbst."*

Andreas: *„Es gibt ja das menschliche Grunddilemma, dass das Vermögen immer hinter dem Vorstellbaren zurückbleibt. Soweit bekannt.*

Hochbegabung beeinflusst sicher beides: (intellektuelles) Vermögen, aber auch den Horizont der Möglichkeiten. Je nach Balance kann beides herauskommen: eine immense Verstärkung der Anstrengungen (Wettlauf mit sich selbst, da immer hinter dem Vorstellbaren weit zurück und dennoch auch viel Kraft vorhanden), aber andererseits auch aufgrund massiver Kapitulationserfahrungen (wenn das Vorstellbare monströs wird) die Chance zur frühzeitigen und gründlichen Erkenntnis, dass das Glück nicht in der Ferne liegt. Dann wäre der Wettlauf zu Ende."

Als Gemeinsamkeiten in den obigen Aussagen lassen sich folgende Punkte herausstreichen:

- Hochbegabte sehen ihren IQ nicht als Verdienst.
- Sie wollen ihren IQ auch nicht verstecken.
- Im Kopf ist Hochbegabten mehr möglich als anderen. Die Herausforderung ist, dies für sich und für andere nutzbar zu machen.
- Dann kann man auf Hochbegabung auch stolz sein.

▶ **Tipp** Das Selbstverständnis eines Menschen wird sein Handeln gravierend beeinflussen. Hochbegabte sollten Verantwortung für sich selbst übernehmen und auch ohne, dass ihre Umwelt ihren IQ kennt, selbstbewusst handeln und ihre Taten für sich sprechen lassen.

▶ **Achtung, Falle** Wenn jemand von einem bestimmten Thema zu sehr eingenommen ist, werden sich alle seine Gedanken und Gespräche darum drehen. Fanatische Wiedergeborene, Atheisten und Veganer befassen sich nur mit „ihrem" Thema. Passen Sie als Hochbegabter auf, dass Ihnen Ihr IQ nicht gleichermaßen zur Falle wird.

Hochbegabte im täglichen Leben

Um ein tadelloses Mitglied einer Schafherde sein zu können, muss man vor allem ein Schaf sein.
Albert Einstein (1879–1955), Physiker

Hochbegabung ist etwas ganz „Normales". Es trifft auf 2 % der Bevölkerung zu. Damit gibt es mehr Hochbegabte als Millionäre oder Saxophonspieler, und die sind auch alle normal. Hochbegabte sind einfach ein wenig untypisch bzw. anders. Sicher sind sie nicht abnormal.

In den Medien ist Hochbegabung in den letzten Jahren ziemlich präsent geworden. „*Good Will Hunting*" und „*A Beautiful Mind*" sind zwei Spielfilme, die Hochbegabung zum Thema haben. In „*The Simpsons*" werden Lisa und der „*Comic Shop Guy*" als hochbegabt dargestellt. Zeitungen und Fernsehen berichten über Wunderkinder, z. B. einen elfjährigen Studenten [112] oder einen Sechszehnjährigen, der bereits in Nature publiziert hat [113].

Und wie sieht es tatsächlich aus? Hochbegabte erleben häufig Frustrationen im Gespräch mit Normalbegabten. Tanja G. Baudson schreibt „*…vermuten Hochbegabte bei anderen mangels Information zunächst einmal ein ähnliches Fähigkeitsniveau – und sind dann verwundert, wenn dem gar nicht so ist.*"

In [62] wird der Alltag hochbegabter Erwachsener beschrieben. Hier sind ein paar Aspekte wiedergegeben:

Öffentliches Leben

Verallgemeinernd lässt sich hier sagen, dass von Hochbegabten das Leben in einer ruhigen Umgebung bevorzugt wird. Viele von ihnen sind tendenziell lärmempfindlich.

Besorgungen und Wege des Alltags werden teilweise als extrem anstrengend empfunden, vor allem Amtsgänge. Diese enden häufig damit, „*dass der Beamte sich mit einer Reihe von Verbesserungsvorschlägen für seine Arbeitsorganisation konfrontiert sieht*" [62].

Normale Menschen machen sich keine großen Gedanken zu derartigen alltäglichen Geschäften, bei denen sich mancher Hochbegabte im Gegensatz richtig gestraft fühlt. Das können Normalbegabte natürlich nicht nachvollziehen.

In größeren Städten bieten sich mehr Möglichkeiten für Hochbegabte als auf dem Land. Der Soziologe Robert Park hat geschrieben: *„In a small community, it is the normal man, the man without eccentricity or genius, who seems most likely to succeed. The small community often tolerates eccentricity. The city, on the contrary, rewards it.“*

Berufsleben

Hochbegabte finden sich in allen Berufsgruppen, und die meisten von ihnen sind erfolgreich. Erfolgreiche und weniger erfolgreiche Hochbegabte erleben jedoch im Berufsleben bisweilen „problematische Erfahrungen“ [62].

Durch ihren hohen Anspruch an sich selbst und ihren Perfektionismus unterschätzen sich Hochbegabte oft selbst.

Durch kritische Kommentare, häufige Anregungen für Verbesserungen, ungewöhnliche Arbeitsmethoden und Lösungen sorgen sie bei Kollegen und Chefs für Unverständnis und Widerstand. Bei Gruppenentscheidungen und langen Diskussionen im Team nehmen sie Dinge gerne selbst in die Hand. Routineaufgaben fallen Hochbegabten viel schwerer als neue, komplexe Tätigkeiten. So sagt die hochbegabte Sandra: *„Routine ist für mich ganz schlimm, das ertrage ich überhaupt nicht“.*

Hochbegabte werden oft fachlich akzeptiert, trotzdem fühlen sie sich von Kollegen isoliert [62].

Wenn ein Hochbegabter massiv ausgegrenzt oder sogar gemobbt wird, ist sein Verhalten teilweise dafür verantwortlich.

▶ **Tipp für Hochbegabte** Treffen Sie Vorkehrungen, um nicht Mobbingopfer zu werden (siehe auch der entsprechende Abschnitt in diesem Buch).

Privatleben

Hochbegabte betreiben fast alle Tätigkeiten gerne mit großem Ernst.

An Freundschaften stellen sie hohe Ansprüche in Bezug auf Fairness, Zuverlässigkeit, Ehrlichkeit und Loyalität [62]. Sie haben lieber wenige enge Freunde als ein großes Netz an losen, oberflächlichen Bekanntschaften.

Hochbegabte neigen zu Nonkonformismus und schließen sich Glaubensgemeinschaften nur schwer an.

Interesse und Neugier führen dazu, dass Hochbegabte offen sind für extreme Erfahrungen aller Art.

Der Humor von Hochbegabten ist generell trocken, ironisch und absurd [62].

Hochbegabte lieben Ordnung und klare Strukturen, wobei sich Ordnung eher auf Inhalte bezieht. Viele von ihnen haben sehr chaotische Schreibtische. Hochbegabte mögen keine Überraschungen wie spontane Besuche und Feiern.

Am wohlsten fühlt sich ein Hochbegabter, wenn er maximal gefordert wird [62].

In ihren individuellen Lebensgewohnheiten unterscheiden sich Hochbegabte jedoch wie alle anderen Mitglieder der Bevölkerung. Manche leben sehr gesund, andere überhaupt nicht. Menschen mit hohem IQ leben gesünder. Unterforderte hochbegabte Erwachsene neigen dazu, Nikotin, Alkohol und Essen exzessiv nachzugehen [84].

Kritische Grundhaltung

Eine besonders stark ausgeprägte Eigenheit von Hochbegabten ist ihre kritische Grundeinstellung. Sehen Sie hier zur Veranschaulichung einen Auszug aus einer Diskussion in einem Hochbegabtenforum:

Gerald: *„Eine Sache ist, dass man sich nicht jeden Mist bieten lässt. Wenn ein Vorgesetzter einen unglaublichen Unsinn redet, dann kann es wohl noch schwieriger sein als für einen Durchschnittsmenschen, das einfach hinzunehmen. Zumindest geht es mir so. Damit macht man sich natürlich keine Freunde, wenn man auch mal was kritisiert, auch dann, wenn gesagt wird ‚konstruktive Kritik finden wir ganz toll'. Da wird dann bei der nächsten Beförderung lieber der Kollege genommen, der immer brav nickt, wenn der Chef spricht."*

Jens: *„... da fällt mir eine prägende Geschichte aus meiner vierjährigen Bundeswehrzeit als Stabsunteroffizier ein. Auf einer Übung, all unsere Unteroffiziere (25 an der Zahl) standen beisammen, erzählte einer unserer Unteroffiziere, dass als er damals mit einem Panzer auf ein 2 km entferntes Ziel geschossen hatte, und er die Explosion der Granate bereits 2 Sekunden nach dem Schuss gehört hatte. Alle fanden das toll, doch ich erwiderte, das der Schall ca. 333 m/s braucht, also selbst wenn man Flugzeit vernachlässigt, man frühestens nach 6 Sekunden die Explosion hören kann. Er erwiderte nur, dass er ja schließlich im Panzer saß und nicht ich, ich also gar nicht mitreden könne. Meine Rechnung konnte leider niemand nachvollziehen, leider auch nicht mal mein Chef, der beim Bund E-Technik studiert hatte. Naja... ich hatte mir damals nur meinen Teil dazu gedacht und war dann ruhig..."*

Christian: *„Das mit dem ‚Unsinn-nicht-Akzeptieren' ist bei mir ebenfalls stark ausgeprägt. Mir fallen oft Gedankenfehler auf in Dingen, die im Unternehmen seit Jahren verwendet werden. Und anstrengend ist es dann, dies jemandem zu erklären, weil man wirklich oft weit ausholen und ins Detail gehen muss und erst einmal auf absolutes Unverständnis trifft (‚das haben wir schon immer so gemacht' – diesen Satz hasse ich regelrecht)."*

Rita: *„Auch mir fällt es schwer, Unsinn ... zu akzeptieren, und ich lege mich auch gerne notfalls mit Vorständen an. In diesem Zusammenhang wäre eine zusätzliche Eigenschaft, die ich bei mir feststelle, die, dass ich keinen ‚positionsbedingten Respekt' vor Führungskräften, Gurus o.Ä. oder diesbezüglich Berührungsängste habe. Ich meine damit nicht, dass man den Menschen nicht respektiert oder ‚wie die Axt im Walde' agiert, sondern einfach nur, dass man Sachverhalte möglichst rational auf Augenhöhe diskutieren kann und möchte – unabhängig vom Status des Gegenübers."*

Anpassung

Die meisten Hochbegabten versuchen sich anzupassen. Auf die Frage, ob sie sich regelmäßig an Normalbegabte anpassen, sagten Mensamitglieder Folgendes:

Hochbegabter A: *„Ja, es ist einfacher bzw. können sich normale Menschen ja nicht an mich anpassen..."*

Hochbegabter B: *„Ich passe mich regelmäßig an, um das Miteinander leichter zu machen, vor allem, wenn das Schwimmen gegen den Strom zu mühsam wird."*

Hochbegabter C: *„Ich passe mich oft an, um nicht den sozialen Kontakt zu verlieren."*

Hochbegabter D: *„Ja. Wenn es die Situation erfordert bzw. es angebracht erscheint. Warum: Weil es keinen Sinn macht, ein Tempo vorzulegen, bei dem andere, z. B. im Team, nicht mithalten können."*

Hochbegabter E: *„Da ist es wie beim Wandern: Der Langsamste gibt das Tempo vor. Man kann aber durchaus versuchen, einen langsamen Geher aus der Reserve zu locken, wenn mehr Potenzial hinter dem Langsam-dahin-Schleichen vermutet wird."*

Hochbegabter F: *„Ich passe mich ständig an, in allem, was andere Menschen auch betrifft, weil man sonst alleine dasteht. Niemand mag Leute, die (vermeintlich) alles besser machen."*

Hochbegabter G: *„Eigentlich immer. Es ist ein schönes Gefühl dazuzugehören."*

Hochbegabter H: *„Nein, nicht direkt. Ich stehe zu mir und meiner Person. Natürlich verhält man sich in Gruppen manchmal anders, das hat aber nichts mit meiner Hochbegabung zu tun."*

Hochbegabter I: berichtet von seiner Schulzeit, als die Lehrer ihm sagten: *„Du bist zwar nicht dumm, aber verhalte dich so wie alle anderen."*

3.6 Die „Extraordinären" – Höchstbegabte und andere Exoten

Für die besonders Intelligenten unter uns mit einem IQ jenseits der Norm – drei Standardabweichungen (IQ > 145) bzw. vier Standardabweichungen (IQ > 160) – spitzt sich die Situation gewissermaßen nochmals zu. Im Englischen spricht man ab einem IQ von 160 von *„exceptionally gifted"* [71].

Für diese „Extraordinären" ist Anpassung weit schwieriger als für die „gewöhnlichen" Hochbegabten. Das „Genie" als prominentester Typ des Hochbegabten spielt wiederum in einer anderen Liga als der Extraordinäre. Die Bezeichnung „Genie" ist überstrapaziert und sollte nur wenige Male pro Jahrzehnt bzw. Jahrhundert vergeben werden (anders als nach Andy Warhol, der sagte: *„In der Zukunft wird jeder Mensch für 15 min berühmt sein"*). Jemand mit einem IQ von 160 unterscheidet sich von einem „normalen" Hochbegabten wie dieser von einem durchschnittlich begabten Menschen. Oder anders ausgedrückt: Unter allen Hochbegabten gibt es extreme Unterschiede, die die schlauesten unter ihnen zu „intellektuellen Außenseitern" machen.

Zwei prominente Beispiele für solche intellektuellen Außenseiter sind Isaac Newton und William James Sidis. Newton, der die klassischen Mechanikgesetze der Physik aufstellte, konnte keine wirklichen Freundschaften und Beziehungen aufbauen, er war komplett losgelöst von anderen Menschen. Sein IQ lässt sich heute nicht feststellen; sein Wirken gibt Zeugnis von einem Wert jenseits der 160. Sidis IQ wurde auf 250 bis 300 geschätzt. Er konnte, so sagt man, mit

1 ½ Jahren lesen, brachte sich selbst Latein und Griechisch bei – und das im Alter von drei Jahren. In Harvard begann er mit elf Jahren zu studieren, schloss mit 16 ab und wurde der jüngste Professor der Geschichte. Er beherrschte 40 Sprachen und Dialekte. Bald gab Sidis seine Professur auf und zog sich zurück, im vergeblichen Versuch, ein normaler Mensch zu werden.

Die IQ-Spanne der Extraordinären umfasst mehr als 50 Punkte, und dementsprechend unteschiedlich sind auch ihre Bedürfnisse.

Tatsächlich ist es nach Bruce Kline und Elisabeth Meckstroth so, dass der IQ der Extraordinären diese nicht mit bestimmten, gleichen Persönlichkeitseigenschaften ausstattet, sondern dass bestehende Charakteristika lediglich verstärkt werden [71].

Schwierigkeiten, sich an soziale Gefüge anzupassen, sind für die Höchstbegabten größer als für „normale Hochbegabte".

Mit dem IQ eines „Extraordinären" steigt auch das Risiko, dass dieser geistige, soziale oder emotionale Schwierigkeiten entwickelt, sowohl als Kind als auch während seiner gesamten Lebensspanne [71]. Die Verletzlichkeit dieser Überintelligenten ist besonders hoch [71], und ihre Gefühle sind äußerst stark. Eine enge Beziehung zu einem Partner ist ihnen wichtiger als eine große Anzahl eher flacher Freundschaften. Indem sie sich zurückziehen, berauben sie sich der Möglichkeit, sich soziale Fertigkeiten anzueignen.

Die Extraordinären nehmen die Welt ganzheitlicher wahr als andere Menschen. Man kann sich vorstellen, dass sie die Welt gewissermaßen mit einem Mikroskop betrachten, während der Masse der Menschen nur das bloße Augenlicht zur Verfügung steht.

Der Mangel an Selbstvertrauen und Selbstbewusstsein scheint bei vielen Höchstbegabten auch ausgeprägter zu sein als bei den übrigen Hochbegabten [71].

Ferner haben Höchstbegabte manchmal Schwierigkeiten zu unterscheiden zwischen dem, was sie sich vorstellen, und dem, was tatsächlich passiert [71]. Sie wachsen auch in Ambivalenz auf, ob ihre Höchstbegabung nun akzeptiert wird oder nicht, denn von ihrer Umwelt erhalten sie permanent gemischte Botschaften und Rückmeldungen.

Diese Schwierigkeiten führen unter anderem dazu, dass die Extraordinären häufig weniger im Leben erreichen als ihnen möglich wäre.

Intelligenztests für Höchstbegabte

Die gewöhnlichen IQ-Tests messen in einer beschränkten Bandbreite, so etwa der Stanford- Binet-Test von 40 bis 160 (4 Standardabweichungen von 15), sodass einer aus 30.000 Getesteten oben „ansteht". Für Hoch- und Höchstbegabte benötigt man demnach speziell geeichte Tests, um sie genau vermessen zu können. Einige der „schwierigen" IQ-Tests wurden von Ron Hoeflin entworfen. Unter seinen ersten IQ-Tests war der Mega Test63. Aus ihm ist der noch schwierigere Titan Test entstanden. Außerdem gibt es den Hoeflin Power Test. Wenn Sie bereits bei Mensa sind – versuchen Sie einmal einen dieser Tests. Das Internet ist auch hier eine ergiebige Fundgrube, zum Beispiel Darryl Miyaguchis Seite *„Uncommonly Difficult IQ Tests"* [114].

Der hochbegabte Walter D. schreibt im Internet: *„... die Testangst ist ja nachvollziehbar. Lieber glaubt man, dass man dazugehört, als man weiß, dass nicht. Allerdings ist es in meinen Augen auch eine gewisse ‚Charakterschwäche', zu dem zu stehen, was man ist. Wie viele von uns [Mensanern] haben schon versucht, in die noch selektiveren [Hochbegabtenvereine] hineinzukommen? Sicherlich nicht viele ... weil wir ja auch ‚froh' sind, bei Mensa reingekommen zu sein, aber wer möchte schon sein Limit nach oben rausfinden..."*

Herausforderungen für Höchstbegabte

Anpassungsschwierigkeiten gibt es nach Leta Hollingworth, die sich mit der Erforschung von Höchstbegabung befasst hat, in einigen Bereichen der sozialen Interaktion. Folgende vier Themen sind für Höchstbegabte echte Herausforderungen:

1. Konzentration über einen längeren Zeitraum
   Da extrem intelligente Kinder (IQ von 150 bzw. 170 aufwärts) in der Schule nie gefordert werden, starten sie mit dem Tagträumen. Im späteren Leben haben sie dann Schwierigkeiten, sich auf eine Sache länger zu konzentrieren und diese zu vollenden. Dieses Thema wird bereits bei „normalen" Hochbegabten beobachtet und manifestiert sich bei den Extraordinären in noch viel extremerem Maß.
2. Konzentration auf eine Sache
   Hochbegabte sind vielseitig interessiert und können auch viele Sachen. Sie laufen Gefahr, sich zu „verzetteln" und ihre Zeit und Energie auf zu viele Projekte zu verteilen, wodurch sie wenig Begonnenes zu einem erfolgreichen Abschluss bringen. Unsere moderne Arbeitswelt verlangt allerdings nach Spezialisierung. Die Konzentration und Spezialisierung auf ein Thema ist für Höchstbegabte deutlich schwieriger als für Hochbegabte.

3. Akzeptanz der „Normalen“
   Viele Hochbegabte schaffen es ein Leben lang nicht zu verstehen, dass die große Masse der Menschen anders ist als sie – in Hinblick auf Gedanken und Interessen. Normalbegabte haben andere Auffassungen. Das ist die schwierigste Lektion, die Hochbegabte zu lernen haben, um sich persönlich weiterzuentwickeln. Hier hilft es zu lernen, die ihnen so erscheinende „Dummheit“ der anderen zu akzeptieren. Höchstbegabten, denen die Denkgeschwindigkeit von Mensa-Mitgliedern schon langsam vorkommt, können sich schwer vorstellen, dass fast alle (!) anderen Menschen einfach anders sind als sie.
4. Vermeiden von Isolation
   Hochbegabte haben eine Prädisposition, alleine zu arbeiten. Teamarbeit wird oft kategorisch abgelehnt, weil sich die entsprechenden Aufgaben alleine einfach tatsächlich oder vermeintlich schneller und besser lösen lassen. Wenn sich ein Hochbegabter in einem bestimmten Gebiet nicht auskennt, liest er lieber nach, anstatt einen Kollegen zu fragen. Hochbegabte fühlen sich „anders“, ohne zu wissen warum. Sie gehen ihre eigenen Wege und sind oft einsam. Im Kopf erleben sie wilde Abenteuer, um dem grauen Alltag mit seiner erdrückenden Routine zu entkommen. Für Höchstbegabte ist die selbst gewählte Isolation generell stärker ausgeprägt als für andere Menschen mit einem IQ von „nur“ 130 bis 150.
   Nicht alle Hochbegabten kapseln sich jedoch ab. Hochbegabte, die mit einem IQ von 130 bis 150 ausgestattet sind, finden leicht Anschluss, weil sie sich ihre Freunde und Bekannten aussuchen können. Vor allem im Erwachsenenalter ist es diesen Hochbegabten möglich, sich durch Eigeninitiative den richtigen Gruppen anzuschließen, was für hochbegabte Kinder oftmals noch viel schwieriger ist. Mit extrem hohen IQs besteht allerdings auch beim Wunsch, sich anderen anzuschließen, eine große Gefahr, sozial isoliert zu werden, weil man andere Menschen schlicht nicht versteht und von diesen auch kaum selbst verstanden wird.

Höchstbegabte im praktischen Leben

Für das praktische Leben ist ein Genie genauso brauchbar wie ein Teleskop im Theater.
Arthur Schopenhauer (1788–1869), deutscher Philosoph und Autor

Leta Hollingworth sieht den idealen IQ eines Menschen bei 125 bis 155, darüber werde es problematisch. Diese Auffassung teilt auch David Wechsler, der Namensgeber des gleichlautenden IQ-Tests.

Hochbegabte können wirksame Manager sein. Das wahrgenommene Führungspotenzial nimmt bei Menschen ab einem IQ von 160 allerdings stark ab [71, 115].

Die Höchstbegabten sind in gewisser Art und Weise losgelöst vom Gros der Menschen. Alleine die Tatsache, dass man ihresgleichen braucht, um ihren IQ überhaupt messen zu können, veranschaulicht dies.

Höchstbegabte Menschen wissen, dass sie anders sind als der Durchschnittsbürger. Sie haben Schwierigkeiten, konkretes Wissen über sich selbst zu bekommen. Was haben sie mit dem Durchschnitt gemeinsam, was macht sie anders? Ihresgleichen finden sie in speziellen Vereinen für Höchstbegabte wie Prometheus oder Triple 9.

Den idealen Platz in der Gesellschaft, den ein Extraordinärer einnehmen kann, gibt es nicht. Vermutlich ist, je nach seiner Interessenslage, eine geistig herausfordernde Stelle in einem Forschungsinstitut, wo sich auch andere Höchstbegabte tummeln, eine der vielen Möglichkeiten.

3.7 Hochbegabtenvereine

Es gibt Hunderte von IQ-Vereinen, siehe beispielsweise hier [116, 117].

Der bekannteste Hochbegabtenverein ist **Mensa**, der weltweit etwa 110.000 Mitglieder zählt, ein Zehntel davon im deutschsprachigen Raum. Im Internet gibt es die Untergruppe **Mensa Business International** (**MBI**, siehe bei Xing und LinkedIn) [118].

Um Mitglied bei Mensa zu werden, benötigt man einen IQ von mindestens 130. Der Verein hat es sich zur Aufgabe gemacht, Intelligenz zu fördern.

Zu den Veranstaltungen von Mensa kann man auch seine nicht hochbegabten Partner und Freunde mitbringen. Noch „exklusivere" Vereine als Mensa sind beispielsweise die „Triple Nine Society" und die Prometheus Society. Hier ist eine kurze, beispielhafte Liste von Hochbegabtenvereinen mit unterschiedlich strengen Aufnahmekriterien:

High IQSociety.com	95 % Perzentil (1 in 20)
Mensa	98 % Perzentil (1 in 50)
One in A Thousand Society	99.9 % Perzentil (1 in 1000)
Triple Nine Society	99.9 % Perzentil
Prometheus Society	99.997 % Perzentil
Mega Society	99.9999 % Perzentil (1 in 1 Mrd)
Giga Society	99,9999% Perzentil (1 in 1 Mio.)

Die Triple Nine Society hat etwa 1000 Mitglieder, davon über 800 in den USA. Von Ronald Hoeflin, der von der Idee des „*maximum human potential*" recht eingenommen ist, wurden unter anderem die folgenden IQ-Gesellschaften gegründet: Prometheus Society, Mega Society und Omega Society. Neben der Giga Society gibt es noch weitere Auswüchse wie Paul Cooijmans' Glia Society und Grail Society, die den „schlauesten Menschen, der je gelebt hat" sucht. Ausgehend von etwa 100 Milliarden Menschen, die seit Adam und Eva auf der Erde waren, sollte dieser theoretisch bei 6,7 Standardabweichungen über 100 liegen, das heißt um den IQ 200[6]. Viele dieser „Hoch-IQ-Vereine" zählen nur sehr wenige

[6] Die Annahme, dass ein IQ von 100 seit Beginn der Menschheit als Mittelwert gilt, ist nicht richtig.

Mitglieder und wurden von ehemaligen Mitgliedern weniger exklusiver Vereine gegründet. Diese Personen sind teilweise von ihrem IQ besessen und befassen sich gerne mit der Kreation von IQ-Tests, die in den Bereichen über 130 zuverlässig messen. Der IQ wird von Mitgliedern in Hochbegabtenvereinen generell überbewertet. Man huldigt der Intelligenz ähnlich wie andere Menschen dem Alter in einem weitverbreiteten Jugendwahn oder der Gesundheit in einem Magersuchtswahn.

Die besonders elitären Hochbegabtenvereine sehen sich als eine „Alternative zum Akademischen", als einen Ort, wo „Genies" ihre Ideen austauschen können. So sagt etwa Kevin Lagdon, der selbst eine Reihe von Hochbegabtenvereinen zu gründen begann, um „*intellectual peers*" zu finden: „*We don't need to bother with all those damn credentials*", womit er akademische Abschlüsse meint.

Für eine ausführliche Sammlung von Vereinen für Hochbegabte siehe [117]. Kritiker sehen Vereine wie Mensa oder die Triple Nine Society in der Profilierungsecke und als Selbsthilfeverein für sozial Ausgegrenzte. So stand in einem Internetforum: „*Ich war ein Jahr lang ... Mitglied [in einem Hochbegabtenverein]- alles was diese Menschen gemeinsam haben ist ein hoher IQ – und dass das überhaupt nichts heißt habe ich dort auch gemerkt: So einen Haufen kauziger, eigenartiger und schrulliger Menschen habe ich noch nie erlebt... [Ich habe] dort vor allem kritischen, intelligenten Diskurs vermisst... [und] noch nie so viel Verschwörungstheorien, Magic-Karten Spieler und PC-Nerds auf einem Haufen erlebt.*"

Ein weiteres Mitglied meint: „*Ich habe bei Gesprächen mit anderen Mitgliedern häufig das Gefühl, dass diese ihre Hochbegabung als Ausrede nutzen, um sich Probleme oder Misserfolge im eigenen Leben selbst erklären zu können. Psychologisch betrachtet ist das jedenfalls nicht so ungewöhnlich (self-serving bias)*".

Aus der Perspektive ihrer Mitglieder bieten sie diesen die Möglichkeit zum Austausch mit Gleichgesinnten.

Die hochbegabte Mareike schreibt im Internet über Mensa: „*Es ist wirklich faszinierend, dass viele meiner Eigenarten endlich geteilt werden. In der Schule wurde ich sogar von meiner besten Freundin für vollkommen verblödet gehalten, weil sie meine Witze oder Denkweise nicht nachvollziehen konnte.*"

Die Vereinszeitschriften von Mensa in den jeweiligen Ländern enthalten ein buntes Sammelsurium an Themen, die zu den hier geschilderten Interessengebieten, Vorlieben und Anschauungen Hochbegabter passen. Regelmäßig finden sich religionskritische Artikel, Rätsel, Berichte über holprige Erfahrungen in der Welt der „Normalen" und Witze, über die Nicht-Mensaner häufig einfach nicht lachen können.

▶ **Tipp** Hochbegabtenvereine wie Mensa bieten für jedermann hochwertige IQ-Tests an, die deutlich günstiger sind als bei einem Psychologen. Ferner gibt es sogenannte „Vortests", die an ihrem IQ oder an einer Mitgliedschaft interessierte Menschen ablegen können.

3.8 Outing

> Allgemein ist es in Deutschland doch so, dass Intelligenz eher verdächtig ist und wer seinen hohen IQ mal preisgibt, wird eher als Sonderling angeschaut. Schade. Wir sollten lieber froh über intelligente Menschen sein (aus dem Internet).

Was aus der Schulen- und Lesbenbewegung als „*Outing*“ bzw. „*Coming out*“ bekannt ist, beschäftigt auch viele Hochbegabte. Soll man die eigene Hochbegabung bekanntgeben, und wenn ja, wie?

Hochbegabte sind eine kleine und spezielle Gruppe der Gesamtbevölkerung. Vor allem die „Extraordinären“ haben nicht viel gemeinsam mit dem Durchschnittsbürger. Der „normale Hochbegabte“, immerhin jeder 30. bis jeder 50. Mensch, fühlt sich irgendwie „anders“ und sieht in dem *Outing* seiner Hochbegabung eine Möglichkeit, Flagge zu seiner Persönlichkeit zu zeigen.

Eine mögliche Gefahr, wenn Sie öffentlich zu Ihrer Hochbegabung stehen und diese kundtun, ist, dass Sie auf Ablehnung stoßen und mit allem Neid und allen Vorurteilen, die es gegen Hochbegabte gibt, konfrontiert werden. Der Vorteil kann hingegen sein, dass man Ihnen plötzlich mehr zutraut (vgl. Pygmalion-Effekt, siehe später).

Im Laienverständnis sind Hochbegabte zwar schlau, jedoch „lebensuntüchtig“, eigenbrötlerisch und introvertiert.

Die meisten Hochbegabten wünschen sich NICHT, besonders behandelt zu werden, wie eine Umfrage durch den Autor ergeben hat. Hier ist die Aussage einer befragten Hochbegabten: „*Am liebsten wäre es mir, wenn ich genauso behandelt werde wie ein normaler Begabter. Das erreicht man am besten, wenn man nicht verrät, dass man hochbegabt ist. Viele Menschen ‚verkraften‘ das nicht, dass sie einen Hochbegabten vor sich haben, und legen dann ganz merkwürdige Verhaltensweisen an den Tag: Er will beweisen, dass er auch so gut ist. Ich muss beweisen, dass ich wirklich hochbegabt bin; Unter dem Wort Hochbegabter kann er sich nichts Konkretes vorstellen und ist dann zurückhaltend. Wünschenswert wäre es, wenn ich als Mensch mit Stärken und Schwächen und Fehlern akzeptiert werde. In Gebieten, wo ich stark bin, möchte ich Aufgaben bekommen, und mein Output soll auch anerkannt werden. In Gebieten, wo ich Schwächen habe, will ich, dass mir unter die Arme gegriffen wird.*“

Die Frage, ob sich ein Hochbegabter „outen“ soll oder nicht, ist eine höchst persönliche, die jeder für sich selbst entscheidet. Dazu die Meinung von zwei Betroffenen als Gedankenanstoß:

Sabine: „*Sehr schön wäre es, als Hochbegabter akzeptiert zu werden. Die Frage stellt sich allerdings nicht, da ich das nicht erzählen möchte.*“
Markus: „*Hochbegabung ist ein Vorteil. Aber da sich die meisten nichts Konkretes darunter vorstellen können, binde ich es ihnen nicht auf die Nase.*“

Ob man sich nun öffentlich outet oder nicht – die Annahme der eigenen Hochbegabung ist ein Schlüssel zur Selbstfindung der Betroffenen.

Wenn Sie sich entschlossen haben, sich zu outen, stellt sich die Frage, ob und wie das Ihr Leben verändern kann. Vermutlich wird sich nicht viel durch ein äußeres Bekenntnis bewegen. Die Hochbegabung steckt in Ihnen, und Sie sind, wer Sie sind bzw. wozu Sie sich weiterentwickeln möchten. Heinz-Detlef Scheer sagt in diesem Zusammenhang: *„Wie Sie werden, was Sie sind."*

Die Hochbegabung alleine ist kein Garant für irgendeinen Erfolg im Leben. Wenn Sie Ihre Hochbegabung, wie gesagt, für sich selbst anerkennen und möglichst viel darüber in Erfahrung bringen, können Sie sie optimal für sich nutzen.

Wenn Sie sich nur „anders" bzw. einsam und unverstanden fühlen, wird Ihr Leben härter als notwendig sein.

► **Tipp für Hochbegabte** Suchen Sie sich eine passende Nische, wo Sie der Welt Ihre Hochbegabung sinnvoll zur Verfügung stellen können.

3.9 Hochbegabung und soziale Kompetenz

Es ist nicht davon auszugehen, dass Hochbegabte generell über weniger soziale Kompetenz verfügen als normalbegabte Menschen. Das widerspricht dem hartnäckigen Vorurteil in der Öffentlichkeit, doch zahlreiche Studien belegen die Sozialkompetenz von Hochbegabten eindeutig.

Hochbegabten wird von Forschern eine durchschnittliche [58] bzw. sogar eine tendenziell über- durchschnittliche [119] soziale Kompetenz attestiert, wobei es natürlich auch hochbegabte Psychopathen aller Ausprägungsstufen gibt. Dass hochbegabte Kinder sich in der Schule für andere Dinge als ihre Alterskameraden interessieren, kann schon einmal zu Unverständnis und Isolation führen. Da hohe Begabung und hohe Sensibilität häufig gekoppelt auftreten, sind gerade Hochbegabte oft sozial sehr kompetent. Jene Hochbegabte, die auf dem sozialen Parkett nicht so geschickt unterwegs sind, können (für sie scheinbar seltsames) Verhalten einfach lernen, wodurch sie sich effektiver anzupassen vermögen als Normalbegabte.

Hochbegabte sind „anders", und Andersartigkeit ist immer ein Magnet für Anfeindungen, Kritik und Schuldzuweisungen [120].

► **Brain Teaser** Wenn Sie als Hochbegabter einen Fehler machen, werden Sie feststellen, dass man Sie stärker anfeindet als normalbegabte Kollegen.

Der hochbegabte Sebastian meint: *„Man darf sich eben nicht aufspielen, bzw. sollte auch seine Kollegen zu Wort kommen lassen. Wenn man aber tatsächlich nur Konstruktiv an der Lösung interessiert ist und einen guten, womöglich den Besten, Vorschlag hat und diesen geradezu pragmatisch durchsetzen will – bin ich dann wirklich sozial inkompetent oder einfach nur effizient? Sind nicht viel eher die Kollegen, die davon genervt sind, sozial inkompetent?*

Jeder möchte sich auch im Beruf selbstverwirklichen, und wenn ich nur noch ausführendes Organ ohne Möglichkeit zum kreativen Mitwirken bin, verstehe ich den Frust dahinter. So ergeben sich Probleme auf beiden Seiten. Die Schuld dafür „den Hochbegabten" zu geben ist in meinen Augen allerdings falsch. Teamfähigkeit muss von jedem ausgehen".

Geek, Nerd & Freak

Es kommt vor, dass Hochbegabte ob ihrer Eigentümlichkeiten belächelt werden. „Eierkopf" ist eine der politisch nicht korrekten, teilweise abfällig gebrauchten Bezeichnungen. In der Jugend- und Internetkultur haben sich die Begriffe *Geek, Nerd* und *Freak* etabliert, die von Außenstehenden oft pejorativ benutzt werden, in gewissen Kreisen hingegen sogar als „Kompliment" gelten. Im Englischen spricht man bei kopflastigen Menschen, ob nun Studierter, Ingenieur, Tüftler oder jugendlicher Bastler und Computerinteressierter, auch von *„propeller head", „cyberfreak", „knowledge worker", „technolibertarian"* und *„techie"*, jeweils mit mehr oder weniger Bezug zu Hochbegabung. Ein

Geek soll jemand, häufig mit überdurchschnittlicher Intelligenz ausgestattet, sein, der jedoch schwache soziale Fähigkeiten zeigt, unangepasst ist und sich mit „Technik" beschäftigt. Vorurteile wie aschenbecherdicke Brille, nicht zusammenpassende Socken, zerrissene T-Shirts, Kleidung, als ob man sich im Dunkeln angezogen hätte, und lange Haare kommen manchen Leuten in den Sinn. Zu den Vorurteilen zählt auch die Sprache. Tatsächlich verwenden viele *„Geeks"* in ihrem Umfeld Fachausdrücke, die nur Insider verstehen. Für Außenstehende ist die Interaktion von und mit *Geeks* schwer verständlich, da sie auf ihrem Fachgebiet eine eigene Ausdrucksweise zu entwickeln pflegen. Ähnlich der *Nerd*, ein ebenfalls in Technik, Wissenschaft oder Computerei im Speziellen vertiefter Mensch mit (vermeintlich) überdurchschnittlicher Intelligenz. *Nerd* bedeutet wörtlich soviel wie Langweiler bzw. Sonderling. *Geeks* und *Nerds* gelten als Eigenbrötler. Freak schließlich bezeichnet umgangssprachlich eine Person, die eine gewisse Sache exzessiv betreibt, beispielsweise ein Hobby. Dies kann sein Lebensinhalt sein, oder er kann sich dort lediglich umfassender auskennen als andere Menschen, die ihn fortan zum *Freak* stempeln. Hochbegabte haben für gewöhnlich ein reiches Interessenspektrum.

Bezeichnend ist hier das Zitat von Andreas W.: *„My ‚real' profession is difficult to explain since I am working in multiple disciplines and very different topics."*

Im Gegensatz dazu sind die Stereotype *Geek* und *Nerd* monothematisch orientiert. Die Tatsache, dass ihre fachliche Kompetenz ihre sozialen Fähigkeiten weit überstrahlt, hat ihnen die Bezeichnung „Fachidioten" eingebracht. Das Stereotyp des verrückten Wissenschaftlers ist dem *Nerd* ähnlich, wird jedoch auf ältere Semester projiziert und ist etwas positiver konnotiert.

Eine neue Begrifflichkeit, die sich an den Geek und Nerd anschließt, ist der „SLIRK", was für *„smart little rich kid"* steht. Der Ausdruck wird vor allem im Internet gebraucht und bezeichnet schlaue (teilweise hochbegabte) Kinder mit starkem Interesse an Technologie, die auch ein großes Potenzial haben, indem sie mit dem Geld ihrer Eltern die neuesten Geräte kaufen und sich so zu kleinen Experten entwickeln können.

Der „Prototyp“ des Nerds ist Steve Wozniak. Steve Jobs und er haben Apple gegründet. Wozniak war der „Mastermind“, und er gilt gemeinhin als der Erfinder des PC. Er sagt von sich in amerikanischer Manier: *„Das, was Henry Ford für die Automobilindustrie war, das war ich in meiner Zeit, als ich die ersten Personal Computer sehen und konstruieren konnte.“* [121]. Steve Jobs ist bis heute das Gesicht, das mit Apple verbunden wird. Steve Wozniak steht im Schatten. Er ist im Gegensatz zu Jobs ein *„Nerd“*, der sich nicht optimal verkaufen kann. Als solcher hat er in der Öffentlichkeit immer einen schweren Stand, trotz seiner fachlichen Brillanz.

Die Popularität von *„Geeks“* bzw. das Medieninteresse an beispielsweise Bill Gates (Microsoft), Marissa Meyer (Yahoo), Sergey Brin (Google) und anderen Hochbegabten zeigt, dass Hochbegabung salonfähig und eine Alternative zu Jugend und Schönheit im Streben der Menschen geworden ist. Es gibt regelmäßige Fernsehberichte über Hochbegabte, wobei die Medien Hochbegabte eher verspotten und lächerlich erscheinen lassen, etwa in *„Beauty and the Geek“* – vom Produzenten als *„the ultimate social experiment“* bezeichnet – und *„Revenge of the Nerds“*.

„Geh deinen Weg und lass‘ die Leute reden“: Dieser Ratschlag ist nicht nur für Hochbegabte relevant, sondern auch für Manager. Ein Manager geht, wie ein Hochbegabter, seinen eigenen Weg. Ob die Leute einen als *Geek, Nerd* oder *Freak* bezeichnen, sollte den Betroffenen nicht stören, es kann sogar als indirektes Kompliment gewertet werden.

Ein Buch über Geeks als Manager ist „Geeks and Geezers“ von Warren G. Bennis und Robert J. Thomas [122].

Die Sozialisation Hochbegabter

Der Mensch ist ein soziales Wesen. Er ist auf die Unterstützung anderer Menschen angewiesen. Sie bilden seine soziale Umwelt, die ihm auf der einen Seite Orientierung und Halt gibt und auf der anderen Seite hohe Ansprüche an ihn stellt, deren Nichterfüllung zumeist mit schweren Sanktionen (Bestrafung, Isolierung) verbunden ist [123]. Die Eingliederung eines Menschen in die Gesellschaft, eine Organisation bzw. eine Gruppe wird als Sozialisation bezeichnet.

Wenn sich Kinder im kognitiven Bereich schnell entwickeln, geht das nicht zwangsläufig mit einer ebenso raschen Entwicklung im körperlichen und emotionalen Bereich einher. Allerdings gibt es für die hartnäckig propagierten sozialen und emotionalen Schwierigkeiten von hochbegabten Kindern kaum wissenschaftlich erbrachte Belege [13].

Im Rahmen der Sozialisierung in Schule, Ausbildung und Beruf werden Hochbegabte „zurechtgeschliffen“ und an die Anforderungen der jeweiligen Organisation geeicht. Hochbegabte werden so „verwendungstauglich für den Alltag“ gemacht. Zumeist bleibt dann von ihrem ursprünglichen Potenzial allerdings nicht mehr allzu viel übrig.

Für weitere Gedankenansätze, siehe das Kapitel über den EQ bzw. emotionale Intelligenz.

Hochbegabung und Autorität

Nachdem Hochbegabte schon früh merken, dass das, was Autoritätspersonen sagen, oft unstimmig und manchmal schlichtweg falsch ist, entwickeln sie keinen besonders großen Respekt vor ihnen. Sie missachten daher Rang und Status, sowohl bei anderen als auch bei sich selbst. Somit haben Hochbegabte typischerweise wenig Ehrfurcht vor hochrangigen Personen und passen sich deren Habitus nur schwer an.

Die Ablehnung von Autorität, welche sich oft in kritischen Meinungen und Kommentaren gegenüber Vorgesetzten äußert, kann für den einzelnen Hochbegabten zu massiven Problemen führen, und zwar dann, wenn der Chef sich „angeschossen" fühlt und in Folge, ähnlich einem verwundeten Tier, zum Gegenschlag bläst. Auf der anderen Seite kann ein Konflikt zwischen einem Hochbegabten und einer Führungskraft auch als **Warnsignal** für die Organisation gesehen werden: Hochbegabte spüren mehr, vor allem die Hochsensiblen. Wenn sie also mit Autoritäten Probleme bekommen, liegt dies mitunter am System. Gegebenenfalls sollten Firmenrichtlinien angepasst werden, wovon dann auch die übrigen Mitarbeiter und die Organisation als Ganzes profitieren werden.

Hochbegabung und Verantwortung & Moral

Hochbegabte verfügen – Mythen und Unkenrufen zum Trotz – über einen überdurchschnittlichen EQ [58]. Dieser ist für sie nach [58] allerdings zu wenig, da sie sich oft starrsinnig verhalten, sehr stark am Inhalt orientiert sind und kein großes Augenmerk darauf legen, ob ihr Gegenüber das Gesicht wahrt oder nicht. Sie sind es gewohnt, eine von der Norm abweichende Meinung zu haben. Wer sich stark für seine Meinung einsetzt, macht sich unbeliebt. Aus all den besagten Gründen bräuchten Hochbegabte einen deutlich überdurchschnittlichen EQ, um sich in Organisationen halbwegs zu behaupten, sprich um ihre charakteristischen Verhaltensweisen zu kompensieren. Emotionale Reife kann man sich durch Übung aneignen. Allerdings bietet sich den Hochbegabten ein raues Umfeld für ihre

emotionale Entwicklung: Eltern und Lehrer stellen häufig überzogene Anforderungen und gebrauchen die Hochbegabten nicht selten als Mittel zu ihrem eigenen Prestige. Mitschüler stigmatisieren Hochbegabte zu Außenseitern (Streber und Alleswisser *[the smart kid]* mag kaum wer). Bei weiteren Menschen im sozialen Umfeld von Hochbegabten rufen diese aufgrund ihres typischen Verhaltens spezielle Emotionen hervor. Manche sind eifersüchtig, weil sie sich selbst als verkappte Hochbegabte mit verpassten Chancen gespiegelt sehen, andere wiederum halten Hochbegabte für besonders in der Hinsicht, kein Lob zu benötigen und sozial autark zu sein. Hochbegabte wählen auch von sich aus weniger

Freunde aus, was sie in einem unkritischen, direkten Vergleich zu anderen asozial erscheinen lässt.

Hochbegabte schneiden in Untersuchungen mit Fragebögen über das „richtige" Verhalten in sozialen Situationen überdurchschnittlich ab. Ob sie sich auch so verhalten, wie sie in derartigen Tests angeben, ist eine andere Fragestellung, die nicht direkt beantwortet werden kann [119]. Tatsächlich kennt die Geschichte genügend Beispiele von moralisch absolut nicht intakten Hochbegabten, beispielsweise Hermann Göring [124] und andere Nazi-Größen, die sowohl einen IQ > 130 als auch feine kulturelle Bildung hatten [5]. Den Führer hält Eric A. Zillmer übrigens nicht für Mensa-tauglich, siehe dazu [124].

Hochbegabung und **Moral** werden auch von Joan Freeman in [5] und [125] diskutiert. Dort wird moralisches Verhalten als eine Vorgehensweise definiert, bei der man moralische Werte seinen anderen persönlichen Werten überordnet. Moralvorstellungen sind, so wie das Verständnis von Hochbegabung, stark in den kulturellen und historischen Kontext eingebettet. Die Studien von Terman haben gezeigt, dass seine Hochbegabten sich eher an das Gesetz hielten als der Durchschnitt der Bevölkerung.

Freeman konnte ebenfalls keinen Zusammenhang zwischen dem IQ und der Moral eines Menschen feststellen, genauer gesagt: IQ und gezeigtem Verhalten. Dass Hochbegabte durch geistige Akrobatik die erwünschten bzw. erwarteten Antworten auf Testfragen zu geben vermögen, ist naheliegend [5] und nicht besonders verwunderlich.

Freeman zitiert eine frühere Studie, nach der Arthur Jensen 1969 in der Zeitschrift Harvard Educational Review seine Erkenntnis, *„peak crime"* trete zwischen einem IQ von 75 bis 90 auf, veröffentlichte. Vielleicht ist es lediglich so, dass hier Ursache und Wirkung verkannt werden, und dass sich Intelligente seltener erwischen lassen. Ferner gehört eine gewisse Psychopathologie zum Genie, sodass Überintelligente auch einmal auf die falsche Seite schlagen können.

Muslime erachten Moral als eine Form der Hochbegabung, beispielsweise die Islam-Anhänger in Malaysia [5].

Implizit wird oft angenommen, dass Hochbegabte hohe Moralvorstellungen haben [5]. Dadurch erhalten sie beispielsweise in den USA leichter Zugang zu Führungslaufbahnen, weil man von Führungskräften ja unter anderem Intelligenz, Enthusiasmus, Kommunikations- und Problemlösungsfähigkeit sowie Selbstkontrolle und Gewissenhaftigkeit/Pflichtgefühl erwartet [5].

Wären ein hoher IQ und hohe Moralvorstellungen die „Eintrittskarten" für Managemententwicklungsprogramme, hätten Frauen die günstigeren Voraussetzungen. Nur in den seltensten Fällen starten Frauen Kriege, Raubzüge, Vergewaltigungen oder andere derartige Aktionen [119]. Die Zukunft des Management gehört nach Ansicht vieler den Frauen, denn sie haben die Männer inzwischen auch ausbildungsmäßig überholt: Mehr Mädchen als Jungen machen beispielsweise das Abitur in Deutschland, und auch in den Noten liegen sie vorne [126].

Tatsächlich hängen Hochbegabung und Moral noch viel weniger zusammen als Hochbegabung und Erfolg. Sie korrelieren gar nicht, wie Eric A. Zillmer, einer der führenden

Forscher auf diesem Gebiet, geschrieben hat: „*It should be obvious to the reader that intelligence and morality are completely unrelated.*“ [124]

3.10 Hochbegabte und soziale Medien

Soziale Medien (*social media*) sind digitale Technologien bzw. Medien, die es ihren Nutzern ermöglichen, in Wechselwirkung zu treten. Dabei können Inhalte über das Internet gemeinsam erstellt, bearbeitet und verteilt werden. Der Konsument wird zum Prosumenten, einem Hybrid aus Produktent und Konsument (Schlagwort Web 2.0). Neue Medien lösen die klassische Berichtserstattung teilweise ab. Es gibt mehrere Klassen von sozialen Medien, hier eine Auswahl:

1. Kollektivprojekte (z. B. Wikipedia, Twitter, Blogs)
2. Content Communities (z. B. Youtube)
3. Soziale Netzwerke (z. B. Facebook)
4. Computer-Rollenspiele (z. B. World of Warcraft)
5. Soziale virtuelle Welten (z. B. Second Life,)
6. Blogs (weblogs), gewissermaßen Tagebücher im Internet.

Soziale Medien arbeiten ausschließlich digital. Damit operieren sie in Echtzeit und haben eine hohe Reichweite. Sie üben mittlerweile einen großen Einfluss auf das Leben vieler Menschen aus.

Organisationen nutzen soziale Medien gezielt zu Marketing-Zwecken, beispielsweise Image-Pflege, aber auch zur Rekrutierung von neuen Mitarbeitern.

Soziale Netzwerke aus dem Business-Bereich sind Xing („crossing“ ausgesprochen) und LinkedIn. Unter Studenten ist das StudiVZ beliebt. Akademisch ist beispielsweise Researchgate interessant.

Über sogenannte „corporate wikis“ können Firmen Daten und Informationen archivieren und zur Verfügung stellen.

Dass die berühmten „Partyfotos“ auf Facebook auch von Personalern gesehen und teilweise aktiv gesucht werden, ist inzwischen allgemein bekannt. Über weitere Gefahren von sozialen Netzwerken wird in der Presse ebenfalls berichtet, beispielsweise Verleumdungen, Mobbing, Verlust der Privatsphäre, Aushorchen/Ausspionieren von Informationen durch Kriminelle.

Allgemeine Tipps:

- So wenig Daten wie möglich bereitstellen, Zugangsrechte festlegen.
- Bewusstsein darüber, dass Daten, die in das Internet gestellt werden, öffentlich werden können und sich nicht mehr löschen lassen.
- Sicherstellen, dass die Daten Dritter, die man in das Internet stellt, keine Urheberrechtskonflikte hervorrufen.

Welche Auswirkungen haben soziale Medien speziell auf Hochbegabte?

Auf der einen Seite stellen sie gute Werkzeuge dar, die Hochbegabte für das Erreichen Ihrer Ziele einsetzen können.

Auf der anderen Seite besteht die Gefahr, dass Blender durch soziale Netzwerke mehr Sichtbarkeit erhaschen und sich so Vorteile erarbeiten.

Die hochbegabte Andrea meint: *„Ich nutze soziale Netzwerke kaum, weil sich dort meiner Erfahrung nach vor allem Selbstdarsteller inszenieren."*

Das Beispiel von Mobbing, welches einem 17-jährigen Hochbegabten im Internet im Mai 2013 im Diskussionsforum des Spiegels passiert ist [109], wurde bereits etwähnt.

3.11 Hans Dampf in allen Gassen

Hochbegabte haben oft viele Projekte gleichzeitig am Laufen. Neben einer Hauptbeschäftigung, dem „Brot- und Butter-Job", ist es nicht untypisch, wenn sie einigen –auch unzusammenhängenden – Nebenprojekten nachgehen. Die Gefahr, dass sich die Hochbegabten dabei „verzetteln", ist groß. Nur durch Bündeln seiner Kräfte kann man auf einem bestimmten Gebiet exzellent werden. Im Deutschen geht die Bezeichnung „Hans Dampf in allen Gassen" auf den umtriebigen „Hans, der Sohn des Bürgermeisters Peter Dampf" des Schriftstellers Heinrich Zschokke zurück. In anderen Sprachen bzw. Ländern gibt es ähnliche, teilweise positiv bzw. negativ behaftete Ausdrücke, in denen sich der eine oder andere Hochbegabte sicher wiederfindet: Bekannt ist der „Jack of all trades" (Jack of all trades, master of none): jemand, der in vielen Bereichen zwar gut, jedoch nirgends herausragend ist. „Jack" war im Englischen ein Allerweltsname so wie „Hans" im Deutschen und bezeichnet damit einen Menschen. Der „Jack of all trades" ist eher negativ geprägt, weil er für jemanden steht, der alles nur oberflächlich beherrscht. Weitere Bezeichnungen, entnommen aus Wikipedia, sind hier in Tab. 3.3 wiedergegeben:

Wie Sie sehen können, sind manche Aussagen positiv, etwa die aus Brasilien: „Ein Holz für jede Aufgabe", was für einen Menschen steht, der flexibel in verschiedensten Aufgaben eingesetzt werden kann und dort ein ausreichendes Maß an Kompetenz zeigt.

Der Geschäftsführer *(general manager)* einer Organisation kann im Unternehmen als „Mädchen für alles" (Österreich) bzw. „Katica za sve" (Katharina für alles, Kroatien) gesehen werden.

In Polen sind acht Talente (sprichwörtlich) zu viel, in Estland neun und in Korea zwölf (ob das damit zu tun hat, dass Asiaten generell einen besonders hohen IQ haben, sei der Spekulation des Lesers überlassen). Tatsächlich ist das Thema Hochbegabung in manchen Ländern, beispielsweise in Ägypten, nicht sehr präsent, was sich in einem Mangel an Förderungsangeboten widerspiegelt. Auf der anderen Seite gibt es Länder wie Russland, die ihre Spitzenleister sehr stark fördern [5]. Begabtenförderung wird in allen Ländern unterschiedlich betrieben. In China gibt es *„Children's Palaces"*, in den USA *„American Renaissance Quest Camps"* [5]. In Asien ist der Zugang zur Begabtenförderung offener als in den USA und Europa, wo eine „Diagnostizieren-dann-behandeln"-Mentalität vorherrscht [5].

Tab. 3.3 Hans Dampf geht um die Welt. Aus Wikipedia

Land	Bezeichnung	Übersetzung
Argentinien	El que mucho abarca poco aprieta	Wer alles umfasst, hat einen schwachen Halt
Spanien	Aprendiz de todo, maestro de nada	Lehrling von allem, Meister von nichts
Spanien	Que todo sabe y de nada entiende	Der alles weiß, aber nichts versteht
Mexiko	A todo le tiras, y a nada le pegas	Du zielst auf alles, triffst aber nichts
Persien	هر اکچیه و هر اکمه	Jemand, der versucht, alles zu tun, aber doch nichts zustande bringt
Italien	Esperto di tutto, maestro in niente	Experte in allem, aber Meister in nichts
Brasilien	Pau para toda obra	Holz für jede Aufgabe
Korea	열 두 가지 재주 가진 놈이 저녁거리가 없다	Ein Mann mit zwölf Talenten hat nichts zum Essen
Estland	Üheksa ametit, kümnes nälg	Neun Handwerke, das zehnte: Hunger
Polen	Siedem fachów, ósma bieda	Sieben Handwerke, das achte: Hunger
Türkei	Her işi bilen hiçbir şey yapamaz	Wer alles weiß, kann nichts tun
Vietnam	Một nghề cho chín, còn hơn chín	Es ist besser, Meister auf einem Gebiet zu sein als neun Gebiete durchschnittlich zu beherrschen
Rumänien	Bun la toate si la nimic	Gut in allem und in nichts

Generell herrscht die Meinung, dass ein Hans Dampf es nirgendwo zur Meisterschaft bringen könne und so fortwährend ein Dilettant, Amateur und oberflächlicher Mensch sei [6].

3.12 Lektionen für Hochbegabte

In diesem Abschnitt finden Sie einige Lektionen, die für Hochbegabte nützlich sind. Anderen Menschen erscheinen die hier aufgelisteten Punkte „logisch" und nicht einmal erwähnenswert. Wir sprechen bewusst von Lektionen, weil die hier genannten Aspekte gewichtiger sind als ein paar nützliche Anregungen bzw. Ratschläge. Das Wissen um diese Punkte und ihre Beachtung ist essenziell für Hochbegabte.

Lektion 1: Niemand braucht Ihren IQ zu kennen!

Hier ist die Denkweise vieler Hochbegabter: Führerscheinbesitzer unterscheiden sich, ebenso wie Mensaner, durch eine nachgewiesene Befähigung von anderen. Dieser Nachweis eröffnet ihnen zusätzliche Möglichkeiten, etwa, ein Auto zu steuern. In Analogie, so die Sichtweise vieler Hochbegabter, würden ihnen auch viel mehr Türen offenstehen, wenn ihre Mitmenschen nur von ihrem IQ-Zertifikat wüssten.

Das ist ein Irrglaube! Sie sollten lieber Ihre Taten für sich sprechen lassen und nicht eine Zahl, mit der kaum jemand etwas anzufangen weiß. Es wurde herausgefunden, dass hochbegabte Kinder, die von ihrer Hochbegabung wissen, im Leben genauso viel erreichen wie jene, die davon keine Ahnung haben. Allerdings durchleben Erstere deutlich mehr emotionale Schwierigkeiten [70]. Daher ist es auch nicht wichtig, Ihren Kindern den exakten Wert ihres IQ auf die Nase zu binden.

Handeln Sie wie ein Hochbegabter – und behandeln Sie Hochbegabte (Ihre Kinder zum Beispiel) nach allen Regeln der Kunst. Lassen Sie die Zahl dabei aus dem Spiel.

Auch ohne sich geoutet zu haben (siehe vorne), steht Ihnen Ihr voller IQ zur Verfügung. Selbst wenn niemand von Ihrer Hochbegabung weiß, das heißt die Hochbegabung nicht „offiziell und amtsgültig" ist, können Sie damit aus dem Vollen schöpfen und sie für sich nutzen!

Selbst bei Mensa wird nicht über den Zahlenwert des IQ gesprochen …

Lektion 2: „No matter how smart you are, you spend much of your day being an idiot."

Vermeiden Sie als Hochbegabter arrogantes Verhalten, bzw. anders ausgedrückt: Tragen Sie nicht dazu bei, dass man Sie als arrogant wahrnimmt. Sie können durchaus stolz auf sich und Ihre Leistungen sein. Aus Ihrer Sicht ist es auch verständlich, dass Sie andere Menschen für langsam halten, vor allem, wenn Sie versuchen, ihnen Ihr Spezialgebiet zu erklären. Vergessen Sie nie, dass Sie von den meisten Themen keine Ahnung haben, und verurteilen Sie daher andere nicht, wenn sie Ihnen nicht gleich folgen können. Selbst Spezialisten kennen sich nur auf einem eng begrenzten Fachgebiet gut aus. Daher sollten Sie nur zu den Themen Ihre Meinung sagen, bei denen Sie Bescheid wissen. Tappen Sie nicht in die Falle, etwas zu kommentieren, worüber Sie nicht recht Bescheid wissen, wenn Sie sich nicht diskreditieren möchten.

Lektion 3: Oft gewinnt der Schein vor dem Sein

Der Mensch handelt nach Emotionen, und es sind Gefühle, die neben Fakten den Ausschlag für Entscheidungen geben. Wenn jemand sein Projekt, das magere Zahlen aufweist, entsprechend zu verkaufen versteht, hat er aller Wahrscheinlichkeit nach größere Chancen auf Erfolg als sein Kollege, der ein von tollen Zahlen getragenes Projekt zu nüchtern bzw. rein sachlich vorstellt. Blender fliegen erst auf, wenn überhaupt, nachdem viel Zeit vergangen ist.

> An ounce of image is worth a pound of performance.
> (Peters Placebo) [55].

Dass die Tulpenzwiebelblase und die Dot.com-Blase wie eine Seifenblase geplatzt sind, war mehr als logisch; Wie kann eine Tulpenzwiebel mehr wert sein als ein ganzes Haus? Wie kann eine wenige Wochen alte Internetseite, die noch keinen Euro verdient hat, mehr wert sein als global tätige Konzerne der Rohstoffproduktion? Doch bis sich diese Erkenntnis durchgesetzt hat, verging viel Zeit.

Als Hochbegabter empfiehlt es sich, die Tatsache, dass mangels verfügbarer Fakten der Schein (das Image, der Ruf, die Reputation etc.) einen hohen Stellenwert besitzt, schlichtweg anzuerkennen.

In bestimmten Berufen, beispielsweise im Verkauf, hat Selbstpräsentation einen positiven Zusammenhang mit Berufserfolg [30].

Auch in anderen Bereichen gilt es, „werbewirksam" aufzutreten. Sie können noch so brillant sein – wenn Sie zerschlissene Kleidung tragen und Sie sich nicht gewählt ausdrücken, wird man Sie nicht ernst nehmen. Es kommt immer darauf an, wie gut man seine Fähigkeiten verkaufen kann.

> *Business Rule #1: If you don't tell people about your success, they probably won't know about it.* [127]

Donald J. Trump (1946–), Amerikanischer Unternehmer

▶ **Tipp für Hochbegabte** Sprechen Sie ruhig enthusiastisch von Ihrer Idee, wenn Sie andere davon überzeugen wollen!

▶ **Brain Teaser** Die Umwelt ist immer Schein und Wirklichkeit zugleich. Durch selektive Wahrnehmung sehen wir das, was wir sehen wollen, und beginnen zu werten.

Lektion 4: Die Masse hat oft Recht

Obwohl sich schon ganze Völker geirrt und begeistert das falsche Oberhaupt gewählt haben, um kurz danach ihren Fehler zu bemerken, ist es in der Regel doch so, dass die Masse Recht hat. Dieses Prinzip gilt auch in Organisationen und in der Wirtschaft allgemein.

In Bezug auf die Frage, was die Kunden eines Unternehmens denn nun brauchen, ist das Urteil einer Umfrage der Marketingabteilung viel mehr wert als die Einschätzung des besten Ingenieurs im Entwicklungslabor.

Aus dem Fernsehen ist durch die Millionenshow bekannt, dass das Publikum öfter richtig liegt als der Experte am Telefon. Ein populäres Buch zu diesem Thema, mit wissenschaftlichem Hintergrund, ist *„Wisdom of Crowds"* von James Surowiecki [128]. Bereits Aristoteles stellte die Summierungstheorie auf, die als frühe Formulierung des Konzepts der „Kollektiven Intelligenz" angesehen werden kann.

Für Sie als Hochbegabten bedeutet die Erkenntnis, dass die Masse mit ihrer Meinung oft richtig liegt, folgendes: Seien Sie offen für andere Meinungen. Wenn die Gruppe einen bestimmten Standpunkt vertritt und Sie diesen nicht teilen, schließen Sie zumindest die Möglichkeit, die Gruppe könnte Recht haben, nicht aus.

Lektion 5: Unterschätzen Sie die anderen nicht

Es ist immer (!) extrem gefährlich, seinen Partner und/oder Gegenspieler zu unterschätzen. Selbst ein schwacher Gegner kann Sie im Moment der Unachtsamkeit ausschalten. Halten Sie andere Menschen niemals für dumm, sonst werden Sie für die Erkenntnis, dass „Bauernschläue" oft mehr zählt als ein hoher IQ, bitteres Lehrgeld bezahlen.

Lektion 6: Überschätzen Sie die anderen nicht

Bei Toyota, wo außergewöhnliche Leistungen von gewöhnlichen Menschen erbracht werden (sollen), sagt man über Hochbegabte: *„One mistake that skilled and capable individuals often make is assuming that everyone will have the same ability that they have."* [129]

Seien Sie vorsichtig mit Annahmen! Was Ihnen logisch oder einleuchtend erscheint, ist anderen nicht unbedingt klar. Geben Sie als Chef deutliche, unmissverständliche Anweisungen, und kontrollieren Sie das Ergebnis. Davor sollten Sie sich auch vergewissern, dass der Mitarbeiter verstanden hat, was Sie von ihm wollen.

Lektion 7: Glauben Sie nicht alles, was Sie hören

Viele Menschen erzählen abenteuerliche Geschichten. Glauben Sie nicht allen alles blind. Der Musiker Anton B. hat folgende Anregung parat, wenn jemand Ihnen eine schier unglaubliche Geschichte auftischt: *„Sagen Sie's halt auch!"*

Lektion 8: Gehe Deinen Weg!

Hochbegabte sollten sich selber annehmen und ihren Weg gehen. Egal, was Sie tun, es wird immer Leute geben, die Ihren Weg gut finden. Andere Leute wird es egal sein, und wiederum andere werden Sie bekritteln. Allen kann man es ohnehin nicht recht machen, und das ist auch nicht von Relevanz.

Allzu viele Hochbegabte versuchen, den Vorstellungen von Leuten, die sie ohnehin nicht verstehen, zu genügen. Das können Familienmitglieder, Verwandte, Kollegen, Chefs, Nachbarn oder sonstige Menschen sein.

Dabei bleiben sie mit ihren innersten Wünschen auf der Strecke. Vermeiden Sie, dass Ihnen das auch passiert!

Lektion 9: Weitere wissenswerte Themen für Hochbegabte

Frans Corten, Noks Nauta und Sieuwke Ronner [58] nennen noch folgende „core *learning points*“ für Hochbegabte:

- Gefühle (anderer) sind Fakten.
- Subjektivitiät ist ein Grundpfeiler der Gesellschaft.
- Seien Sie geduldig (so, wie es Zeit braucht, bis 50 Leute in einem Bus sitzen, nehmen Entscheidungsfindungsprozesse in großen Organisationen auch eine gewisse Zeit in Anspruch).
- Sprechen Sie mit dem Zuhörer „auf einer Wellenlänge“.
- Scheuen Sie sich nicht, Ihre eigene Meinung zu vertreten, und rechnen Sie nicht automatisch mit Ablehnung.
- Seien Sie geduldig mit anderen (Sie denken schneller und auf einem anderen Niveau, und Ihre Beobachtungsgabe ist schärfer als die der meisten Leute).
- Auch Sie sind ein Mensch und machen Fehler, vergessen Sie das nicht.
- Es ist okay, böse zu werden. Sie sollten jedoch keinen verärgerten Unterton in Gesprächen mitschwingen lassen.
- Bemühen Sie sich, ein wenig Routinearbeit zu ertragen.

3.13 Allgemeine Anregungen für Hochbegabte

Im Anschluss an die obigen Lektionen, die sich Hochbegabte tunlichst einprägen sollten, sind hier noch ein paar nützliche Denkanstöße zusammengetragen.

- Nutzen Sie Ihre Hochbegabung maximal, um Ihren Interessen nachzugehen.
- Wir sind das, was andere aus uns machen. Nicht-Hochbegabte stellen 98 % der Bevölkerung – Sie sollten mit dieser Mehrheit ein gutes Auskommen haben! Das Paradebeispiel ist hier der Intellektuelle ohne eigene Macht. Wer von anderen ignoriert wird, kann nicht viel bewegen.
- Zögern Sie nicht! Viele Hochbegabte finden Ausreden und Argumente, etwas nicht zu tun. Überwinden Sie Ihre geistigen Barrieren. Es ist nicht verboten, seine Komfortzone zu verlassen.
- Verleugnen Sie Ihre Hochbegabung nicht vor sich selbst.
- Lernen Sie von nicht Hochbegabten. Sie haben die Möglichkeit, sich von jedem etwas „abzuschauen“. Wenn jemand Waren um 5 € einkauft und um 10 € verkauft, um dann nach eigener Aussage von den 2 % Differenz passabel leben zu können, können Sie von

ihm mehr für Ihren eigenen Erfolg mitnehmen als von einem Hochbegabten, der über keine Geschäftserfahrung verfügt.

Perfektionismus ist der Feind von Fortschritt

Wer sich der Perfektionierung eines fertigen Gegenstands widmet, verbringt überproportional viel Zeit damit, diesem den letzten Schliff zu geben (vergleiche 80/20-Regel). Er ist blind für den Fortschritt, denn er optimiert das Bestehende, das Gestrige. Neuerung wird er hingegen keine erzielen. Nehmen Sie die Natur als Beispiel:

In der Evolution kommt es nur durch Fehler (Mutationen) zu neuen Entwicklungen – und damit zu Fortschritt. Machen Sie Ihre Arbeit gut, und erkennen Sie, wann Schluss ist (außer, Sie wollen nach der 10-Jahres -Regel zur Weltspitze in Ihrem Fachgebiet gelangen).

Spezielle Erfolgstipps für Hochbegabte

Um als Hochbegabter mehr Erfolg als bisher zu erzielen, haben sich die folgenden Tipps bewährt:

- Lesen Sie so viel wie möglich über Hochbegabung.
- Versuchen Sie, sich selbst zu verstehen. Was sind Ihre Interessen, was sind Ihre Stärken?
- Bringen Sie Ihre Ziele zu Papier, und ziehen Sie jährlich Bilanz.
- Konzentrieren Sie sich auf ein Thema.
- Halten Sie Ihre Ideen nicht so lange im Kopf zurück, bis sie auch jemand anderem einfallen. Machen Sie sich an die Umsetzung!
- Ziehen Sie ein professionelles Coaching in Erwägung.

Überschätzen Sie Bildung nicht

Bildung hat den Nachteil, dass sie zu Arroganz führt. Die Anekdoten über Praktiker, die „Studierte" nicht leiden können – und umgekehrt – sind bekannt.

Arthur Schopenhauer sagte: *„Natürlicher Verstand kann fast jeden Grad von Bildung ersetzen, aber keine Bildung den natürlichen Verstand."*

Tatsächlich fehlt Berufseinsteigern, die frisch aus dem Hörsaal kommen, der notwendige Praxisbezug, wenn sie keine Praktika absolviert haben.

Peter Drucker in [130]: *„One of the weaknesses of young, highly educated people today – whether in business, medicine, or government – is that they are satisfied to be versed in one narrow specialty and affect a contempt for all other areas."*

Das gilt in besonders ausgeprägtem Maße für Wissenschafter, die die Bedeutung ihres eigenen Fachs überschätzen [131].

Hochbegabte tendieren manchmal dazu, Ausbildung um Ausbildung zu absolvieren, häufig ohne Zusammenhang, getrieben von einem sprunghaften Interesse. So sagte August über einen hochbegabten Freund: „*In der Zeit, in welcher ich ein Studium fertig hatte, hat ein Kollege von mir vier Studien gemacht – mit dem Erfolg, dass er keinen Job fand, denn niemand wollte solch einen Vielfachakademiker neben sich haben. Nach langem Suchen bekam er einen Minimaljob in einer ganz anderen Sparte.*"

Gefahren von „Hochwissenden"

Junge Menschen, die sich im Rahmen eines Studiums hoch spezialisiert haben, sind stolz auf ihr eng begrenztes Fachwissen und halten es für wertvoller als das anderer Experten.

Sie sehen sich als besonders versiert in ihrer Disziplin an. Das Phänomen der Überbewertung des eigenen Wissens lässt sich auf breiter Front beobachten:

Nicht wenige Fachmänner blicken herabschätzend auf Fachmänner und -frauen anderer Disziplinen herab. So bezeichnen Mathematiker das Studium der Architektur als „Handwerksstudium" und Ärzte einen Chirurgen als „Fleischhauer, aber keinen echten Arzt". Theoretisch arbeitende Chemiker und Physiker blicken auf experimentell arbeitende Kollegen herab – und umgekehrt. Ignoranz und Arroganz auf professioneller Ebene – vermeiden Sie es, Ihre eigene Disziplin bzw. Ihr eigenes Fachwissen allzu hoch einzuschätzen.

Als Manager braucht man zumindest eine Grundahnung von anderen Bereichen, vor allem in den Gebieten, die das eigene Arbeitsfeld tangieren. Jeder startet als Spezialist in einem bestimmten Gebiet. Für Manager besteht die Versuchung, in den Bereichen, wo sie sich am besten auskennen, „mitzumischen" und in Mikromanagement zu verfallen.

> **Tipp** Als Manager sind Sie Generalist; Sie brauchen keine Details, sondern nur die Grundzüge zu verstehen, allerdings von mehr als einem Gebiet. Bleiben Sie nicht den Details Ihres Ausbildungsfachs verhaftet! Ihr damaliges Fachwissen veraltet schnell, und Sie haben auch gar keine Zeit mehr, sich um sämtliche Details zu kümmern.

Unterschätzen Sie Bildung auch nicht

Manche Hochbegabte begehen den Fehler, den Besitz von Intelligenz als gleichwertig zu Bildung und Erfahrung zu sehen. Sie können sich dann nicht beschweren, wenn man sie für arrogant hält. Wenn Sie „nur" hochintelligent sind, jedoch keine besondere Ausbildung haben, lassen Sie diese zwei Zitate auf sich wirken:

Genius without education is like silver in the mine.
Benjamin Franklin (1706–1790), amerikanischer Verleger, Schriftsteller, Naturwissenschaftler, Erfinder und Staatsmann

Formal education will make you a living; self-education will make you a fortune.
Jim Rohn (1930–2009), amerikanischer Unternehmer, Autor und Motivationstrainer

Wir befinden uns in einer Wissensgesellschaft, wo Spezialwissen einen hohen Wert besitzt. Erkennen Sie den Unterschied zwischen Information und Wissen.

Auswahl der richtigen Branche

Klassische „Berufseignungstests" versagen bei Hochbegabten, weil diese schlichtweg unüblich viele Interessen zeigen. Wichtig ist für viele Hochbegabte, eine interessante Tätigkeit auszuüben. Branchenwechsel können Optionen auf beruflichen Aufstieg bieten, einer klassischen Karriere dienlich sind zu viele "Sprünge" zumeist nicht.

Hochbegabte haben häufig Schwierigkeiten, sich festzulegen. Sie wissen nicht, wo ihre Hauptinteressen liegen und können daher auch nicht angeben, welchen Berufswunsch sie haben. In der Folge springen sie nicht selten zwischen unterschiedlichsten Tätigkeiten.

Sebastian: *„Weil man so viele Interessen und Talente hat, will man vieles ausleben und erlebt es als Einschränkung, wenn man sich auf eine einzige Sache spezialisieren muss. Darunter leidet man. Z. B. man lernt den Beruf Rechtsanwalt: für viele scheint das erfüllend zu sein. Für den Hochbegabten kann das eine kaum zu ertragende Einseitigkeit bedeuten, denn man interessiert sich ja auch für Medizin, Biologie, Sprachen, usw."*

Es existiert keine ideale Branche für Hochbegabte. Tendenziell angenehm für Hochbegabte dürften dynamische Branchen sein. Das Buch von Barbara Sher [6] kann Hochbegabten, die sich besonders schwer mit dem Fällen von Entscheidungen tun, an dieser Stelle als Leitfaden zum Umgang mit zahlreichen Interessen empfohlen werden.

3.14 Nachteile und Stolperstellen von Hochbegabung

Im Zuge der Auflistung und Diskussion von charakteristischen Zügen von Hochbegabten wurde negativen Aspekten bereits Raum gelassen. Hier werden nochmals speziell die nachteiligen und gefährlichen Eigenschaften, die mit einer Hochbegabung einhergehen können, besprochen. Manche Hochbegabte wünschen sich übrigens, einfach nur „normal" zu sein. Dieses Kapitel hat nicht nur für „Underachiever" Relevanz, sondern für alle Hochbegabten.

Nochmals betonen will der Autor, dass Hochbegabung für den Betroffenen und sein Umfeld ein absolutes Geschenk und keine Belastung darstellt; Etwas, das richtig gemanagt zu großem Nutzen führen kann. Die Unwegbarkeiten, die sich manchmal begleitend einstellen, lassen sich durch Bewusst-Machung und intensive Auseinandersetzung reduzieren und vermeiden, darum geht es in diesem Kapitel.

Dadurch, dass Hochbegabten vieles leichter fällt, erliegen sie der Gefahr einer **verzerrten Wahrnehmung**. Möglicherweise sind sie davon überzeugt, alle ihre Ziele auch ohne Anstrengung erreichen zu können [62]. In der Praxis wird das dazu führen, dass sie sich nicht genügend anstrengen und nicht das Maximum des ihnen Möglichen erreichen.

Auch das Gegenteil kann der Fall sein: Wenn ein Hochbegabter besonders zielstrebig und ehrgeizig ist, fehlt ihm das Verständnis dafür, dass andere Menschen mit ihm offensichtlich nicht gleichziehen können. Solch ein Hochbegabter denkt nach der Maxime: *„Was man von sich selbst verlangt, kann man auch von anderen verlangen."* Das Umfeld eines solchen Hochbegabten reagiert ebenso wie dieser selbst mit Unverständnis. Es kommt den Mitmenschen vor, als würde sie ein trainierter Athlet auffordern, aus dem Stand 3 Meter hoch zu springen.

Ein anderes Beispiel für einen „unfairen Vergleich" ist der „Vorzeigearbeiter" der Sowjetunion, der Bergarbeiter Alexei Grigorjewitsch Stachanow, von dessen Namen sich die Stachanow-Bewegung ableitete [21].

Hochbegabte haben oft eine Fülle von Interpretationen für soziale Situationen, sodass sie nicht „angemessen" reagieren [62].

Hochbegabte sind, wie erwähnt, häufig auch **hochsensibel**, was in vielen Bereichen des rauen Wirtschaftstreibens ein Nachteil für die Betroffenen sein kann.

Hochbegabte gelten als „kopflastig, kühl und distanziert" [62]. Das mag daran liegen, dass hochbegabte Kinder schnell lernen, dass impulsives und empfindsames Verhalten in der Gesellschaft nicht ankommt, und sie konzentrieren sich auf die intellektuelle Leistungsfähigkeit, ganz dem Klischee gehorchend [62]. Machen wir ein kleines Gedankenexperiment, indem wir einen Normalbegabten in eine Schulklasse mit lauter Hochbegabten setzen: Er würde schnell verzweifeln.

Im Studium kämpfen viele Hochbegabte übrigens, weil sie sich selbst **höchste Ansprüche** auferlegen. Ihnen können Inhalte „viel zu einfach" für eine Prüfung erscheinen, sodass sie „zu viel" lernen bzw. an sich selbst zu zweifeln beginnen (vergleiche mit dem bereits erwähnten **Perfektions**-Trieb).

Arroganz wurde auch schon angesprochen als möglicher Fallstein für Hochbegabte. Hohe Intelligenz kann nicht als Substitut für Fachwissen oder Lebenserfahrung angesehen werden. Es wirkt auch arrogant, wenn man als Hochbegabter seine Leistungen als mittelmäßig betrachtet und tituliert (auch, wenn der Hochbegabte das tatsächlich so sieht!), wohingegen andere an diese auch mit Mühe nicht herankommen.

Hochbegabte erkennen rasch tiefliegende Motive ihrer Gesprächspartner und sprechen diese an, wodurch diese sich brüskiert fühlen [62].

Manieren zu zeigen und sich an die sozialen Normen und Gepflogenheiten zu halten, ist für Hochbegabte, sagen wir, nicht immer selbstverständlich. Peter Drucker schreibt: *„Bright people – especially bright young people – often do not understand that manners are the „lubricating oil" of an organization."*

Soziale Regeln und (unlogische) Konventionen sind für Hochbegabte schwer anzunehmen.

Hochbegabte lassen gerne „Unnötiges“ weg, zum Beispiel Höflichkeitsfloskeln. Small Talk widerstrebt ihnen zutiefst. So brauchen sie sich nicht wundern, wenn ihre Gesprächspartner sie als unhöflich wahrnehmen.

„Überflüssiges“ lassen Hochbegabte auch in Gesprächen weg. Sie neigen dazu, Gedanken zu überspringen, sodass ihre Gesprächspartner ihnen nicht allzeit leicht – wenn überhaupt – folgen können.

Hochintellektuelle laufen weiter Gefahr, dass sich ihr Leben nur im Kopf abspielt, anstatt dass sie etwas Reales erschaffen.

Wer intensiv an seinem Interessengebiet arbeitet, um seine Fähigkeiten zu vervollkommnen, kann leicht soziale Kontakte vernachlässigen.

Eine weitere, gängige Achillesferse von Hochbegabten ist **Entscheidungsschwäche:**

Hochbegabte haben manchmal Schwierigkeiten, sich eine Meinung zu bilden, Urteile zu fällen und Entscheidungen zu treffen, weil sie die Dinge sehr komplex sehen [84]. Auch bei Alltagsfragen tun sich Hochbegabte manchmal sehr schwer, weil sie nach einer perfekten Lösung suchen. Es ist wie bei einem Regisseur, der beim Planen euphorisch ist und in der Endfassung verzweifelt.

Hochbegabten ist sehr geholfen, wenn sie lernen, die Unvollkommenheit (aus ihrer Sicht) der abgeschlossenen Projekte zu akzeptieren. Andrea Brackmann sagte dazu: *„Hochbegabte sind oft Meister im Austüfteln von Ideen und Stümper bei der Ausführung.“*

Die Angst zu scheitern führt dazu, dass sich manche Hochbegabte ein Leben lang scheuen, im Bereich ihrer größten Begabung tätig zu werden. Auch wissen sie oft nicht, wo denn ihre größten Begabungen liegen. Dazu ein Hinweis: Begabungsschwerpunkte liegen oft in den Gebieten, die einem Menschen Freude bereiten.

Aufgrund der lebenslangen Lernbereitschaft bewahren Hochbegabte ein kindliches, sprunghaftes Naturell [84].

Hochbegabte sind komplexe und vielschichtige, teilweise widersprüchliche Personen, die sich nicht gerne an Normen anpassen. Viele unter ihnen sind Individualisten [84].

Andererseits passt sich ein Großteil unter seelischen Schmerzen an, um nicht aufzufallen. Höchstbegabte haben mehr Schwierigkeiten, sich in das normale Leben einzuordnen, als andere Menschen.

Hochbegabte können sich selbst unter Erfolgsdruck setzen, indem sie glauben, „alles“ und das „gleich“ beherrschen zu müssen. Anstatt jemanden zu fragen, suchen sie lieber selbst nach einer Lösung, obwohl das nicht der effizienteste Weg ist. Es ist dies für Hochbegabte jedoch der interessantere Weg, und manche von ihnen denken, es wäre auch der rascheste.

Durch das Anlegen viel zu hoher Maßstäbe an sich selbst unterschätzen sich Hochbegabte manchmal. Sie haben oft falsche Vorstellungen von dem, was man von ihnen erwartet.

Es wird berichtet, dass es für Hochbegabte schwierig zu erkennen ist, wenn jemand „ein Spielchen“ mit ihnen treibt [84]. Für Büropolitik sind sie in der Regel nicht geboren. Einfache, repetitive Arbeiten wie Sachbearbeitertum oder Haushaltstätigkeiten sind für Hochbegabte nicht nur lästig, sondern werden von ihnen teilweise sogar als arg quälend erlebt.

Forschungen zeigen, dass der Grad der **Introvertiertheit** eines Menschen mit seinem IQ steigt [62].

Ausführungen anderer Menschen empfinden Hochbegabte häufig als „banal". In Vorträgen kommen ihnen Schlussfolgerungen bekannt vor, weil sie sich die Gedanken schon selbst gemacht haben. Dies kann zu Selbstzweifeln führen, ob man das Gesagte denn überhaupt richtig verstanden hat. Derartige **Selbstzweifel** plagen eine Vielzahl Hochbegabter permanent. Wer zu viel zweifelt, der verzweifelt, sagt man nicht umsonst. Das Zweifeln ist vielen Hochbegabten gemeinsam, sowohl an sich selbst als auch an tradierten Systemen und an Autoritäten. Zweifel ist die Grundlage von Fortschritt in Wissenschaft und Kunst! Ein geringes und schwankendes **Selbstwertgefühl** kennzeichnet ebenfalls viele Hochbegabte. Es begleitet sie unter anderem deshalb, weil sie permanent gemischtes Feedback erhalten und nicht wirklich wissen, ob ihr Umfeld sie positiv oder negativ wahrnimmt.

Stolpersteine von Hochbegabten im Beruf

Aus den genannten Schwächen von Hochbegabten ergeben sich für sie typische Stolpersteine in der Berufswelt. Lesen Sie dazu den folgenden Abschnitt.

Vorangestellt sei, dass Hochbegabung in Organisationen ein *Asset* und keinesfalls ein „Problem an sich" ist. Sie kann jedoch zu Missverständnissen, Reibungsverlusten und Verwerfungen führen. Hochbegabte fallen durch folgende Verhaltensweisen und Eigenschaften in Organisationen mitunter negativ auf:

- Routineaufgaben und monotone Tätigkeiten werden als massiv belastend erlebt. In [84] sagt eine Hochbegabte: *„Von der Routinearbeit im Beruf war ich schnell enttäuscht. In dieser großen Firma waren die Aufgaben streng verteilt. Es gab keinen Raum für innovative Ideen, keine kreativen Lücken, sondern entweder Stress oder Langeweile, und ich fühlte mich wie gefangen."*
- Wenig Interesse, sich anzupassen und standardisierten Abläufen zu folgen (Unbeliebt unter Hochbegabten sind beispielsweise folgende Programme: TQM, ISO9001, 6 Sigma).
- Sie zeigen sich unverblümt kritisch.
- Hochbegabte neigen dazu, Misserfolge stärker zu gewichten als Erfolge [84].
- Workaholismus ist eine typische Begleiterscheinung der Karrieren von Hochbegabten (der narzisstische Genuss von Ansehen, Macht und Geld ist ihnen nicht fremd).
- Hochbegabte Wissensarbeiter neigen bei übersteigertem Ehrgeiz zu Selbstausbeutung. Sie weisen häufig eine unternehmerähnliche Persönlichkeit auf.

Vom Selbstwert

Der Selbstwert (Eigenwert, Selbstwertgefühl, Selbstvertrauen, Selbstachtung) eines Menschen wird von inneren und äußeren Einflüssen genährt, unter anderem vom IQ. Die Selbstachtung eines Menschen resultiert aus dem Vergleich seiner subjektiven Eigenschaften bzw. Fähigkeiten mit seinem Idealbild, das heißt den selbst gesteckten Anforderungen.

Wenn ein Mensch seinen Selbstwert aus vergänglichen Schönheitsidealen bezieht, ist ein Absinken desselben vorprogrammiert. Bei Hochbegabten besteht die Gefahr, dass diese ihr Selbstwertgefühl aus ihren akademischen Leistungen ableiten und dabei ihre restliche, vollständige Persönlichkeit außer Acht lassen. So konnte herausgefunden werden, dass ehemalige Stipendienbezieher in ihrem weiteren Leben stark auf schulähnliche Leistungen ausgerichtet waren und dadurch ihren Erfolg beschnitten [119].

Wer sein Leistungsvermögen über- oder unterschätzt, wird ein inadäquates Selbstvertrauen entwickeln.

Ein zu hoher Selbstwert führt zu Ablehnung eines Menschen durch die Umwelt, ein zu geringer Selbstwert zu Selbstablehnung.

Wer ein ausgeglichenes, hohes Selbstwertgefühl in sich trägt, ist in der Regel glücklicher und kontaktfreudiger.

Viele Hochbegabte tendieren zur **Untertreibung** anstatt zum „Hochstapeln", wenn es um die eigene Leistung geht. Das sollten Personaler berücksichtigen, vor dem Hintergrund, dass schätzungsweise 80 % der Lebensläufe von Bewerbern „aufgemotzt" sind.

Viele Hochbegabte denken, dass die meisten anderen mehr wissen und mehr können als sie selbst [84]. Dadurch sehen sie ihre eigenen Leistungen und Fähigkeiten zumeist sehr nüchtern, obwohl sie bei neutraler Betrachtung ausgesprochen gut sind.

▶ **Tipp für Hochbegabte** Bemühen Sie sich, sich zu verkaufen, und bekennen Sie sich zu Ihren Erfolgen!

3.15 Schwächen von Hochbegabten

Bei dieser Überschrift schießen Ihnen vermutlich einige Vorurteile bzw. das „Image" der Hochbegabten in den Kopf. Hochbegabten wird Kopflastigkeit nachgesagt und zumeist keine besonders ausgeprägte emotionale Intelligenz (siehe dazu auch die Anmerkungen weiter oben und in [17]).

Tatsächlich soll dieses Buch nicht der eitlen Selbstbeweihräucherung von Hochbegabten dienen und sie als frei von Schwächen darstellen.

Hochbegabte haben viele Schwächen individueller Natur, so wie jeder Mensch. Manche dieser Schwächen treten gehäuft bei Hochbegabten auf. Diesen „Mensakrankheiten" ist der folgende Abschnitt gewidmet.

Brain Teaser Denken Sie daran, dass jede Stärke eine Schwäche und jede Schwäche auch eine Stärke sein kann. Es kommt darauf an, wo und wofür man seine Eigenschaften einsetzt!

Lesen Sie zum Einstieg einen Ausschnitt aus der Diskussion von einigen Hochbegabten zu den für sie typischen Schwächen und Eigenheiten im Internet:

Rita: *„Eine … Eigenschaft [von mir] (die mir hoffentlich nicht den Hinweis auf professionelle Beratungsangebote einbringt) ist, dass ich mich häufig in der ‚Meta-Ebene' erwische. Gedanklich verabschiede ich mich dann aus der aktuellen Situation und überlege mir die übergeordneten Zusammenhänge. Zum Beispiel: Ich stehe an der Kasse im Warenhaus und warte, dabei überlege ich mir, wie unsinnig die Personalverteilung in dieser Etage und die Kassenplatzierung ist und warum die Kassensoftware bei einem Rabatt-Scheck eine andere Bedienung notwendig macht als bei einem Gutschein. Am Ende bin ich ganz erschrocken, wenn die Kassiererin schon etwas lauter fragt, ob ich eine Kundenkarte hätte (wahrscheinlich zum dritten Mal)."*

Cordula: *„Bisher habe ich als typische Mensaner-Macken erkannt:*

1. *Kritisch gucken, wenn ein Vorschlag gemacht wird. Was nicht daran liegt, dass man den Vorschlag blöd findet (wie leider oft fälschlicherweise angenommen wird), sondern dass man in Gedanken schon an der Umsetzung arbeitet.*
2. *In Präsentationen etc. bereits nach zehn Minuten durch eine Zwischenfrage schon das Ende des Vortrags vorweg nehmen. Sehr zum Verdruss des brillant vorbereiteten und auf den Höhepunkt bedachten Vortragenden.*
3. *Wenn jemand beim Small Talk einen interessanten Fakt berichtet, immer noch eine Steigerung draufhaben. Die Antwort: „Echt? Das ist ja irre…" UND DANN NIX MEHR ist Mensanern nicht möglich.*
4. *Körperliche Schmerzen, wenn jemand einen Witz erklärt."*

Gerald: *„Mir fällt auch auf, dass Hochbegabte oft ‚Ordnung' in Angelegenheiten bringen wollen, wo es scheinbar keine Ordnung gibt. Einige Bekannte haben sich mal fast totgelacht, als sie in meiner Küche gesehen haben, dass ich die Gewürze alphabetisch ordne."*

Sönke: *„Ich hätte da noch folgende Krankheiten nach kurzer Selbstdiagnose im Angebot: Unordentlichkeit.*

Für mich ein geordnetes Chaos, für andere ein klarer Fall für ein Aufräumkommando.

Versteh' ich gar nicht, ich weiß doch wo alles liegt.

Ungeduld. Schon öfters wurde mir gesagt, dass ich nicht immer so ungeduldig dazwischenreden soll. Aber ich kann es einfach nicht abwarten, wenn die Leute was erzählen und dann nicht auf den Punkt kommen, ab- oder ausschweifen. Manchmal geht es einfach um pure Informationen, und wenn die nicht kommen, dann hake ich halt ungeduldig nach.

Schwierigkeiten, sich Gesichter und Namen zu merken: ist manchmal ganz katastrophal. Vor ein paar Jahren habe ich monatelang gedacht, dass zwei Kollegen von mir dieselbe Person sind, bis ich sie mal zusammen gesehen habe und feststellen musste, dass sie sich nicht mal sehr ähnlich sind."

Gerald: *„Zur scheinbaren Wankelmütigkeit [von Hochbegabten]: Ich sehe das so, dass Hochbegabte eher eine eigene (natürlich trotzdem auf den Informationen anderer aufbauende) und auch eher eine kritische Meinung haben. Außerdem sind sie öfter bereit, ihre Meinung zu vertreten (wenn sie von Beruf und Umwelt nicht schon zu sehr glatt gebügelt wurden)."*

Der mit einem außerordentlich hohen IQ von 196 extrem hochbegabte Informatiker Thomas Wolf gab in einem Spiegel-Interview [132] folgende Marotten an: *„Meine Ehefrau Catinca sagt immer, dass ich oft zu verkopft sei und Dinge zu sehr durchdenke. Manchmal treibe ich sie zum Wahnsinn. Beim Einkaufen schreibe ich immer eine genaue Liste mit einer Reihenfolge, wie man die Produkte im Geschäft am effizientesten einsammeln kann, also in welche Gänge wir nacheinander gehen müssen. Meine Frau hält sich dann aber trotzdem nicht dran.*

Für unsere Hochzeit habe ich ein Projekthandbuch angelegt, das war bestimmt 40 bis 50 Seiten dick, ich habe an alles gedacht. Das hat meine Frau genervt, sie wollte eine normale Liste auf einem Notizblock schreiben. Es hat dann auch alles wie am Schnürchen geklappt. Nur meine Frau hat sich am Altar ein paar Minuten verspätet, da wurde ich schon ein bisschen nervös.

Ich habe immer ein Schweizer Taschenmesser und einen Leatherman bei mir. Wenn ich einen Mantel trage, wiegt der sicher machmal 15 Kilo. Ich habe dann eine Regenhaut dabei, Pflaster, eine Taschenlampe – ich will auf alle Eventualitäten vorbereitet sein und schleppe alles ständig mit mir rum. Im Sommer geht das natürlich nicht, wenn es so heiß ist, kann ich das nicht alles an mir tragen. Dann lasse ich schon mal ein paar Sachen zu Hause. Das macht mich aber immer ein bisschen nervös, weil ich dann nicht auf alles vorbereitet bin."

Auf diesen Aussagen aufbauend sollen die „Macken" von Hochbegabten nun kurz diskutiert werden.

Hochbegabte **erliegen** leicht den zahlreichen **Verführungen**, die neue, interessante Themen bieten [133]. Wie die Sirenen rufen diese gleichsam dazu, laufende Projekte fallenzulassen und sich dem Neuen zu widmen. Hochbegabte sind machmal die Bienen, die von Blume zu Blume fliegen, auf der Jagd, ihren Wissensdurst zu stillen.

Sie haben manchmal eine **Furcht vor Verbindlichkeit** und wollen sich nicht festlegen, aus Angst, ihr Leben zu „vergeuden" [131].

Dazu zwei Hochbegabte:

Anna: *„Ich muss immer aktiv sein. Alles, was ich sehe, mache oder worüber ich nachdenke, finde ich super-spannend, und es fesselt meine Aufmerksamkeit."*

Petra: *„Ich habe das Gefühl, alles auf einmal und sofort machen zu müssen".*

Realitätsferne wird häufig als Schwäche von Hochbegabten genannt. Sie können sich mehr vorstellen als andere Menschen, von denen ihre Gedankenschlösser schnell als Hirngespinst abgetan werden. Die meisten Menschen, die große Visionen haben, und die noch kein anderer sehen kann, werden zunächst belächelt. Das ist dann nicht unbedingt die vermeintliche Lebensferne.

Die Tendenz, andere Menschen zu **über- bzw.** zu **unterschätzen**, wurde schon erwähnt. Es ist für Hochbegabte nicht leicht, durchschnittliche Menschen richtig einzuschätzen, weil ihnen der Maßstab fehlt.

Eine Schwäche von Hochbegabten ist sicherlich ihre **erhöhte Verletzlichkeit**, die sich aus einer intensiveren Wahrnehmung ergibt. Hochbegabte sehen und spüren mehr in einer Welt, die, wie wir alle wissen, nicht perfekt ist. Man könnte sagen, dass sie die Dinge durch ein Mikroskop sehen, während anderen nur das nackte Auge zur Verfügung steht. Sie bekommen mehr mit von der Unlogik, Ungerechtigkeit und Hypokrisie der Welt, an die sie sich nur schwer anpassen bzw. diese nur schlecht akzeptieren können.

Je intelligenter ein Mensch ist, desto höher ist die Gefahr, dass er soziale oder emotionale Unwägbarkeiten antrifft, weil er sich von der Masse entfremdet (fühlt). Auf die Gefahr der **Isolation** von Hochbegabten wurde schon hingewiesen.

Wie sieht es mit dem Finanzgeschick von Mensamitgliedern aus? Hochbegabte können mit **Geld** nicht besser umgehen als andere Menschen. Ihr Einkommen ist tendenziell höher, zwischen etwa 4000 und 13000 €/Jahr [13]. Hochbegabte geben auch gerne Geld aus und geraten dadurch nicht selten in finanzielle Schieflagen. Am besten mit Geld umgehen können erwiesenermaßen Menschen mit einem IQ um 115 [13].

Wenn man sich die Zeitschriften der Vereinigungen von „*High IQ Societies*" durchliest oder mit den Mitgliedern spricht, kann man sich des Eindrucks nicht erwehren, dass viele **negativ eingestellt**e Personen unter den Hochbegabten verweilen. Eine **Misserfolgsorientierung**, die sich in unvorteilhafter Weise dann auch tatsächlich im Leben der Betroffenen manifestiert, ist einem nicht unerheblichen Teil der (deutschsprachigen) Mensamitglieder gemeinsam, nicht nur der Subpopulation der *Underachiever*. Hochbegabte sind **latent unzufrieden**.

Unter den Hochleistern besteht ferner eine **Selbstausbeutungstendenz**, die sie nach einigen Jahren in den Burnout oder zumindest in die seelische Leere und die erwähnte Unzufriedenheit mit sich selbst führen kann.

Hochbegabte neigen dazu, auf mehreren Hochzeiten gleichzeitig zu tanzen. Sie haben gerne mehrere Eisen im Feuer und bringen es dadurch in keinem einzigen Bereich besonders weit (bzw. so weit, wie sie es sich vorstellen). Im beruflichen Umfeld ist es zumeist ein Nachteil, sich **nicht auf eine Sache konzentrieren bzw. festlegen** zu können. Das **Setzen von Prioritäten** ist häufig eine stark ausgeprägte Schwäche von Hochbegabten, ebenfalls ein **fehlendes Durchhaltevermögen**, weil ihr Interesse an einer einmal begonnenen Sache rasch abnimmt. Folgendes Zitat von Jack Welch ist in diesem Zusammenhang bezeichnend, in welchem er sagt, Hochbegabten fehle es oft an Leidenschaft:

> *In the early days, I fell in love with great résumés filled with degrees in different disciplines. They could be bright and intellectually curious, but they often turned out to be unfocused dabblers, unwilling to commit, lacking intensity and passion for any one thing.*
> Jack Welch (1935–), CEO von GE von 1981–2001

Ein ähnliches Zitat ist folgendes:

Wer gar zu viel bedenkt, wird wenig leisten.
Friedrich von Schiller (1759–1805), deutscher Dichter, Philosoph und Historiker.

Nach [134] ist ein hoher IQ zwar eine begrüßenswerte Eigenschaft eines Mitarbeiters, um jedoch wirklich Mehrwert für ein Unternehmen zu schaffen, sind zusätzlich Initiative, Kreativität und Leidenschaft erforderlich. Gary Hamel gibt die Wichtigkeit dieser Eigenschaften wie folgt an:

Blinder Gehorsam zum Chef	0 % Mehrwert
Sorgfalt beim Arbeiten	5 % Mehrwert
Hohe Intelligenz	15 % Mehrwert
Eigeninitiative	20 % Mehrwert
Kreativität	25 % Mehrwert
Leidenschaft	35 % Mehrwert
Summe	100 % Mehrwert

Dummerweise lassen sich nur Gehorsam und Sorgfalt wirklich managen. Die anderen Fähigkeiten bringt ein Mitarbeiter von sich aus mit und in die Arbeit ein – oder auch nicht (siehe auch Motivation).

Stephen R. Covey schreibt in [135] über leidenschaftliche Mitarbeiter: *„If you can hire people whose passion intersects with the job, they won't require any supervision at all. They will manage themselves better than anyone could ever manage them."*

Ganz ohne Kontrolle kann man leidenschaftliche Mitarbeiter natürlich auch nicht werken lassen, doch Sie erkennen die Botschaft.

Weitere Schwächen von Hochbegabten sind folgende:

Starkes Misstrauen

Hochbegabte haben für gewöhnlich ein misstrauisches Naturell. Weder Autoritäten noch andere Menschen erhalten einen Vertrauensvorschuss von ihnen. Natürlich hängt das Maß des Misstrauens, welches ein Mensch anderen gegenüber an den Tag legt, von dessen Kultur und persönlichem Erfahrungsschatz ab. Aufgrund ihrer Erfahrungen mit anderen Menschen entwickeln sich Hochbegabte nicht selten zu recht misstrauischen Zeitgenossen.

Schwere Beeinflussbarkeit

Hochbegabte sind schwer von ihrer Meinung abzubringen, wenn ihr Gegenüber keine gegenteiligen Fakten liefern kann. Die Ursache ist, dass sie sich, bevor sie eine Position beziehen, gründlich Gedanken dazu machen, und dass sie neue Informationen benötigen, um ihr vor dem geistigen Auge gebautes Konstrukt zu verändern.

▶ **Tipp** Über die Ratio sind Hochbegabte leichter anzusprechen als über Gefühle und Meinungen. Beim Überzeugen eines Hochbegabten für Ihren Standpunkt hilft es sehr, wenn Sie Zahlen und Fakten zur Untermauerung Ihrer Sicht der Dinge liefern können.

Ungeduld

Hochbegabte nehmen sich viel vor, und im Kopf haben Sie eine neue Idee fast schon erledigt, wenn sie ausgesprochen ist. Somit sind sie in der Umsetzung extrem ungeduldig mit sich selbst und mit anderen. Die notwendige Selbstdisziplin, etwas Begonnenes auch zu Ende zu führen, fehlt manchen Hochbegabten.

„Schwache Hochbegabte" – die *Underachiever*

Problematische Verhaltensweisen treten auch bei minderleistenden Hochbegabten auf. Typische Symptome dieser **„Underachiever"** (und **„Unachiever"**) sind die folgenden: **mangelndes Selbstbewusstsein, pessimistisches Denken** und **generelle Unzufriedenheit**. Auf ihr Arbeitsverhalten bezogen lassen sich folgende Feststellungen machen: negative Einstellung und Ineffizienz. Das Sozialverhalten von Underachievern kann sich zusätzlich negativ auf ihren Arbeitserfolg auswirken.

3.16 Hochsensible Menschen

Viele Hochbegabte gelten auch als hochsensibel. Im Allgemeinen weisen etwa 15 bis 20 % der Bevölkerung eine hohe Sensibilität auf. Sie fühlen sich anders, weil in unserer (westlichen) Kultur Sensibilität mit Introversion, Schüchternheit, Ängstlichkeit oder Neurotizismus verwechselt wird [93]. Anders ist die Situation beispielsweise in China, wo Schüchternheit und Sensibilität wünschenswerte Eigenschaften darstellen.

Hochsensibilität bedeutet nicht, dass jemand weinerlich, selbstmitleidig und wehleidig ist.

Marianne Skarics: *„Hochsensible Menschen sind oft multitalentiert. Sie haben ein breites Interessenspektrum und wollen einen Beruf, der ihnen sinnvoll erscheint und der ihren ethischen Werten entspricht."* [93]

Hochsensible Menschen verfügen oft über eine überdurchschnittlich ausgeprägte Intuition. Sie sind perfektionistisch veranlagt und haben einen ausgeprägten Gerechtigkeitssinn. Wettbewerb und Ellbogentechnik, Konkurrenzdenken und kurzfristige Erfolge widerstreben ihnen.

Man kann davon ausgehen, dass ein beträchtlicher Anteil der Hochbegabten auch hochsensibel ist [62].

In [62, 89, 93, 136] und [137] finden Sie umfassende Information zu hochsensiblen Menschen.

3.17 Normalbegabte aus Sicht der Hochbegabten

Wie nehmen Hochbegabte ihre Mitmenschen, die kein Mensa-Ticket lösen können, wahr? Lesen Sie dazu den Auszug aus einer Diskussion im Internet:

Andreas über Normalbegabte: *„Was für merkwürdige Eigenheiten hätten Menschen mit einem IQ von 100, wenn die Mehrheit 130 hätte? (Auch wenn das mathematisch jetzt nicht so ausgereift ist.)*

- *Sie machen doch tatsächlich Hobbys so schrecklich oberflächlich, obwohl man sich in der Freizeit endlich mal intensiv um was kümmern kann.*
- *Sie können 15 min in Supermarktschlangen stehen und dann beim Ansprechen von der Kassiererin ‚sofort' reagieren (wie ulkig).*
- *Sie sind in Meetings in der Lage, in fünf Minuten zehn Themen anzukratzen, ohne auch nur eines wenigstens annähernd durchdrungen zu haben.“*

Und Cordula ergänzend:

- *„Sie können auch fünf Minuten über ein und dasselbe Thema sprechen, ohne dieses nennenswert zu vertiefen.“*

Generell empfinden Hochbegabte andere Menschen als langsam, vor allem, wenn es um das *Verstehen* komplexer Zusammenhänge geht. Dabei machen sie es ihren Mitmenschen nicht gerade leicht; sie springen in Diskussionen von einem Thema zum anderen, lassen Gedankengänge aus, reden schnell und erwarten dann, dass man ihnen mühelos folgen kann.

Häufig fühlen sie sich von der Masse nicht richtig verstanden.

3.18 Mehr als IQ: Gedächtnis und Verstand

Neben einem höheren IQ wünschen sich die meisten Menschen auch ein besseres Gedächtnis. Viele jammern über ein schwaches Gedächtnis, doch keiner klagt über wenig Verstand. Der zweifache Nobelpreisträger Linus Pauling (1901–1994) sagte: *„Wenn der Mensch so viel Vernunft hätte wie Verstand, wäre alles viel einfacher.“*

Mit der Vernunft ist es wie mit der Hochbegabung. Menschen sind vernunftbegabt, das heißt, sie haben Potenzial, und sie handeln in der Regel tatsächlich nicht in jeder Situation vernünftig.

Normalbegabte verhalten sich oft vernünftiger als so manche Hochbegabte.

Ein gutes Gedächtnis gilt neben Intelligenz als Charakteristikum für Spitzenkräfte [15]. Jack Welch und Warren Buffett waren schon in jungen Jahren ihrer Karriere dafür bekannt, sich vieles rasch merken zu können [15]. Ein scharfer Verstand ist für erfolgreiche Geschäftsleute häufig bezeichnend. Der Mensch verfügt bekanntlich über ein Kurzzeit- und ein Langzeitgedächtnis. Das Kurzzeitgedächtnis kann sich typischerweise sieben Punkte merken. Es ist auch trainierbar. Ihrem Gedächtnis können Sie durch den Einsatz diverser Mnemotechniken (professionelle Eselsbrücken) auf die Sprünge helfen. Durch Schnelllesen können Sie Ihre Effizienz ebenfalls steigern.

> **Tipp** Ein kleiner Notizblock, den Sie stets bei sich tragen, ersetzt das beste Kurzzeitgedächtnis!

Intelligenz ist nicht trainierbar. Die Aufgabentypen von IQ-Tests sind in einem sehr beschränkten Maß erlernbar. *„Brain Food"* kann den IQ auch nicht steigern, allerdings erhöht eine ausgewogene Ernährung das Leistungsvermögen [138]. Eine „Leistungsverbesserung" im Beruf ist hingegen sehr wohl möglich, und zwar durch Reagieren auf entsprechende Kritik (Feedback).

Denken Sie daran, dass Sie viel ungenutztes Potenzial im Kopf haben – Hochbegabte und normale Menschen nutzen nur einen Bruchteil ihres Gehirns!

3.19 Vom Denken

Die meisten Menschen denken den größten Teil der Zeit nicht wirklich nach. Das Denken vollzieht sich bei ihnen automatisch und unbewusst, und ihre Entscheidungen sind schnell, oberflächlich, vage und nicht durchdacht. Das Potenzial zu denken nutzen viele Menschen interessanterweise in den meisten Situation nicht. Das Handeln ohne nachzudenken ist eine Art Reflex bzw. Instinkt. Allerdings ist es gefährlich: Wenn man nicht aktiv nachdenkt, ist man geneigt, schnell zu voreiligen Schlüssen und Lösungen zu springen. Dazu gibt es auch viele Verlockungen. In der Geschäftswelt hat man es mit einem Konvolut unbekannter Größen zu tun. Manager sollten pragmatisch sein; Lange, tiefgehende Überlegungen erscheinen häufig unrealistisch und unnötig.

Vor allem unter Druck neigen wir dazu, zu einfachen Lösungen zu hüpfen. Multiple Ursachen werden übersehen. Man begnügt sich mit dem Offensichtlichen.

Auch denken Menschen in der Regel nicht logisch. Wir sind alle mehr oder weniger stark von Vorurteilen geprägt. Wenn jemand „logisch" denkt, sucht er oft nur nach Argumenten, die seine vorgefasste Meinung untermauern.

Es verhält sich wie mit manchen Schiedsrichtern oder Steuerbehörden: Einmal gefällte Entscheidungen werden nicht revidiert.

Wenn wir jemandem zuhören, werten wir sehr schnell, ob es für uns „richtig", „normal", „gut" oder sonst etwas ist, anstatt zuzuhören und zu versuchen, den Gesprächspartner zu versuchen.

Management ist ein praktisches Vorgehen in einer von Wahrscheinlichkeiten geprägten Welt, in der es mehr auf eine Heuristik statt auf klare Algorithmen ankommt.

> **Tipp** Durchdenken Sie eine Situation gründlich, bevor Sie sich eine Meinung bilden und diese kundtun!

Weitere, ausführliche Informationen zum Thema Hochbegabung finden Sie in [62, 84] und [139].

Literatur

1. Jürgen vom Scheidt, Das Drama der Hochbegabten: Zwischen Genie und Leistungsverweigerung, Piper, ISBN: 978-3492244954 (2005).
2. Malcolm Gladwell Outliers, Penguin, ISBN: 978-0141043029 (2009).
3. J. Freeman, Giftedness in the Long Term, Journal for the Education of the Gifted, 29, 384–403 (2006). http://www.joanfreeman.com/mainpages/freepapers.htm
4. Dreijährige hat höheren IQ als Freud, 11.2.2013 http://www.manager-magazin.de/politik/artikel/a-882576.html
5. J. Freeman, Permission to be gifted: how conceptions of giftedness can change lives, pp. 80–97, in: R. Sternberg & J. Davidson, Conceptions of Giftedness, Cambridge: Cambridge University Press, 2. Auflage, ISBN: 978-0521547307 (2005). http://www.joanfreeman.com/mainpages/freepapers.htm
6. Barbara Sher, Bettina Lemke, Du musst dich nicht entscheiden, wenn du tausend Träume hast, Deutscher Taschennbuch Verlag, SBN: 978-3423347402 (2012).
7. Albert Ziegler, Hochbegabung, UTB 3027, Ernst Reinhardt Verlag, ISBN: 978-3825230272 (2008).
8. Kurt A. Heller, Albert Ziegler (Hrsg), Begabt sein in Deutschland, Lit. Verlag, ISBN: 3-8258-0766-5 (2007).
9. R.J. Sternberg, J.E. Davidson, Conceptions of giftedness, Cambridge University Press, 2. Auflage, ISBN: 978-0521547307 (2005).
10. Daniel Coyle, Die Talent Lüge, Warum wir (Fast) alles erreichen können, Ehrenwirth, ISBN 978-3-431-03785-2 (2009).
11. Linda Kreger Silverman, Giftedness 101, Springer Pub, ISBN: 978-0826107978 (2012).
12. Neil Charness, Paul J. Feltovich, Robert R. Hoffman, K. Anders Ericsson, The Cambridge Handbook of Expertise and Expert Performance, Cambridge University Press, ISBN: 978-0521600811 (2006).
13. Ulrike Stedtnitz, Mythos Begabung, Vom Potential zum Erfolg, Verlag Hans Huber, ISBN: 978-3-456-844445-9 (2008).
14. Michael J. A. Howe, Genius Explained, Cambridge University Press, ISBN: 978-0521008495 (2001).
15. Geoff Colvin Talent Is Overrated What Really Separates World-Class Performers from Everybody Else: Practice, Passion and the Good News About Great Performance, Portfolio Hardcover, ISBN: 978-1591842248 (2008).
16. Mihaly Csikszentmihalyi, Annette Charpentier, Flow: Das Geheimnis des Glücks, Klett-Cotta,15. Auflage, ISBN: 978-3608945553 (2010).
17. John M. Ivancevich, Thomas N. Duening, John Ivancevich, Managing Einsteins: Leading High-Tech Workers in the Digital Age, McGraw-Hill Publishing Co., ISBN: 978-0071375009 (2001).

18. Bud Spencer, http://www.videoregister.de/bud-spencer/2008-10-31/ (2008).
19. R.J. Sternberg, Intelligence, in: R.L. Gregory (Editor), The Oxford companion tot he mind (375–383), Oxford (1987).
20. S. Legg M Hutter, A collection of definitions of intelligence, Frontiers in Artificial Intelligence and applications 157, 17–24 (2007).
21. KPdSU demontiert Stachanow, 10.08.1987 http://www.spiegel.de/spiegel/print/d-13524373.html
22. W. Nettelnstroth, Intelligenz im Rahmen der beruflichen Tätigkeit. Zum Einfluss von Intelligenzfacetten, Personenmerkmalen und Organisationsstrukturen , Dissertation, freie Universität Berlin (2003).
23. B. Brocke, A. Beauducel, Intelligenz als Konstrukt, In E. Stern & J. Guthke (Editors): Perspektiven der Intelligenzforschung, Pabst, Lengerich (2001).
24. Richard E. Nisbett, The Geography of Thought, New York, Free Press, ISBN: 978-0743255356 (2004).
25. Michael Harvey, Milorad M.Novicevic, Timothy Kiessling, Development of multiple IQ maps for use in the selection of inpatriate managers: a practical theory, International Journal of Intercultural Relations 26, 493–524 (2002).
26. P. Dasen, The cross-cultural study of intelligence: Piaget and Baoule, International Journal of Psychology 19, 404–434 (1984).
27. R. Serpell, Aspects of intelligence in a developing country. African Social Research 17, 576–596 (1974).
28. Hermann Meyer, Die Gesetze des Schicksals: Die Befreiung von unbewußten Zwängen, Goldmann Verlag, ISBN: 978-3442121427 (1992).
29. Schlau, schlauer, gefeuert, Die Zeit (2010). http://www.zeit.de/karriere/beruf/2010-05/karriere-chancen-hochbegabte
30. Claudia Wetzel, Soft Skills und Erfolg in Studium und Beruf, Waxmann, ISBN: 978-3-8309-1815-8 (2007).
31. D. H. Rost (Hrsg), Hochbegabte und hochleistende Jugendliche. Neue Erkenntnisse aus dem Marburger Hochbegabtenprojekt. Waxmann, Münster (2000).
32. http://einestages.spiegel.de/static/topicalbumbackground/4370/hit_und_weg.html (2013)
33. Robert J. Sternberg, Li-fang Zhang, What Do We Mean by Giftedness? A Pentagonal Implicit Theory, Gifted Child Quarterly 39(2), 88–94 (1995).
34. J.S. Renzulli, The three-ring conception of giftedness: A developmental model for creative productivity. In Sternberg R. J., Davidson J (Ed.) Conceptions of Giftedness (pp. 53–92). New York, Cambridge University Press, ISBN: 978-0521547307 (1986).
35. Fanny Jimenez, Zu Hochbegabung gehört mehr als ein IQ von 130, 24.02.13 http://www.welt.de/gesundheit/psychologie/article113844884/Zu-Hochbegabung-gehoert-mehr-als-ein-IQ-von-130.html
36. Mehdi Nadjafikhah, Narges Yaftian, Shahrnaz Bakhshalizadeh, Mathematical creativity: some definitions and characteristics, Procedia – Social and Behavioral Sciences, Volume 31, 2012, Pages 285–291
37. Klaus D. Kubinger, Reinhold S. Jäger, Schlüsselbegriffe der Psychologischen Diagnostik, Beltz, ISBN: 978-3621274722 (2003).
38. Robert J. Sternberg, Managerial Intelligence: Why IQ Isn't Enough, Journal of Management 23(3), 475–493 (1997).
39. Robert J. Sternberg, Erfolgsintelligenz. Warum wir mehr brauchen als EQ und IQ, Lichtenberg, ISBN: 978-3785284261 (1999).
40. Vera Peiffer, Erfolgsintelligenz, Midena , ISBN: 978-3310007013 (2001).
41. Thomas Eckardt, Erfolgsintelligenz, Expert-Verlag, ISBN: 978-3816919865 (2002).
42. Robert J. Sternberg, Victor Vroom, The person versus the situation in leadership, The Leadership Quarterly 13, 301–323 (2002).

43. David W. Chan, Leadership competencies among Chinese gifted students in Hong Kong: the connection with emotional intelligence and successful intelligence, The Free Library 22 March 2007 http://www.thefreelibrary.com/Leadership competencies among Chinese gifted students in Hong Kong:...-a0162695203
44. Manfred Sliwka: Denkschule Evolution. Führungsintelligenz und Führungsverantwortung in Wirtschaft, Politik und Gesellschaft, BoD Verlag, Norderstedt, ISBN 3-8334-3627-1 (2005).
45. J. Menkes, Executive Intelligence (What all Great Leaders Have), HarperBusiness , New York, ISBN: 978-0060781873 (2005).
46. Robert Hooijberg, Nancy DiTomaso, Leadership in and of demographically diverse organizations, Leadership Quarterly 7(1), 1–19 (1996).
47. Uwe Scheler Erfolgsfaktor Networking: Mit Beziehungsintelligenz die richtigen Kontakte knüpfen, pflegen und nutzen, Campus Sachbuch, ISBN: 978-3593365442 (2000).
48. Daniel Goleman, Reinhard Kreissl, Soziale Intelligenz: Wer auf andere zugehen kann, hat mehr vom Leben, Droemer/Knaur, ISBN: 978-3426780886 (2008).
49. Christian Fazekas Psychosomatische Intelligenz: Spüren und Denken – ein Doppelleben, Springer-Verlag Kg, ISBN: 978-3211211076 (2005).
50. Sheree Conrad, Michael Milburn, SQ, Sexuelle Intelligenz, Econ, ISBN: 978-3430119160 (2002).
51. Jürgen Dollase, Kulinarische Intelligenz, Tre Torri, ISBN: 978-3937963334 (2006).
52. Ilan Alon James M. Higgins, Global leadership success through emotional and cultural intelligences, Business Horizons 48, 501–512 (2005).
53. Mary Uhl-Bien, Russ Marion, Bill McKelvey, Complexity Leadership Theory: shifting leadership from the industrial age to the knowledge era, The Leadership Quarterly 18, 298–318 (2007).
54. Elizabeth Haas Edersheim, The Definitive Drucker: The Final Word from the Father of Modern Management, Mcgraw-Hill Professional, ISBN: 978-0071472333 (2006).
55. Laurence J. Peter, Raymond Hull, The Peter Principle: Why Things Always Go Wrong, Harper Business, New Edition, ISBN: 978-0061699061 (2009).
56. Uwe Lämmel, Jürgen Cleve, Künstliche Intelligenz, Hanser Fachbuch, 3. Auflage, ISBN: 978-3446413986 (2008).
57. Michael Klonovsky Modernes Leben, „Die Unterschiede werden größer". 03. 04. 2010, http://www.focus.de/kultur/leben/modernes-leben-die-unterschiede-werden-groesser_aid_496001.html
58. Frans Corten, Noks Nauta, Sieuwke Ronner, Highly intelligent and gifted employees – key to innovation?, Academic paper International HRD-conference 2006 „The learning society for sustainable development", Amsterdam, 11. Oktober (2006). http://www.triplenine.org/articles/Nauta-200610.pdf
59. http://de.wikipedia.org/wiki/Kritik_am_Intelligenzbegriff (2013).
60. FAQs – Frequently Asked Questions zur Begabungs – und Begabtenförderung, özbf, http://www.begabtenzentrum.at (2013).
61. Stephen Jay Gould: Der falsch vermessene Mensch. 3. Auflage. Suhrkamp, Frankfurt am Main 1999, ISBN 3–518-28183–6.
62. Andrea Brackmann, Jenseits der Norm – hochbegabt und hoch sensibel? (Leben Lernen 180), Klett-Cotta, 4. Auflage, ISBN: 978-3608890143 (2007).
63. http://www.talente-ooe.at/eltern/hochbegabt-merkmale.html (2013).
64. Linda S. Gottfredson, Mainstream Science on Intelligence: An Editorial with 52 Signatories, History and Bibliography, Intelligence 24(1), 13–23 (1997).
65. Focus online, Zuviel des Guten, Extremsport macht dumm, 28.11. (2005). http://www.focus.de/gesundheit/news/zuviel-des-guten_aid_101964.html
66. Cornelia Nothold Michael Meusers, Hochbegabung aus psychiatrischer Sicht, 1209–1216 (2000). http://www.erziehungskunst.de/fileadmin/archiv_alt/2000/p008EZ-11-2000.pdf

67. Mary-Elaine Jacobsen The Gifted Adult: A Revolutionary Guide for Liberating Everyday Genius Ballantine Books, ISBN: 978-0345434920 (2000).
68. Marylou Kelly Streznewski, Gifted Grownups: The Mixed Blessings of Extraordinary Potential: The Mixed Blessings of Extraordinary Potentials, John Wiley & Sons, ISBN: 978-0471295808 (1999).
69. Hochbegabung http://de.wikipedia.org/wiki/Hochbegabung (2013).
70. Seokhee Cho, Doehee Ahn, Suksil Han, Hyejin Park, Academic developmental patterns of the Korean gifted during the 18 years after identification, Personality and Individual Differences 45(8), 784–789 (2008).
71. Bruce Kline, Elisabeth Meckstroth, Understanding the exceptionally gifted, Roeper Review 8(1), 24–30 (1985).
72. Max Rauner, Abstieg in die Dummheit, 27.02.2008 http://www.zeit.de/zeit-wissen/2008/02/Flynn-Interview
73. H.W. Marsh, Big-fish-little-pond effect on academic self-concept. Zeitschrift für Pädagogische Psychologie 19, 119–127 (2005).
74. Guido Kleinhubbert Erziehung, Kleine Einsteins, Der Spiegel, 06.04. (2009). http://www.spiegel.de/spiegel/0,1518,617440,00.html
75. Mary Roznowski, Janet Reith, Sehee Hong, A further look at youth intellectual giftedness and its correlates: values, interests, performance and behavior, Intelligence 28(2), 87–113 (2000).
76. Joan Freeman Gifted Lives: What Happens When Gifted Children Grow Up?, Routledge Chapman & Hall, ISBN: 978-0415470094 (2010).
77. Fabienne Kinzelmann, Erwachsene Wunderkinder, 27.03.2013 http://www.e-fellows.net/KARRIEREWISSEN/Aktuell/Erwachsene-Wunderkinder
78. Grigori Perelman: Mathe-Genie lehnt Millionen-Preisgeld ab, Stern, 1. Juli (2010), http://www.stern.de/wissen/mensch/grigori-perelman-mathe-genie-lehnt-millionen-preisgeld-ab-1578949.html
79. Norbert Lossau, Warum verzichtet dieses Genie auf eine Million?, 08.07.13 http://www.welt.de/kultur/literarischewelt/article117834540/Warum-verzichtet-dieses-Genie-auf-eine-Million.html (2013).
80. BILD.de erklärt das Millennium-Rätsel, 26.03. (2010), http://www.bild.de/BILD/news/2010/03/26/mathe-genie-poincare-vermutung/bild-erklaert-das-millennium-problem.html.
81. Eva-Maria Lindner, Der Wunsch, normal zusein, FAZ, 19. Oktober (2007).
82. Ida Fleiß, Hochbegabung und Hochbegabte. Mit Berichten Betroffener, Tectum Verlag, ISBN: 978-3828884526 (2003).
83. Nathaniel Branden Anni Pott, Die 6 Säulen des Selbstwertgefühls: Erfolgreich und zufrieden durch ein starkes Selbst, Serie Piper, 10. Auflage, ISBN: 978-3492243865 (2010).
84. Andrea Brackmann Ganz normal hochbegabt: Leben als hochbegabter Erwachsener, Klett Cotta, 3. Auflage, ISBN: 978-3608860146 (2008).
85. Peter Lau, Die Intelligenz-Agenten, brand eins 10 (2006). http://www.brandeins.de/archiv/magazin/viel-glueck/artikel/die-intelligenz-agenten.html
86. Schlau, schlauer, zu schlau, Hochbegabte im Beruf, Handelsblatt, 21.05. (2010), http://www.handelsblatt.com/unternehmen/strategie/hochbegabte-im-beruf-schlau-schlauer-zu-schlau;2586158.
87. Justin Kruger, David Dunning, Unskilled and Unaware of It: How Difficulties in Recognizing One's Own Incompetence Lead to Inflated Self-Assessments, Journal of Personality and Social Psychology 77 (6), 1121–34 (1999).
88. Pauline Rose Clance, The Imposter Phenomenon: Overcoming the Fear That Haunts Your Success, Peachtree Pub Ltd, ISBN: 978-0931948770 (1985).
89. Hsin-Jen Chang, Ching-Chih Kuo, Overexcitabilities : Empirical studies and application, Learning and Individual Differences, Volume 23, February 2013, Pages 53–63

90. Julia Bönisch Schlaue, Sueddeutsche Zeitung, 2. Juli (2008).
91. Gregor Brand, Hochbegabte und Hochleistende Jugendliche – Anmerkungen zum Marburger Hochbegabten Projekt, http://www.dghk.de/laby69/69_marburg.pdf (2008).
92. Zentraler Schulpsychologischer Dienst, Hochbegabung – Chancen und Risiken, Landeshauptstadt München, Schul- und Kultusreferat (2009), http://www.muenchen.de/bildungsberatung
93. Marianne Skarics, sensibel kompetent, Zart besaitet und erfolgreich im Beruf, Festland Verlag, ISBN: 978-3-9501765-2-0 (2007).
94. http://www.psychologytoday.com/blog/finding-the-next-einstein/201112/polymath-physicist-richard-feynmans-low-iq-and-finding-another
95. Merkmale der Hochbegabung, http://www.dr-gumpert.de/html/merkmale_der_hochbega-bung.html (2009).
96. J. Freeman, Literacy, Flexible Thinking and Underachievement, in: D. Montgomery (Ed.) Gifted, Talented and Able Underachievers, Chichester, Wiley, 2nd edition, ISBN: 978-0470779408 (2009).
97. Edward M. Hallowell, Overloaded Circuits, Why smart people underperform, Harvard Business Review, (2004).
98. http://sciencev1.orf.at/science/news/135021 (2010).
99. http://www.faz.net/s/RubFC06D389EE76479E9E76425072B196C3/Doc~EFA58F985FD9E4D2E9F4BCF7D9FA37B60~ATpl~Ecommon~Scontent.html (2010).
100. J. Freeman, When earning interferes with learning, Freeman, J. (1993). in Wallace B, Adams H.B (Eds.), Worldwide Perspectives on the Gifted Disadvantaged, Bicester, Oxon, AB Academic Publishers, ISBN: 978-0907360193 (1993).
101. Kathrin Gulnerits, Die anderen sind auch nicht blöd, Wirtschaftsblatt, 13.09. (2007), http://www.wirtschaftsblatt.at/home/service/karriere/die-anderen-sind-auch-nicht-bloed-258387/index.do
102. Allan W. Snyder, Elaine Mulcahy, Janet L. Taylor, D. John Mitchell, Perminder Sachdev, Simon C. Gandevia, Savant-like Skills Exposed in Normal People by Suppressing the Left FrontoTemporal Lobe, Journal of Integrative Neuroscience (JIN) 2(2), 149–158 (2003).
103. Hilflos hochbegabt, Das Savant-Syndrom, http://www.wdr.de/tv/quarks/sendungsbeitraege/2007/0522/008_autismus.jsp (2010).
104. J. Freeman, Counselling the Gifted and Talented, Gifted Education International 19, 245–252 (2005).
105. Andreas Salcher, Die Sir-Karl-Popper-Schule: Ein Projekt zur Förderung von Hochbegabten im internationalen Vergleich, in: A. Khol, G. Ofner, D. Halper, S. Karner, Politisches Jahrbuch, Verlag für Geschichte und Politik, Wien, ISBN: 978-702803351 (1995).
106. M.H. Oden, The fulfillment of promise: 40-year follow-up of the Terman gifted group, Genetic Psychology Monographs (1968).
107. Karl Klement Schulpraktische Ausbildung von Pflichtschullehrern, in: Erziehung und Unterricht 6 (1991).
108. Heinz-Detlef Scheer, 25 beliebte Mythen zum Thema Hochbegabung:... und die nackte Wahrheit, Books on Demand, 4. Auflage, ISBN: 978-3839114155 (2010).
109. Ulrike Schuster, Hochbegabter 17-Jähriger: Wunderkind träumt vom Kanzleramt, 17.05.2013 http://www.spiegel.de/unispiegel/studium/nikolaus-hildebrand-hat-einen-iq-von-148-a-889764.html
110. Anette Dowideit, Home Office – Segen oder Selbstausbeutung?, 01.03.13 http://www.welt.de/wirtschaft/article114055982/Home-Office-Segen-oder-Selbstausbeutung.html (2013).
111. Grady M. Towers, The Outsiders, Gift of Fire (The Prometheus Society's Journal) 22, (1987).
112. Sarah Schaschek, Ein Kind studiert, 25.03.2013, Der Tagesspiegel, http://www.tagesspiegel.de/wissen/hochbegabt-ein-kind-studiert/7982786.html

113. Fanny Jimenez, Zu Hochbegabung gehört mehr als ein IQ von 130, 24.02.2013, Die Welt, http://www.welt.de/gesundheit/psychologie/article113844884/Zu-Hochbegabung-gehoert-mehr-als-ein-IQ-von-130.html
114. http://www.eskimo.com/~miyaguch/hoeflin.html (2013).
115. James J. Gallagher, Teaching the Gifted Child, Longman Higher Education, 3rd edition, ISBN:978-0205084210 (1985).
116. http://www.iqsociety.org/ (2013).
117. http://en.wikipedia.org/wiki/High_IQ_society (2013).
118. Mensa Business International (BMI), https://www.xing.com/net/mensa/ (2013).
119. Joan Freeman, Giftedness, responsibility and schools, Gifted Education International, 15, 13–22 (2000).
120. Alan Robertson, Graham Abbey, Managing Talented People, Momentum, ISBN: 9781843040248 (2003).
121. Der Brüter vom Silicon Valley, FAZ, 7. November (2006), http://www.faz.net/s/Rub4C34FD0B1A7E46B88B0653D6358499FF/Doc~EC90664E9304044818D82CBB347B8CEB8~ATpl~Ecom
122. Warren G. Bennis, Robert J. Thomas, Geeks and Geezers: How Era, Values and Defining Moments Shape Leaders, Mcgraw-Hill Professional, ISBN: 978-1578515820 (2002).
123. Albert Martin (Hrsg), Organizational Behaviour – Verhalten in Organisationen, Kohlhammer, ISBN: 978-3-17-017193-3 (2003).
124. Eric A. Zillmer, Barry A. Ritzler, Molly Harrower, The Quest for the Nazi Personality: Psychological Investigation of Nazi War Criminals, Lawrence Erlbaum Assoc Inc, ISBN: 978-0805818987 (1995).
125. J. Freeman, Morality and giftedness, pages 141–148, in T. Balchin, B. Hymer, & Mathews, D.(Eds.), The Routledge International Companion to Gifted Education, London and New York, Routledge, ISBN: 978-0415461368 (2008).
126. http://www.frauen-aktiv.de/aktiv/24/seite7.php (2013).
127. Donald J. Trump, How to Get Rich, Ballantine Books, New York, ISBN: 0-345-48103-8 (2004).
128. James Surowiecki, Wisdom of Crowds, Anchor, Trade Paperback, ISBN: 978-0385721707 (2005).
129. Jeffrey K. Liker, David P. Meier, Toyota Talent, Developing your people the Toyota Way, McGraw-Hill, ISBN: 978-0-07-147745-1 (2007).
130. Peter F. Drucker, The Effective Executive, The Definitive Guide to Getting the Right Things Done, Collins, ISBN: 978-0-06-083345-9 (2006).
131. http://drugmonkey.wordpress.com/2007/08/30/postdocs-alway-overestimate-their-intellectual-contributions/ (2007).
132. Sven Becker, Alltag als Superhirn "Ich treibe meine Frau zum Wahnsinn" 22.05.2013, http://www.spiegel.de/karriere/berufsleben/iq-200-ein-hochbegabter-erzaehlt-aus-seinem-alltag-a-899120.html
133. Véronique Leroy, Jacques Grégoire, Eran Magen, James J. Gross, Moïra Mikolajczak, Resisting the sirens of temptation while studying: Using reappraisal to increase focus, enthusiasm, and performance Learning and Individual Differences, Volume 22, Issue 2, 263–268 (2012).
134. Gary Hamel, The Future of Management, Harvard Business School Press, ISBN: 978-1-4221-0250-3 (2007).
135. Stephen R. Covey, The 8th Habit, From Effectiveness to Greatness, New York, ISBN: 0-533-29698-1 (2005).
136. Elaine N. Aron, Pia Gelpke, Cornelia Preuß, Sind Sie hochsensibel? Wie Sie Ihre Empfindsamkeit erkennen, verstehen und nutzen, Moderne Verlagsges. Mvg, ISBN: 978-3636062468 (2005).
137. Jutta N, Wenn du zu viel fühlst: Wie Hochsensible den Alltag meistern, Schirner, 6. Aufl.
138. http://karriere-journal.monster.de/beruf-recht/gesund-fit/brainfood-essen-fuer-mehr-leistung-63670/article.aspx (2013).
139. http://www.hochbegabten-coaching.com/pdf/Society10_08.pdf (2009).

4 Intelligenz und Erfolg

Zusammenfassung

Was ist Erfolg, und wie lassen sich Leistung und Erfolg messen? Was sind Lebenserfolg und gesellschaftlicher Erfolg, was sind beruflicher Erfolg und Erfolg als Manager? Was ist Weltklasseerfolg und wie kommt es dazu? Dieses Kapitel widmet sich neben obigen Fragen dem Thema „Angst vor Erfolg als Hochbegabter", und der Frage nach dem Zusammenhang von Intelligenz und Erfolg, darunter Faktoren für Erfolg, Hochbegabte und Erfolg und die Bedeutung des Denkens mit beiden Gehirnhälften. Der Leser lernt interessante Konzepte, beispielsweise den Pygmalioneffekt (wie Erwartungen zum Erfolg führen) kennen.

Kann man „oben ohne" Erfolg haben? Es war die Intelligenz, die die Menschheit Schritt für Schritt vorwärts gebracht hat. Daher ist der Schluss nahe liegend, dass die Intelligenz eines Menschen ihn als Individuum auch in sozialen Organisationen vorwärtsbringen sollte. Tatsächlich stellt man fest, dass besonders intelligente Menschen nicht „automatisch" an die Spitze unserer Organisationen gelangen. Es gibt zahlreiche Hochbegabte, die weder über viel Geld, Macht, Einfluss oder Bedeutung verfügen. Intelligente Menschen haben es in der Regel dennoch einfacher im Leben, wie schon die Intuition vermuten lässt. Lewis Terman sagte – und das war bestimmt nicht als Understatement gemeint – „*... intellect and achievement are far from perfectly correlated*" [1]. Intelligenz und Persönlichkeit sind zwei zentrale Begriffe in der Psychologie, die zur Erklärung von menschlichem Verhalten herangezogen werden. Hohe Intelligenz führt nicht automatisch zu herausragenden Leistungen. Damit eine hohe Begabung realisiert werden kann, ist es notwendig, dass Persönlichkeit und Umfeld „passen". Harte Arbeit, emotionale Unterstützung, etwas Glück, eine positive, offene Grundhaltung – sie sind für Erfolg im Regelfall wichtiger als ein hoher IQ.

> *Continuous effort – not strength or intelligence – is the key to unlocking our potential.*
> Winston Churchill (1874–1965), britischer Staatsmann

M. Lackner, *Talent-Management spezial*,
DOI 10.1007/978-3-658-03183-1_4, © Springer Fachmedien Wiesbaden 2014

Allgemeine Intelligenz sagt nicht automatisch intelligentes Verhalten in einer bestimmten Situation voraus. Ebenso ist nicht jedes „intelligente Verhalten“ erwünscht. Ein Dieb, der auf intelligente Art Beute macht, erntet keine Anerkennung.

Theodore („Ted“) John Kaczynski war Mathematiker und ging als „Unabomber“ in die Geschichte ein [2]. Sein Intelligenzquotient wird zwischen 155 und 167 geschätzt, und er wurde18 Jahre lang vom FBI gejagt. Die Ermittlungen hatten 50 Mio. $ gekostet und etwa 1 Mio. Arbeitsstunden verschlungen. Das stellt den größten Aufwand, der in den USA zur Festnahme eines Täters vor dem Terror des 11. September 2001 betrieben wurde, dar [3]. Zum Schluss wurde Kaczynski auf die altbekannte Weise überführt, die sich schon Sherlock Holmes zunutze gemacht hatte: Warten auf einen Fehler oder Tipp eines Zeugen (im Fall des Unabombers gab sein Bruder den Hinweis). Auch Franz Fuchs, der Bombenleger aus Österreich, war mit einem IQ von 139 hochbegabt [4]. Kaczynski und Fuchs haben ihre Hochbegabung für verwerfliche Handlungen genutzt. Sie sind von der Gesellschaft dafür ausgeschlossen worden. Anders erging es dem US-amerikanischen Hochstapler und Scheckbetrüger Frank William Abagnale (IQ 136), dessen Lebensgeschichte den Stoff für Steven Spielbergs Gaunerkomödie „*Catch me if you can*“ (2002) lieferte. Das FBI bot ihm Straferleichterung für seine Mithilfe bei der Bekämpfung von Scheckbetrug an [5], [6].

Die Frage, ob überdurchschnittlich intelligente Menschen auch überdurchschnittlich erfolgreich sind, bedarf einer differenzierteren Betrachtung.

Generell verfügen Menschen mit einem hohen IQ über höhere Bildung, höhere Einkommen und höhere Positionen als Menschen mit einem im unteren Drittel angesiedelten IQ.

Der Zusammenhang zwischen Erfolg und Intelligenz gilt offenbar nur in einem bestimmten Bereich. Ab einem Mindest-IQ von etwa 120 hat man „genug“ geistiges Potenzial, um erfolgreich im Sinne einer gewöhnlichen Karriere zu sein. Die Mindestgröße im Basketball ist ein passendes Analogon, vergleiche auch die Aussage von Wolfram K. zu seinem Lieblingsspieler der NBA (*National Basketball Association,* die Basketball-Profiliga in Nordamerika) vorhin: Darunter „geht nichts“, ab einem gewissen Körpermaß ist man dabei. Ein Übermaß an Körperhöhe verschafft keinen besonderen Zusatznutzen. Das Gleiche scheint für die Denkfähigkeit eines Menschen zu gelten: Intelligenz besitzt in diesem Sinne eine Art Schwellenwert.

Wichtigere Determinanten für Erfolg als der IQ sind harte Arbeit, emotionale Unterstützung durch das jeweilige Umfeld und eine positive, offene Einstellung [7].

Hochbegabte haben generell nette Jobs und passable Einkommen, hingegen bei weitem nicht alle bekleiden wirklich herausragende Positionen oder werden eine solche in ihrem Leben erreichen. Das wurde schon in Termans Studie festgestellt. Schlau sein alleine reicht nicht, man sollte auch sozial intelligent sein.

Robert Oppenheimer, der geistige Vater der Atombombe, wollte seinen Tutor vergiften. Die Sache flog auf, und der Tutor überlebte (es war dies Patrick M.S. Blankett, der später auch den Nobelpreis erhielt [8]). Oppenheimer selbst kam sehr glimpflich davon. Er hatte, eventuell mithilfe seines Vaters, geschickt verhandelt und wurde auf „Bewährung“

gesetzt. Eine ganz große Fähigkeit von Oppenheimer war, neben seiner eigenen Brillanz, das Management anderer Hochbegabter in seinem 4500 Mann starken Los Alamos Team, die auch als „die größte Ansammlung unberechenbarer Narren" bezeichnet wurden [9].

Stellen Sie sich das vor: Andere (die allermeisten von uns!) hätten schlimmste Folgen für versuchten Mord zu befürchten gehabt, doch Robert Oppenheimer konnte sich herausreden.

Das ist es, was Robert J. Sternberg **„Praktische Intelligenz"** nennt. Sie besteht darin zu wissen, was man wann zu wem sagt, um eine optimale Wirkung zu erzielen. Sternberg sieht sie unabhängig von der analytischen Intelligenz. Oppenheimer hatte beides. Der IQ ist teilweise angeboren, während sich die praktische Intelligenz erlernt. Zunächst einmal soll jedoch Erfolg definiert werden.

4.1 Erfolg

Lassen Sie zum Einstieg folgende zwei Zitate auf sich wirken:

> *Erfolg besteht darin, dass man genau die Fähigkeiten hat, die im Moment gefragt sind.*
> Henry Ford (1863–1947), amerikanischer Automobilunternehmer

> *Um es im Leben zu etwas zu bringen, muß man früh aufstehen, bis in die Nacht arbeiten – und Öl finden.*
> Jean Paul Getty (1892–1976), amerikanischer Öltycoon

Erfolg ist das positive Resultat einer persönlichen Handlung oder das Ergebnis der wirtschaftlichen Aktivität einer Organisation. Im Gegensatz zu Glück basiert Erfolg daher auf Leistungen (nur im Wörterbuch steht „Erfolg" vor „Leistung"). Erfolg kann nach objektiven und subjektiven Kriterien beurteilt werden. Er bedeutet demnach, ein selbst oder gemeinsam definiertes **Ziel** zu erreichen. Die Höhe der Herausforderung kann als das Qualitätsmerkmal des Ziels angesehen werden.

In Bezug auf Management kann man unterscheiden zwischen

- persönlichem Erfolg,
- Führungserfolg,
- Teamerfolg.

Erfolg wird oft mit finanziellen Ergebnissen gleichgesetzt. Ein klassisches Buch zum Thema „Erfolg" stammt von Napoleon Hill [10].

Wesentliche Faktoren für nachhaltige Erfolge sind Verhalten, Intelligenz, Wissen, Kultur und Motivation. Das gilt für persönliche Ziele, Unternehmensziele oder gesellschaftliche Ziele.

Die Definition von Erfolg betrachtet neben dem Erreichten auch den „Einsatz". Wenn der Einsatz, um erfolgreich zu sein, unbillig hoch ist, kann man höchstens von einem Scheinerfolg (Pyrrhussieg, Kadmeischer Sieg) sprechen.

Neben dem subjektiven Erfolg gibt es auch objektive Kriterien, den Erfolg eines Menschen zu messen (siehe gleich).

Ein interessantes Buch, das sich der Frage widmet, warum manche Menschen erfolgreich sind und andere nicht, ist „Überflieger" [11] von Malcolm Gladwell. Erfolg ist relativ. Schon aus diesem Grund können nicht alle Menschen gleich erfolgreich sein.

4.2 Messung von Leistung und Erfolg

Meten is weten.
Flämisches Sprichwort: „*Messen heißt Wissen*"
Bzw. als Management-Axiom: „*Was man nicht misst, kann man nicht managen.*"

In den exakten Naturwissenschaften ist es einfach, verschiedene Größen genau zu messen. Im (Spitzen)Sport lassen sich Leistungen durch Vergleich mit Mitstreitern bestimmen, und auch beim Schach ist Erfolg objektiv feststellbar. Anders sieht es in Musik, Kunst, Literatur und in der Wirtschaft aus. Wie lässt sich der Erfolg einer Marketingkampagne messen? Woher weiß man, dass eine andere Strategie nicht ebenso gewinnbringend oder sogar deutlich erfolgreicher gewesen wäre?

Der Nobelpreis gilt in der Wissenschaft als eine der größten Auszeichnungen für Erfolg, so wie der Oscar (Academy Award) im Filmbusiness und die Grammy Awards für Musikschaffende. Alfred Nobel (1833–1896), der Stifter des Nobelpreises, lobte seinen Preis für die Fachgebiete der Medizin, Chemie und Physik aus und zusätzlich für Literatur und Frieden. Einen Nobelpreis für Wirtschaftswissenschaften gibt es streng genommen nicht, auch wenn der „Preis für Wirtschaftswissenschaften der schwedischen Reichsbank in Gedenken an Alfred Nobel" meist als solcher bezeichnet wird. Der Naturwissenschaftler Nobel war kein Freund der „weichen Geisteswissenschaften" und sagte über Wirtschaft: „*Ich habe keine Wirtschaftsausbildungl und hasse sie von Herzen.*" Dennoch war der schwedische Chemiker, Erfinder und Industrielle wirtschaftlich sehr erfolgreich (zu seinen über 350 Patenten zählte auch eines über die Erfindung von Dynamit; daneben schrieb Nobel noch ein Theaterstück).

Wirtschaftlicher Erfolg lässt sich am ehesten über monetäre Wertschöpfung messen. Eine absolute Bezifferung des Erfolgs ist auch in diesem Fall nicht möglich. Wenn ein Unternehmen in einem Jahr einen hohen Gewinn erwirtschaftet, und dies auf Kosten der Leistungs- und Ertragsfähigkeit der nächsten Jahre erfolgt, kann man dann von Erfolg sprechen?

Erfolg ist üblicherweise ein geglücktes Projekt oder eine Abfolge derselben. Es sind Angehörige der jeweiligen Disziplin, Fachkollegen bzw. mitunter sogar die Öffentlichkeit, die die Standards für Erfolg in schwer messbaren Bereichen festlegen. Für Erfolg auf Weltklasseniveau sind, wie die Expertiseforschung lehrt, die besagten 10.000 Stunden (oder zehn Jahre) intensiven Übens – harte Arbeit und Durchhaltevermögen – vonnöten.

4.3 Lebenserfolg

Lebenserfolg – ein gewichtiges Wort. Ohne hier in die Diskussion über den Sinn des Lebens abzugleiten, sollte sich jeder Mensch die Frage stellen, was Lebenserfolg für ihn persönlich bedeutet. Die Frage nach dem Lebenserfolg ist höchst subjektiv und kann nur individuell beantwortet werden. Ist Lebenserfolg mehr der Weg oder das Ziel? Was ist die Summe der Lebensbemühungen? Hat man das erreicht, was es zu erreichen galt?

Man findet unzählige Bücher und Listen in Internetforen mit „1000 Dingen, die ein Mensch gemacht haben soll". Oder geht es darum, eine Sache richtig gut gemacht zu haben?

Es gibt keinen Hinweis darauf, dass sich Hochbegabte im subjektiv wahrgenommenen Lebenserfolg von anderen Menschen unterscheiden.

Zwar ist der Beruf für viele Manager das bestimmende Element in ihrem Leben, mit dem sie sich identifizieren und für den sie sich aufopfern, doch zu Lebenserfolg gehört mehr als ein beruflich verfolgtes oder tatsächlich geschaffenes Lebenswerk.

▶ **Tipp am Rande** Sobald Sie das Gefühl haben, sich im Job „aufzuopfern", halten Sie inne, und fragen Sie sich eindringlich, warum Sie nicht etwas tun, was Ihnen Freude bereitet.

Wann empfinden Hochbegabte Lebenserfolg? Zufriedenheit mit dem eigenen Leben lässt sich am ehesten erreichen, wenn die jungen Hochbegabten selbst Entscheidungen treffen können und von anderen respektvoll behandelt werden [12]. **Selbstbestimmung** ist für Hochbegabte und ihre gefühlte Zufriedenheit von ausschlaggebender Bedeutung.

Erfüllung

Eine tiefe, lang andauernde Zufriedenheit – Erfüllung – erreichen wir nur, wenn wir unsere Fähigkeiten ausschöpfen (vergleiche auch Abraham Maslows Bedürfnispyramide).

Studien gehen davon aus, dass wir nur 10 % unserer mentalen Kapazität nutzen, als Normalbegabte wie als Hochbegabte. Wir wandeln alle halb schlaftrunken durch die Welt.

Jeder Mensch hat daher enorme latente Potenziale.

Hochbegabte, die weit unter ihrem Potenzial bleiben, tendieren zu Unzufriedenheit. Dazu Hermann Meyer: „*Wer, aus welchen Gründen auch immer, seine Fähigkeiten und Fertigkeiten nicht entwickeln kann, wird unweigerlich mit dem Phänomen der Angst und der Ohnmacht konfrontiert.*" [13]

Ambivalenz zu Leistung und Erfolg auf geistigem Gebiet Sportliche Leistung wird generell positiv gesehen, und die Menschen identifizieren sich mit den Stars. Bei intellektuellen Fähigkeiten tauchen schnell Gedanken an irgendwelche Defizite, mit denen sich der Hochbegabte diese „erkauft" hat, beispielsweise soziale Kompetenz, auf.

So berichtete eine Mutter: *„Ich hatte ein Schlüsselerlebnis mit einem meiner Söhne. Im Kreise von 4 Eltern zählte jeder voller Stolz auf, was ihre Kinder besonders gut könne, unter den jeweiligen anerkennenden Bemerkungen der anderen. Als ich die attestierte mathematische Hochbegabung meines Sohnes erwähnte, führte das nur zu Annahmen über spätere Schwierigkeiten im Leben und Spekulationen über andere Defizite".*

Der deutsche Philosoph Arthur Schopenhauer (1788–1860) schrieb: *„Am allerwenigsten wird daher unter den Anforderungen, die... [der Durchschnittsmensch] an andere macht, die irgend überwiegender geistiger Fähigkeiten sein: vielmehr werden diese, wenn sie ihm aufstoßen, seinen Widerwillen, ja, seinen Haß erregen; weil er dabei nur ein lästiges Gefühl von Inferiorität, und dazu einen dumpfen, heimlichen Neid verspürt..."* [14].

Es hat manchmal den Anschein, als sei Arbeitseinsatz und das Bestreben, Erfolg zu haben, nicht gerne gesehen. So sagte der Amerikanische Mathematiker Richard Hamming [15]: *„Our society frowns on people who set out to do really good work. You're not supposed to; luck is supposed to descend on you and you do great things by chance."*

Lassen Sie sich davon nicht beirren. Menschen, die so denken, sind von Neid und Gleichmacherei getrieben. Erfolg stellt sich in der Regel nicht durch Glück oder „von alleine" ein, und die Früchte harter Arbeit können große Genugtuung verschaffen. Wer Erfolg hat, trifft auf weitere erfolgreiche Menschen, die Einsatz und Leistung gutheißen.

4.4 Gesellschaftlicher Erfolg

Erfolg lässt sich auch teilweise anhand der sozialen Stellung eines Menschen beurteilen. In [16], [17] und [18] werden Modelle vorgestellt, wie man aufgrund von Beruf und Bildung den sozialen Status eines Menschen bestimmen kann. Zu berücksichtigen ist, dass sich sowohl das Prestige des Berufs als auch der erreichte Ausbildungsgrad eines Menschen und der seiner Eltern und Partner verändern können. Die hier genannten Arbeiten gehen zurück auf August B. Hollingshead [17]. Der sozioökonomische Status ist keine Maßzahl für die soziale Schicht. So wie Geschlecht und ethnische Zugehörigkeit gehört die soziale Klasse (soziale Schicht), vor allem die Herkunft aus einer bestimmten sozialen Klasse, ein Leben lang zu einem Menschen [18].

Die Autorin von Harry Potter ist mit ihrem Roman sicher in die Oberschicht aufgestiegen, genauso wie CEOs, die sich vom Lehrling hochgearbeitet haben, und erfolgreiche Firmengründer.

Gesellschaftlicher Erfolg wird geteilt, im Gegenstatz zu einem persönlichen Erfolg, den man nur für sich selber erlangt, wie beispielsweise das Absolvieren eines Marathons oder das Bestehen einer Prüfung. Zum Berufserfolg, siehe später.

4.5 Faktoren für Erfolg

Es gibt eine Reihe von Faktoren, die über Erfolg oder Misserfolg entscheiden. Erfolg „funktioniert" nicht nach einem mechanistischen „Ursache-Wirkung"-Schema. Lassen Sie uns einige Aspekte von Erfolg beleuchten, allen voran Intelligenz.

Intelligenz als Erfolgsfaktor

Es mag intuitiv erscheinen, dass Intelligenz eine notwendige, wenngleich nicht hinreichende Bedingung für Erfolg ist.

Es gibt sehr schlaue Menschen, die nur bescheidene Erfolge erzielen, obwohl sie sich sehr abmühen. Viele Weltklasse-Wissenschaftler führen ein beschauliches Leben in mittleren Verhältnissen.

Andere, weniger mit Intellekt gesegnete Menschen schaffen es, nachdem sie sich in der Schule mittelprächtig durchgeschlagen haben, durch Bauernschläue und Geschick rasch zu einem kleinen oder sogar großen Vermögen, hoher Anerkennung oder sonstigen Erfolgserlebnissen zu kommen.

Man kann sagen, dass ein hoher Intellekt (fast) ein Garant für schulischen Erfolg ist und auch Erfolg im Beruf vermuten lässt. Der IQ eines Menschen sagt nach diversen Studien dessen Erfolg in Schule und Beruf relativ zutreffend voraus [19]. Auf den Wohlstand eines Menschen hat der IQ jedoch keinen direkten Einfluss.

Intelligenz alleine kann Erfolg nicht erklären, hilft einem Menschen jedoch, seine Ziele zu erreichen. Im Internet und in den Printmedien finden sich Berichte über die (angeblich) hohen IQs berühmter und bekannter Personen. Viele Studien versuchen, aus dem Lebenslauf zeitgenössischer und verblichener Größen der Gesellschaft deren IQ zu schätzen. Die Wissenschaftlichkeit derartiger Methoden lässt sich zu Recht anzweifeln. 2001 kursierten Meldungen durch das Internet, George Bush habe nur einen IQ von 91. Diese Meldungen schafften es sogar bis in renommierte Tageszeitungen [20]. Rasch stellte sich jedoch dabei heraus, dass es sich um einen **Hoax** bzw. eine Zeitungsente gehandelt hatte (zu einer seriösen Studie über die IQs von amerikanischen Präsidenten siehe [21]).

Hoaxes sind Falschmeldungen, die gerne per E-Mail verbreitet werden. Sie zählen zu den modernen Sagen (*urban legends, urban myths*) und stellen moderne Ammenmärchen dar.

Weit verbreitetes, jedoch nur scheinbares und schlichtweg falsches Wissen ist schwer auszumerzen, weil es von vielen für wahr gehalten und verbreitet wird. Moderne Medien wie das Internet machen das sehr einfach, rasch und kostengünstig möglich.

Ein klassisches Beispiel für eine moderne Sage ist die Geschichte aus den USA mit der Katze in der Mikrowelle. Zum ersten Mal wurde sie dem Autor im Physikunterricht vor 20 Jahren aufgetischt – und seither wieder in Dutzenden Versionen.

Je ausgefallener die Meldung, desto besser scheint sie sich zu verbreiten. Hier ein *urban myth* aus dem Bereich der Hochbegabten:

Der Sohn wohlhabender englischer Adeliger ging in einem schottischen See baden. Er bekam einen Krampf und schrie um Hilfe. Ein sich zufällig in der Nähe aufhaltender Bauernjunge hörte die Schreie und rettete dem Filius das Leben. Die Adeligen ermöglichten dem Bauernjungen daraufhin seinen sehnlichen Wunsch, Medizin zu studieren. Er wurde Arzt, entdeckte das Penicillin und wurde 1945 mit dem Nobelpreis ausgezeichnet. Sein Name war Alexander Fleming. Der adelige Junge erhielt 1953 den Nobelpreis für Literatur, sein Name war Winston Churchill.

In einer weiteren Version dieser modernen Sage rettet Fleming Churchill ein zweites Mal das Leben. Es ist dies der Fall, als Churchill durch Flemings Penicillin von einer Krankheit geheilt wird.

Beide Mythen kursieren durch das Internet, ohne durch historische Tatsachen belegbar zu sein. Klar anzuerkennen ist jedenfalls die Tatsache, dass Intelligenz nicht unmittelbar zum Erfolg führt.

Zahlreiche Untersuchungen zeigen, dass erfolgreiche Künstler, Wissenschaftler, Unternehmer, Schachspieler und andere zumeist einen IQ zwischen 115 und 130 haben. Das ist nicht wirklich besonders, etwa 14 % der Bevölkerung liegen hier.

Hochbegabten geht es im Leben zumeist „recht gut". Wirklich herausragend sind die meisten von ihnen hingegen nicht. Es gibt auch Untersuchungen, die darauf hindeuten, dass das Wissen über die eigene Hochbegabung dem Vorankommen im Leben schaden kann. Ohne Motivation und andere Eigenschaften (Schlagwort EQ) nützt einem ein hoher IQ alleine nicht viel.

Persönliche Finanzen und Intelligenz

Intelligente Menschen haben genauso viele Geldprobleme wie weniger schlaue Leute.

Allerdings steigt das durchschnittliche Einkommen mit dem IQ [22], was in zahlreichen Studien bestätigt wird. Übrigens auch mit der Körpergröße: Große Menschen werden als glücklicher beschrieben, weil sie generell höhere Ausbildungen und höhere Einkommen erlangen [23]. Manager sind im Durchschnitt größer als Spezialisten [24], und bei gleicher Ausbildung haben große Menschen eine breitere Auswahl an Karrierechancen als kleinere [24].

Hürden für den Erfolg von Hochbegabten

Im Verhalten von Hochbegabten in Organisationen lassen sich Muster ausmachen. Es gibt einige Verhaltensweisen, die ihnen das Vorwärtskommen erschweren bzw. dieses sogar verhindern. Hochbegabten sei nahegelegt, folgende Punkte zu meiden wie der Spieler das Kasino, um sich nicht selbst um den Erfolg zu bringen:

- die Versuchung, sich zu verzetteln,
- den Drang, sich mit Vorgesetzten, Kollegen und Mitarbeitern anzulegen,
- das Streben nach Perfektion.

Joan Freeman zitiert die Forscherin Rena Subotnik in [12]: „*The major obstructions to the realization of gifted potential are socio-educational, and they exist everywhere in the world in different forms. They can be summed up in just three powerful and overlapping aspects; 1) morality, 2) gender and 3) emotion.*“

Demnach sind weitere allgemeine Barrieren für den Erfolg von (schlauen) Menschen unter anderem im Bereich des EQ angesiedelt.

Erfolg durch Selbstbewusstsein

Laut Werner Siefer [25] ist **Selbstbewusstsein** für den Erfolg eines Menschen wichtiger als seine Intelligenz. Er schreibt: „*Der Besitz eines hohen IQ ist immer noch weithin überschätzt. Viele Studien belegen mittlerweile, dass der Lebenserfolg und die gemessene Intelligenz nicht unbedingt etwas miteinander zu tun haben. Wer in der Schule gute Noten hat, wird als Erwachsener deswegen nicht ein preisgekrönter Forscher oder erfolgreicher Unternehmer. Das Vertrauen darin, es zu schaffen oder klug zu sein – ungeachtet der realen Verhältnisse –, scheint dagegen ein vielleicht ebenso und womöglich sogar wichtigerer Erfolgsfaktor zu sein …*“

Um aus einem Talent eine Karriere zu machen, benötigt man neben Ehrgeiz die Fähigkeit, sich zu vermarkten oder vermarkten zu lassen.

Einbildung als Bildung? Selbstüberschätzung ist sicherlich gefährlich, doch ein gesundes Selbstvertrauen schadet nicht. Vielen Hochbegabten würde ein größeres Selbstvertrauen in der Tat nützen. Die Grenzen des Möglichen setzt sich jeder selbst in seinem Kopf, das gilt auch für Hochbegabte. Glauben Sie an sich, und Sie können ein gesetztes Ziel möglicherweise erreichen; Glauben Sie hingegen nicht an sich, können sie dieses Ziel sicher nicht erreichen.

Donald Trump meinte in diesem Zusammenhang: „*Show me someone with no ego and I'll show you a big loser.*“ [26]

▶ **Implikation für Hochbegabte** Stellen Sie Ihr Licht nicht unter den Scheffel, und bekennen Sie sich zu Ihren Leistungen. Seien Sie nicht allzu selbstkritisch, und zeigen Sie Selbstbewusstsein. Dieses Vorgehen ist kein Zeichen von Angeberei, sondern es ist notwendig, damit Sie sich „verkaufen" können.

Erfolg durch Optimismus

Optimismus im Allgemeinen ist ein starker Indikator für Erfolg und kann benutzt werden, um Hochleister von Minderleistern zu unterscheiden [27].

Die Grenzen, die wir uns in Gedanken selbst auferlegen, werden in zahlreichen Ratgebern der Machart „Wie werde ich Millionär“ als Ursache deklariert, dass nicht alle Menschen reich sind.

Jeder hat bei sich selbst schon die Erfahrung gemacht, etwas nicht schaffen zu können, wenn man selbst nicht daran glaubt. „Der Glaube versetzt Berge“, wie man weiß.

Ein klassisches Experiment hierzu wurde in den USA mit Kadetten durchgeführt. Sie wurden in zwei Gruppen eingeteilt. Einer Gruppe teilte man mit, sie wären besonders widerstandsfähig gegen Seekrankheit. Der Kontrollgruppe wurde nichts gesagt. Wie erwartet konnte festgestellt werden, dass es in der Kontrollgruppe beim nächsten Manöver auf See deutlich mehr Seekranke gab als unter den anderen Versuchsteilnehmern, die von sich überzeugt waren, der See trotzen zu können [28].

Der Pygmalioneffekt: Wie Erwartungen zum Erfolg führen

Im Theaterstück „Pygmalion“ von George Bernhard Shaw, welches später als Musical „My Fair Lady“ herausgebracht wurde, wird ein Mädchen aus der unteren Schicht für ein Mitglied der Oberschicht gehalten und dadurch auch entsprechend behandelt. In Anlehnung daran versteht man in der Psychologie unter dem **Pygmalion-Effekt** (**Rosenthal-Effekt,** Versuchsleiter-Artefakt) das Ergebnis aus der Beziehung eines Versuchsleiters (Lehrer) und einer Versuchsperson (Schüler). Nach dem Pygmalion-Effekt wirken sich positive Erwartungen und Überzeugungen des Versuchsleiters (bzw. in Organisationen einer Führungskraft oder einer anderen Autoritätsperson) in Form einer sich **selbst erfüllenden Prophezeiung** *(selffulfilling prophecy)* positiv auf das Versuchsergebnis aus. Die klassischen Versuche wurden mit Intelligenztests durchgeführt.

Aus dieser Erkenntnis wurde der **„Pygmalion-Führungsstil“** geboren: Die Führungskraft soll hohe Erwartungen stellen und ihre Mitarbeiter bei deren Erreichung unterstützen. Durch den Pygmalion-Effekt lässt sich so eine überdurchschnittliche Arbeitsleistung erzielen (vergleiche mit dem fordernden Führungsstil).

Die Wirkungsweise ist wie folgt: Hohe Erwartungen durch den Manager führen dazu, dass er (unbewusst) einen wirksameren Führungsstil an den Tag legt, mit dem er seine Mannschaft stärker motiviert. Der Mitarbeiter erfährt ein gesteigertes Selbstbewusstsein und kann damit auch höhere Leistungen bringen.

> *Behandle die Menschen so, als wären sie, was sie sein sollten, und du hilfst ihnen zu werden, was sie sein können.*
> Johann Wolfgang von Goethe (1749–1832), deutscher Dichter

Details zum Pygmalion-Führungsstil finden sich in [28].

Wenn man als Führungskraft seine Mitarbeiter dazu anhält, an sich zu glauben und die eigenen Erwartungen hoch zu halten, kann der **Galatea-Effekt** produziert werden. Er ist eine Unterkategorie des Rosenthal-Effekts und basiert auf einer Steigerung der Selbstwirksamkeitserwartung der Mitarbeiter [29].

Manager, die wenig von ihren Leuten erwarten, erzeugen den **Golem-Effekt:** Die Leistung der Mitarbeiter wird tatsächlich entsprechend gering ausfallen [30].

Die **selbsterfüllende Prophezeiung** ist ein starkes Werkzeug, das Vorhersagen eintreffen lässt. Ein interessantes Beispiel ist der **Baskerville-Effekt**, nachdem Amerikaner chinesischer und japanischer Herkunft besonders häufig am vierten Tag eines Monats einem Herzleiden erliegen [31]. Die Ursache ist, dass in China und Japan die Zahl 4 für Unglück steht, und die kränkelnden Menschen sich selbst dadurch an „4er-Tagen" Stress machen.

Stellen Sie sich zwei Menschen vor, A und B.

A sagt zu sich selbst: *„Alles, was ich angreife, wird zu Gold."*
B sagt zu sich selbst: *„Alles, was ich anfasse, geht kaputt."*

Wer, denken Sie, wird mehr Erfolg haben?

Im Personalwesen ist der **Andorra-Effekt** [32], benannt nach dem gleichlautenden Theaterstück von Max Frisch, besonders relevant. Der Hauptcharakter nimmt in diesem Stück die ihm nachgesagten (negativen) Verhaltensmerkmale an. In betrieblichen Organisationen kann es sich ähnlich verhalten: Haben Kollegen negative Erwartungen an einen Kollegen, kann es passieren, dass er sich diesen Vorstellungen anpasst, sofern er davon weiß.

Der Halo-Effekt: Verblendung von Erfolg

Beim Halo-Effekt handelt es sich um einen Beurteilungsfehler bzw. Wahrnehmungseffekt, der auf Edward Lee Thorndike zurückgeht. Aspekte einer Person wie Status, Attraktivität oder ein Sprachfehler führen zu einem Gesamteindruck, der die weitere Wahrnehmung „überstrahlt", ähnlich einem Lichthof-Effekt (daher der Name). Es liegt eine krasse Überbewertung eines einzelnen Merkmals vor.

Der Halo-Effekt wirkt sich auch auf Managemententscheidungen und deren Beurteilung aus [33], ebenso auf Wahrnehmungen in der Wirtschaft allgemein.

Unternehmen, die gerade Gewinne schreiben, werden von der Presse gepriesen, und ihre Charakteristika (beispielsweise flache Hierarchie) werden als Erfolgsfaktoren gefeiert. Wenn diese Unternehmen später ein paar magere Jahre durchlaufen, sind es ebendiese Faktoren, die von der Presse verdammt und als Ursache für die unerfreulichen Zahlen gesehen werden. Viel Management- und Wirtschaftsliteratur ist vom Halo-Effekt geblendet. Neben dem Halo-Effekt ist es die systemimmanente Streuung, die Reporter und Journalisten zu Fehlschlüssen über wirtschaftlichen Erfolg verleitet. Unter 100 ähnlichen Firmen einer Branche wird es viele mittelmäßige, ein paar unterdurchschnittliche und einige wenige (sehr) erfolgreiche geben. Erinnern Sie sich an das Münzwurfexperiment von Rebecca Henderson [34] und die Bedeutung von Glück für den Erfolg.

Scheinerfolg

Bekanntlich ist nicht alles Gold, was glänzt, und auch nicht jeder, der erfolgreich wirkt, ist es auch tatsächlich. Der nach außen zur Schau getragene „Erfolg“ überragt mitunter die realen Leistungen. Nicht wenige Menschen leben von Wasser und Knackwurst, nur um sich ein großes Auto, Designerklamotten oder Luxusreisen leisten zu können, notfalls sogar auf Kredit. Viele Menschen haben Schulden, weil sie über ihren Verhältnissen leben. Man macht Dinge, die man nicht mag, um Leute zu beeindrucken, die man noch viel weniger mag. Der gefürchtete „große Fall nach steilem Erfolg“ tritt häufig nach einem Scheinerfolg zutage.

> **Tipp** Bevor in Ihnen Neid aufkommt, denken Sie an die Möglichkeit eines Scheinerfolgs!

Erfolg durch Erfolg

Schon in der Bibel steht (Matthäus-Evangelium, Kapitel 25, Vers 29): *„Denn wer da hat, dem wird gegeben werden, und er wird die Fülle haben; wer aber nicht hat, dem wird auch, was er hat, genommen werden.“*

Demnach lässt sich beobachten, dass Glück und Erfolg gewissermaßen „ansteckend“ sind. Robert K. Merton hat daraus das Prinzip der positiven Rückkopplung als *„Success breeds success“* formuliert. So wird ein bekannter Autor stärker beworben als ein unbekannter Neuer, der möglicherweise ein Mehr an Qualität liefert, und kommt dadurch automatisch wieder zu einem Erfolg. Andererseits ist es für jemanden, der in der „Misserfolgsspirale“ gefangen ist, sehr schwierig, aus dieser wieder auszubrechen.

> **Vorsicht** Erfolg bedingt nicht automatisch weiteren Erfolg! Aldous Huxley sagte: *„Nichts verleitet so leicht zum Aufgeben wie Erfolg.“*

Es klingt paradox, ist nach kurzem Überlegen jedoch einleuchtend: Zu viel Erfolg ist gefährlich, denn er macht taub für Anregungen und blind für Optionen. So, wie Midas alles zu Gold macht, was er berührt, denkt auch der Erfolgreiche, dass er durch wiederholte Anwendung derselben Muster Mal für Mal Erfolg haben wird. Er vergisst, dass jedes Problem nach einer individuellen Lösung sucht, und dass sich das Umfeld verändern kann. In der Tat verändert sich die Wirtschaftswelt rasch, und das, was ein Unternehmen gestern erfolgreich gemacht hat, kann ihm schon morgen zum Nachteil gereichen.

Erfolg durch Misserfolg

In Mitteleuropa gilt Misserfolg, vor allem im beruflichen Bereich, als umfassendes Scheitern und als „Endstation". Der gescheiterte Unternehmer ist gebrandmarkt auf Jahre, und wer einmal einen großen Misserfolg hatte, erholt sich nur schleppend davon. Sowohl Individuum als auch Gesellschaft gehen mit dem Scheitern sehr negativ um. Aus Japan sind Fälle bekannt, dass Menschen sich nach dem Konkurs ihrer Firma das Leben nahmen. Dadurch, dass man sich stark mit der Arbeit identifiziert, wird eine Niederlage zum absoluten Tabuthema. Erfolg ist ein allumfassendes, omnipräsentes Thema. Jedenfalls spricht niemand gerne über Misserfolg. Klar ist, dass auf jeden Spitzensportler Dutzende von Gescheiterten kommen, und dass es nach jeder Besetzung einer Spitzenposition auch etliche gibt, die das Rennen nicht gemacht haben. Scheitern kann man nicht schwarz-weiß sehen. Selbst für Einstiegspositionen bewerben sich oft bis zu 100 qualifizierte Kandidaten, von denen nur einer genommen wird. Die 99 „Gescheiterten" sind in der Lage, einen Vorteil aus der Sache zu ziehen: Sie können „gescheiter" werden. Zumeist bietet sich eine „zweite Chance". Aus dem ersten Scheitern kann man lernen. Rückschläge sind Teil des Erfolgs. [35] ist ein Ratgeber und Plädoyer für ein neues Verständnis des Scheiterns im Berufsleben.

Scheitert jemand, liegt das selten an ihm allein. Abgesehen vom Glück gibt es viele Einflussfaktoren, die bestimmen, ob ein Unterfangen klappt oder nicht. Ein Manager kann sich nicht auf „die Wirtschaft" oder „die äußeren Umstände" ausreden, wenn er sein Ziel nicht erreicht. Festzuhalten ist, dass die Umwelt einen Einfluss darauf hat, ob sich Erfolg einstellt oder nicht, doch sie ist nicht die einzige, und auch nicht die wichtigste, Determinante.

Es bedarf eines hohen Selbstvertrauens, aus seinen Fehlern zu lernen und sich nicht von ihnen klein bekommen zu lassen.

> *Ich kenne keinen sicheren Weg zum Erfolg, nur einen zum sicheren Misserfolg: es jedem recht machen zu wollen.*
> Plato(n) (428–348 v. Chr), griechischer Philosoph und Gelehrter

Vom Umgang mit Fehlern

Vertuschen Sie keine Fehler. Wenn Sie einen Fehler zugeben, kann Ihnen quasi nichts passieren (vergleiche die Straferleichterung bei Selbstanzeige). Wenn Ihnen oder einem Ihrer Mitarbeiter ein gravierender Fehler unterläuft, melden Sie diesen sofort an Ihren Chef. Die Bombe ist damit entschärft. Sie platzt hingegen, wenn der Chef Ihres Chefs ihn darauf unvorbereitet anspricht. Das ist eine der bösesten Überraschungen, die sich Ihr Chef ausmalen kann, und von der Aversion gegen Überraschungen, die Chefs in sich zu tragen pflegen, haben Sie ja bereits gelesen. Suchen Sie keine Alibis, und übernehmen Sie die Verantwortung für Fehler: sowohl Ihre eigenen als auch die Ihrer Mitarbeiter. Springen Sie diesbezüglich über Ihren Schatten, auch, wenn es schwerfällt!

Wer sich in Rechenschaften für seine Fehler verstrickt, verliert an Glaubwürdigkeit.

Wenn Sie öffentlich (in Maßen) Selbstkritik üben, kann es passieren, dass andere Sie sogar in Schutz nehmen.

Setzen Sie sich mit Ihren Fehlschlägen bewusst auseinander. Analysieren Sie, was erwartungsgemäß und was nicht wie geplant gelaufen ist. Nur so können Sie etwas daraus lernen. Machen Sie das Gleiche mit den Fehlern anderer Menschen. Versuchen Sie, Fall für Fall zu analysieren und zu verstehen, um brauchbare Erkenntnisse *(Learnings)*für sich mitzunehmen.

Wer behauptet, noch nie einen Fehler gemacht zu haben, leidet an Größenwahn oder an Realitätsverlust bzw. hat noch nie irgendetwas gemacht, siehe auch folgendes Zitat:

If you don't make mistakes, you're not working on hard enough problems. And that's a big mistake.
Frank Anthony Wilczek (1951–), amerikanischer Physiker und Nobelpreisträger

▶ **Tipp** Lernen Sie aus Ihren Fehlern genauso wie aus Ihren Erfolgen!

Edison hat für seine Glühbirne nicht 100 Mal versagt und dann das richtige Material gefunden, sondern er ist in 100 Schritten zum Ergebnis gekommen.

Viele große Unternehmer sind fest davon überzeugt, nur durch ihre anfänglichen Fehler das gelernt zu haben, was sie später erfolgreich gemacht hat. Und wenn André Kostolany sein Scheitern an der Börse nicht für einen Teil seines Erfolgs gehalten hätte, könnten wir es heute nicht in seinen Büchern lesen.

Als Chef sollten Sie Ihren Mitarbeitern erlauben, Fehler zu machen, um daraus lernen zu können. Firmen, die diese Philosophie institutionalisieren („kontinuierlicher Verbesserungsprozess" [KVP], „*lessons learned*"), sind als lernende Organisationen in einer geeigneten Ausgangssituation für einen langen Bestand.

Wer einen Fehler gemacht hat und ihn nicht korrigiert, begeht einen zweiten.
Konfuzius, (551–479 v. Chr.), chinesischer Philosoph

▶ **Tipp für Hochbegabte** Lernen Sie, Fehler zuzugeben. Niemand erwartet von einem Hochbegabten, dass er alles richtig macht.

Scheitern für Hochbegabte – das Impostor-Phänomen

Viele Hochbegabte haben nie richtig gelernt zu lernen. Durch ihre hohe Auffassungsgabe sind sie bereits in der Schule gewohnt, das meiste gleich zu können. Weil sie sich in der Schule nicht anzustrengen brauchten, tauchen Lernschwierigkeiten manchmal erst im Studium auf, und man„mogelt sich durch". Da mit steigender Begabung auch die Selbstzweifel anwachsen, tragen etliche Hochbegabte ein „Hochstaplergefühl" (*imposter feelings, impostor feelings*) in sich herum. Die eigenen Maßstäbe sind oft zu hoch, und es gibt für

Hochbegabte oft nur „sehr gut“ oder „ungenügend“ [36]. Ein sehr empfehlenswertes Buch für vermeintliche Hochstapler ist „The Imposter Phenomenon: Overcoming the Fear That Haunts Your Success“ von Pauline Rose Clance [37]. Einige Kernaussagen aus dem Buch:

- 70 % der erfolgreichen Menschen sind der Meinung, dass ihr Erfolg nicht real ist. Trotz zahlreicher Indizien für ihre Leistung glauben sie, dass nur Verbindungen, harte Arbeit und Glück, aber keinesfalls ihre Fähigkeiten und ihre Intelligenz für ihren Erfolg ausschlaggebend waren.
- Diese Menschen sind fest davon überzeugt, die Welt „genarrt“ zu haben, und sie leben in der permanenten Angst, enttarnt zu werden.
- Typische Symptome sind falsche Bescheidenheit und die Angst, das nächste Mal zu versagen.

Hochbegabte bringen Aufgaben oft nicht zu Ende, weil mit dem Fortschritt der Arbeit die Zweifel wachsen. Überhöhte Ansprüche an sich selbst und Perfektionismus verleiten dazu, eine Arbeit mehrmals abzubrechen und von vorne zu beginnen. Als „Therapie“ wird Hochbegabten in [36] empfohlen, sich mit Tätigkeiten, die sie nicht beherrschen und nicht unbedingt beherrschen müssen, zu beschäftigen, um das Scheitern zu erlernen und um mit Misserfolgen entsprechend umzugehen.

Der deutsche Rechenkünstler DDr. Gert Mittring sagt, Hochbegabte scheitern sehr oft wegen ihres Drangs, dauernd aus Langeweile von einem Thema zum nächsten zu springen, sobald sie das gegenwärtige im Ansatz begriffen haben – und so nichts zu wege bringen. Das ist dann kein Scheitern, aus dem der Betroffene lernen kann, sondern eine vergebene Chance.

4.6 Angst vor Erfolg als Hochbegabter

Genauso, wie Menschen vor Misserfolg Angst haben, fürchten sie sich manchmal auch vor Erfolg (andere wiederum, und das sind viel mehr Bürger, fürchten sich vor der Arbeit, die für einen Erfolg nötig wäre)!

Verlust von Freundschaften bei Beförderung, Überforderung im neuen Job, Angst vor dem Fall– all das befürchten manche Menschen und meiden Erfolg so lieber gleich. Auch Hochbegabte sind hier nicht nur nicht immun, sondern besonders gefährdet, sind ihnen Selbstzweifel doch nicht fremd.

Apropos Angst: Alles spielt sich im Kopf ab. Der griechische Philosoph Epiktet sagte: *„Nicht die Dinge sind es, die die Menschen beunruhigen, sondern das, was sie über diese Dinge denken.“*

Ängste sollten Sie ablegen (lernen). Sie sind auch ein wichtiges Warnsignal. Wer keine Angst hat, lügt oder lebt nicht mehr. Er bewegt sich nur auf bekanntem, sicherem Terrain.

Hochbegabte tragen häufig eine unbewusste Angst vor Erfolg in sich. Ein empfehlenswertes Buch zu diesem Thema ist [38].

4.7 Selfmademan vs. förderndes Umfeld

Menschen lieben Geschichten, und die meisten Geschichten über die Reichen und Erfolgreichen dieser Welt folgen dem gleichen Muster: Der Held, aus armen, einfachen Verhältnissen stammend, arbeitet sich aus eigenem Antrieb, nur durch die Kraft seiner Ausdauer und seiner Fähigkeiten, nach oben. Das ist es, wofür der „***American Dream***" steht. Benjamin Franklin wird als ein derartiger Selfmademan heroisiert. So bezeichnete sich auch Jeb Bush als *Self Made Man* und sagte, es sei ein Nachteil für seinen Erfolg, der Sohn eines amerikanischen Präsidenten, der Bruder eines weiteren amerikanischen Präsidenten und der Enkel eines wohlhabenden Wall Street Bankers und US-Senators zu sein [39]. Auch andere berühmte Persönlichkeiten stellen sich gerne als Selfmademen dar.

In seinem Buch „Outliers" [39] vertritt Malcolm Gladwell die These, dass diese Vorstellung eines Selfmademan lediglich ein Mythos sei und nicht viel mit der Realität zu tun habe. Es sei das Umfeld einer Person, das dieser in subtiler Weise Vorteile und versteckte Möglichkeiten offeriere, die schließlich zum Erfolg führen.

Laut Malcolm Gladwell sei ein Effekt, bezogen auf die Förderung von Kindern und Jugendlichen, dass Reife und Fähigkeit gerne verwechselt werden. Ein Kind, das im Dezember geboren wird, ist einem wenige Wochen später zur Welt gekommenen Erdenbürger sehr ähnlich in Bezug auf seine Entwicklung, gilt dennoch als ein Jahr „älter". Daher besteht vor allem in jungen Jahren die Gefahr, dass es nicht richtig gefördert wird, weil man es mit den anderen Kindern seines Jahrgangs, die ihm gegenüber, entwicklungsmäßig gesehen, einen Vorsprung haben, vergleicht. So gilt es rasch als weniger talentiert. In Outliers wird dieses Phänomen anhand von kanadischen Spitzen-Hockeyspielern, die tendenziell zu Beginn des Jahres geboren wurden, plausibilisiert.

Erfolg entsteht, sobald jemand eine Chance bekommt und gezielt gefördert wird. Die Förderung führt zu neuen Leistungsspitzen, die sich schlussendlich in einem überdurchschnittlichen Resultat manifestieren. Man spricht von **„kumulativem Vorteil"**.

Eltern, die finanziell um das Überleben kämpfen, werden ihrem Nachwuchs kaum derart intensive Musik- oder Sporterziehung angedeihen lassen können, dass es beim Sprössling zum Weltklasseerfolg kommt, auch bei herausragendem Talent [39].

Erfolg ist das Produkt aus Leidenschaft, Talent, harter Arbeit und einem fördernden Umfeld. Wie sich das geradezu ideale Umfeld auf die Entwicklung der Karrieren von Bill Gates, den Beatles und einiger der reichsten Menschen der Geschichte auswirkte, wird in [39] beleuchtet. So war das Geburtsjahr (unter anderem) entscheidend dafür, großen Erfolg zu haben.

Eine Möglichkeit wird benötigt, und dann liegt es an der harten Arbeit des Individuums, daraus etwas zu machen. Beides zusammen kennzeichnet Erfolg.

Dass sich Zeitpunkt und Idee ideal ergänzen können, damit etwas Großartiges entstehen kann, leuchtet auch ein: Um 1900 war die Hochblüte für Eisenbahn-Gründungen in den USA, und um das Jahr 2000 waren es Internet-Startups, mit denen Geld zu machen war. Ein Jahrzehnt später waren die Tore bereits wieder verschlossen *(window of opportunity)*.

4.8 Weltklasseerfolg, oder: Gibt es geborene Genies?

Eine Begabung alleine führt nicht zum Erfolg. Zusätzlich ist eine intensive Beschäftigung mit dem Gebiet, wo Erfolg entstehen soll, vonnöten. Dieses intensive Üben ist essenziell, um zu den Besten aufzusteigen. Die Vorstellung, dass geniale Musiker geboren und Stars ihrer Zunft „über Nacht berühmt" werden, ist ein weitverbreiteter Mythos. Trotz der vielen Geschichten über Genies stellt man beim näheren Hinsehen fest, dass es in den seltensten Fällen „göttliche Eingebung" war, sondern eine Kombination aus Begabung und harter Arbeit, die zum Auftreten von Expertise führte. Thomas Alva Edison, der geniale Erfinder, meinte, sein Schaffen sei „99 % Transpiration und 1 % Inspiration".

Edison war als Erfinder übrigens sattelfester als in der Rolle eines Managers. Der Gründer von GE wurde von seinem Banker, J.P. Morgan, in einer Krise gegen professionelle Manager ausgewechselt [40].

Ein Standardwerk zur Expertiseforschung ist [41], welches sich unter anderem dem Geniebegriff nähert. Es gibt auch eine Reihe populärer Bücher, die beschreiben, dass Talent überschätzt werde und jeder prinzipiell alles erreichen könne [42], [43], und [44], und dass niemand als Experte geboren werde. Hier ist ein ebendort angeführtes Beispiel: Kein Pilot wird als solcher geboren, sondern erlangt seine Fertigkeiten erst durch Übung. Die Begabung ist ein Grundstein, auf dem durch Lernen und Üben etwas aufgebaut werden kann.

Es bedarf einer Kombination aus Begabung (auf welchem Gebiet auch immer), Ehrgeiz und Fleiß, um Erfolg zu haben. Für die meisten Gebiete reicht ein IQ von 115. Dieser leicht uberdurchschnittliche Schwellenwert, kombiniert mit Ausdauer und harter Arbeit, kann einen Menschen deutlich weiter bringen als einen hochbegabten, gleichzeitig aber faulen oder unfokussierten Mitstreiter.

Charles Darwin meinte: *„Narren einmal ausgenommen, unterscheiden sich die Menschen nicht so sehr hinsichtlich ihres Intellekts, sondern vielmehr hinsichtlich ihres Ehrgeizes und ihres Fleißes."*

Um zu den Besten seines Fachs zu gehören, benötigt man, wie weiter vorne erläutert, etwa 10 Jahre oder 10.000 Stunden aktiven Lernens (intensiven Übens) [42]. In [43] wird beschrieben, dass Mozart bereits im Alter von sechs Jahren 3.500 Übungsstunden auf dem Klavier absolviert hatte.

Jedoch: Ohne die richtige Basis kann auch noch so viel Üben niemals in Weltklasseerfolg münden. Dass man (extrem) lange braucht, um einen anderen Klavierspieler oder Fußballer leistungsmäßig zu schlagen, ist intuitiv einleuchtend.

Auch in der Mathematik wird ein Neuling ob des riesigen vorhandenen Wissens relativ viel Zeit und Energie zu investieren haben, bevor er neue Beiträge liefern kann.

Anders war es beispielsweise bei den Physiknobelpreisträgern des frühen 20. Jahrhunderts: Nur sie konnten wilde Ideen wälzen, da die Denkmuster ihrer älteren, verschulten Kollegen schon viel zu festgefahren waren. Mit 25 Jahren, im Jahr 1915, war der Physiker William Lawrence Bragg der jüngste Laureat, der jemals einen Nobelpreis erhalten hat.

Es bedarf bei der Förderung eines Talents der richtigen Werkzeuge. Das erklärt auch, warum im Sport immer wieder neue Rekorde aufgestellt werden. Blockaden und Hürden für neue Bestleistungen sind immer im Kopf. Gerade hier setzt Management ein. **Ein guter Manager fördert seine Mitarbeiter, indem er ihnen anspruchsvolle Ziele gibt, die diese sich zuerst selbst nicht zutrauen. Durch diese gezielte Förderung können Menschen wachsen.**

> *Don't measure yourself by what you have accomplished,*
> *but by what you should have accomplished with your ability.*
> John Wooden (1910–2010), einer der erfolgreichsten
> Basketball-Trainer der US-Geschichte

Dieser Ausspruch Woodens ist für Hochbegabte besonders relevant.

► **Tipp für Hochbegabte** Setzen Sie sich hohe, erreichbare Ziele! Der Weltbeste in seiner Disziplin werden zu wollen ist ein solches Ziel.

4.9 Erfolg im Beruf

Beruflicher Erfolg lässt sich wissenschaftlich nicht exakt messen. Es handelt sich dabei um ein theoretisches Konstrukt, bei dem bestimmte Aspekte erfasst und operationalisiert werden. Allgemein kann man subjektiv und objektiv wahrgenommene Leistungen als Berufserfolg bezeichnen [45].

Man unterscheidet auch zwischen dem betriebswirtschaftlichen Erfolg eines Unternehmens und dem Berufserfolg des Einzelnen, sowie zwischen dem Erfolg einer Gruppe und einer Einzelperson.

Betriebswirtschaftlicher Erfolg kann an zwei Größen festgemacht werden:

1. möglichst nahes Erreichen der gesetzten Kennzahlen *(KPI, key performance indicators)* eines Zeitraums, darunter vor allem der Gewinn (ROI, *return on investment*),
2. nachhaltiges Bestehen des Unternehmens.

Der Erfolg des Einzelnen lässt sich in mehreren Dimensionen messen, darunter:

- Zufriedenheit (*Work-Life-Balance*),
- Einkommen,
- Hierarchiestufe.

Eine **Laufbahn** ist im Gegensatz zu einer (linear verlaufenden) Karriere ein Berufsweg, der keinen kontinuierlichen Aufstieg beinhaltet. Die Zufriedenheit während der Laufbahn ist für viele Menschen ein entscheidender, jedoch schwer zu messender Faktor.

Eine engere Definition von beruflichem Erfolg ist die berufliche Leistung *(performance)*. Nach [46] gibt es zehn Dimensionen, in denen berufliche Leistung gemessen werden kann:

- generelle Arbeitsleistung,
- Produktivität,
- Qualität,
- Führungsverhalten,
- Kommunikationskompetenz,
- administrative Kompetenz,
- betrieblicher Arbeitsaufwand,
- interpersonale Kompetenz,
- Fachwissen,
- Einhaltung/Akzeptanz von Regeln und Vorschriften.

Man kann weiter unterscheiden zwischen:

- aufgabenbezogener Leistung,
- kontextbezogener Leistung (Zusammenarbeit),
- adaptiven Leistungen (Anpassung an Veränderungen, Innovation).

Fachwissen allgemein und Fortbildung erlangen einen immer höheren Stellenwert, da unser Wissen zunehmend rasch veraltet. Diese Feststellung gilt nicht nur für Fachwissen, sondern auch für Managementwissen. Damit Menschen also eine hohe berufliche Leistung zeigen können, ist kontinuierliche Fortbildung vonnöten. Dieser Trend kommt Hochbegabten zugute, denn sie lernen gerne und rasch.

Faktoren für Erfolg im Beruf

Die meiste Literatur zum Thema Erfolg wirkt oberflächlich [47]. Sie beschränkt sich auf die Darstellung von Trivialem, fokussiert sich auf das Finanzielle und versucht nicht, die Determinanten für Erfolg zu ergründen.

Beruflicher Erfolg wird nicht nur von der erbrachten Leistung bestimmt, sondern auch von anderen Faktoren. Entscheidend ist, wie Sie Ihre Leistung kommunizieren, und wie diese schließlich wahrgenommen wird. Einige Faktoren, die sich neben harter Arbeit auf den beruflichen Erfolg auswirken, sind hier wiedergegeben.

- **Habitus** einer Person
  Im Prinzip wissen wir, dass feiner Zwirn aus Halunken keine feinen Leute macht, dennoch ist es in der Praxis so, dass wir Menschen nach ihrem Aussehen und ihrer Kleidung bewerten. Wer sich „wie ein Chef" benimmt, wird eher ein höheres Amt übertragen

bekommen als ein fachlich versierterer Kollege, den man sich nicht als Chef vorstellen kann, weil er sich gänzlich anders als ein solcher benimmt.

- Taktisches und politisches Geschick
  Der politische IQ [48] wurde bereits erwähnt. Im beruflichen Umfeld versteht man unter politischem Handeln den Versuch einzelner Akteure, gemeinsame Geisteshaltungen und Meinungen zu beeinflussen. Durch das Ausüben von Macht und Einfluss lassen sich so, bei einem stark ausgeprägten politischen IQ, überproportional große Anteile von knappen Ressourcen für sich gewinnen. Von Unsicherheit und Ambiguität geprägte Situationen werden geschickt ausgenutzt, um mittels überzeugender Kommunikation neue Wirklichkeiten zu erschaffen, die für einen vorteilhaft sind.
- Glück und Zufall
  Eine Krise, in der sich ein Mitarbeiter bewähren und für höhere Aufgaben qualifizieren kann oder das Freiwerden einer interessanten Position durch das unerwartete Ausscheiden eines höherrangigen Mitarbeiters aus der Organisation – diese beiden Beispiele können für den Betreffenden ein glücklicher Zufall sein.

Wenn Sie noch so gut sind und es einfach keine freie Stelle gibt, wird man Sie nicht befördern können. Glück und Zufall spielen häufig Regie.

> *Glück ist das Wichtigste im Leben. Nicht Gesundheit.*
> *Meines Wissens waren die meisten Passagiere der Titanic gesund.*
> Aus dem Internet

Der Volksmund spricht vom „Glück des Tüchtigen" und auch davon, dass „der Dumme das Glück" hat. Das Leben bietet zahlreiche Chancen, vielleicht nicht heute Nachmittag, jedoch stetig. Wer nach Chancen Ausschau hält und diese ergreift, hat zahllose Möglichkeiten, etwas zu erreichen. Louis Pasteur (1822–1895) sagte: *„Das Glück bevorzugt den, der vorbereitet ist."*

Glück alleine bringt nicht viel. Wer kennt nicht die Geschichte der zahlreichen Lottomillionäre, die bald nach dem großen Gewinn wieder arm waren. In Deutschland wurden seit 1955 über 4200 Menschen Lottomillionär [49] und damit „reich, ohne berühmt zu sein". Über 80 % von ihnen, so Schätzungen, verloren die Millionen innerhalb von zwei Jahren wieder. Die Boulevardpresse berichtet gerne von „Legenden", die nach einem Lottogewinn ins Minus rutschten, etwa die Bild-Zeitung über den „Lotto-Lothar" [50] oder die FAZ [49] von einem ehemaligen Gewinner, der seinen neuen Lebensstil, nachdem er alles verprasst hatte, durch Bankraub fortzusetzen suchte. Das subjektive Glücksgefühl frischer Lottomillionäre befindet sich nach wenigen Wochen übrigens auf dem „von querschnittsgelähmten Unfallopfern" [49]. Geld macht nicht glücklich, und Glück entsteht von innen heraus.

Erfolg im Beruf durch Intelligenz

Eine interessante Arbeit zum Thema „Intelligenz und Berufsleistung in Deutschland" liefert [46]. In dieser Studie wurden drei Bereiche des beruflichen Erfolgs untersucht:

- berufsbezogene Lernleistung,
- spezifische Arbeitsleistung (gemessen mit subjektiven Fremdbeurteilungen),
- Karriereerfolg (berufliches Vorankommen: Einkommen, Beförderungen, Position).

Es konnte ermittelt werden, dass allgemeine Intelligenz ein zutreffender Leistungs- bzw. Erfolgsindikator in allen diesen Bereichen ist.

Diese Erkenntnisse sind von großer Bedeutung für die Personalauswahl und -platzierung [46].

Dass sich Intelligenz positiv auf die Berufsleistung auswirkt, verwundert nicht weiter. Beides sind theoretische Konstrukte, die über Leistungsmerkmale definiert werden. Allerdings besteht ein großer Unterschied zwischen Intelligenztests und dem beruflichen Alltag:

Intelligenztests sind strukturiert, eindeutig (alle Informationen sind verfügbar), haben nur eine richtige Lösung, wurden von den Testteilnehmern nicht selbst kreiert und sind inhaltlich nicht besonders interessant. Aufgaben im beruflichen Alltag sind dagegen komplex, inhaltlich (hoffentlich!) interessant, und nur selten sind alle Informationen verfügbar. Die agierenden Personen können auch einen Teil der Aufgaben selbst gestalten.

Erwachsene Höchstbegabte haben im Leben im Allgemeinen deutlich mehr Erfolg als „normal" Hochbegabte [12]. Selbst ein extrem hoher IQ garantiert noch keinen Erfolg im Leben. Die am wenigsten erfolgreichen Hochbegabten sind diejenigen, die sich in der Schule unvorteilhafte Lerngewohnheiten angeeignet haben: Auswendiglernen und Verzicht auf Informationsquellen, etwa Literatur, Internet oder andere Quellen [12].

Intelligenz im Beruf

Dass Intelligenz im Beruf nicht von Nachteil ist, ist offensichtlich. Allgemeine Intelligenz („g"-Faktor) hilft einem Menschen, Probleme zu lösen.

Eine hohe allgemeine Intelligenz ist ein Indiz, in einem neuen, komplexen Job bzw. in einer dynamischen Umwelt generell zurechtzukommen [48].

In [51] wurden Berufsgruppen nach dem durchschnittlichen IQ der Menschen, die dort tätig waren, aufgelistet. Ganz oben (bzw. rechts) fanden sich Buchhalter, Lehrer und Rechtsanwälte, gefolgt von Reportern und Verkäufern. Im Mittelfeld waren Polizisten und Handwerker angeführt, gefolgt von Köchen, Minenarbeitern und Landarbeitern. Diese Studie unterstreicht die Gravitationshypothese [52], nach der Menschen sich im Laufe der Zeit jenen Tätigkeiten zuwenden, die ihren Fähigkeiten entsprechen. Die Gravitationshypothese hat sich für Intelligenz bewährt [53]. Intelligente Menschen, die bei einfachen

Tätigkeiten unterfordert sind, suchen sich anspruchsvollere Aufgaben, und weniger intelligente Menschen tendieren dazu, sich für sie leichter zu bewältigende Jobs zu suchen. Die „Gravitation" wird durch Selbst- und Fremdselektion vorangetrieben [46]. Nach [54] gibt es Studien aus den 40er-Jahren, die eine Schichtung verschiedener Berufe nach dem durchschnittlichen IQ zeigen. So habe ein Buchhalter einen Durchschnitts-IQ von 128 und ein Mechaniker von 106, während ein Lastwagenfahrer bei 88 liege. Personen in freien, technischen und leitenden Berufen weisen laut James R. Flynn einen überdurchschnittlichen IQ auf [44].

Den höchsten durchschnittlichen IQ haben nach zahlreichen Untersuchungen übrigens Physiker und Mathematiker. Er wird oft mit 130 angegeben.

Der „Mindest-IQ" für die erfolgreiche Absolvierung eines Studiums wird mit 115 beziffert. Unter Studenten schlägt übrigends Neugier den IQ: Forscher haben die Daten von 50.000 Studierenden ausgewertet und sind zu der Erkenntnis gelangt, dass „Hochschüler, die sich als besonders hungrig nach Neuem zu erkennen gaben und zudem gewissenhaft arbeiteten, im Studium genauso erfolgreich sind wie die mit einem überdurchschnittlich hohen Intelligenzquotienten" [55].

Hochbegabte sind nach [56] häufiger Studienabbrecher als Normalbegabte.

Dennoch wollen Universitäten Hochbegabte anziehen, beispielsweise die Universität Freiburg mit dem Vorschlag, Hochbegabten die Studiengebühren zu erlassen [56]. Dies wurde allerdings von einem Gericht untersagt [57].

Wie hoch der IQ für einen bestimmten Beruf sein sollte, hängt auch mit der „Reinheit" der ausgeführten Tätigkeiten zusammen. So muss ein Mathematiker, der Erfolg haben will, nur in Mathematik, das heißt in einem sehr eng definierten Gebiet, spezialisiert sein. Er braucht kaum sprachliches Talent. Interdisziplinär arbeitende Forscher, etwa erfolgreiche Quantenphysiker, die neben Physik, Mathematik und Chemie auch Englischkenntnisse benötigen, um publizieren zu können, haben nach Ansicht des Autors einen besonders hohen durchschnittlichen IQ.

IQ-Tests wurden in vielen Gebieten falsch eingesetzt und unzulässig interpretiert bzw. haben für heftige Debatten gesorgt (siehe dazu das Buch „*The Mismeasure of Man*" [58]). Auch sei auf Forscher wie D. Goleman und H. Gardner verwiesen, die den klassischen IQ für zu eng halten und emotionale bzw. multiple Intelligenz eingeführt haben.

Natürlich gibt es auch sehr schlaue Landarbeiter, beispielsweise, wenn jemand keine Möglichkeit hatte, ein Studium zu absolvieren, den elterlichen Betrieb fortführen will oder aus Überzeugung in diesem Metier arbeitet. Es soll auch „dumme" Anwälte und Ärzte geben, die ihre Profession nur deshalb gewählt haben, weil schon Vater und Großvater Anwalt oder Arzt waren. Ein unterhaltsames Buch zum Thema Dummheit und ihrer Macht ist [59].

Dass Intelligenz ein Erfolgsindikator ist, und zwar über unterschiedliche Berufe hinweg, konnte in [46] eindeutig gezeigt werden. Man kann daher getrost gewisse Generalisierungen treffen.

Tab. 4.1 Ergebnisse einer Umfrage zum Thema „Talente und Berufe"

Nr.	Berufe, die häufig mit dem Begriff „Talent" verbunden werden	Berufe, die selten mit dem Begriff „Talent" verbunden werden
1	Künstler	Fahrer, Botendienste
2	Schauspieler	Büromitarbeiter
3	Musiker	Menschen „am Bau"
4	Sportler	Manager
5	Schriftsteller	Buchhalter, Banker

Intelligenz ist geeignet, den äußeren Berufserfolg vorhersagen: Personen mit einem hohen IQ tendieren dazu, später höhere Positionen einzunehmen. Intelligenz und Berufszufriedenheit, also innerer Berufserfolg, korrelieren jedoch praktisch gar nicht [60].

Eine interessante Untersuchung wird in [61] vorgestellt. Dort wurden Menschen befragt, in welchen Berufsgruppen „talentierte" Menschen zu finden sind. Hier die Ergebnisse (Tab. 4.1):

Sehen Sie sich die beiden Listen der Umfrage an, an deren Entstehung auch viele Manager mitgewirkt haben. Welche Unterschiede können Sie in den zwei Spalten erkennen?

Das wesentliche Unterscheidungsmerkmal der zwei Spalten ist **Kreativität**. Jemand wird von anderen als „talentiert" bezeichnet, wenn er kreativ ist [61]. Ferner wird Kreativität mit etwas Seltenem, Besonderem konnotiert. Der Kreative erzielt nicht nur beträchtliche Leistungen, gemessen an einem hohen Standard, sondern kreiert selbst neue Standards.

Wie Sie aus Tab. 4.1 ablesen können, werden Manager als nicht besonders talentiert erachtet. Eine Voraussetzung für Kreativität ist, dass man eine Persönlichkeit besitzt, die das Handeln unabhängig von der Meinung anderer erlaubt. Das ist auch für Manager wichtig.

Zur Verteidigung des Managements: Die wenigen Berufe, die auf beiden Seiten zumindest ab und zu genannt wurden, sind Lehrer, Köche, Ärzte – und Manager. Die Liste ist nach [61] auch nicht wertend zu verstehen.

Das bringt uns zum nächsten Thema:

4.10 Erfolg als Manager

Während sich die Leistung und damit der Erfolg eines Arbeiters in einer Fabrik einfach und präzise messen lassen, sind der Beitrag seines Chefs und dessen Chefs auf Anhieb nicht so klar zu sehen. Die Leistung eines Managers kann nach [62] anhand folgender Kriterien beurteilt werden:

- Grad der Aktivität,
- Leiten von Diskussionen,
- Beeinflussung anderer,

- Problemanalyse,
- Aufgabenorientierung,
- Motivieren anderer,
- effektive Kommunikation,
- zwischenmenschliche Fähigkeiten.

Diese Kriterien können mit der analytischen und der praktischen Intelligenz eines Managers in Zusammenhang gebracht werden, und zwar in etwa gleichem Ausmaß. Zwischen diesen beiden Komponenten der Intelligenz wurde jedoch kein Zusammenhang festgestellt [62].

Kreative Intelligenz ist ebenfalls wichtig für den Erfolg als Manager. Allerdings wird diese zu einem Teil nicht richtig vom Umfeld wahrgenommen [62].

Jene Manager, die eine Mischung aus analytischer, praktischer und kreativer Intelligenz besitzen, werden am erfolgreichsten sein. Niemand ist überall Meister. Die „erfolgsintelligenten" Menschen können ihre Stärken und ihre Schwächen erkennen, auf den Stärken aufbauen, die Schwächen kompensieren und so das meiste aus ihren Talenten machen.

4.11 Management und Intelligenz

Es gibt intelligente und weniger intelligente Führungskräfte. Fakt ist, dass einem die Intelligenz hilft, die sehr komplexen Fragestellungen, mit denen Führungskräfte konfrontiert werden, zu lösen.

Neben Intelligenz sind klarerweise noch andere Faktoren für den Erfolg als Führungskraft unabdingbar.

Der Zusammenhang zwischen Führung bzw. Führungserfolg und Intelligenz wurde umfassend untersucht. Führungskräfte scheinen intelligenter zu sein als ihre Mitarbeiter [63] – vom Einzelfall, wie immer, abgesehen. Allerdings zeigt die Literatur [62], [64], und [65], dass der Zusammenhang zwischen Intelligenz und Führungserfolg nicht allzu stark ausgeprägt ist.

Frühe Untersuchungen zur Verknüpfung von Intelligenz und *Leadership* haben eine gewisse Abhängigkeit erkannt, allerdings wurde der Kontext zumeist nicht beachtet [66]. Auch wurde Intelligenz in diesen Studien anhand des traditionellen IQs definiert. Forscher sind jedoch in-zwischen dazu übergegangen, zur Erklärung von *Leadership* eine breitere Konzeptionalisierung des Intelligenzbegriffs heranzuziehen [66].

In [48] wird die Kapazität von international tätigen Managern als das Produkt aus kognitiven Fähigkeiten, Persönlichkeitsmerkmalen und Umweltfaktoren beschrieben. Globale Entsendungen sind von einer hohen Komplexität geprägt, daher bilden die mentalen Fähigkeiten eines Managers den Schlüssel zu seinem Erfolg [48]. Interessant ist auch, dass Forscher aus individualistisch angehauchten Ländern, wie beispielsweise den USA, die Bedeutung von Persönlichkeitsfaktoren (**Big Five**) für den Erfolg eines Managers herausstreichen, während sich die Wissenschaftler aus kollektivistisch denkenden Ländern eher auf den Einfluss der Umwelt, vor allem auf kulturspezifische Werte, konzentrieren.

Neben einer ausreichenden allgemeinen Intelligenz sollte ein Manager auch eine gewisse emotionale Reife aufweisen. Je höher ein Manager in einer Organisation angesiedelt ist, desto stärker rückt seine emotionale Intelligenz in den Vordergrund, und desto unbedeutender werden seine Fachkenntnisse.

Jede Firma möchte die bestmöglichen Mitarbeiter und Manager, auf allen Hierarchieebenen, haben. Ein Teil des Führungskräftenachwuchses wird selbst herangebildet, ein weiterer Teil wird von außen rekrutiert.

Was können Firmen tun, um die klügsten Studenten als zukünftige Manager einzustellen? Laut [62] hätten sie sich vor allem unter den Absolventen der Mathematik, Chemie und Physik umzusehen, weil diese überproportional viele, besonders schlaue Kandidaten beinhalten, zumindest wenn man nach einem der gängigen Studieneingangstests für *Graduate Schools*[1] wie dem GMAT[2] oder GRE[3] geht, welche mit dem IQ der Getesteten korrelieren.

Allgemeine Intelligenz, gemeinhin „IQ“ oder g-Faktor, kann schulischen Erfolg vorhersagen, und zwar treffsicherer als andere Indizien. Ebenfalls ist ein hoher IQ quasi ein Garant für die Möglichkeit auf Erfolg in fast allen Berufen und in vielen weiteren, breit gestreuten Bereichen im Leben, was auf den Beruf bezogen etwa Gehalt, Jobeinstieg- und Jobaufstiegschancen etc. betrifft [62].

Um ein differenzierteres Bild von der erwarteten Leistungsfähigkeit eines Managers gewinnen zu können, wird der IQ-Begriff ausgeweitet. Der IQ an sich erlaubt, wie erwähnt, Aussagen über wahrscheinlichen Erfolg. Das gilt vor allem in Extrembereichen. Jemand mit sehr hohem IQ ist klar im Vorteil gegenüber einer Person mit unterdurchschnittlichem IQ, und das gilt für quasi alle geistig anspruchsvollen Aufgaben und Jobs. Im „Mittelfeld“ sind keine so klaren Beziehungen mehr erkennbar.

Durch Studieneingangs- und Studienberechtigungsprüfungen und mittels schwieriger Examen in den ersten beiden Semestern werden Kandidaten mit einem zu geringen IQ „ausgesiebt“. Das bedeutet, dass es nur eines „ausreichenden“ IQs bedarf, um zu bestimmten Studien zugelassen zu werden bzw. diese erfolgreich abzuschließen, die in weiterer Folge die Laufbahn zu attraktiven Jobs im Management ermöglichen. Eliteuniversitäten sind besonders restriktiv in der Aufnahme der Kandidaten. Nur ausgezeichnete Bewerber werden aufgenommen. Allen anderen sind die Möglichkeiten, die derartige Unis bieten, wie prestigeträchtige und hochkarätige Jobs, von vorneherein verwehrt. Dadurch finden sich tendenziell schlauere Menschen in vielen Spitzenpositionen. Diese Tatsache alleine beweist noch nicht, dass ein hoher IQ Menschen für derartige Ämter und Funktionen

[1] Hochschulen für Aufbaustudien, v.a. in den USA.

[2] Der GMAT (Graduate Management Admission Test) ist ein Indikator für die kognitiven Fähigkeiten eines Studenten. Er wird häufig für MBA-Bewerber eingesetzt.

[3] Der GRE (Graduate Records Examination) wird als Zugangsvoraussetzung für weiterführende Studien der Geistes- und Naturwissenschaften an US-Universitäten herangezogen.

qualifiziert. Sie sagt nur, dass unsere Gesellschaft mit dem IQ verbundene Eigenschaften schätzt, und diese daher als Grundlage und Zugangsbeschränkung für gewisse Möglichkeiten nutzt. Früher war es die Abstammung, das Elternhaus, welches in großem Maß bestimmte, welche beruflichen und gesellschaftlichen Möglichkeiten ein junger Mensch hatte.

Machen wir ein Gedankenexperiment: Angenommen, eine Gesellschaft würde sich entschließen, die Körpergröße eines Menschen als Auswahlkriterium für den Universitätszugang heranzuziehen. Das mag verwunderlich klingen, hat jedoch zumindest den einen Vorteil, ein sehr einfach und akkurat sowie objektiv messbares Kriterium zur Verfügung zu stellen. Gegner konventioneller IQ-Tests behaupten ja eben das: IQ-Tests wären ungenau (bzw. genauer gesagt nicht valide und nicht reliabel).

Als Konsequenz dieses Gedankenexperiments würden sich nach einigen Jahren große Menschen tendenziell in hochbezahlten, prestigeträchtigen Jobs finden und kleine Menschen auf den niedrigeren Rängen. Wie Sie also sehen, dürfen Ursache und Wirkung nicht verwechselt werden! Die Tatsache, dass ein Zusammenhang zwischen zwei Größen besteht, sagt nichts über die Ursache desselben aus. Man läuft leicht in die Falle, wenn man voreilig Schlüsse über die Zusammenhänge zieht.

Kreativität wird von klassischen IQ-Tests auch nicht erfasst. Im Gegenteil, es kann sogar passieren, dass eine kreative, richtige Lösung, welche sich jedoch nicht mit der vorgesehenen Antwort deckt, zu einem vermeintlich niedrigeren Wert führt. Aus diesem Grund postulieren Intelligenzforscher, dass für das Konzept der Intelligenz eines Managers mehrere Komponenten zu berücksichtigen sind. Nach Robert J. Sternberg, dem Schaffer des triarchischen Intelligenzmodells, setzt sich der „Management IQ“ zusammen aus analytischer, emotionaler und kreativer Intelligenz [62].

Analytische Intelligenz: Hierzu zählt die Fähigkeit, ein Problem richtig zu definieren sowie eine Strategie zur Problemlösung ausarbeiten zu können.

Praktische Intelligenz: Diese ist laut Sternberg sogar wichtiger für Manager als die klassische analytische Intelligenz [62]. Die praktische Intelligenz ermöglicht einem Manager nicht nur, sich an eine gegebene Umwelt anzupassen, sondern sie auch nach seinen Vorstellungen zu formen und zu verändern. *Tacit knowledge* fällt in diesen Bereich (siehe dort).

Kreative Intelligenz: Maß für das kreative Potenzial eines Menschen.

Neben **Leistungstests** wie IQ-Tests, die eine (kognitive) Leistungsfähigkeit messen, existieren sogenannte **Persönlichkeitstests**. Das sind psychologische Testverfahren zur Erfassung von Persönlichkeitseigenschaften, um Verhalten (Emotionen und Motivation) vorherzusagen. Sie sind für Personalselektion und -entwicklung recht beliebt.

Die häufigste Art von Persönlichkeitstests ist die Befragung. Persönlichkeitstests messen zumeist nicht die „wirklichen“ Persönlichkeitseigenschaften eines Menschen, sondern die von der jeweiligen Person bevorzugte Darstellung ihrer selbst.

Das **NEO**-Fünf-Faktoren-Inventar (NEO-FFI, „Big Five“) sowie das Bochumer Inventar zur berufsbezogenen Persönlichkeitsbeschreibung (**BIP**) sind im Gegensatz zu vielen anderen Methoden wissenschaftlich fundiert. Das **HDI** (Hermann-Dominanz-Instrument)

[67] und der **MBTI** (Myers-Briggs Typenindikator) [68] sind weitere beliebte Methoden. Das HDI ist eine Selbstanalyse bevorzugter Denk- und Verhaltensstile, die von Ned Hermann, einem Personaler bei GE, entwickelt wurde. Der MBTI erlaubt die Klassifizierung von Personen in 16 Typen und ist stark im angloamerikanischen Raum verbreitet, vor allem aufgrund seiner intuitiven Plausibilität. Derartige Persönlichkeitstests ermöglichen eine differenzierte Beschreibung der Persönlichkeit eines Menschen. In der Antike gab es die Unterscheidung der Menschen nach den vier Temperamenten „cholerisch", „sanguinisch", „melancholisch" und „phlegmatisch".

4.12 Hochbegabte und Erfolg

„Ein begabter Schriftsteller, der aber bei seiner Umwelt auf wenig Verständnis stieß ...", das stand kürzlich im Internet. Wie kann ein Schriftsteller begabt sein, wenn niemand seine Begabung sieht? Hochbegabt und erfolglos – ein Oxymoron oder etwas Mögliches, vielleicht sogar häufig Anzutreffendes?

Hochbegabung alleine führt nicht zu beruflichem Erfolg, dazu sind auch positive Persönlichkeits- und Umweltfaktoren (Moderatoren) erforderlich, wie bereits angeschnitten wurde. Ein hochbegabter Mensch hat neben seiner Intelligenz noch Motivation und Durchsetzungsfähigkeit mitzubringen. Ein Umfeld, das die Auslebung von Begabung fördert und zulässt, hilft ungemein.

Die Geschichte einer Stewardess, der Richard Branson die Möglichkeit gab, ihre Idee mit dem Brautmodengeschäft umzusetzen [69], ist ein viel zitiertes Beispiel für die Notwendigkeit, eine Chance zu bekommen. Hätte Branson seiner Mitarbeiterin nicht die Unterstützung und monetären Mittel zur Verwirklichung ihrer Idee gegeben, wäre ihr (und Branson) der Erfolg vermutlich verwehrt geblieben.

Die Einteilung der Hochbegabten in Arrivierte, Latente und *Underachiever* nach Jürgen vom Scheidt wurde bereits vorgestellt. Nach [70] stammen die arrivierten Hochbegabten häufig aus Familien der oberen Mittelschicht, in denen es bereits erfolgreiche Persönlichkeiten gibt. Die Latenten entspringen nach [70] tendenziell weniger privilegierten Familien, wo es auch weder hochbegabte Eltern oder Freunde gibt. Die *Underachiever* schließlich kämen häufig aus Familien, wo zumindest ein Elternteil bereits hochbegabt, jedoch selbst nicht „angepasst" ist.

▶ **Brain Teaser** Wenn Hochbegabung alleine zum Erfolg führte, blieben nicht die meisten Hochbegabten unentdeckt!

Die geistigen Höhenflüge gehören kommuniziert und umgesetzt! Es gilt, andere Menschen von seinen Ideen zu überzeugen, damit diese real werden können.

Nur ein Teil der Hochbegabten, etwa 15 %, wird zur Gruppe der *Achiever* bzw. *Overachiever* (zugetraute Leistungen werden erbracht bzw. übertroffen) gezählt. Bei diesen

Personen kann es aufgrund der permanent gezeigten Leistungen und der Reaktionen der Umwelt zur Ausprägung einer narzisstischen Persönlichkeitsstörung kommen.

Underachiever sind Hochbegabte, die enttäuschen. Ein junger Underachiever ist ein „intelligenter Schulversager" [71]. Folgende Ursachen, die bei Hochbegabten bereits zu Schulversagen führen, können diese auch im späteren Leben stark behindern:

- Desinteresse,
- falsche Lerntechniken und Planung der Zeit,
- Langeweile aufgrund von Unterforderung (geistiges Abschalten),
- soziale Schwierigkeiten, Verhalten,
- Perfektionismus,
- Autoritätsfeindlichkeit.

Für jeden Menschen, ob hochbegabt oder nicht, ist Erfolg ein persönliches Kriterium. Dadurch, dass Hochbegabte häufig latent unzufrieden sind, besteht die Gefahr, dass sie ihre Erfolge nicht als das wahrnehmen, wofür ihre Mitmenschen sie sehen.

Hochbegabung und das Peter-Prinzip

Nach dem Peter-Prinzip [72] (siehe auch weiter vorne) ist hohe Kompetenz in Organisationen mehr ein „rotes Tuch" als ein ausgeprägtes Maß an Inkompetenz, weil sie die „Erhaltung der Hierarchie" gefährde. Diese These stützte Dr. Peter auf die Beobachtung, dass manche Lehrende an ihm bekannten Universitäten von Kollegen (*peers*) dazu genötigt wurden, eine Minderleistung zu erbringen, damit die anderen nicht glanzlos dastünden.

Ähnliche Erfahrungen mit Gruppenzwang im beruflichen Umfeld kann der eine oder andere Hochbegabte sicher nicht verleugnen. Da kommt Genosse Stachanow in den Sinn: Jener Vorzeigearbeiter der UDSSR, der 1935 einen Arbeitsrekord aufstellte (anstatt der Norm von 7 Tonnen Kohle in einer Schicht schaffte er 102 Tonnen), welcher fortan das Maß aller Dinge definierte und die Latte unerreichbar hoch hievte.

Neun Hochbegabte über das, was Erfolg für sie bedeutet

Hochbegabter A: *„Wenn meine Kunden und Mitarbeiter zufrieden sind."*

Hochbegabter B: *„Innere Zufriedenheit/Ruhe mit mir selbst und meiner Umwelt. Ist nicht so sehr eine Sache von Geld und Ansehen (obwohl man z. B. mit finanzieller Sicherheit natürlich auch innerlich etwas ruhiger wird)."*

Hochbegabter C: *„Das Gefühl, heute etwas Sinnvolles getan zu haben."*

Hochbegabter D: „*Das zu* erreichen, *was ich mir vornehme.*"
Hochbegabter E: „*Etwas zu* schaffen, *was mich große Anstrengung und Engagement gekostet hat.*"
Hochbegabter F: „*Zufriedenheit mit meinen Leistungen, Anerkennung durch andere.*"
Hochbegabter G: „*Work-Life*-Balance."
Hochbegabter H: „*Das zu* erreichen, *was man sich vorgenommen hat. Und es war nicht zu schwer oder zu leicht, dorthin zu kommen.*"
Hochbegabter I: „*Am Ende meines Lebens sagen zu können, ich weiß, was es bedeutet, als Mensch zu leben – sich zu entwickeln – und auch einen Beitrag zur Verbesserung der Situation für die Menschheit geleistet zu haben.*"

Erfolg ist höchst subjektiv. Hochbegabte nehmen sich selbst als erfolgreich wahr, wenn sie einen kontinuierlichen Strom an neuen Eindrücken und Abwechslung erfahren und ihren Interessen nachgehen dürfen.

Der Nutzen eines hohen IQ für Erfolg

Intelligenz ist eine von vielen Persönlichkeitseigenschaften. Ihre Bedeutung wird jedoch, vor allem in der Öffentlichkeit und Presse, ungleich höher gehandelt als andere Faktoren. Intelligenz wird zur Metaeigenschaft erhoben. Auf der anderen Seite ist ein hoher IQ kein Garant für Erfolg. Ein hoher IQ besitzt auch keinen Marktwert, hohe Kompetenzen in einem Fachgebiet jedoch schon [60].

Ein überdurchschnittlicher IQ ist eine wertvolle Gabe. Viel wichtiger ist allerdings **Neugier**. Wer neugierig ist, mit offenen Augen und Ohren durch die Welt geht, sich für Dinge und Menschen interessiert – er wird es sein, dem Erfolg beschieden ist.

Ein IQ-Test ermöglicht sinnvolle, jedoch begrenzte Aussagen über bestimmte menschliche Fähigkeiten. Es handelt sich daher um einen Fähigkeitstest. Von Forschern ist vorgeschlagen worden, anstatt von Intelligenz von Testintelligenz zu sprechen [60]. In jedem Fall sagt ein IQ-Test schulische und akademische Leistungen voraus.

Schulleistungen werden von Arbeitgebern immer weniger beachtet. Nach einigen Jahren Berufserfahrung interessiert sich kaum noch eine Personalabteilung für Zeugnisse und Diplome.

Eine erwähnenswerte Studie [73] hat herausgefunden, dass Schüler mit überdurchschnittlichen Leistungen, welche sich mit Fleiß erklären lassen, meistens Ausführende bleiben. Sie sind wertvolle Fachkräfte in der Wirtschaft, schaffen jedoch kaum neue Arbeitsplätze [60].

Für die meisten europäischen Unternehmen sind es die weichen Auswahlkriterien, die zur Selektion eines Kandidaten für eine zu besetzende Stelle herangezogen werden, und nicht die *Hard Facts*. Fachwissen ist ohnehin eine Grundvoraussetzung. Es findet sich leicht und kostengünstig auf dem freien Markt. Menschen mit Führungsqualitäten sind rarer.

Abb. 4.1 Die Silhoutte von Noboyuki Kayahara. Sie kann als auf dem linken wie als auf dem rechten Bein stehend gesehen werden

Hochbegabung kann einem Menschen helfen, allerdings, wie eine Zeitung 2011 schrieb: *„Ein hoher IQ ist kein Garant für Erfolg"* [74].

4.13 Denken mit beiden Gehirnhälften

Suchen Sie einmal im Internet nach *„Spinning Silhouette Illusion"* bzw. *„Spinning Dancer Illusion"* oder gehen Sie zu diesem Link: http://www.michaelbach.de/ot/sze_silhouette/index-de.html. Abb. 4.1 zeigt einen Screenshot.

Sie sehen in dem Video eine Tänzerin. In welche Richtung, von oben betrachtet, dreht sie sich?

Im Uhrzeigersinn → Sie nutzen vor allem Ihre **rechte** Gehirnhälfte;

Gegen den Uhrzeigersinn → Sie nutzen vor allem Ihre **linke** Gehirnhälfte.

Das menschliche Gehirn besteht, einer Walnuss gleich, aus zwei Hälften. Etwa 10–15 % der Bevölkerung sind **Linkshänder**. Sie setzen bevorzugt ihre linke Hand ein, beispielsweise zum Schreiben und für andere feinmotorische Aufgaben. Die Händigkeit eines Menschen ergibt sich aus der Dominanz der gegenseitigen Gehirnhälfte. In der Evolution des menschlichen Gehirns war es notwendig, dass sich die Gehirnhemisphären spezialisieren (funktionale Asymmetrie). Bei Linkshändern hat die rechte Gehirnhälfte die führende Rolle übernommen. Wie alle Andersartigen hatten auch Linkshänder – bis in die 1980er Jahre – große Schwierigkeiten und wurden zum Großteil „umerzogen". Heute weiß man, dass dies für die Betroffenen ein Nachteil ist, und man lässt sie gewähren. Linkshändigkeit kann ein großer Vorteil sein, auch für die Gesellschaft. Es gibt zahlreiche Untersuchungen über Linkshänder. Sie gelten als besonders kreativ. Bezüglich der Intelligenz zeigen Forschungen gemischte Ergebnisse. So dürfte die durchschnittliche Intelligenz von Links- und Rechtshändern vergleichbar sein, allerdings wurden in der Spitzengruppe überproportional viele Linkshänder gefunden: Bei Mathematiktests in den USA war jeder vierte aus der Gruppe der 0,1 % besten ein Linkshänder [75]. Unter den letzten fünf Präsidenten der USA waren vier Linkshänder, darunter Obama, und bei der Präsidentschaftswahl 1992 sogar alle drei Kandidaten (George Bush sen., Bill Clinton und Ross Pero) [76]. Auch im Spitzen-

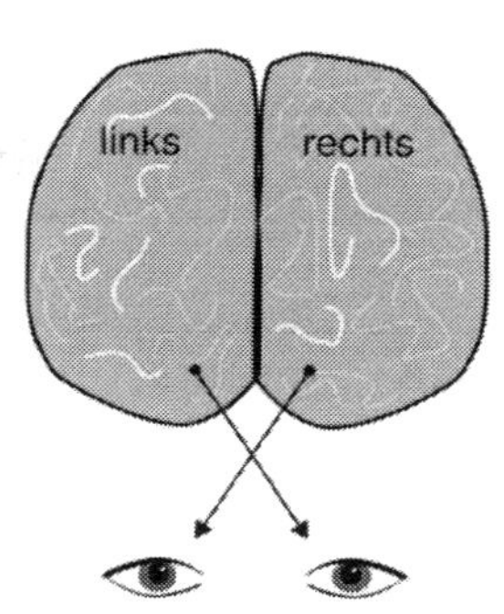

Abb. 4.2 Funktionen der linken und rechten Gehirnhälfte, entnommen aus [78]

sport gibt es einen sehr hohen Anteil an Linkshändern, bis 55 % [76]. Möglicherweise liegt dies daran, dass die Gegner vor allem den Kampf mit Rechtshändern gewohnt sind. Völker mit einem höheren Anteil an Linkshändern sind kriegerischer [77].

Bei jedem Menschen arbeiten die beiden Gehirnhälften zusammen. Die Aufgaben der beiden Hemisphären sind hier in Abb. 4.2 zusammengestellt:

Die linke Gehirnhälfte ist zuständig für die Sprache und das logisch-analytische Denken.

Die rechte Gehirnhälfte ist verantwortlich für unsere Körpersprache, Intuition, Gefühle und Kreativität.

Um beide Gehirnhälften verstärkt zu aktivieren, gibt es spezielle Übungen, siehe z. B. hier [79]. Es werden Überkreuzbewegungen bzw. unübliche Tätigkeiten, sprich ein Vertauschen von linker und rechter Hand, empfohlen, um die volle Aufmerksamkeit und damit die Aktivierung beider Gehirnhälften zu erzielen. Weitere Informationen zum Denken mit beiden Gehirnhälften finden sich in [80], [81], [82] und [83].

Literatur

1. Claudia Wetzel, Soft Skills und Erfolg in Studium und Beruf, Waxmann, ISBN: 978-3-8309-1815-8 (2007).
2. Der Unabomber – die lange Jagd ist vorüber, Die Zeit, http://www.zeit.de/1996/17/titel.txt.19960419.xml (1996).
3. Roger Lane: Murder in America – a history, Ohio State University Press, ISBN: 0-8142-0732-4 (1997).
4. Gisela Friedrichsen, Prozesse, Nur irgendein Kasperl? http://www.spiegel.de/spiegel/print/d-9447224.html, 22. 2. (1999).
5. Frank W. Abagnale, Jr., Stan Redding: Catch me if you can: die wahre Geschichte einer genialen Täuschung. Heyne Verlag, ISBN 3453188713 (2003).

6. Frank W. Abagnale, Jr.: The Art of the Steal: How to Protect Yourself and Your Business from Fraud, America's #1 Crime. Broadway Books, New York, ISBN 0767906845 (2002).
7. J. Freeman, Giftedness in the Long Term, Journal for the Education of the Gifted, 29, 384–403 (2006). http://www.joanfreeman.com/mainpages/freepapers.htm.
8. Kai Bird, Martin J. Sherwin, J. Robert Oppenheimer Die Biographie, Propyläen Verlag, Berlin, ISBN: 9783549073582 (2009).
9. OPPENHEIMER, Das Subjekt, DER SPIEGEL 16/1963, 17.04.1963 http://www.spiegel.de/spiegel/print/d-45143154.html.
10. Napoleon Hill, Denke nach und werde reich, Ariston, ISBN 978-3720526647 (2005).
11. Malcolm Gladwell, Jürgen Neubauer, Überflieger: Warum manche Menschen erfolgreich sind – und andere nicht, Campus Verlag, ISBN: 978-3593388380 (2009).
12. J. Freeman, Permission to be gifted: how conceptions of giftedness can change lives, pp. 80–97, in: R. Sternberg & J. Davidson, Conceptions of Giftedness, Cambridge: Cambridge University Press, 2. Auflage, ISBN: 978-0521547307 (2005). http://www.joanfreeman.com/mainpages/freepapers.htm.
13. Hermann Meyer, Die Gesetze des Schicksals: Die Befreiung von unbewußten Zwängen, Goldmann Verlag, ISBN: 978-3442121427 (1992).
14. Arthur Schopenhauer: Aphorismen – Kapitel 4, http://gutenberg.spiegel.de/buch/4996/4 (2013).
15. http://www.paulgraham.com/hamming.html (2013).
16. August de Belmont Hollingshead, Two factor index of social position, New Haven (1957). http://www.yale.edu/sociology/faculty/docs/hollingshead_socStat4factor.pdf.
17. August B. Hollingshead, Elmtown's Youth – The Impact of Social Classes on Adolescents, Dodo Press, ISBN: 978-1406700930 (2007).
18. Will Barratt, The Barratt Simplified Measure of Social Status (BSMSS) Measuring SES http://wbarratt.indstate.edu/socialclass/Barratt_Simplifed_Measure_of_Social_Status.pdf (2010)
19. Jochen Paulus, Ehrenrettung für den IQ, Spiegel, 13.09. 2003, http://www.spiegel.de/unispiegel/studium/0,1518,265178,00.html.
20. http://en.wikipedia.org/wiki/U.S._Presidential_IQ_hoax (2013).
21. Dean Keith Simonton, Presidential IQ, Openness, Intellectual Brilliance, and Leadership: Estimates and Correlations for 42 U.S. Chief Executives, Political Psychology 27(4), 511–526 (2006).
22. Hoher IQ keine Garantie für Reichtum, Welt, 25. April (2007). http://www.welt.de.
23. Angus Deaton, Raksha Arora, Life at the top: The benefits of height, Economics & Human Biology 7(2), 133–136 (2009).
24. Nicolas Herpin, Love, careers, and heights in France, 2001, Economics & Human Biology 3(3), 420–449 (2005).
25. Werner Siefer, Das Genie in mir, Warum Talent erlernbar ist, Campus, ISBN: 978-3593386959 (2009).
26. Donald J. Trump, How to Get Rich, Ballantine Books, New York, ISBN: 0-345-48103-8 (2004).
27. Janet R. McColl-Kennedy, Ronald D. Anderson, Impact of leadership style and emotions on subordinate performance, The Leadership Quarterly 13, 545–559 (2002).
28. Dov Eden, Dvorah Geller, Abigail Gewirtz, Ranit Gordon-Terner, IritInbar, Moti Liberman, Yaffa Pass, Iris Salomon-Segev, Moriah Shalit, Implanting Pygmalion Leadership style through workshop training: seven field experiments, Leadership Quarterly 11(2), 171–210 (2000).
29. Mark P. Zanna, Peter L. Sheras, Joel Cooper, Charles Shaw, Pygmalion and galatea: The interactive effect of teacher and student expectancies Journal of Experimental Social Psychology, Volume 11, Issue 3, 1975, Pages 279–287.
30. Paul Whiteley, Thomas Sy, Stefanie K. Johnson, Leader's conceptions' of followers: Implications for naturally occurring Pygmalion effects, The Leadership Quarterly, Volume 23, Issue 5, October 2012, Pages 822–834.

31. David P Phillis, George C Liu, Kennon Kwok, Jason R Jarvinen, Wei Zhang, Ian S Abramson, The Hound of the Baskervilles effect: natural experiment on the influence of psychological stress on timing of death, British Medical Journal 2001;323:1443 http://www.bmj.com/content/323/7327/1443.
32. Hans Jung, Personalwirtschaft, Oldenbourg Wissenschaftsverlag, überarbeitete Auflage, ISBN: 978–3486580488 (2006).
33. Phil Rosenzweig: Der Halo-Effekt: Wie Manager sich täuschen lassen, Gabal, Offenbach, ISBN: 3-89749-789-1 (2008).
34. Michael E. Raynor, Mumtaz Ahmed, Andrew D. Henderson, Best-Practice-Studien: Mehr Glück als Verstand, Harvard Business Manager, 28.04. (2009).
35. Gerhard Scheucher, Christine Steindorfer, Die Kraft des Scheiterns: Eine Anleitung ohne Anspruch auf Erfolg, Leykam, 2. Auflage, ISBN: 978-3701176137 (2008).
36. Andrea Brackmann, Ganz normal hochbegabt: Leben als hochbegabter Erwachsener, Klett-Cotta, 3. Auflage, ISBN: 978-3608860146 (2008).
37 Pauline Rose Clance, The Imposter Phenomenon: Overcoming the Fear That Haunts Your Success, Peachtree Pub Ltd, ISBN: 978–0931948770 (1985).
38. Maximilian Lackner, Markus E. Huber, Angst vor Erfolg?, Springer Gabler, ISBN: 978–3-658–00845-1 (2013).
39. Malcolm Gladwell, Outliers, Penguin, ISBN: 978-0141043029 (2009).
40. Elizabeth Haas Edersheim, The Definitive Drucker: The Final Word from the Father of Modern Management, Mcgraw-Hill Professional, ISBN: 978-0071472333 (2006).
41. Neil Charness, Paul J. Feltovich, Robert R. Hoffman, K. Anders Ericsson, The Cambridge Handbook of Expertise and Expert Performance, Cambridge University Press, ISBN: 978-0521600811 (2006).
42. Daniel Coyle, Die Talent Lüge, Warum wir (Fast) alles erreichen können, Ehrenwirth, ISBN 978-3-431-03785-2 (2009).
43. Michael J. A. Howe, Genius Explained, Cambridge University Press, ISBN: 978-0521008495 (2001).
44. Geoff Colvin, Talent Is Overrated: What Really Separates World-Class Performers from Everybody Else: Practice, Passion and the Good News About Great Performance, Portfolio Hardcover, ISBN: 978-1591842248 (2008).
45. John W. Boudreau, Wendy R. Boswell, Timothy A. Judge, Effects of Personality on Executive Career Success in the United States and Europe, Journal of Vocational Behavior 58(1), 53–81 (2001).
46. Jochen Kramer, Metaanalytische Studien zu Intelligenz und Berufsleistung in Deutschland, Dissertation, Bonn, 18. März (2009). http://hss.ulb.uni-bonn.de/diss_online/phil_fak/2009/ kramer_jochen/.
47. Stephen R. Covey, The 7 Habits of Highly Effective People, Free Press, New York, ISBN: 0-553-29698-1 (2004).
48. Michael Harvey, Milorad M.Novicevic, Timothy Kiessling, Development of multiple IQ maps for use in the selection of inpatriate managers: a practical theory, International Journal of Inter-cultural Relations 26, 493–524 (2002).
49. Sabine Hildebrandt, Hilfe, ein Lottogewinn!, FAZ, http://www.faz.net/s/RubEC1ACFE1EE274C81BCD3621EF555C83C/Doc~E90BBE85B458446D18D584D7D432AA46C~ATpl~Ecommon~Scontent.html (2010).
50. Nach sechs Richtigen, Die Schicksale der Lottogewinner, 18. 01. (2008). http://www.bild.de/BILD/archive/lotto/lotto-archiv/schicksal-lottogewinner/archiv-lottogewinner.html.
51. H. Schuler, S. Höft, Konstruktorientierte Verfahren der Personalauswahl, in: H. Schuler (Editor), Lehrbuch der Personalpsychologie, 2. Auflage, 101–144, Hogrefe, Göttingen (2006).

52. E.J. McCormick, A.S. DeNisi, J.B. Shaw, Use oft he Position Analysis Questionnaire for establishing the job component validity of tests, Journal of Applied Psychology 64, 51–56 (1979).
53. S. L. Wilk, L.B. Desmarais, P.R. Sackett, Gravitation to jobs commensurate with ability: Longitudinal and cross-sectional tests, Journal of Applied Psychology 80, 79–85 (1995).
54. John M. Ivancevich, Thomas N. Duening, John Ivancevich, Managing Einsteins: Leading HighTech Workers in the Digital Age, McGraw-Hill Publishing Co., ISBN: 978-0071375009 (2001).
55. Intelligenz von Studenten: Neugier schlägt IQ, 01.03.2012 http://www.spiegel.de/unispiegel/heft/intelligenz-von-studenten-neugier-schlaegt-iq-a-816084.html.
56. http://www.bildung-news.com/bildung-und-karriere/studium/ab-iq-von-130-keine-studiengebuhren/.
57. Max Rauner, Abstieg in die Dummheit, 27.02.2008 http://www.zeit.de/zeit-wissen/2008/02/Flynn-Interview.
58. Stephen Jay Gould: Der falsch vermessene Mensch. 3. Auflage. Suhrkamp, Frankfurt am Main 1999, ISBN 3–518-28183–6.
59. Michael Wien, Klaus Großgebauer, Dummheit: Die heimliche und unheimliche Weltmacht, Books on Demand GmbH, 2. Auflage, ISBN: 978-3831127788 (2005).
60. Ulrike Stedtnitz, Mythos Begabung, Vom Potential zum Erfolg, Verlag Hans Huber, ISBN: 978-3-456-844445-9 (2008).
61. Alan Robertson, Graham Abbey, Managing Talented People, Momentum, ISBN: 9781843040248 (2003).
62. Robert J. Sternberg, Managerial Intelligence: Why IQ Isn't Enough, Journal of Management 23(3), 475–493 (1997).
63. Jon Aarum Andersen, Leadership, personality and effectiveness, The Journal of Socio-Economics 35, 1078–1091 (2006).
64. Ralf Müller, Rodney Turner, Leadership competency profiles of successful project managers, International Journal of Project Management 28(5), 437–448 (2010).
65. R.D. Mann, A review of the relationships between personality and performance in small groups, Psychological Bulletin 56, 241–270 (1959).
66. David W. Chan, Leadership competencies among Chinese gifted students in Hong Kong: the connection with emotional intelligence and successful intelligence, The Free Library 22 March 2007 http://www.thefreelibrary.com/Leadership competencies among Chinese gifted students in Hong Kong:...-a0162695203.
67. Ned Herrmann, The Whole Brain Business Book: Harnessing the Power of the Whole Brain Organization and the Whole Brain Individual, Mcgraw-Hill Professional, ISBN: 978-0070284623 (1996).
68. Bernd Wildenmann, Die Persönlichkeit des Managers: Auf der Basis einer Befragung von Führungskräften werden die 16 Persönlichkeitstypen des Myers-Briggs Typenindikators (MBTI) evaluiert, Verlag für Angewandte Psychologie, ISBN: 978-3801709358 (2000).
69. Richard Branson, Der Hippie-Milliardär, 22.01.2007 http://www.faz.net/aktuell/beruf-chance/mein-weg/richard-branson-der-hippie-milliardaer-1413306.html.
70. Grady M. Towers, The Outsiders, Gift of Fire (The Prometheus Society's Journal) 22, (1987).
71. FAQs – Frequently Asked Questions zur Begabungs – und Begabtenförderung, özbf, http://www.begabtenzentrum.at (2013).
72. Laurence J. Peter, Raymond Hull, The Peter Principle: Why Things Always Go Wrong, Harper Business, New Edition, ISBN: 978-0061699061 (2009).
73. Sally M. Reis, Joseph S. Renzulli, Ulrike Stedtnitz, Das Schulische Enrichment Modell SEM. Inkl. Begleitband zum Schulischen Enrichment Modell SEM: Begabungsförderung ohne Elite-bildung, Sauerlaender GmbH, ISBN: 978-3464279557 (2003).

74. Marietta Türk, Ein hoher IQ ist kein Garant für Erfolg, Der Standard, 3. November 2011, http://derstandard.at/1319181088751/Mensa-Mitglieder–Jobwelt-Ein-hoher-IQ-ist-kein-Garant-fuer-Erfolg.
75. Norbert Raabe, Linkshänder können mehr, Tagesanzeiger, 14.08.2009, http://www.tagesanzeiger.ch/wissen/medizin-und-psychologie/Linkshaender-koennen-mehr/story/16414943.
76. http://de.wikipedia.org/wiki/Linkshaender (2013).
77. Michael Hopkin, Left-handers flourish in violent society, Nature, 7 December 2004, doi:10.1038/news041206–6, http://www.nature.com/news/2004/041206/full/news041206–6.html.
78. Kerstin Alexander, Kompendium der visuellen Information und Kommunikation, Springer, ISBN: 978–3540489306 (2007).
79. http://www.krone.at/Gesund-Fit/Mit_diesen_Uebungen_aktivierst_du_beide_Gehirnhaelften-Voll_konzentriert-Story-241018 (2011).
80. Dana W. Moore, Rafeeque A. Bhadelia, Rebecca L. Billings, Carl Fulwiler, Kenneth M. Heilman, Kenneth M.J. Rood, David A. Gansler, Hemispheric connectivity and the visual–spatial divergent-thinking component of creativity, Brain and Cognition, Volume 70, Issue 3, August 2009, Pages 267–272.
81. Edel Sanders, Investigating the Relationship Between Musical Training and Mathematical Thinking in Children, Procedia – Social and Behavioral Sciences, Volume 55, 5 October 2012, Pages 1134–1143.
82. Gwen A. Frishkoff, Hemispheric differences in strong versus weak semantic priming: Evidence from event-related brain potentials, Brain and Language, Volume 100, Issue 1, January 2007, Pages 23–43.
83. M.C. Corballis, The Evolution of Hemispheric Specializations of the Human Brain Evolution of Nervous Systems, Volume 4, 2007, Pages 379–394.

Hochbegabte in Organisationen

5

Zusammenfassung

Hochbegabte nehmen die Berufswelt teilweise anders wahr als ihre Chefs und Kollegen.

In diesem Kapitel erfahren Sie, wie, und auch warum Hochbegabte in Organisation benötigt werden sowie wo ihre Stärken und Schwächen im Arbeitsleben liegen. Die Charakteristika und optimalen Einsatzbereiche von Hochbegabten werden diskutiert, und es wird der Frage nachgegangen, wie Unternehmungen Hochbegabte anziehen können. Weitere behandelte Themen sind der *brain drain* und das Ausmaß, in welchem Hochbegabung im Berufsalltag geschätzt wird. Wie stellen sich Hochbegabte die ideale Berufswelt vor, und was macht aus einem *High Potential* einen *High Performer?*

Einem Hochbegabten geht es in der realen Berufswelt, wie Schlaubi Schlumpf – immer wieder wird er in hohem Bogen aus dem Dorf geworfen!

Hochbegabte finden sich in allen Branchen und Berufen. Viele Hochbegabte absolvieren eine akademische Ausbildung und wechseln dann in die Wirtschaft oder schlagen eine Universitätslaufbahn ein. Einige von ihnen engagieren sich sehr im Beruf und steigen so bald mit etwas Glück in Spitzenpositionen auf. Anstatt einer prestigeträchtigen Laufbahn nachzueifern, suchen manche Hochbegabte häufig vorrangig Zufriedenheit und Lebensglück.

Karin Rasmussen, Coach für Hochbegabte, sagte in einem Interview für eine HR-Zeitschrift: „*Hochbegabte sind keine ungewöhnlichen Mitarbeiter. Was sie jedoch von anderen unterscheidet, ist ihre Denkweise. Sie können schneller und komplexer mit Informationen umgehen, sie meistens auch tiefgründiger und genauer verarbeiten. Hinzu kommt, dass sie andere Gedächtnistechniken nutzen. Sie denken in der Regel sehr assoziativ und verknüpfen Informationen stärker miteinander. Überdurchschnittlich intelligente Menschen nehmen also nicht nur weitaus mehr wahr als andere, sie lernen zugleich auch schneller*“ [1]. Nur ein Bruchteil der Hochbegabten, etwa 10 %, hat im Laufe des Berufslebens „Probleme“ in Organisationen.

M. Lackner, *Talent-Management spezial*,
DOI 10.1007/978-3-658-03183-1_5, © Springer Fachmedien Wiesbaden 2014

Tab. 5.1 Sicht der Berufswelt mit den Augen von Chefs und Kollegen (links) und von Hochbegabten (rechts)

Wahrnehmung des Arbeitsumfelds (Chef, Kollegen)	Wahrnehmung des hochbegabten Mitarbeiters
Viele Konflikte mit dem Management und mit Autoritäten	Ich habe einen stark ausgeprägten Gerechtigkeitssinn
Er kann anderen nicht zuhören und ist starrsinnig	Niemand versteht meine Ideen, obwohl ich meistens recht habe
Mangelndes Zeitmanagement, zum Beispiel in Meetings	Alles geht hier so langsam, ich fühle mich ausgebremst
Starke Schwankungen in der Performance ohne klar erkennbaren Grund	Ich weiß nicht genau, was ich will. Alles ist für mich interessant
Es ist nicht klar, was er am besten kann Er befasst sich mit allen möglichen Dingen	Ich erhalte zu wenig Lob Die Leute sehen nicht, was ich leisten kann
Mangel an Disziplin und Durchhaltevermögen	Ich bin leicht ablenkbar
Unsozial, unnahbar	Ich hasse Small Talk, er ist nutzlos
Wankelmütig	Flexibel. Ich bin offen und kann mich wesentlich schneller auf neue Situationen einstellen als andere
Stellt dauernd irgendwelche Ansprüche an das Arbeitsumfeld	Ich verstehe nicht, wie andere in diesem Lärm arbeiten können
Er erreicht seine Ziele nicht, er verspricht zu viel	Ich habe mir ein herausforderndes, hohes Ziel gesteckt und es bestmöglich verfolgt. So habe ich mehr erreicht als jemand,der ein „sicheres Ziel“ wählt
Er schwebt in komplexen Gedanken, denen niemand folgen kann, und ist der Gruppe immer ein paar Schritte voraus	Haben die mich immer noch nicht verstanden? Dabei ist das doch alles logisch und einfach zu verstehen

Eine Branche, die sich sehr für Hochbegabte interessiert, ist die Unternehmensberatung. Große Consulting-Unternehmen veranstalten regelmäßig Informationsveranstaltungen und spezielle Seminare für erstklassige Studenten. Da diese Firmen mit attraktiven Einstiegsgehältern werben, kann man davon ausgehen, dass sich in der Beratungsbranche überdurchschnittlich viele Hochbegabte finden.

So „heil“ geht es für Hochbegabte in Organisationen im Regelfall nicht zu.

Nach Noks Nauta und Frans Corten interpretieren Hochbegabte und ihre Kollegen berufliche Situationen unterschiedlich, wodurch es regelmäßig zu Missverständnissen kommt. Hier sind die Sichtweisen der beiden Seiten gegenübergestellt, siehe Tab. 5.1 (erweitert nach [2]):

Man sieht aus obiger Tab. 5.1, wie sich Hochbegabte in ihrem Berufsalltag verkannt fühlen. Da es immer der direkte Chef ist, der die Leistung und damit den Erfolg eines Mitarbeiters beurteilt, ist dessen Sicht der Dinge alles andere als sekundär.

Hochbegabte im Beruf „funktionieren" oft nicht richtig, weil sie nichts von ihrer Hochbegabung wissen. Sie interpretieren das Verhalten der anderen als Unwillen, anstatt zu verstehen, dass diese einfach langsamer denken und handeln. Der „Unwillen" der anderen treibt die Hochbegabten dazu, alleine weiterzumachen. Außerdem konzentrieren sie sich tendenziell auf die Sache und nicht auf Personen.

Wenn Hochbegabte sich unverstanden fühlen, reagieren sie irrational und werden unnahbar [2]. Müssen Hochbegabte sich übermäßig anpassen, macht sie dieses innerlich unzufrieden. Auch das ist häufig zu beobachten. Hier zwei Zitate aus Internetforen, wo sich Hochbegabte zum Thema Beruf geäußert haben:

> ..der Beruf ist dazu da, meinen Lebensunterhalt zu bestreiten. Meine Interessen sind so vielfältig, dass ich sie nie innerhalb eines Berufsfeldes ausleben könnte.

> Vor allem würde mir alles, was ich jetzt aus Neigung freiwillig mache, weit weniger Freude bereiten, wenn ich es jeden Tag unter Erfolgsdruck erledigen müsste.

Hochbegabte, die im Buch von John M. Ivancevich und Thomas N. Duening *„Managing Einsteins"* [3] nach dem genialen Physiker benannt sind, werden dort als „stammeszugehörig" charakterisiert. Demnach sind sie vor allem loyal zu ihrem Fachgebiet und nicht so sehr zum aktuellen Arbeitgeber. Sie zeigen zwar Loyalität ihrem Chef gegenüber, allerdings ist dies für sie zweitrangig, und sie gewähren diese Loyalität nur auf Zeit. Auch weisen viele Hochbegabte eine ausgeprägte Mobilität auf [4]. Sie mögen Außenstehenden als unsozial erscheinen. Innerhalb ihres „Stammes" formen sie jedoch starke Beziehungen zu Gleichgesinnten.

5.1 Hochbegabte – warum sie in Organisation benötigt werden

> Warum bekommt man immer einen ganzen Menschen, wenn man eigentlich nur ein Paar Hände braucht?

> Es ist gefährlich, einen extrem fleißigen Bürokollegen einzustellen, weil die anderen Mitarbeiter ihm dann dauernd zuschauen.

Diese beiden Zitate stammen von Herny Ford, dem Gründer von Ford und Erfinder der Fließbandarbeit. Inzwischen haben wir uns zu einer „Wissensgesellschaft" weiterentwickelt, die der Masse der Hochbegabten mehr Platz und Chancen bietet als das industrielle Zeitalter es tat. Die Arbeitswelt birgt jedoch immer noch zahlreiche Hürden und Hindernisse für Hochbegabte.

Unsere Welt ist von normalen Menschen für normale Menschen geschaffen. Hochbegabte, die eine Minderheit der Bevölkerung von 2 % darstellen, können naturgemäß nicht ausschlaggebend dafür sein, wie das Leben in Organisationen gestaltet zu sein hat.

Organisationen sind so ausgelegt, dass sie nach dem „kleinsten gemeinsamen Nenner" funktionieren. Gerade im Berufsleben sollte eine Stelle tunlichst so konzipiert sein, dass sie jederzeit von einem anderen Menschen übernommen werden kann. Eine Firma, deren Wohl nur auf wenigen „Genies“ aufbaut, ist nicht sehr stabil.

Organisationen sind für Durchschnittsmenschen ausgelegt. Es gibt jährliche Zielvorgaben, die es zu erfüllen gilt. Ein Lehrer, der in einem Jahr erfolgreich den Stoff von zwei Jahren durchnimmt, wird vermutlich „Schwierigkeiten“ bekommen. Weit über- und weit unterdurchschnittliche Mitarbeiter „stören“ den geordneten Ablauf in Organisationen.

Leistung wird manchmal ebenso verachtet (von Kollegen!) wie Faulheit, weil diese in beiden Fällen einen persönlichen Nachteil zu sehen scheinen.

Hier ist ein anderes Beispiel: Viele Luftstreitkräfte sortieren die schwächsten und die besten (!) Absolventen ihrer Flugschulen aus. Die besten Flieger seien zu selbstsicher, eigensinnig und wagemutig und daher ungeeignet für die Mission.

Dass die Welt – und nicht nur Organisationen – für „Normalbürger“ geschaffen ist, merken Hochbegabte bereits früh, und zwar, wenn sie in das standardisierte Schulsystem kommen.

In gewöhnlichen Firmen sollten Mitarbeiter leicht austauschbar sein und flexibel in die unterschiedlichsten Rollen passen. Ein neuer Manager soll mit ihnen sofort umgehen können, ohne „Eingewöhnung“. Die Standardisierung von betrieblichen Abläufen und Geschäftsgebaren erlaubt es, dass Mitarbeiter ohne Schwierigkeiten von Firma zu Firma wechseln können (Ausnahme Japan, siehe später). Alle Abläufe werden vereinheitlicht, um Fehler zu vermeiden.

Ein Spezialist kann aus groben Vorgaben ein verkaufbares Produkt herstellen.

Ein Hilfsarbeiter kann mithilfe einer genauen Anleitung in einfachen, standardisierten Schritten auch ein verkaufsfähiges Produkt herstellen. Niemand darf etwas anders machen – auch nicht über Plan!

Die meisten Firmen wollen gar keine Hochbegabten als Mitarbeiter

Personalabteilungen haben das Thema „Hochbegabte“ noch nicht richtig entdeckt. Eine Ausnahme stellt der SAP-Konzern dar, der bekanntgab, bis 2020 einige 100 Autisten einstellen zu wollen auf der Suche nach Mitarbeitern, *„die anders denken“* [5].

Das Gros der Unternehmen hat nur diffuse Vorstellungen von Hochbegabten. Ein Hochbegabter in der Belegschaft – in der Theorie klingt das positiv. In der Praxis jedoch scheuen Firmen den Umgang mit Hochbegabten häufiger, als man denkt. Vorurteile und Ängste dominieren.

Hochbegabte sind keine geborenen Teamplayer, sie wirken manchmal arrogant, und sie haben für langsame Kollegen genauso wenig Verständnis wie für verordnete Autorität. Es ist schon etwas dran, dass Hochbegabte nicht die einfachsten Mitarbeiter sind. Der kluge Manager nutzt jedoch ihre Stärken, indem er ihnen Raum zum Arbeiten mit den richtigen Aufgaben gibt – seine Ernte wird reichlich sein.

Paul J. Kohtes schreibt: *„Weil in Recruiting und Personalentwicklung viel zu oft die stromlinienförmigen Lebensläufe mit Toppositionen belohnt werden, neigt das System dazu,*

Querdenker auszusortieren. Kann es da verwundern, dass ambitionierte Manager, die etwas bewegen wollen, ihr Potential zur schöpferischen Zerstörung lieber zurückstellen und mit vordergründigem Konformismus agieren?" [6]

Einen Hochbegabten als Firmenlenker –das wünschen sich schon viele Eigentümer (außer diejenigen Firmeninhaber, die sich selbst aktiv in das Tagesgeschäft einbringen und den Vorstand/Geschäftsführer mehr als ihre Marionette sehen).

Nach Medienberichten und Gesprächen mit Personalern urteilend meiden die meisten Firmen, so sehr sie auch Lippenbekenntnisse zu Innovation und anderen hehren Zielen von sich geben, dennoch bewusst und unbewusst die Einstellung von hochbegabten Mitarbeitern. Dafür gibt es einen einfachen Grund: **Hochbegabte sind schwierig zu managen**. Hochbegabte Mitarbeiter langweilen sich extrem schnell, und sie akzeptieren Autoritäten keineswegs automatisch. Sie stellen alles infrage und wollen Dinge verändern. Wer „unten" viel bewegen will, macht sich wenig Freunde, und bis er an die Firmenspitze aufgestiegen ist, hat die Firmenkultur viel des ursprünglichen Elans aufgezehrt.

Menschen, die routiniert ihre Arbeit machen, professionell, wie man es von ihnen erwartet, und die pflegeleicht sind, werden von Personalern bevorzugt, da sie als „Ressource Arbeitskraft" gut planbar sind. In [7] wird die ketzerische Frage gestellt, ob ein wirklich hochbegabter Mensch Firmenanwalt oder Buchhalter werden kann. Als Verteidiger hat es ein Hochbegabter vermutlich tatsächlich schwer: Er kann sich leicht in die gegnerische Seite hineinversetzen und deren Argumente verstehen. Wenn dann auch noch sein ausgeprägter Gerechtigkeitssinn ins Spiel kommt …

Jack Welch meinte in einem seiner Bücher zu (hochbegabten) Anwälten: „*We also agreed to control the egos of lawyers and bankers. Those outside teams often engage in food fights*[1] *to prove who's smartest.*"

Wie Sie sehen, ergibt sich aus diesem Konflikt ein starkes Dilemma: Wie sollen herausragende Geschäftsführer und Vorstände herangezogen werden, wenn nicht die besten Kandidaten eingestellt werden? Möglicherweise durch Besetzung von außen …

Sehr erfolgreiche Unternehmen wie GE sind auf der anderen Seite dafür bekannt, ihre *Leader* zu einem großen Teil aus den eigenen Reihen zu rekrutieren.

Brain Drain – wie manche Länder Hochbegabte anziehen

Der „*War for Talents*" [8] wird nicht nur von Personalchefs globaler Konzerne, sondern auch von Staaten und Regionen betrieben. Kapital ist sehr mobil, wie wir an der Abwanderung der Schwerindustrie aus „dem Westen" in diverse „Billiglohnländer" gesehen haben. Die Vereinigten Staaten sind bekannt dafür, die „schlauen Köpfe" aus dem Ausland anzuziehen, um dadurch ihre Wirtschaft zu stärken. Auch andere „klassische" Einwanderungsländer wie Kanada oder Australien sind bemüht, die Besten zu bekommen – eine neue Form des Kolonialismus: weg vom Rohstoff Bodenschatz, hin zum Rohstoff Wissen.

[1] Wettessen.

Durch den Import von Talenten werden Mängel der Ressource „Wissensarbeiter“ ausgeglichen. In Deutschland wandern viele hochqualifizierte „Bildungsbürger“ aus, was unter anderem ein Grund dafür ist, dass das Pro-Kopf-Einkommen gesunken ist [8].

Tatsächlich gibt es auch einen „*Brain Drain*“ aus Entwicklungsländern in die westliche Welt [9]. Obwohl der *Brain Drain* an sich für das Quellenland negativ ist, kann es durch andere Effekte zu einer positiven Gesamtwirkung kommen [10]. Der Einzelne emigriert, wenn sein Heimatland ihm nicht genügend Möglichkeiten bietet.

In Europa ist die Auswanderungstendenz von Managern aus Osteuropa besonders stark. In Deutschland ist das Verhältnis von zu- und auswandernden Managern in etwa ausgeglichen. Gewinner sind die Schweiz und die Niederlande. Österreich zählt zu den Ländern, wo die Abwanderung überwiegt [11]. Dort geht schätzungsweise ein Fünftel der Spitzenkräfte ins Ausland.

▶ **Vorsicht, Falle** Hochbegabte sollen, wie andere Mitarbeiter auch, nach Funktion und Leistung entlohnt werden. Ebenso wie bei einem Dr., der für Fließbandarbeit keinen Akademikerbonus ausbezahlt bekommt, empfiehlt es sich nicht, einen „IQ-Zuschlag“ für Hochbegabte zu installieren. Setzen Sie Hochbegabte an geeignete Stellen, wo sie eine rollengerechte Bezahlung erhalten. Hochbegabte in Organisationen, die mit Zielen geführt werden, sollten für ihre Zielerreichung verantwortlich und rechenschaftspflichtig sein und danach ihren Bonus bzw. ihre Beförderungen erhalten. Es wird dort vor allem ihre demonstrierte Leistung und nicht so sehr ihr Potenzial sein, welches für ihren Erfolg maßgeblich ist.

Brain drain wird auch in manchen Branchen beobachtet, beipsielsweise im Journalismus [12].

Warum Ihre Unternehmung Hochbegabte braucht

David Ogilvy ist der Vater der modernen Werbung. Nach einer Karriere als Koch, Vertreter, Diplomat und Farmer wurde er zu einem der berühmtesten Werbetexter. In seinem Buch „Geständnisse eines Werbemannes“ [13] schreibt Ogilvy: „*Es gibt nur wenige Genies in Werbeagenturen, aber wir brauchen alle, deren wir habhaft werden können. Beinahe ohne Ausnahme sin sie sehr unangenehme Gesellen. Lassen Sie sie gewähren. Sie legen Ihnen goldene Eier*“.

Streichen Sie das “in Werbeagenturen”.

Tab. 5.2 Charakteristika von Hochbegabten in Bezug auf das Berufsleben

Bereich	Auffälligkeiten
Denk- und Lernfähigkeit	Hohes Detailwissen Ausgeprägtes Verständnis von Zusammenhängen Großer Wortschatz, umfassendes Ausdrucksvermögen Hohe Ziele Bevorzugung von selbständigen Arbeiten Abstraktes Denken
Arbeitsverhalten, Interessen	Starke Vertiefung in bestimmte Themen Perfektionistische Ansprüche Langeweile bei Routinejobs Hohe Kreativität Breit gefächerte Interessen Wunsch, alles zu organisieren Ungeduld
Soziales Umfeld	Kritisches Hinterfragen von Autoritäten Individualistisch Tendenz, alleine entscheiden zu wollen Wenige, dafür intensivere Freundschaften Falls Gefühl, Außenseiter zu sein: verringertes Selbstwertgefühl Gerechtigkeitssinn

5.2 Stärken und Schwächen von Hochbegabten in Organisationen

Wie Hochbegabte im Berufsleben „anders" denken

Die hier gesammelten Aussagen basieren auf Erfahrungen des Autors aus Gesprächen mit zahlreichen Hochbegabten sowie auf einer Sichtung der einschlägigen wissenschaftlichen Literatur. Es handelt sich dabei um Eigenschaften und Verhaltensweisen, die gehäuft auftreten und nicht auf jeden Hochbegabten zutreffen.

Da Arbeitnehmer im Rahmen einer Betriebszugehörigkeit „zurechtgeschliffen" werden, sind die vorgestellten Denkweisen vor allem für hochbegabte Berufseinsteiger gültig.

Hochbegabte denken schneller, weiter, abstrakter und kreativer als andere Menschen. Sie zeigen eine unüblich rasche und große Informationsaufnahme und -verarbeitung und können Fragen und Probleme innerhalb kurzer Zeit lösen. Typische Verhaltensweisen Hochbegabter unterscheiden sich auch je nach Lebensabschnitt.

In der obenstehenden Tab. 5.2 sind ein paar symptomatische Verhaltensweisen Hochbegabter aufgeführt, modifiziert nach [14]:

Vergleichen Sie die obige Tab. 5.2 auch mit den bereits angeführten Stärken und Schwächen von Hochbegabten.

Ein Dilemma von Hochbegabten in der Berufswelt ist, dass sie stark unter engen Vorgaben leiden und den Job eines Spezialisten daher unter Umständen nicht optimal ausfüllen. Die Situation kann sich schlagartig wenden, sobald die betroffenen Hochbegabten eine Gruppen- oder Projektleiterfunktion übernehmen, weil sie dadurch mehr Entscheidungsspielraum gewinnen. Um jedoch Gruppenleiter werden zu können, brauchen sie zuerst Erfolge als Mitglied der Gruppe …

Ein hochbegabter Jungmanager hat auch viel über den Umgang mit Menschen zu lernen. Ein Teilaspekt sind hier die Unterschiede in der Gedankenwelt eines Hochbegabten und einer Gruppe von Normalbegabten. So war der Hochbegabte als Mitarbeiter immer flott im Erledigen seiner Aufgaben. Wenn er als Manager nun die gleiche Geschwindigkeit an den Tag legt, kann ihm die Gruppe mitunter nicht folgen. Zu den typischen Stolpersteinen, die sich hochbegabten Managern in den Weg legen, siehe später mehr.

Gesagt sei auch, dass natürlich nicht jeder Hochbegabte als Führungskraft geeignet ist und/oder eine Leitungsfunktion überhaupt anstrebt.

Wo sich Hochbegabte selbst blockieren

- Selbstkritik: Hochbegabte stellen unrealistische Erwartungen an sich selbst und bestrafen sich hart für das Verfehlen der selbst gesteckten, zu hohen Ziele.
- Perfektionismus: Einzelne Aufgaben verschlingen ein Unmaß an Zeit, sodass andere Jobs, die dem Chef eventuell wichtiger sind, nicht erfüllt bzw. vernachlässigt werden. Nicht perfekte Abschlüsse führen zu Entmutigung, während andere (der Chef) mit einem Ergebnis bereits längst zufrieden sind.
- Zögern: Wer zu viele Risiken sieht, wird von diesen in seiner Handlungfähigkeit gelähmt.
- Kampf mit Optionen: Hochbegabte sehen viele Möglichkeiten, aus denen sie eine passende, in schwerem Kampf mit sich selbst, auszuwählen haben.
- Hochbegabte neigen dazu, Dinge aufzuschieben, um sie dann in einem Kraftakt in der letzten Minute zu erledigen. Manche von ihnen brauchen den „Kick“ bzw. Druck, um etwas fertigzustellen, andere sind schlichtweg mit sonstigen Aufgaben und Interessen zu beschäftigt und abgelenkt, um eine übertragene Arbeit rechtzeitig zu beginnen. Das schafft unnötigen Stress und verstärkt mitunter sogar die Selbstzweifel eines Hochbegabten.
- Fokus: Hochbegabte befassen sich gerne mit vielen Themen. Zu viele Baustellen gleichzeitig führen zu Konflikten in der Prioritätensetzung.
- Durchhaltevermögen: Hochbegabte verlieren rasch das Interesse an einer Tätigkeit. In der Regel erfolgt dies, sobald es nichts Neues mehr zu lernen gibt. Das kann nach beispielsweise 2 Jahren in einem Job der Fall sein. Der Wunsch nach einem Wechsel kann der Organisation zu früh sein.

Diese Punkte führen zu persönlicher Unzufriedenheit der Betroffenen. Sie verhindern ggf. auch einen hierarchischen Aufstieg.

Wo Hochbegabte andere blockieren

- Hohe Erwartungen an sich und andere führen dazu, dass Menschen und Gefühle nicht ausreichend beachtet werden.
- Durch den starken inneren Antrieb vernachlässigen sie äußere Vorgaben.
- Durch ihre Unabhängigkeit weisen sie Autoritäten zurück.
- Durch das permanente Nachfragen bringen sie andere in Verlegenheit.
- Hochbegabte lernen schnell. Daher sind sie ungeduldig mit anderen und langweilen sich über Erklärungen.
- Zu schnelles Tempo: Die Organisation kann ihnen einfach nicht folgen.

Aufgrund dieser Themenbereiche fällt die Teamarbeit mit Hochbegabten weniger effizient als möglich aus.

Welche herausragenden Stärken Hochbegabte jedoch einbringen

- Hochbegabte sind stark im Denken. Sie denken logisch und vernetzt, erkennen Fehler und Zusammenhänge, und sie erstellen Konzepte, und das alles gerne und mühelos.
- Hochbegabte setzen hohe Standards für sich und andere, die sie mit viel Energie verfolgen.
- Sie sind kreative Problemlöser: Vorgegebene Pfade werden ungescheut verlassen.
- Die Motivation passiert von innen heraus: Hochbegabte brauchen nicht „angetrieben" zu werden.

Genau hier setzt nun das Talent-Management von Hochbegabten an.

Hochbegabte Menschen können, wenn sie richtig eingesetzt werden, in manchen Gebieten mehr – signifikant mehr – leisten als andere Mitarbeiter. Firmen stehen heute im globalen Wettbewerb mit unzähligen in- und ausländischen Konkurrenten. Karl Marx definierte die Produktionsfaktoren: Arbeit, Grund & Boden sowie Kapital; Kapital steht heute nahezu unbeschränkt zur Verfügung, mit viel Geld lässt sich auch viel Grund & Boden kaufen oder pachten. Das Nadelöhr, die Schlüsselstelle, ist der Produktionsfaktor Arbeit, wobei es heute nicht auf unqualifizierte Hilfsarbeiten ankommt, sondern Wissen und Erfahrung der Mitarbeiter als sogenanntes **Humankapital** zunehmend den Erfolg einer Unternehmung bestimmen („Humankapital" ist übrigens das Unwort des Jahres 2004). Wissen und Information – an sich zwei Größen, die unbeschränkt verfügbar sind, wenn man sie mit Rohstoffen wie Erdöl und Erz vergleicht – sind das Erfolgsgeheimnis einer jeden Unternehmung. Wissen und Information stecken in den Köpfen der Mitarbeiter. Das soziale Kapital einer Firma ist mittlerweile genauso wichtig wie ihre Eigenkapitalausstattung.

Man schätzt, dass aktuell etwa 50 % der Wertschöpfung eines Produkts auf intellektuellem Input basieren [8] (Design, Forschung, begleitende Dienstleistungen etc.) und fortan als *„**embedded intelligence**“* in Produkten und Dienstleistungen stecken.

Hochbegabte sind imstande, einen überproportionalen Beitrag für ihr Unternehmen zu leisten. In [8] steht hierzu: *„Es sind letztlich diese Hochbegabten und intellektuell Talentierten, die das Schmieröl unserer Wirtschaft bilden.“*

Viele Konzerne wie Google, Microsoft, Goldman Sachs und McKinsey sind dafür bekannt, die besten Studenten renommierter Universitäten anzustellen [15]. Allgemeine Intelligenz der Bewerber wird als besonders wichtig erachtet, weil man Kandidaten und Mitarbeitern mit einem hohen IQ das höchste Potenzial zuschreibt [16].

Jede Firma hat andere Einstellungskriterien. Manche Unternehmen setzen IQ Tests ein, zumeist jedoch in Kombination mit anderen Verfahren. Ein IQ-Test alleine erscheint Personalern zu wenig:

„Eine gute Führungskraft macht weitaus mehr als pure Intelligenz aus“, sagt Personalleiter Alexander Lauer von Ferrero [17].

Coach Marcus Sassenrath legt ein Schäufelchen nach: *„Für Führungsaufgaben kommt es in erster Linie auf das an, was man ganz altmodisch als Weisheit bezeichnet, also die Kombination von Wissen und Erfahrung.“* Intelligenz ist in manchen Entscheidungssituationen sogar hinderlich: *„sie verleitet dazu, Entscheidungen nur mit dem Kopf zu treffen“*.[17]

Und die BASF? *„Wir sehen keinen Bedarf [für IQ-Tests bei Bewerbern]“*, sagt Unternehmenssprecherin Ulla Spengler.

Und Google? Dort wurden IQ-Tests bei Bewerbungsgesprächen abgeschafft, möglicherweise, weil die Antworten inzwischen zu „goggeln“ sind [18].

Anhand dieser Beispiele erkennen Sie, dass Hochbegabte nicht direkt auf dem Radarschirm von Personalern sind.

Bei einem Bewerbungsgespräch kann man sich verstellen; Bezüglich IQ ist „blöder stellen“ möglich, das Gegenteil jedoch nicht. Die Persönlichkeit eines Menschen ändert sich im Laufe des Lebens wenig [15], das Verhalten hingegen sehr wohl, wenn man will. So lassen sich negative Charakterzüge bei einem Jobinterview relativ einfach ausblenden.

Ein hochbegabter Mitarbeiter kann für eine Firma sehr wertvoll sein, egal, ob er in der Forschung, im Marketing oder im Management arbeitet. An jedem Ort einer Unternehmung können Hochbegabte einen Beitrag leisten, der höher ist als der, den (bei gleicher Anstrengung wohlgemerkt) ein normaler Mitarbeiter geben kann. Dieses „Mehr“ kann für eine Firma ein entscheidender Erfolgsfaktor für das nächste Patent, den nächsten Auftrag, die nächste abgewendete Klage oder die nächste Einsparung im Einkauf sein, um nur ein paar Beispiele aufzulisten.

Typischerweise werden in Unternehmen 80 % der Leistung von 20 % der Mitarbeiter erbracht [8] (siehe wiederum die 80/20 Regel).

Bill Gates soll gesagt haben, dass Microsoft eine unbedeutende Firma wäre, würde man die 20 klügsten Köpfe entfernen [15].

Jeder Mensch, der fest entschlossen ist, kann seine Fertigkeiten in seinem Bereich ausbauen – Hochbegabten fällt dies jedoch besonders leicht. Das ist ein Vorteil, den sich Firmen gezielt zunutze machen können. Eine Firma braucht nicht lauter Hochbegabte, wichtig ist ein ausgewogener Mitarbeiter-Mix nach verschiedensten Aspekten. Auf keinen Fall sollten Hochbegabte fehlen, und es kann nicht schaden, mehr als 2 % der Belegschaft aus dem Eck der Hochbegabten zu rekrutieren.

Fast alle Firmen sind innig bemüht, die besten Köpfe zu gewinnen, und die meisten Manager wünschen sich für ihre Abteilung einen Spitzenleister (oder mehrere). Wenn sie dann allerdings einen solchen „Superstar“ vor sich haben, einen Hochbegabten, der eine Leidenschaft für seine Arbeit hat und herausragende Ergebnisse bringt, sind sie oft überfordert und wissen nicht, wie sie diesen richtig managen sollen, oder, wie es [19] ausdrückt: Wie das wilde Genie gezähmt werden soll.

Laut Thomas N. Duening sind diese „wilden Genies“ rasch durch Schule und Studium marschiert, ständig von Lob und Anerkennung begleitet. Als den Besten wurde ihnen vermittelt, unersetzlich zu sein. Sie sind ständig auf der Suche nach geistiger Nahrung, wofür moderne Firmen und die dort etablierten Managementstrukturen nicht geschaffen sind [3].

5.3 Wo sich hochbegabte Mitarbeiter einsetzen lassen

Hochbegabte sind flexibel und lassen sich in vielen Bereichen eines Unternehmens einsetzen. Allerdings beginnen sie rasch, sich zu langweilen. Vor allem in klassischen Linienfunktion und in Unternehmen mit stark standardisierten Vorgaben tun sich Hochbegabte schwer, ihre Motivation aufrecht zu erhalten.

Generell gilt, dass Sie Ihre Besten in zukunftsträchtigen Projekten einsetzen sollten.

Es sind die neuen Produkte, die das Überleben und Gedeihen Ihrer Firma in den nächsten Jahren ermöglichen werden. Daher ist es ratsam, dass sich Ihre Hochbegabten nicht mit den Problemen von gestern, sondern mit den Herausforderungen von morgen auseinandersetzen. Überaltete Produkte lassen sich in der Regel nur mit einem immensen Aufwand am Leben erhalten. Wenn Firmen ihre besten Mitarbeiter darauf ansetzen, die ehemaligen „*Stars*“ und „*Cash Cows*“ am Leben zu erhalten anstatt Neues zu schaffen, gehen wertvolle Ressourcen verloren. Lassen Sie Ihre Hochbegabten an Innovationen mitarbeiten. Innovationen gibt es in Unternehmungen in allen Bereichen, nicht nur in der Produktentwicklung.

Job Rotation ist eine Möglichkeit, für Abwechslung zu sorgen, ebenso die Übertragung von Verantwortung.

Prädestiniert für Hochbegabte sind auch Rollen, in denen das Üben von Kritik und das Anbringen von Verbesserungsvorschlägen erwünscht sind, beispielsweise bestimmte Stabstellen.

Projektarbeit ist ein weiteres Tätigkeitsfeld, welches Vielfältigkeit bietet, ebenso Forschung & Entwicklung. Eine kritische Stimme im Internet: „Der einzige Bereich, wo Intelligenz nützlich ist, ist die Produktentwicklung, aber da ist eher Kreativität gefragt als Logik und ein gewisses Maß an Menschenkenntnis, denn Produkte werden in 100 % aller Fälle von Menschen gekauft und nicht von Maschinen".

Ferner stellt Beratungstätigkeit ein interessantes Metier für Hochbegabte dar. Ein Hochbegabter schrieb dazu im Internet: „*Hochbegabte sind in der Consulting-Branche sicher besser aufgehoben als bei einer Würstchenfabrik.*"

Für hochbegabte Führungskräfte kann Interimsmanagement eine abwechslungsreiche und lohnende Tätigkeit sein.

5.4 Wird Hochbegabung im Beruf geschätzt?

Wie bereits erwähnt wurde, wissen viele Hochbegabte nicht genug von ihrem Potenzial. Sie hegen Selbstzweifel, weil sie ein diffuses Gefühl, „anders" zu sein, mit sich herumtragen, ohne zu wissen, warum. Diejenigen, die über ihre Hochbegabung Bescheid wissen, haben in der Regel nicht das Gefühl, dass ihre Hochbegabung im Beruf voll geschätzt wird, allerdings knüpfen viele von ihnen das an ein allgemeines Wissen über ihre Hochbegabung. Sie lassen offenbar nicht ihre Leistungen für sich sprechen, sondern warten – in Gedanken – auf den Zeitpunkt, ihre Hochbegabung öffentlich kundzutun. Erst dann könne, so ihr Standpunkt, die Hochbegabung im Beruf offensichtlich wahrgenommen und geschätzt werden. Das ist natürlich ein Trugschluss. Hier sind die Einschätzungen von drei Mensamitgliedern auf die Frage, ob ihr berufliches Umfeld ihre Hochbegabung schätzt:

Hochbegabter A: „*Meine Hochbegabung wird im Beruf wenig geschätzt, weil sie für durchschnittliche Menschen oft als Fehleinschätzung interpretiert wird und die angenommenen Ergebnisse erst als richtig erkannt werden, wenn sie schon wieder aus der Erinnerung gelöscht werden – hier kommen dann die cleveren Trittbrettfahrer zum Zug, die sich gerne mit fremden Federn schmücken.*"

Hochbegabter B: „*Meine Hochbegabung wird nur teilweise geschätzt. Hinweise können als hilfreich gesehen werden oder aber als ‚Bedenkenträgerei' bzw. ‚Genauigkeitswahn' (weil mir halt Punkte auffallen, die andere übersehen haben).*"

Hochbegabter C: „*Meine Leistungen werden durchaus geschätzt, heikle Projekte werden mit Vorliebe mir zugeteilt. Finanziell sieht es leider anders aus.*"

Anmerkung des Autors zur Aussage von C: In der Schule bekommen Hochbegabte doch auch oft „Fleißaufgaben" mit nach Hause und werden dann vom Lehrer mitunter sogar getadelt, wenn sie diese nicht gemacht haben. Man erwartet von Hochbegabten einfach mehr.

Ein neuer Mitarbeiter setzt während seiner ersten 90 Tage die eigenen Standards. Wenn er sich als hart arbeitender Kollege positioniert, wird es der Organisation „unangenehm" auffallen, wenn er einmal früher nach Hause geht. So ist es auch mit Hochbegabten: Das von ihnen vorgegebene Tempo wird als rasch als ihr Standard akzeptiert. Das Gute ist für die Besten ganz normal, könnte man sagen.

Geschätzt wird ein Hochbegabter an seinem Arbeitsplatz machmal erst nach seinem Abgang, wenn sich zeigt, welche Dinge er unbemerkt am Laufen gehalten hat.

Eine Schlüsselrolle für die Wertschätzung eines Hochbegabten in einer Organisation ist der direkte Chef. Er ist es, der bewirkt, ob ein Hochbegabter sein Potential nutzen kann und er ist es, der ihm gegenüber Anerkennung zollt. Organisationen per se sind anonym, es hängt immer am jeweiligen Manager, seine Mitarbeiter zu führen – und auch zu loben.

5.5 Außergewöhnliche Leistungen mit gewöhnlichen Mitarbeitern – Gegenpol zu Hochbegabten

Bei Toyota, dem drittgrößten börsennotierten Unternehmen der Welt mit über 320.000 Mitarbeitern, sind alle Manager Lehrmeister [20]. Toyota entwickelt Talent in der Masse seiner Mitarbeiter [20]. Nach der Auffassung der Japaner bringen neue Mitarbeiter Talent zu 10 % mit, der Rest wird in der Firma gezielt entwickelt. Der Autobauer unterstreicht damit die zentrale Rolle, welche Talent-Management im Unternehmen spielt.

Ein starkes Team besteht nicht aus ein paar Stars, sondern wird von der Masse starker Teammitglieder gebildet. Toyota hofft nicht, das „große Los" bei neuen Mitarbeitern zu ziehen. Die Firma startet mit normalen bzw. durchschnittlichen Leuten, die zu exzellenten Mitarbeitern ausgebildet werden. Kandidaten für eine Position bei Toyota sind idealerweise „formbar" und besitzen eine vorbildhafte Arbeitsmoral. Das Geheimnis von Toyota ist, mit normalen Menschen herausragende Resultate zu erzielen.

Folgende Managementkonzepte haben sich, neben anderen, durchgesetzt, um mit gewöhnlichen Mitarbeitern außergewöhnliche Resultate anzupeilen:

- TQM (Total Quality Management),
- Kaizen (kontinuierliche Verbesserung),
- Six Sigma (statistisches Qualitätsziel, Methode des Qualitätsmanagements),
- ISO 9001 (Qualitätsmanagement),
- 5S (Arbeitsplatzorganisation).

Six Sigma ist in amerikanischen Unternehmen „Pflicht", und wer etwas auf sich hält bzw. in absehbarer Zeit befördert werden will, ist mindestens ein „Green Belt" (die „Gürtelfarbe" kennzeichnet den „Rang" in 6σ, siehe die einschlägige Literatur für Details). Die 5S-Methode kommt aus Japan und ist in Asien sehr weit verbreitet. Es handelt sich dabei um ein Konzept der Arbeitsplatzorganisation, im Deutschen auch als 5A bekannt. Der Qualitätsmanagementstandard ISO 9001 ist weltweit stark verbreitet. Zahlreiche Unternehmen haben in Ergänzung ein Umweltmanagementsystem nach ISO 14001. Weiterführende Informationen zu den oben genannten Systemen finden sich im Internet und der einschlägigen Literatur. An dieser Stelle sei lediglich erwähnt, dass ein Kerngedanke dieser Managementsysteme die Abbildung von Tätigkeiten in Prozessen und eine damit einhergehende Vereinheitlichung von Abläufen ist. Unternehmen wollen mit diesen Managementsystemen klare Regelungen für ihre betrieblichen Tätigkeiten („Prozesse") schaffen, sodass die Mitarbeiter ihre Arbeit „nach Checkliste" in hoher Reproduzierbarkeit und mit entsprechender Rückverfolgbarkeit erledigen. Das System sollte für alle Fälle und Eventualitäten eine – und genau eine – Antwort parat haben, sodass keine spontane, individuelle Entscheidung des betroffenen Mitarbeiters vonnöten ist.

Der hochbegabte Thomas K. reagierte sehr skeptisch auf die Einführung von Six Sigma in seiner Unternehmung, einem mittelständischen Maschinenbauer. Er sagte: *„Mit Six Sigma können zehn Deppen das tun, was ein fähiger Ingenieur alleine zusammenbringt."*

Andere Hochbegabte nannten Begrifflichkeiten wie „dement" und „bizarr", um die Wirkung der obigen Managementkonzepte auf sie zu charakterisieren.

Man mag zu Six Sigma und Co. stehen, wie man will. Fakt ist, dass sie sich in der betrieblichen Praxis bewähren. Methoden zur Qualitätssteigerung und -kontrolle sind sinnvoll und notwendig, vor allem in großen Unternehmungen. Ebenso werden Standardisierungen und Prozesse benötigt, um eine Organisation effizient zu betreiben.

Es gibt jedoch kein Substitut für den menschlichen Intellekt. Für Höchstleistungen benötigt man immer herausragende Mitarbeiter, so passend die Prozesse und Strukturen auch sein mögen. Somit kann man mit gewöhnlichen Mitarbeitern herausragende Ergebnisse erzielen, sofern es in der Organisation die speziellen Talente gibt.

5.6 Megatrends mit Auswirkungen auf Hochbegabte in der Arbeitswelt

Trends und vor allem Megatrends sind von Bedeutung, weil sie es einem erlauben, sich auf Veränderungen einzustellen. Der Einzelne kann die Entscheidung für eine Ausbildung oder eine Investition leichter treffen, wenn er die wahrscheinliche Entwicklung des ihn interessierenden Marktes kennt. Viel wichtiger als Trends an sich sind jedoch Trendwechsel.

In Zeiten des Umbruchs gewinnt der Flinke – und kann ein Vermögen machen. Veränderungen bedeuten Risiko und Chance zugleich. Das hat sich unter anderem bei den Veränderungen in Russland und China der letzten Jahre gezeigt – findige Geschäftsleute konnten Möglichkeiten nutzen, die es unter stabilen Bedingungen so nicht gegeben hätte.

> *Wenn der Wind des Wandels weht, bauen die einen Mauern und die anderen Windmühlen.*
> Chinesisches Sprichwort

Folgen Sie auf der anderen Seite nicht sklavenartig einem Trend. Es gibt immer einen Gegentrend. Im Folgenden sind einige Megatrends beschrieben, die darauf hindeuten, dass intelligente Mitarbeiter in Zukunft noch wichtiger sein werden als heute, und dass dem Talent-Management ebendieser Personen eine umso größere Rolle zukommen wird:

Globalisierung

Unternehmen stehen zunehmend im weltweiten Wettbewerb, wo sie sich mit einer größeren Anzahl von „Marktbegleitern" messen. Der Markt ist durch das Internet sehr transparent geworden, und sowohl Kapital als auch Arbeitnehmer sind äußerst mobil.

Für technologisch orientierte Produkte gilt, aufgrund der Beschleunigung und Globalisierung der Märkte, folgende Feststellung, die der Schutzrechtsvermarkter Roman Harrer getroffen hat: *„Entweder es gibt für Dein Produkt einen Weltmarkt, oder es gibt gar keinen Markt dafür"*.

China hat sich zur Fabrik der Welt gemausert, und Indien fungiert für zahlreiche Konzerne als IT-Dienstleister. „Outsourcing" und „Offshoring" sind zwei wichtige Schlagwörter.

Den 800 Mio. Arbeitnehmern in Europa und den USA stehen fast doppelt so viele aufstiegshungrige Menschen in Asien gegenüber; Sie sind fleißig und sinnvoll ausgebildet – und sie sind bereit, für einen Bruchteil des Stundenlohns, der in der „alten Welt" bezahlt wird, zu arbeiten. Von den 3 Mrd. Menschen, die einer Beschäftigung nachgehen, verdienen nach UN- Angaben übrigens 40 % weniger als 2 Dollar/Tag [21].

Allerdings wird die „Bedrohung" durch Arbeitskräfte aus Asien überschätzt, denn um die Posten in unseren Klein- und Mittelbetrieben, die das Gros der Arbeitsplätze stellen, kämpfen wenige Menschen aus dem Fernen Osten. Die Produkte aus dem Ausland sind hingegen eine echte Herausforderung für die einheimischen Betriebe, denn Staaten können nur bedingt Barrieren wie Schutzzölle einführen und an das Heimatgefühl der Konsumenten appellieren.

Es sind Intelligenz, Fleiß und Zähigkeit, mit denen die Firmen aus Asien den etablierten *Playern* auf den „Pelz" rücken. Die Industrie hat sich beispielsweise aus Großbritannien massiv zurückgezogen; auf der Insel werden vor allem Finanzdienstleistungen angeboten. Firmen müssen sich überlegen, wie sie wettbewerbsfähig bleiben. Wer nicht über den Preis konkurriert, sollte andere Verkaufsargumente wie Qualität und Innovation parat haben.

► **Tipp** Vermeiden Sie es als Firma, Innovation auszulagern. Outsouring ist nur für Tätigkeiten geeignet, die nicht im Zentrum Ihrer Wertschöpfung bzw. Kompetenz liegen, etwa Gebäudereinigung.

Demographischer Wandel

In den Industriestaaten lässt sich ein Geburtenrückgang beobachten. Gepaart mit der gestiegenen Lebenserwartung (diese hat sich in den letzten 100 Jahren bei uns fast verdoppelt) wird dies zu einem akuten Fachkräftemangel führen, der schon heute spürbar ist. Unter dem Schlagwort *„War for talents"* [22], ausgerufen von Ed Michaels, Helen Handfield-Jones und Beth Axelrod, werden es Firmen zunehmend schwerer haben, qualifizierte Mitarbeiter in ausreichender Anzahl zu finden und zu binden.

Jüngere Menschen sind in der Regel kreativer als ältere – und auch gründungswilliger [8]. Ältere Arbeitnehmer haben allerdings ein höher ausgeprägtes Qualitätsbewusstsein und verspüren eine stärkere Loyalität zum Arbeitgeber [8].

Weiterhin steht einer immer größeren Anzahl an Pensionsbeziehern eine schrumpfende arbeitende Bevölkerung gegenüber, die für Steuern, aus denen Pensionen genährt werden, aufkommen. Da die heutigen Systeme zumeist von der Hand in den Mund leben, anstatt von gesammelten Rücklagen der Begünstigungsberechtigten, wird dem Einzelnen immer mehr Verantwortung zu seiner eigenen Vorsorge übertragen.

Zunahme der Bedeutung von Bildung

Bildung wird immer wichtiger, sowohl für das Individuum als auch für Firmen als Produktionsfaktor. In den entwickelten Ländern gehen der primäre und sekundäre Sektor immer weiter zurück. Neue Fabriken werden in Ländern mit billigen Arbeitskräften errichtet. Länder in Westeuropa, wo sich der Wandel von der Industrie- zur Dienstleistungsgesellschaft bereits vollzogen hat, können nur durch Innovation und Wissen auf dem Weltmarkt bestehen.

Durch Bildung erworbenes Wissen lässt sich von besonders intelligenten Menschen umfassender anwenden als von durchschnittlich begabten Personen, weil sie vernetzt denken. Auch sind sie für die Anforderungen an lebenslanges Lernen gewappnet, denn Wissen veraltet schnell. Durch die Wissensökonomie wird die Akademikerquote weiter steigen.

> **Tipp** Sehen Sie Ihren Lebenslauf als Wertpapier, in das Sie permanent investieren sollten!

Keine Anstellung auf Lebenszeit

Die durchschnittliche Bestandsdauer einer Firma ist 30 Jahre, während die durchschnittliche Lebensarbeitszeit eines Menschen bei 50 Jahren liegt [23]. Die meisten Menschen „überleben" daher ihre Firma. Firmenwechsel sind kein Makel im Lebenslauf.

Es ist längst nicht mehr die Regel, sein ganzes Arbeitsleben lang bei nur einem Arbeitgeber untergebracht zu sein, vor allem für qualifizierte Personen. Selbst in Japan beginnt sich das Modell der Anstellung auf Lebenszeit aufzulockern.

Der passive Mitarbeiter ist heute ein Arbeitskraftunternehmer, der in eigener Sache tätig ist und seinen Marktwert kontinuierlich optimiert. „Patchwork" scheint übrigens in vielen Lebenslagen „modern" zu werden.

5.7 Hochbegabte vs. High Potentials

High Potentials werden in [24] beschrieben als „jene jungen Hochbegabten, die später einmal die Führungskräfte in leitenden Positionen werden sollen".

In diesem Buch geht es um Hochbegabte als spezielle Talente. Einige Hochbegabte werden in ihren Unternehmen als *High Potentials* gelten. Dieses Buch inkludiert auch Hochbegabte, die keine herausragenden Leistungen (*Performance*) zeigen und umfasst naturgemäß nicht alle (nicht hochbegabten) *High Potentials* [25]. *High Potentials* sind nicht zwangsläufig hochbegabt, sie zeigen jedoch zwei wesentliche Eigenschaften: Motivation und Leidenschaft.

Hochbegabte haben ein großes Potenzial, das es zu wecken gilt. Wenn ein Hochbegabter sich „mit Leib und Seele" engagiert, kann er einer der besten *High Potentials* einer Organisation sein. Es liegt an seinem Manager, dieses Potenzial zu entfalten.

Die wenigsten Firmen interessieren sich speziell für Hochbegabte, sondern vor allem für *High Potentials*, weil diese bereits hohe Leistungen zeigen.

Wenn Sie Ihre Hochbegabten richtig managen, wird es zwischen diesen und Ihren *High Potentials* nicht nur eine kleine Schnittmenge geben, sondern erstere werden fast gänzlich in die Gruppe der High Potentials fallen. Talentmanagement sollte sich nicht auf die Spitzenleister einer Unternehmung beschränken [26], sondern die Möglichkeiten aller Potenzialträger bestmöglich ausschöpfen. Somit kommt dem Talent-Management der „schlafenden" Hochbegabten eine herausragende Bedeutung zu.

> **Tipp** Vernachlässigen Sie nicht das Potenzial der latenten Hochbegabten. Von denen gibt es viel mehr als von den bereits identifizierten *High Potentials*.

5.8 Wie Ihre Unternehmung Hochbegabte anziehen kann

Es liegt auf der Hand, dass jede Firma die bestmöglichen Mitarbeiter gewinnen möchte. In Zeiten zunehmenden globalen Wettbewerbs wird es auch immer wichtiger, sich mit dem richtigen Personal von der Konkurrenz abzuheben.

Natürlich sind Hochbegabte nicht die einzigen Mitarbeiter, die es zu gewinnen und zu halten gilt (zumal es definitionsgemäß auch „zu wenige" davon gibt, um mit ihnen alleine eine Unternehmung zu bestreiten).

Dennoch zahlt es sich aus, die intellektuell herausragenden Köpfe aufzunehmen, und zwar mehr als einen von 50 Mitarbeitern.

Große Konzerne wie Microsoft oder Google haben es vergleichsweise einfach, viele Bewerber zu erhalten, denn ihre Namen üben einen starken Sog auf potenzielle neue Mitarbeiter aus. Google erhält pro Jahr über 1 Million Bewerbungen [18].

Von internationalen Unternehmensberatungen weiß man, dass sie die besten Studenten renommierter Universitäten umwerben, um diese dann nach Abschluss ihres Studiums gleich unter Vertrag zu nehmen. Der Anteil der Hochbegabten unter den „Einserkandidaten" und denen, die durch zahlreiche und außergewöhnliche Nebenbeschäftigungen *(extra-curricular activities)* auffallen, wird höher sein als in der Masse der Studierenden.

Es ist davon auszugehen, dass diese Unternehmen hochbegabte Jobeinsteiger und *Professionals* suchen.

Was bieten Konzerne wie Microsoft und Google bzw. Unternehmensberatungen ihren hochbegabten neuen Mitarbeitern?

Teilweise haben diese Firmen ein hohes, attraktives Vergütungspaket, welches sich kleinere Firmen gar nicht leisten könnten, das es ihnen ermöglicht, den Markt „leerzukaufen". Wenn der Job bei einer Unternehmensberatung fachlich interessant ist und signifikant mehr „abwirft" als eine Einstiegsposition in der Industrie, ist das für viele Bewerber ein starkes Motiv, ebendort anzufangen.

Damit können kleinere Firmen nicht aufwarten. Für sie gibt es jedoch eine hoffnungsvolle Nachricht: Vor allem sind es die Aufgaben, mit denen sich Hochbegabte gewinnen lassen. So haben auch kleinere und mittelständische Unternehmen (KMU) realistische Chancen, Hochbegabte anzuwerben. Wenn Sie das beste Unternehmen einer Branche sind, können Sie Hochbegabte mit Interesse an diesem Metier auch ohne die besten Gehälter anziehen und halten. Viele Mittelständler sind Weltmarktführer in einer Nische, siehe dazu u. a. das Buch „*Hidden Champions*" [27]. Sie sind so unauffällig, dass sie kaum Wettbewerber auf sich aufmerksam machen, während sie satte Gewinne einfahren.

Man sagt: „*Birds of a feather flock together*[2]", oder mit direktem Bezug auf die Arbeitswelt: „*A players hire A players, B players hire C players.*" (Fachleute nennen dies den „Agglomerationseffekt".) Der Nobelpreisträger Ernest Rutherford ist ein exzellentes Beispiel:

> Elf seiner Schüler und Mitarbeiter erhielten ebenfalls den Nobelpreis, so wie übrigens Rutherfords Mentor, Joseph John Thomson, und dessen Sohn George Paget Thomson.

Rutherford konnte die besten Kandidaten „erspähen" und hat sie entsprechend gefördert.

Wenn Hochbegabte in einem Unternehmen arbeiten, ist es attraktiver für andere Hochbegabte, dort ebenfalls tätig zu sein.

Ein Professor, der auf seinem Gebiet eine Koryphäe ist, wird mehr Hochbegabte anziehen, als ein Kollege, der im abgeschlagenen Mittelfeld operiert. Jemand, der den leichtesten Weg zu einem Diplom sucht, wird nicht den besten Professor wählen, weil es in seinem Umfeld nach Arbeit „riecht". Die mittelmäßigen Studenten werden also die Autoritäten ihres Fachs zum Teil meiden, aus Angst, dass dort mehr Leistung verlangt werden könnte und die Arbeit vermutlich „schwieriger" ist. Genau das fasziniert und motiviert einen Hochbegabten.

Hochbegabte wollen von anderen Hochbegabten umgeben sein. In einer Organisation formen sie nach [3] eine Art „Stamm" bzw. Subkultur. Eine „Programmierer-Clique" ist ein Beispiel hierfür. Die „Stämme" (*tribes*) von Hochbegabten rotten sich gewissermaßen zusammen und sind anderen gegenüber misstrauisch, wobei Misstrauen ein generelles Merkmal von Hochbegabten darstellt.

[2] Gleich und gleich gesellt sich gern, nicht nur „komische Vögel".

Ein in der Literatur häufig genanntes Beispiel für Unternehmen, die Hochbegabte anziehen, ist wie schon erwähnt Google: „*Google leaders believe that one exceptional technologist is many times more valuable than one average engineer; hence they insist on hiring only the brightest of the bright – folks out on the right-hand end of the bell-shaped curve. They also believe that if you let one ‚bozo[3]' in, more will surely follow.*" [28]

Oftmals sind Hochbegabte erst auf der Universität oder im Berufsleben unter „ihresgleichen", weil sie in Kindergarten und Schule statistisch gesehen massiv in der Minderheit liegen.

Ein Hochbegabter, der nach dem Studium bei einer großen Unternehmensberatung einstieg, beschrieb seine Erfahrungen dort mit dem Gefühl, in einem Rudel voller Wölfe zu stecken: „*Alle sind sehr gut, und wer die Anforderungen nicht erfüllt, wird hinausgebissen. Es herrscht ein eiskalter Wettbewerb.*"

Diese Erfahrung war neu für ihn. Zuvor galt er immer als die unangefochtene Nr. 1, nun hatte er sich täglich unter gleich starken Mitstreitern neu zu beweisen, was auch eine anspornende Herausforderung darstellte.

In Management-Teams verhält es sich häufig ähnlich: Wer keine ausreichende Leistung zeigt, wird von den Kollegen hinausbugsiert.

Wie sich Hochbegabte die ideale Berufswelt vorstellen

Menschen hegen unterschiedliche Erwartungen an ihren „Traumjob". Wie Hochbegabte sich die „perfekte Berufswelt" vorstellen, sehen Sie hier anhand von zwölf Aussagen:

Hochbegabter A: „*Freie Zeiteinteilung und Aufgabenorientiertheit. Wenn der Auftrag erledigt ist, kann ich nach Hause gehen und nicht erst, wenn die Arbeitszeit beendet ist.*"

Hochbegabter B: „*Jeder fühlt sich verantwortlich, seinen Teil für das Team beizutragen.*"

Hochbegabter C: „*Wenn jeder seinen Fähigkeiten entsprechend individuell tätig sein könnte und von (geeigneten) Führungskräften geführt und gefördert würde.*"

Hochbegabter D: „*Für mich sollte eine IQ-Testung viel mehr in die Personalauswahl einfließen. Man sollte den Handlungsspielraum nach dem IQ bemessen.*"

Hochbegabter E: „*Eine gute Mischung aus laufend neuen Herausforderungen, ein wenig Routine zum Durchatmen, viel Kontakt mit Menschen, denen ich etwas beibringen kann, und Freiraum für eigene Entscheidungen. Und das Ganze zu angemessener Bezahlung.*"

Hochbegabter F: „*Nichts ist perfekt. Ein guter Schritt wäre, Menschen nicht nur zur Besetzung von Stellen einzusetzen, sondern ihre Fähigkeiten auch bereichsübergreifend einzusetzen: ‚Kastldenken' überwinden.*"

[3] Dummkopf.

Hochbegabter G: *„Eine, in der die Leute, denen man es zutrauen kann, freier sind. Eine, in der nicht alle anderen Kollegen nur neidisch sind, wenn man etwas besser gemacht hat. Eine, in der es nichts ausmacht, dass man eine Frau ist. Eine, in der man nach erbrachter Leistung bezahlt wird."*

Hochbegabter H: *„Noch mehr knifflige Projekte."*

Hochbegabter I: *„Anerkennung auf Grund der Leistung. Keine Streitigkeiten, um eine Hackordnung herzustellen."*

Hochbegabter J: *„Jeden Tag das machen zu können, was gerade Spaß macht."*

Hochbegabter K: *„Abwechslungsreiche, interessante Tätigkeiten, kompetente Kollegen, angemessene Bezahlung."*

Hochbegabter L: *„Mich stören das absurde Stundenabsitzen, obwohl man die Arbeit schon fertig hat, das Smalltalkgeplapper in den Pausen, diese endlose Eintönigkeit immergleicher Tätigkeiten."*

Die Aussage von Hochbegabtem E sei herausgegriffen. Seine Idee, Mitarbeiter bereichsübergreifend einzusetzen, erfreut sich in der Praxis immer größerer Beliebtheit, seit Firmen entdeckt haben, dass projektbasierte Strukturen (*project-driven organization*) bzw. prozessorganisierte Unternehmen dem Arbeitsfluss gerechter werden als das Aufstellen von „Kompetenzsilos".

Besonder störend empfinden viele Hochbegabte die Tatsache, dass Organisationen einen hohen Wert auf die Anzahl der geleisteten Arbeitsstunden legen.

Ines: *„Wer früher mit seiner Arbeit fertig ist, sollte eher nach Hause gehen dürfen, oder mehr Arbeit und mehr Bezahlung bekommen als die Kollegen"*.

Ein paar weitere Hinweise, wie Hochbegabte arbeiten wollen, finden sich im „Dilbert Prinzip" [29]. In diesem Buch spinnt Scott Adams ein paar Gedanken für eine ideale, „OA5" (*Out-At-5*) Firma:

- Mitarbeiter sollen sich und ihren Arbeitsbereich nach ihrem Belieben kleiden und einrichten.
- Künstliche Kreativitätsprozesse sollen abgeschafft werden.
- Alle *assholes* (Arschlöcher) sollten aus der Firma verbannt werden.
- Alle Mitarbeiter sollten täglich etwas lernen.

Daneben gibt Adams Tipps, wie sich die Effizienz steigern lässt. Beispielsweise könnte man dem Versuch von Mitarbeitern, sich durch das Stehlen von Kopierpapier eine zweite Existenz aufzubauen, durch eine pauschale Extrazahlung von z. B. 25 $/Monat für Büroutensilien den Garaus machen.

In [2] werden Charakteristika von Organisationen beschrieben, die Hochbegabten ein mehr oder weniger **ideales Umfeld bieten**, siehe dazu auch Tab. 5.3 unten. Generell benötigen Hochbegabte mehr Freiraum, sie schätzen Strukturen und Vorschriften viel weniger als der durchschnittliche Mitarbeiter.

Tab. 5.3 Wie eine Organisation Hochbegabten gefällt. (Quelle: [2])

Charakteristika von Organisationen, die Hochbegabte schätzen	Charakteristika von Organisationen, die ungünstig für Hochbegabte sind
Flexibilität	Ein Regelwerk, das die Arbeit bestimmt
Flache Hierarchien	Macht und Einfluss nach dem Titel
Wenig Vorschriften (nur sinnvolle)	Konfliktvermeidung
Macht und Einfluss entstehen durch Wissen, Erfahrung und Erfolg	
Raum für produktiven Konflikt	

Man kann die Organisation links als „Aufgaben- und Personenkultur" bezeichnen und das Gegenstück rechts als „Rollen- und Machtkultur".

In bürokratischen Systemen mit viel **Routine** und eng definierten Rollenbeschreibungen fühlen sich Hochbegabte nicht wohl.

Hochbegabte, junge Mitarbeiter sollten mehr **Verantwortung** erhalten als zu Beginn der Laufbahn regulär üblich ist [2]. So können sie ihr Potenzial nutzen und wachsen. Hochbegabte sollten die Gelegenheit bekommen, **Fehler zu machen** und daraus zu lernen.

Hochbegabte gehören idealerweise ermutigt, **Kritik und Verbesserungsvorschläge** vorzubringen. Auf keinen Fall sollten sie Schwierigkeiten und Repressalien zu befürchten haben, wenn sie etwas Bestehendes infrage stellen. Die kritische Grundhaltung von Hochbegabten ist eine ihrer wesentlichen Stärken, und die Kritik, die sie vorbringen, ist zumeist logisch und gründlich durchdacht. Schlagen Sie Kapital aus dieser Stärke!

Die Hochbegabten sollten ihre Lösungswege selbst wählen können. Die Organisation sollte auf das Ergebnis achten und nicht auf den Weg („Kompass-Ansatz"). Solange die Firmenwerte und -richtlinien respektiert werden, sollte der Chef einen Hochbegabten seinen jeweiligen Ansatz ausführen lassen. Die Aufgabe der Organisation ist es, ihm förderliche Arbeitsbedingungen zu ermöglichen und ihm die Erledigung der Aufgaben zu überlassen.

Geben Sie Hochbegabten dauernd **neue Herausforderungen** und **neue Aufgaben**. Lassen Sie andere diese zu Ende bringen. Das Vollenden von Aufgaben ist keine Stärke von Hochbegabten. Setzen Sie sie daher dort ein, wo sie den größten Nutzen erzielen können, und das sind nun einmal Innovationen und das Starten neuer Projekte.

Weiterhin empfiehlt es sich, auf Hochbegabte zu hören, wenn sie einen Vorschlag für ein allgemeines „Problem", das gar kein als solches anerkanntes Problem ist, vorbringen.

In [2] steht: *„Gifted individuals can function as the „mine canaries" of the organization or society. Many of the problems that the gifted encounter apply also to others, but often to a lesser degree."*

Durch ihre hohe Sensibilität und ihre ausgeprägte Wahrnehmung können Hochbegabte sich anbahnende Schwierigkeiten frühzeitig erkennen, bevor diese eine größere Gruppe der Belegschaft erfassen.

Rufen Sie sich die typischen Eigenschaften von Hochbegabten in Erinnerung, dann können Sie das Arbeitsumfeld entsprechend gestalten, um ihnen optimale Bedingungen zu ermöglichen. Somit werden Sie quantitativ und qualitativ bessere Ergebnisse von ihren hochbegabten Mitarbeitern erhalten.

> **Brain Teaser** In den Niederlanden schätzt man, dass 50 bis 80 % der Hochbegabten in der Gesellschaft bzw. in ihren Organisationen „funktionieren". In Ihrer Unternehmung können es 100 % sein!

Auf Hochbegabte zugeschnittene Organisationen

Wenn Sie in einem Business tätig sind, das auf eine größere Anzahl hochbegabter Mitarbeiter angewiesen ist, sollten Sie Ihre Prozesse nach dieser Type Mitarbeiter ausrichten. Noch haben die wenigsten Firmen Hochbegabte für sich konkret entdeckt. Stephen R. Covey schreibt in seinem Buch [30]: „*We live in a Knowledge Worker Age but operate our organizations in a controlling Industrial Age model that absolutely suppresses the release of human potential.*"

Nehmen Sie Anleihe an Organisationen, wo sich viele Hochbegabte tummeln: Universitäten und das Internet.

Hochbegabte gebären häufig Ideen in Bereichen, die nicht ihr direktes Aufgabengebiet sind. Sie machen nicht nur beiläufige Kommentare, sondern arbeiten auch einmal ungefragt eine Lösung aus. „Über den Tellerrand blicken", das trifft auf Hochbegabte in besonderem Maße zu.

Informell erbrachte Leistungen sind in strukturierten Unternehmen jedoch nicht vorgesehen und werden auch selten belohnt.

Schaffen Sie Anreizsysteme, die derartiges Verhalten honorieren und fördern.

Gary Hamel schreibt in seinem Buch „The Future of Management" [28]: „*Anyone who has ever run a university, a film studio, or an open source software project will tell you that getting the most out of people seldom means managing them more, and usually means managing them less. It means giving fewer orders, worrying less about alignment, and spending less time checking up on folks.*"

Ferner bezieht Hamel sich auf Google, indem er den Entscheidungsfindungsprozess dort als sehr demokratisch beschreibt: „*As one might expect, decision making at Google is highly consultative. Command and control isn't an option when your „employees" are some of the smartest people on the planet.*" [28]

Hamel führt aus, dass auf die Meinung der hochbegabten Mitarbeiter viel Wert gelegt wird, anstatt ihnen von oben etwas zu verordnen: „*As is true in academic life or on the Net, control at Google is more peer-to-peer than manager-to-minion*[4]." [28]

Wie die wiedergegebene Stelle aus Gary Hamels visionärem Buch zeigt, funktionieren Entscheidungsfindungsprozesse im Internet und im akademischen Bereich ähnlich. Auch

[4] Lakai, Günstling.

dort hat man es mit vielen Hochbegabten zu tun, und diese lassen sich, wie gesagt, ungern Vorschriften machen.

In der Regel scheuen Unternehmer (kalkulierte) Risiken nicht, während Arbeitnehmer, also unselbständig Erwerbstätige, risikoavers sind. Es gibt viele Hochbegabte, die bewusst auf ein höheres Einkommen verzichten, um die Annehmlichkeiten eines fixen und regelmäßigen Bezugs in Anspruch zu nehmen. Das Sicherheitsdenken eines Menschen ist in dieser Hinsicht nicht mit seinem Begabungsniveau in Korrelation zu bringen.

Hochbegabte, die hier wagemutiger sind, können in ihrer selbst gegründeten Firma die für sie optimale Organisation erschaffen.

5.9 Eine Organisation aus lauter Hochbegabten?

Wie wäre eine Organisation, die nur aus Hochbegabten besteht? Auf den ersten Blick ist das ein reizvoller Gedanke: Intellektuelle, die rein rational entscheiden, verglichen mit einer Technokratie.

Der hochbegabte Paul meint: *„Dadurch, dass ‚das schwächste Glied' Maßstab der Gesellschaft ist, wurden auch die Strategien der geistig schwachen salonfähig: Sich mit Gewalt durchsetzen ist heute absolute Norm der Gesellschaft, vom Management bis hinab zur U-Bahnstation"*.

Hochbegabte haben Stärken und Schwächen und sind für manche Aufgaben besser geeignet als durchschnittliche Mitarbeiter – für andere Aufgaben allerdings schlechter! Eine Organisation benötigt einen „gesunden" Mix unterschiedlicher Mitarbeiter. Eine spezielle Organisation für Hochbegabte, quasi als „geschützte Werkstätte", ist nicht erstrebenswert. Hochbegabte sollten der Fülle an Unternehmungen ihr Potential zur Verfügung stellen.

Ein anregendes Buch in diesem Zusammenhang ist „The Gifted Boss" [31], in dem Dale Dauten vom idealen Arbeitsplatz als *„talent-squared workplace"* mit hochbegabtem Boss und hochbegabten Mitarbeitern schreibt. Er verwendet „gifted boss" synonym mit „great boss".

Literatur

1. Interview: Hochbegabte – die vergessene Ressource, HR-Management, 29.11.2011 http://www.haufe.de/personal/hr-management/interview-hochbegabte-die-vergessene-ressource_80_69158.html
2. Frans Corten, Noks Nauta, Sieuwke Ronner, Highly intelligent and gifted employees – key to innovation?, Academic paper International HRD-conference 2006 „The learning society for sustainable development", Amsterdam, 11. Oktober (2006). http://www.triplenine.org/ articles/Nauta-200610.pdf
3. John M. Ivancevich, Thomas N. Duening, John Ivancevich, Managing Einsteins: Leading High-Tech Workers in the Digital Age, McGraw-Hill Publishing Co., ISBN: 978-0071375009 (2001).

4. Russ Mitchell, How to Manage Geeks, Fast company, 31. Mai 1999, http://www.fast-company.com/magazine/25/geeks.html
5. Software-Konzern: SAP stellt Hunderte Autisten ein, 21.05.2013 http://www.spiegel.de/wirtschaft/unternehmen/sap-stellt-bis-2020-hunderte-autisten-ein-a-900882.html
6. Paul J. Kohtes, Das Selbstbild moderner Manager, Harvard Business manager, 100-103, Mai, (2009).
7. Alan Robertson, Graham Abbey, Managing Talented People, Momentum, ISBN: 9781843040248 (2003).
8. Dietrich von der Oelsnitz, Volker Stein, Martin Hahmann, Der Talente-Krieg. Personalstrategie und Bildung im globalen Kampf um Hochqualifizierte. Haupt-Verlag, ISBN: 978-3258072456 (2007).
9. Carrington, William J. and Detragiache, Enrica, How Big Is the Brain Drain?, IMF Working Paper, pp. 1-27 (1998). Available at SSRN: http://ssrn.com/abstract=882624 (1998).
10. Andrew Mountford, Can a brain drain be good for growth in the source economy?, Journal of Development Economics 43, 287-303 (1997).
11. Andrea Jindra, Kampf um Spitzenkräfte, Succeed 4/2010, Seite 32 (2010).
12. Christian Meier, Wozu noch Journalismus? Dahinter müssen kluge Köpfe stecken, 18. Juli 2010 http://www.sueddeutsche.de/medien/serie-wozu-noch-journalismus-dahinter-muessen-kluge-koepfe-stecken-1.961998
13. David Ogilvy, Geständnisse eines Werbemannes, Econ, ISBN: 978-3430172752 (2000).
14. Merkmale der Hochbegabung, http://www.dr-gumpert.de/html/merkmale_der_hochbegabung.html (2009).
15. Geoff Colvin, Talent Is Overrated: What Really Separates World-Class Performers from Everybody Else: Practice, Passion and the Good News About Great Performance, Portfolio Hardcover, ISBN: 978-1591842248 (2008).
16. Malcolm Gladwell, Outliers, Penguin, ISBN: 978-0141043029 (2009).
17. Christian Schultz, Bewerber beim IQ-Test: „Man kann sich blöder stellen, aber nicht intelligenter machen", 03.11.2009 http://www.spiegel.de/unispiegel/jobundberuf/bewerber-beim-iq-test-man-kann-sich-bloeder-stellen-aber-nicht-intelligenter-machen-a-658825.html
18. Tina Groll, Google schafft Intelligenztests für Bewerber ab, 28.06.2013 http://www.zeit.de/karriere/bewerbung/2013–06/google-fangfragen-bewerber (2013).
19. Tahl Raz, Taming the Savage Genius, The delicate art of managing employees who are way, way smarter than you, May 1, 2003, http://www.inc.com/magazine/20030501/25409.html
20. Jeffrey K. Liker, David P. Meier, Toyota Talent, Developing your people the Toyota Way, McGraw-Hill, ISBN: 978-0-07-147745-1 (2007).
21. http://www.solidar.ch/de/faire-arbeit-facts-figures.html (2013).
22. Ed Michaels, Helen Handfield-Jones, Beth Axelrod: The War for Talent. Mcgraw-Hill Professional, ISBN: 1578514592 (2001).
23. Peter F. Drucker, The Essential Drucker: The Best of Sixty Years of Peter Drucker's Essential Writings on Management, Harper Paperbacks, ISBN: 978-0061345012 (2008).
24. Jürgen vom Scheidt, Das Drama der Hochbegabten: Zwischen Genie und Leistungsverweigerung, Piper, ISBN: 978-3492244954 (2005).
25. Gunnar Kunz, Nachwuchs fürs Management: High Potentials erkennen und gezielt fördern, Gabler, ISBN: 978-3409124843 (2004).
26. Johanna Dahm, Talent Management, Handbuch für die Praxis, Books on Demand GmbH, ISBN: 978-3833488146 (2007).
27. Hermann Simon, Hidden Champions des 21. Jahrhunderts: Die Erfolgsstrategien unbekannter Weltmarktführer, Campus Verlag, ISBN: 978-3593383804 (2007).

28. Gary Hamel, The Future of Management, Harvard Business School Press, ISBN: 978-1-4221-0250-3 (2007).
29. Scott Adams, The Dilbert Principle, Collins Business, ISBN: 978-0-88-730858-1 (1997).
30. Stephen R. Covey, The 8th Habit, From Effectiveness to Greatness, New York, ISBN: 0-533-29698-1 (2005).
31. Dale Dauten, The Gifted Boss – How to find, create and keep great employees, William Morrow & Company, ISBN: 0-688-16877-9 (1999).

6 Erfolgreiches Management von Hochbegabten

Ein gescheiter Mann muss so gescheit sein, Leute einzustellen, die viel gescheiter sind als er.
John F. Kennedy (1917–1963), 35. Präsident der USA

Zusammenfassung

Stecken Sie Ihre Hochbegabten in einen Raum, geben Sie ihnen eine spannende Aufgabe und sperren Sie die Tür zu – was es der Führung von Hochbegabten sonst noch bedarf, das lesen Sie in diesem Kapitel. Behandelte Themen sind die Aufnahme von Hochbegabten, das Erkennen von Hochbegabten in Ihrem Team, das Binden von Hochbegabten an Ihre Organisation, ihre Beförderung entlang der dualen Karriereleiter und ihre Motivation. Die Führung der „*Underachiever*", der hochbegabten „Stars", der Extraordinären und der internationalen Hochbegabten wird diskutiert. Lesen Sie, wie Sie die Eigentümlichkeiten von Hochbegabten für sich nutzen können und warum Unterforderung Gift für sie ist. Wie lässt sich Hochbegabten Führungsverantwortung übertragen?

Hochbegabte sind Menschen mit Ecken und Kanten, wie jeder von uns auch. In diesem Kapitel erfahren Sie, was Sie als ihr Manager am besten beachten sollten, um das Optimum aus ihnen herauszuholen.

Kathrin Gulnerits schrieb 2007 in der Tageszeitung Wirtschaftsblatt [1] über Hochbegabte: „*Bösartige Quälgeister oder wertvolle Mitarbeiter? Hochbegabte, die einen IQ von mindestens 130 mitbringen, haben es im Job nicht immer leicht. Dennoch sollten Führungskräfte froh sein, wenn sie Superhirne in ihrem Team haben … Berührungsängste im Job bleiben dennoch nicht aus. Welcher Chef mag es schon, wenn sein Angestellter schlauer ist als er selbst?*"

Und ein Hochbegabter selbst: „*Auf der Arbeit fahre ich meist nur 25 % Leistung. Wenn ich 100 % gebe, werde ich meist eher bestraft als belohnt.*"

M. Lackner, *Talent-Management spezial*,
DOI 10.1007/978-3-658-03183-1_6, © Springer Fachmedien Wiesbaden 2014

Management von Hochbegabten bedeutet, aus diesen das Beste herauszuholen. Lesen Sie hier, wie das funktioniert.

6.1 Wie Sie Hochbegabte richtig führen

Um eines gleich vorweg zu sagen – das Management von Hochbegabten folgt denselben Regeln wie das Management von allen anderen Mitarbeitern auch. Wenn Sie als Führungskraft jedoch sensibilisiert sind für die feinen Unterschiede, wie ein Hochbegabter typischerweise denkt und fühlt, wird es Ihnen leichter fallen, ihn erfolgreich(er) zu führen.

Das gilt generell für alle Ihre Mitarbeiter: Wenn Sie mitarbeiterorientiert statt aufgabenorientiert führen, werden Sie die individuellen Stärken Ihrer Teammitglieder intensiver nutzen können. Indem Sie mehr über Ihre Mitarbeiter wissen und sich für sie interessieren, können Sie sie nutzbringender einsetzen und zielgerichteter entwickeln. Ihre Mitarbeiter werden es Ihnen durch Leistung honorieren.

Rob Goffee und Gareth Jones schreiben in ihrem Harvard Business Review Artikel „Leading Clever People" [2]: „*Clever people…produce disproportionate value for your firm…Their single innovation may bankroll their entire organization for a decade… Clever people don't want to be led. They don't care about titles or promotions. And they're easily bored. What to do?…Be a benevolent guardian, not a traditional boss – by protecting them from complex rules and politics. Create a safe environment where they can experiment – and fail. Respect their expertise while quietly demonstrating your own.*"

Hochbegabte haben ein großes Potenzial, das betrieblich verwertet werden kann. Diese Tatsache wird bisher von den wenigsten Firmen systematisch genutzt [3]. Hochbegabte haben Stärken und Schwächen wie andere Mitarbeiter auch. Wenn Sie als Manager die Stärken Ihres hochbegabten Mitarbeiters bzw. Ihrer hochbegabten Mitarbeiter fördern, können Sie exzellente Ergebnisse erwarten. Nicht alle Hochbegabten haben Top-Schulnoten und bringen exzellente Leistungen im Beruf, obgleich sie es könnten: Es bedarf „nur" des richtigen Managements.

Wenn hochbegabte Spitzenleister im Beruf nicht das bringen, was möglich wäre, drängt sich die Frage nach den Ursachen auf. Es wurde herausgefunden, dass etwa ein Drittel der „Spitzenleister" in Firmen einen gewissen Mangel an emotionalen Kompetenzen aufweist [4], beispielsweise Schwierigkeiten, ein Team aufzubauen, oder ein Unvermögen, die eigenen Emotionen unter Stress zu kontrollieren. Zu einem großen Teil liegt der Misserfolg auch an ihren Managern, weil sie schlichtweg falsch eingesetzt werden.

Hochbegabte zu führen ist nicht immer einfach! Sie sind Querdenker, hinterfragen gerne etablierte Zusammenhänge und weisen ein hohes Potenzial für Kreativität auf. Des Weiteren zeichnen sich Hochbegabte durch starke Neugierde aus und starten gerne viele Projekte gleichzeitig, die sie dann auch rasch wieder versanden lassen, wenn etwas Neues, noch Interessanteres auftaucht.

Hochbegabung wird mit einem IQ von 130 gleichgesetzt. Ab einem IQ>120 gilt ein Mensch als „mit beachtlichen Fähigkeiten" ausgestattet. Das sind immerhin schon 10 %

der Bevölkerung. Wenn Sie als Manager günstige Bedingungen schaffen, können Sie herausragende Leistungen dieser Gruppe erwarten. Vieles von dem hier Geschriebenen gilt für „*High Potentials*“ allgemein. Die Gruppe der Hochbegabten und die der *High Potentials* eines Unternehmens sind nicht identisch. Je wirksamer das Management die Hochbegabten führt, desto größer wird die Schnittmenge sein (siehe auch die Ausführungen hierzu weiter vorne).

6.2 Machen Sie als Unternehmen Ihre Hausaufgaben

Ihr Unternehmen braucht Strukturen und Prozesse im Personalbereich. Wenn Sie alle personalrelevanten Entscheidungen spontan treffen, werden Sie bald ein Wirrwarr haben, welches weder Sie noch Ihre Mitarbeiter zufriedenstellt.

Große und etablierte Unternehmen haben (fast) zu viele Systeme und Vorschriften im HR-Bereich, während Klein- und Mittelbetriebe hier häufig Nachholbedarf aufweisen.

Wenn Ihr Betrieb zu klein ist, um sich eine Personalabteilung leisten zu können, sollten Sie folgende Themen in Ihrer Funktion als Geschäftsführer selbst abdecken:

- Personalstrategie,
- Talentmanagement,
- kontinuierliche Durchführung von Schulungen und Trainings, Weiterentwicklung der Mitarbeiter,
- Führungskräfteentwicklung und Nachfolgeplanung.

Personalangelegenheiten sind Chefsache. Ihre HR-Abteilung bzw. Ihr Personaldienstleister sollte Sie dabei unterstützen und nicht die Arbeit für Sie machen.

Was man aus der schulischen Hochbegabtenförderung lernen kann

Viele Aspekte der Förderung von Hochbegabten in der Schule lassen sich auf die Förderung von erwachsenen Hochbegabten in Organisationen übertragen.

Das Überspringen von Klassen (*acceleration*) wird in Schulen seit vielen Jahren erfolgreich angewandt, um den intellektuellen und sozialen Bedürfnissen von Hochbegabten gerecht zu werden [5]: Mehr und neue **Herausforderungen** lassen Langeweile und Frustration gar nicht erst aufkommen.

Generell ist das Schulsystem für Hochbegabte nicht geeignet [6].

Man hat herausgefunden, dass **Unterforderung** die Hauptursache ist, die hochbegabte Schüler als Erwachsene zu *Underachievern* werden lässt [7]. Nach den Forschern S. B. Rimm und K. J. Lovance strengen sich die hochbegabten Schüler nicht an, weil ein Bemühen keine Auswirkung auf ihre Noten hat. Sie eignen sich so schlampige Lern- und Arbeitsmethoden an, wodurch sie später zu *Underachievern* werden. Höchstbegabte verbergen manchmal ihr Leistungspotenzial, um Ablehnung durch Freunde, Mitschüler und Lehrer zu verhindern [7]. Sie stellen sich dumm und beschimpfen sich selbst [8]. Frühzeitige Einschulung oder das raschere Beginnen eines Studiums sind neben dem Überspringen von Klassen häufig praktizierte Methoden der Hochbegabtenförderung.

Analogieschluss zu Hochbegabten in Organisationen: **Fordern Sie sie permanent!**

Hochbegabte sind oft ungeduldig. Ungeduld gepaart mit Potenzial kann sie für eine rasche Übertragung von mehr Verantwortung befähigen. Setzen Sie junge Hochbegabte in anspruchsvollen Tätigkeitsfeldern ein, wo sie durchaus auch Fehler machen können, um zu lernen. Das wird häufig in einem Nebenbereich von Firmen einfacher möglich sein als im „Hauptgeschäft", wo der aus einem Fehler resultierende Schaden in der Regel viel größer ist.

> **Brain Teaser** CEOs werden nicht selten in einem Nebenbereich wie dem Labor, der Lagerwirtschaft oder der Rechtsabteilung „groß". Im Kerngeschäft können Fehler die Karriere kosten.

6.3 Aufnahme von Hochbegabten

Streben Sie als Unternehmen danach, die bestmöglichen Mitarbeiter aufzunehmen! Das klingt trivial und selbstverständlich, was es nicht immer ist. Bewusst oder unbewusst hat jeder Vorlieben und Vorurteile in mehr oder weniger starker Ausprägung und tendiert dazu, mit Menschen zusammenarbeiten zu wollen, die ihm ähnlich sind. Eine „gemeinsame Wellenlänge" ist wichtig, wenn das Verhältnis zwischen einem neuen Mitarbeiter und dessen Chef entspannt starten soll. Suchen Sie in Ihren Bewerbern nach Kompetenzen und Fähigkeiten, die Ihnen und Ihrem Team fehlen. Kaum etwas ist lähmender für eine Abteilung oder eine Firma als ein absolut homogenes Team.

Natürlich gibt es Ausnahmen, so sollten beispielsweise alle MitarbeiterInnen eines Callcenters den gleichen, standardisierten Service anbieten. Eine Forschungs- und Entwicklungstruppe aus zehn Klonen wird hingegen schneller der Einfallslosigkeit und dem *Groupthink* verfallen, als Sie diesen Absatz lesen können.

Hier sind vier berücksichtigungswürdige Gedankenansätze für die Personalauswahl.

Vorzügliches Personal hat seinen Preis

Jemand, der 30 % mehr kostet als der Marktdurchschnitt und dafür deutlich überdurchschnittliche Leistungen erwarten lässt, ist sein Geld wert. Wie überall in der Wirtschaft gilt das Preis/Leistungs-Verhältnis. Wer es sich leisten kann, erstklassige Mitarbeiter „einzukaufen", sollte dies tun. Auch bzw. gerade auf Kostenführerschaft erpichte Unternehmen können von teureren Mitarbeiten profitieren.

Dale Dauten schreibt in seinem Buch „The Gifted Boss“ [9]: „*In fact, all my experience suggests that the best employees are a bargain.*“

Niemand ist „überqualifiziert“

Auch wenn ein Kandidat für einen bestimmten Job überqualifiziert zu sein scheint, zögern Sie nicht, ihn einzuladen. Erkunden Sie, warum er sich auf die ausgeschriebene Stelle beworben hat. Natürlich besteht die Gefahr, dass er bald wieder abspringt, allerdings können Sie einen neuen Mitarbeiter, der sich bewährt, auch rasch befördern und mit höheren Aufgaben betrauen.

Sandra: „*Studieren Sie irgendetwas Naturwissenschaftliches und gehen Sie dann in eine Bank. Das reicht normalerweise, um Sie völlig zu unterfordern.*“
Peter: „*Gibt es überhaupt Überqualifikation? Jeder Arbeitgeber müsste doch froh sein, wenn er Mitarbeiter kriegt, die mehr aus Zeit und Aufwand machen, die zur Verfügung stehen?*“

Mr. und Mrs. Perfect gibt es nicht

Wenn Sie unter Zeitdruck stehen, können Sie drei Mitarbeiter einstellen, die 80 % leisten, anstatt ein halbes Jahr oder länger auf zwei perfekte Kandidaten zu warten, die die geforderten Aufgaben zu 100 % zu erfüllen vermögen. Jeder Mitarbeiter hat Schwächen. Das Wesen von Organisationen ist es, diese Schwächen irrelevant machen zu können. Vorsicht vor grauen Kandidaten, deren einzige Stärke das Fehlen einer erkennbaren Schwäche ist! Wo viel Licht ist, gibt es bekanntlich auch große Schatten. Wenn ein hochbegabter Bewerber auf die Stelle passt, jedoch eine offensichtliche Schwäche aufweist – stellen Sie ihn trotzdem ein.

Fehlbesetzungen sind teuer

Personelle Fehlbesetzungen sind mit hohen Kosten verbunden. Der finanzielle Schaden wird immer höher, je länger man mit der Korrektur zögert. Handeln Sie rasch. Wenn sich eine Neubesetzung nicht bewährt und auch nicht entwickeln lässt, tauschen Sie sie aus, anstatt auf eine wundersame Heilung zu warten. Das kostet Geld, allerdings viel weniger, als wenn Sie für viele Jahre minderwertige Leistungen bekommen. Erkennen Sie auf der anderen Seite, in welchen Fällen eine „Fehlbesetzung“ durch Coaching oder Training die benötigten Kompetenzen aufbauen kann, um den Job doch noch erwartungsgemäß zu erfüllen. Klare Fehlbesetzungen sind Mitarbeiter, die die Firmenwerte mit Füßen treten, oder solche, die erkennbar keine Leistung bringen wollen oder können.

6.4 Wie erkenne ich einen Hochbegabten in meinem Team?

Die wenigsten Menschen schreiben ihren IQ in ihre Bewerbungsunterlagen. Dies hat zu einem großen Teil mit dem verkrampften Umgang, den die Öffentlichkeit mit dem Thema Hochbegabung pflegt, zu tun. Das führt dazu, dass diejenigen Hochbegabten, die ihren IQ kennen, ihn zumeist nicht offen anführen. Und die, die es tun, definieren sich nicht selten zu stark über ihr Potential. Außerdem ist der IQ nicht die einzige Maßzahl für Hochbegabung. Sie benötigen daher andere Anhaltspunkte, um Hochbegabte in Ihrem Team zu entdecken.

Hochleistende Mitarbeiter, die hochbegabt sind, erkennen Sie an ihren selbst gewählten, anspruchsvollen und umfangreichen Aufgaben. Sie übernehmen freiwillig ein großes Leistungspensum. Die andere Gruppe der Hochbegabten, die Latenten, verbergen sich. Folgende Hinweise können Sie auf der Suche nach einer eventuell vorhandenen Hochbegabung bei einem Ihrer Mitarbeiter heranziehen:

- Zeugnisse: Schulnoten sind oft ein Indiz, vor allem, wenn es neben Schule und Studium zahlreiche Aktivitäten gab.
- Ungewöhnliche Lebensläufe: Viele Tätigkeiten, die scheinbar nicht zusammenhängen, deuten auf ein breites Interesse einer neugierigen Person hin.
- Vielseitige und außergewöhnliche Hobbys, um den „durstigen Geist“ zu stillen.
- Weitere Indizien: übersprungene Schulklassen, Studium unter der Mindestzeit.

Haben Sie in Ihrem Team ein oder zwei Mitarbeiter, auf welche diese Beschreibungen zutreffen? Identifizieren und nutzen Sie die „breite Masse“ der Hochbegabten, die „latenten Talente“.

Diese Menschen haben es sich im Leben bequem eingerichtet, sie führen ein unauffälliges Dasein. Die Bewältigung des beruflichen Alltags fällt ihnen leicht, und sie könnten mehr – mehr leisten für Sie, wenn Sie sie richtig führen.

Diagnose Hochbegabung schützt vor Fehldiagnosen

Wenn Sie als Manager um die Hochbegabung eines Mitarbeiters wissen, können Sie sein Verhalten richtig deuten. Die untenstehende Tab. 6.1 fasst einige typische Verhaltensweisen von Hochbegabten in der Form von Beobachtungen mit Fehldiagnose und solchen mit richtiger Deutung zusammen.

Indem Sie das Verhalten der betroffenen Mitarbeiter als „typisch hochbegabt“ deuten, können Sie die richtigen Schlüsse ziehen.

Tab. 6.1 Wenn Sie wissen, dass ein Mitarbeiter hochbegabt ist, lässt sich sein Verhalten zu einem guten Teil verstehen und richtig interpretieren

Beobachtung	Allgemeine Schlussfolgerung (ggf. Fehldiagnose bei Hochbegabten)	Richtige Deutung bei Hochbegabten
Der Mitarbeiter arbeitet sich rasch in das neue Gebiet ein	Dieses Gebiet interessiert ihn besonders, somit ist er hierfür sehr geeignet	Eine rasche Einarbeitung in ein neues Gebiet ist typisch und kein Indiz für besonderes Interesse
Der Mitarbeiter erledigt seine Aufgaben sehr rasch	Er sollte langsamer sein, damit er keine Fehler macht	Hochbegabte sind in der Regel sehr genau (Perfektionsstreben). Der Mitarbeiter kann zusätzliche Aufgaben übernehmen
Der Mitarbeiter befasst sich mit mehreren Themen gleichzeitig	Der Mitarbeiter kann sich nicht auf eine Aufgabe konzentrieren und verzettelt sich leicht	Der Mitarbeiter kann komplexe Themen zur Bearbeitung übertragen bekommen

6.5 Binden von Hochbegabten an Organisationen

Great talent is hard to find, and even harder to keep.

Die Rekrutierung von hochbegabten und hochqualifizierten Mitarbeitern ist einfacher als ihre Bindung an ein Unternehmen.

Mitarbeiter heuern bei Firmen an, weil sie das jeweilige Unternehmen beeindruckt. Sie kündigen in der Regel wegen ihres direkten Chefs. Wenn Sie einen herausragenden Mitarbeiter verlieren, suchen Sie den Fehler zuerst bei sich selber. Nur in den seltensten Fällen führen andere Ursachen zu einer Kündigung durch einen Mitarbeiter. Sein Manager gibt den Ausschlag, ob er im Unternehmen bleibt oder nicht. Es ist Ihre Aufgabe als Chef, Ihre Mitarbeiter zu halten, zu entwickeln und – falls nötig – auch auszutauschen.

Vermeiden Sie Unterforderung von Hochbegabten: Diese führt schnurstracks zur innerlichen Kündigung. In Krisenzeiten sollten Sie Ihre Besten auf jeden Fall halten, denn Sie können sie in verschiedenen Bereichen multivalent einsetzen. Ihre Besten sind es in der Regel auch, die besonders leicht eine alternative Anstellung finden oder die, wenn sie sich für die Selbständigkeit entschließen, dort erfolgreich sind.

Achten Sie auch darauf, dass das Jahresgespräch nicht zur Demotivation Ihrer Hochbegabten führt. Manche Firmen nutzen das Instrument, Mitarbeitern damit ihre Verfehlungen der Vergangenheit, ihre Schwächen und Defizite vorzuhalten, quasi zur Rechtfertigung, warum nicht mehr Gehalt, größere Aufgaben oder eine Beförderung möglich wären. Eine große Anzahl an Hochbegabten hat nach dem Jahresgespräch die innere Kündigung vollzogen.

Loben Sie Ihre Hochbegabten, und geben Sie ihnen vor allem spannende Aufgaben.

6.6 Führen von hochbegabten „Spitzenleistern"

Manche Hochbegabte sind „spitze" auf ihrem Gebiet: Sie wissen viel darüber und beschäftigen sich intensiv und mit großer Leidenschaft damit, ob es sich nun um IT oder um Biochemie handelt. Mitunter ist es ein geringes Selbstwertgefühl, das sie dazu bringt, verzweifelt nach Anerkennung zu suchen. In ihrem Beruf sind sie folglich nicht selten enorm engagiert. Sie setzen sich selbst keine Grenzen und laufen Gefahr, sich selbst „zu verheizen". Sie leisten deutlich mehr für ihre Organisation als der Durchschnittsmitarbeiter. Teamwork ist wichtig – es ist auch hinlänglich bekannt, dass einige wenige Individuen den Unterschied machen und durch außergewöhnliche Leistungen einer Firma zum Durchbruch verhelfen. Es sind dies nicht selten die hochbegabten Hochleister in der Unternehmung.

Allerdings sind sie schwierig zu managen, wie auch der hochbegabte Atiq Raza, beim Chiphersteller AMD ehemaliger Vorstand für das operative Geschäft, weiß. Der heutige Unternehmer bezeichnet sich selbst als früheren „Albtraum seines Managers", obwohl er der Star in der damaligen Firma war: großes Ego, temperamentvolles Verhalten, wenig Geduld mit anderen Mitarbeitern und permanenter „Kampf" mit hierarchisch Höherstehenden, deren vermeintlichen Mangel an Fachwissen bekrittelnd. Er war brillant und zugleich arrogant und schwierig. Heute sagt er über seinesgleichen: „*Managing these people isn't for everybody. But they are powerful engines. If you harness their energy and creativity, you have a Ferrari on your hands.*" [4]

Bei AMD hat Atiq Raza ein Team von hochbegabten Ingenieuren darauf eingeschworen, einen neuen Prozessor für PCs, den K6, zu entwickeln, der Intel das Fürchten lehren sollte. Er hat es geschafft, die Mannschaft für ein höheres Ziel, für einen Sinn, zu begeistern und zu vereinen. Damit hat er die für Hochbegabte so wichtige **Sinnfrage** genutzt, um ein loyales Team aus den „schwierigsten" Mitarbeitern zu schweißen.

Das Management sollte dafür sorgen, dass Hochbegabte im Unternehmen **optimale Bedingungen** erhalten, um ihren (überproportionalen) Beitrag zum Erfolg zu leisten: motivierende Bezahlung und ein stimulierendes Umfeld [10]. Steven Berglas hat in [10] folgende Anregungen zum Management von derartigen „Spitzenleistern", den „A-Playern", gegeben, die hier in Anlehnung wiedergegeben sind:

- Gönnen Sie diesen Mitarbeitern ihre kleinen Triumphe. Dadurch werden sie „ruhiger", was anderen Mitarbeitern die Chance einräumt, mit den „A-Playern" in einem Team zu arbeiten.
- Loben Sie Ihre A-Player gezielt in Bereichen, die Sie fördern wollen, etwa Teamarbeit oder Schulung von Kollegen.
- Sprechen Sie Themen wie Schlaf und Selbstausbeutung an! Leistungsträger achten nicht immer ausreichend auf ihre eigene Regeneration.
- Lassen Sie genügend Freiräume.
- Bewerten Sie Output, nicht Input! Input sind Arbeitsstunden, Output sind handfeste Ergebnisse. Unterscheiden Sie zwischen den Aktivitäten eines Mitarbeiters und seinen Resultaten.

- Arbeitsinhalte und Arbeitsbedingungen sind für hochbegabte Mitarbeiter in der Regel wichtiger als das Gehalt. Erlauben Sie ein gewisses Maß an Selbstbestimmung und Freiheit.
- Kleine Marotten von Hochbegabten sollten Sie nicht überbewerten! Hier ist ein typisches Beispiel: Langweilt sich ein Hochbegabter in einer Besprechung und starrt aus dem Fenster, kann jedoch bei Fragen an seine Person sofort und richtig antworten – akzeptieren Sie sein Verhalten!

Thomas S. zu seinem Führungsansatz Hochbegabter:

> *How I manage my gifted employees? I give them a challenging task, lock them up in a room and make sure that neither I nor the organization disturb them.*

6.7 Wie Sie Hochbegabten Führungsverantwortung übertragen

Hochbegabte sind oft ungeduldig und wollen alles am besten gleich erreichen. Viele ambitionierte Hochbegabte streben demnach auf Biegen und Brechen einen frühen beruflichen Aufstieg an.

Bereiten Sie Ihre „*High Potentials*", oder wie auch immer Sie Ihre hochleistenden Hochbegabten im Unternehmen nennen, auf ihre erste Führungsrolle vor.

Bei der ersten Übertragung von Führungsverantwortung an hochleistende Mitarbeiter sollten Sie ein wachsames Auge auf diese werfen und gegebenenfalls coachend eingreifen. High Potentials in Führungsrollen können *„mit ihrer zuweilen fast scheuklappenartigen Fokussierung auf Arbeit und Zielerreichung durchaus eine destruktive Wirkung entfalten und die Leistung ganzer Teams beschädigen"* [10]. Wenn sie zu viel Druck auf sich selbst und auf die anderen Teammitglieder ausüben, sinken die Leistungsfähigkeit und -bereitschaft der „normalen" Kollegen.

Stellen Sie ein Coaching-Budget bereit, und schlagen Sie einen Mentor aus der Firma vor.

Die Entwicklung herausragender Führungskräfte ist der Schlüssel für den Unternehmenserfolg in der „nächsten Generation" (wobei Generationszeiten in der Größenordnung weniger Jahre lokalisiert sind).

> **Tipp** Die Leitung eines kleinen Projekts bietet eine herausragende Möglichkeit, um das Führungspotenzial eines jungen Mitarbeiters auf den Prüfstand zu stellen (siehe auch das Kapitel Projektmanagement weiter hinten).

Führungsverantwortung ist nicht für alle Hochbegabten. Manche von ihnen sind lieber Spezialisten, und füllen diese Rolle auch besser aus. Andere Hochbegabte wiederum geben exzellente Manager ab und genießen diese Funktion mehr als das Expertentum. In jedem Fall empfiehlt es sich, hochbegabte Jungmanager nicht „ins kalte Wasser" zu werfen.

6.8 Eigentümlichkeiten von Hochbegabten -und wie Sie diese für sich nutzen

Generell geht es beim effektiven Management von Hochbegabten darum, deren individuellen Stärken zu erkennen und zu nutzen. Zwar verfügt jeder Hochbegabte über ein unverwechselbares Bündel an Eigenschaften und Stärken, dennoch gibt es Charakteristika, die viele Hochbegabte teilen. In diesem Abschnitt sind einige dieser Besonderheiten von Hochbegabten, die im Allgemeinen, jedoch nicht in jedem Einzelfall, auftreten.

Nach Andrea Brackmann machen folgende Punkte die Zusammenarbeit mit Hochbegabten schwierig:

- Sie hinterfragen Regeln und Autoritäten.
- Sie denken kritisch.
- Sie bringen ungewöhnliche Ideen ein.
- Sie werden rasch ungeduldig mit Fehlern anderer. Dadurch wird ihnen häufig mangelnde soziale Kompetenz nachgesagt.
- Sie haben Schwierigkeiten mit Routineaufgaben, weil sie sich schnell langweilen und unzufrieden werden, aus einem Gefühl der Unterforderung heraus. Dadurch, dass sie diese vermeintlich einfachen Routineaufgaben nicht schaffen, entstehen starke Selbstzweifel.

Nutzen Sie diese „Schwierigkeiten" als Chance. Ein Mitarbeiter, der Regeln kritisch hinterfragt und eigenständig denkt, kann Probleme analysieren und Lösungen ausarbeiten, die andere nicht sehen würden.

Doch nun zu den speziellen Charakteristika von Hochbegabten in Bezug auf die Berufswelt:

Denk- und Lernfähigkeit

- Zügiges Durchschauen von Ursache und Wirkung
- Vergleichen von Situationen, Durchschauen von Prinzipien
- Wissen und Prozesse verallgemeinern

Arbeitsverhalten

- Intrinsische Motivation durch Wissensdrang
- Streben nach Perfektion
- Langeweile bei Routineaufgaben
- Eigenverantwortliches Arbeiten
- Bevorzugung komplexer Aufgaben
- Hohes Arbeitstempo
- Präferiertes Befassen mit etwas Neuem
- Verfolgen einiger Themen parallel

Sozialverhalten

- Akzeptieren von Meinungen erst nach Prüfung
- Starker Gerechtigkeitssinn
- Niedriges Toleranzniveau für langsam denkende und arbeitende Kollegen

Setzen Sie Ihre hochbegabten Mitarbeiter dort ein, wo sie ihre Stärken entfalten und weiterentwickeln können. Hochbegabte werden es in der Regel sehr schätzen, wenn Sie Stärken ausbauen, anstatt Schwächen bekämpfen wollen. Ihnen ist es wichtig, sich in ihrem „Metier" permanent selbst zu übertreffen, anstatt sich mit für sie weniger wichtigen Themen zu befassen. Ermöglichen Sie Ihren Hochbegabten, die besten auf ihrem Gebiet zu werden.

6.9 Spezielle Themen für das Management von Hochbegabten

Otto Rehagel, ehemaliger Fußballtrainer bei Werder Bremen, sagte: *„Ein Spieler, der mir keine Probleme macht, macht dem Gegner auch keine."*

Diese Einschätzung wird von Menschen, die viel mit Hochbegabten zu tun haben, geteilt. Ein Hochbegabter ist selten ein „pflegeleichter" Mitarbeiter, doch dafür einer, mit dem sich viel erreichen lässt.

Theoretisch könnte es so einfach sein: Eine Organisation sucht einen hochbegabten Mitarbeiter, nimmt ihn unter Vertrag, gibt ihm eine ansprechende Bezahlung und lässt ihn ungestört an einem interessanten Thema arbeiten, um herausragende Ergebnisse für die Organisation zu erzielen.

Wird dieses Konzept in der betrieblichen Praxis aufgehen? Weit gefehlt! Es ist ein gefährlicher Irrglaube, Hochbegabte würden ohne Management auskommen. In der Tat brauchen sie, vor allem zu Beginn einer neuen Tätigkeit, mehr Unterstützung als normalbegabte Mitarbeiter. Das liegt daran, dass Hochbegabte zwar dieselben grundlegenden Bedürfnisse wie andere Mitarbeiter auch haben, ihre charakteristischen Eigenschaften machen sie jedoch in einer Art und Weise anfällig dafür, bei mangelnder Führung weniger zu erreichen als möglich ist. So bieten neue Situationen einem Hochbegabten eine Fülle an Optionen, sodass dieser sich leicht verliert und von der zu erledigenden Aufgabe abgelenkt wird. Starkes Perfektionsstreben, Selbstkritik und teilweise schwächer ausgeprägte soziale Fähigkeiten sind mögliche Hindernisse, die Hochbegabte in ihrem Erfolg zu bremsen vermögen.

So wünschenswert es auch ist, Hochbegabte in Organisationen zu haben, es stellt für diese eine Herausforderung dar, die Hochbegabten selbst und ihre Umgebung so vorzubereiten, dass Höchstleistungen möglich sind.

Sobald Sie einen Hochbegabten aufgenommen haben, ist es eine wichtige Aufgabe von Ihnen, ihn zu unterstützen und zu managen, damit er die erhoffte Leistung bringt, indem er sein Potenzial auch tatsächlich umsetzt.

Nicht jeder Hochbegabte ist als solcher leicht zu erkennen. In ihrem Team kann ein latenter Hochbegabter sitzen, und nicht einmal bei Ihrem besten Mitarbeiter können Sie davon ausgehen, dass er hochbegabt ist. Ehrgeiz und Fleiß sollen hier ein großes Maß an fehlendem Talent wettmachen, genauso wie Desinteresse und Orientierungslosigkeit im ersten Fall eine vorhandene Hochbegabung fast gänzlich verdecken. Wenige Firmen testen derzeit den IQ ihrer Mitarbeiter und Bewerber. Sie sind daher darauf angewiesen, eine vermutete Hochbegabung unter einzelnen Mitarbeitern durch Hinweise wie die oben aufgeführten indirekt zu erhärten.

Die Intelligenz bzw. das Potenzial der Hochbegabten gehört sinnvollerweise in Leistung kanalisiert. Hierbei kommt dem Manager eine wichtige Rolle als Moderator bzw. Vermittler zu.

Über das Wesen von „Begabung" wurde schon vorher diskutiert. Manager sehen Begabung primär in Zusammenhang mit einer konkreten Person, und definieren sie unpräzise [11]. Ein Manager denkt bei der Frage nach „Talent" und „Begabung" an seine besten Mitarbeiter, geht jedoch für gewöhnlich nicht tiefer. Es kommt ihm vorwiegend auf *Performance* an.

Der beste Indikator für zukünftige Performance ist bereits gezeigte Leistung. Sie wird in die Zukunft extrapoliert und lässt sich sehr einfach mit Individuen verknüpfen. Es geht dem Manager also um Ergebnisse. Die gezeigte Leistung des begabten bzw. hochbegabten Mitarbeiters kann nicht rein individualistisch und losgelöst von den Vorstellungen des Chefs sein, sondern wird in Relation zu den Zielen der Unternehmung gesehen. Demnach ist eine Kompetenz eine Voraussetzung für Leistung. Von hochbegabten Mitarbeitern erwarten deren Chefs herausragende Leistungen, jetzt und in der Zukunft [11].

Minimal ausgebildete Mitarbeiter, die keine Fragen stellen, blind gehorchen und passiv agieren, die froh sind, einen Job und ein fixes Einkommen zu haben, stehen im krassen Gegensatz zu Hochbegabten, die ihre Erfüllung und Entfaltung in einer Organisation suchen.

Hochbegabte Mitarbeiter sollten Sie als Chef auf jeden Fall fördern und zu Hochleistung bringen. Sie tauchen in allen Ausprägungsformen auf: Als High Potential und als *„Deadwood"*, mit Nasenring und im Anzug.

Manchmal kommen Sie nicht umhin, disziplinarisch einzugreifen, und manchmal bleibt keine andere Wahl, als sie sogar zu feuern.

So, wie ein Fischer den Köder an seine Beute anpasst, adaptiert auch ein Manager seine Taktik an die jeweilige Zielgruppe, die er führen will. Obgleich die Grundregeln des Managements für alle Mitarbeiter auf allen Kontinenten gelten, sollten Sie sich auf die jeweilige Führungssituation einstellen. *„One size fits all"*, das ist nicht die wirksamste Methode, vor allem nicht bei hochbegabten Mitarbeitern (siehe auch situativer Führungsstil und Führung mit emotionaler Intelligenz).

Hochbegabte Mitarbeiter als *„mixed blessing"*

Hochbegabte haben „keinen Haken", sind allerdings auch nicht ganz „pflegeleicht". Als deren Manager stehen Sie zwischen der Organisation und den Hochbegabten. Kluge, innovative Mitarbeiter werden mitunter als rebellisch wahrgenommen. Sie brauchen viel Zeit und „Sorge" von ihrem Vorgesetzten.

Natürlich ist es einfacher, mit unkomplizierten, weniger leistenden Mitarbeitern zu arbeiten, doch das Ergebnis mit hochleistenden, dafür schwierig zu führenden Menschen kann ungleich höher sein. Damit erscheinen hochbegabte Mitarbeiter wie ein „Segen mit Fluch".

Sie werden in die Entwicklung Ihrer Hochbegabten vermutlich mehr investieren als in die Entwicklung Ihrer anderen Mitarbeiter. Ihr Erfolg als Manager von Hochbegabten hängt von speziellen Kriterien ab: von der Art, wie Sie mit Ihren Hochbegabten umgehen, Ihrer Beziehung und Ihrem Dialog mit ihnen. Sie üben eine additive Rolle aus und ermöglichen ihnen das, was sie selbst nicht zustande bringen. Als Manager von Hochbegabten sind Sie ein Ermöglicher (*enabler*), der diesen geeignete bzw. optimale Arbeitsbedingungen zur Verfügung stellen sollte, damit diese Ihre Ziele erreichen und übertreffen können.

Wer dem Management seiner Hochbegabten nicht genügend Zeit widmet oder die falschen Werkzeuge einsetzt, wird mehr oder weniger passende Ergebnisse mit ihnen einfahren. Mal wird er Glück haben, wenn sich die Ziele der Organisation mit den Interessen der Hochbegabten decken: In diesem Fall bekommt er ein über den Erwartungen liegendes Ergebnis. Ein anderes Mal jedoch werden die Hochbegabten ihren Manager, der sie zu wenig oder schlichtweg falsch führt, herb enttäuschen. Bei fehlendem Management sind Hochbegabte daher ein, wie in der Überschrift tituliert, „*mixed blessing*": Mitarbeiter, die im Sinne der Organisation mal performen und mal nicht, wobei keiner so recht weiß, wann und warum.

Auf keinen Fall sollte ein Manager Angst vor hochbegabten Mitarbeitern haben.

„*Ein intelligenter Mensch, der mehr weiß, mehr gelesen hat, ist natürlich eine Konkurrenz*", so Andrea Brackmann, eine auf Hochbegabte spezialisierte Psychologin, in [12]. Sie schreibt weiter: „*Ein Vorgesetzter, der einen Hochbegabten in seinem Team identifiziert, täte gut daran, sich dessen intellektuelle Fähigkeiten zunutze zu machen, statt sich verunsichern zu lassen oder sich auf Machtkämpfe einzulassen.*"

Was Hochbegabte zu „schwierigen" und anspruchsvollen Mitarbeitern macht

Eines vorweg: Nicht alle schwierigen Mitarbeiter sind hochbegabt, und nicht alle Hochbegabten sind schwierige Mitarbeiter. Dennoch sind Hochbegabte nicht immer angenehme Mitarbeiter. Manche sind starke Zweifler an ihren eigenen Fähigkeiten. Sie benötigen permanentes Zureden. Andere können besonders schwierig und rebellisch sein, indem sie ein verzerrtes, zu stolzes Selbstbild haben, gekoppelt mit der Vorstellung von der besonderen

Wichtigkeit ihrer Person. Sie können eine große Ungeduld an den Tag legen und schwierig von einer anderen Meinung zu überzeugen sein. Letzteres ist im Übrigen der Fall, weil Hochbegabte Sachverhalte oft gründlich durchdacht haben, bevor sie einen Standpunkt beziehen. Dafür behalten sie ihre Meinung auch lange bei.

Starke Selbstzweifel und Skepsis an der eigenen Arbeit hemmen Hochbegabte ebenfalls, eine Tätigkeit zu Ende zu bringen und dann erfolgreich zu präsentieren bzw. zu verkaufen. Einige negativ empfundene Eigenschaften, die das Management von und die Zusammenarbeit mit Hochbegabten zumindest zeitweise schwierig gestalten, sind:

- Ungeduld, beispielsweise mit anderen, weniger Begabten,
- Skepsis, Zweifel,
- Hang zu Langeweile, Streben nach Stimulation,
- Wunsch nach Weiterentwicklung,
- Fokus auf der zukünftigen Rolle in der Organisation, nicht auf der aktuellen,
- plötzliche Unzufriedenheit,
- lieber etwas selbst machen als andere fragen,
- Individualismus,
- teilweise Wunsch und Anspruchsdenken auf Sonderbehandlung („Extrawurst"),
- Bedürfnisse werden nicht direkt ausgesprochen, sondern nun angedeutet,
- eigenartiger Humor,
- permanent neue Ideen,
- intensive Beschäftigung mit der Sinnfrage.

Kommen Ihnen diese Punkte bekannt vor?

Wenn man Hochbegabte fragt, was sie von ihren Unternehmungen und Chefs erwarten, erhält man überraschend eindeutige, ähnlich lautende Antworten [11].

Bevorzugt werden generell:

- kleine Organisationen mit Flexibilität,
- Fairness, Offenheit, gleiche Behandlung aller Mitarbeiter,
- Freiheiten (Arbeitszeit, Kleidung),
- inspirierende, hochbegabte Kollegen (*peers*),
- Möglichkeiten, die eigenen Fähigkeiten zu zeigen und weiterzuentwickeln,
- Sinn der Arbeit.

Abstoßend wirken auf Hochbegabte:

- Mittelmaß,
- politische Spielchen,
- Zeitverschwendung,
- Routine,
- Unlogisches.

Von ihrem Vorgesetzen erwarten Hochbegabte generell:

- keine direkte Führung „an der engen Leine“,
- Hinweise auf „Fallen“,
- Distanz,
- Erklärungen,
- eine lockere Hand: Zielvorgaben ohne Handlungsanleitung,
- Mentorenschaft statt Management in Details,
- Unterstützung,
- Feedback.

Die Hochbegabten unter den Lesern werden sich in diesen Aufzählungen zumindest teilweise wiederfinden.

Jeder Mensch ist anders, und die obigen Listen sind typisch für die Gesamtheit der Hochbegabten. Sie bilden nicht jeden Einzelnen unter ihnen ab.

Generell kann man sagen, dass Hochbegabte dynamisch und „rastlos“ sind. Ihre Beziehung zu Organisationen ist inhärent instabil [11]. Sie sind vor allem ihrem Fachgebiet gegenüber loyal – und nicht so sehr einem einzelnen Arbeitgeber. Das Management von Hochbegabten kann als der permanente Akt der Balance zwischen den Erwartungen des Managers und des Hochbegabten und den sich daraus ergebenden Spannungen verstanden werden.

Spitzenleister werden in allen Organisationen benötigt – auch wenn sie „individualistisch, schwierig und selbstbezogen“ [10] sind.

Wenn man diese Punkte mit den Umfrageergebnissen unter „Young Professionals“ vergleicht, decken sie sich zu einem kleinen Teil. Work-Life-Balance wird ein immer wichtigeres Thema für hochqualifizierte Berufseinsteiger. Ihre Mobilität nimmt generell zu. Wer Berufseinsteiger im Allgemeinen verstehen will, sei auf die entsprechenden Studien verwiesen.

Klassische Schwierigkeiten beim Managen von Hochbegabten

Alan Robertson und Graham Abbey präsentieren in [11] eine Liste von typischen Herausforderungen beim Managen von Hochbegabten. Lösungsvorschläge werden in diesem Buch allerdings nicht gegeben mit dem Hinweis, man sei nicht allwissend und wolle die Leser nicht als „*Ratten im Managementlabyrinth*“ behandeln. Die wichtigsten archetypischen „Problem-Hochbegabten“ aus [11] sind hier wiedergegeben:

Der Ultimatum-Steller Der Hochbegabte stellt Ihnen eine Frist, bis zu der er sich einen anderen Job sucht, wenn seine Forderungen nicht erfüllt werden.

Die Primadonna Der Hochbegabte leistet Außergewöhnliches für Sie, verärgert und verstört jedoch seine Kollegen mit bestimmten Aspekten seines Verhaltens. Teilweise merkt er dies, kümmert sich allerdings nicht darum.

Der ausgebrochene Enthusiast Der Hochbegabte überschreitet seinen Kompetenzbereich, weil er für sich mehr Freiraum und Handlungsspielraum beansprucht.

Der Wählerische Der Hochbegabte zeigt ein sehr selektives Verhalten bezüglich der Aufgaben, die er übernehmen will. Vor allem inhaltlich interessante und intellektuell anspruchsvolle Projekte reizen ihn, während er Routinearbeiten und andere ihm nicht genehm erscheinende Jobs kategorisch ablehnt.

Der gefallene Star Ein Hochbegabter „bringt es nicht mehr". Aus irgendeinem Grund sind seine Leistungen massiv abgefallen.

Nach [13] fallen schwierige Hochbegabte in folgende sechs Klassen:

- der Arrogante,
- der Alleswisser,
- der Ungeduldige,
- der Exzentriker,
- der Unorganisierte,
- der Zurückgezogene.

Auch diese Liste kann nicht als vollständig angesehen werden. Hier sind die sechs Klassen kurz beschrieben sowie zweiWeitere: Die des unzufriedenen Hochbegabten und die des emotional Unsensiblen, zusammen mit Strategien für Sie als ihr Manager:

Der Arrogante Manche Hochbegabte sehen, dass sie intellektuell aus der Masse herausragen. Ihre Umwelt hat sie permanent darin bestärkt, etwas Besonderes zu sein. Sie nehmen für sich in Anspruch, Kraft ihres hohen IQs eine Sonderbehandlung zu verdienen.

Um als Manager mit dieser Art von Hochbegabten umzugehen, gibt [13] folgenden Rat: Lassen Sie sich nicht von der Arroganz beeinflussen – und schon gar nicht einschüchtern. Nehmen Sie sie als Tatsache zur Kenntnis. Wenn der Arrogante murrt – erlauben Sie ihm, auf diese Weise „Dampf abzulassen", solange es nicht die Arbeitsleistung der anderen Teammitglieder negativ beeinflusst.

Der Alleswisser Im Gegensatz zum Arroganten, der ein öffentlich Bekennender ist, verhält es sich mit dem Alleswisser subtiler. Er kann Sie als Manager regelrecht in den Wahnsinn treiben, denn er macht alles nach seinem Gutdünken, im Glauben, es „besser" zu wissen als die anderen. Hinterlistig zieht er „sein eigenes Ding" durch, unabhängig davon, was Sie als Chef von ihm brauchen. Er hat ein sehr stark ausgeprägtes Selbstvertrauen, akzeptiert Autoritäten kaum und braucht keine öffentliche Anerkennung. Sie werden das negative Verhalten eines Alleswissers nicht sofort erkennen können, es manifestiert sich stufenweise.

Wenn ein Mitarbeiter auf Nachfragen zur Begründung einer Aussage mit „*Weil es so ist*" oder mit „*Weil ich es sage*" kontert, wissen Sie, dass Sie einem Alleswisser gegenüberstehen. In der Regel wird er übrigens auch dann uneinsichtig sein, wenn Fakten seine Aussagen klar widerlegen.

Begegnen können Sie dem Alleswisser nur mit indirekten Maßnahmen, da direkte Konfrontation seine selbstgefasste Meinung, das absolute Wissen gepachtet zu haben, nur verstärken würde. Sie sollten einen Überblick bewahren, an welchen Projekten der Alleswisser arbeitet, und ihm dadurch die Möglichkeit entziehen, sich heimlich den eigenen Interessen zu widmen. Zeigen Sie ihm Wertschätzung seiner Fähigkeiten, und geben Sie ihm Prioritäten vor [13].

Der Ungeduldige Nahezu alle Hochbegabten sind ungeduldig, manche in Extremform. Sie können ihre Füße kaum ruhig halten, sprechen schnell und bringen ihre Ungeduld deutlich zum Ausdruck. Oft sind sie die Höchstleister im Team und die idealen Mitarbeiter nach dem Lehrbuch – und denoch schwierig zu managen: Sie verstehen Ihre Anweisungen sofort und führen sie rasch aus. Sie brauchen diesem Mitarbeiter keine doppelten Erklärungen zu geben.

Das größte Risiko besteht darin, den Ungeduldigen zu verlieren, weil er nicht genügend Herausforderung bei Ihnen findet. Anstatt sich zu beschweren, wenn Langeweile einsetzt, tendiert er dazu, sich nach für ihn interessanteren Möglichkeiten umzusehen.

Um einen Ungeduldigen zu halten, können Sie zwei Strategien verfolgen: Bieten Sie ihm Perspektiven, und lassen Sie ihn etwas bei sich lernen. Lehrmeister können Sie selbst oder ein Mentor sein.

Der Exzentriker Er ist besonders harmlos – ein Hochbegabter, der vollkommen von einer Aktivität oder einem Hobby vereinnahmt ist, üblicherweise einem unkonventionellen. Er drückt seine Individualität aus, was sich in Kleidung, Bürodekoration oder Sprache äußern kann. Lassen Sie das zu, so lange es die anderen Mitarbeiter nicht beeinträchtigt. Siehe auch später zu exzentrischen Managern.

Der Unorganisierte Nach dem Motto: „Der Dumme ist zu faul zu suchen" leben diese Hochbegabten in einem Chaos. Was anderen wie eine Müllhalde erscheint, gilt ihnen als geordnetes Chaos.

In [13] wird empfohlen, einem Mitarbeiter der Abteilung das Amt zur Verwaltung der Firmengegenstände zu übertragen, in dessen Zuge er regelmäßige Inventuren durchführt und für Ordnung sorgt. So können Sie dezent Einfluss auf Ihre unzureichend organisierten Hochbegabten nehmen. Ein firmenweites „5S-Aufräumprogramm" kann auch dazu genutzt werden, Struktur und Ordnung zu schaffen.

> **Brain Teaser** Generell gilt die Auffassung, dass der Ordnungsgrad auf dem Schreibtisch eines Mitarbeiters über den Zustand seiner Arbeit bzw. seiner Projekte Aufschluss gibt.

Manche Firmen haben eine „Clean Desk Policy" eingeführt, bei der alles, was nach Arbeitsschluss auf dem Schreibtisch vorgefunden wird, am nächsten Morgen beim Chef abgeholt werden kann – ein Horror für unorganisierte Hochbegabte. Fragen Sie sich nach dem Nutzen einer solchen Richtlinie.

Der Zurückgezogene In der Gruppe der Zurückgezogenen sind viele „*Underachiever*" zu finden: jene Hochbegabte, die aufgrund ihres Erlebten nicht ihr volles Potenzial ausschöpfen, ihr Licht unter den Scheffel stellen und sich in Zurückhaltung üben. Diese Mitarbeiter sind für Sachbearbeiteraufgaben geeignet, die sie ohne große Interaktion mit Kollegen vollbringen können. Als Manager liegt es an Ihnen, mehr aus Ihren Zurückgezogenen herauszuholen. Bedenken Sie jedoch, dass es Zeit brauchen wird, zumal die Zurückgezogenen sich nicht ändern wollen (so wie alle Menschen). Rechnen Sie mit einem Jahr und mehr.

Motivieren Sie sie, ohne ihre Schwächen zu attackieren. Locken Sie sie Schritt für Schritt aus der Reserve. Geben Sie positives Feedback, und bauen Sie ihr Selbstvertrauen auf. Wie bereits erwähnt, haben Hochbegabte häufig ein sehr schwach ausgeprägtes Selbstbewusstsein.

Der Unzufriedene Unzufriedene Hochbegabte kündigen oft nur innerlich und verharren in ihrem Frondienst. Bequemlichkeit oder ein Mangel an sichtbaren Alternativen können die Ursachen dafür sein, dass sie ihren Job noch weiter ausüben. Typische Zeichen, die eine innerliche Kündigung erahnen lassen, sind

- vermehrte Fehlzeiten,
- Abfall zu durchschnittlichen Leistungen.

Suchen Sie rasch das Gespräch mit dem Unzufriedenen, und versuchen Sie, seine ursprüngliche Leistungsmotivation wieder herzustellen. Häufig sind es nur Kleinigkeiten, die einen Mitarbeiter unzufrieden und in weiterer Folge leistungsunwillig machen.

Der emotional Unsensible Es gibt Hochbegabte, die nur auf Fakten Wert legen und Gefühle in sich selbst und in anderen komplett negieren. Kollegen und Mitarbeitern erscheint eine solche Person extrem kalt, unnahbar und unmenschlich. Die Betroffenen handeln gewissermaßen „zu rational", indem sie sich voll und ganz auf das Berufliche konzentrieren. Sie gehen niemals mit Arbeitskollegen aus und erzählen nichts Privates. Für den Umgang mit den emotional Unsensiblen empfiehlt es sich, ihr Wesen nicht als persönliche Kränkung zu empfinden. Sie sollten sie Wechselwirkung auf der professionellen Ebene belassen.

Weitere Akteure Sie haben nun über ein Dutzend urtypischer schwieriger Hochbegabter kennengelernt. Sicher kommt Ihnen die eine oder andere Beschreibung bekannt vor. Es gibt auch weitere Mitarbeiter, die die Zusammenarbeit mit Hochbegabten erschweren, beispielsweise „*The Mob*", eifersüchtige Kollegen, die auf dem Hochbegabten herumhacken, oder „Wilderer", Chefs anderer Abteilungen, die Ihre Hochbegabten „wegfischen".

Auch Gleichheitsdenker, die Hochbegabung *per se* sowie Bevorteilungen und Sonderbehandlungen aller Art pauschal ablehnen, machen das Management von Hochbegabten nicht einfacher.

Gedanken zur „Sonderbehandlung" von hochbegabten Mitarbeitern

Generell bekommt man leider häufig den Eindruck, dass jede Art von Andersartigkeit sanktioniert bzw. auch pathologisiert werde, wovon Intelligenz nicht ausgenommen zu sein scheint.

Eine Überzeugung, die sich im täglichen Leben zu einem pseudoreligiösen Dogma verhärtet hat, und auf die viele Firmen einen noch größeren Anspruch erheben, ist, alle gleich zu behandeln. Die Gleichmacherei lässt sich in vielen Situationen beobachten, beispielsweise in der Schule [14–17]. In [18] steht: „*Gleichsein ist alles. Gleichheit ist Trumpf. Männer und Frauen, Homos und Heteros, Kluge und Dumme, Gesunde und Kranke. Alle sollen gleich sein und gleich behandelt werden. Das ist natürlich ein sehr schöner Gedanke. Dahinter steckt der Wunsch, für Gerechtigkeit zu sorgen in unserer Gesellschaft*".

Es scheint, als ob der Anspruch auf Gleichheit [vor dem Gesetz] bzw. auf Gleichberechtigung mit Gleichmachen verwechselt würde. Ungleichheit wird mit Ungerechtigkeit gleichsetzt. Inzwischen gibt es ausführliche Gesetze zur Gleichbehandlung, z. B. das AGG (Allgemeines Gleichbehandlungsgesetz) in Deutschland, und das GlBG (Bundesgesetz über die Gleichbehandlung) in Österreich.

Gegen einen Manager können zwei schlimme Vorwürfe erhoben werden:

1. sexuelle Belästigung,
2. Bevorzugung eines Mitarbeiters.

Beides wird ähnlich stark geahndet.

Natürlich gelten dieselben Regeln für alle Mitarbeiter einer Organisation. Allerdings ist der Wahn der Gleichmacherei und Gleichbehandlung sehr leistungsfeindlich. Es gibt kein Indiz dafür, dass perfekte Gleichheit die Leistung von Mitarbeitern steigert. Dass eine Gleichbehandlung aller Humbug ist und auch nicht die Realität abbildet, zeigt sich unter anderem an den Gehältern. Der situative Führungsstil und der Ansatz der Führung mit emotionaler Intelligenz deuten darauf hin, dass eben nicht jeder Mitarbeiter gleich geführt werden soll. Ihre Top-Leute, deren Ergebnisse permanent die des Korpus Ihrer Mannschaft übertreffen, bedürfen einer speziellen, maßgeschneiderten Führung, und zwar aus drei Gründen:

1. weitere Steigerung ihrer Leistung und damit des Nutzens für das Unternehmen,
2. um zu verhindern, dass Sie sie verlieren,
3. Ansporn für die übrige Belegschaft.

Wenn Sie einen Schlüsselmitarbeiter verlieren, kann das mehr schmerzen als einen ganzen Standort abzugeben.

In [19] wird Nathan Myhrvold, ehemaliger technischer Direktor (Chief Technology Officer, CTO) von Microsoft, zitiert: „*The top software developers are more productive than average software developers not by a factor of 10X or 100X or even 100X but by 10,000X.*"

Selbst der Ansatz der Führung mit emotionaler Intelligenz ist zu einfach. Nehmen Sie die Schule als Beispiel. Dass Hochbegabte hier eine eigene „Behandlung" brauchen, um ihr Potenzial zu entwickeln und zu nutzen, hat sich mittlerweile zum anerkannten Gemeingut etabliert. Von den Lehrern hochbegabter Schüler wird erwartet, dass sie besondere Eigenschaften und besonderes Verhalten zeigen. Warum sollte es sich in der Berufswelt anders verhalten?

> A manager has to find the fine line between favourism and individual treatment of his strong performers.

Indem Sie Ihre Mitarbeiter individuell führen, begeben Sie sich auf eine schmale Gratwanderung. Ob Sie sich passend verhalten, können Sie einfach beantworten: Wenn es Ihnen nicht zum Nachteil wird, falls eine Ihrer Handlungen allgemein bekannt wird, gehen Sie in der Regel richtig vor.

Keine offensichtliche Sonderbehandlung

Wie bereits zum Ausdruck gebracht wurde, ist der ideale Chef jederzeit „fair". Die meisten Hochbegabten wollen nicht speziell behandelt werden, sondern so, wie andere Mitarbeiter auch.

Der Grund ist vermutlich – neben ihrem Streben nach Gerechtigkeit – der Wunsch nach Zugehörigkeit. Sie wollen Stigmatisierungen und Außenseiterrollen tunlichst vermeiden.

Hierzu die Aussagen von drei Hochbegabten:

Hochbegabter A: „*Ich fühle mich wohler, wenn ich gleich behandelt werde.*"
Hochbegabter B: „*Auch auf kreative Ideen Normalbegabter sollte gehört werden.*"
Hochbegabter C: „*Ich würde gerne finanziell abgegolten bekommen, dass ich mehr leisten kann. Das würde allerdings meine soziale Position unter den Kollegen stark verschlechtern, deswegen sehe ich dafür keine Lösung.*"

Was Hochbegabte wollen, ist, für ihre Leistungen anerkannt zu werden, Lernmöglichkeiten zu erhalten und an kniffligen Aufgaben zu arbeiten. Auch, wenn sie keine offenkundige

Sonderstellung im Unternehmen haben möchten (vgl. Hochbegabten C, dessen „Verzicht" auf mehr Gehalt für offenbar mehr Leistung der Klimax des Gleichstellungswunsches ist), sollten Sie als ihr Manager doch auf die feinen Unterschiede der Führung Hochbegabter achten, um das Maximum aus ihnen herauszuholen.

Sonderbehandlung und Talentmanagement

So wichtig es ist, das Potenzial aller Mitarbeiter zu nutzen, so sehr sind auch die Ressourcen einer Unternehmung beschränkt. Es empfiehlt sich daher, die Aktivitäten des Talentmanagements auf die Schlüsselpositionen einer Firma zu konzentrieren. Schlüsselpositionen sind die meisten Führungsrollen sowie kritische Spezialistenjobs. Es handelt sich dabei um alle Funktionen, die überproportional zur Wertschöpfung einer Organisation beitragen, und die schwierig zu besetzen sind, bzw. wo die Qualität einzelner Mitarbeiter einen entscheidenden Unterschied ausmacht.

Mitarbeiter, die sich auf einem „Pfad" zu einer dieser Schlüsselpositionen befinden und Potenzial zeigen, werden natürlich mehr Talentmanagement und somit „Sonderbehandlung" erfahren als andere.

Die unterschiedliche Behandlung von Mitarbeitern ist aus diesem Gesichtspunkt heraus nicht verwerflich. A-Kunden erhalten schließlich auch intensivere Betreuung als C-Kunden.

Grundregeln für den Umgang mit schwierigen Hochbegabten

Regel Nummer. 1: Fürchten Sie sich nicht vor Hochbegabung.

Nur Chefs mit wenig Selbstvertrauen empfinden hochleistende Mitarbeiter als Bedrohung. Ein Top-Mitarbeiter hat seinem Chef noch nie geschadet, im Gegenteil.

Manche Hochbegabte sind Topleister, von denen Sie sich zehn wünschen, andere jedoch bereiten Ihnen Schwierigkeiten. Sie sind zumindest zeitweise arrogant, stur, antagonistisch, unsicher, sprechen unverblümt, kritisieren Sie oder zeigen andere Verhaltensweisen, die Sie irritieren. Halten Sie inne, bevor Sie zur Tat schreiten.

Vermutlich wissen die schwierigen Hochbegabten, dass sie Probleme bereiten. Versuchen Sie zuerst, sie zu verstehen, indem Sie sich – unter vier Augen – mit ihnen unterhalten. Legen Sie dar, was Sie stört, und fragen Sie nach der Sichtweise des betroffenen Hochbegabten. Danach können Sie gemeinsam einen Plan zur Änderung des Verhaltens ausarbeiten [13].

Welchen Chef sich Hochbegabte wünschen

Der hochbegabte Simon sagt: *„Ich habe das Glück, seit einigen Jahren einen Vorgesetzten zu haben, der mich machen lässt – ich kann mich immer weiterentwickeln und neue Dinge anfangen, die mir Spaß machen. Das klingt vielleicht ein wenig seltsam, aber das Unternehmen profitiert sehr von meinem Tatendrang und von meinem Nicht-müde-und-betriebsblind-Werden. Natürlich bringe ich auch das, was ich angefangen habe zu einem (für das Unternehmen) guten Ergebnis – ich selbst bin fast nie zufrieden mit meiner Leistung – verlange immer Perfektion von mir…"*

Hochbegabte wünschen sich einen Chef mit Rückgrat. Mikromanager und Choleriker sind bei ihnen besonders schlecht angesehen. Jeder Mitarbeiter legt auf unterschiedliche Eigenschaften seines (Wunsch)Vorgesetzten besonders viel Wert. Fairness, Professionalität, Erreichbarkeit und das Wissen um seine Erwartungen können als erster, kleinster gemeinsamer Nenner genannt werden. Lassen wir fünf Betroffene zu Wort kommen, wie sie sich ihren idealen Chef NICHT ausmalen:

Hochbegabten A stört an seinem Chef: *„Kaum Zeit für mich."* Hochbegabten B irritiert an seinem Chef: *„ Dass er bestehende Probleme erkennt, Abhilfe verspricht, aber dann doch nichts dagegen tut, weil er niemanden beleidigen möchte. Auch wenn ein Fehler immer von der gleichen Person gemacht wird. Er erklärt allgemein in Sitzungen, dass ‚man' drauf achten müsse. Meist fühlen sich die Falschen angesprochen."*

Hochbegabter C kritisiert an seinem Chef: *„Er weiß von Hochbegabung, geht (aus meiner Sicht) aber verkrampft damit um und möchte nicht mit mir darüber reden."*

Hochbegabter D mag an seinem Chef folgendes nicht: *„Dass ich manchmal das Gefühl habe, dass meine Fähigkeiten ausgenutzt werden. Es wird nicht nach Leistung bezahlt bzw. nach der Menge an Projekten, die man bearbeiten kann. Außerdem habe ich noch das Pech, eine Frau zu sein, was anscheinend trotz Hochbegabung manchmal weniger wert ist als ein männlicher Mitarbeiter."*

Hochbegabter E: *„Ich mag keine Chefs, die fachlich keine Ahnung haben und noch dazu schlichtweg dumm sind."*

Aus diesen fünf Aussagen können Sie ableiten, dass sich Hochbegabte manchmal von ihrem Chef bzw. ihrer Organisation unverstanden fühlen. Besonders kritisch ist die Aussage von C, sein Chef gehe „verkrampft" mit seiner Hochbegabung um.

Keinen Chef kümmert eine latent vorhandene Hochbegabung, sondern nur die Leistungen, die er sieht. Das Potenzial eines Mitarbeiters ist von Interesse, ihn für zukünftige Aufgaben zu entwickeln. Eine Hochbegabung an sich bringt einem Chef keinen Nutzen, wenn er keine Resultate daraus erkennen kann.

Wenn ein Mitarbeiter sich auf seine Hochbegabung beruft, seine Ergebnisse das jedoch nicht untermauern bzw. sogar enttäuschen, will dessen Chef naturgemäß nicht über den IQ diskutieren, da er für ihn offensichtlich keine Relevanz hat.

▶ **Tipp für Hochbegabte** Lassen Sie Ihre Leistungen für sich sprechen und nicht Ihre Mensamitgliedschaft. Wenn Sie sich dann noch entsprechend verkaufen, werden Sie ausreichend Zeit von Ihrem Chef und eine angemessene Vergütung erhalten, und wenn nicht, steht es Ihnen frei, die Organisation zu wechseln.

Hochbegabter E hat die Rolle seines Chefs nicht ganz verstanden: Fachwissen zu haben ist nicht die Aufgabe eines Managers! Chef von Ingenieuen sollte nicht der beste Ingenieur sein, sondern derjenige, der mit der Ressource „Ingenieure" das meiste anzufangen weiss. Dennoch empfiehlt es sich für Manager von Hochbegabten, nicht den Eindruck zu erwecken, man kenne sich fachlich nicht aus und dies störe einen auch gar nicht. Besonders „übel" ist es, wenn man so tut, als sei man ein Fachmann, dies stört hochbegabte Mitarbeiter noch mehr.

Interessant ist in diesem Zusammenhang auch das Resultat einer „Wunschlehrerstudie" des Österreichischen Zentrums für Begabtenförderung und Begabungsforschung (özbf) aus dem Jahr 2008 mit der Kernaussage: „*Während für Hochbegabte diejenigen Aspekte wichtiger sind, die sich auf die zu erbringende Leistung, einen forschungs- und wissensorientierten Unterrichtsstil sowie auf ständige Begabungsförderung beziehen, möchten sich durchschnittlich Begabte Inhalte lieber in Gruppenarbeit als nur durch einen Lehrervortrag zu erarbeiten; außerdem ist es ihnen wichtig, wenn eine Lehrkraft das Gelerntes mehrfach mit ihnen wiederholt*" [20].

Wann gilt ein Chef für Hochbegabte als „gut", wann als inkompetent?

Aufgrund der individuellen Situation und seiner Erfahrungen hat jeder Mensch andere Vorstellungen von einem „guten" und „kompetenten" Chef. Lassen wir wiederum fünf Betroffene zu Wort kommen, wie sie einen solchen sehen:

Hochbegabter A: „*Ich lege sehr viel Wert auf Vorleben/Vorbildwirkung. Gut ist ein Chef, wenn seine Abwesenheit nicht bemerkt wird und er gleichzeitig alles in die richtige Richtung lenkt, wenn er fähig ist, seinen Mitarbeitern ein Gefühl von ‚Sicherheit' zu geben. Inkompetent ist er, wenn er seine Mitarbeiter an der kurzen Leine hält, Informationen und Kompetenzen beschränkt, und wenn er auf die Schwächen anderer fokussiert.*"

Hochbegabter B: „*Er darf nicht von Haus aus annehmen, dass er besser ist, nur weil er ‚oben' ist. Am besten fände ich es, wenn jemand sich ‚von unten' nach ‚oben' gearbeitet hat und daher auch genau die Arbeitsgänge im Unternehmen kennt. Nicht jemand, der von HTL,*

Uni oder FH kommt, keinerlei Erfahrung hat und den Chef ‚spielt', weil ja ein Titel vor/hinter dem Namen steht."

Hochbegabter C: *„Gut ist ein Chef für mich, wenn er zu Leistung motivieren kann. Fachlich muss er nicht alles selbst können, sondern den Spezialisten möglichst optimale Arbeitsbedingungen ermöglichen. Inkompetent ist er, wenn er Dinge anordnet, die nur jemand wollen kann, der sich mit der Materie nur oberflächlich beschäftigt hat. ‚Tun Sie es einfach – Sie werden hier nicht für's Denken bezahlt' würde für mich auf Inkompetenz hinweisen."*

Hochbegabter D: *„Mein Chef will mich schwitzen sehen. Dass ich die gleiche Arbeit, für die meine Kollegen acht Stunden brauchen, nach drei Stunden fertig habe, interessiert ihn nicht."*
Hochbegabter E: *„Wenn er einem Freiräume lässt und auch die Grenzen klar definiert, ist er ein guter Chef."*

Die Erwartungen dieser fünf Hochbegabten dürften vom Großteil der Belegschaft geteilt werden, sie erscheinen nicht besonders auffällig. Ein Chef, der fair und authentisch ist, sich für Firma und Mitarbeiter interessiert und Leistung bringt – das wünschen sich Mitarbeiter und Unternehmen.

Management der Erwartungen Ihrer Hochbegabten

Eine Schlüsselaufgabe im Umgang mit Ihren Hochbegabten ist, wie Sie mit deren Erwartungen umgehen. Wollen Sie Mitarbeiter in der Firma halten, hilft es auf der einen Seite, wenn diese Erwartungen an die Zukunft hegen, etwa Beförderung oder ein höheres Einkommen. Auf der anderen Seite führen unerfüllte Erwartungen rasch zu Frustrationen. Gerade Hochbegabte bringen eine Fülle an Erwartungen mit in die Arbeit, die es zu managen gilt. Wer die von Haus aus hohen Erwartungen auch noch schürt, dann jedoch Schwierigkeiten in deren Erfüllung hat, wird sich bald nach neuen Hochbegabten umsehen müssen.

Wenn beispielsweise ein Stelleninserat die Option auf erweiterte Verantwortung nach einem halben Jahr Einarbeitung in Aussicht stellt oder sogar dezidiert anführt, erwartet ein Hochbegabter die Einlösung des „Versprechens". Seien Sie daher vorsichtig mit Zusagen, die Sie machen.

Vereinbaren Sie konkrete Ziele, und gehen Sie sorgsam mit der „Karotte vor der Nase" um. Hochbegabte haben an sich schon eine hohe Motivation, die sie nicht künstlich aufblasen müssen.

▸ **Tipp** Ein Aspekt im Management von Erwartungen von hochbegabten Mitarbeitern ist, diese so lange in der aktuellen Position zufriedenzustellen, bis sie befördert werden können.

Die Ziele bis zur Beförderung sollten fachlicher und persönlicher Natur sein, sprich Resultate für das Unternehmen sowie eine Weiterentwicklung von Fachwissen und persönlichen Kompetenzen beinhalten.

Managen Sie alle Ihre Hochbegabten

Sollten Sie ein Team, das aus mehreren Hochbegabten besteht, führen, so ist es natürlich Ihre Aufgabe, jeden Einzelnen von ihnen zu managen. Auch wenn Ihre Besten qualitativ und quantitativ zufriedenstellend arbeiten, ohne dass Sie sie „antreiben": Ohne Management geht es nicht. Es ist ein Irrglaube, dass die besten Mitarbeiter am wenigsten Führung brauchen. Sie können nicht auf Leistung warten bzw. hoffen, sondern sollten einen Satz an Erwartungen – Ihre eigenen und die der Hochbegabten – managen.

Hochbegabte sind diejenigen Mitarbeiter einer Organisation, die am wenigsten dazu neigen, alle Regeln zu befolgen [11]. Wenn Sie Ihren Hochbegabten erlauben, ihren eigenen Ideen, Neigungen und Vorstellungen nachzugehen, leben Sie riskant. Auch wenn Hochbegabte nach Freiheit drängen, brauchen sie Führung.

Seine „Zwänge" unter Kontrolle zu halten – das ist natürlich vornehmlich die Aufgabe des Hochbegabten selbst. Sie als Manager geben den zulässigen Rahmen vor. Ein anschauliches Bild ist eine Gebirgsstraße mit Leitplanken: Solange sich der Mitarbeiter innerhalb des vorgegebenen Bereichs bewegt, ist alles in Ordnung. Der Mitarbeiter kann seine Geschwindigkeit bestimmen, und Sie greifen erst ein, wenn er den gekennzeichneten Pfad zu verlassen beginnt.

Ihre Hochbegabten sind „rohes Talent" [11], das Ihnen überlassen wurde. Rohes Talent gehört entwickelt, genauso wie ein nicht entwickeltes Stück Land bzw. ein ungeschliffener Diamant.

Wer, wenn nicht Sie als ihr Manager sollte sich zuständig fühlen, kritische Themen zu behandeln? Zumeist nehmen Hochbegabte bestimmte Situationen nicht richtig wahr, wenn sie „falsch" reagieren. Es ist nicht Unvermögen oder fehlende Motivation. Denken Sie daran, dass Ihre Hochbegabten nicht absichtlich bzw. aus Langeweile oder aufgrund anderer schwer nachvollziehbarer Motive „schwierig" sind. Wenn sie Sie geistig herausfordern, dann nicht aus Boshaftigkeit, es ist ihr Naturell.

Das hier Gesagte bezieht sich vornehmlich auf Ihre hochleistenden Hochbegabten. „*Underperformer*" unter den Hochbegabten gehören erst recht gemanagt. Locken Sie diese aus ihrer Reserve, indem Sie ihnen vermitteln, dass Sie an sie glauben, und indem Sie ihnen anspruchsvolle Aufgaben übergeben.

► **Tipp** Verbringen Sie ausreichend Zeit auch mit Ihren besten Hochbegabten, von denen man meinen könnte, sie bräuchten gar kein Management. Diese Vorstellung kann nur von kurzer Dauer sein.

Grundlagen

Denken Sie an Frederick Herzberg und die Grundlagen von Motivation: Die Hygienefaktoren sind eine Grundbedingung. So hat eine Firma beispielsweise für leistungs- und marktgerechte Entlohnung zu sorgen, um ihre Mitarbeiter motiviert zu halten.

Für Hochbegabte stellen viele Motivatoren einfach „selbstverständliche" Hygienefaktoren dar, etwa exzellente, neueste Arbeitsgeräte. Was bei einem durchschnittlichen Mitarbeiter glänzende Augen hervorruft, nehmen manche Hochbegabte, vor allem die besten auf ihrem jeweiligen Gebiet, als selbstverständliche Grundvoraussetzung an.

Durch falsches Management lässt sich die hohe Grundmotivation eines Hochbegabten sehr schnell zerstören.

Im Militär wird von den Gefolgsleuten unmittelbarer, bedingungsloser Gehorsam erwartet. Diesen Stil lehnen Hochbegabte kategorisch ab. Ein Appell wird dann auf fruchtbaren Boden eines Hochbegabten stoßen, wenn er sich an die Ratio richtet.

Wenn ein Hochbegabter und vor allem ein Hochsensibler angeschrien oder (zumindest aus seiner Sicht) ungerecht behandelt wird, kann es passieren, dass seine Motivation aus einem einzigen solchen Fall unwiederbringlichen Schaden genommen hat, während ein anderer Mitarbeiter dies über das Wochenende längst vergessen hat.

Hochbegabte stellen hohe Ansprüche an sich selbst und an ihr Umfeld – wenn diese nicht erfüllt werden, obwohl andere Menschen die Bedingungen als in Ordnung wahrnehmen, sind sie rasch unzufrieden und demotiviert.

Ihre eigene Persönlichkeit

Kein Hochbegabter wird engagiert für Sie arbeiten, nur weil Sie sein Chef sind. Ihre hochbegabten Mitarbeiter werden Sie herausfordern, mitunter sogar in Ihrer Rolle als Führungskraft.

Als ihr Manager erwerben Sie Vertrauen und Respekt von Hochbegabten erst. Es wird Ihnen hier kein „Vorschuss" eingeräumt. Alter und Position sehen Hochbegabte nicht als Verdienst an. Ein Chef, der in seinem Stil gekünstelt und irgendwie „unecht" wirkt, wird von Hochbegabten innerlich ausgelacht.

Der Chef eines Hochbegabten beweist sich täglich neu, um dessen uneingeschränkte Achtung zu erhalten.

> **Tipp** Bleiben Sie als Manager in Ihrem Handeln allzeit authentisch! Niemand hält es durch, einen ganzen Tag (und die anderen 200 Arbeitstage des Jahres) zu schauspielern.

Die Persönlichkeit des Hochbegabten

Keine zwei Menschen sind gleich, und Individualität ist für Hochbegabte besonders wichtig! Es empfiehlt sich, die Besonderheiten eines Hochbegabten anzuerkennen. [11] bringt es auf den Punkt: „*Talent is not a commodity.*"

Daher wollten Hochbegabte „speziell" behandelt werden, nicht in der Masse der Belegschaft. Andererseits haben sie im Laufe ihres Lebens viel Ablehnung durch das Anderssein erfahren und sind daher stark nach Harmonie in ihrem Team bestrebt, wodurch sie eine Sonderbehandlung auch fürchten. Diese ambivalente Grundhaltung in Bezug auf die Frage, wie ein Hochbegabter behandelt werden will, führt leicht zum Dilemma und ist schwierig aufzulösen.

Versuchen Sie, Hochbegabte zu verstehen. Es sind typischerweise nicht klassische Karrierepfade und wohlklingende Jobtitel, sondern die **Herausforderung, an interessanten, sinnvollen Projekten** mitzuwirken, womit sich ein Hochbegabter „einfangen" lässt. Viele Hochbegabte wollen ihre Fertigkeiten in ihrem Fachgebiet vertiefen und legen sehr großen Wert darauf, dies in ihrer Organisation tun zu können. Wenn sie lernen und sich weiterentwickeln können, sind sie glücklich und arbeiten mit vollem Elan.

Anerkennung ist manchen Hochbegabten wichtiger als monetäre Vergütung, sobald sie ein zum Bestreiten ihres Lebensstils ausreichendes Salär beziehen.

Weiter kennzeichnet eine latente **Ungeduld** viele Hochbegabte, wie bereits weiter vorne erwähnt wurde.

Manche Hochbegabte bitten lieber hinterher um Verzeihung als vorher um Erlaubnis zu fragen. Befehle und direkte Anweisungen sollten so selten wie möglich gegeben werden. Mit Ersuchen kommen Sie bei Mitarbeitern weiter als mit Kommandos, das gilt umso mehr für Hochbegabte -und noch stärker für Hochsensible.

Small Talk sowie Klatsch und Tratsch mögen Hochbegabte genauso wenig wie „begriffsstutzige" Menschen, mit denen sie gerne hart ins Gericht gehen.

Sie sind häufig der Meinung, das Information „frei" sein will (vergleiche Wikipedia-Gedanke) und verabscheuen das Zurückhalten von Informationen und politische Spielchen durch Chefs und Kollegen. Sie wollen über die Zusammenhänge und die Entwicklung der Organisation, für die sie tätig sind, Bescheid wissen.

Nach [13] sind Hochbegabte sehr ehrlich und haben keine Zeit für Intrigen und Täuschungsmanöver.

Sie schrecken nicht davor zurück, „heilige Kühe" zu schlachten, wenn ihnen deren Schutz unlogisch erscheint.

„Heilige Kühe" (*directors' pets*) gibt es in allen größeren Unternehmungen. Es handelt sich dabei um erfolglose Projekte oder Produkte, die von der Organisation krampfhaft am Leben gehalten werden, entweder, weil ein hochrangiger Manager an ihnen festhält und ihnen „den Erfolg, den sie verdienen" verschaffen will, oder weil das ängstliche mittlere Management meint, die Geschäftsführung bzw. der Vorstand wolle auf Biegen und Brechen einen Erfolg des betroffenen Projekts oder Produkts sehen. Die Zittrigen erhoffen sich aus ihrem Ehrgeiz für die „Heiligen Kühe" entweder einen direkten Vorteil von der

Obrigkeit oder die Vermeidung von Bestrafung bis hin zum Hinauswurf. Dass beides zumeist jeglicher Grundlage entbehrt, versteht sich von selbst. Wenn ein Vorstand tatsächlich ein dem Untergang geweihtes Projekt aus persönlichen Motiven verfolgt, wird er dies schon deutlich zu erkennen geben.

Jack Welch nennt in seinem Buch „Straight from the Gut“ [21] die von GE hergestellten künstlichen Diamanten als Beispiel für sein persönliches „Director's pet“.

Hochbegabte erkennen „Heilige Kühle“ als solche rasch und beginnen, unangenehme Fragen zu diesen zu stellen.

> **Tipp für Hochbegabte** Machen Sie am besten einen Bogen um die heiligen Kühe, und schlachten Sie sie selbst, sobald Sie die Möglichkeit haben.

Ihre Beziehung zu den Hochbegabten

Die Beziehung zwischen einem Hochbegabten und seinem Manager ist naturgemäß „angespannt“, nicht nur, weil letzterer den „Draht“ bzw. die Nabelschur zwischen Firma und Hoch begabtem darstellt. Der Manager will Leistung, und der Hochbegabte will eine Möglichkeit haben, Leistung zu zeigen. Die Erwartungen decken sich teilweise. Der Deckungsgrad kann sich mit der Zeit verschieben. Sie sollten als wirksamer Manager ständig für eine möglichst große Überlappung sorgen.

Das ist anschaulich in der untenstehenden Abb. 6.1 nach [11] gezeigt.

Im Wesentlichen geht es beim Management von Hochbegabten um den Abgleich von **Erwartungen**: Der Manager erwartet herausragende Leistungen vom Hochbegabten, und der Hochbegabte erwartet die Möglichkeit, sich zu entfalten und zu entwickeln. Beide Parteien haben einen anderen Gesichtspunkt, erkennen den des anderen jedoch an. Es geht um die Abstimmung zwischen den beiden in Bezug auf die Erwartungen.

Manchmal schaffen Manager eine künstliche Distanz zu ihren Mitarbeitern. Nachdem Hochbegabte einen sehr großen Wert auf Fakten legen, ist eine „emotionslose“ Führung für sie in der Regel in Ordnung. Allerdings wollen Hochbegabte informiert werden. Sie brauchen zwar Freiraum für die Erfüllung ihrer Aufgaben, allerdings wollen sie auch einen Chef, der sie über die Geschehnisse in der Organisation auf dem Laufenden hält und ihnen das Gefühl gibt, „Teil des Ganzen“ zu sein [13].

Vertrauen ist eine elementare Komponente in einer Mitarbeiter-Chef-Beziehung. Es wird häufig in Ausnahmesituationen aufgebaut bzw. irreversibel zerstört.

Stellen Sie Fragen („wer fragt, der führt“). Sie sollten so viel wie möglich über jeden Einzelnen Ihrer Hochbegabten herausfinden, etwa über seine Vorlieben, Hobbys und Karriereziele. Raten statt Fragen ist kurzsichtig, weil Sie so zu wenig wissen und nicht effektiv führen können.

> **Tipp** für selbst hochbegabte Manager: Raten und spekulieren Sie nicht, sondern stellen Sie gezielt Fragen!

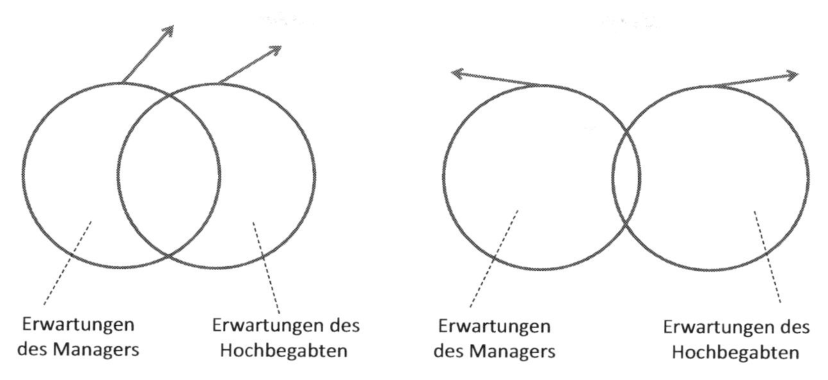

Abb. 6.1 Wenn sich die Erwartungen von Management und Mitarbeiter decken, ist ein zufriedenstellendes Ergebnis der Arbeit möglich. Die Erwartungen können sich mit der Zeit verändern. Schaffen Sie Kongruenz der Ziele! Angelehnt an [11].

Bedürfnisse von Hochbegabten

Hochbegabte haben unter anderem folgende Bedürfnisse in Organisationen: eine interessante Tätigkeit sowie den Wunsch, verstanden zu werden.

Die Richtung von Arbeit und Lernen vorgeben Hier sind wir im Zentrum des Managements von Hochbegabten angelangt. An Motivation und Potenzial mangelt es dem typischen Hochbegabten nicht, jedoch ist seine Zielrichtung – vergleiche die Abb. 6.1 oben – nicht automatisch und vollkommen deckungsgleich mit der ihrer Organisation, vor allem dann, wenn sich der Hochbegabte in mehrere Richtungen gleichzeitig bewegt, um seine Neugierde zu stillen. Sie als sein Manager brauchen nun nur die Richtung vorzugeben, entlang derer er sein Potenzial entfalten kann. Wenn Sie ihn einfach „tun" lassen, wird er an Themen arbeiten, die ihn besonders interessieren, doch die vermutlich nicht Ihre Top-Themen sind.

Auch das Lernen von Hochbegabten gilt es durch Sie zu kanalisieren. Das breite Interessensspektrum eines Hochbegabten verleitet ihn dazu, sich kontinuierlich Wissen anzueignen, das ihn interessiert. In der Geschäftswelt ist jedoch vor allem anwendbares Wissen, das in unmittelbarem Zusammenhang mit der zu lösenden Aufgabe steht, wichtig.

Sie können es daher als Manager nicht Ihren Mitarbeitern überlassen, wie und wo sie sich fortbilden. Vereinbaren Sie sinnvolle Trainings, die beiden Seiten nutzen, und verbinden Sie sie mit einem *Commitment* des Hochbegabten. Das bedeutet, dass Sie einen „*Deal*" machen sollten: Vereinbaren Sie, was Sie für ein genehmigtes Trainingsprogramm von Ihrem Hochbegabten zurückbekommen werden.

Wie gesagt – vermeiden Sie zu direktes Management an der kurzen Leine – das ist wider die Natur der Hochbegabten, außerdem bezahlen Sie für einen denkenden Menschen.

Führen Sie qualitative Gespräche Hochbegabte lieben manchmal ihre Arbeit und mögen keine langatmigen Besprechungen mit ihrem Chef und ihren Kollegen. Sie halten Meetings für Zeitverschwendung und wollen rasch wieder an die Arbeit (sie glauben ja, am besten zu wissen, was zu tun ist). Daher neigen Hochbegabte dazu, ihrem Chef wenig verbalen Widerstand zu geben, Dinge aufzuschieben und nicht zu widersprechen, damit sie bald wieder an die Arbeit können. Eine defensive Haltung ist die Taktik, um die Besprechung so rasch wie möglich „über die Runden" zu bringen. In späterer Folge führt der vermeintliche Konsens zu Problemen.

> **Tipp** Stellen Sie Fragen, und locken Sie ihre Hochbegabten aus der Defensive! Sorgen Sie für Verbindlichkeit, sobald etwas ausgemacht wurde.

Generell sollten Sie sich auf jedes Gespräch vorbereiten und mit Notizen das Vereinbarte festhalten. Ebenfalls unabdingbar ist die Kontrolle, ob die Abmachungen auch eingehalten werden. Ein Gespräch ohne Resultat und ohne *Follow-up* ist selten wirksam.

Stellen Sie die richtigen Fragen Eric Schmidt gab vor etwa einem Jahrzehnt als CEO von Novell in einem Interview [22] an: „*One of the main characteristics of geeks is that they are very truthful. They are taught to think logically. If you ask engineers a precise question, they will give you a precisely truthful answer. That also tends to mean that they'll only answer the question that you asked them. If you don't ask them exactly the right question, sometimes they'll evade you – not because they are lying but because they're being so scrupulously truthful.*"

Aus obiger Aussage lässt sich erkennen, dass es bei Hochbegabten wichtig ist, genaue Fragen zu stellen. Wer stets die Wahrheit sagt und nur das von sich gibt, was er möchte, fährt „politisch geschickt" in Organisationen.

Hochbegabte denken anders. Wenn jemand eine konkrete Frage stellt, geben sie eine konkrete Antwort darauf, weil sie sich das auch so vorstellen bzw. wünschen, wenn sie selbst eine Frage vorbringen. Würden sie mehr wissen wollen, würden sie ja (logischerweise!) gezielt danach fragen.

Nicht Zuckerbrot und Peitsche Jack Welch motivierte durch abwechselndes „*hugging & kicking*". Wenn Sie als Chef einen Hochbegabten abwechselnd himmelhoch loben und dann „zur Schnecke" machen, wenn seine Leistung nicht passt, wird er eine gewisse Schizophrenie entwickeln.

Setzen Sie einen Hochbegabten keinem Wechselbad der Gefühle aus. Er ist der Ratio zugängig wie kein anderer. Erklären Sie sachlich, was nicht in Ordnung ist, das ist viel wirksamer als ein „*hug 'em & kick 'em*".

Loben und Schelten ist das Wesen von Führung, um das Verhalten von Mitarbeitern zu beeinflussen.

Bei Hochbegabten jedenfalls stößt dieser Stil, wenn er zu extrem praktiziert wird, auf Ablehnung. Sie brauchen Konstanz und wünschen sich einen Chef, der ein konsistentes Verhalten an den Tag legt, bei dem sie wissen, woran sie sind.

▶ **Tipp** Loben und schelten Sie Hochbegabte anlassbezogen, und erklären Sie, warum seine Leistung Sie emotional bewegt.

Kritiker und Mimose in Personalunion Obgleich Hochbegabte häufig einen hohen Wert auf Gerechtigkeit legen, ertappt man sie manchmal beim Messen mit zweierlei Maß. Bezeichnend ist an dieser Stelle folgendes Zitat:

Ein Wissenschaftler ist eine Mimose, wenn er selbst einen Fehler gemacht hat, und ein brüllender Löwe, wenn er bei anderen einen Fehler entdeckt.
Albert Einstein (1879–1955), Physiker

In diesem Zitat von Albert Einstein können Sie getrost „Wissenschaftler" durch „Hochbegabter" ersetzen. Hochbegabte ertragen Kritik an ihrer Person und ihrem Verhalten relativ schwer und teilen dafür gerne kräftig aus. Bei Fehlern von anderen weisen sie diese und andere Menschen deutlich darauf hin. Wenn ihnen jedoch selbst ein „Patzer" unterläuft, tendieren sie dazu, diesen zu verschweigen oder klein zu reden.

Aus diesem Verhalten, das natürlich auch nicht auf jeden Hochbegabten zutrifft, ergeben sich zwei negative Implikationen:

- Wer seine eigenen Fehler unter den Tisch kehrt, ohne daraus zu lernen, kann sich nicht weiterentwickeln.
- Wer für Feedback „taub" ist, beraubt sich ebenfalls der Möglichkeit zur Weiterentwicklung.

Fachliche Anerkennung Jeder Mensch ist auf einem bestimmten Gebiet ein Spezialist. In der Regel wird dieses Feld von der beruflichen Tätigkeit und/oder einem Hobby bestimmt. Gerade Hochbegabte legen Wert darauf, als Experte anerkannt zu werden.

Sie brauchen diese Anerkennung sowohl von ihrem direkten Chef als auch von ihren unmittelbaren Fachkollegen (*peer group*).

Wenn man ihre Kompetenz öffentlich in Frage stellt, ist das ein massiver Gesichtsverlust. Das Streben Hochbegabter nach fachlicher Anerkennung lässt sich zu deren Motivation nutzen. Lassen Sie Ihre Hochbegabten in Ihrer Abteilung Kurzvorträge über ihre Arbeit halten. Die kritischen Blicke der Fachkollegen werden sie dazu bringen, nur qualitativ hochwertige Leistungen vorzustellen.

Herausforderung Hochbegabte schätzen Herausforderungen. Am liebsten arbeiten sie an harten Problemen. Dort, wo andere Mitarbeiter Schwierigkeiten sehen, tun sich für Hochbegabte Chancen und interessante „Spielwiesen" auf. Bei Erfolg suchen sie Anerkennung, sowohl beim Management als auch unter ihren Kollegen (siehe oben).

▶ **Tipp** Geben Sie Ihren Hochbegabten Aufgaben, und streichen Sie als Manager die Wichtigkeit heraus, die diese Aufgaben für die Firma besitzen. Somit motivieren Sie Ihre Hochbegabten, mit aller Kraft an der Lösung zu arbeiten.

Motivieren von Hochbegabten

Über Motivation wurde weiter vorne bereits geschrieben. Hochbegabte neigen zu einer hohen Grundmotivation, die sich aus ihrer Neugier, genährt von interessanten Arbeitsinhalten, ergibt. In [13] wird eine nette Formel für die Motivation von Hochbegabten angeführt, die sich in ihrem Erfolg (E) der Arbeit manifestiert:

$E = mc^2$

In Anlehnung an die berühmte Formel von Albert Einstein ist der Erfolg (E) dem direkten Management (m) linear proportional, der Kommunikation (c) jedoch quadratisch, sprich deutlich stärker. Hochbegabte brauchen demnach weniger direktes Management, dafür umso mehr persönliche Kommunikation. Damit unterscheiden sie sich vom durchschnittlichen Mitarbeiter, welcher mehr „m" benötigt [13]. Die Formel gilt, im Gegensatz zu Einsteins richtiger Formel über die Äquivalenz von Masse und Energie, natürlich nicht mathematisch exakt, sondern beschreibt vielmehr einen qualitativen Zusammenhang.

Während „Zuckerbrot und Peitsche" bei wenig ausgebildeten Arbeitern funktioniert(e), ist diese Taktik bei Hochbegabten, wie erwähnt, nicht besonders effektiv.

Lob und Anerkennung, Konkurrenzdruck, Freiräume/großer Entscheidungsspielraum und eine spannende, vorzugsweise komplexe, Aufgabe neben leistungsgerechter Bezahlung – das nennen viele Hochbegabte auf die Frage nach dem, was sie motiviert. Wenn Hochbegabte etwas Neues lernen und ausprobieren können, dann spornt sie dies auch an. Selbstmotivation ist für Hochbegabte typisch. Das Management braucht Motivation lediglich zu erhalten und nicht erst zu erschaffen.

Hochbegabter A hierzu: *„Hochbegabte Leute sind meiner Erfahrung nach oft sehr streng mit sich selber. Die Maßstäbe, die für sie selbst gelten, sind bei Weitem ausreichend für die Außenwelt. Auch ohne Motivation kann ich Dinge sehr viel schneller erledigen als andere, nebenbei."*

Hochbegabter B: *„Ich arbeite, weil man arbeiten muss. Ich habe noch keine Arbeit gefunden, die mich mitreißt. Viel lieber würde ich noch ein paar Studien abschließen, Reisen, noch ein paar Sprachen lernen. Motivation ist meistens, diese Dinge finanzieren zu können."*

Hochbegabter C: *„Ich bin sehr begeisterungsfähig. Wenn ich Interesse für ein Thema entwickle, bin ich motiviert. Jemand oder etwas muss mir den Bereich schmackhaft machen."*

Vor allem die zweite Aussage macht deutlich, dass sich Hochbegabte vor allem von selbst gesteckten Zielen begeistern lassen.

► **Tipp** Vermeiden Sie es, Ihre Hochbegabten zu manipulieren, das wird schnell als billiger Trick durchschaut, die Wirksamkeit verpufft. Begründen und erklären Sie Ihre Entscheidungen.

Somit kann festgehalten werden: Wenn Sie Hochbegabten eine angenehme Arbeitsumgebung zur Verfügung stellen (weder *Cubicle* noch Großraumbüro), sie idealerweise mit anderen Hochbegabten arbeiten lassen und vor allem die Aufgaben interessant, abwechslungsreich, herausfordernd und sinnvoll sind, werden Ihre Hochbegabten hart und intensiv für Sie arbeiten.

Apropos Großraumbüro: Der hehre Gedanke zur Schaffung von Riesenbüros ist, die Kommunikation unter Arbeitskollegen zu verbessern. Es zeigt sich, dass die Anwesenheit anderer Menschen Auswirkungen auf das Arbeitsergebnis hat: Man neigt dazu, unter Beobachtung rascher und oberflächlicher zu arbeiten.

Vakuum vermeiden

Hochbegabte mögen kein Vakuum. Leerläufe im Arbeitsleben ergeben sich beispielsweise zwischen zwei größeren Projekten. Mitarbeiter suchen sich im Idealfall selbst Arbeit, wenn ihr Chef gerade keine für sie hat. Nicht alle Mitarbeiter können und wollen das. Sie sollten als Chef dafür sorgen, dass es permanent sinnvolle Arbeit zu tun gibt. In Phasen der Unterbeschäftigung sollten Sie zum Urlaubsabbau motivieren oder Schulungen durchführen.

Stellen Sie sicher, dass die „Pipeline" an interessanten Projekten für Ihre Hochbegabten stets gefüllt ist.

Respekt

Respekt erarbeiten Sie sich als Manager nicht durch Freundlichkeit, sondern durch Resultate.

Sie erhalten ihn nicht von Ihrem Chef, sondern verdienen ihn sich bei Ihren Mitarbeitern erst mühsam. Hochbegabte werden Ihnen keinen Respekt zollen, nur weil ein eindrucksvoller Titel Ihre Visitenkarte schmückt oder weil Sie ein Eckbüro mit dunklen Möbeln haben.

Um beim Thema Respekt zu bleiben: Zeigen Sie allen Kollegen gegenüber Respekt, gerade als Manager, von welchem die Organisation Vorbildfunktion erwartet. Es hat sich gezeigt, dass Respekt einer der wichtigsten Faktoren überhaupt für das Engagement von Mitarbeitern im Job ist [23].

> **Brain Teaser** Die ehrlichste Form von Respekt ist das Interesse an einem anderen Menschen.

Befördern von Hochbegabten – duale Karriereleiter

Beförderung bedeutet üblicherweise eine höhere Hierarchieebene – mit Personalverantwortung oder noch mehr Personalverantwortung – zu erklimmen. Da Organisationen pyramidenförmig aufgebaut sind und nur eine beschränkte Anzahl an Ebenen aufweisen, ist es nicht möglich, alle Mitarbeiter zu befördern, sie hätten sonst in Kürze eine Armee aus lauter Generälen und keinen Soldaten. Sie können eine Möglichkeit schaffen, Ihre Hochbegabten zu befördern, ohne Manager aus ihnen zu machen. Viele von ihnen würden und werden wirksame Manager abgeben, andere jedoch nicht. Für diese Mitarbeiter ist eine technische Karriereleiter notwendig, damit das Unternehmen sie binden kann. Wenn Firmen eine Stufenplanung für Manager sowie eine weitere für Spezialisten haben, spricht man von einer „dualen Karriereleiter". Durch die Einführung einer technischen Karriereleiter schaffen Sie als Organisation Raum in zwei Dimensionen:

- fachliche Anerkennung der Mitarbeiter,
- Spielraum für Gehaltssteigerungen vor allem für langgediente Mitarbeiter.

Ein entsprechender Titel auf der neuen Visitenkarte erhöht das Selbstwertgefühl und die Firmenbindung des jeweiligen Mitarbeiters. Da Spezialisten in der Regel weniger verdienen als Manager, stehen Erstere nach einigen Berufsjahren rasch am oberen Ende des für Sie gültigen Gehaltsspektrums an. Eine technische Karriereleiter eröffnet hier interessante Perspektiven. Sie erlaubt es einer Firma auch, externe Experten „einzukaufen" und in die bestehende Gehaltsstruktur einzufügen. Die Einstellung von Externen ist wichtig, um geistige Monokultur zu durchbrechen. Firmen, die auswärtige Experten viel besser bezahlen als die altgedienten Mitarbeiter mit der gleichen Jobbezeichnung erzeugen massive Demotivation in der Belegschaft. Eine technische Karriereleiter mit mehreren Abstufungen schafft hier Transparenz und Akzeptanz für Unterschiede.

Mögliche Beförderungsstufen auf einer technischen Karriereleiter sind:

- Ingenieur → *Distinguished Engineer*,
- Entwickler → *Senior Developer*,
- Forscher → *Chief Scientist*.

Daniel O.: *„Hochbegabte als Manager können auch zu sensibel sein. Als Chef braucht es manchmal vor allem starke Nerven und Durchsetzungswille und Mut. Aus meiner Sicht sind Hochbegabte vor allem als Spezialisten am wichtigsten. Dafür benötigen sie einen entsprechenden Freiraum durch das Management."*

Selbstvertrauen aufbauen

Manche Hochbegabte haben ein aufgeblasenes Ego, das ihrer Umwelt und ihnen selbst abträglich ist. Der Großteil könnte ein stärker ausgeprägtes Selbstvertrauen jedoch durchaus gebrauchen. Durch das erwähnte Gefühl des „Anders-Seins" während ihrer Schulzeit sind viele Hochbegabte negativ konditioniert und leiden unter einem geknickten Selbstvertrauen. Hier findet sich ein Tipp aus dem schulischen Bereich:

> *The surest path to positive self esteem is to succeed at something which one perceived would be difficult. Each time we steal a student's struggle, we steal the opportunity for them to build self-confidence. They must learn to do hard things to feel good about themselves.*
> Sylvia Rimm (1935–), amerikanische Psychologin

Als Manager von Hochbegabten steigern Sie deren Motivation und Wirksamkeit, wenn sie ihr Selbstvertrauen steigern. Werzeuge hierzu sind gezieltes Lob und Coaching bei der Übernahme stetig wachsender Aufgaben.

Stimulieren Sie Wettbewerb

Hochbegabte lassen sich durch sportlichen Wettkampf motivieren, denn sie wollen die Besten sein. Spornen Sie sie mit fachlicher Konkurrenz an! Zeigen Sie ihnen Vorbilder (*role models*), die Ergebnisse der Konkurrenz oder irgendetwas anderes, das es zu übertreffen gilt. Auch können sie auf Leistungen Ihrer Mitarbeiter in der Vergangenheit aufbauen. Auf diese Art und Weise sorgen Sie für eine starke Motivation.

Work-Life-Balance

Wenn Sie das Gefühl haben, dass einer Ihrer Top-Leute sich übermäßig verausgabt, zögern Sie nicht, das Thema „Work-Life-Balance" anzusprechen.

Sie haben als Chef eine gewisse Verantwortung für Ihre Mannschaft, und wenn Sie sehen, dass der Ehrgeiz eines Hochbegabten über längere Zeit weit über dem gesunden Maß liegt, sollten Sie behutsam versuchen, Ihrem Mitarbeiter klarzumachen, dass er seine Gesundheit und Familie in seinem ureigenen Interesse nicht vernachlässigen soll. Workaholismus kann auf Dauer in einen Burnout münden. Erhalten Sie als weitsichtiger Chef die „Kampfkraft" Ihrer Besten, indem Sie sie bei übermäßigem Zeiteinsatz zu Balance anhalten.

Projektarbeit statt Linienfunktion

Hochbegabte arbeiten gerne in Projekten.

Dort lernen und erleben sie Neues und können nach Abschluss zu frischen Ufern aufbrechen.

Die Projekte, die Sie Ihren Hochbegabten geben, sollten anspruchsvoll sein und sie fordern. Sorgen Sie nach Möglichkeit dafür, dass Ihre Hochbegabten das Gefühl haben, ihre Projekte selbst ausgewählt zu haben.

Geben Sie Feedback, und halten Sie sich operativ zurück. Greifen Sie nur in Notfällen ein, und lassen Sie Ihre Hochbegabten selbständig arbeiten. Stellen Sie ausreichend Ressourcen bereit. Arbeiten Sie mit Meilensteinen, und kontrollieren Sie so den Fortschritt der Projekte.

Das Jobprofil eines Hochbegabten

Eine „Rollenbeschreibung" lehnen viele Hochbegabte zumindest innerlich ab. Sie empfinden sie als zu bürokratisch und einengend, als nur für repetitive Aufgaben geeignet [13]. Dennoch ist es wichtig, dass der Hochbegabte den von seiner Organisation erwarteten Beitrag seiner Person kennt, was sich wiederum über eine (aktuelle) Rollenbeschreibung erzielen lässt. Machen Sie ihm klar, dass er gerne eingeladen ist, mehr als notwendig zu tun, dass das „Wildern in fremden Revieren" jedoch auch dann, wenn die betroffenen Personen offensichtlich nicht viel in ihrem Bereich tun, von diesen in der Regel als massiv störend empfunden wird. Daher sollte der Hochbegabte, wenn er „über den Tellerrand" arbeitet, mit dem nötigen Taktgefühl vorgehen. Geben Sie ihm diese Botschaft mit auf den Weg.

Ein Vorteil von Hochbegabten in Firmen ist, dass Sie sie selten eine Aufgabe ablehnen hören werden, weil diese nicht im Jobprofil beschrieben ist. Silodenken ist Hochbegabten fremd.

Der erste Job für einen Hochbegabten – so „groß" wie möglich

Firmen tendieren dazu, Rollenprofile (Jobbeschreibungen) möglichst eng, eindeutig und überlappungsfrei zu gestalten. Mitarbeiter, die „in Kästchen" denken, berufen sich gerne auf ihre Jobbeschreibung, um sich aus der Verantwortung für bestimmte Aufgaben zu ziehen. Das ist mit Hochbegabten in der Regel nicht so. Sie verhalten sich gewissermaßen konträr. Anstatt im eng abgesteckten Arbeitsbereich des Rollenprofils zu agieren, bringen sie sich und ihre Ideen ungefragt in verschiedensten angrenzenden und weiter entfernten Bereichen ein. Ein motivierter Hochbegabter, der direkt von der Schule bzw. Universität in einen Betrieb kommt, wird sich von einer konventionellen Rollenbeschreibung gehemmt sehen.

> **Tipp** Sorgen Sie dafür, dass ein „frischgefangener" Hochbegabter einen „großen", sprich breitgefächerten, Job zum Einstieg erhält. Vorteile:
>
> - Der Neue kann sich beweisen.
> - Er erkennt, welche Tätigkeiten ihm am meisten liegen.
> - Seine Lernkurve ist steiler.
> - Sie sehen, welches Potenzial in ihm steckt.

Der erste Job ist für einen Mitarbeiter besonders wichtig. Häufig erweist er sich als prägend, denn er setzt die Standards für die gesamte weitere berufliche Entwicklung. Peter Drucker stellt in diesem Zusammenhang in [24] fest: „*The young knowledge worker whose job is too small to challenge and test his abilities either leaves or declines rapidly into premature middle-age, sour, cynical, unproductive.*"

Fordern und fördern

Als Manager sollten Sie Ihren Mitarbeitern hohe Ziele stecken, die sie sich selbst nicht ganz zutrauen, und sie bei deren Erreichung unterstützen. Nur so können sie über sich hinauswachsen und die bestmöglichen Ziele für die Organisation erreichen.

Eine Metapher ist der Schrittmacher bei Marathons: Er holt noch mehr aus den Läufern heraus, als diese von sich aus gegeben hätten.

Bieten Sie Ihren Hochbegabten laufend schwierigere Aufgaben zum Wachsen: Nicht mehr vom Gleichen, sondern *assignments*, die komplexer sind.

Die hochbegabte Sabine über ihren Chef: „*Ich war in meiner Arbeit total unterfordert und hatte nur Monkey-Jobs. Also sprach ich mit meinem Chef, dass ich gerne mehr höherwertige Aufgaben hätte. Die Folge war, dass ich noch mehr Monkey-Jobs bekam, mehr vom gleichen Mist.*"

Wenn Sie Ihre Hochbegabten fördern, indem Sie ihnen helfen, ihre Fertigkeiten in ihrem Spezialgebiet zu verfeinern, werden Sie als optimaler Chef wahrgenommen.

Unterforderung als Gift für Hochbegabte

Unterforderung im Job ruft bei Hochbegabten mehr Stress hervor als ein Schreibtisch voller unerledigter, schier unbewältigbarer Arbeiten. Viele Hochbegabte sind im Job gelangweilt und absolvieren beispielsweise ein berufsbegleitendes Studium. Hier sind die Aussagen von drei Hochbegabten:

Paul: „*Ich habe, seit ich zu arbeiten begonnen habe, immer berufsbegleitend studiert oder andere aufwendigere Ausbildungen besucht. Das Arbeiten fordert mich nicht vollständig, deshalb brauche ich nebenbei eine Beschäftigung. Da nehme ich lieber den Stress in Kauf als die Langeweile.*"

Ines: *„Meine größte Angst ist, in der Arbeit zu verdummen. Dort bekomme ich nicht genug Input. Daher mache ich immer nebenbei eine Ausbildung"*.

Susanne: *„Ich will immer geistig gefordert sein. In den letzten drei Jahren habe ich zwei Ausbildungen neben meiner Arbeit gemacht. Dass es dabei zu Terminkollisionen kommt, ist leider so"*.

Unterforderung im Job ist ein weitverbreitetes Phänomen. Das Stichwort *Boreout* wurde bereits zu Beginn des Buchs eingeführt. Man kann zwischen qualitativer und quantitativer Unterforderung unterscheiden. Mögliche Ursachen sind:

- mangelndes Interesse an der gewählten Tätigkeit durch falsche Wahl von Beruf und Arbeitgeber,
- vermeintliche oder tatsächliche Überqualifikation für die zu erledigenden Aufgaben,
- mangelnde Verteilung der Arbeit (vom „Kuchen" bleibt für manche Mitarbeiter nichts Passendes mehr übrig, oder auf Phasen der Überforderung folgen Zeiten der Leere, z. B. im Projektgeschäft),
- Position in einem „goldenen Käfig" bzw. in „goldenen Handschellen": Der Mitarbeiter wird vom Job angeödet, und er verharrt aus monetärer Bequemlichkeit in dieser Situation.

Die vernommene Unterforderung kann dazu führen, dass der betroffene Mitarbeiter es vorzieht, auch bei Vorhandensein von genügend Arbeit im Büro anderen Tätigkeiten wie Internetsurfen, Online-Spielen oder Privatinteressen nachzugehen.

Eine echte Unterforderung ist zu Beginn für manche Mitarbeiter eine feine Sache, weil sie Zeit finden für private Beschäftigungen. Relativ rasch stellt sich jedoch ein Gefühl der Unzufriedenheit ein. Dieses resultiert zum Teil von innen heraus, kommt aber auch durch Kollegen zustande: Während Stress sozial erwünscht ist, sieht man Untätige gerne als „Schmarotzer". Diese selbst werden sich auch nicht lange wohlfühlen.

Das verräterischste Symptom einer Unterforderung im Job ist das beständige Klagen eines Mitarbeiters, dass er zu viel zu tun habe und permanent im Stress sei. Diese Menschen scheinen sich eine Auslastung im Job selbst suggerieren zu wollen.

Es gibt zwei Strategien, mit Unterforderung umzugehen: Arbeit vortäuschen und/oder Zeit totschlagen.

Fakt ist, dass die alltägliche Arbeitswelt nicht allen hehren Ansprüchen der Arbeitnehmer auf abwechslungsreiche Tätigkeiten gerecht werden kann. Hochbegabte sind in besonderem Maße gefährdet, ein Wunschdenken an den Tag zu legen, welches letztlich nur in Enttäuschung münden kann. Durch ihre Neigung, rasch das Interesse zu verlieren und permanent neue Reize zu benötigen, haben es Arbeitgeber schwer, sie „bei Laune" zu halten. Nicht vergessen werden darf an dieser Stelle, dass die Aufgabe von Organisationen nicht das Unterhalten der Mitarbeiter, sondern das Erzielen von Resultaten für zahlende Kunden ist.

Wer sich in seinem Beruf chronisch unterfordert fühlt und nicht mit sich selbst ins Reine kommt, sollte die Zeit des Leerlaufs nutzen, um sich für einen Wechsel zu qualifizieren, und den „Absprung" sodann auch durchziehen.

Als Führungskraft ist es auch Ihre Aufgabe, die Erwartungen Ihrer Mitarbeiter zu managen. Wenn ein hochbegabter Mitarbeiter Symptome von Unterforderung zeigt oder diesbezüglich das Gespräch mit Ihnen sucht, können Sie wie folgt vorgehen:

- Ergründen Sie seine Interessen und Leidenschaften.
- Geben Sie ihm ein Projekt.
- Lassen Sie ihn intensiv an der Festlegung seiner Jahresziele mitwirken.
- Fokussieren Sie sich auf Resultate, und bauen Sie die „Anwesenheitskultur" ab.

Loyalität

Hochbegabte und ehrgeizige Wissensarbeiter generell tendieren dazu, ihrem Fachgebiet gegenüber loyaler zu sein als zu einer Firma bzw. der Person des Chefs. Nützen Sie diese Eigentümlichkeit gezielt, indem Sie dem Hochbegabten ermöglichen, seine Kompetenz in seinem Fachgebiet in der Firma ausleben und ausbauen zu können. Neben einer fachlich herausfordernden und interessanten Tätigkeit sind es Fortbildungsmaßnahmen, die Sie gezielt einsetzen können. So lange der Hochbegabte seine Organisation als geeignete Plattform zum Ausüben und Verfeinern seiner Leidenschaft sieht, verfügen Sie über eine gute Deckung seiner Ziele mit denen der Unternehmung und werden Sie über viele Jahre einen zufriedenen, produktiven Mitarbeiter haben.

Kommunikation mit den Hochbegabten

Kommunikation wurde bereits mehrfach in diesem Buch erwähnt. Zumeist kommunizieren wir nicht bewusst, sondern nach unserer Intuition, quasi natürlich und automatisch. Wenn Sie sich mit Kommunikationsmustern auseinandersetzen, können Sie Ihre Dialoge mit Chefs, Kollegen und Mitarbeitern – sowie mit anderen Menschen ganz allgemein – auf ein neues Niveau heben. Es ist empfehlenswert, sich auf jede Besprechung vorzubereiten. Vor allem in Gesprächen mit Hochbegabten sollten Sie folgende „Grundsatzfrage" der Kommunikation beachten: Bin ich in der Position, eindeutig Stellung zu beziehen?

Bei einem Wortaustausch geht es zumeist darum, ob Sie und Ihr Gesprächspartner gleicher oder unterschiedlicher Meinung sind. Bevor Sie das allerdings beurteilen können, fragen Sie sich, ob Sie überhaupt wissen, worum es geht.

Um Ihre Position zu bestimmen, brauchen Sie sich nur zwei Fragen zu stellen:

- Weiß ich genau, worum es bei dem Thema geht?
- Stimme ich meinem Gesprächspartner zu oder nicht?

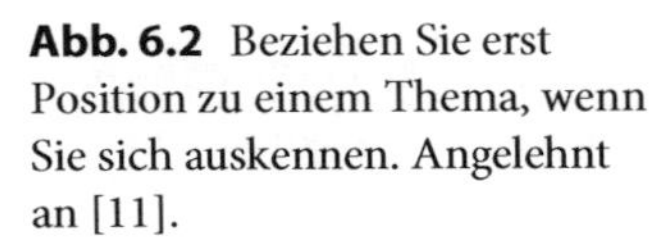

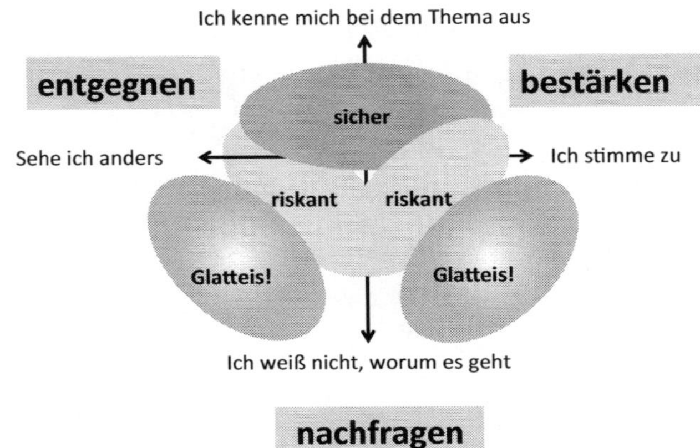

Abb. 6.2 Beziehen Sie erst Position zu einem Thema, wenn Sie sich auskennen. Angelehnt an [11].

In Anlehnung an [11] finden Sie hier eine nützliche Skizze als Anleitung für Diskussionen (Abb. 6.2):

Wir sind alle geneigt, rasch einen Standpunkt einzunehmen. Das kann mitunter riskant sein, speziell, wenn Sie sich nicht genügend auskennen. Je mehr Sie das Thema verstehen, um das es gerade geht, desto sicherer wird Ihre Entscheidung sein. Beziehen Sie nicht voreilig Position!

Fragen Sie zuerst nach. Eine gehaltvolle Konversation braucht eine Basis. Wenn Sie überhastet zu Schlüssen springen und gewissermaßen ein präventives „Ja" oder „Nein" ausstoßen, beenden Sie die Diskussion zu früh.

Nachfragen öffnet den Weg zum Dialog. „*Wer fragt, führt*", das sagt man nicht umsonst.

In einem idealen Gespräch fragen daher beide Seiten zuerst nach und vergewissern sich bezüglich der Standpunkte. Erst dann können sie vernünftig argumentieren.

Das klingt logisch, wird jedoch in der Praxis oft nicht so befolgt. Wenn Sie als Manager nicht zuerst nachfragen und die Basis für ein Gespräch schaffen, erzeugen Sie unnötige Spannungen und riskieren, dass das Gespräch einen negativen Verlauf nimmt.

Ein „Meinungsaustausch" zwischen Chef und Mitarbeiter soll nicht automatisch derart ablaufen, dass der Mitarbeiter mit seiner eigenen Meinung zum Chef geht und dann mit dessen Meinung zurückkommt.

Hochbegabte reagieren verstört auf Manager bzw. Kollegen, die keine klare Position zu einem Thema beziehen und – schlimmer – den Eindruck vermitteln, keine Ahnung von dem, was sie sagen, zu haben.

Information

Ohne Informationen entstehen Missverständnisse. Mitarbeiter, die nicht informiert sind, setzen Gerüchte in die Welt. Hochbegabte neigen dazu, sich etwas „zusammenzureimen", wenn ihnen nur unvollständige Informationen vorliegen. In jedem Fall sind uninformierte und desinformierte Mitarbeiter nicht besonders wirksam, weil sie nicht wissen können, was sie tun sollen. Als Manager ist es Ihre Pflicht, Ihre Mitarbeiter mit den zur Erfüllung ihrer Aufgaben notwendigen Informationen zu versorgen. Hochbegabte wollen noch mehr wissen. Teilen Sie beispielsweise Informationen über den Geschäftsverlauf mit ihnen. Niemand tappt gerne im Dunkeln, und Hochbegabte sind besonders frustriert, wenn sie ihren Beitrag zum Ziel ihrer Organisation nicht klar erkennen können (Anknüpfung an die Sinnfrage!). Die Zeiten, in denen sich die Macht eines Chefs aus seinen geheimgehaltenen Informationen begründet hat, sind vorbei. Damit Ihre Mitarbeiter Sie optimal unterstützen können, sollten Sie sie so gut es geht mit relevanten Informationen ausstatten.

Brain Teaser Selten mangelt es an Information an sich, doch hat jeder die Informationen, die er benötigt?

Keine Behandlung als dressierter Affe

Wenn Sie bestimmte Tätigkeiten nicht beherrschen, beispielsweise „Kniffe" in Computerprogrammen, lassen Sie sich diese erklären, und lernen Sie sie. Immer wieder die gleichen Banalitäten von Ihren Mitarbeitern erledigen zu lassen, das ist Ihr Recht als Chef, doch weder effektiv noch förderlich für Ihr Image.

Hochbegabte werden über eine Behandlung als „dressierter Affe", der kleine, mittelschwierige Aufgaben für seinen Chef zu lösen bekommt, die dieser selbst viel schneller bewältigen könnte, nicht glücklich sein.

Präsenz

Zeigen Sie sich als Chef bei Ihren Mitarbeitern nicht nur, wenn es Probleme gibt.

Ansonsten werden Sie als Polizei, aber nicht als Manager wahrgenommen (höchstens als Möwenmanager, siehe auch weiter vorne).

Da Hochbegabte ihre Aufgaben normalerweise selbständig und ohne großes Aufsehen zu erregen lösen, ist die Gefahr, dass ihre Manager sie „vernachlässigen", groß.

Fachlich sind Sie als Manager und Ihre Hochbegabten weit voneinander entfernt. Wenn Sie sich nicht regelmäßig „zeigen", wachsen Distanz und Misstrauen auf beiden Seiten. Das lässt sich einfach verhindern.

Feedback

Nicht regelmäßig ehrliches Feedback zu geben ist eine große, weitverbreitete Management Schwäche. Ihre Hochbegabten haben ein Recht zu erfahren, wie Sie mir ihren Leistungen zufrieden sind. Sie wollen sich ständig weiterentwickeln, und dafür brauchen sie Rückmeldungen wie einen Bissen Brot. Helfen Sie Ihren Hochbegabten zu wachsen. Ohne Feedback können Hochbegabte massive „weiße Flecken" entwickeln [13]. Feedback an Ihre Mitarbeiter sollte deutlich häufiger fließen als nur einmal jährlich beim Zielegespräch. Vor allem negatives Feedback richtig – oder überhaupt – zu geben, ist für viele Manager nicht einfach.

Indem Sie ihm Feedback geben, lernt Ihr hochbegabter Mitarbeiter mehr über sich selbst. Feedback an Hochbegabte sollte sofort und kurz erfolgen. Schwingen Sie keine langen, ausgeschmückten Reden. Sprechen Sie die drei Punkte Beobachtung, Auswirkung und gewünschte Veränderung an. Indem Sie mit der Beschreibung Ihrer Beobachtung starten, geben Sie dem Hochbegabten die Möglichkeit, sich an die Situation zu erinnern. Da in seinem Kopf zumeist viel vorgeht, ist er gedanklich ansonsten schon wo anders. Der zweite Punkt, die Auswirkung des beobachteten Verhaltens, ist der wichtigste Aspekt beim Feedback. Besonders relevant ist jedoch, wie Sie Ihre gewünschte Veränderung „verkaufen". Bieten Sie Optionen und Alternativen an. Niemand lässt sich gern sagen, was er tun soll, besonders Hochbegabte reagieren da schon einmal allergisch. Hochbegabte suchen für gewöhnlich ihren eigenen Lösungsweg. Damit Ihre Botschaft also verstanden und auch angenommen wird, sollten Sie erfahrungsgemäß Alternativen anbieten.

Geben Sie positives Feedback, zeigen Sie Anerkennung

Auch Hochbegabte brauchen Lob und Anerkennung. Ein Übermaß ist allerdings nicht wirksam. Inflationäres Lob wird zur Routine und entartet zur Floskel, wenn es dauernd ausgesprochen wird.

Auf der einen Seite stechen Hochbegabte aus der Masse heraus, weil sie mehr leisten können, andererseits sind sie sich ihrer Fähigkeiten und Qualitäten oft gar nicht bewusst bzw. stark im Zweifel darüber.

Widmen Sie auch den Mitarbeitern, die Sie zeitlich wenig in Anspruch nehmen, Ihre Zeit. Die Gefahr, einen Hochbegabten, bei dem alles „nach Plan" läuft, zu vernachlässigen, ist groß.

Feedback geben an Ihre Hochbegabten ist eine sehr wichtige Aufgabe, damit diese sich weiterentwickeln können. Es dient den Hochbegabten, Ihnen sowie der Firma.

Halten Sie das Wissen, dass ein Hochbegabter einer Ihrer „High Potentials" oder „Stars" ist, nicht geheim! Lob erhöht die Leistung weiter. Es kann auch kontraproduktiv sein, wenn der Mitarbeiter ein übersteigertes Gefühl von Versagensängsten entwickelt [11].

Hochbegabte haben ein starkes Bedürfnis nach Anerkennung, sowohl unter ihresgleichen als auch von der übrigen Belegschaft.

Der Status als „Mitarbeiter des Monats", den bei 24 Mitarbeitern jeder alle zwei Jahre erhält, wird keinen Hochbegabten hinter dem Ofen hervorlocken! Loben Sie anlassbezogen und aufrichtig.

Mentor

Der ideale Chef für einen Hochbegabten sind Sie, wenn er Sie als seinen Mentor sieht.

Lehren Sie Ihre Hochbegabten, was ihnen fehlt. Wenn es beispielsweise bestimmte Manieren sind, bringen Sie sie ihnen bei. Hochbegabte Berufseinsteiger sind manchmal wie ungeschliffene Diamanten, die so manche Spielregel einfach noch nicht kennen und so viele Fettnäpfchen erwischen.

So, wie ein erfahrener Pädagoge seinen Schüler betreut, nimmt ein Mentor seinen Schützling bei der Hand und lehrt ihn wichtige Zusammenhänge.

Wenn Sie selbst nicht der Mentor für Ihren Hochbegabten sein wollen oder können, suchen Sie ihm einen in der Organisation oder auch außerhalb. Speziell zum Berufsstart ist eine Mentorenschaft sinnvoll, weil sich so vermeidbare Fehler und Reibungsverluste vermeiden lassen. Davon profitieren Jobstarter und Unternehmen.

▶ **Tipp** Werden Sie Mentor für andere Hochbegabte.

Kein oberlehrerhaftes Verhalten

Wer, wenngleich wohlwollend, einem hochbegabten Mitarbeiter in epischer Breite genaue Anleitungen gibt, wie etwas zu machen sei, beispielsweise Verknüpfungen in Excel, läuft Gefahr, mit überflüssigen Instruktionen Langeweile hervorzurufen. Schlimmer noch, Sie geben Ihrem Gegenüber zu verstehen, dessen Kompetenz nicht besonders hoch einzuschätzen. Gehen Sie behutsam vor, wenn Sie selbst unsicher sind!

Lassen Sie Hochbegabte den Lösungsweg für die ihnen übertragenen Aufgaben selbst finden. Bei Fragen sollten Sie Ihnen mit Rat und Tat zur Seite stehen, ebenso, wenn ein Ziel nicht erreicht wird. Vermeiden Sie belehrendes Verhalten, vor allem, wenn sich ein Projekt ohnehin nach Plan entwickelt.

Entwickeln der sozialen Kompetenz

Arbeiten Sie behutsam an der Weiterentwicklung der sozialen Kompetenzen Ihrer Hochbegabten. Es gilt nicht, die Hochbegabten zu „brechen" und an alle Normen anzugleichen. Sie brauchen auch nicht die besten Teamplayer aus ihnen zu machen. Allerdings sollten Sie dafür sorgen, dass sie „teamfähig" sind. Belohnen Sie Verhalten, das den Teamgeist und die Zusammenarbeit fördert. Erklären Sie einem Hochbegabten, der sich gerade sozial „tollpatschig" verhalten hat, wie er sich das nächste Mal anders anstellen kann. Der EQ eines Menschen kann im Gegensatz zum IQ signifikant ausgebaut werden. Helfen Sie Ihren Mitarbeitern dabei, indem Sie Feedback geben, Teamarbeit fördern und gezielte Schulungen ermöglichen.

Setzen Sie Grenzen!

Im Prinzip sollte die „Spielwiese“ eines hochbegabten Mitarbeiters möglichst groß sein. Ein Fehler beim Management von Hochbegabten ist, ihnen keinerlei Grenzen zu setzen, aus Angst, das könnte ihrem Ehrgeiz und ihrer Kreativität abträglich sein. Exzentrisches Verhalten sollten Sie nur in Maßen tolerieren, damit es den Betroffenen und sein Umfeld nicht in der Produktivität hindert. Wenn Sie vernünftige Grenzen vorgeben, werden Ihre Hochbegabten sogar dankbar sein – eine Sache weniger, über die sie sich den Kopf zu zerbrechen haben.

Bezüglich zu enger Grenzen, siehe Mikromanagement.

Bauen Sie Bürokratie ab

So sehr Hochbegabte „Leitplanken“ schätzen, umso mehr verachten sie einen zu engen Handlungsspielraum, eingeengt durch Regeln und Vorschriften, vor allem solche unlogischer und widersprüchlicher Natur. Wenn Ihre Organisation zu viele Regeln hat, leiden Ihre Hochbegabten massiv, vor allem, wenn ihnen die Regeln nicht sinnvoll erscheinen. Helfen Sie mit, nicht mehr zeitgemäße Vorschriften zu ändern.

Vorsicht, Falle: Als Chef sollten Sie Firmenrichtlinien, die Ihnen widerstreben, nicht offen boykottieren, weil Sie sonst ein starkes Signal in die falsche Richtung senden, welches sämtliche zukünftigen Regelabweichungen Ihrer Mitarbeiter legitimiert.

Grandiose Fantasien nicht abtun

Hochbegabte haben manchmal große Ideen, die andere Menschen ihn ihrem Umfeld nicht nur nicht verstehen, sondern die diese auch auf die sprichwörtliche Palme bringen. Die unkonventionellen Ideen werden als Allmachtsfantasien und Hirngespinste abgetan.

Ersticken Sie dieses großartige Denken ihrer hochbegabten Mitarbeiter nicht! Jede Unternehmung braucht Ideen und Visionen. Sämtlicher Fortschritt baut darauf auf, dass jemand das Unmögliche erdenkt und sodann in die Tat umsetzt. Interessant ist die Geschichte des Hochbegabten Markus E.: *„Als meine Firma mir einen Coach zur Seite stellte, war ich zuerst begeistert, weil ich dachte, dieser könnte mir helfen, meine Ziele rascher und einfacher zu erreichen. Als ich dann merkte, dass der Coach nur geheuert worden war, um meine Erwartungen und eigenen Ansprüche zu mäßigen, war ich sehr gekränkt. Ein Coach sollte doch das Beste aus einem herausholen.“*

Natürlich ist es richtig, dass man nicht enttäuscht werden kann, wenn man seine Ziele und Erwartungen herabsetzt. Sich die Latte selbst tief zu legen ist nicht vorteilhaft, denn es führt vor allem bei Hochbegabten rasch zu Zynismus und Unzufriedenheit.

Kennen Sie Ihre Rolle!

Alle Mitarbeiter haben ihren Platz im Unternehmen. Natürlich kommt es nicht darauf an, mit welchem Titel sich Ihre Visitenkarte schmückt, sondern auf Ihren „Beitrag zum Ganzen". Dieser Beitrag zählt auf allen Ebenen! Akzeptieren Sie als Manager, dass Ihre Mitarbeiter in Fachfragen mehr wissen als Sie. Auch, wenn Sie selbst einmal als der beste Ingenieur zum Chef von Ingenieuren befördert wurden – Ihr Wissen ist nun veraltet. Vor allem als Chef von Hochbegabten ist es für Sie nötig zu akzeptieren, dass Ihre Mitarbeiter mehr wissen als Sie selbst. Widerstehen Sie daher der Versuchung des Mikromanagements.

Einer der schwierigsten Aspekte im Management von Hochbegabten ist, dass Sie zwischen ihnen und der Organisation stehen, und dass Sie in dieser „Pufferrolle" wieder und wieder zwischen die Fronten geraten. Sie sind als Manager für das Erreichen der Firmenziele verantwortlich, aber ebenso Ihren Mitarbeitern verpflichtet. In dieser Rolle haben Sie gegensätzliche Erwartungen abzugleichen.

Temperament

Hochbegabte nehmen ihre Arbeit gerne persönlich und reagieren dadurch ab und an sehr temperamentvoll. Im Gegensatz zum Durchschnittsmitarbeiter, der seine Zeit gegen Geld tauscht, wollen Hochbegabte an ihrem Arbeitsplatz etwas bewegen. Sie interessieren und engagieren sich stark für ihre Organisationen. So geizen Hochbegabte auch nicht mit Kritik und Verbesserungsvorschlägen aller Art. Akzeptieren Sie dieses Verhalten, und nutzen Sie ihre Ideen. Fordern Sie jedoch, falls nötig, den erforderlichen Respekt für Kollegen und Normen ein.

Verpacken Sie Arbeit als Spiel

Hochbegabte teilen mit Kindern nicht nur naive Ehrlichkeit und Beobachtungsgabe, sondern sind auch häufig verspielt. Der Spieltrieb resultiert auch aus dem Interesse, welches Hochbegabte vielen Dingen und Themen gegenüber aufbringen. Sie widmen sich voll und ganz einer Sache, die andere Menschen gar nicht reizen kann. Nicht umsonst werden Hochbegabte altersmäßig immer wieder stark unterschätzt. Man hält einen 35-Jährigen auch schon einmal für 22 oder 24.

> **Tipp** Definieren Sie als Chef, der eine unangenehme Aufgabe zu erledigen hat, demnach ein Spiel, und lassen Sie Ihre Hochbegabten dabei gewinnen!

Hochbegabte sind gerne die Besten in dem, was sie tun. Häufig waren sie Klassenbeste. Sie haben in jungen Jahren zahlreiche Preise eingeheimst und sind nicht selten von allen

Seiten gelobt worden. Verpacken Sie Teamarbeit so, dass es sich um ein Spiel handelt, bei dem es darum geht, zu gewinnen. Derjenige gewinnt, der der beste Teamplayer ist.

Spenden Sie zudem Lob und Anerkennung nach dem „Spiel“, das brauchen Hochbegabte, wie erwähnt. Sie werden sich wundern, wie mühelos der Hochbegabte plötzlich im Team funktioniert.

Sprachrohr für Ihre Hochbegabten

Leistung, sagt man, spricht für sich. Hochbegabte sind jedoch nicht gerade stark im Selbstmarketing. Sie als ihr Manager haben die Pflicht, Ihre hochbegabten Mitarbeiter zu exponieren und ihnen die Chance zu geben, in der Organisation gesehen zu werden. Die schwachsten aller Chefs geben die Ergebnisse Ihrer Mitarbeiter für sich aus. Mittelmäßige Chefs nutzen diese bloß, und herausragende Chefs verkaufen die Resultate ihrer Mitarbeiter innerhalb der Organisation, sodass diese Sichtbarkeit und Anerkennung in unterschiedlichen Unternehmensbereichen erlangen.

Dadurch, dass Hochbegabte Probleme selbst lösen, sickert nicht so viel von ihrem Schaffen nach „oben“ durch, und das höhere Management weiß oft nicht viel von ihnen [11]. Ein Hochbegabter fällt in Organisationen typischerweise nur auf, wenn etwas „richtig schief“ geht, weil er kleinere Unwägbarkeiten selbst aus dem Weg räumt. Da seine Leistung als „normal“ angesehen wird, kann so prekärerweise der Eindruck entstehen, dass der Hochbegabte viele Misserfolge hat.

> **Tipp** Sorgen Sie für Sichtbarkeit Ihrer Hochbegabten, und machen Sie deren Leistungen deutlich!

Ein weiteres Problem mit exzellenten Mitarbeitern, die „unsichtbar“ ihre Arbeit verrichten, ist, dass sie schlecht beförderbar sind. Wenn Sie einen Topleister Ihres Teams für einen Karrieresprung vorschlagen, kann es vorkommen, dass Ihr Chef gar nicht weiß, um wen es geht – und einem Kandidaten aus einer anderen Abteilung, für den „getrommelt“ wurde, den Vorzug gibt. „Festhalten“ können Sie einen Hochbegabten ohnehin nicht auf Dauer. Er findet leichter als andere Menschen eine neue Anstellung. Machen Sie daher quasi Werbung für Ihre Mannschaft.

Wenn Sie Ihre Mitarbeiter entwickeln, zeigen Sie wahre Führungsqualitäten. Das spricht sich herum, und neue, fähige Leute werden für Sie arbeiten wollen.

Auf dem Holzweg sind Sie jedenfalls, wenn Sie Ihre Hochbegabten bewusst verstecken und „klein halten“, um sich deren Arbeitskraft möglichst lange und billig zu sichern.

Für Manager gilt ganz allgemein, dass sie nicht über ihre Mannschaft schimpfen sollen. Beklagen Sie sich nicht über einen oder mehrere Ihrer Mitarbeiter bei anderen Leuten in der Firma. Das „Beschimpfen“ eines Mitarbeiters ist dem Vier-Augen-Gespräch in direkter Unterredung vorbehalten.

Fragen Sie nach Schwierigkeiten

Hochbegabte gehören nicht zu der Type Mitarbeiter, die sich laut bei Ihnen beklagen werden, wenn etwas nicht passt. Falls ein Hochbegabter in Ihrem Team zu wenige Ressourcen zur Fertigstellung einer Arbeit hat, wird er eher noch härter arbeiten, als Sie auf das Defizit hinzuweisen.

Erkundigen Sie sich daher regelmäßig, ob Sie etwas für Ihre Mitarbeiter tun können, damit diese ihre Aufgaben effizienter bewältigen können. Fragen Sie nach Hürden und Ressourcenmängeln. Weisen Sie Ihre Mitarbeiter darauf hin, dass Sie es bevorzugen, eine frühe Warnung zu erhalten, falls ein Termin oder die Qualität einer Arbeit gefährdet sind.

Während andere Mitarbeiter ein derartiges Vorgehen Ihres Chefs schamlos auszunutzen versuchen, werden Sie von Ihren Hochbegabten wertvolle Hinweise bekommen, wo tatsächliche Nadelöhre vorhanden sind.

Auf diese Weise können Sie größere Pannen, wie das „plötzliche" Verfehlen eines Termins, abwenden.

Sie haben eine schwierige Aufgabe zu lösen – lassen Sie Ihre Hochbegabten ran

Die Themen für morgen – Innovationen – sind die Spielwiese von Hochbegabten. Ideen und Konzepte für die Produkte von morgen? Ansätze für eine neue Strategie? Möglichkeiten für mehr Kunden? Geben Sie Ihren Hochbegabten knifflige Aufgaben, anstatt diese an ein externes Beratungsunternehmen auszulagern.

Halten Sie Ihre Hochbegabten möglichst frei von bürokratischen Aufgaben, und lassen Sie Ihre Hochbegabten an strategisch relevanten Themen arbeiten.

Wichtig ist, dass die Hochbegabten regelmäßiges Feedback zu ihrer Arbeit bekommen, da sie sonst die schwierigen, ihnen übertragenen Aufgaben nicht optimal lösen können [1]. Peter Drucker schreibt in [24]: „*Effective executives put their best people on opportunities rather than on problems.*"

Mit „*best people*" sind die „*best performers*" gemeint. Vergeuden Sie nicht die Möglichkeiten der Latenten – heben Sie deren Potenzial! Es liegt an Ihnen als ihr Manager, die „schlafenden" Hochbegabten aus der Reserve zu locken und sie alle zu Hochleistern zu machen.

Innovation statt Systemerhaltung – das sollte das Motto zur Beschäftigung von Hochbegabten in Organisationen sein. Damit nutzen sie deren volles Potential und vermeiden Langeweile.

Teamarbeit ist nicht immer das Mittel der Wahl

Zweifelsohne gibt es Fragestellungen, die sich in einem kleinen, interdisziplinären Team sinnvoll bearbeiten lassen. Nicht jede Arbeit ist jedoch für ein Team geeignet. Wenn Hochbegabte in einem Team mitarbeiten, welches eine Aufgabe zu erledigen hat, die ein Spezialist alleine rascher und qualitativ zumindest gleichwertig zu lösen vermag, wird er rasch verzweifeln. Adam: „*Wir mussten in einem Team aus 20 Personen innerhalb von 30 min Einsparungspotenziale für eine Fabrik ausarbeiten. Ich war als Betriebsleiter mit zehn Jahren Erfahrung mit lauter fachfremden Personen eingeteilt. Diese empfahlen, Büromaterial und Dienstreisen einzusparen. Dass diese Posten weniger als 1 Promille der Gesamtkosten ausmachten, war ihnen nicht klarzumachen. Die Übung selbst dauerte fast doppelt so lange wie ursprünglich anberaumt. Am Ende entstanden ein paar Präsentationsfolien, die absolut wertlos waren. Glücklicherweise verhielt es sich mit dem Ergebnis dieses ‚Arbeitskreises' so wie mit den meisten Elaboraten aus Workshops – sie wurden niemals aufgegriffen.*"

Teamarbeit sollte nicht Selbstzweck werden.

Mikromanagement

Ein Mikromanager ist jemand, der Arbeiten verrichtet, die nicht seinem Gehalt entsprechen und für deren Verrichtung er Personal zur Seite gestellt bekommen hat.

Setzen Sie einem hochbegabten Mitarbeiter keine zu engen Vorgaben! Mikromanagement ist das Schlimmste, was Sie einem Hochbegabten antun können. Wenn der Handlungsspielraum so stark eingeschränkt wird, dass Ihr hochbegabter Mitarbeiter sich nur noch kontrolliert fühlt und ihm das Denken abgenommen wird, verschwindet sein Interesse an der Arbeit nahezu gänzlich. Delegieren Sie eine Aufgabe als Ganzes – und kontrollieren Sie das Ergebnis nach dem Erreichen wichtiger Meilensteine sowie am Schluss. Wenn Sie mit dem Ergebnis nicht zufrieden sind, geben Sie, nach allen Regeln der Kunst, Feedback. Wenn Sie Ihren Mitarbeiter entwickeln und ihm zeigen, was Sie erwarten, werden Sie rasch ein qualitativ hochwertiges Resultat bekommen.

Die beste Gegenstrategie für Mitarbeiter eines Mikromanagers ist, dessen Vertrauen zu gewinnen. Keinesfalls sollten sie gegen seine neurotische Kontrollwut ankämpfen, dies würde die Situation nur verschlimmern.

> *Never tell people how to do things. Tell them what to do and they will surprise you with their ingenuity.*
> George S. Patton (1885–1945), General der US-Army im Zweiten Weltkrieg

Sie brauchen als Manager ein Gefühl der Balance zwischen Freiheit und Kontrolle Ihrer Mitarbeiter. Auf der einen Seite wollen Ihre Hochbegabten in Ruhe gelassen werden bei ihren Arbeiten, auf der anderen Seite benötigen sie Ihre Unterstützung.

Wenn Sie als Manager ein Kontrollfreak sind, werden Sie viel zu tun haben. Wirklich kontrollieren können Sie intelligente Mitarbeiter nur bedingt. Das hat Peter Drucker bereits früh über „Wissensarbeiter" zum Ausdruck gebracht. Sie können zwar überprüfen, ob jemand Toiletten-papier oder Teebeutel stiehlt, allerdings nicht, was in seinem Kopf vorgeht – ob er beispielsweise zu Bürozeiten für die Firma nachdenkt oder über etwas anderes.

Nehmen Sie den erfolgreichen Suchmaschinenanbieter Google als Beispiel. Gary Hamel hat festgestellt: „*When highly motivated and eminently capable people share a common vision, they don't need to be micromanaged ... Today, the average manager in Google's product-development group has more than 50 direct reports, and for some leaders the number tops 100.*" [25]

Hier ist ein Rezept gegen Mikromanagement: 10 bis 14 direkt unterstellte Mitarbeiter. Sie kommen in diesem Fall nicht umhin, fähige Leute der „zweiten Reihe" zu entwickeln, und ihre hohe Anzahl macht es quasi unmöglich, dass Sie sich in alle ihre Tagesgeschäfte einbringen.

Es gibt übrigens auch **„Makromanagement"**. Nach Henry Mintzberg liegt es vor, wenn Führungskräfte „*ihre Macht ausüben und dabei den Sinn für die Realität verlieren*" [26], siehe auch „Management by Möwe".

Manchmal lässt sich bei unlängst in den Managerstand erhobenen Mitarbeitern beobachten, dass sie sämtliche Arbeiten delegieren, um ihren Status den Mitarbeitern gegenüber zu demonstrieren. Sie geben sich weltmännisch als „Mann für das Große" und vernachlässigen dabei Kernaufgaben des täglichen Managements. In der Regel lernen sie rasch um, sofern sie sich auf ihrem neuen Posten halten wollen.

Wie Sie wiederum erkennen können: Management dreht sich um die Frage der Balance.

Lassen Sie Freiräume

Um bei Google zu bleiben: Dort können Mitarbeiter 20 % ihrer Zeit für eigene Projekte verwenden (vergleiche 3M, wo es seit langem 10 % sind). Dieser Grundsatz kommt Hochbegabten sehr entgegen, denn diese haben bekanntlich ein breites Spektrum an Interessen. So verhindert eine Firma, dass jemand sie verlässt, um seine eigenen Ideen zu verfolgen, bei der Konkurrenz oder als Selbständiger.

▶ **Brain Teaser** Ein „wahrer" Hochbegabter braucht keine derartige Firmenvorgabe wie bei Google oder 3M: Er wird sich ohnehin 10 % seiner Zeit oder mehr von der regulären Arbeit „abzwicken" oder hinten anhängen, um sich seinen Interessen, Projekten und Ideen zu widmen. Das birgt natürlich Risiken. Viele Hochbegabte hat es auf diese Art und Weise schon „erwischt". Andererseits sind unzählige Innovationen entstanden, indem ein Entwicklungsingenieur nicht benötigtes Geld von Großprojekten zusammengespart hat, um damit seine Idee, an die zuerst nur er glaubt, still und heimlich zu verfolgen und dann daraus eine äußerst erfolgreiche Innovation zu erschaffen!

Wenn Sie als Chef derartige „Geheimprojekte" gewissermaßen „legalisieren", schaffen Sie ein Arbeitsklima, in dem sich Hochbegabte wohlfühlen.

Firmen, die ihren Mitarbeitern Zeit und Geld für das Verfolgen eigener, kreativer Ideen in einem Haupt- oder Nebenbereich der Organisation zur Verfügung stellen, können mit deren ungeteilter Loyalität rechnen. Wenn dann noch eine Firmenpolitik für Diensterfindungen und deren marktgerechte Vergütung existiert, wird kaum ein hochbegabter Tüftler ausscheiden, um im Alleingang seine Ideen zu verfolgen. So kann die Organisation optimal an Geistesblitzen und potenziellen Patenten partizipieren.

Keine 08/15-Standardbehandlung

Vergattern Sie Ihre Hochbegabten nicht zu langatmigen Schulungen über neue Firmenrichtlinien wie Reiseabrechnungen. Lassen Sie sie die jeweilige neue Vorschrift selbst lesen, das kostet sie nur einen Bruchteil der Zeit. Alternativ können Sie als größere Unternehmung neue Richtlinien in einen E-Learningkurs verpacken und Ihren Mitarbeitern anbieten, da kann der Lernende das Tempo selbst bestimmen.

Erlauben Sie Individualität! Poster im Büro, ein eigener Bildschirmschoner – das hat noch keinen Kunden gestört! Achten Sie auf das rechte Maß – Barfüßigkeit und obszöne Bemerkungen sollten Sie absolut nicht tolerieren. Eine firmenweite „*Clean Desk Policy*" und andere, undifferenziert eingesetzte und scheinbar sinnleere, einengende Vorschriften, sind ein Graus für Hochbegabte.

Messen von Ergebnissen anstelle von Arbeitsstunden

Fixieren Sie sich nicht auf den *Input* (Arbeitsstunden), sondern auf den *Output* (Ergebnisse) Ihrer Mitarbeiter. Kopfarbeiter und im Speziellen Hochbegabte denken auch zu Hause, in der Straßenbahn, im Urlaub – quasi immer und überall – nach. Firmen, die nach dem Ergebnis einer Arbeit urteilen, können mit vielen kostenlosen Überstunden ihrer Belegschaft rechnen. Vertrauensarbeitszeit ist ein Modell, das Hochbegabten entgegenkommt. In der Regel arbeiten Mitarbeiter mit einer Überstundenpauschale (*All-in*-Vertrag) mehr als gesetzlich und vertraglich gefordert. Es empfiehlt sich lediglich eine fixe Kernarbeitszeit für alle Mitarbeiter, der Rest sollte flexibel ein.

Selbstvertrauen in Ihren Mitarbeitern aufbauen

Hochbegabte haben oft ein geringes Selbstvertrauen, wie in diesem Buch bereits ausgeführt wurde. Eine wichtige Aufgabe von Führungskräften ist es, das Selbstvertrauen ihrer Mitarbeiter zu stärken und aufzubauen. Das machen Sie, indem Sie ihnen immer größere Herausforderungen übertragen, die sie sich selbst zuerst nicht zutrauen. Mit jedem Erfolg wird das Selbstvertrauen genährt. Bestärken Sie Ihre Hochbegabten in ihren Talenten.

Hochbegabte legen, wie erwähnt, großen Wert auf Anerkennung. Wenn ein Hochbegabter als Projektmitarbeiter oder -leiter eine wichtige Aufgabe bearbeitet, lassen Sie ihn direkt an den Chef des Chefs berichten. Das verärgert zwar das mittlere Management ein wenig, spornt die Hochbegabten allerdings ungemein an, weil Sie ihnen das Gefühl von Wichtigkeit geben.

Jobinterview

Das Flunkern bei Bewerbungsgesprächen sollte den Kandidaten, die sich selbst disqualifizieren möchten, vorbehalten bleiben. Keine Firma auf Mitarbeitersuche hat es nötig, vor potenziellen neuen Mitarbeitern „dick aufzutragen". Bleiben Sie realistisch, und versprechen Sie nicht das Blaue vom Himmel. Das Ziel bei der Kandidatenauswahl ist nicht, einen Kandidaten mit dem Ideal-Lebenslauf zu „ködern", sondern einen neuen Mitarbeiter mit Passung zum Unternehmen (*fit*) zu finden. Siehe dazu auch den Abschnitt zu Firmenwerten in diesem Buch.

Wenig desillusioniert und demotiviert neue Mitarbeiter so sehr wie die Erkenntnis, beim Vorstellungsgespräch mit Falschaussagen gelockt worden zu sein. Ein Chef, der von seiner Unternehmung begeistert ist, kann dies bei Vorstellungsgesprächen authentisch vermitteln und so ehrgeizige Mitstreiter gewinnen.

Jobstart

An der Betreuung eines neuen Mitarbeiters während seiner ersten Arbeitswoche lässt sich erkennen, wie eine Firma organisiert ist. Gerade Hochbegabte haben hier hohe Ansprüche. Sorgen Sie sich als Linienvorgesetzter um einen reibungslosen Start Ihres neuen Mitarbeiters. Planen Sie die erste Woche, und erstellen Sie vorab ein Schulungsprogramm unter Einbindung der zukünftigen Kollegen. Geben Sie dem neuen Mitarbeiter einen Mentor an die Hand. Informieren Sie ihn auch vorab über das, was ihn erwartet.

Nach etwa sechs bis acht Wochen sollten Sie gemeinsame Ziele für das laufende Jahr vereinbart haben.

> **Tipp** Notieren Sie sich Geburtstag und Arbeitsbeginn von neuen Mitarbeitern. Wenn Sie ein Jahr später eine kurze diesbezügliche E-Mail oder einen Anruf machen, zeugt das von besonderer Wertschätzung Ihrerseits.

Retention von Hochbegabten

Mitarbeiterfluktuation ist natürlich und trägt zur Verjüngung der Belegschaft bei. Sie sollte allerdings nicht zu stark ausgeprägt sein. Vor allem Ihre besten Mitarbeiter gilt es an das Unternehmen zu binden, weil Nachbesetzungen aufwendig und teuer sind. Um Ihre Hochbegabten zu halten, gibt es verschiedene Strategien. Besonders effektiv sind nach [13] die folgenden:

- Schulungen und Trainings,
- neue Arbeitsinhalte.

Schulungen und Trainings

Hochbegabte haben einen enormen Wissensdurst. Wenn sie diesen in der Arbeit stillen können, bleiben sie Ihnen über viele Jahre als treue Mitarbeiter erhalten. Bieten Sie ihnen Kurse an, am besten von anerkannten Institutionen mit einem Abschlusszertifikat.

Üblicherweise wird Weiterbildung als Motivationsfaktor angesehen. Nicht so von den Hochbegabten, für sie ist sie ein selbstverständlicher Hygienefaktor im Modell von Herzberg, wenn sie ihr Fachgebiet betrifft [13].

Fortbildung in einem interessanten Gebiet, das nicht unmittelbar mit der Arbeit zusammenhängt, gilt auch für Hochbegabte als motivierend.

Binden Sie Ihre Hochbegabten in die Auswahl der Trainingsprogramme ein.

Gastredner und Konferenzbesuche können Sie auch in Erwägung ziehen, um Ihre Mitarbeiter auf dem Stand der Technik zu halten und zeitgleich zu motivieren.

> **Tipp** Ein großer Teil der Ausgaben von Firmen sind typischerweise die Personalkosten und in manchen Branchen die Kosten für Maschinen. Für Letztere ist es notwendig und üblich, einen gewissen Prozentsatz der Anschaffungskosten in laufende Instandhaltung zu investieren, normalerweise 2 %. Interessanterweise sehen dies nicht alle Firmen so mit ihren Mitarbeitern. 1 bis 5 % der Gehaltskosten eines Mitarbeiters in jährliches Training zu investieren, macht sich in der Regel bezahlt, und zwar auf allen Qualifikationsebenen.

> **Achtung** Bauen Sie die Stärken Ihrer Mitarbeiter aus, anstatt Fehler ausbügeln zu wollen!
> Ein oder zwei gezielte Seminare, um Fertigkeiten für den Büroalltag zu erwerben, sind okay. Gänzlich „umerziehen" werden Sie einen hochbegabten Mitarbeiter nicht können.

Neue Arbeitsinhalte

Bieten Sie Abwechslung! Hochbegabte brauchen ständig geistige Nahrung. Sie langweilen sich schnell, wenn Routine einkehrt.

Ihre primäre Aufgabe als Manager ist es nicht, Ihre Mitarbeiter glücklich zu machen oder zu unterhalten. Das steht weder in der Mission noch in der Vision Ihrer Firma. Wenn Sie Ihren hochbegabten Mitarbeitern neue, abwechslungsreiche Aufgaben übertragen, werden Sie sie „spielend" motivieren können, und damit lassen sich die die Ziele Ihrer Firma besser erreichen.

Aufgabenmix

Versorgen Sie Ihre Hochbegabten mit unterschiedlichen Aufgaben. Es kann in einem Unternehmen nicht nur „interessante" Fragestellungen geben. Erklären Sie bei unliebsamen Aufgaben den Sinn, dann werden Sie von Ihren Hochbegabten auch hier rasch das gewünschte Resultat erhalten.

Vermeiden Sie es, unangenehme Aufgaben nur demjenigen Ihrer Mitarbeiter aufzuladen, von dem Sie wissen, dass er sie rasch und zuverlässig erledigen wird. „Klassiker" sind hier Protokollschreiben, Dienst über Feiertage oder Ablagetätigkeiten. Lassen Sie alle Teammitglieder ihr Scherflein beitragen. Gerade hochsensible Mitarbeiter werden keinen Widerstand leisten, wenn Sie sie mit unangenehmen Aufgaben, welche „gerecht" verteilt werden sollten, regelrecht „zumüllen". Auf ihre Motivation werden Sie dann aber wohl nicht mehr bauen können, genauso wenig wie bei einem Hochbegabten, dem Sie nur monotone Tätigkeiten vorgeben.

Bei der Arbeit lassen!

Hochbegabte, die in eine Aufgabe vertieft sind („*Flow*"), sollten Sie nicht stören. Wenn jemand aus der Arbeit herausgerissen wird, ist der Wiedereinstieg schwierig. Gerade für geistige und kreative Arbeiten benötigt man Zeit „am Stück", die nicht von Telefonaten, E-Mails, Besprechungen etc., zerhackt ist. Stören Sie Ihre Mitarbeiter daher nicht unnötig, wenn sie in eine Tätigkeit vertieft sind.

Wenn die Grenzen zwischen Beruflichem und Privatem zu verschwimmen beginnen – lassen Sie den Dingen ihren Lauf, solange sie unter Kontrolle sind. Ein paar „Nachtschichten" vor einem Projekttermin oder, wenn die Mannschaft gerade kurz vor einem Durchbruch steht, sind durchaus OK, solange sie nicht die Regel sind.

Abhängigkeit

Sie sollten sich niemals von ihrem besten Mitarbeiter abhängig machen! Es mag kurzfristig von Vorteil sein, dass Ihr Hochbegabter Ihnen alle Aufgaben tadellos erledigt. Wenn Sie alle schwierigen Aufgaben nur an ihn delegieren, laufen Sie in zwei Bereichen Gefahr:

- Der verbleibende Teil der Mannschaft wird sich demotiviert fühlen, weil nur noch einfache Jobs für diese Mitarbeiter abfallen. Dadurch wird die gesamte Leistungsfähigkeit Ihrer Abteilung unweigerlich sinken.
- Falls Ihr bester Mann plötzlich verschwindet, haben Sie ein Vakuum erzeugt, das sich nur langsam und unter Mühen ausgleichen lässt.

Sorgen Sie für Redundanz! Kritische Aufgaben, die nicht kurzfristig ausgelagert werden können, sollten von zumindest zwei Mitarbeitern Ihres Teams beherrscht werden. Wenn Ihre Organisation zu schlank ist, um Doppelbesetzungen zu erlauben, kann *Job Rotation* eine Option für Sie sein. Das passt auch zu dem Naturell Ihrer Hochbegabten mit dem Wunsch nach Abwechslung.

Definieren Sie für jeden Ihrer Mitarbeiter einen Stellvertreter bzw. ein Back-up, damit ausgedehnte Urlaube oder unerwartete Krankenstände nicht zum Desaster für Ihre Abteilung werden.

Teilen von Informationen

Mitarbeiter sollten nicht versuchen, sich durch das Horten von Informationen unersetzlich zu machen. Sorgen Sie daher als Manager dafür, dass Ihre Mitarbeiter Wissen und Information untereinander teilen. Nutzen Sie gemeinsame Laufwerke im Firmennetzwerk (die noch dazu regelmäßig zur Vermeidung von Datenverlust gesichert werden) für die Dateiablage in Ihrer Abteilung.

Sie sollten Ihre Mitarbeiter dazu anhalten, ihre Dokumente nicht auf der lokalen Festplatte, sondern in zugangsbeschränkten, allgemein verfügbaren Ordnern abzulegen. Die Kür meistern Sie, wenn Sie es schaffen, Dateianhänge auf dem Server zu speichern, anstatt diese per E-Mail intern mehrfach zu verschicken.

Erzeugen Sie eine Kultur, in der das Teilen von Informationen mit Kollegen Usus ist.

Keine Schmeicheleien

Wie bereits an anderer Stelle zum Ausdruck gebracht, ist Schmeicheln kein ratsames Werkzeug. Es gibt Menschen, die so hungrig nach Lob sind, dass sie alles aufsaugen, was ihnen vor die Füße geworfen wird. Hochbegabte sind da anders. Sie reagieren besonders verstimmt auf offensichtlich unaufrichtiges, unechtes Lob, als welches Schmeicheln eindeutig gilt. Loben Sie stattdessen anlassbezogen. Sie können das sowohl öffentlich als auch unter vier Augen tun.

Die einzige zulässige „Schmeichelei" ist das Widmen von Zeit. Lassen Sie Ihren Mitarbeitern Ihre ungeteilte Aufmerksamkeit zuteil werden, wenn Sie mit ihnen zu tun haben.

Nehmen Sie die Hochbegabten nicht als selbstverständlich hin, sprich: Spenden Sie wohldosiertes Lob sowie ausgiebiges Feedback.

Keine Rolle als „Weißer Rabe"

Der römische Dichter Juvenal schrieb: „*Felix ille tamen corvo quoque rarior albo.*" (Ein solcher Glückspilz ist jedoch noch seltener als ein weißer Rabe). „Weißer Rabe" ist demnach eine idiomatische Bezeichung für einen außergewöhnlichen Menschen.

Jede Rolle in einer Organisation soll so beschaffen sein, dass sie von einem „guten" Mitarbeiter rasch eingenommen werden kann. Wenn eine Rolle einen Hochbegabten erfordert, werden Sie große Schwierigkeiten mit der Nachbesetzung haben.

Hin und wieder finden sich in Organisationen Jobs, die „unmöglich" erscheinen. Sie haben bereits mehrere Top-Leute verschlissen. In der Regel sind sie das „Vermächtnis" eines Hochbegabten, der der erste Stelleninhaber war: Die Stelle wurde damals genau auf ihn zugeschnitten, um optimal zu seinem speziellen Profil zu passen. Zu diesem höchst speziellen Anforderungsmix lässt sich nun kein passender Nachfolger finden …

> **Tipp** Sobald Sie einen derartigen „unmöglichen Job" erkennen, strukturieren Sie ihn um.

Generell sollten Sie bei Aufbau oder Erweiterung Ihrer Organisation wie folgt vorgehen: Funktion → Job (Jobbezeichnung) → Person. Dieser Ansatz hat sich als praktikabel und reproduzierbar herausgestellt.

Hier ist ein Beispiel: Sie benötigen in Ihrer Firma mehr Informationen über die Wirtschaftlichkeit. Fehlende Funktion: Finanzwesen; möglicher Job: Analyst, Controller; mögliche Kandidaten: Frau XY, Herr Z. Machen Sie nicht den Fehler, das Pferd von hinten aufzuzäumen und einen Job für einen bestimmten Mitarbeiter, der gerade „frei" ist, maßzuschneidern. Ein paar Jahre später kommen Sie ansonsten in starke Bedrängnis.

Fokus auf Fakten und Wahrheit

Hochbegabte haben generell einen stark ausgeprägten Gerechtigkeitssinn. Wenn sie dann auch noch technisch bzw. naturwissenschaftlich ausgebildet wurden, lehrte man sie, logisch zu denken. Ein Ingenieur bzw. Wissenschaftler wird Ihnen auf eine Frage, genauer gesagt auf eine präzise Frage, somit eine präzise, korrekte und wahre Antwort geben. Sie erhalten nur eine Antwort auf die Frage, die Sie gestellt haben. Wenn Sie demnach die falsche Frage stellen, werden Sie auch nicht die gewünschte Antwort bekommen.

Auf zwischenmenschliche Aspekte und Floskeln sowie Gebräuche aller Art legen Hochbegabte häufig keinen Wert. Sie machen ihre Arbeit, ohne viel auf ihre eigenen Gefühle und die ihrer Mitmenschen zu achten. Sie steigen beispielsweise nach der Begrüßung unmittelbar in ein Thema ein und vermeiden Small Talk ebenso wie das Offenbaren von persönlichen Aspekten oder das Interesse an Privatem ihrer Kollegen. Mit diesem Verhalten irritieren sie einen Teil der übrigen Belegschaft mitunter stark. Dabei sind sie in der Regel nicht gefühlskalt, sondern einfach auf ihre Arbeit und die Fakten konzentriert. Für sie selbst erscheint ihr Vorgehen absolut logisch, und sie verstehen andere Mitarbeiter nicht, deren Arbeitsleistung stark von deren Stimmung abhängt. Folgende Szene, die der Autor beobachtet hat, ist typisch für manche Hochbegabte, deren Stärke nicht der EQ ist:

Hochbegabter Manfred zu einem Kollegen: *„Warum hast Du den Bericht gestern nicht fertiggestellt?"*

Kollege: *„Weil meine Frau sehr krank ist."*

Manfred: *„Du hast aber gesagt, dass der Bericht gestern fertig wird. Warum ist er nicht fertig? Wann wird er fertig sein?"*

Was als Mangel an emotionaler Intelligenz erscheint, sieht Manfred aus der rein sachlichen Perspektive.

Warnsignale von unglücklichen Hochbegabten

Hochbegabte sind nicht der Typ Mitarbeiter, der Sie deutlich darauf aufmerksam macht, wenn sie unzufrieden sind. Wenn überhaupt drücken sie Unzufriedenheit indirekt aus, bzw. Sie können diese an ihrem Verhalten erkennen. Wenn Sie die subtilen Hinweise nicht zu dechiffrieren vermögen und rechtzeitig beginnen gegenzusteuern, können Sie die Hochbegabten an den Wettbewerb verlieren oder sie recht bald beim „Fall" beobachten (siehe unten). Hier sind einige typische Warnsignale, anhand derer Sie erkennen, dass Ihre Hochbegabten unglücklich sind:

- plötzliche, bedingungslose Konformität; Dinge werden nicht mehr hinterfragt,
- kein Zeigen von Gefühlen, auch, wenn man den Hochbegabten aus der Reserve locken will,
- knappe Antworten,
- verkürzte Arbeitszeiten: später im Büro ankommen, früher Dienstschluss machen,
- verstärkte private Internetnutzung.

Der wichtigste Schlüssel für Sie als Manager ist, dass sich das normale Verhalten plötzlich abschwächt bzw. verschwindet.

Natürlich gelten die typischen „Warnsignale", die unzufriedene Mitarbeiter zeigen, etwa mehr Krankenstände und Nachlassen der Leistung, auch für Hochbegabte.

Ihr Star zieht sich plötzlich zurück

Der „gefallene Star" ist ein ehemaliger Topleister, dessen Ergebnisse nunmehr enttäuschend sind. Sie als sein Chef sollten versuchen, die alte Leistung wieder herzustellen. Ergründen Sie dazu im ersten Schritt, warum die Leistung nicht mehr passt.

Appellieren Sie an das Ego des Hochbegabten, und rufen Sie ihn zu sportlichem Wettbewerb auf. Sprechen Sie an, dass seine aktuelle Leistung nicht seinen eigenen Standards von früher entspricht, und fragen Sie, was Sie oder die Organisation tun sollen, damit er wieder sein Bestes geben kann. Hängen Sie ihm einen „guten Ruf" um, und vermitteln Sie ihm, dass Sie nach wie vor an ihn glauben.

Befolgen Sie nur die wichtigsten Regeln

Dieser Rat ist sehr stark und gefährlich zugleich. Wenn Sie als Manager alle Regeln der Firma konsequent einhalten und dasselbe auch von Ihren Mitarbeitern verlangen, setzen Sie sich keinem Risiko aus. Allerdings leben Sie strikten Gehorsam vor und ersticken so viel kreatives Potenzial. Wenn Sie nicht so wichtige Regeln „biegen", ermutigen Sie Ihre Mitarbeiter, Fragen zu stellen und für Neues offen zu sein.

„Unwichtige" Regeln sind beispielsweise firmeninterne *Dress Codes* für Personal, das keinen Kundenkontakt hat. Fixe Arbeitszeiten sind auch ein Thema, das nicht so genau zu nehmen ist: Flexible Arbeitszeiten (mit Kernzeit) für Ihre „Nachteulen" werden deren Ergebnissen nicht abträglich sein.

Schließlich stellen sich alle Regeln dem Trend der Zeit. Wenn sie obsolet geworden sind, ist es an der Zeit, diese abzuändern oder abzuschaffen. Ergreifen Sie hier die Initiative, und entschlacken Sie die Vorschriften, wo es sinnvoll ist.

Management der „*Underachiever*"

Als Manager wollen Sie nur Gewinner in Ihrem Team haben. So wie Chancen und günstige Gelegenheiten als unlösbare Probleme verkleidet erscheinen, und von manchen als eben das eine oder das andere erkannt und genutzt werden, verhält es sich mit Hochbegabten. Sie können alle Gewinner sein – manche sind allerdings als „*Underachiever*" oder „*Loser*" verkleidet. Lassen Sie sich davon nicht täuschen.

Nicht immer können Sie hochleistende Hochbegabte einstellen, weil Sie sie entweder auf dem Markt nicht finden, oder weil Sie sie nicht zu bezahlen imstande sind. Wenn Sie nun jemanden mit Potenzial entdecken, entwickeln Sie ihn zu hoher Leistung. Sie können so einen Mitarbeiter unter seinem intrinsischen Wert einkaufen.

Der Umgang mit den 10 % der schwächsten Mitarbeiter, den „*Zitronen*", dem „*Deadwood*", oder wie man sie sonst noch bezeichnet, wird vielfach falsch verstanden. Eine Versetzung in einen Aufgabenbereich, der sie interessiert, gepaart mit einem fördernden Linienmanager, kann das ursprüngliche Leistungspotenzial wieder entfalten. Bei der Einstellung der betroffenen „Zitrone" waren die Verhältnisse ja auch in Ordnung, *per se* ist niemand ein Nichtsleister. Minderleistung ergibt sich, so man spezielle Fälle mit temporären privaten Schwierigkeiten außer Acht lässt, aus der Kombination von Mitarbeiter und betrieblichem Umfeld.

Die Zeit, die Sie in einen Underachiever investieren, wird sich bezahlt machen.

Wenn Sie allerdings merken, dass „nichts zu machen“ ist, werfen Sie – wie man an der Börse sagt – kein frisches Geld dem verlorenen Geld nach, und trennen Sie sich von diesem Mitarbeiter, in seinem und in Ihrem Interesse.

Verbringen Sie ausreichend Zeit mit Ihren besten Mitarbeitern

Üblicherweise steht die Zeit, die ein Manager für seine Mitarbeiter aufwendet, im umgekehrten Verhältnis zu ihrer Leistung. Die Superstars erhalten wenig Aufmerksamkeit, weil ohnehin alles klappt, und die Minderleister werden intensiv umsorgt. Das mag intuitiv richtig erscheinen, doch erweist es sich als nicht effektiv. Abgesehen davon, dass Sie von den besten Mitarbeitern am meisten lernen können, hat es zwei Vorteile für Sie, ihnen überproportional viel Zeit zu widmen:

- Alle Ihre Mitarbeiter erkennen das Signal, dass erbrachte Leistung ihnen die Aufmerksamkeit des Chefs bringt.
- Sie werden Ihre Ziele mit den Hochbegabten in höherem Ausmaß erreichen.

Management der Besten – Ihre hochbegabten „Stars“

Die allerbesten Mitarbeiter brauchen einen speziellen Ansatz, geführt zu werden. Das bedeutet einen gewissen Mehraufwand für den Manager. Es ist jedoch ein geringer Preis dafür, dass die besten Mitarbeiter voll motiviert sind und überdurchschnittlich viel leisten.

Sie als ihr Manager haben die Aufgabe, das Beste aus ihnen herauszuholen.

Die hochbegabten Stars haben generell eine exzellente Einstellung zur Arbeit und „verbeißen“ sich darin, bis eine Lösung für ein Problem gefunden wurde. Diese Mitarbeiter sind Segen und Fluch zugleich: Arrogantes Verhalten, rebellische Auswüchse, wenig Interesse an den Regeln der Firma und viel soziales Entwicklungspotenzial (das, was man früher mitunter „asozial“ nannte) sind vielen von ihnen nicht fremd.

Am besten managen Sie diese Mitarbeiter, wenn Sie ihre Motivationen, Einstellungen und Bedürfnisse verstehen. Sie sind stark selbstmotiviert, das sollten Sie nutzen. Oft können auch die kindlichen Eigenschaften, die vielen Hochbegabten innewohnen, angesprochen werden.

Vermeiden Sie Mikromanagement! Ein Übermaß an Kontrolle und ein minimaler Spielraum lassen die Motivation von Hochbegabten rascher sinken als eine Ladung Schrot einen getroffenen Vogel.

Ihre schwierigste Aufgabe ist es, die Stars zu halten. Die Techniken zur Retention sind nicht speziell. Wichtig ist, sie in konsistenter Art und Weise anzuwenden.

Achtung vor dem „Auspressen" Ihrer besten Mitarbeiter. Wenn Sie trotz Top-Leistung immer noch „nachlegen" und Druck machen, kann es passieren, dass der Mitarbeiter den Bogen als überspannt ansieht und seine Leistung abfällt. Das wird dann der Fall sein, wenn er keinen rationalen Grund in Ihrem „Auspressversuch" erkennt. Beispiele für derartige Situationen:

- Der Mitarbeiter hat seit sechs Monaten keinen Urlaub genommen und will sieben Tage frei nehmen, woraufhin der Chef fragt, ob sechs Tage nicht genug Erholung seien.
- Laut Firmenrichtlinie steht allen Mitarbeitern die Erstattung von Kilometergeld zu. Der Chef ordnet eine längere Fahrt mit dem Privatauto ohne Kostenersatz an, weil es schneller als mit der Bahn ginge und das Kilometergeld weit höher sei als die tatsächlichen Aufwendungen des Mitarbeiters für seinen in die Jahre gekommenen Kleinwagen.
- Der Chef verkündet, dass die Firma die Erlöse eines Arbeitstags einer bestimmten karitativen Organisation spenden werde, und verlangt danach, dass alle Mitarbeiter einen Urlaubstag eintragen, um an diesem kostenlos für die Firma zu arbeiten.

> **Tipp** Teilen Sie Ihren besten Mitarbeitern mit, sofern dies in Ihrer Unternehmung exisitiert, dass sie im „Talent-Pool" bzw. auf der „Watchlist" stehen, von wo aus interessante Positionen besetzt werden. So können Sie die Retention steigern. Sie brauchen keine Angst zu haben, dass das Wissen, auf einer „Watchlist für Talente" zu stehen, dazu führen wird, dass sich die Mitarbeiter ausruhen und leistungsmäßig zurückfallen.

Ehrgeizige Ziele von Hochbegabten

Viele Menschen werden „klein gehalten" und halten sich klein – wobei Letzteres häufig der Fall und viel tragischer ist. Die Sage des (in [27] als hochbegabt bezeichneten) Ikarus über einen Menschen, der im wahrsten Sinne des Wortes (zu) hoch hinaus will und dabei scheitert, ermahnt die niedrigen Erdenbürger, kleine Brötchen zu backen. Das von seinem Vater Daidalos erschaffene Labyrinth, welches seinem Schöpfer zum Verhängnis wird, ermahnt ferner dazu, Hochbegabung sinnvoll und vorsichtig einzusetzen [27]. Auch im täglichen Leben werden große Ideen im Keim erstickt. „*Schuster, bleib' bei Deinen Leisten*", das ist ein im Denken vieler Menschen verwurzelter Gedanke.

Haben Sie keine Angst vor „zu hohen" Zielen, weder für sich selbst noch für Ihre Mitarbeiter! Schneller Aufstieg und schneller Fall – das ist eher ein Mythos, jedoch einer, der viele Menschen einschüchtert, etwas gar nicht erst zu probieren.

No bird soars too high if he soars with his own wings.
Ralph Waldo Emerson (1803–1882), amerikanischer Philosoph

Ist es nicht eine wahre Freude, etwas zu schaffen, was andere für unmöglich halten? Genau das ist es ja, was Innovation und Fortschritt ausmacht! Früher hielten die Leute das Fliegen für unmöglich, und sehen Sie, was heute Realität ist.

Hochbegabte spinnen permanent Gedanken in ihren Köpfen. Sie entwickeln Ideen, die anderen Menschen gar nicht in den Sinn kommen, und wenn sie sie aussprechen, stoßen sie rasch auf massiven Widerstand. So werden Hochbegabte in Schule und Beruf darauf konditioniert, lieber still zu sein und ihre „wilden" Ideen für sich zu behalten.

> **Tipp** Lassen Sie sich nicht klein halten, wenn Sie phantastische und ehrgeizige Ziele haben. Ihr Intellekt sollte Ihnen helfen, zwischen Größenwahn und realistischen Ideen zu unterscheiden. Auch die Ideen Ihrer Mitarbeiter, die auf den ersten Blick unrealistisch erscheinen, sollten Sie aufgreifen und prüfen.
> Machen Sie sich im zweiten Schritt an die Umsetzung, denn die Umsetzung ist es, die Hochbegabten schwer fällt und die für den Erfolg unabdingbar ist.

Betreiben Sie kein „Creaming"

Dies ist ein weiterer wichtiger Tipp, wenn Sie Hochbegabte managen: Als „Creaming" bezeichnet man das – für die Firma mittelfristig sehr nachteilige – Verhalten, sich nur auf die größten und besten Kunden zu konzentrieren, gewissermaßen also den Rahm abzuschöpfen.

Keine Firma kann es sich leisten, kleinere und mittlere Kunden komplett zu vernachlässigen. Wer nur auf wenige Top-Kunden setzt, begibt sich in eine riskante Abhängigkeit und limitiert sein Wachstum.

Auf Ihre Arbeit als Manager umgelegt bedeutet dies, dass Sie sich um alle Ihre Mitarbeiter sorgen müssen. Managen Sie Ihre Hochbegabten, ohne die übrigen Mitglieder des Teams zu vernachlässigen! Sprechen Sie regelmäßig mit allen Ihren Mitarbeitern über deren Aufgaben, Ziele und Schwierigkeiten.

Nutzen Sie die Stärken Ihrer Hochbegabten

Auch dieser Punkt wurde aufgrund seiner Wichtigkeit schon mehrfach erwähnt. Es sind die Stärken Ihrer Mitarbeiter, die Sie nutzen sollten, und zwar jene Stärken, die bereits ausgeprägt oder in Anlage vorhanden sind. Das trifft auf Ihre normalsowie hochbegabten Mitarbeiter zu. Sehen wir uns einmal an, wo Hochbegabte ihre Stärken und Schwächen im Beruf sehen: (Tab. 6.2).

Die obige Tab. 6.2 ist eine Darstellung der Selbsteinschätzung von 30 Mensamitgliedern. Acht davon haben sich auf die Frage nach ihren Stärken und Schwächen im Beruf wie folgt ausgedrückt:

Tab. 6.2 Stärken und Schwächen, die Hochbegabte an ihrer Person für ihre Berufsausübung sehen

Stärken	Schwächen
Vorausdenken	Strukturiert arbeiten
Interdisziplinäres Denken	Gedanken, die zu einer Meinung/Idee geführt haben, erklären
Vernetztes Denken	Anderen Menschen Dinge vermitteln
Schnelle Auffassungsgabe	Die nötige Zeit für Kommunikation aufbringen
Parallelen erkennen zu anderen Themen	Kommunikationsfähigkeit
Überblick verschaffen und behalten	Sich selbst verkaufen
Wichtiges von Unwichtigem trennen	Small Talk
Erkennen und Analysieren von Mustern und Zusammenhängen	Konzentration auf eine Aufgabe
Weitblick	

Hochbegabter A: „Zusammenhänge *verstehen fällt leichter. Zu akzeptieren, dass etwas ‚so ist', ohne Beweise zu bekommen/zu finden, ist sehr schwer.*"

Hochbegabter B: *„Ich kann schwierige Sachverhalte so auf den Punkt bringen, dass sie jeder im Team versteht. Weiter glaube ich, mögliche auftretende Probleme frühzeitig erkennen zu können. Schwerer fällt mir, Gefühle zu zeigen. Ungerechtfertigte Kritik und seelische Verletzungen gehen bei mir tiefer als bei den meisten Kollegen."*

Hochbegabter C: *„Ich kann gut lernen und gut organisieren."*

Hochbegabter D: *„Etwas akzeptieren, das Logikfehler enthält. Mit eigenen Fehlern umgehen, da man ja aufgrund der Begabung eigentlich keine Fehler machen dürfte (das ist natürlich Blödsinn, aber trotzdem empfinde ich es teilweise so)."*

Hochbegabter E: *„Schwer fällt mir, Geduld aufzubringen für Menschen, die sehr langsam denken und engstirnig sind."*

Hochbegabter F: *„Ich kann Dinge schneller begreifen und in mein Handeln integrieren. Ich kann mein Handeln leichter modifizieren, um auf eine verbesserte Art und Weise ans Ziel zu kommen. Schwerer fallen mir soziale Sachen, Kommunikation. Allerdings habe ich mich intensiv damit beschäftigt und lerne jeden Tag weiter, sodass ich im Arbeitsleben mittlerweile meine kommunikativen Fähigkeiten gezielt einsetzen kann (schwierig ist alles, bei dem Emotionen dabei sind)."*

Hochbegabter G: *„Ich denke schneller. Aber manchmal ist es schwer, einfache Dinge auch einfach zu erklären."*

Hochbegabter H: *„Ich habe nicht nur Plan B in petto, sondern auch zig andere."*

Wie Sie anhand dieser Aussagen erkennen können, haben Hochbegabte einen hohen Anspruch an sich selbst und sind sich ihrer Schwächen durchaus bewusst. Rasches Denken und Handeln sehen viele von ihnen als Stärke, die Ungeduld mit langsamen Menschen und die Kommunikation mit ihren Mitmenschen hingegen als Schwäche.

Hürden beim Management von Hochbegabten

Man unterscheidet, wie im einführenden Abschnitt zu Management beschrieben wurde, zwischen aufgabenorientierter Führung und mitarbeiterorientierter Führung. Generell ist ein Führungsstil, der sich am individuellen Mitarbeiter orientiert („*people focused leadership*" bzw. „situativer Führungsstil") effektiver als ein rein aufgabenorientierter.

Das gilt nicht uneingeschränkt für Hochbegabte!

Hochbegabte sind selbst sehr aufgabenorientiert und sehen Manager, die nur auf „weiches Zeug" achten und die menschliche Komponente überbetonen, kritisch. In [13] steht hierzu:

> *Independent by nature, Einsteins are prone to distrust and even to dislike individuals who concern themselves excessively with personal issues.*

Konkret bedeutet dies: Ihre hochbegabten Mitarbeiter legen keinen Wert auf *Small Talk*. Sie können gleich in ein Fachthema einsteigen und brauchen keine langen Erklärungen zu suchen. Es ist auch nicht nötig, dass Sie ihnen viel Privates über sich selbst erzählen, um ihre Loyalität zu gewinnen. Wenn Sie sie über ihre Familie und Freizeit befragen, kann es passieren, dass Sie mehr Verwunderung als Wertschätzung ernten. Während der typische Mitarbeiter sich freut, wenn Sie ihn zum Abendessen einladen, denkt sich so mancher Hochbegabte, dass er sich diese 15 bis 25 € selbst leisten kann und dass ein ganzer Abend von 4 h für ihn bei nüchterner Betrachtung ein hoher Preis für so ein Essen ist.

Hochbegabte wollen professionell arbeiten – bieten Sie ihnen interessante Aufgaben, Fairness und Unterstützung, und halten Sie sich mit „sozialem Ballast" zurück.

Teamarbeit

Eine wesentliche Aufgabe von Ihnen als Führungskraft ist, die Ihnen unterstellten Leute zu einem wirksamen Team zu formen. Damit ein Hochbegabter in einem Team optimal funktionieren kann, achten Sie auf folgenden Kernaspekt: Das Team soll so zusammengesetzt sein, dass jedes Teammitglied eine klare Rolle hat und etwas beitragen kann.

> *Es spielen nie die besten elf Spieler den besten Fußball, sondern die elf Spieler, die am besten zueinander passen.*
> Volker Finke (1948–), deutscher Fußballtrainer

Bei Teams klaffen Anspruch und Wirklichkeit häufig auseinander. Es zeigt sich, dass, je höher und unrealistischer die Ansprüche an Team-Harmonie sind, desto mehr unterschwellige Konflikte existieren [28]. Bei der Zusammenstellung eines Teams vollziehen sich einige Prozesse, bis dieses effizient arbeiten kann, die in der einschlägigen Literatur blumig als *forming, storming, norming, performing, ending* [28] beschrieben werden. Gerade die Anfangsphasen sind wichtig und sollten nicht übersprungen werden, denn das rächt sich erfahrungsgemäß später. Im Projektmanagement hat sich daher das „*Kick-off-Meeting*" eingebürgert, ein physisches Ersttreffen mit Teammitgliedern zum gegenseitigen Kennenlernen.

Hier die Einstellung von zwei Hochbegabten zu Teamarbeit bzw. Teambesprechungen:

Hochbegabter A: „*Da sitzen Leute in einer Besprechung (oder neudeutsch Meeting) und es wird gelabert und gelabert und gelabert. Dabei liegt (aus meiner Sicht) klar auf der Hand, was in der jeweiligen Situation die einzige vernünftige und zielführende Aktion wäre. Man hört irgendwann einfach auf, die eigene Meinung zu äußern. Weil sie entweder sowieso nicht gehört wird oder von anderen Beteiligten irgendwann plötzlich wiedergekäut und als eigene (gute!) Idee gefeiert wird.*"

Hochbegabter B: „*Kann ich auch voll und ganz bestätigen. Probleme sind nach 2 min klar, die Lösung liegt auf der Hand, während die Teams und der Chef noch 2 h darüber diskutieren, ob und warum es überhaupt ein Problem ist. Dabei ist es eigentlich keines und in der Regel simpel zu lösen. Außerdem wissen komischerweise alle anderen alles besser, hören ungern auf meine Ratschläge und ärgern sich später darüber, dass es auf ihre Weise nicht funktioniert… Es könnte alles SO einfach sein.*"

Um Hochbegabte zu Teamarbeit zu motivieren, sollten Sie Folgendes tun:

- Prüfen Sie, ob die Aufgabe wirklich am besten im Team erledigt werden kann.
- Legen Sie klar fest, welche Rolle der Hochbegabte im Team spielen soll.
- Besetzen Sie das Team nur mit „guten" Mitarbeitern.
- Vermeiden Sie „Doppelbesetzungen".
- Definieren Sie die Teamziele.

Die Besetzung des Teams mit ausschließlich „guten" Mitarbeitern ist essenziell für die Akzeptanz durch die Hochbegabten. Wenn Minderleister im Team sitzen, werden sich die Hochbegabten fragen, wozu diese gebraucht werden. Wenn ein nicht voll leistungsfähiger Mitarbeiter mit an Bord sein soll, erklären Sie die Beweggründe, etwa Training, Behördenkontakte oder Notlösung.

Zu Teams und Teambuilding im Allgemeinen siehe auch weiter vorne.

Firmenwerte

Hochbegabte haben für gewöhnlich hohe Ideale und innere Werte, die fest sitzen. Ihre Werte sind nicht einfach unkritisch von anderen übernommen worden, sondern selbst entwickelt [11]. Daher nehmen Hochbegabte die Werte anderer nicht leichtfertig an. Sie neigen dazu, individualistisch zu sein, und passen sich schwer an die Normen und Zwänge von Firmen an. Es kann auch zu inneren Konflikten mit den Firmenwerten kommen.

Die Werte einer Firma sind essenziell für das Funktionieren und den Bestand einer Organisation. Sie sind fast so wichtig wie Kunden, vor allem für die Identität und das, was ein Unternehmen speziell macht. Legen Sie Wert darauf, dass sich alle Ihre Mitarbeiter zu den Firmenwerten bekennen und diese auch leben.

Wenn ein Top-Mitarbeiter mit einem Firmenwert auf Kriegsfuß steht, denken Sie darüber nach, sich von ihm trennen. Hier sind einige Beispiele von Inkompatibilität:

- Firmenwert = Sicherheit, der Mitarbeiter ist in seiner Freizeit jedoch ein riskanter Extremsportler.
- Firmenwert = Respekt, der Mitarbeiter bekennt sich jedoch stark zu seiner Abneigung gegen Ausländer.

Nicht jeder Fachmann passt in alle Organisationen. International ausgerichtete Firmen oder Großkonzerne benötigen andere Mitarbeiter als rein lokal agierende, oder Familienbetriebe.

▶ **Tipp** Erläutern Sie schon im Einstellungsgespräch die Firmenwerte und das Umfeld, in welchem die Firma agiert, um spätere Überraschungen und Enttäuschungen auf beiden Seiten zu vermeiden.

Leben im Morgen

Hochbegabte sind gedanklich oft schon beim nächsten oder übernächsten Schritt. So sehr Innovation ihre Stärke ist, umso mehr tun sie sich mit der konsequenten Umsetzung und Fertigstellung von begonnenen Arbeiten schwer. Für den Vorstand ist es zulässig, einen ihm vorgelegten Verbesserungsplan als bereits umgesetzt zu betrachten und sich neuen Ideen zuzuwenden. Ein Mitarbeiter tief in der Organisation arbeitet hingegen im „Hier und Jetzt".

Wenn Ihre Hochbegabten, nachdem Sie ihnen eine Ausbildung finanziert haben, bereits mit ihren Gedanken bei neuen Projekten und Aufgaben sind, entsteht bei Ihnen vermutlich das Gefühl, dass sie Ihnen noch etwas schuldig sind.

Vereinbaren Sie daher mit Ihren Hochbegabten, bevor Sie ihnen eine kostspielige Ausbildung finanzieren, was Sie im Gegenzug dafür erwarten.

▶ **Brain Teaser** Vergessen Sie nicht, dass Ihre Mitarbeiter nur „geborgt" sind, und dass fünf Jahre des gemeinsamen Wegs von hochbegabtem Mitarbeiter und Chef bereits als lange Zeit gelten. Das Management der Erwartungen von Hochbegabten ist hier ein Schlüssel zum Erfolg.

Erwartungshaltung der Hochbegabten

Managen Sie die Erwartungen der Hochbegabten. Über deren Eigentümlichkeiten, wie z. B. Ungeduld, Loyalität zum jeweiligen Fachgebiet, breites Interessensspektrum, Freude an Neuem und am Lernen etc., haben Sie ja bereits gelesen.

Sprechen Sie die **Erwartungen**, die Ihre Mitarbeiter haben, im Jahresgespräch an, und vereinbaren Sie entsprechende Maßnahmen.

Geben Sie keine Versprechungen, die Sie nicht einhalten können. Wenn ein hochbegabter Mitarbeiter rasch befördert werden will, machen Sie ihm klar, dass das keine Frage der Zeit, sondern eine Frage der abgelieferten Ergebnisse ist. Erläutern Sie, wie seine Ergebnisse beschaffen sein sollten, damit die Organisation eine Beförderung in Erwägung zieht.

No bullshitting!

Tischen Sie Ihren Hochbegabten keine unwahren Geschichten auf. Selbiges würden Ihnen diese ziemlich verübeln und Ihnen das Vertrauen entziehen. Dass der Chef Entscheidungen trifft, ist für Hochbegabte kein Geheimnis. Sie verstehen, dass es legitim ist, wenn ihr Chef seine Entscheidung nicht begründet. Kein Verständnis haben sie allerdings, wenn er ihnen eine fadenscheinige Ausrede liefert.

▶ **Tipp** Wenn Sie immer ehrlich sind, brauchen Sie niemals nachzudenken, was Sie gesagt haben. Wenn Sie etwas nicht begründen wollen, zwingt Sie auch keiner dazu.

Dokumentation

Hochbegabte tendieren manchmal dazu, Gedanken zu überspringen. Das macht es mitunter schwierig, ihnen in einem Gespräch zu folgen. Ein Ding der Unmöglichkeit kann es schließlich sein, ihre Arbeit anhand von Berichten und Aufzeichnungen nachzuvollziehen.

Fordern Sie sie daher auf, ihre Arbeit zu dokumentieren, falls notwendig. Dokumentation ist nicht nur wichtig, wenn eine Stelle nachbesetzt werden soll, sondern auch bei Teamarbeiten aller Art, wo Arbeitspakete weitergegeben werden.

Dokumentation von Projekten ist erfahrungsgemäß eine Aufgabe, die niemand gerne wahrnimmt, und die bei zeitlichen und budgetären Engpässen nicht selten als Erstes auf der Strecke bleibt. Es ist jedoch kurzsichtig, ein Projekt nicht sauber dokumentiert abzuschließen. Achten Sie hier als Verantwortlicher darauf, alle Unterlagen zu sammeln und ordnungsgemäß zu archivieren.

Hochbegabte arbeiten bevorzugt in Projekten. Vergessen Sie als Chef daher nicht, eine saubere Dokumentation einzufordern.

Sie können auch die Erstellung von Arbeitsbeschreibungen für Ihr Qualitätsmanagementsystem einfordern.

Verhindern, dass sich Hochbegabung verflüchtigt

Hochbegabung ist eine wünschenswerte Eigenschaft eines Mitarbeiters und muss somit erhalten werden. Der IQ eines Menschen bleibt zwar quasi konstant, das wahrgenommene Potenzial von hochbegabten Mitarbeitern während ihrer Betriebszugehörigkeit allerdings interessanterweise nicht. Häufig verflüchtigt es sich peu-à-peu.

Ein Hochbegabter kann aus Ihrem Team verschwinden, weil er zur Konkurrenz überläuft. Schlimmer noch, seine Hochbegabung kann sich auch gewissermaßen „auflösen".

Warum gibt es in Firmen mehr junge Mitarbeiter, die als hochbegabt gelten, als ältere?

Ist es das Peter-Prinzip, das hier zuschlägt, wonach das Potenzial älterer, bereits aufgestiegener Mitarbeiter schon vollständig genutzt wird und es, an der Schwelle zur postulierten Inkompetenz, keine Reserven mehr gibt, oder sind es andere Gründe?

Aus Sicht des Autors werden Hochbegabte mit den Jahren ruhiger und passen sich mehr und mehr an. Als gehorsame Mitarbeiter machen sie genau das, was von ihnen verlangt wird, weil sie müde sind, permanent anzurennen. Das ist extrem schade, macht es doch zum einen die betroffenen Hochbegabten unglücklich und verschwendet es auf der anderen Seite zahlreiche Möglichkeiten für die Organisation.

Elan, Kreativität, Lernwille – sorgen Sie als Manager dafür, dass Ihre Mitarbeiter in diesen Bereichen nicht abstumpfen. Natürlich üben Organisationen einen starken Konformitätsdruck aus. Wer den Regeln nicht folgt, bekommt zumeist Schwierigkeiten. Nach einigen Studien in [11] meinen bis zu 97 % der Manager in bestimmten Organisationen, dass es der eigenen Karriere schadet, das, was sie wirklich denken, zu sagen.

Hochbegabte sollten dort arbeiten und eingesetzt werden, wo ihre Stärken auch Stärken sind (an der falschen Stelle ist jede Stärke eine Schwäche, und umgekehrt kann eine allgemeine Schwäche am richtigen Ort eine echte Stärke sein!). Wann immer ein Hochbegabter seine Stärken ausspielen kann, wird sich seine Begabung nicht verflüchtigen.

Spannende Aufgaben und anlassbezogenes Lob helfen Ihren Mitarbeitern, die gezeigte Hochbegabung zu erhalten und Ihnen, Ihre Ziele mit Ihrem Team besser zu erreichen.

Was Sie nicht von Ihren Hochbegabten erwarten können und sollen

In Firmen gibt es unterschiedlichste Aufgaben zu erledigen. Wenn Sie Konformität und gedankenlose Pflichterfüllung erwarten, nutzen Sie nicht das Potenzial Ihrer besten Mitarbeiter. Für Routineaufgaben – also das Gros der Arbeiten in Organisationen – sind Hochbegabte ungeeignet. In [29] steht: „*... discipline. That is one talent that gifted individuals do not possess! They have an extremely broad range of interests and can not carry out routine work for very long periods.*"

Aufgrund der Aufgabenvielfalt in Unternehmen ist es daher wichtig, einen bunten Mix an unterschiedlichen Mitarbeitern zu haben. Setzen Sie Ihre Hochbegabten, wie oben erwähnt, dort ein, wo sie Ihnen und Ihrer Organisation einen Mehrwert bringen. Nutzen Sie Kritik, Neugier und Ideendrang, und pressen Sie Ihre Hochbegabten nicht in zu enge, rein exekutive Aufgaben.

Es gibt Alternativen zu „9 bis 5"

Manche Hochbegabte arbeiten lieber in Teilzeit oder als freie Mitarbeiter. Ziehen Sie auch alternative Beschäftigungsformen in Betracht, wenn Sie einen vielversprechenden Hochbegabten ausgemacht haben, der sich nicht in Form einer regulären Anstellung „unterjochen" lässt.

▶ **Vorsicht, Falle** Externe Berater, die über einen sehr langen Zeitraum für ein Unternehmen arbeiten, kommen diesem teuer zu stehen.

Neue Ideen

Manche Firmen schaffen spezielle *Incentives*, Hochbegabte als Mitarbeiter anzulocken und zu halten. Das reicht von Spielräumen [13] bis zu der Möglichkeit, Haustiere in die Arbeit mitnehmen zu können. Fragen Sie Ihre Mitarbeiter, was sie sich von einem idealen Arbeitgeber wünschen. Mit geringen finanziellen Mitteln lässt sich dann oft Erstaunliches bewegen.

Hier sind einige Beispiele für Aktionen von Firmen, die deren Mitarbeiter begeistern. Als Prozentsatz der Lohnkosten ausgedrückt sind die Kosten vernachlässigbar, die dafür erhaltene Mitarbeiterzufriedenheit und der Loyalitätsgewinn jedoch enorm.

- jeden Tag ein Stück frisches Obst,
- Vergünstigung für Neuwagenkauf durch den Betriebsrat,
- ermäßigte Software für den Privatgebrauch,
- Pflanzen im Büro.

▶ **Tipp** Zeigen Sie ruhig Mut, und probieren Sie auch etwas Neues aus!

Zwist zwischen zwei Hochbegabten

„Diese Firma ist zu klein für uns zwei" – so oder so ähnlich denkt mancher ehrgeizige Hochbegabte, der in seiner Unternehmung auf ein Pendant trifft, vor allem dann, wenn beide im gleichen Bereich oder in angrenzenden Gebieten arbeiten. Bisher waren sie die unangefochtenen Stars, nun gibt es einen ernstzunehmenden Konkurrenten. Nicht alle Hochbegabten zeigen ein derart ausgeprägtes Konkurrenzstreben bzw. Revierverhalten, doch es kann dazu kommen, wenn sich ihr Tätigkeitsbereich zu sehr überlappt und ihre Persönlichkeiten entsprechend disponiert sind. Sie als Manager können das im Vorfeld oft verhindern, indem Sie beispielsweise in einem Projekt vermeiden, dass bestimmte Kompetenzen doppelt oder dreifach vorhanden sind. Derartige Redundanzen führen automatisch dazu, dass sich nicht alle Mitarbeiter voll einbringen können und stattdessen das negative Gefühl entwickeln, ihre Kollegen würden in ihrem Gebiet „wildern" und ihnen Arbeit wegnehmen. Vergleichen Sie mit dem Sprichwort: *„Zu viele Köche verderben den Brei."*

Schwieriger ist die Situation, wenn Sie zwei Hochbegabte beschäftigen, die komplementäre Aufgabenfelder innehaben, etwa Produktion und Vertrieb. Ein gesunder, normaler Konflikt ist in Ordnung, er befruchtet die beiden geistig und bringt die Firma vorwärts. Sobald jedoch ein gewisser Punkt überschritten ist, kann es zu destruktivem Verhalten kommen.

Stellen Sie klar, dass Sie Wert auf Teamwork legen.

Geben Sie den beiden Kampfhähnen ein gemeinsames Projekt. Das ist der beste Weg für sie, zusammenzuwachsen. Gehen Sie mit den beiden essen, bestimmt finden Sie einen Anlass dazu. Streichen Sie Gemeinsamkeiten zwischen den beiden heraus, und bringen Sie sie zusammen.

► **Tipp** Stehen Sie bei einem Zwist zwischen Hochbegabten über den Dingen, und ergreifen Sie nicht Partei!

Management einer Gruppe von Hochbegabten

Eine Gruppe von Hochbegabten zu managen ist wie der Versuch, Katzen wie eine Herde zusammenzuhalten.

Generell lässt sich feststellen: Je kleiner das Team, desto effizienter kann es arbeiten. Das gilt nicht nur für Softwareprojekte. In großen Teams sind die Beiträge der Besten immer klein, und die Gesamtleistung sinkt. Zu große Gruppen führen zu langen Debatten und Chaos mit wenig *Output*. Auch das Vorhandensein von komplementären Charakteren, die nicht kompatibel sind, kann in Gruppen von Hochbegabten Konfliktpotenzial bieten.

Selbstorganisation in Teams funktioniert bei Hochbegabten reibungsloser als bei anderen Menschen. Selbstorganisation widerspricht der Thermodynamik (die Entropie[1] kann in einem geschlossenen System nur zunehmen), wird allerdings unter Menschen beobachtet. Ähnlich einem wachsenden Kristall haben Menschen die Tendenz, sich selbst zu organisieren.

Hochbegabte sind teilweise „kindlich" verspielt, und so wie Kinder in einer Gruppe einen natürlichen Anführer ausersinnen, machen das Hochbegabte einer Zunft [13].

Achten Sie darauf, ob ein Hochbegabter (oder ein anderer Mitarbeiter) die Gruppe dominiert. Vor allem charismatische, technisch und an Erfahrung überlegene, sehr intelligente bzw. überzeugend argumentierende Mitarbeiter können das Ruder an sich reißen und eine Gruppe derart beherrschen, dass die anderen Mitglieder kaum wertvolle Beiträge zu leisten imstande sind.

Siehe auch die Ausführungen zu Teams und virtuellen Teams an anderer Stelle in diesem Buch.

Arbeiten Sie mit Gruppendruck

Hochbegabte legen viel Wert auf die Meinung anderer Hochbegabter. Wenn Sie Ihre Mitarbeiter dazu auffordern, Vorträge über ihre Arbeit vor Kollegen der eigenen Organisation oder vor Fachkollegen auf internationalen Tagungen zu halten, spornen Sie sie an. Hochbegabte geben auch gerne harsche Kritik von sich: Schwächere Arbeiten werden scharf kritisiert. Das können Sie nutzen, um die Qualität der Ergebnisse zu steigern. Gruppendruck hilft Ihnen als Manager in verschiedenen Bereichen: Er dämmt auch das „Krankfeiern" und Entwenden von Bürogegenständen ein.

▶ **Tipp** Gruppendruck ist in leicht unterbesetzten Abteilungen effektiver als in personell bestens ausgestatteten Abteilungen. In einer schlanken Organisation kann Gruppendruck seine Wirkung am besten entfalten.

Unpopuläre Entscheidungen

Als Manager überbringen Sie auch unangenehme Nachrichten an Ihre Mannschaft. Wenn es sich um allgemeine Informationen handelt, sollten Sie diese selbst weitergeben. Bei Fragen, die das Fachgebiet der Hochbegabten, die Sie managen, betreffen, können Sie auch anders vorgehen, um maximale Wirksamkeit zu erzielen: Setzen Sie auf indirekte Kommunikation über anerkannte Kollegen. Fachlich ausgezeichnete Personen in einer Orga-

[1] Unordnung.

nisation können Sie nutzen, um Hochbegabten eine Nachricht zu „verkaufen", damit diese sie auch annehmen.

Eine Entscheidung aus „geschäftlichen Gründen" werden hochbegabte Mitarbeiter generell akzeptieren. Massiven Widerstand haben Sie allerdings zu erwarten, wenn Sie eine Entscheidung aufgrund einer Analyse eines von ihnen nicht anerkannten Experten treffen.

Vom Umgang mit den Extraordinären

Mitarbeiter mit einem IQ jenseits der 145– weiter vorne in diesem Buch wurden die Mitglieder dieser erlauchten Gruppe „die Extraordinären" genannt – stellen ganz eigene Herausforderungen für ihre Manager dar. Sie unterscheiden sich grundlegend von durchschnittlichen Mitarbeitern und den meisten Hochbegabten. Sie weisen mehr und extremere Eigenheiten auf und legen Wert darauf, dass diese respektiert werden.

Hier ein Zitat des Informatikers Thomas Wolf mit einem IQ von 196: *„Ich kenne eine ganze Menge Hochintelligenter, denen es an Social Skills mangelt und die deswegen beruflich nicht weiterkommen. Einige haben Probleme, wenn ihnen ein Abteilungsleiter Vorschriften macht, die sie nicht ernst nehmen können. Andere steigen nicht auf, weil sie sich nicht gut verkaufen können.*

Vor ein paar Jahren habe ich zum Beispiel ein Projekt bei einem IT-Serviceprovider in München geleitet. Dort gab es einen Entwickler, der konnte Probleme schnell lösen und hatte einige geniale Ideen. Als Projektleiter wollte ich ihn fördern und habe ihm gesagt, er solle diese Ideen mal dem Management vorstellen. Er hat sich dann aber vehement dagegen gewehrt, eine Präsentation zu halten, weil er nicht vor so vielen Leuten reden wollte" [30].

Falls Sie solche Leute führen – lesen Sie dieses Buch am besten zweimal, und gehen Sie möglichst individuell auf die Bedürfnisse der Höchstbegabten in Ihrer Organisation ein. Sie werden nicht allzu viele Extraordinäre in Ihrer Organisation vorfinden (rein statistisch < 1 in 1000). Diese Mitarbeiter sind es, mit denen Sie Außergewöhnliches leisten können. Binden Sie sie an Ihr Unternehmen, und entwickeln Sie sie nach deren Anlagen und Interessen zu Spezialisten oder Managern.

Weiter hinten werden Sie das auf Leta Hollingworth zurückgehende Konzept der **Kommunikationsbandbreite** kennenlernen, wonach Höchstbegabte und Genies nicht unbedingt zu Führungskräften taugen. Ein IQ von 120 ist für einen wirksamen Manager in der Regel „besser" als einer von über 160 [31]. Ein Mitarbeiter mit IQ > 160 kann Ihnen enorme Wettbewerbsvorteile bringen, beispielsweise als ausgewiesener Experte in einem wichtigen Fachgebiet.

Harald D. Stolovitch bezeichnet die *„highly gifted"* als *„paradoxically" gifted*. Als Paradoxon führt er beispielsweise die asymmetrische Entwicklung an: Die geistigen Fähigkeiten eines Hochbegabten sind häufig deutlich stärker entwickelt als seine sozialen Fähigkeiten oder Fertigkeiten wie Zeitmanagement. Er ist damit kein „runder" Mensch. Als Manager eines Höchstbegabten können Sie die wünschenswerten Aspekte seines Profils, die weniger stark ausgeprägt sind, gezielt fördern. Zeitmanagement ist ein recht passendes Beispiel.

Bereiten Sie Ihre Höchstbegabten für die Übernahme von Schlüsselfunktionen in Ihrer Organisation vor. Hierfür können Sie die Werkzeuge des Talentmanagements nutzen. Erstellen Sie darüber hinaus einen individuellen Entwicklungsplan, wo Sie jeden Ihrer Extraordinären in zwei, in fünf und in zehn Jahren sehen.

Management von internationalen Hochbegabten

Durch den Mangel an Hochbegabten im unmittelbaren Umfeld und getrieben durch die Globalisierung setzen Firmen zunehmend ausländische Hochbegabte ein. Sie erschließen sich so einen viel größeren Talentepool und erhöhen die Diversität im Unternehmen. Manchmal stehen die Kosten im Vordergrund neuer Stellenbesetzungen, bei der Suche ausgewählter internationaler Koryphäen natürlich nicht mehr.

Länder, aus denen Hochbegabte rekrutiert werden, gibt es viele, beispielsweise Irland, Israel [13] und Indien. Letzteres Land ist vor allem für hochkarätige IT-Experten bekannt. Alle großen Länder haben einen immensen Pool an Hochbegabten. Ist ein ausländischer Hochbegabter einmal unter Vertrag genommen, gilt es, ihn möglichst reibungslos zu integrieren. Barrieren können folgender Natur sein:

- kulturell,
- sprachlich,
- ethisch.

Akzeptieren Sie Unterschiede in einer neutralen, nicht wertenden Einstellung, und gehen Sie auf individuelle Bedürfnisse ein. Moslems etwa wollen regelmäßig beten, das gilt es zu respektieren. Lesen Sie sich als Manager eines ausländischen Mitarbeiters Wissen über dessen Heimatland und Kultur an, und schaffen Sie ein passendes Umfeld in Ihrem Team, etwa, indem Sie die übrige Mannschaft durch eine Schulung auf interkulturelle Zusammenarbeit vorbereiten.

Lassen Sie sich vor allem zu Beginn einer neuen Mitarbeiter-Chef-Beziehung öfter über den Fortschritt Ihrer internationalen Mitarbeiter informieren. Je nach kulturellem Hintergrund Ihrer internationalen Mitarbeiter werden diese mehr oder weniger selbständig sein. Russische und asiatische Mitarbeiter lassen sich näher anleiten als beispielsweise kanadische oder US- amerikanische.

Wenn Sie ein ausländisches Partnerunternehmen suchen, prüfen Sie es vor dem Kauf bzw. der Kooperation auf seine Praktiken. Es ist eine Illusion zu glauben, diese später rasch ändern zu können (z. B. Kinderarbeit).

Für weitere Informationen zum Management im Ausland in Kap. 2.14.

Disziplinieren von Hochbegabten

Hochbegabte überschreiten gelegentlich, so wie andere Mitarbeiter auch, Grenzen und sind dann zu disziplinieren. Folgende Richtlinien helfen Ihnen bei dieser schwierigen Aufgabe:

- Stellen Sie sicher, dass Sie über genügend Fakten verfügen.
- Beraten Sie sich vorab mit Ihrem Chef und der Personalabteilung, sofern vorhanden.
- Holen Sie den Mitarbeiter zu sich. Weisen Sie auf die Verletzung der Vorschrift und auf die resultierenden Konsequenzen hin, mit steigender Härte der Sanktionen bei wiederholtem Vergehen.
- Erlauben Sie eine Stellungnahme zum vorgeworfenen Verhalten.
- Dokumentieren Sie jede Überschreitung.
- Legen Sie Verbessungsmaßnahmen fest.
- Behandeln Sie alle Mitarbeiter in dieser Hinsicht gleich.

Vorbeugend sorogen Sie am besten dafür, dass Ihre Hochbegabten alle relevanten Firmenvorschriften kennen.

Wutausbrüche und Geschrei sollten Sie beim Disziplinieren einer Ihrer Mitarbeiter nicht an den Tag legen. Warten Sie lieber eine Nacht, bevor Sie den betreffenden Mitarbeiter zu sich zitieren, wenn die Kenntnis über sein Verhalten Sie zur Weißglut gebracht hat. Schelten Sie Mitarbeiter immer unter vier Augen, oder unter sechs Augen, wenn ein Personaler ob eines schweren Vergehens anwesend sein sollte, und niemals öffentlich. Wenn Sie sich einem Wutausbruch hingeben, verlieren Sie den Respekt eines Hochbegabten schneller, als Sie bis drei zählen können.

Nehmen Sie die Disziplinierung so rasch wie möglich vor, und verschleppen Sie sie nicht. Auf keinen Fall sollten Sie Vergehen für sich behalten und wie „Asse im Ärmel" für einen Ihnen gelegenen Zeitpunkt aufsparen.

Vermeiden Sie, wenn möglich, einen direkten Rauswurf, und geben Sie dem Mitarbeiter die Möglichkeit, sein Verhalten zu ändern. Die Kosten und Mühen für eine Neubesetzung sind nicht zu unterschätzen (auch nicht, wenn Sie selbst hochbegabt sind und somit möglicherweise ein sehr starkes Gerechtigkeitsstreben verspüren).

Die Methode, zunehmend schwerwiegendere Sanktionen aufzuerlegen, wenn das unerwünschte Verhalten bestehen bleibt, hat sich als sehr effektiv für Hochbegabte erwiesen.

Kündigung und Entlassung

Nicht immer lässt sich der ultimativ letzte Schritt, eine Kündigung bzw. eine (sofortige) Entlassung, vermeiden. Der Prozess sollte kurz und schmerzlos erfolgen, ohne viel Aufsehen in der Organisation zu erregen.

Gruppen von Hochbegabten zeigen in der Regel keine besonders hohen Emotionen, wenn ein Mitglied entlassen wird [13]. Sie empfinden generell Erleichterung, weil die innere Harmonie der Gruppe sich nun wiederherstellen kann, nachdem ein unpassender Mitarbeiter die Firma verlassen hat.

Hochbegabte sind keine typischen Mitarbeiter. Sie sorgen sich nicht besonders, wenn sie „freigesetzt" werden, da sie generell mobil und auf dem Arbeitsmarkt sehr gefragt sind. Natürlich können sie nicht monatlich ihren Job wechseln, allerdings stehen ihnen mehr Türen offen als anderen Arbeitsuchenden. In [13] werden solche Hochbegabte als „Schmetterlinge" bezeichnet.

Wenn sich Ihre Firma in der Krise befindet, teilen Sie es Ihren Hochbegabten mit, noch bevor es zu den ersten Kündigungen kommt. Sie werden Ihre Offenheit schätzen und fortan härter für Sie arbeiten, um das Ruder doch noch herumzureißen.

Um den Hinauswurf eines Mitarbeiters kommen Sie nicht herum, wenn er nachweislich Sabotage, sexuelle Belästigung, Handgreiflichkeiten oder ein anderes schweres, strafbares Vergehen begangen hat.

Sie können dem Mitarbeiter anbieten, freiwillig zu kündigen, um unnötige Härte (und eine Flut möglicher Folgeschwierigkeiten) zu vermeiden. Schließlich wollen Sie nicht Staatsanwalt spielen, sondern den Ihnen übertragenen Bereich Ihrer Unternehmung bestmöglich managen.

Achtung vor zu viel Intelligenz im Unternehmen?

In dem Buch „*Lean Brain Management*" [32] wird beschrieben, dass in Unternehmungen ungeheure Mengen an Intelligenz für das Lösen von Problemen, die ihrerseits durch zu viel Intelligenz verursacht wurden, eingesetzt werden müssen. Das präsentierte Konzept des „Lean Brain Managements" plädiert für intellektuelle Entschlackung.

Wenn Sie in einer Branche arbeiten, wo Sie nur die Hände Ihrer Mitarbeiter benötigen und nicht deren Kopf[2], ist es sehr wahrscheinlich, dass diese bald gänzlich obsolet oder in Billiglohnlän der verlagert wird. In allen Branchen benötigen Sie leistungsfähige Mitarbeiter.

Es gibt keine zu intelligenten Mitarbeiter, sondern nur falsch eingesetzte. Demnach können auch nie zu viele Hochbegabte in einem Unternehmen beschäftigt sein.

Professionelle Manager für hochbegabte Einzelkämpfer wie Künstler und Erfinder

Hochbegabte tendieren dazu, alles selbst zu machen. Vor allem selbständig Tätige haben gelernt, dass Personal teuer ist, und als Hochbegabte eignen sie sich fehlendes Fachwissen aus verschiedensten Bereichen rasch selbst an anstatt einen Experten dafür zu suchen.

Als „Mr. Firma" kümmert sich der Einzelunternehmer um alles und läuft dabei Gefahr, das eigentliche Geschäft mangels Zeit und Fokus zu vernachlässigen.

---

[2] Vergleiche hierzu das weiter vorne abgedruckte Zitat von Henry Ford.

Lagern Sie Nebenaktivitäten an Spezialisten aus, ob Buchhaltung oder Website-Erstellung.

Wenn ein Künstler nicht in einer Organisation arbeitet, sondern alleine, sollte er über die Vorteile eines professionellen Managers nachdenken.

Michael Jackson hat sich managen lassen, um sich auf seine Musik anstatt auf Verträge konzentrieren zu können. Es ist davon auszugehen, dass er durch sein professionelles Management mehr Erfolg erzielen konnte, als wenn er alles in Eigenregie versucht hätte.

Mit einem „kleinen" Künstler oder Erfinder verhält es sich ähnlich. Wenn er sich einen Manager auf Teilzeit- oder sogar auf Vollzeitbasis nimmt, der fehlende Kompetenzen abdeckt und Branchenkenntnisse mitbringt, kann sein Produkt in der Regel so vermarket werden, dass ein besseres Ergebnis herauskommt.

Als Manager eines Künstlers können Sie auf Provisionsbasis arbeiten. Das verhindert eine Fixkostenbelastung Ihres Auftraggebers und räumt Ihnen mehr Potenzial ein, und Sie können im Erfolgsfall partizipieren. Essenziell ist eine solide Vertrauensbasis zwischen Ihnen beiden.

> **Tipp** Wenn Sie als Manager für einen Künstler tätig werden, stoßen Sie auf spezielle Herausforderungen (siehe dazu mehr im hinteren Teil dieses Buchs).

Wie Sie als Hochbegabter Nicht-Hochbegabte managen

Wenn Sie nicht gerade eine internationale Top-Mannschaft an einer Eliteuniversität managen, wird es der Regelfall sein, dass das Gros Ihrer Mitarbeiter eben nicht den Stempel „hochbegabt" trägt. Wie Sie als hochbegabter Manager „normale" Mitarbeiter führen, lesen Sie im nächsten Abschnitt dieses Buch.

Wie Sie als Hochbegabter andere Hochbegabte managen

Der Primus inter pares – das sollte der ideale Platz für einen Hochbegabten in einer Organisation sein: umgeben von Gleichgesinnten, und alle tun, was man will.

Dass es sich in der Praxis nicht ganz so verhält, liegt auf der Hand.

Die Tatsache, dass Sie selbst hochbegabt sind, macht Ihre hochbegabte Mannschaft nicht pflege leichter. Sie haben allerdings den Vorteil, dass Sie die Denkmuster und Verhaltensweisen Ihrer hochbegabten Mitarbeiter kennen und verstehen. Lesen Sie auch den nächsten Abschnitt über das Management von Hochbegabten.

Abschließende Worte

Zum Thema „Management von Hochbegabten“ gibt es nicht viel Literatur. Zwei Bücher im Zusammenhang sind folgende Werke:

- „Managing Einsteins“ von John M. Ivancevich und Thomas N. Duening und John Ivancevich [13]. Dieses Buch, geschrieben zur Blütezeit der New Economy, behandelt das Management von „Einsteins“. Darunter werden die „High Tech Mitarbeiter“ ab einem IQ von etwa 110 (S. 18) bzw. 3 bis 4 % der Bevölkerung (S. 9) verstanden.
- „Managing Talented People“ von Alan Robertson und Graham Abbey [11], welches sich auf besonders talentierte Mitarbeiter und High Potentials im Speziellen konzentriert. Diese beiden Bücher erfassen nur eine Subpopulation der Hochbegabten, die Hochleistenden. Daneben gibt es einige Bücher über hochbegabte Erwachsene. Hiervon seien zwei empfohlen:
- Mary-Elaine Jacobsen, The Gifted Adult: A Revolutionary Guide for Liberating Everyday Genius, Ballantine Books, ISBN: 978-0345434920 (2000) [33]
- Marylou Kelly Streznewski, Gifted Grownups: The Mixed Blessings of Extraordinary Potential: The Mixed Blessings of Extraordinary Potentials, John Wiley & Sons, ISBN: 978-0471295808 (1999) [34]

Nutzen Sie das hier zusammengetragene Wissen, und probieren Sie das Managen von Hochbegabten aktiv aus!

Im nächsten Abschnitt wenden wir uns nun dem Management **als** Hochbegabter zu.

Literatur

1. Kathrin Gulnerits, Die anderen sind auch nicht blöd, Wirtschaftsblatt, 13.09. (2007), http://www.wirtschaftsblatt.at/home/service/karriere/die-anderen-sind-auch-nicht-bloed-258387/index.do.
2. Rob Goffee, Gareth Jones, Leading clever people, Harvard Business Review, (2007).
3. Schlau, schlauer, zu schlau, Hochbegabte im Beruf, Handelsblatt, 21.05. (2010), http://www.handelsblatt.com/unternehmen/strategie/hochbegabte-im-beruf-schlau-schlauer-zu-schlau;2586158.
4. Tahl Raz, Taming the Savage Genius, The delicate art of managing employees who are way, way smarter than you, May 1, 2003, http://www.inc.com/magazine/20030501/25409.html
5. http://www.netzwerk-akzeleration.de/ (2013).
6. Debra Hutchinson, When High School Doesn't Work for Gifted Students: Creating a Universal High School Program, CreateSpace Independent Publishing Platform, ISBN: 978-1469931814 (2012).
7. S. B. Rimm, K. J. Lovance, The use ob subject and grade skipping for the prevention and 2 reversal of underachievement, Gifted Child Quarterly 36(2), 100–105 (1992).
8. Moshe Zeidner, Inbal Shani-Zinovich, Gerald Matthews, Richard D. Roberts, Assessing emotional intelligence in gifted and non-gifted high school students: Outcomes depend on the measure, Intelligence 33, 369–391 (2005).
9. Dale Dauten, The Gifted Boss – How to find, create and keep great employees, William Morrow & Company, ISBN: 0-688-16877-9 (1999).

10. Dietrich von der Oelsnitz, Volker Stein, Martin Hahmann, Der Talente-Krieg. Personalstrategie und Bildung im globalen Kampf um Hochqualifizierte. Haupt-Verlag, ISBN: 978-3258072456 (2007).
11. Alan Robertson, Graham Abbey, Managing Talented People, Momentum , ISBN: 9781843040248 (2003).
12. Andrea Brackmann Ganz normal hochbegabt: Leben als hochbegabter Erwachsener, Klett-Cotta, 3. Auflage, ISBN: 978-3608860146 (2008).
13. John M. Ivancevich, Thomas N. Duening, John Ivancevich, Managing Einsteins: Leading High-Tech Workers in the Digital Age, McGraw-Hill Publishing Co., ISBN: 978-0071375009 (2001).
14. Rainer Werner, Schluss mit der Gleichmacherei in der Schule, 21.05.2013, http://www.welt.de/debatte/kommentare/article116382660/Schluss-mit-der-Gleichmacherei-in-der-Schule.html.
15. Getrude Brinek, 13.07.2013, „Einheitskinder“: Falsch verstandene Gleichmacherei http://diepresse.com/home/meinung/gastkommentar/1331862/Einheitskinder_Falsch-verstandene-Gleichmacherei.
16. Heike Schmoll, Gleichmacherei und Illusionen, 18.02.2013 http://www.faz.net/aktuell/politik/inland/debatte-ueber-das-sitzenbleiben-gleichmacherei-und-illusionen-12084878.html.
17. Dorothea Siems, Die deutsche Sucht nach Gleichmacherei 23.09.2012, http://www.welt.de/debatte/kommentare/article109418261/Die-deutsche-Sucht-nach-Gleichmacherei.html.
18. Sibylle Krause-Burger, Gleichmacherei ist politisch in Mode, 16.04.2013 http://www.stuttgarter-zeitung.de/inhalt.sibylle-krause-burger-kolumne-gleichmacherei-ist-politisch-in-mode.6bc13df9-ac8e-4886-bd80-74e34d125bb8.html.
19. Stephen R. Covey, The 8th Habit, From Effectiveness to Greatness, New York, ISBN: 0-533-29698-1 (2005).
20. Volker Runow & Christoph Perleth, Studie „Förderung von Hochbegabten – Welche Lehrkräfte wünschen sich die Hochbegabten?“(„Wunschlehrerstudie“), Institut für Pädagogische Psychologie „Rosa und David Katz“ der Universität Rostock, Februar – Dezember 2008, http://www.oezbf.net/cms/tl_files/Forschung/Abgeschlossene%20Forschungsprojekte/Wunschlehrerstudie_Abschlussbericht_191208.pdf.
21. Jack Welch, John A. Byrne, Jack: Straight from the Gut, Business Plus, ISBN: 978-0446690683 (2003).
22. Russ Mitchell, How to Manage Geeks, Fast company, 31. Mai 1999, http://www.fast-company.com/magazine/25/geeks.html
23. Andrea Lienhart, Respekt steht weltweit ganz oben auf der Wunschliste 27. Juni 2011, http://www.badische-zeitung.de/beruf-karriere-1/respekt-steht-weltweit-ganz-oben-auf-der-wunschliste-46816541.html.
24. Peter F. Drucker, The Effective Executive, The Definitive Guide to Getting the Right Things Done, Collins, ISBN: 978-0-06-083345-9 (2006).
25. Gary Hamel, The Future of Management, Harvard Business School Press, ISBN: 978-1-4221-0250-3 (2007).
26. Henry Mintzberg, Führung neu definieren, Harvard Business Manager, 96–102, Oktober (2009).
27. Jürgen vom Scheidt, Das Drama der Hochbegabten Zwischen Genie und Leistungsverweigerung, Piper, ISBN: 978-3492244954 (2005).
28. Reinhold Haller, Mitarbeiterführung in Wissenschaft und Forschung: Grundlagen, Instrumente, Fallbeispiele, Bwv – Berliner Wissenschafts-Verlag, ISBN: 978-3830513988 (2007).
29. Frans Corten, Noks Nauta, Sieuwke Ronner, Highly intelligent and gifted employees – key to innovation?, Academic paper International HRD-conference 2006 „The learning society for sustainable development“, Amsterdam, 11. Oktober (2006). http://www.triplenine.org/articles/Nauta-200610.pdf

30. Sven Becker, Alltag als Superhirn „Ich treibe meine Frau zum Wahnsinn“ 22.05.2013 http://www.spiegel.de/karriere/berufsleben/iq-200-ein-hochbegabter-erzaehlt-aus-seinem-alltag-a-899120.html.
31. James J. Gallagher, Teaching the Gifted Child, Longman Higher Education, 3rd edition, ISBN: 978-0205084210 (1985).
32. Gunter Dueck, Lean Brain Management: Erfolg und Effizienzsteigerung durch Null-Hirn, Springer, ISBN: 978-3540311461 (2006).
33. Mary-Elaine Jacobsen, The Gifted Adult: A Revolutionary Guide for Liberating Everyday Genius, Ballantine Books, ISBN: 978-0345434920 (2000).
34. Marylou Kelly Streznewski, Gifted Grownups: The Mixed Blessings of Extraordinary Potential: The Mixed Blessings of Extraordinary Potentials, John Wiley & Sons, ISBN: 978-0471295808 (1999).

7 Erfolgreiches Management als Hochbegabter

Zusammenfassung

Sie sind hochbegabt und fragen sich, wie Sie Manager werden? Ist eine Fach- oder Führungskarriere das richtige für Sie? Die in diesem Kapitel vorgestellten Tipps für das Managen als Hochbegabter dienen dem Vermeiden von Fehlern im eigenen Handeln und der wirksameren Führung der unterstellten Mitarbeiter. Ein wesentliches Element ist hierbei Selbstmanagement.

Es wird der Frage nachgegangen, ob Exzentrikertum Schlüssel oder Ausschlusskriterium für den Erfolg als Manager ist. Welche Führungsaufgaben fallen Hochbegabten häufig schwer? Wie gehen sie am besten mit Ungeduld und Scheitern um? Emotionale Intelligenz ist erlernbar, und Hochbegabte können die Zukunft des Managements mitgestalten.

7.1 Management und Hochbegabte

Viele Mitarbeiter sitzen dem Irrglauben auf, dass ihr Unternehmen von einem begabten Individuum geleitet wird [1]. Doch Tatsache ist, dass nur wenige Manager hochbegabt sind.

Auf die Frage, ob sich nicht alle Manager irgendwie für hochbegabt hielten, sagt Dorothee Echter [2]: „*Das müssen sie auch. Sie brauchen für ihren Job ein gewisses Maß an Größenwahn. Da muss man sich schon partiell selbst überschätzen, um an einem solchen Job nicht kaputtzugehen. Es gibt aber auch die andere Seite, nämlich sich permanent zu unterschätzen. Einer meiner Kunden, ein Mittelständler kennt die Spielchen im Unternehmen aus dem Effeff. Er ist Chef des Unternehmens und dennoch unsicher im Auftritt. Dauernd fragt er sich: Darf ich das? Kann ich das?*“

Hochbegabte stehen Management teilweise kritisch gegenüber. Hier ein Witz, der in einer Ausgabe des Mitgliedermagazins von Mensa Österreich abgedruckt war:

M. Lackner, *Talent-Management spezial*,
DOI 10.1007/978-3-658-03183-1_7, © Springer Fachmedien Wiesbaden 2014

Milliardär statt WC-Manager

Ein Arbeitsloser bewirbt sich als Reinigungskraft bei Microsoft. Der Personalleiter lässt ihn einen Test machen (den Boden reinigen). Darauf folgt ein Interview, und schließlich teilt er ihm mit: „Sie sind eingestellt, geben Sie mir Ihre E-Mail-Adresse, dann schicke ich Ihnen die nötigen Unterlagen."

Der Mann antwortet ihm, dass er weder einen Computer besitze noch eineE-Mail-Adresse habe.

Der Personalmensch antwortet ihm, dass er ohne E-Mail-Adresse virtuell nicht existiere und daher nicht angestellt werden könne.

Der Mann verlässt verzweifelt das Gebäude mit nur zehn Dollar in der Tasche. Er beschließt, in den nächsten Supermarkt zu gehen und zehn Kilogramm Tomaten zu kaufen. Er verkauft die Tomaten von Tür zu Tür, und innerhalb von zwei Stunden verdoppelt er sein Kapital.

Er wiederholt die Aktion dreimal und hat am Ende 120 $.

Er realisiert, dass er auf diese Art und Weise seine Existenz bestreiten kann, also startet er früh morgens und kehrt abends spät zurück.

Jeden Tag verdoppelt oder verdreifacht er sein Kapital.

Nach kurzer Zeit kauft er sich einen kleinen Wagen, dann einen Lastwagen, und bald verfügt er über einen kleinen Fuhrpark für seine Lieferungen.

Nach fünf Jahren besitzt er eine der größten Lebensmittelketten der USA. Er beschließt, an seine Zukunft zu denken, und möchte einen Finanzplan für sich und seine Familie erstellen lassen.

Er setzt sich mit einem Berater in Verbindung, und sie erarbeiten einen Vorsorgeplan. Am Ende des Gesprächs fragt ihn der Vertreter nach seiner E-Mail-Adresse, um ihm die entsprechenden Unterlagen schicken zu können.

Der Mann antwortet ihm, dass er nach wie vor E-Mail-Adressekeinen Computer und somit besitze. Der Versicherungsvertreter schmunzelt und bemerkt: „Kurios – Sie haben ein Imperium aufgebaut und besitzen nicht mal eine E-Mail-Adresse. Stellen Sie sich einmal vor, was Sie mit einem Computer alles erreicht hätten!"

Der Mann überlegt und sagt: „Ich wäre WC-Manager bei Microsoft."

Nach diesem kurzen Plädoyer für die Selbständigkeit von Hochbegabten – siehe auch weiter hinten im Buch – beleuchten wir im nächsten Abschnitt die Umstände, unter denen ein hochbegabter Manager zum Erfolg gelangt.

7.2 Zum Erfolg als hochbegabter Manager

Die hier angeführten Tipps zielen auf zwei Aspekte ab:

- Vermeiden von Fehlern im eigenen Handeln,
- wirksamere Führung der unterstellten Mitarbeiter.

Das hier Geschriebene ist vor allem für die Angestellten unter den hochbegabten Managern relevant, denn sie haben deutlich weniger Freiheiten als ein hochbegabter Unternehmer, der zusätzlich Mitarbeiter führt.

Der große Unterschied ist, dass die eigene Firma für einen Unternehmer kein „Minenfeld“ ist. Wenn er Fehler macht, verliert er Geld – seinen Job und seine Perspektiven behält er, sofern er nicht in Konkurs geht. Der Angestellte jedoch kann, auch wenn er gute Arbeit macht und seine Firma durch ihn Geld verdient, aufgrund von „politischen“ oder sonstigen im Grunde bedeutungslosen Fehltritten oder als solche eingeschätzten Handlungen als Person massive Nachteile erleiden.

Machen Sie sich vertraut mit den **Erwartungen**, die man in Sie als Manager setzt! Die Erwartungen Ihres Chefs sind unmittelbar wichtig für Sie, allerdings haben Sie auch den Erwartungen der anderen für Sie relevanten Interessengruppen gerecht zu werden. Gerade im mittleren Management stehen Sie zwischen „unten“ und „oben“ der firmeninternen Hierarchie. Es gilt, die Erwartungen der unterschiedlichen Interessensgruppen auszugleichen. Ihre Firma erwartet vermutlich etwas anderes als Ihre Kunden, und die Eigentümer der Firma haben andere Erwartungen an Sie als die Lieferanten.

Das, was Sie bisher erfolgreich gemacht hat, ist unter Umständen in Ihrer neuen Management- Rolle nicht mehr gefragt! Dies gilt nicht nur für den Ingenieur, der nun nicht mehr der beste Konstrukteur zu sein braucht bzw. sogar darf (!), sondern für jede Person, die in eine Führungs- rolle hineinwächst. In der Regel ist das Aufgabengebiet in einer höheren Führungsfunktion als Ihrer bisherigen breiter und komplexer. Auch kann die Zielsetzung eine ganz andere sein. Die Leitung einer stabilen Abteilung folgt anderen Grundsätzen als deren Aufbau oder Sanierung. Je nach Fachgebiet und Umfeld erfordert die Leitung einer Einheit unterschiedliche Fähigkeiten und Schwerpunktsetzungen.

Als Manager sind Sie breiter aufgestellt als ein Spezialist. Sie benötigen weniger Detailkenntnisse, dafür ist ein Überblick wichtig.

Häufig stellen Firmen einen branchenfremden Manager ein, in der Hoffnung, dass er früheren Erfolg im neuen Umfeld reproduzieren kann. Nicht immer sind Führungskräfte nach einem Branchenwechsel erfolgreich. Krasse Beispiele gibt es im Bereich der Politik, wo ehemalige Wirtschaftskapitäne sich erfolglos versuchten – und andere mit Erfolg [3].

Der Weg von der Wirtschaft in die Politik wird in Deutschland eher selten beschritten, was nicht nur an den niedrigeren Gehältern im öffentlichen Dienst liegt. Häufiger nehmen Unternehmen ehemalige Politiker auf, die zwar an Ansehen verloren haben, jedoch das politische Geschäft verstehen und über gute Kontakte verfügen [3]. Kritiker, die die enge Verflechtung von Politik und Wirtschaft ablehnen, sprechen in diesem Zusammenhang vom Drehtüreffekt (*revolving door effect*), um den raschen Wechsel („rein-raus“) mit einer Methapher zu kennzeichnen.

Die Grundregeln von Management sind jedenfalls von den Produkten und Dienstleistungen einer Organisation unabhängig.

Als Manager stehen Sie auf dem Prüfstand. Achten Sie besonders auf die ersten 100 Tage in Ihrer neuen Funktion. Anhand der Leistungen und des gezeigten Verhaltens in dieser Phase werden Sie fortan eingeschätzt und sind, ähnlich dem Konzept des ersten Eindrucks,

„vorbelastet". Einem neuen Stelleninhaber wird zunächst ein Vertrauensvorschuss gegeben, der rasch aufgebraucht ist.

In Ihrer Rolle als Manager stehen Sie oft vor der Aufgabe, Ihr Team zusammenzustellen. Wenn Sie ein dysfunktionales Team übernehmen und es nicht in Ordnung bekommen, wird man dieses Team sehr bald mit Ihnen in Verbindung bringen und es als Ihr Problem ansehen, was es auch tatsächlich (geworden) ist. Bei der Mitarbeiterauswahl ist auf Kompatibilität zu achten. Sie brauchen Leute, die Sie ergänzen, die Ihre Schwächen abdecken und denen Sie vertrauen können. Bei extern herbeigeholten Geschäftsführern oder Vorstandsvorsitzenden ist häufig zu beobachten, dass sie Vertrauensmänner und -frauen aus ihrem bisherigen Umfeld mitbringen und mit ihnen Schlüsselpositionen wie den Finanzbereich/das Controlling besetzen.

Hüten Sie sich davor, blindlings Menschen einzustellen, die Ihnen ähnlich sind. Diese Vorgehensweise ist recht gängig und führt zu Anfangsharmonie, bringt Ihnen jedoch nicht das best- mögliche Team[1].

Ihre Mitarbeiter sind dazu da, Sie zu unterstützen. Sie sind nicht nur ausführende „Handlanger". Nehmen Sie ihnen nicht das Denken ab.

In jeder Organisation gibt es spezielle *Leadership*-Grundsätze. Es existiert, wie im vorderen Teil dieses Buchs vorgestellt, eine ganze Reihe von Führungsansätzen, die erfolgreich sind, in einer gegebenen Firma von den dortigen Managern jedoch nicht angewendet werden. Richten Sie sich nach den in der jeweiligen Firma gelebten Grundsätzen. Ein patriarchalisch geführter Betrieb im Familienbesitz wird aller Wahrscheinlichkeit nach eine gänzlich andere Herangehensweise ihrer Manager an Personalpolitik und sonstige Fragen gutheißen als ein vor allem den Aktionären verpflichteter Konzern. Allgemein gilt: Ganz oben stehen die Werte der Firma. Die Werte einer Firma sind die „Seele", sie drücken aus, wie die Firma „tickt". Wenn Sie sich mit den Werten einer Organisation nicht identifizieren können, überlegen Sie zweimal, ob Sie dort arbeiten wollen.

Des Weiteren ist es für Sie als Manager wichtig, mit Menschen auf allen Ebenen (*levels*) in der jeweils richtigen Tonart zu kommunizieren. Finden Sie einen Weg, sich situationsangepasst auszudrücken. Durch mangelnde Kommunikation kommt es im Geschäftsleben zu vielen Informationsverlusten und Missverständnissen. Tragen Sie dazu bei, diese zu minimieren. Denken Sie daran: Gedacht ist nicht gesagt, gesagt ist nicht gehört, gehört ist nicht verstanden, ver- standen ist nicht angenommen – und schon gar nicht richtig ausgeführt.

Manager sind Macher. Sie werden dafür bezahlt, dass sie etwas bewegen.

Lassen Sie nicht das Unvermeidliche passieren, sondern übernehmen Sie eine aktive Rolle, das Unwahrscheinliche, Schwierige und Unmögliche umzusetzen. Geben Sie Visionen und Richtungen vor!

[1] Dass Menschen andere Menschen, die ihnen ähnlich sind, bevorzugen, ist nicht nur aus der Partnerwahl bekannt. Es wurde sogar festgestellt, dass Hundebesitzer Vierbeiner, die ihnen optisch ähnlich sind, favorisieren.

Bleiben Sie auf Kurs. Verfolgen Sie ein paar Ziele beständig, anstatt Ihre Energie durch zu viele, wechselnde Themen zu verstreuen. Ihre Mitarbeiter sollten wissen, was Ihnen wichtig ist. Für Hochbegabte ist dies eine besondere Herausforderung.

Lernen Sie beständig dazu, vor allem durch Beobachten Ihrer Vorgesetzten.

Stehlen Sie keine Lorbeeren von Ihren Mitarbeitern, und übernehmen Sie Verantwortung für Ihr und deren Handeln! Wenn einer Ihrer Mitarbeiter etwas geleistet hat, lassen Sie es andere wissen, und behaupten Sie nicht, es wäre Ihr Produkt. Wenn einer Ihrer Mitarbeiter einen Fehler gemacht hat, nehmen Sie ihn auf sich, und stellen Sie Ihren Mann/ Ihre Frau nicht bloß. Das würde Sie als feigen, schwachen Chef brüskieren (im anschließenden Zweiergespräch ist es dann Ihre Aufgabe, für Klarheit und Veränderung zu sorgen).

Zeigen Sie Präsenz. Es ist wichtig, dass Sie Ihrem Gegenüber im Gespräch Ihre ungeteilte Aufmerksamkeit schenken und sich während der Unterredung von nichts und niemandem ablenken lassen.

Merken Sie sich **Namen und Gesichter**. Da sich die wenigsten Menschen bemühen, sich die Namen und Gesichter anderer einzuprägen, können Sie hier groß punkten: bei Mitarbeitern, Kunden und Geschäftspartnern. Jeder Mensch hört am liebsten seinen eigenen Namen. Sie können auf den erhaltenen Visitenkarten Ort und Zweck der ersten Begegnung als Gedanken- stütze notieren. Wertschätzung von Mitarbeitern, Kunden und anderen Interessenträgern ist ein Schlüssel zu Ihrem Erfolg als Führungskraft.

Notieren Sie Ihre Geistesblitze. Machen Sie sich bei jeder Gelegenheit Notizen, damit Sie Besprechungen und Sonstiges in ausreichendem Detailgrad in Erinnerung behalten. Tragen Sie dazu ferner immer ein kleines Büchlein bei sich, in Ihrer Brust- oder Handtasche. Dadurch haben Sie die Möglichkeit, Ihre eigenen spontanen und die Ihnen zugetragenen Ideen sofort zu notieren, bevor Sie sie wieder vergessen. Dieser Trick kann Ihre Produktivität als Manager um den Faktor 10 erhöhen! Zusätzlich zu einem Büchlein sollten Sie eine *„hot list“* mit Ihren Prioritäten und Zielen führen und auf dem aktuellen Stand halten. Ihre *„hot list“* können Sie auf dem PC verwalten.

Die hier angeschnittenen Punkte gelten natürlich auch sinngemäß für das Management Ihrer normalbegabten Mannschaft.

7.3 Selbstmanagement

Bevor Sie andere Menschen managen können, sollten Sie Kompetenz im Bereich Selbstmanagement besitzen. Wesentliche Aspekte davon betreffen

- Zeitmanagement,
- eigenes Arbeitspensum,
- eigene Motivation.

Im Militär lernt man, nicht mehr von anderen zu verlangen, als man selbst bereit und fähig ist zu leisten. Dem Chef, der freitags um 12 Uhr das Büro verlässt, werden es seine Mitarbeiter bald gleichtun. Auch ein Chef, der sich und seine Erfolge nur über seine abgesessenen Wochenstunden definiert und stolz darauf ist, überarbeitet zu sein, macht etwas falsch.

Als Manager haben Sie die Pflicht, Arbeiten zu delegieren. Ansonsten laufen Sie Gefahr, einem Burnout zu erliegen. Sie werden schließlich dafür bezahlt, Aufgaben durch andere erledigen zu lassen, anstatt für fünf zu arbeiten. Vor allem Hochbegabten als Manager kann dies nur eindringlichst nahegelegt werden: Delegieren Sie, auch, wenn es zu Beginn „schmerzt"!

Entwickeln Sie ein ausreichendes Maß an **Selbstkompetenz**. Dabei kann Ihnen das Studium von Ratgebern helfen.

Ein wichtiger Punkt für Hochbegabte ist, an einer begonnenen Sache „dran" zu bleiben und dem Drang, einem neuen, offenbar viel interessanteren Thema spontan nachgehen zu müssen, zu widerstehen. Bezeichnend ist die Aussage des hochbegabten Stefan: *„Sobald ich mich für was begeistern konnte war ich ganz versessen drauf. Hatte z. B. mal einen Job, der sehr interessant war, Folge: Zwei Jahre ohne Urlaub gearbeitet, brauchte ich nicht.*

Ab einem gewissen Zeitpunkt, meistens nach 1–2 Jahren, kommt das Gefühl auf, man hat jetzt alles gesehen und kann sich nicht mehr weiterentwickeln, und von einem Tag auf den anderen wird die Freude zur Bürde und man muss förmlich weg".

Sein Kollege Bernhard: *„Warum wird ein Beruf nie konstant weitergeführt?" Weil's fad wird. Wenn's fad wird, werde ich schlampig und unmotiviert. Dann wird's jeden Tag mühsam, mich aufzuraffen".*

Disziplin, begonnene Aufgaben auch zu Ende zu führen, kann vielen Hochbegabten ans Herz gelegt werden.

Wachstum in Wellen

Aus der Volkswirtschaftslehre ist bekannt, dass Wachstum in Wellen erfolgt: Perioden mit starkem Wachstum werden von „mageren" Jahren unterbrochen [4].

Ähnlich verhält es sich mit dem Wachstum eines Menschen. Während ihrer Laufbahn entwickeln sich Spezialisten und Manager weiter; Sie erwerben unterschiedliche Kompetenzen und sammeln Erfahrungen, was sie unter anderem „reifer" macht. Das ganze geht nicht ohne Rückschläge, und so kommen auf fünf Schritte vorwärts vielleicht 2 Schritte rückwärts.

Hochbegabte neigen zu ungeduldigem Verhalten. Sie wollen ein großes Projekt manchmal gleich umsetzen und kommen dann gar nicht von der Stelle. Ratsamer ist es, kleine Schritte zu unternehmen, die beständig auf das Ziel hinarbeiten. Denken Sie an die Metapher vom Elefanten zu Beginn dieses Buchs.

Auch „Babyschritte" bringen Sie vorwärts, es müssen nicht immer große Sprünge sein.

7.4 Wie Sie als Hochbegabter richtig führen

Natürlich haben die gleichen Regeln und Grundlagen, die für nicht hochbegabte Manager gelten, auch für Sie, den hochbegabten Manager, Anwendung zu finden, zumal diese sich in der Praxis bewähren. Sie besitzen gegenüber anderen lediglich den Vorteil, hochbegabt zu sein. Nutzen Sie Ihre Stärken und kompensieren Sie Ihre Schwächen aus der Hochbegabung, um ein effektiver Manager zu sein. Wie das geht, ist im folgenden Abschnitt beschrieben.

Zwei wichtige Prinzipien vorweg:

- Für Ihre Mitarbeiter sind Sie das Vorbild! Der Vorstandsvorsitzende ist für die meisten Arbeitnehmer nicht sichtbar, sondern nur der direkte Chef. So, wie Sie den CEO als mächtigen, wichtigen Mann sehen, genauso sehen Ihre Mitarbeiter Sie auch. Handeln Sie entsprechend.
- Vieles im Geschäftsleben, wenn nicht das meiste, folgt einfachen, logischen Grundgesetzen.
- Angebot und Nachfrage, Geben und Nehmen, Zeit und Geld – es sind keine komplexenFormeln nötig, um das Wirtschaftstreiben und die Interaktion der Teilnehmer daran zu ver-stehen. Allerdings „menschelt" es sehr stark in sozialen Gruppen. Dorothee Echter, die als Coach für hochbegabte Manager arbeitet, sagte in einem Spiegel-Interview [2] über Hoch-begabte: *„Sie gehen häufig sehr emotionslos nach logischen Gesichtspunkten vor und vergessen die zwischenmenschliche Ebene."*

Nutzen der Eigentümlichkeiten von Hochbegabten in der Rolle des Managers

Sie haben als Hochbegabter den Vorteil einer raschen intellektuellen Auffassungsgabe. Das ist ein Geschenk, welches es zu nutzen gilt. Wenn Sie sich der Unterschiede bewusst sind, die ein weit überdurchschnittlicher IQ mit sich bringt, und diese akzeptieren, können Sie daraus als Manager enorme Vorteile ziehen.

Manager entwickeln **Ideen und Visionen**, die andere nicht sehen können, und setzen sie so- dann konsequent um. Ideen zu entwickeln ist etwas, das Hochbegabten leichtfällt. Die **Umsetzung** ist hingegen eine Herausforderung. Als Manager **kommunizieren** Sie Ihre Ideen und Visionen an Mitarbeiter und andere Menschen, damit diese in Angriff genommen werden können. Lassen Sie sich nicht von Ihrer Ungeduld übermannen, wenn andere Ihnen nicht gleich folgen können.

Ein wichtiges Thema im Management ist **Komplexität**. Die Tatsache, dass im Assessment- Center die „In-basket-Übung" selten ausgelassen wird, gibt Zeugnis darüber. Komplexität resultiert aus der Art und Anzahl der Aufgaben eines Managers. Unser Wissen in anderen, sehr komplexen Bereichen, wie auf wissenschaftlich-technischem und auch auf geistes- und sozialwissenschaftlichem Terrain, erfordert eine erhöhte Kompetenz und Intelligenz, dieses zu beherrschen. Das können Sie als Hochbegabter einfach bewerkstelligen.

Dass die Vielschichtigkeit der modernen Arbeitswelt hoch und noch immer im Steigen begriffen ist, werden viele aus eigener Erfahrung bzw. aus ihrer Intuition heraus bestätigen. 89 % der Manager sehen dies so [5]. Komplexität ist ein Modewort geworden, und man unternimmt beständig Anstrengungen, den Komplizierungsgrad zu reduzieren. Die Komplexitätsforschung lehrt jedoch, dass eine beliebige Vereinfachung nicht möglich ist. Um auf die Komplexität der Umwelt reagieren zu können, passen Unternehmen ihre Komplexität an die der Umwelt an [6].

Ein weiteres wichtiges Thema für Manager ist der **richtige Umgang mit anderen Menschen**. Auf diesem Gebiet haben viele Hochbegabte Lücken.

In den nächsten Abschnitten werden die Charakteristika von typischen Hochbegabten in Hinblick auf Management beleuchtet.

Zu gescheit für diese Welt?

Dies wird wohl auf niemanden zutreffen. Allerdings hat die Forscherin Leta Hollingworth die Theorie eines „Kommunikationslimits" basierend auf dem IQ geboren. Nach Hollingworth sollte eine Führungskraft intelligenter sein als ihre Mitarbeiter, doch nicht zu intelligent. Falls der IQ-Unterschied mehr als 30 Punkte beträgt, wäre ansonsten mit einer Art Abkoppelung zu rechnen, bei der sich Manager und Mitarbeiter einfach nicht mehr richtig verstehen. Hollingworth impliziert eine Kommunikationsbandbreite, außerhalb der es zu Verständigungs- schwierigkeiten komme. „Genies" seien daher als Führungskräfte nicht allzu geeignet, und ideal wären demnach Manager mit einem IQ um die 120. Andere Forscher haben geschrieben, dass Menschen das Führungspotenzial von Hochbegabten jenseits eines IQ von 160 als zunehmend gering einschätzen [7].

Larry King schreibt über einen seiner Gäste, Adlai Stevenson, einen US-amerikanischen Politiker, in [8]: „*Stevenson was an exceptional guest because of his profound intelligence and his great skills as a communicator.He could express himself better than anyone of his time – almost too well, which is why he got stuck with the reputation of being an ‚egghead', an intellectual above the intelligence plane of the average American. Instead of helping him, this quality hurt him.*"

Die Theorie von Hollingworth mag zutreffen, solange Hochbegabte sich nicht aktiv mit ihrem „Kommunikationsband" befassen. Sobald sie lernen, einige Regeln zu berücksichtigen (die ihnen nicht unbedingt alle logisch erscheinen, doch die sie trotzdem annehmen können), erschließen sie sich ein viel breiteres Kommunikationsband vergleichbar mit jemandem, der eine unbekannte Sprache erlernt.

Wenn Mitarbeiter sich mit einer „zu intelligenten" Führungskraft nicht mehr identifizieren können, nimmt die Wirksamkeit dieser Führungskraft ab [9].

Ein zu abgehobener Chef wirkt genauso unnahbar wie ein ausgesprochen inkompetenter.

Führungsduos aus „Hirn" und „Macher"

In manchen Organisationen werden Sie ein interessantes Gespann an der Spitze finden: einen „Denker" und einen „Macher". Der Denker ist gewissermaßen der Mastermind, der Macher der bodenständige Manager, der für das Umsetzen und die Resultate sorgt. Universitäten, Fach-hochschulen und technologie- bzw. forschungslastige Unternehmen werden nicht selten von einem Duo aus Rektor plus Geschäftsführer, Technischem und Kaufmännischem Leiter oder CEO und *Chief Engineer* bzw. *Chief Scientist* geführt.

So, wie es im Kleinen die Unterscheidung zwischen fachlicher und disziplinarischer Führung gibt, teilt sich hier das ungleiche Paar die Aufgaben.

7.5 Spezielle Themen für das Management als Hochbegabter

Die Besetzung von Führungspositionen erfolgt häufig nach dem Treuepunkte-Verfahren bzw. dem Modell „Der beste Sachbearbeiter wird Führungskraft". Wenn Sie als Hochbegabter aufgrund Ihrer fachlichen Leistungen plötzlich Führungskraft sind, sollten Sie rasch einiges dazu- lernen, denn zum Job des Managers gehört mehr als ein hoher IQ.

Warum soll ich überhaupt Manager werden?

Hochbegabte, die Management kritisch gegenüberstehen, haben wahrscheinlich durch persönliche Erlebnisse und Anekdoten „schwarzer Schafe", ein Zerrbild der Profession, vor ihrem geistigen Auge. Nicht jeder Hochbegabte kann und soll Manager werden. Allerdings empfiehlt es sich für jeden Hochbegabten, sich bewusst mit der Frage, ob er andere Menschen führen will oder nicht, auseinanderzusetzen. Hierzu zwei passende Zitate als Denkanstoß:

> *Life is like a dogsled team. If you ain't the lead dog, the scenery never changes.*[2]
> Lewis Grizzard (1946–1994), Amerikanischer Humorist

> *I not only use all the brains that I have, but all that I can borrow.*
> Woodrow T. Wilson (1856–1924), US-amerikanischer Politiker

Als Manager können Sie mehr bewegen. Sie haben die Möglichkeit, Ihre eigenen Fähigkeiten gewissermaßen durch die Ihrer Mitarbeiter zu multiplizieren.

Wer Einfluss auf andere Menschen ausübt, auch ohne deren direkte Führungskraft zu sein, kann seine gesteckten Ziele in einem höheren Ausmaß und schneller erreichen. Das gilt in quasi allen Bereichen des Lebens. Andere Menschen zu führen ist demnach eine Schlüsselqualifikation nicht nur für Manager, sondern für jeden, der Erfolg haben möchte.

[2] Hier das Pendant aus wärmeren Gefilden, ein Sprichwort aus Äthiopien: Das erste Kamel einer Karawane hält alle auf; das letzte erhält die Prügel.

Hochbegabte Manager auf dem Vormarsch

Es gibt viele hochbegabte Manager, und es werden mehr. Praktizierende Manager unterscheiden sich in Stil, Techniken und Einsatz. Keine zwei CEOs sind gleich. Sie wurden bestellt, gera- de weil sie sich von der breiten Masse der Führungskräfte unterscheiden. Derjenige, der anders denkt und handelt als es im Lehrbuch steht, kann eine Organisation an die Spitze bringen.

Nach Roland Jäger, Autor des Managementbuchs „Ausgekuschelt" [10], gibt es sowohl sehr stark extrovertierte als auch extrem introvertierte Manager. Letzteren steigen die Schweißperlen ins Gesicht, wenn sie vor mehr als drei Menschen sprechen sollen. Dennoch können sie wirksam sein.

Roland Jäger behauptet in [11], dass eine neue „Manager-Kaste" in den Unternehmen Einzug hält, teilweise von großen Unternehmensberatungen rekrutiert: *„Ende 30, Anfang 40, top ausgebildet, hochintelligent, analytisch exzellent. Nur im Sozialverhalten irgendwie hintendran geblieben."*

Wenn man diesem Autor also Glauben schenkt, wird der Chefsessel von immer mehr Hochbegabten entdeckt. Siehe auch die Gedanken zu exzentrischen Managern etwas weiter unten im Text.

Was Hochbegabte dazu verhelfen kann, exzellente Manager zu werden

Hochbegabte, die managen wollen, haben passende Voraussetzungen, wirksame Führungskräfte zu sein bzw. zu werden. Vor allem helfen ihnen dabei:

- exzellente analytische Fähigkeiten,
- hohe Lernbereitschaft und großes Lernvermögen,
- rhetorische Fähigkeiten (vgl. die Erfolgschancen eines eloquenten Anwalts gegenüber einem rhetorisch nicht sehr versierten Kollegen),
- Freiheit von dem Wahn, an einmal getroffenen Entscheidungen unabrückbar festzuhalten.

Der Vorteil der kognitiven Fähigkeiten ist evident. Zu dem letztgenannten Punkt lässt sich sagen, dass Hochbegabte gedanklich sehr agil sind. Sie können ihre Meinung rasch ändern, wenn neue Fakten bekannt werden. Das fällt anderen Menschen deutlich schwerer. Andererseits erscheinen Hochbegabte manchmal flatterhaft, weil sie nicht bei ihrer Meinung bleiben.

▶ **Tipp** Stehen Sie zu Ihren Entscheidungen, und ändern Sie Ihre Position, falls nötig.

Exzentrikertum – Schlüssel oder Ausschlusskriterium für den Erfolg als Manager?

David L. Dotlich und Peter C. Cairo nennen in ihrem Buch [12] „Exzentrität" als eine Ursache für das Scheitern von Managern. Ihre unkonventionellen Ideen und Ansichten würden die Menschen verstören und die Glaubwürdigkeit und Seriosität dieser Manager in Frage stellen.

Die Gegenthese liefert Barry Gibbons in seinem Buch [13], wo er Beispiele für den besonderen Erfolg von Exzentrikern in der Wirtschaft anführt. Ein Klassiker über Exzentriker ist das Werk von Edith Sitwell (1887–1964) mit dem Titel „Englische Exzentriker" [14].

Eine nicht unerhebliche Anzahl Hochbegabter zeigt sich zumindest leicht exzentrisch. „Inselbegabung" hat in Bezug auf Großbritannien möglicherweise eine eigene Bedeutung. Dort scheinen sich besonders viele Exzentriker zu tummeln. Die „Eigenwüchsigkeit" auf der Insel hat ihre historischen Wurzeln im 18. Jahrhundert, als Menschen, die es sich leisten konnten, ihren *Spleen* kultivierten. Neben „Genies" waren es Adelige, die gehobene „Macken" an den Tag legten. Ob Oscar Wilde, der seinen Hummer Gassi führte, oder die Lords und Earls als „Besitzer" von sogenannten Schmuck- und Ziereremiten, Extravaganzen galten unter denen, die über den unmittelbaren Daseinsdruck erhaben waren, als eine angesehene Sache.

Edith Sitwell schrieb in „Englische Exzentriker": *„Eccentricity is not,as dull people wouldhave us believe, a form of madness. It is often a kind of innocent pride, and the man of genius and the aristocrat are frequently regarded as eccentrics because genius and aristocrat are entirely unafraid of and uninfluenced by the opinions and vagaries*[3] *of the crowd."*

Exzentriker haben keinen Hang zu Konformität. Sie leben ihr Leben nach eigenem Gutdünken in persönlicher Entfaltung ihrer Ideen, Wünsche und Träume ohne Rücksicht darauf, ob man sie nun als Sonderling ansieht oder nicht, und ob sie dadurch in eine Außenseiterrolle geraten.

„Berühmte" Exzentriker werden von den Menschen bewundert, weil sie die Sehnsucht nach eigener Verwirklichung und Selbstbestimmung verkörpern. Beispiele sind Salvador Dali mit seinem Zwirbelbart und Ozelot oder der „Herr der Ringe"-Autor John Ronald Reuel Tolkien, der sich als Wikinger gab. Exzentriker werden in Organisationen jedoch recht kritisch gesehen. Ihre Mitmenschen halten Sie für „bewusst andersartig, nur, um anders zu sein". Der Exzentriker selbst hält sich für normal. Ihm ist einfach der Spielraum, den ihm Familie, berufliches Umfeld oder Gesellschaft zur Verfügung stellen, zu klein. Das, was andere als Marotten und Schrullen empfinden, sieht er aus Ausdruck seiner individuellen Persönlichkeit. Im Gegenteil: Er empfindet das Korsett der Gesellschaft, dem sich andere willenlos anpassen, als schräg.

Auf der anderen Seite gibt es eine Bewegung gegen den Mainstream, dass einige Menschen sich öffentlich inszenieren und selbst in Szene setzen. Sie machen das um der anderen Willen, und nicht, um sich als „echte" Exzentriker zu sehen.

---

[3] Launen.

Exzentriker werden selten ernst genommen. Das ist für einen Manager nicht von Vorteil. Wenn er als unberechenbar und wenig fokussiert gilt, werden ihm die Mitarbeiter kaum folgen. Über exzentrische Manager sagt man auch, dass sie (zu) viele Ideen haben, die sie ihrem Team zur Umsetzung geben. Sie setzen keine Prioritäten und gehen davon aus, dass sich die „richtigen" Ideen von alleine durchsetzen werden. Die Mitarbeiter auf der anderen Seite erwarten jedoch von ihrem Chef, dass er die Richtung vorgibt. Somit endet ein exzentrischer Manager nicht selten in einer Situation, wo viele Ideen bearbeitet werden, die Resultate jedoch marginal sind. Eine andere Schwäche von Exzentrikern, die sich in Organisationen manifestiert, ist, dass sie stur sind. Ein „dicker Kopf" und Individualismus erschweren die Zusammenarbeit mit ihnen ungemein.

Aus dem hier Geschriebenen lässt sich ableiten, dass exzentrische Unternehmer großen Erfolg haben können, es jedoch für wirksame Manager vor allem der mittleren Ebene sinnvoll ist, Exzentrität am Arbeitsplatz zu vermeiden, damit ihr Umfeld ihr Urteilsvermögen und ihre Glaubwürdigkeit nicht unnötig infrage stellt.

Von der Macke zum Markenzeichen

Sie haben bereits vom Charme eines eigenen Stils und dem Reiz einer kleinen Macke gehört. Die „Krönung" für Ihre Unverwechselbarkeit ist ein Markenzeichen. Es kann ein wenig exzentrisch sein – am besten sollte es dezent und „markant" sein. Beispiele für Menschen mit einem Markenzeichen sind der Gründer der Fastfood-Kette KFC, Colonel Sanders, mit seinem stets weißen Anzug und der Hedgefondsmanager Jim Rogers mit seiner Fliege, manchmal durch Hosenträger unterstrichen. Ihr ideales Markenzeichen wird dazu führen, dass man Sie leicht wiedererkennt. Ein Markenzeichen hat zum Wesen, dass Sie es konsistent zur Schau stellen. Hier ein paar Anregungen:

- Binden Sie Ihre Krawatte kurz.
- Legen Sie sich einen markanten Haarschnitt zu.
- Bevorzugen Sie bestimmte Farben.

Management macht nicht immer Spaß

Wer zum ersten Mal Manager ist, freut sich auf und über die positiven Seiten der neuen Rolle, etwa die Entscheidungsfreiheit und die Möglichkeit, mehr zu bewegen. In der Realität beschäftigt sich ein Manager auch mit vielen zeitraubenden, unangenehmen Dingen, und selten hat er die Befugnis, absolut autark zu entscheiden. Gerade in großen Organisationen ist der Handlungsspielraum von Managern äußerst klein, und viel zu entscheidende Fragen müssen vom Manager des Managers – oder dessen Boss – erst bewilligt werden.

So stellte ein im Alter von 45 Jahren zum Manager beförderter Techniker trocken fest: *„Ich bin jetzt nur mehr ein Verwalter, der sich den ganzen Tag um nutzlosen Papierkram kümmern muss.“*

Der betroffene Hochbegabte, vormals ein erstklassiger Ingenieur, war sich anfangs nicht bewusst, dass eine Führungskraft ein nicht unerhebliches Maß an administrativen Tätigkeiten wahrzunehmen hat. Wenn er gewisse Sachen als „nutzlos“ empfindet, liegt es an ihm, den Ablauf zu verändern, er ist schließlich der Manager.

Von Managern erwartet die Organisation auch, dass sie in jeder Lage professionell agieren. Private Tiefen sollen sich nicht auf das Berufliche auswirken.

Denken oder Lenken

„Ich werde fürs Denken bezahlt, undihr fürs Arbeiten“ – das galt für Manager von Fabriken vor 100 Jahren. Heute ist es genau umgekehrt: Die Mitarbeiter („Wissensarbeiter“) werden für das Denken bezahlt, und die Manager für das Entscheiden, vereinfacht gesprochen.

Geben Sie (Teile des) Denken(s) aus der Hand – denken oder lenken lautet die Devise. Das Loslassen von Details und das Delegieren von Aufgaben, vor allem, wenn diese „interessant“ sind, ist für frischgebackene, hochbegabte Manager eine zu meisternde Herausforderung. Eine Frage, die immer wieder für heftige Diskussionen sorgt, ist, ob Manager Fachkenntnisse haben sollten oder nicht. Diese Frage lässt sich einfach beantworten: Der Vorstandsvorsitzende braucht keine Fachkenntnisse, Gruppen-, Abteilungs- und Bereichsleiter sehr wohl.

Nehmen Sie Ihren Mitarbeitern nicht das Denken ab! Zum Lösen der Probleme sind Ihre Mitarbeiter da. Stellen Sie Ihren Mitarbeitern als Manager lieber Fragen, anstatt Antworten zu liefern. Im Prinzip können Sie Ihre Abteilung führen, indem Sie beständig nur eine Frage stellen: *„Können wir das besser machen?“*

Führungsaufgaben, die Hochbegabten häufig schwerfallen

Jeder Manager tut sich bei bestimmten Aufgaben leichter als bei anderen. Unter hochbegabten Managern ist es vor allem das Delegieren, welches erst einmal gelernt sein will. Auch das Kritisieren von Mitarbeitern bzw. das Hinweisen auf Fehler als wichtiger Teil des Feedback-Gebens ist für sie nicht einfach, ebenso die Kontrolle der Mitarbeiter.

Zwei hochbegabte Manager sagten dazu:

Manager A: *„Für mich sind Kündigungen immer schwierig,da ich sie immer auf mein Versagen zurückführe.“*

Manager B: *„Ich kämpfe mit der Einplanung meiner Mitarbeiter, weil ich eigene Szenarien habe, die selten durchschaut werden.“*

▶ **Tipp** Erkennen Sie Ihre persönlichen „weißen Flecken". Nehmen Sie Feedback zu Ihren Schwächen an, und bemühen Sie sich, wichtige Lücken zu schließen. Feedback, welches von mehreren Personen in ähnlicher Weise gegeben wird, können Sie getrost als „wahr" ansehen, auch, wenn Sie selbst eine andere Auffassung haben.

Was gibt es für einen Hochbegabten als Manager zuerst zu lernen?

Management ist, wie Sie gelesen haben, ein Amalgam an Aufgaben und Anforderungen. Es reicht vom Planen und Organisieren über das Erdenken von Visionen und Zielen bis zur Motivation und Kontrolle von Mitarbeitern.

Es ist die Fähigkeit, mit Menschen umgehen zu können, die Manager unbedingt benötigen – ein wichtiger Ansatzpunkt für Hochbegabte. In der Regel werden sie nicht mit der natürlichen Intuition, wie man Menschen richtig behandelt, geboren. Die fachlichen Aspekte der Tätigkeit als Manager fallen einem Hochbegabten sehr leicht. Für den Umgang mit Menschen empfiehlt es sich dringend, sich **Wissen anzulesen** und dieses **praktisch zu üben** und zu verfeinern. Menschen sind bekanntermaßen nicht logisch, sondern emotional getrieben. Das verstehen Hochbegabte nicht immer.

Wenn Sie als Hochbegabter permanent daran arbeiten, Ihre Fähigkeiten im Umgang mit Menschen zu schärfen, sind Sie auf dem Weg zu einem exzellenten Manager.

Wirtschaft als freier Wille und Manager als selbstbestimmte Akteure

Ein Kerngedanke der freien Marktwirtschaft ist der freie Wille der Unternehmer, die nach ihrem eigenen Gutdünken Produkte und Dienstleistungen anbieten. Ebenso haben Konsumenten die freie Wahl, für welche Angebote sie sich entscheiden (siehe auch das Zitat von Dwight D. Eisenhower weiter vorne).

Manager sind Macher, die zwar Vorgaben haben, ihren Arbeitsalltag mit ihrem Team jedoch selbst gestalten.

Bei manchen Hochbegabten ist zu beobachten, dass sie sich häufig vielen Zwängen ausgesetzt sehen. Sie erkennen Limitierungen und haben oft das Gefühl, etwas tun zu „müssen". Gerade als Manager brauchen Sie die Einstellung, dass es nur in Ausnahmefällen ein echtes „Muss" gibt. Es existieren in jeder Situation und zu jedem Zeitpunkt Alternativen (die allerdings nicht unbedingt die beste Wahl sind). Niemand, ob hochbegabter oder normalbegabter Mitarbeiter bzw. Chef, hört gerne, dass er etwas tun „muss". Rufen Sie sich den Abschnitt zum Thema Motivation weiter vorne in diesem Buch in Erinnerung, wo zwei von drei befragten Hochbegabten sagten:

Hochbegabter B: *„Ich arbeite, weil man arbeiten muss…"*
Hochbegabter C: *„Jemand oder etwas muss mir den Bereich schmackhaft machen."*

> **Tipp** Vermeiden Sie, zu oft „müssen" zu sagen. Auch, wenn Sie als Chef sehr ergebnisorientiert und ungeduldig sind, sollten Sie Ihre Botschaft nicht in ein „Muss" verpacken.

Managen = eine Lösung finden

Hochbegabte wollen die perfekte Lösung für ein anstehendes Problem haben. Das ist in der Geschäftswelt selten möglich. Als Manager passen Sie sich den aktuellen Gegebenheiten an und machen „das Beste" daraus. „Managen" heißt" mit etwas umgehen. Es gibt häufig kein absolut richtig bzw. absolut falsch. Auch ist es oft ausreichend, wenn die Herbeiführung einer Lösung nicht sofort passiert, sondern etwas Zeit in Anspruch nimmt.

Wie General George S. Patton weiter vorne bereits zitiert wurde: *„Eine Führungskraft kann Prinzipien an Gegebenheiten anpassen."*

Führungskräfte lassen sich von Hindernissen nicht aufhalten, sondern suchen kreativ nach einem Weg, der sie und ihre Mannschaft ans Ziel bringt.

Kommunikation als hochbegabter Manager

Achten Sie darauf, klar verständlich zu kommunizieren. Ein Grafiker, der für einen Universitätsprofessor das Layout seines Quartalsberichts erstellte, sagte: *„Wenn man mit ihm telefoniert, fallen ihm mitten im Gespräch fünf andere Dinge ein, und am Schluss ist er verärgert, dass man nur die Hälfte verstanden hat."*

Springen Sie in einem Gespräch nicht von Thema zu Thema, sondern behandeln Sie eines nach dem anderen.

> **Brain Teaser** Wenn Sie eine Bemerkung machen wollen, die nicht ganz zum Thema passt, leiten Sie diese mit „Übrigens ..." ein.

Ungeduld

Langmut – das verstehen Ungeduldige genauso wenig wie Geduld. Geduldige Menschen warten aus Sehnsucht, Hoffnung, Berechnung oder Standfestigkeit ab, bis sich ein bestimmter Zustand in der Zukunft einstellen wird. Das ist nicht allen Menschen möglich. Westliche Kulturen wundern sich teilweise über die orientalische Gelassenheit, und richtig ungeduldige Menschen, darunter auch viele Hochbegabte, können generell nicht warten. Dazu schrieb Friedrich Hölderlin, einer der bedeutendsten deutschen Lyriker (1770–1843): *„Ich glaube, dass die Ungeduld, mit der man seinem Ziele zueilt, die Klippe ist, an der gerade oft die besten Menschen scheitern."*

Manager brauchen ein gewisses Maß an Ungeduld. Zu wenig davon macht sie selbstzufrieden und träge, wohingegen ein Übermaß an Ungeduld sie nervös, unberechenbar und gefährlich werden lässt.

Der hochbegabte Stephan stellt zu ungeduldigen Chefs fest: *„Wenn man eine Führungsperson sein möchte, sollte man sich dem Tempo der Herde anpassen und versuchen, niemanden zu verlieren, anstatt als erster am Ziel zu sein.“*

> Achtung, Falle: zu schnelles Handeln
> Für hochbegabte Manager besteht die Gefahr, zu viel zu schnell tun zu wollen. Dabei kann ihnen die Organisation nicht mehr folgen. Daher ist es wichtig, bei der Umsetzung einer neuen Idee oder eines Projekts die Menschen „abzuholen“, damit Wandel auch vollzogen werden kann (siehe auch das Kapitel zu *Change Management*).

> **Brain Teaser** Ein ungeduldiger Chef kann beispielsweise ungeduldige, leistungswillige Mitarbeiter in sein Team holen, anstatt selbst aktiv dauernd „aus der Hüfte“ zu schießen. Diese Mitarbeiter werden seine Projekte stark vorantreiben, und so erzielt er indirekt, was er haben möchte.

Emotionale Intelligenz ist erlernbar

Es hat sich in vielen Studien gezeigt, dass es der „EQ“ ist – neben einem gewissen Mindest-IQ –, der für Manager erfolgsentscheidend ist. Menschen zu führen erfordert emotionale Intelligenz; Fachwissen und exzellente analytische Fähigkeiten reichen nicht aus. So zeigt die Praxis, dass hochintelligente und hochausgebildete Manager bei einem Mangel an Empathie (Einfühlungs- vermögen) weniger wirksam und erfolgreich sind als ihre mittelmäßig intelligenten Kollegen, die nur durchschnittliches Wissen mitbringen. Jemand mit einem hohen EQ bringt ideale Voraussetzungen mit, ein herausragender Manager zu werden, verglichen mit jemandem, der einen hohen IQ hat. Jedoch: Der IQ eines Menschen ist relativ stabil, der EQ hingegen lässt sich entwickeln. Empathie ist die Summe aus angeborenen und durch Lebenserfahrung gewonnenen Komponenten. Emotionale Intelligenz ist für jeden erlernbar. Es ist nie zu spät, emotional intelligenter zu werden! Zu Empathie gehört, die eigenen Gefühle und die seiner Mitmenschen zu verstehen und zu steuern.

Emotionale Intelligenz wird umso wichtiger, je höher Sie in der Hierarchie einer Organisation aufsteigen, siehe dazu folgende (Abb. 7.1).

Die intellektuellen Herausforderungen sind für einen Entwicklungsingenieur höher als für dessen Chef, der andere Aufgaben wahrnimmt, welche mehr EQ erfordern. Der EQ eines Mitarbeiters ohne Personalverantwortung ist nicht allzu entscheidend für dessen Erfolg. Da der EQ über die Zeit entwickelt und aufgebaut werden kann, kann jemand mit Defiziten hier aufholen.

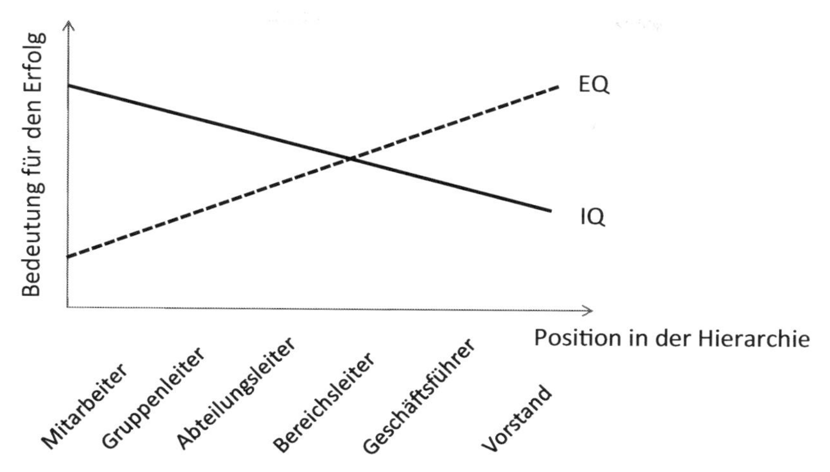

Abb. 7.1 Der EQ wird mit der Hierarchiestufe zunehmend wichtiger, während die Bedeutung des IQ zurücktritt

Der IQ scheint für die Erreichung einer höheren Position wichtiger zu sein als für deren erfolgreiche Bekleidung.

Es dauert in der Regel sechs Monate und bedarf harter Arbeit, eine bestimmte Verhaltensweise zu ändern [15]. Nach anderen Studien sind es 30 unterbrechungsfreie Tage eines konsistenten neuen Verhaltens, bis dieses verinnerlicht wurde.

Führen Sie ein Logbuch mit Ihren Fortschritten.

Arbeiten Sie gezielt an der Verfeinerung Ihrer emotionalen Intelligenz. Im Sinne von lebenslangem Lernen sind Sie eingeladen, permanent an dem Ausbau Ihres EQ zu werken. Auch Ihre kulturelle Intelligenz, ausgedrückt über den CQ, lässt sich steigern, etwa durch einen Auslandsaufenthalt.

Emotionale Herausforderungen für Hochbegabte

Emotionale Schwierigkeiten ergeben sich oft nicht aus der Hochbegabung an sich, sondern daraus, wie die Umwelt auf diese reagiert.

Dass als hochbegabt etikettierte Kinder häufiger soziale Probleme bekommen als solche, denen der IQ nicht „umgehängt" wird, lässt sich ebenfalls aus zahlreichen Studien ableiten. Ein Schüler, den alle „kleiner Professor" nennen, kann positiv oder negativ auf diesen Druck und die verbundenen Erwartungshaltungen reagieren. Auch selbst auferlegter Stress durch zu hohe Ziele kann zu Frustrationen und Problemen führen.

Hochsensible Hochbegabte bauen manchmal Barrieren zu anderen Menschen auf und lassen niemanden an sich heran, aus Angst, verletzt zu werden [16].

Die gefährliche Angewohnheit, sich rasch zu langweilen, kann sich auch in sozialen Schwierigkeiten Hochbegabter manifestieren. Unter „Genies" werden Künstlern mehr emotionale Schwierigkeiten zugeschrieben als Wissenschaftlern [16].

IQ vs. EQ: Was ist aus Sicht der Hochbegabten wichtiger?

Ob Hochbegabte Probleme im Umgang mit anderen Menschen haben, hängt davon ab, wie ihre übrige Persönlichkeitsstruktur beschaffen ist.

Wolfgang, hochbegabter Pensionist, sagt: *„Die schwierige Seite in meinem Leben war der soziale Bereich.“*

Die hochbegabte Petra meint: *„Der Trugschluss ist derselbe wie bei ‚lieber gesund als reich‘: Weniger Intelligenz bedingt nicht automatisch mehr emotionale oder soziale Kompetenz“.*

Die Frage nach der Korrelation von EQ und IQ füllt Bände. Nach Charles Spearmans Theorie hängen IQ und EQ über den Generalfaktor der Intelligenz zusammen. Das Modell von Howard Gardner mit seinen multiplen Intelligenzen erlaubt es, emotionale Intelligenz vollkommen losgelöst von kognitiver Intelligenz zu sehen.

Die Studien von Terman haben gezeigt, dass seine „Termiten“ in der Regel in einem zufrieden- stellenden Maß angepasst waren in Bezug auf Moral, emotionale Reife und soziale Beziehungen, was von nachfolgenden Studien bestätigt werden konnte [17]. Andere Autoren haben genau das Gegenteil herausgefunden, dass Hochbegabte aufgrund ihrer speziellen Charakteristika Anspassungsschwierigkeiten haben, die zu geringem Selbstvertrauen, Perfektionismus und Neidgefühl führen können. Hochbegabte fühlen sich nach diesen Studien in der Regel als Erwachsene „anders“. Viele Beschreibungen, wie die Umwelt Hochbegabte wahrnimmt und mit Stereotypen versieht, etwa als stark exzentrisch, sind weder empirisch noch wissenschaftlich validiert.

In [17] wurde die emotionale Intelligenz von hochbegabten Schülern und Studenten aus Israel untersucht. Die Studie brachte jedoch keine eindeutigen Ergebnisse hervor. Je nach angewandtem Test zeigte sich ein über- bzw. unterdurchschnittlicher EQ. So erzielten Hochbegabte mehr EQ-Punkte beim Mayer-Salovey-Caruso Emotional Intelligence Test (MSCEIT), während sie beim Schutte Self-Report Inventory (SSRI) weniger vorteilhaft abschnitten. Das mag auf einen Mangel an Vertrauen an die eigenen emotionalen Fähigkeiten zurückzuführen sein. Tatsächlich lagen die in [17] nach den beiden Tests ermittelten EQ-Werte nahe um 100.

Auch hat sich gezeigt, dass Hochbegabte, die das Stereotyp des „hochbegabten *Nerds*“ annehmen, weniger hoch bei EQ-Tests abschneiden als solche, die sich nicht davon einfangen lassen [17].

Nach Leta Hollingworth, die sich mit Höchstbegabten mit einem IQ jenseits von 180 befasst hat, haben Hochbegabte mit einem IQ zwischen 125 und 155 die am besten ausgeprägten sozialen Fähigkeiten [18].

Die Mehrzahl der Hochbegabten ist übrigens der Ansicht, dass der EQ wichtiger ist als der IQ. Einer der Befragten sagte: *„EQ ist mir wichtiger,weil ich vor Menschen, die andere ständig beleidigen und verletzen, keinen Respekt habe, auch wenn sie noch so intelligent sind. Dagegen gibt es Menschen, die keinen hohen IQ haben, aber mit ihrem EQ ganz hoch punkten können.“*

Management: Was Sie schon immer darüber wissen sollten, doch nie danach gefragt haben, weil Sie dachten, schon alles zu wissen

Machen Sie nicht den Fehler zu glauben, dass sie Management nicht lernen müssen und auf die „allgemeinen" Bücher und Ratgeber verzichten können, weil Sie ja hochbegabt sind.

Oft scheint es, als ob Menschen aus Fehlern anderer nicht wirklich klug werden und alles offen- bar am eigenen Leib erleben wollen. So, wie sich im Großen die Geschichte periodisch aufs Neue wiederholt, machen auch Berufseinsteiger und Jungmanager immer wieder die gleichen Fehler.

Heiko Mell schreibt in seiner wöchentlichen Kolumne der VDI-Nachrichten für karriereinteressierte Ingenieure, dass er Mal für Mal die gleichen Fauxpas erlebt. Berufseinsteiger scheinen nicht auf Anregungen der „alten Hasen" zu hören und wundern sich dann, wenn sie eine holprige Reise vor sich haben. Ein mensawürdiger Manager sagte: *„Das Leben ist der beste Coach – man schlägt sich immer wieder furchtbar den Kopf an, und lernt dann, zumindest für eine Zeitlang, daraus."*

Es gibt Hochbegabte, die bei Ratschlägen von erfahreneren Leuten automatisch ihre Ohren auf Durchzug schalten. Tun Sie das nicht, sondern lassen Sie sich etwas sagen! Suchen Sie sich ein paar erfahrene Lehrer, und hören Sie auf sie!

Glauben Sie an Ihre Mannschaft

Wenn Sie der Meinung sind, schlauer zu sein als Ihre Mitarbeiter, werden Sie wohl keine he- rausragenden Ergebnisse von ihnen erwarten. Wie Sie im Abschnitt zum Pygmalion- Management gelesen haben, werden Sie und Ihre Mitarbeiter dann Opfer des **Golem-Effekts**.

Ein Lehrer meinte einmal: *„Eine Eins gibt es nur für Gott, eine Zwei für den Lehrer,eine Drei für die Streber und eine Vier für den Rest von Euch."*

Sie sollten Ihre Mitarbeiter ermutigen und an ihren Erfolg glauben. Wenn jemand beispielsweise eine mangelhafte Präsentation gehalten hat, ermuntern Sie ihn, und versichern Sie ihm, dass er bereits besser als das letzte Mal war und bald ausgezeichnete Vorträge wird halten können. Unterstützen Sie mit Trainings, Coaching oder anderen Maßnahmen – wenn Sie beide an den Erfolg glauben, wird der Mitarbeiter ihn tatsächlich bald haben.

Kein zu netter und kein zu strenger Chef sein!

Es gibt Chefs, die interessieren sich nur für die Ziele ihres Chefs („Radfahrer", „Autokraten"). Dann gibt es Chefs, die interessieren sich nur für das Wohl ihrer Mitarbeiter („Demokraten").

Beide sind nicht wirksam. Sie nehmen sich als Manager einer beliebigen Organisation um deren Ziele an und müssen zusätzlich auf Ihr Team achten.

Wichtig ist vor allem Ihr Start als Manager in einem neuen Team. Wenn Sie zu Beginn zu nett sind, werden Sie später kaum mehr fordern können. Lieber zuerst streng sein, und dann mehr Unterstützung geben, das ist die empfohlene, erprobte Reihenfolge (vergleiche mit der Erziehung eines Vierbeiners). Hierbei verhält es sich wie mit Luxus: Wer sich einmal daran gewöhnt hat, gibt ihn nicht mehr gerne auf – umgekehrt weiß man gar nicht, was man verpasst.

Perfektionismus: Vermeiden Sie eine „Prove-it-or-lose-it"- Mentalität

Perfektionismus ist das Bemühen, eine fehlerfreie Höchstleistung zu erbringen, selbst dann, wenn diese nicht nötig oder nicht möglich ist. Nach der 80/20-Regel ist Perfektionismus, also das Streben, das „Letzte" aus einer Sache herauszuholen, von einem hohen Aufwand gekennzeichnet. In der Psychologie ist Perfektionismus entlang von zwei Achsen aufgespannt: perfektionistisches Streben und perfektionistische Besorgnis. Er kann übertrieben bzw. sogar zwanghaft ausgeprägt sein (zwanghafte bzw. anankastische Persönlichkeitsstörung), wovon etwa 1 % der Bevölkerung betroffen ist. Hochbegabte neigen dazu, Perfektionismus an den Tag zu legen.

Jack Welch schrieb zu Perfektionismus in [19]: *„If we wait for the perfect answer, the world will pass us by."*

Nach George S. Patton ist ein guter Plan heute besser als ein perfekter Plan morgen.

Hochbegabte werden häufig in der Schule so konditioniert, dass sie sich ständig beweisen wollen. Dieses „*Prove-it-or-lose-it*" Spiel kann sie in den Perfektionismus treiben.

Wenn Sie als Manager Ihren Hochbegabten das Gefühl geben, dass Sie sich nicht ständig zu beweisen brauchen, werden diese ihren Perfektionismus abbauen lernen.

Einschub: die 80/20 Regel

Der italienische Wirtschaftswissenschafter Vilfredo Pareto fand zu Beginn des 20. Jahrhunderts in einer Studie zum italienischen Volksvermögen heraus, dass 20 % der Menschen 80 % des Reichtums besaßen. In der Folge entdeckten andere Wissenschaftler, dass diese Daumenregel sich auch mit gutem Erfolg auf andere Bereiche anwenden ließ. So brachte der Pionier für Qualitätsmanagement, Joseph M. Juran, die 80/20-Regel als Pareto-Regel bzw. als Pareto-Prinzip in die Wirtschaft. Sie besagt, dass 80 % der Arbeit etwa 20 % des Aufwands benötigen, und dass die letzten 20 % einer Aufgabe 80 % des Aufwands verzehren. In der Regel generieren 20 % der Kunden 80 % der Aufträge, leisten 20 % der Mitarbeiter 80 % der Arbeit und verursachen 20 % der Aufgaben 80 % der Kosten. 20 % der Güter sind für 80 % des Lagerstands verantwortlich. Im Einzelfall ist natürlich zu prüfen, inwieweit das Pareto-Prinzip gültig ist. Im Allgemeinen stellt es eine brauchbare Hilfestellung für Manager dar, indem es ermahnt, sich auf das Wichtigste zu konzentrieren.

Die 80/20-Regel wird auch bei Toyota praktiziert. 10 bis 15 % der Aufgaben in der Arbeit sind dort typischerweise „kritisch". Ihrer Bewältigung werden 80 % der Zeit gewidmet [20].

Zügeln Sie Ihren Gerechtigkeitssinn

Fairness ist eine ganz wichtige Komponente im Verhalten einer Führungskraft. Da Hochbegabte in der Regel einen stark ausgeprägten Gerechtigkeitssinn haben, fällt ihnen Fairness nicht schwer. Allerdings können sie dabei auch über das Ziel hinausschießen. So sagte ein hochbegabter Manager: *„Ich habe das Bedürfnis, alle bestrafen zu wollen, wenn sie etwas falsch gemacht haben."* Als Manager sollten Sie wirksam sein und nicht nach ultimativer Gerechtigkeit und Ausgleich trachten.

Erkennen Sie die Tatsache an, dass es im Wirtschaftsleben nicht „fair" zugeht. Ansonsten würden sich beispielsweise mehr „Fair-Trade"-Kaffeebohnen verkaufen als regulärer, nach den Gesetzen der Marktwirtschaft produzierter Bohnenkaffee.

Toleranz gegenüber Fehlern

Jeder Mensch macht Fehler, auch Sie!

Wenn Sie in 51 % der Fälle die richtige Entscheidung treffen, können Sie an der Börse innerhalb kürzester Zeit ein unvorstellbares Vermögen anhäufen, sodass Sie Ihr Geld wiegen anstatt zählen werden. Die Tatsache, dass es wenige solcher Menschen gibt, zeigt, dass es offenbar nicht so einfach ist, in auch nur etwas mehr als der Hälfte aller Fälle richtig zu entscheiden.

Sie kennen Ihre eigenen Fehler. Warum sollten andere Menschen keine Fehler machen?

Wenn Sie andere Menschen auf deren Fehler aufmerksam machen – und dies nicht nötig wäre –, erzeugen Sie nur böses Blut.

Damit ist nicht gemeint, dass Sie als Chef nicht Ihre Erwartungen kundtun sollen. Fehler geben für Ihre Mitarbeiter (und für Sie) ebenso erkenntnisreiche, wenn nicht bessere, Lehrer ab als Erfolge. Gemeint ist hier vielmehr, unbedeutende Fehler in den Äußerungen seiner Gesprächspartner nicht in Schulmeistermanier zu korrigieren, indem Sie ins Wort fallen und so deren Glaubwürdigkeit sinnloserweise herabsetzen, so, wie es Anton machte.

Fritz im Abteilungsgespräch: *„Letzten Mittwoch haben wir eine Kundenanfrage aus Panama erhalten".* Sein Kollege Anton wirft ein: *„Das war nicht am Mittwoch, sondern schon am Dienstag."*

Denken Sie, dass dieses Mehr an Information die Verärgerung von Fritz aufwiegt? Fachlich ist die Belehrung korrekt, sie hat jedoch mehr Schaden als Nutzen gestiftet.

Sie sollten Ihre Mitarbeiter nur dann bestrafen, wenn ein Fehler – aus Arroganz, dazuzulernen – ein zweites Mal passiert oder grob fahrlässig herbeigeführt wird. Bei einem

„normalen" Fehler brauchen Ihre Mitarbeiter Unterstützung und Aufmunterung, um ihr Selbstvertrauen wieder herzustellen.

Nicht zu viel entscheiden!

Entscheiden Sie nur die wichtigen Dinge, und entmündigen Sie Ihre Mitarbeiter nicht, indem Sie ihnen alle Entscheidungen abnehmen. Wenn jemand mit einer Entscheidung, die er selbst treffen sollte, zu Ihnen kommt, schicken Sie ihn wieder weg (nicht in seiner ersten Arbeitswoche, doch ab der zweiten). Hochbegabte Manager neigen dazu, ihren Mitarbeitern das Denken und Entscheiden abzunehmen (erkennen Sie die hässlichen Parallelen zum Mikromanager?). Lassen Sie Ihre Mitarbeiter Ideen ausarbeiten, und sorgen Sie dafür, dass sich alle in den Denkprozess einbringen. Delegieren Sie!

Ein Werkzeug, das Sie in Ihr Repertoire aufnehmen können, ist *Brainstorming*: Mit diesem Prozess lassen sich die Ideen aller Mitarbeiter einfangen. Die goldene Regel dabei ist, zuerst Ideen zu generieren, und diese erst in einem zweiten Schritt zu bewerten. Wilde Ideen sind ein wichtiges Ergebnis im *Brainstorming*, sie dürfen nicht gleich zu Beginn als unrealistisch verworfen werden.

Brain Teaser Wer keine Entscheidung trifft, den trifft die Entscheidung.

„Superhelden"-Komplex

Hochleistende Hochbegabte sind gewohnt, herausragende Leistungen zu erzielen. Sie legen selbst ein strenges Maß an, und auch andere Menschen erwarten weitere Top-Leistungen. Nach einer Beförderung besteht die Gefahr, dass der Hochbegabte weiterhin alles selbst machen will, weil er es vermeintlich besser und schneller kann als seine Projekt- oder Teammitglieder. Er droht sich zu überarbeiten und das Team nicht genügend miteinzubeziehen. Diese Menschen sollten rasch lernen zu delegieren.

Loben Ihrer Mitarbeiter

Für Hochbegabte sind hohe Leistungen normal. So kann es passieren, dass ein hochbegabter Manager eine tolle Leistung eines (nicht hochbegabten) Mitarbeiters als selbstverständlich wahrnimmt und dadurch vergisst, diesen entsprechend zu loben. Wer sich schwertut, die Qualität und Quantität der Leistung seiner Mitarbeiter objektiv zu beurteilen, sollte die Beiträge seiner Mannschaft relativ zueinander sehen. Es wird Ihnen nicht so schwerfallen zu erkennen, wie Ihre Mitarbeiter im internen Vergleich ihrer Leistungen liegen.

Tipp: Im Zweifelsfall lieber (anlassbezogen) loben!

Humor

Chefs, die lachen, können ihre Mitarbeiter in der Regel mehr motivieren als stocksteife Manager. Wie bereits erwähnt wurde, haben Hochbegabte einen speziellen Humor. Passen Sie daher auf, dass Sie nicht negativ auffallen, wenn Sie versuchen, vor Ihrem Chef, Ihren Mitarbeitern oder gar vor Ihren Kunden witzig zu sein.

Krampfhafter Humor ist genauso schlimm wie stundenlanger ungebrochener Ernst. Humor sollte natürlich in ein Gespräch einfließen. Unterbrechen Sie niemals den Gesprächsfluss, um einen Witz zu erzählen [8].

Enthusiasmus

Jeder von uns ist ein Verkäufer. Um etwas verkaufen zu können, trägt man es am besten mit viel Enthusiasmus zu Markte. Hochbegabte empfinden gute Leistungen als normal und sind des- halb nicht geneigt, überschwängliche Begeisterung zu spüren und noch weniger zu zeigen. Als Manager ist es fast unabdingbar, dass Sie Enthusiasmus versprühen und die Resultate Ihrer Mannschaft entsprechend verkaufen, intern wie extern.

Der hochbegabte Markus M. sagte: *„Ich hielt meinen Professor für einen Idioten, weil er von jedem Minierfolg absolut begeistert war. Ich fand es ziemlich peinlich, wie er unsere normalen Ergebnisse als Sensation „verkaufte". Später fand ich heraus, dass ich den Wert unserer Arbeit unterschätzt hatte, weil mir diese so leicht gefallen war."*

> **Brain Teaser** Wer Leidenschaft für seine Arbeit zeigt, kann diese optimal erledigen, und ihm trauen andere Menschen dies auch zu.

Hochbegabte sehen manche Dinge nach dem Geschmack anderer zu „trocken".

Nutzen Sie Ihre Stärken

Als Hochbegabter verfügen Sie über besondere Stärken. Nutzen Sie sie voll aus! Das setzt natürlich voraus, dass Sie sich selbst und Ihre Kompetenzen kennen. Um sich ein klareres Bild von dem, was Sie antreibt, zu verschaffen, sollten Sie nachdenken, was dies wirklich ist. Womit haben Sie Spaß, was motiviert Sie, morgens aufzustehen? In der Regel werden Ihre Stärken dort liegen, wo sich Ihre Interessen befinden.

Suchen Sie sich einen Job, wo Sie Ihre Stärken nutzen können. Als Manager sind Sie in der Lage, Tätigkeiten, die Sie selbst nur spärlich beherrschen, zu delegieren und sich so darauf zu konzentrieren, Kapital aus Ihren Stärken zu schlagen. Delegieren kann auch als Ausgleich eigener Schwächen angesehen werden, außerdem spart es Zeit.

Bewährte Werkzeuge sind auch für Sie!

Nicht alle Werkzeuge passen für jede Situation und jeden Manager – dennoch sollten Sie auf der Erfahrung vieler Ihrer Vorgänger aufbauen und Bewährtes anzuwenden versuchen. Die Portfolioanalyse beispielsweise (denken Sie an die berühmten Quadranten „*Poor Dog*", „*Cash Cow*", „*Star*" und „*?*" nach der Boston Consulting Group, BCG) ist ein Werkzeug aus der Betriebswirtschaft, das von vielen Naturwissenschaftlern verachtet wird – und auch von manchen Hochbegabten, ebenso wie das bewährte Zielegespräch.

Lehnen Sie solche Hilfsmittel nicht kategorisch ab! Als Manager sollten Sie ohnehin offen für Neues sein.

Passen Sie Werkzeuge an Ihren Arbeitsstil und an Ihr Umfeld an! Typische Führungsinstrumente aus der Privatwirtschaft lassen sich beispielsweise auch in Forschungsinstituten anwenden. Verwechseln Sie einen hohen IQ nicht mit Wissen.

> **Brain Teaser** Wenden Sie unkonventionelle Methoden an. Unter dem Schlagwort *„Cross- Learning" (X-Learning)* lassen sich bewährte Konzepte zwischen Branchen transferieren. Als Hochbegabter liegen Ihnen das vernetzte Denken und das Erkennen von Parallelen. Schöpfen Sie aus diesem besonderen Potenzial!

Management heißt auch Personalprobleme lösen

Technische Zusammenhänge sind „logisch", lassen sich mathematisch beschreiben und folgen Naturgesetzen, die überall auf der Welt gleich sind. Es ist einfach, kausale Abhängigkeiten zu erkennen. Beim Umgang mit Menschen ist nicht alles so klar definiert. Zwar lässt sich Verhalten im Allgemeinen vorhersagen, „logisch" ist es hingegen nicht unbedingt.

Achten Sie als Manager darauf, welche Wirkung Ihr Handeln und Ihre Worte auf andere Menschen haben. Versuchen Sie, sich in sie hineinzuversetzen. Manager sein heißt auch, sich mit den „seelischen Blähungen" seiner Mitarbeiter auseinanderzusetzen. Das Lösen von Personalproblemen können Sie nicht delegieren. Auch wenn Ihnen die „Probleme" nicht wichtig erscheinen – für die Betroffenen sind sie es, und sie können durch Verschleppung noch viel größer werden.

Suche keine technischen Lösungen für soziale Probleme

Der Ausspruch stammt von Bjarne Stroustrup, dem Entwickler der Programmiersprache C++, und richtet sich an Technokraten.

Solche Hochbegabte, die Gefühle gerne ausblenden und nur die Fakten sehen, argumentieren auch dann logisch mit Argumenten, wenn eine Problemlösung rein auf der emotionalen Ebene möglich ist (und nur dort).

> **Brain Teaser** *„Feelings are facts."* Gefühle lassen sich durch den Intellekt nicht aushebeln.

Kurzer Exkurs: Es gibt auch den Begriff des „Gefühlsmanagements". Ein anregendes Buch hierzu ist „Das gekaufte Herz" [21] von Arlie Russell Hochschild, Sighard Neckel und Ernst von Kardorff, welche im Original den Titel „*The Managed Heart*" [22] trägt. Dort werden „Gefühlsarbeiter" beschrieben. Als Beispiele führen die Autoren Stewardessen, die zur personifizierten Freundlichkeit instrumentalisiert werden, genauso auf wie Geldeintreiber, die von Berufs wegen hart, ungeduldig und beängstigend wirken sollen, um aufzuzeigen, wie die Ziele des Arbeitgebers bei den Kunden erreicht werden können.

Nachfolger

Bauen Sie rechtzeitig einen Nachfolger auf, bevor Sie befördert werden oder einer Tätigkeit außerhalb ihrer derzeitigen Organisation nachgehen. Nach Ihnen sollte kein Vakuum entstehen. Die durchschnittliche Lebenszeit eines Unternehmens ist geringer als die Lebensarbeitszeit der meisten Menschen, schon alleine deshalb wechseln Menschen alle paar Jahre den Job. Ihre Abteilung soll nach Ihrem Austritt nahtlos „weiterlaufen". Peter Drucker spricht von der *perpetuating organization* (sich selbst bewahrende/aufrecht erhaltende Organisation).

> **Achtung, Falle** Ist Ihr Job der eines „weißen Raben"? Stellen Sie sicher, dass Ihr Nachfolger in der Lage ist, in Ihre Fußstapfen zu treten, indem Sie ggf. bestimmte Aufgaben anderweitig delegieren.

Zusammenstellung Ihres Teams

Über Teams wurde an anderer Stelle in diesem Buch bereits ausführlich geschrieben. Hier sei nur nochmals erwähnt, dass Sie Ihr Team nach drei Gesichtspunkten zusammenstellen sollten:

- für die vorliegende Aufgabe,
- „bunt",
- mit den besten Mitarbeitern.

Behalten Sie im Hinterkopf, dass Menschen bevorzugt ihnen ähnliche Menschen aufnehmen. Hochbegabte beachten vor allem den letzten Punkt, die „besten Mitarbeiter" in ihr Team aufzunehmen, und vernachlässigen gerne den Aspekt einer gewissen Ausgeglichenheit. Unter „buntem" Team ist gemeint, dass Sie möglichst unterschiedliche Charaktere zusammenspannen sollten, die verschiedene Erfahrungen und Sichtweisen einbringen. Mit

Diversity kann man es auch übertreiben. James Gaius Watt, der US-Innenminister unter Ronald Reagan war, gab am 21. September 1983 in einer Pressekonferenz Folgendes zum Besten und beendete damit seine

Karriere: „*I have a black, a woman, two Jews and a cripple. And we have talent.*"

Vergessen Sie nicht, das Team zu entwickeln.

Mentoring für einen anderen Hochbegabten

Übernehmen Sie die Patenschaft für einen Hochbegabten jüngeren Semesters, und helfen Sie ihm, gefährliche Klippen zu umschiffen. Von einer Mentorenschaft wird nicht nur Ihr Schützling, sondern auch Sie profitieren. Mentor sollte nicht der direkte Vorgesetzte sein, um eine neutrale Sichtweise zu wahren. Vorteile eines Mentoringprogramms für den Mentor sind unter anderem:

- Möglichkeit zur Weitergabe des eigenen Wissens und eigener Erfahrung,
- Ansporn zur Reflexion über den eigenen Weg und den eigenen Führungsstil,
- Anregungen vom Mentee, die im eigenen Bereich übernommen werden können,
- Wertschätzung und Sichtbarkeit in der eigenen Organisation.

In Business, you get what you negotiate, not what you deserve

Viele Hochbegabte verfügen über einen ausgeprägten **Gerechtigkeitssinn**. Der Begriff der Gerechtigkeit existiert in der Wirtschaft nicht. Natürlich sind Abmachungen und Verträge, von denen beide Seiten profitieren, nachhaltiger und werden länger bestehen. Es ist jedoch zumeist das, was man verhandelt, entscheidend im Geschäftsleben. Jede Seite ist bestrebt, ihren Nutzen zu maximieren.

Es gibt somit auch kein „gerechtes" Gehalt und auch keinen „gerechten" Preis für ein Produkt. Falls der Markt intransparent oder nicht ideal gestaltet ist (Monopole sind ein Beispiel für letzteren Fall), sind gewisse Marktteilnehmer im Vorteil. Wenn eine Firma zu hohe Preise für ihre Produkte verlangt, wird bald ein Mitbewerber auftreten, der den Preis unterbietet. Der Markt bestimmt den „richtigen" Preis, niemals jedoch den „gerechten" Preis. Wenn Arbeitnehmer in Zeiten des Wirtschaftsaufschwungs rar sind und mehr verdienen, hat das mehr mit relativer Stärke einer Verhandlungsposition als mit Gerechtigkeit zu tun. Dieses Konzept haben Sie wohl zu akzeptieren, so unfair es Ihnen auch erscheinen mag. Als Manager werden Sie sich regelmäßig in Verhandlungspositionen finden, in denen Sie für sich selbst oder für Ihre Organisation in den Ring gehen.

There is no free lunch

Im Geschäftsleben wird Ihnen nichts geschenkt. „*There is no such thing a free lunch*", sagt man, außer, Sie bitten Ihre Sekretärin darum, Ihnen ein Essen zu besorgen.

> **Brain Teaser** Wenn ein Angebot zu gut ist, um wahr zu sein, fragen Sie sich, wo der Haken daran sein könnte. Kein Arbeitgeber wird ein zu hohes Gehalt bezahlen, und kein Lieferant wird Ihnen seine Ware unter dem Marktwert anbieten.

Neid gegenüber „Bauernschläue"

Der Neid ist eines der sieben Hauptlaster, die umgangssprachlich und theologisch nicht richtig auch als die Sieben Todsünden bezeichnet werden. Normalbegabte sind manchmal neidisch auf Hochbegabte, und Hochbegabte hegen bisweilen Neidgefühle gegenüber anderen Menschen, die das haben, was ihnen selbst zu fehlen scheint. Neid zeigt psychologische Auswirkungen auf den Betroffenen, und zwar als negativer Virus, der einen zermürbt, als Kompensation oder als (positiver) Ansporn.

Häufig sind es sehr einfache Ideen, die sich am Markt durchsetzen. Diese Tatsache erscheint Hochbegabten mitunter befremdlich und stimmt sie unzufrieden.

„Bauernschläue" *(street smarts)* bzw. praktische Intelligenz anderer Menschen erzeugen in so manchem Hochbegabten ein deutliches Gefühl von Unbehagen. So meinte etwa Kurt, ein hochbegabter Physiker, über den sehr erfolgreichen Physiker Anton Zeilinger, der weltweit anerkannt ist und vor allem durch seine medienwirksamen Experimente zur Quantenteleportation bekannt wurde, ein wenig abwertend: „*Zeilinger macht einfach nur die Experimente nach, die andere Leute sich vor 100 Jahren ausgedacht haben, denen aber die Messinstrumente zu ihrer Zeit fehl- ten.*" Selbst rühmte er sich, vermutlich einer unter zehn Wissenschaftlern weltweit zu sein, die ein besonderes optisches Phänomen mit eigenen Augen gesehen haben (welches er jedoch nicht publizierte, weil er die Ergebnisse für nicht ausreichend hielt: die typischen Zweifel eines Hoch- begabten ...).

Als Manager sollten Sie sich Neidgefühlen nicht hingeben. Bleiben Sie stets professionell.

Small Talk

Small Talk ist eine beiläufige Konversation ohne Tiefgang. Die Themen, über die man spricht, sind an sich bedeutungslos, dennoch besitzt *Small Talk* einen gewissen Stellenwert als gesellschaftliches Ritual. Durch *Small Talk* lässt sich peinliches Schweigen vermeiden. Er dient dem Einstieg in ein Gespräch und erlaubt es, eine Person kennenzulernen. Oft wird über das Wetter gesprochen oder nach der Befindlichkeit des Gegenübers oder seiner Familie gefragt. Darauf will niemand eine ehrliche Antwort hören, sondern nur ein

„Gut“. Durch *Small Talk* zeigt man ein Interesse an seinem Gesprächspartner oder gibt dies zumindest vor.

Viele Hochbegabte berichten darüber, dass es ihnen fast unmöglich ist, *Small Talk* zu betreiben. Ihre Kommentare sprengen den Rahmen von belanglosem Gequatsche [23]. Sie können schwer „an der Oberfläche“ bleiben und denken oft zu „logisch“, anstatt auf Floskeln zu reagieren. Wenn beispielsweise ein Arzt zu einem hochbegabten Kind sagt: *„Und, machen wir noch in die Hose?“*, stehen die Chancen recht hoch, dass es antwortet: *„Was, Du auch?“*

Soziales Verhalten, das für normale Menschen natürlich erscheint, erlernen manche Hochbegabte mühsam. Sie lernen, wie man in gewissen Situationen reagieren soll, und sind fortan als „sozial Angepasste“ kompatibel mit anderen. Für sie unlogische Verhaltensweisen übernehmen sie durch Beobachtung und Lernen. Sie speichern das „richtige“ Verhalten ab und geben es in der passenden Situation wieder [23].

Als Manager sollten Sie ein wenig *Small Talk* beherrschen, um in der Lage zu sein, in ein Gespräch mit ihren Mitarbeitern oder anderen Menschen positiv einzusteigen. *Small Talk* wird Ihnen helfen, das sprichwörtliche Eis zu brechen und Wartezeiten angenehm zu überbrücken.

Scheitern

Scheitern gehört zum Erfolg (siehe weiter vorne in diesem Buch). Scheitern will auch gelernt sein. Viele Hochbegabte haben nie gelernt, mit Misserfolgen umzugehen. Die meisten Menschen fahren laufend kleine „Misserfolge“ ein. Das fängt mit mageren Noten in der Schule an.

Hochbegabte scheitern manchmal auf dem Gebiet ihrer größten Begabung, weil ihre Selbstansprüche unerfüllbar hoch sind und ihre Selbstkritik zu streng ausfällt. Die Überinterpretation von Signalen der Mitmenschen sorgt für zusätzliche Verunsicherung.

Auch Manager kommen nicht daran vorbei, mit dem Scheitern umgehen zu lernen. Nach einem größeren Misserfolg rasch wieder aufzustehen und Erkenntnisse aus dem Fehlschlag mitzunehmen, ist eine Schlüsselqualifikation für erfolgreiche Manager.

Sprechangst und soziale Phobie von Managern

In der Schule sind Hochbegabte oft Außenseiter. Anfeindungen führen bei ihnen, ob der begleitenden, hohen Sensibilität, zu starken Gefühlen. Vor großen Gruppen zu sprechen ist für die meisten Menschen ein Horror, der bei Hochbegabten durch ihr Perfektionsstreben besonders stark ausgeprägt sein kann. Damit gehen Versagensängste einher [23].

Derartige Hemmungen können durch kognitiv-verhaltenstherapeutische Methoden unter fach- kundiger Begleitung, sprich Konfrontationsübungen und Korrektur von irrationalen Grundhaltungen, abgebaut werden [23].

Wenn Sie als Manager, ob nur angestellt oder selbständig, unter einer sozialen Phobie leiden, sollten sie tunlichst an deren Abbau arbeiten, indem Sie sich schwierigen Herausforderungen stellen.

Industry leadership

Als hochbegabter Manager haben Sie großes Potenzial und dank dessen die Möglichkeit, viel zu bewegen. Leisten Sie vollen Einsatz in Ihrer Firma, denn eine Begabung ist lediglich ein Potenzial. Machen Sie Ihre Firma zum Marktführer. Sollten Sie noch freie Kapazitäten Ihrer Zeit haben, ist die aktive Mitarbeit in einer Branchenvereinigung eventuell eine Sache für Sie. Wenn Sie in Normungsausschüssen mitarbeiten, können Sie neue Standards zum Wohle Ihrer Firma beeinflussen. Wenn Sie an Kampagnen zur Akzeptanzsteigerung in der Bevölkerung oder zur Information potenzieller Kunden über neue Anwendungen Ihrer Produkte mitwirken, sorgen Sie dafür, dass Ihre Branche an Bedeutung gewinnt. Schreiben oder editieren Sie ein Buch, um Ihre Firma als Schwergewicht der Branche zu verankern. Auf der einen Seite des Spektrums gibt es die Weltkonzerne wie Toyota („The Toyota Way") [20], Southwest Airlines [24], Starbucks sowie Unternehmerpersönlichkeiten wie Donald Trump und Richard Branson, die sich mit einem Buch in Szene setzen. Der CEO (Vorstandsvorsitzende) von Continental Airlines mit seinem Buch „From Worst to First" zeigt aller Welt, was er geleistet hat [25].

Wachsen wie Würth [26]: Mit diesem Buch vermittelt der Autor der Leserschaft und der Welt, welch ein erfolgreiches, wachsendes Unternehmen Würth ist, und schafft dadurch Mehrwert für den Betrieb.

Sulzer Centrifugal Pump Handbook [27]: Mit einem technischen Referenzwerk über Zentrifugalpumpen positioniert sich die Firma Sulzer als erste Wahl für Ingenieure, die Zentrifugal- pumpen suchen, nachdem diese das Buch studiert haben.

The John Zink Combustion Handbook [28]: Die Firma John Zink markiert deutlich ihre Stellung im Bereich der Verbrennung.

Wenn Sie Ihre Firma mit einem Standardwerk Ihrer Zunft verknüpfen, können Sie eine nachhaltige Wertsteigerung erzielen.

Sicher fallen Ihnen andere Möglichkeiten ein, wie Sie nicht nur Ihre bestehenden Kunden, sondern die ganze Branche auf sich aufmerksam machen können.

7.6 Ein paar Worte für hochsensible Manager

In der Geschäftswelt geht es mitunter recht rau zu, und gerade das mittlere Management be- kommt den Druck „von oben" oft ungefiltert oder sogar amplifiziert zu spüren. Manager treffen auch harte Entscheidungen und verteidigen diese. Es stellt sich daher die Frage, wie hochsensible Personen eine Rolle als Manager wahrnehmen können.

Indem sie ihre Stärken nutzen!

Zuerst einmal empfiehlt es sich, sich eine Organisation mit passender Firmenkultur und einem geeigneten Betriebsklima auszusuchen. Dann sollten Hochsensible das machen, was sie „spielend" beherrschen und gerne tun. Besonders erfolgreiche Manager nehmen mehr wahr als andere [29]. Sie spüren unauffällige, dafür umso wichtigere Informationen auf. Somit können hochsensible Personen sehr wirksame Manager sein, wenn sie keine zu starken Selbstzweifel an den Tag legen.

Eignen Sie sich Wissen zu hoher Sensibilität an, beispielsweise aus [30] und [31].

Viele Hochbegabte wissen nicht, dass sie hochbegabt sind. Die unbewusst wahrgenommene Diskrepanz zwischen ihrem Denken und dem, was sie erreicht haben, führt zu Zweifeln an der eigenen Leistung und Leistungsfähigkeit. Sie spüren, dass noch „mehr" in ihnen schlummert, und dass sie weit unter ihrem IQ-Niveau leben.

Auch Hochbegabte, die ihren IQ kennen, zweifeln oft an sich selbst. Sie schweigen sich zu ihren Talenten aus und passen sich sozial an. Sie fühlen sich „anders" und wollen Neid und Missgunst vermeiden. Als Manager sollten Sie nicht an Ihren Fähigkeiten zweifeln!

▶ **Tipp** Legen Sie Ihre Zweifel an Ihren Führungsqualitäten ab, und managen Sie einfach.
Lernen Sie aus Ihren Fehlern, anstatt sich von ihnen entmutigen zu lassen.

7.7 Die Zukunft des Managements – Gestalten Sie sie!

Während die Führungskräfte ein Unternehmen aktiv managen, ist doch vieles ihrer Arbeit fix und fremdbestimmt. Die Managementdenker des letzten Jahrhunderts haben die heutigen Strukturen größtenteils vorgegeben, und im Management hat es in den letzten 50 Jahren nur wenige Innovationen gegeben. Die Umwelt hat sich jedoch massiv verändert. In der industriellen Ära waren es die wenigen Köpfe an der Spitze einer Organisation, von denen der Erfolg abhing. Heute sind es die Köpfe der Mitarbeiter, die durch kontinuierliche Innovation den Fortbestand einer Unternehmung sichern. Diese Tatsache hat gravierende Auswirkungen auf das Management von Organisationen.

In [32] wird die Zukunft von Management diskutiert. Frederick Winslow Taylor hat das „*Scientific Management*" eingeführt, um die Effizienz der Fabrikarbeit zu steigern. Tatsächlich konnte die Stundenleistung eines Arbeiters in den USA von 1890 bis 1958 um 500 % gesteigert werden [32]. In den heutigen Wirtschaftsbestsellern und MBA-Studiengängen finden sich nur wenige radikale Innovationen für das Management.

Managementinnovationen des letzten Jahrhunderts:

- DuPont hat die Berechnung des ROI *(return on investment)* im Jahr 1903 eingeführt.
- Procter & Gamble hat sich um 1930 im *Brand Management* profiliert.
- Toyota hat es geschafft, „Außergewöhnliches mit gewöhnlichen Mitarbeitern" zu erzielen (Toyota-Prinzip).

Werden Sie ein Management-Innovator, und probieren Sie Neues, Ungewöhnliches aus.
Hier sind ein paar Ideen:

Open Innovation

Wenn Sie den Innovationsprozess auf Personen außerhalb Ihres Unternehmens ausweiten, stehen Ihnen mehr helle Köpfe zur Verfügung. Die Internetplattform *Innocentive*™ ist ein erfolg- reiches Beispiel. *Open Innovation* wird in [33] genauer beschrieben.

Verlagern Sie Arbeit von Ihren Mitarbeitern zu Ihren Lieferanten und Kunden

Sie sind mit Ihren Lieferanten und Kunden in eine Prozesskette eingebunden. Überlegen Sie, welche Aufgaben Sie an Ihre Lieferanten abgeben können, und was der Kunde selbst zu machen bereit ist.

Beispiele für das erfolgreiche Einspannen der Lieferanten:

- Just-in-Time-Anlieferungen verschieben das Lager von Ihnen zu Ihrem Lieferanten.
- Anstatt ein eigenes Labor mit der Rohstoffeingangskontrolle zu beschäftigen, können Sie zu jeder Lieferung ein Analysenzertifikat des Lieferanten einfordern.
- Lassen Sie Ihren Stahllieferanten die Berechnungen für Ihre Bauteile durchführen, damit Sie bei ihm und nicht bei der Konkurrenz einkaufen.

Beispiele für die Auslagerung von Arbeiten zu Kunden:

- Ikea lässt seine Kunden die Möbel selbst zusammenbauen.
- Self-Service-Tankstellen lassen den Kunden arbeiten anstatt teures Eigenpersonal.
- Self-Service-Copyshops lassen ihre Kunden die Geräte bedienen.
- Fluglinien lassen ihre Kunden Boardingpässe zu Hause ausdrucken.

Welche Ideen haben Sie? Seien Sie kreativ, und probieren Sie etwas Neues aus.

7.8 Für hochbegabte Jungmanager in spe und im Amt

Zum ersten Mal Manager

Management ist erlernbar. So meint eine Hochbegabte mit einem Team von 60 Mitarbeitern: „*Am Anfang waren mir meine Mitarbeiter eine Last. Ich hatte das Gefühl, dass sie mich vom Arbeiten abhalten. Ich habe Jahre gebraucht um zu verstehen, dass sie da sind, um mich zu unterstützen. Mein Job ist es nicht, selbst möglichst viel zu arbeiten, sondern zu sehen, wie ich mit meinen Ressourcen an Personal und Budget, mit den jeweiligen Stärken meiner Leute, das bestmögliche Ergebnis erzielen kann."*

Dale Dauten schildert in seinem Buch einen Chef, der seine Rolle gleichsam noch nicht ganz verstanden hat: *„My biggest problem at work is, I can't do any real work, since I spend all my time helping the employees."*[38] Dieser Mann musste auch lernen, seine Mitarbeiter zu Selbständigkeit zu „erziehen", sodass er Arbeiten vollständig delegieren konnte.

Wenn Sie zum ersten Mal Manager sind, folgen Sie den bekannten Grundsätzen, und machen Sie nicht gleich alles anders, weil es nach Ihrer Einschätzung vermeintlich richtiger oder „besser" ist. Lesen Sie ein passendes Buch, beispielsweise „Das erste Mal Chef" [34] oder „Die entscheidenden 90 Tage" [35]. Klären Sie die Erwartungen in Sie ab. Um zu einem erfolgreichen Manager zu werden, sind Lernen und Üben entscheidend.

Ein letzter Check: Fach- oder Führungskarriere

Fach- oder Führungskarriere, das ist oftmals die Gretchenfrage für Berufsanfänger und *Young Professionals*, und sie will gründlich überlegt sein. Die Tätigkeit im Geschäftsleben ist typischer- weise sehr unterschiedlich von dem, was man während Ausbildung und Studium erlebt. Sie können daher als junger Mensch durch Praktika bei interessanten Arbeitgebern – oder einfach in den ersten Berufsjahren – ein Bild über Ihre Interessenlage gewinnen.

Wenn Sie sich für die Fachkarriere entschieden haben, liegen Sie häufig richtig: Spezialisten sind heute zum Teil knapper und gefragter als früher, und die Gehaltsunterschiede zu Managern werden für die Besten ihrer Klasse geringer. Firmen bemühen sich verstärkt, attraktive „technische Karriereleitern" zu schaffen. Wenn Sie sich für die Führungskarriere entschieden haben, ist dies der passende Weg für Sie, wenn Ihnen Menschenführung Spaß macht. Der Wechsel zurück zum Spezialisten ist allerdings schwierig und nach einiger Zeit nicht mehr vernünftig möglich, genauso, wie man einem langjährigen Spezialisten nicht unbedingt Führungsfunktionen übertragen wird.

Generell flexibilisiert sich die Arbeitswelt. Geradlinige Karrieren dürften seltener werden. Hierarchien werden abgeflacht, und neben Funktionen „in der Linie" gibt es dadurch zahlreiche Stabsstellen, auch auf Zeit. Manche Firmen stellen sich auf Projekt- und Prozessorganisation um, und komplexe Matrixorganisationen werden auch immer beliebter.

Finden Sie heraus, was Sie wollen, jedoch gilt: Geführt wird auf allen Ebenen.

Auch als Fachmann/Fachfrau stehen die Chancen hoch, dass Sie früher oder später die Leitung eines Projekts übertragen bekommen, und dann stehen Sie vor der Herausforderung, Menschen auch ohne die Autorität einer Linienfunktion zielgerichtet führen zu müssen.

Wie werde ich als Hochbegabter Manager?

Viele Hochbegabte sind ehrgeizig. Jene, die sich im Gegensatz zu gründungswilligen Selbständigen für eine Konzernkarriere entschieden haben, können, wie erwähnt, eine Fach- oder Führungskarriere anstreben. Wenn der Wunsch, Führungsverantwortung übernehmen zu wollen, vorhanden ist, stellen sich Berufseinsteiger naturgemäß die Frage, wie sie diese erlangen können. Beliebt sind vier Wege:

- Übernahme des elterlichen Betriebs, falls vorhanden
- Einstieg in die Berufswelt über eine Unternehmensberatung,
- direkter Einstieg beim Wunscharbeitgeber,
- Absolvierung eines MBA-Studiums.

Lassen Sie uns diese Optionen mit ihren Vor- und Nachteilen kurz beleuchten.

Übernahme des elterlichen Betriebs, falls vorhanden

Wenn es einen Familienbetrieb zu übernehmen gibt, sind einige Herausforderungen zu lösen. Falls der Sprössling die Firma tatsächlich übernehmen und weiterführen will, sollte er das „Handwerk" von den Grundlagen aufwärts erlernen – und nicht direkt die Firmenleitung über- nehmen. Jene Menschen, die größeren Unternehmungen vorsitzen, haben sich auf dem Weg dorthin einen Erfahrungsschatz aufgebaut, der sie in die Lage versetzt, diese Rolle umfassend auszufüllen. Das Attribut „Sohn des Chefs" befähigt niemanden, eine Firma erfolgreich zu führen. Sollten Sie in der glücklichen Lage sein, die Firma Ihrer Eltern zu übernehmen, studieren Sie und sammeln Sie relevante Berufserfahrung, mitunter sogar außer Haus. Übernehmen Sie dann Schritt für Schritt Verantwortung im eigenen Betrieb. Auf diese Weise besteht die höchste Wahrscheinlichkeit für einen erfolgreichen Wechsel. Überschätzen Sie sich als Hochbegabter nicht, sondern durchlaufen Sie die notwendigen Lernjahre[4]!

> **Tipp** Gründungswillige können sich in Datenbanken zu Betriebsübernahmen (Nachfolgebörsen) nach interessanten Firmen umsehen, weil viele Unternehmerskinder das Werk ihrer Eltern nicht fortführen wollen.

Einstieg in die Berufswelt über eine Unternehmensberatung

Die Welt der Unternehmensberatung ist eine sehr spannende – Berufseinsteiger frisch von der Universität erhalten die Möglichkeit, den Globus zu bereisen, in kurzer Zeit eine

[4] Lernjahre sind keine Herrenjahre, doch die gesammelte Erfahrung wird sich bezahlt machen.

große Anzahl an unterschiedlichen Firmen und Branchen zu beschnuppern und direkt vor hochrangigen Firmenvertretern wie dem Vorstand Präsentationen zu halten. Der Job ist hart – lange Arbeits- tage in der Unternehmensberatung sind bekannt. Die Bezahlung stimmt, und die Arbeit gestaltet sich anspruchsvoll und interessant. Viele Einsteiger erhoffen sich einen Absprung (Aufsprung?) ins Management bei einem der beratenen Kunden, den sie nach ein paar Jahren in der Beratung vollziehen möchten.

In der Praxis gestaltet sich dieser Wechsel jedoch häufig schwierig. Hohe Managementpositionen, die dem Gehalt eines Beraters entsprechen, sind rar und werden sorgfältig besetzt. Einem Jungberater fehlt dann leider oft die notwendige praktische Führungserfahrung dafür.

> **Tipp** Wer nach dem Studium bei einer Unternehmensberatung einsteigt, sollte sich mit dem Gedanken anfreunden, dort Partner werden zu wollen.

Direkter Einstieg beim Wunscharbeitgeber

Zu Beginn werden Sie hier eine Expertenfunktion ausüben. Wenn Sie diese zur Zufriedenheit Ihrer Chefs bekleiden, Initiative und Ergebnisse zeigen, wird man Ihnen Projektverantwortung übertragen. Wenn Sie auch das „richtig" machen, können sie nach ein paar Jahren eine Gruppenleiterfunktion erlangen, von der aus Sie sich weiterarbeiten. Abteilungsleiter, Bereichsleiter, Geschäftsführer/Direktor sind die nächsten, typischen Schritte, die allerdings Zeit brauchen. Gerade Hochbegabte sind oft ungeduldig.

In jungen Wachstumsbranchen haben Sie mehr Möglichkeiten, rasch Führungspositionen zu bekleiden, als dies in traditionsreichen Gewerben der Fall ist, wo oftmals eine gewisse Seniorität für verantwortungsvolle Führungspositionen erwartet wird. Durch die Bereitschaft, ins Ausland zu gehen, können Sie Ihren Erfahrungsschatz enorm erweitern und Ihrer Karriere so einen Schub verleihen.

> **Tipp** Wunscharbeitgeber ist ein gefährlicher Begriff. Sie sollten sich mehrere Alternativen offenhalten. Anstatt für einen Idealarbeitgeber X zu schwärmen, empfiehlt es sich, Top- Firmen in ein oder zwei Zielbranchen anzupeilen.

Absolvierung eines MBA-Studiums

Eine weitere Möglichkeit, sich auf eine Führungsfunktion vorzubereiten, besteht in der Absolvierung eines betriebswirtschaftlichen Studiums. Fachhochschulen bieten spezielle Studiengänge an, und Universitäten offerieren Aufbaustudien. Damit können sich Techniker, Juristen, Naturwissenschaftler und Mediziner Kenntnisse aneignen, die von Führungskräften verlangt und benötigt werden. Besonders beliebt ist ein *Master of Business*

Administration (MBA). Der Hype um einen MBA hat zwar schon wieder etwas abgenommen, dieser postgraduelle Abschluss erfreut sich dennoch großer Beliebtheit.

Es gibt zwei Arten von MBA-Aufbaustudien: Der „reguläre" MBA kann von Teilnehmern ohne oder mit geringer Berufserfahrung belegt werden. Die Lehrgangsinhalte sind von betriebswirtschaftlichen Grundlagen geprägt, es wird viel wirtschaftswissenschaftliches Fachwissen vermittelt. Der „*Executive MBA*" (E-MBA, EMBA) steht Teilnehmern mit mehrjähriger Führungserfahrung offen. Auch werden ein bereits absolviertes Grundstudium und/oder vergleichbare Berufserfahrung vorausgesetzt. Bei einem E-MBA steht Fachwissen nicht so sehr im Vordergrund, da die Teilnehmer dieses schon aus der Praxis mitbringen. Man lernt vor allem aus der Diskussion von Fallstudien und aus der Wechselwirkung mit den anderen Programmteilnehmern. MBA-Studiengänge lassen sich berufsbegleitend oder als Vollzeitstudium absolvieren. Ferner besteht die Möglichkeit, einen MBA online zu erlangen. Ein derartiges Fernstudium kann durch obligatorische Präsenzveranstaltungen ergänzt sein.

Preislich unterscheiden sich MBA-Studiengänge erheblich voneinander, sie sind von kostenlos bis zu sechsstelligen Eurobeträgen zu buchen.

Anstelle eines Aufbaustudiums können Sie auch an einer Fachhochschule ein entsprechendes Grundstudium belegen, beispielsweise Internationales Management, Tourismusmanagement oder Innovationsmanagement.

Hauskarriere oder Firmenwechsel?

Für karriereinteressierte Mitarbeiter stellt sich die Frage, ob sie bei einem Arbeitgeber bleiben oder durch Firmen- und mitunter sogar Branchenwechsel nach neuen und „größeren" Aufgaben streben. Beide Optionen haben Vor- und Nachteile. Während eine „Hauskarriere" bequem und mit weniger Risiken verbunden ist, gestaltet sie sich häufig als langwieriger und monetär weniger interessant.

Die obersten Stellen eines Unternehmens werden manchmal hausintern besetzt oder durch „von außen" hinzugezogene Manager.

Ein Aufstieg innerhalb einer Firma wird generell höher angesehen als das Erklimmen der nächsten hierarchischen Position aufgrund eines Firmenwechsels (vor allem beim Transfer von einem großen Unternehmen zu einem kleinen ist es „einfach", eine Hierarchiestufe aufzusteigen).

Wenn eine Karriere bei der eigenen Firma nicht möglich ist, sollten Sie sich Optionen offenhalten und einen Wechsel in Erwägung ziehen.

Vorteil eines Wechsels: Alle Fehler und Sünden, die sie bis dato begangen haben, sind mit einem Schlag „verziehen" bzw. vergessen. Mitarbeiter vergeben einem Chef Fehler übrigens leichter, wenn sie der Meinung sind, er habe aus seiner Überzeugung heraus gehandelt [36].

Zu viele zu rasche Jobwechsel lassen Sie leicht als *Job-Hopper* erscheinen. Um auf einer gegebenen Position wirklich etwas erreichen zu können, ist ein Wirken von mehreren Jahren nötig. Wenn jemand sechs Jahre einen Posten bekleidet, ist davon auszugehen, dass er alle seine Fehler auch „ausbaden" konnte. In der Regel wechseln Mitarbeiter, die ihren Job erfolgreich ausüben und in größeren Unternehmungen beschäftigt sind, jedoch schon nach durchschnittlich drei Jahren ihre Position.

Achtung vor raschem Aufstieg und tiefem Fall

In großen Organisationen steigen Hochbegabte bei entsprechendem Ehrgeiz mit Glück und Geschick rasch auf, können dann jedoch ebenso rasch „steckenbleiben" oder tief abstürzen, weil sie auf die Grenzen des Systems stoßen. *„In hierarchisch organisierten Unternehmen büßen Sie ein großes Maß an Freiheit ein"*, sagt der hochbegabte Claudio Seipel, der vom Banker zum Unternehmensberater wechselte. *„Da kommt rasch Frust auf, dass man nichts bewegen kann."*[37]

Den Ausspruch *„Einmal Geschäftsführer, immer Geschäftsführer"* sollten Sie sich auch kurz auf der Zunge zergehen lassen. Es gibt nach dem Erklimmen einer neuen Karrierestufe kein wirkliches Zurück.

Wenn Sie eine „große" Managementkarriere machen möchten, gilt, dass Sie in Etappen planen sollten, das nächste Ziel vor Augen habend. Wenn Sie aller Welt sagen, dass Sie den Altersrekord für den Vorstandsvorsitzenden bei XY brechen wollen, machen Sie sich wenig Freunde. Außerdem lässt sich ein dermaßen eng gefasstes Ziel in der Regel schwer erreichen.

Literatur

1. Manfred F. R. Kets de Vries, Führer, Narren und Hochstapler: Die Psychologie der Führung, Schäffer-Poeschel, 2. Auflage, ISBN: 978-3791030142 (2008).
2. Janko Tietz, Korrektiv für Größenwahn, Spiegel Wissen, 1 (2009).
3. Die Wanderer zwischen den Welten, 07.07.2004, http://www.faz.net/aktuell/wirtschaft/politiker-in-der-wirtschaft-die-wanderer-zwischen-den-welten-1175478.html
4. Horst Siebert, Oliver Lorz, Einführung in die Volkswirtschaftslehre, Kohlhammer, 15. Auflage, ISBN: 978–3170194373 (2007).
5. Manager fürchten Komplexität, 11.12 .2012, http://www.zeit.de/karriere/beruf/2012–11/studie-manager-komplexe-entscheidungen
6. Mary Uhl-Bien, Russ Marion, Bill McKelvey, Complexity Leadership Theory: shifting leadership from the industrial age to the knowledge era, The Leadership Quarterly 18, 298–318 (2007).
7. James J. Gallagher, Teaching the Gifted Child, Longman Higher Education, 3rd edition, ISBN: 978-0205084210 (1985).
8. Larry King, Bill Gilbert, How to Talk to Anyone, Anytime, Anywhere, Three Rivers Press, New York, ISBN: 978-0517884539 (1994).
9. David W. Chan, Leadership competencies among Chinese gifted students in Hong Kong: the connection with emotional intelligence and successful intelligence, The Free Library 22 March

2007 http://www.thefreelibrary.com/Leadership competencies among Chinese gifted students in Hong Kong:...-a0162695203
10. Roland Jäger, Ausgekuschelt: Unbequeme Wahrheiten für den Chef – Mitarbeiterführung auf dem Prüfstand, Orell Fuessli Verlag, 3. Auflage, ISBN: 978-3280053447 (2009).
11. Draußen im Leben, brand eins 05/2010– SCHWERPUNKT: Irrationalität, http://www.brandeins.de/archiv/magazin/irrationalitaet/artikel/draussen-im-leben.html
12. David L. Dotlich, Peter C. Cairo, Why CEOs Fail: The 11 Behaviors That Can Derail Your Climb to the Top and How to Manage Them, Jossey-Bass, ISBN: 978-0787967635 (2003).
13. Barry Gibbons, Manager, Visionäre, Wahnsinnige. Spinner, Exzentriker , Querdenker und andere Meister des Geschäftserfolges – von Benetton bis Schrempp, Redline Wirtschaftsverlag, ISBN: 978-3832309473 (2003).
14. Edith Sitwell, Englische Exzentriker: Eine Galerie höchst merkwürdiger und bemerkenswerter Damen und Herren, Wagenbach, ISBN: 978-3803111920 (2009).
15. Ilan Alon, James M. Higgins, Global leadership success through emotional cultural intelligences, Business Horizons 48, 501-512(2005).
16. J. Freeman, Counselling the Gifted and Talented, Gifted Education International 19, 245–252 (2005).
17. Moshe Zeidner, Inbal Shani-Zinovich, Gerald Matthews, Richard D. Roberts, Assessing emotional intelligence in gifted and non-gifted high school students: Outcomes depend on the measure, Intelligence 33, 369–391 (2005).
18. Leta S. Hollingworth, Gifted children: Their nature and nurture, New York, Macmillan (1926).
19. Jack Welch, John A. Byrne, Jack : Straight from the Gut, Business Plus, ISBN: 978-0446690683 (2003).
20. Jeffrey K. Liker, David P. Meier, Toyota Talent, Developing your people the Toyota Way, McGraw-Hill, ISBN: 978-0-07-147745-1 (2007).
21. Arlie Russell Hochschild, Sighard Neckel, Ernst von Kardorff, Das gekaufte Herz: Die Kom-merzialisierung der Gefühle, Campus Verlag, 2. Auflage, ISBN: 978-3593380124 (2006).
22. Arlie Russell Hochschild, The Managed Heart: Commercialization of Human Feeling, University of California Press, ISBN: 978-0520239333 (2003).
23. Andrea Brackmann, Jenseits der Norm – hochbegabt und hoch sensibel? (Leben Lernen 180), Klett-Cotta, 4. Auflage, ISBN: 978-3608890143 (2007).
24. Jody Hoffer Gittell, The Southwest Airlines Way, McGraw-Hill, ISBN: 978-0071458276 (2005).
25. Gordon Bethune, From Worst to First: Behind the Scenes of Continentals Remarkable Comeback, Wiley, ISBN: 978-0471356523 (1999).
26. Bernd Venohr, Wachsen wie Würth: Das Geheimnis des Welterfolgs, Campus Verlag, ISBN: 978-3593379623 (2006).
27. Sulzer Pumps, Sulzer Centrifugal Pump Handbook, Elsevier Science, 2 edition, ISBN: 978-1856173469 (1998).
28. Charles E. Baukal Jr., The John Zink Combustion Handbook (Industrial Combustion), CRC Press, ISBN: 978-0849323379 (2001).
29. Geoff Colvin, Talent Is Overrated: What Really Separates World-Class Performers from Everybody Else: Practice, Passion and the Good News About Great Performance, Portfolio Hardcover, ISBN: 978-1591842248 (2008).
30. Elaine N. Aron, Pia Gelpke, Cornelia Preuß, Sind Sie hochsensibel? Wie Sie Ihre Empfindsamkeit erkennen, verstehen und nutzen, Moderne Verlagsges. Mvg, ISBN: 978-3636062468 (2005).
31. Jutta Nebel, Wenn du zu viel fühlst: Wie Hochsensible den Alltag meistern, Schirner, 6. Auf-lage, ISBN: 978-3897673823 (2010).
32. Gary Hamel, The Future of Management, Harvard Business School Press, ISBN: 978-1-4221-0250-3 (2007).

33. Henry W. Chesbrough, Open Innovation: The New Imperative for Creating and Profiting from Technology, Mcgraw-Hill Professional, ISBN: 978-1422102831 (2006).
34. Ralph Frenzel, Das erste Mal Chef: Ratgeber für die erfolgreiche Karriere, Haufe-Lexware, 5. Auflage, ISBN: 978-3448092615 (2008).
35. Michael Watkins, Jürgen Neubauer, Die entscheidenden 90 Tage: So meistern Sie jede neue Managementaufgabe, Campus Verlag, ISBN: 978-3593389752 (2009).
36. Angela T. Hall, Fred R. Blass, Gerald R. Ferris, Randy Massengale, Leader reputation and accountability in organizations: Implications for dysfunctional leader behavior, The Leadership Quarterly 15, 515–536 (2004).
37. Schlau, schlauer, zu schlau, Hochbegabte im Beruf, Handelsblatt, 21.05. (2010), http://www.handelsblatt.com/unternehmen/strategie/hochbegabte-im-beruf-schlau-schlauer-zu-schlau;2586158.
38. Dale Dauten, The Gifted Boss – How to find, create and keep great employees, William Morrow & Company, ISBN: 0–688-16877–9 (1999).

Wie Sie sich als Hochbegabter managen lassen

8

Zusammenfassung

In diesem Kapitel erfahren Sie, wie Sie sich nach allen Regeln der Kunst managen lassen. Hochbegabte sollten dabei ihre Eigentümlichkeiten kennen und sich bewusst sein, dass Unternehmen Hochleister und nicht vordergründig Hochbegabte suchen. Für den Erfolg als Mitarbeiter sind diese Punkte beachtenswert: Jede übertragene Aufgabe erledigen, keine zu hohen Ansprüche an sich selbst stellen, locker bleiben und Aufgaben suchen, wenn einmal Leerlauf herrscht. Sehen Sie Ihren Chef als Kunden und Partner. Lesen Sie, wie wirksame Kommunikation mit Ihrem Manager gestaltet werden kann und „Führung von unten" funktioniert. Das Kapitel schließt mit der Frage, ob man seine Hochbegabung im Lebenslauf angeben soll.

Für Hochbegabte gelten die gleichen Spielregeln wie für alle anderen Mitarbeiter auch. Selbst wenn Sie Manager sind, haben Sie einen Chef, für den Sie arbeiten. Auch Manager werden gemanagt. In diesem Kapitel finden Sie einige Regeln, nach denen sich Hochbegabte „managen lassen" sollten. Diese haben für alle Arbeitnehmer Gültigkeit.

8.1 Seien Sie sich Ihrer Eigentümlichkeiten bewusst

Vorab sei gesagt, dass es hilft, wenn Sie als Hochbegabter neben Ihren Stärken auch über die typischen „Macken" und Schwierigkeiten, die Menschen Ihres Schlags in Organisationen anhaften bzw. nachgesagt werden, Bescheid wissen. Hochbegabte haben typische Stärken und Schwächen. Dieses Wissen wird Ihnen wertvolle Dienste erweisen. Es setzt voraus, dass der Betroffene Kenntnis von seiner Hochbegabung hat bzw. sich selbst entsprechend wahrnehmen kann.

M. Lackner, *Talent-Management spezial*,
DOI 10.1007/978-3-658-03183-1_8, © Springer Fachmedien Wiesbaden 2014

8.2 Firmen suchen in erster Linie Hochleister, nicht Hochbegabte

Hochbegabte *per definitionem* werden vom Arbeitsmarkt nicht nachgefragt. Das Potenzial zu herausragenden Leistungen reicht nicht aus. Firmen wollen handfeste Ergebnisse sehen. Nachdem die Anforderungen des Arbeitsalltags zumeist geistig nicht allzu hoch liegen, sind arbeitswillige, normalbegabte Mitarbeiter häufig die erste Wahl. Der hochbegabte Nikolas hat festgestellt: *„Die Unternehmen, mit denen ich bisher Kontakt hatte, suchen eher Hochleister als Hochbegabte und Leute die auch mal die Zähne zubeißen und 14h täglich Tabellen durch Excel jagen."*

Ein anderer Hochbegabter meint: *„Intelligenz ist im Arbeitsleben nicht gefragt, so absurd das klingt. Eine Arbeitsbiene, die ausführt was man ihr aufträgt, das ist gewünscht".*

Wie erwähnt kommt es Firmen auf gezeigte Leistung an und nicht auf abstraktes Potenzial. Wertvoll wird ein Hochbegabter für eine Organisation erst, wenn er sein Potential auch umsetzt.

8.3 Bringen Sie jedes Assignment zum Erfolg

Sie sollten jede Ihnen zugetragene Aufgabe *(assignment)*nach Ihren besten Möglichkeiten erledigen. Es gibt spannende und weniger aufregende Arbeiten, die im Berufsalltag anfallen. Das gilt für jede Stelle, auch wenn sie noch so interessant klingen mag. Erwähnt sei in diesem Zusammenhang das Paradoxon des Personal- und Karriereberaters Heiko Mell: *„Entweder Du machst etwas Interessantes, oder Du bist etwas Interessantes."*

Der Zweck einer betrieblichen Organisation ist es, Nutzen für die jeweiligen Kunden zu stiften, um den Eigentümern dadurch Geld zu verdienen, und nicht primär, ihre Mitarbeiter glücklich zu machen. Arbeit sollte Spaß machen, doch das ist nicht ihr Hauptzweck. Auch jene Aufgaben, die keine Freude bringen, gehören erledigt. Wenn sich solche Aufgaben nicht delegieren lassen, erledigen Sie sie einfach, dafür werden Sie bezahlt.

Wer alle ihm zugetragenen Aufgaben stets richtig macht, wird in einer Organisation mit hoher Wahrscheinlichkeit bald obenauf schwimmen.

8.4 Legen Sie die Latte nicht höher als Ihr Chef

Im Wirtschaftleben geht es nicht um Perfektion, schon alleine deshalb, weil Zeit und Geld begrenzt sind. Sie sollten Ihren Anspruch an Perfektion daher dringend zurückschrauben.

Erfüllen Sie eine Aufgabe so weit, wie es gefordert wurde – und geben nur ein bisschen mehr. Wenn Sie den Job **viel** besser machen, wird der Aufwand nach der 80/20-Regel exponentiell ansteigen, wofür kein Kunde mehr bezahlen will.

Hochbegabte legen oft ihren eigenen Standard fest, der für den betrieblichen Alltag zu hoch ist.

Ich versuche nicht, besser als die anderen zu tanzen.
Ich versuche nur, besser zu tanzen als ich selbst.
Michail Baryschnikow (1948–), russischer Balletttänzer

> **Tipp** Versuchen Sie nicht, päpstlicher als der Papst zu sein.

> **Brain Teaser** Kundenwünsche sind nicht dasselbe wie Kundenanforderungen! Während der Kunde bestimmte Anforderungen hat, für die er auch bezahlt, spricht er manchmal auch seine Wünsche aus, die ihm, wenn es darauf ankommt, keinen Cent wert sind. Als sein Lieferant und Dienstleister empfiehlt es sich, diese Unterschiede zu erkennen, um eine unnötig teure Herstellung zu vermeiden.

8.5 Locker bleiben

Hochbegabte haben nicht selten genaue Vorstellungen von dem, was sie wollen. Im Beruf kommen Sie mit weniger Widerstand voran, wenn Sie locker bleiben und nicht versuchen, auf Biegen und Brechen etwas durchzusetzen. Setzen Sie sich selbstbewusst für Ihr Begehr ein, und bedenken Sie auch, dass es immer Alternativen gibt. Nach Mahatma Gandhi lässt sich etwas, das man mit Gewalt erreicht hat, auch nur mit Gewalt halten. Druck erzeugt bekanntlich Gegendruck. Verfolgen Sie ein Ziel beständig, bleiben Sie jedoch flexibel auf dem Weg dorthin.

8.6 Suchen Sie sich Aufgaben

Ihr Chef – obwohl er es versuchen wird – kann Sie nicht ununterbrochen „beschäftigen". Es gibt Phasen, in denen Sie akut „nichts" zu tun haben. Dieser Fall tritt beispielsweise nach Abschluss eines großen Projekts, bei Umorganisationen, beim Ausfall eines Auftrags oder im Urlaub des Chefs ein. Hängen Sie während dieser Zeit nicht herum – es ist schade um Ihre Zeit. Suchen Sie sich stattdessen sinnvolle Aufgaben, mit denen Sie in Ihrer Unternehmung Nutzen stiften können.

8.7 Sehen Sie Ihren Chef als Kunden und Partner

In einer Firma arbeiten Sie in erster Linie für Ihren direkten Chef. Sie erledigen für ihn die Aufgaben, die er an Sie delegiert. Ihr Job ist es, den Chef „strahlen" zu lassen. Wer gegen seinen direkten Chef arbeitet, steht auf verlorenem Posten. Hier sind die Aussagen von zwei Hochbegabten, die Ihren Chef als „Feind" bzw. „Konkurrenten" sehen.

Cordula: *„Ein hochbegabter Mitarbeiter mag eine Firma evtl. voranbringen, seinen direkten Vorgesetzten aber unter Umständen nicht, im Gegenteil. Es gibt einfach zu wenig wirklich souveräne Manager, die hochintelligente Mitarbeiter aushalten können, ohne um ihren eigenen Stuhl zu bangen."*

Kurt: *„Auf der einen Seite soll man in der Lage sein, seinen Job gut zu machen, auf der anderen Seite darf man nicht die Position des nächsthöheren Vorgesetzten gefährden. In manchen Unternehmen (in denen ich aber nicht arbeiten wollen würde), werden daher Mitarbeiter gesucht, die zwar gut, aber nicht zu gut sind."*

Unbewusst konkurrieren Hochbegabte auf der Wissensebene [1]. Wetteifern Sie mit Kollegen. Unterlassen sollten Sie den „Wettkampf" mit Ihrem Chef, denn er sitzt am längeren Ast und ist nicht Ihr Konkurrent.

> **Brain Teaser** Jeder Arbeitnehmer ist in Wahrheit nicht für seinen Chef, sondern für sich selbst tätig. Wetteifern Sie mit sich selbst!

8.8 Führung von unten

Genauso wie Ihr Chef Sie führt, können Sie auf subtile Weise auch Ihren Chef führen. Hier sind acht Taktiken, wie Mitarbeiter auf Vorgesetzte Einfluss ausüben (können), wiedergegeben nach [2]. Eine Voraussetzung ist, dass Sie sich nicht als subalterner Wicht fühlen sondern als Partner mit einer anderen Rolle innerhalb derselben Organisation:

- sachlich überzeugen,
- sich beraten lassen,
- inspirierende Vorschläge machen,
- Koalitionen bilden,
- freundlich sein, sich einschmeicheln,
- übergeordnete Instanzen einschalten,
- Druck ausüben,
- Vertrauen schaffen.

Ein paar Erläuterungen folgen umgehend:

Sachlich überzeugen

Die meisten Chefs sind einem vernünftigen Argument zugänglich – und wenn (scheinbar) nicht, dann wissen sie möglicherweise etwas, das Sie nicht wissen. Denken Sie daran, dass Wissen in Unternehmungen ungleich verteilt ist, und dass manche Chefs Wissen als Macht ansehen und es daher nicht gerne teilen. Üblicherweise sind sachliche Argumente die besten Begründungen, und als eloquenter Hochbegabter dürfte Ihnen das Finden der richtigen Worte nicht allzu schwerfallen.

> **Vorsicht, Falle** Niemand lässt sich gerne belehren. Wer seinen Chef dauernd korrigiert und alles „besser" weiß, macht sich schnell unbeliebt („Oberlehrer-Syndrom").

> **Tipp** Niemals den Chef vor der Mannschaft direkt kritisieren! Wenn Sie nicht anders können, ergänzen sie ihn (obwohl es ratsamer ist, sich auf die Zunge zu beißen).

Sich beraten lassen

Jeder hört gerne seine eigene Meinung. Wenn Sie Ihren Chef um seine Meinung fragen und sich beraten lassen, nehmen Sie Einfluss auf ihn. Wer fragt, führt, heißt es.

Inspirierende Vorschläge machen

Als Hochbegabter können Sie kühne Gedanken spinnen, die sich zu inspirierenden Vorschlägen ausarbeiten lassen, mit denen Sie Ihren Chef begeistern werden. Wenn er dann die von Ihnen vorgeschlagene Richtung wählt, haben Sie ihn dort, wo Sie wollen. Wenn Sie einen anderen Menschen eine Idee entwickeln lassen und er glaubt, es wäre seine eigene, wird er diese mit besonders viel Elan unterstützen.

Koalitionen bilden

Verbünden Sie sich mit Ihrem Chef für eine gemeinsame Sache, und/oder schließen Sie einen Pakt mit KollegInnen. Beides stärkt Ihre Position. Sammeln Sie vor einer wichtigen Präsentation bereits Unterstützung Ihrer Idee durch Vorabgespräche mit ausgewählten Kollegen.

Freundlich sein

Wiewohl man sich gegen Angriffe wehren kann, ist man gegen Freundlichkeiten machtlos. Durch freundliches Verhalten, was bis zum negativ konnotierten Einschmeicheln reichen kann, erhöhen Sie die Wahrscheinlichkeit, dass Ihr Chef Ihnen „freundlich gesinnt" wird.

> **Achtung** Ein erfahrener Chef mag keine willenlosen Ja-Sager und Schmeichler, die ihm nur nach dem Mund reden und dann etwas anderes tun. Am besten ist ein professionelles Verhältnis zum Chef.

Übergeordnete Instanzen einschalten

Wenn Sie den Chef des Chefs auf Ihrer Seite haben, ist dies ein gewichtiges Argument für Ihren Standpunkt. Generell empfiehlt es sich jedoch nicht, höhere Instanzen in einer Firma einzuschalten, weil Chefs sehr empfindlich reagieren, wenn man sie übergeht. In so einem Fall läuten natürlich auch beim Chef des Chefs, an den Sie sich gewandt haben, die Alarmglocken, und im Zweifelsfall wird er Ihrem Chef glauben.

Wenn Ihr Chef denkt, Sie hätten einen „mächtigen Freund" in der Unternehmung (oder das auch tatsächlich der Fall ist) kann dies sein Verhalten Ihnen gegenüber beeinflussen. Wer mit großen Namen um sich wirft, erhascht leichter Aufmerksamkeit.

Druck ausüben

Wer seinem Chef droht, lebt gefährlich. Kurzzeitig kann er ein Ziel durchboxen, wenn auch zu einem extrem hohen Preis. Wer Druck auf seinen Chef ausüben will, kann das in subtiler Art und Weise machen. Indirekten Druck können Sie über Kollegen erzeugen. Politische Spielchen sind nicht unbedingt das, was Hochbegabte gerne tun bzw. beherrschen.

Vertrauen schaffen

Wer das Vertrauen seines Chefs genießt, kann mehr von ihm haben. Vertrauen baut sich langsam auf, doch es kann sofort und unwiderruflich zerstört werden. Eine Basis zur Bildung von Vertrauen ist Respekt. Neben dem Umgang mit Menschen ist es Kompetenz, die im Wirtschaftleben Vertrauen verschafft.

8.9 Kommunikation mit Ihrem Manager

Manager lieben Powerpoint-Präsentationen mit Stichworten und einfachen 2 × 2-Matrix Darstellungen. Überhäufen Sie Ihren Chef nicht mit Details.

Deponieren Sie kein „Problem" auf seinem Tisch, sondern geben Sie mit jeder Schwierigkeit, die Sie ihm zu Ohren bringen, auch gleich einen klaren Vorschlag ab, was Sie zu tun empfehlen.

Verhindern Sie, Ihrem Chef Überraschungen aufzutischen, diese mögen Chefs partout nicht.

Reden Sie nicht nur über Schwierigkeiten, wenn Sie darauf angesprochen werden!

Ihr Chef ist auch dafür da, Sie bei Problemen zu unterstützen. Informieren Sie ihn zeitgerecht bei sich anbahnenden Problemen. Hochbegabte neigen dazu, Schwierigkeiten selbst zu lösen. Zumeist klappt es auch, jedoch unter enormem Aufwand und mit dem Risiko, dass das Unterfangen scheitert.

8.10 Soll man seine Hochbegabung im Lebenslauf angeben?

Im Alltag ist der Begriff Hochbegabung nicht immer positiv besetzt.

In Amerika sollte man auch nicht mehr hochbegabt oder minderbegabt sagen, das heißt heute „*differently abled*". Unsere Gesellschaft wird heterogener, die Unterschiede zwischen den Menschen werden größer, und es gibt auch viele Menschen, 50 % um genau zu sein, deren Intelligenz unterdurchschnittlich ist, egal, wie man sie nennt.

Sie sollten Ihre Hochbegabung nicht überbewerten und damit prahlen. Auf der anderen Seite brauchen Sie sich auch nicht davor zu verstecken. Im Lebenslauf sollten Sie den Hinweis auf einen IQ > 130 jedoch vermeiden. Lassen Sie lieber Ihre Taten für sich sprechen.

Hier sind zwei Aussagen von Hochbegabten zur Frage, ob sie ihre Mensa-Mitgliedschaft im Lebenslauf angeben oder nicht:

Jens: „*Ich hab' mal die Rückmeldung von einem ehemaligen Vorgesetzten bekommen, dass er die Mensa-Mitgliedschaft in meiner Bewerbung als sehr positiv sah – sein Vorgesetzter wollte mich aber gerade deswegen nicht einstellen. Beide hatten allerdings auch keinen wirklich konkreten Grund. Der eine sah halt eher das Potenzial, der andere mögliche Schwierigkeiten mit einem Querdenker.*"

Tobias: „*Ich habe erst kürzlich mit einer Vertrauensperson aus der Personalabteilung eines Großkonzerns gesprochen, ob ich MENSA in meinen Lebenslauf einbauen soll. Sie hat das auch noch mal mit ein paar Kollegen gegengecheckt. Der Rat am Ende war dann, MENSA nicht im CV zu erwähnen. Es hieß, man läuft damit Gefahr, als schwierig und u. U. sogar sozial minderbemittelt eingestuft zu werden. Also hab ich in meinem CV derzeit nix drin.*"

Daher empfiehlt der Autor nach dieser Maxime zu leben: *„Lieber heimlich schlau als unheimlich dumm"*.

Siehe auch den Abschnitt zu „Outing" weiter vorne.

Literatur

1. Frans Corten, Noks Nauta, Sieuwke Ronner, Highly intelligent and gifted employees – key to innovation?, Academic paper International HRD-conference 2006 „The learning society for sustainable development", Amsterdam, 11. Oktober (2006). http://www.triplenine.org/articles/Nauta-200610.pdf
2. Friedemann Nerdinger, Gerhard Blickle, Niclas Schaper, Arbeits- und Organisationspsychologie, Springer, Berlin, 2. Auflage, ISBN: 978-3642169717 (2011).

Erfolgreich als Mitarbeiter unter Hochbegabten

9

Zusammenfassung

Arbeitskollegen – welche Zugänge haben sich für den Umgang mit Kollegen bewährt? Wie nehmen Hochbegabte ihre normalbegabten Kollegen wahr, und umgekehrt?

Beleuchtet werden ferner Mobbing und Bossing, allgemeine Erfolgskriterien für Angestellte, Strategien im Umgang mit schwierigen Chefs und eine Betrachtung von Aspekten der Teamarbeit, die Hochbegabten besonders leicht bzw. besonders schwer fallen. Hochbegabte sind anders, und dies kann zum Vorteil aller in den jeweiligen Oranisationen genutzt werden.

9.1 Wie Sie als Kollege mit Hochbegabten richtig umgehen

Dieser Abschnitt ist für Menschen geschrieben, die Hochbegabte als Kollegen haben. Hochbegabte Arbeitskollegen sind anders und doch gleich. Sie können eine wertvolle Bereicherung darstellen und die Arbeiter ihrer KollegInnen erleichtern. Allerdings gehört der „richtige Platz" für Hochbegabte in Organisationen gefunden.

Der Umgang mit Hochbegabten ist nicht immer einfach oder angenehm [1]. Noks Nauta und Sieuwke Ronner zitieren in ihrem Buch einen Brief von Johanna Schopenhauer an ihren Sohn Arthur: *„You irritate me no end and you are extremely difficult to deal with. Your extreme intelligence casts a dark cloud over your good characteristics – so nobody can benefit from them…you criticize everything and everyone, except yourself…so it is not surprising that you become alienated from the people close to you. Nobody enjoys being corrected or exposed."*[1]

Karin: *„Ich kenne drei Hochbegabte, die sind alle normale Leute. Sie gehen halt ohne Taschenrechner in die Prüfungen, aber sonst…"*

Natascha: *„Ich habe mehrere hochbegabte Freunde/Freundinnen und bin selbst eine Normalbegabte. Ich hatte nie das Gefühl, dass sich meine Freunde schmerzhaft verrenken muss-*

M. Lackner, *Talent-Management spezial*,
DOI 10.1007/978-3-658-03183-1_9, © Springer Fachmedien Wiesbaden 2014

ten, um zu den geistigen Niederungen einer durchschnittlichen Mitteleuropäerin herabzusteigen".

Hochbegabte sind anders Genauso, wie besonders große Menschen darauf achten müssen, nicht gegen tiefhängende Hindernisse zu laufen, sollten Hochbegabte wachsam in Bezug auf ihre Umwelt und ihre Wechselwirkung mit anderen Menschen sein. Und genauso, wie große Menschen eine spezielle Umgebung benötigen, ist es auch für Hochbegabte vorteilhaft, das Arbeitsumfeld entsprechend adaptiert zu gestalten [1].

Die meisten Hochbegabten wollen einfach nur eine „gute Arbeit" machen. Sie konzentrieren sich auf die Sache und legen keinen großen Wert auf „ungeschriebene Regeln". Wenn sie einen Fehler ausbessern, dann im Dienste der Sache, ohne Kollegen damit persönlich angreifen zu wollen. „Häufig wird ihnen unterstellt, dass sie möglichst schnell – ohne Berücksichtigung der üblichen Karrierewege – nach oben wollen", erklärt Heinz-Detlef Scheer in [2]. Dadurch würden Kollegen verstört und Chefs verängstigt. Das kann zu beiderseitigem Unverständnis führen.

Wie Hochbegabte ihre normalbegabten Kollegen wahrnehmen

Um eines vorweg zu sagen: Hochbegabte sind an einem friedlichen Auskommen mit ihren Kollegen sehr interessiert. Im Kindergarten waren sie es bereits, die Konflikte am ehesten durch Worte entschärfen wollten. Durch ihre rasche Auffassungsgabe und ihr schnelles Denken ticken Hochbegabte ein wenig anders als durchschnittlich intelligente Menschen.

Hochbegabte bringt es auf die Palme, wenn Menschen sich wiederholen und auch einfachste Dinge zweimal oder dreimal sagen. Wenn Sie einem Hochbegabten eine Sache einmal sagen und er sie hören will, ist die Botschaft ausreichend vermittelt. Wenn er sie nicht hören will, brauchen Sie es ihm auch nicht fünfmal zu sagen.

Hier sind einige Antworten von Hochbegabten auf die Frage, was sie an ihren (normalbegabten) Kollegen besonders stört:

Hochbegabter A: *„Unehrlichkeit, Verschlossenheit gegenüber Andersdenkenden."*
Hochbegabter B: *„Halbwissen mit 100 % Überzeugung verteidigt ..."*
Hochbegabter C: *„Gleichgültigkeit, Nichtzuständigkeit, fehlendes Interesse an Fachwissen ..."*
Hochbegabter D: *„Krampfhaftes Festhalten an ihren Meinungen, wenig Flexibilität im Eingehen auf Argumente. Schneller Zugang auf sogenannte praktikable Lösungen, weil nicht die Zeit für sog. akademische Lösungen ist. Mit der*

Folge, dass praktische Lösungen oft nachgearbeitet/nachgebessert werden müssen.“

Hochbegabter E: *„Mein größtes Problem in der Arbeitswelt sind jedenfalls diejenigen Kolleginnen, die für offensichtlich Sinnloses enthusiasmus einfordern.“*

Hochbegabter F: *„Eigentlich nichts. Es war ein langer Prozess für mich, zu begreifen, dass manche Dinge bei anderen Leuten langsamer gehen, und dafür Geduld zu haben. Vor allem schwierig bei Projekten, bei denen der Fortschritt von anderen abhängig ist. Dies gelingt mir allerdings schon sehr gut. Mit anderen Worten, Teamarbeit ist leider manchmal schwierig.“*

Dass Hochbegabte nicht die besten Teamplayer sind, wissen sie zum Teil selbst. Normalbegabte Kollegen lehnen Hochbegabte nicht aus Prinzip ab, sondern nur, wenn diese ihnen die Kooperation erschweren, wie Sie aus obigen Aussagen ableiten können.

Fritz sagt über seine Arbeit: *„Ich habe gelernt, mich sehr zurück zu nehmen, und Vieles eher im Stillen zu erledigen. Fehler anderer spreche ich nie an, sondern merze sie heimlich aus und lass‘ es dabei. So bin ich halt. Ich gebe für meinen Arbeitgeber viel und bin sehr genau und schnell und zuverlässig. Ich will nicht hoch hinaus, sondern nur gerne und lange gut meinen Job erledigen. Trotzdem habe ich schon zweimal freiwillig meinen Job gewechselt, da Kollegen mich als Bedrohung wahrnehmen, sie müssen immerhin dann auch mehr leisten“.*

Kollegen, die Hochbegabte im Allgemeinen nicht mögen

Nichtraucher sind böse Menschen, zumindest in den Augen von Rauchern, sagen Raucher doch:

„Wir mögen alle Menschen – auch Nichtraucher.“ Unterschiedliche Gruppen hegen nicht unbedingt reine Sympathie für einander. Wie sieht es mit Hochbegabten aus, mit wem stehen diese auf „Kriegsfuß“?

Häufig tragen wir eine Antipathie gegen andersartige Menschen in uns, auch gegen solche, die eine ähnliche Eigenschaft wie wir selbst besitzen, welche wir aber bei uns selbst ablehnen. Denken Sie daran, und entwickeln Sie Toleranz und Akzeptanz.

Konkurrenten

Manche Hochbegabte sehen ihresgleichen als Konkurrenz, wobei die meisten ihr eigener, schärfster Kritiker sind. Sie messen sich gerne auf fachlicher Ebene. An klassischen Machtkämpfen, bei denen es um Einfluss in Organisationen geht, sind Hochbegabte kaum interessiert.

Antichambrierer

Antichambre ist französisch für Vorzimmer. Ursprünglich bedeutete Antichambrieren, lange Zeit im Vorzimmer von Behörden zu warten, um irgendwann vor der Staatsgewalt für sein Begehr vorzusprechen. Der Antichambrierer in heutigen Unternehmungen schleicht in den „Vorzimmern" der Mächtigen herum, um sich bei ihnen einzuschmeicheln.

Kollegen, die politische Spielchen, Machtkämpfe und Einschmeichelaktionen lieben, werden von Hochbegabten teilweise richtig verachtet. Hochbegabte legen Wert auf Leistung und können nicht verstehen, wie Eloquenz fachliche Kompetenz ersetzen kann.

Dummköpfe

Dummkopf – ein politisch nicht korrektes Wort, jedoch bezeichnend für die Type Kollege, mit welcher Hochbegabte nicht gerne zusammenarbeiten. Als „Dummkopf" sehen Hochbegabte nicht so sehr Menschen mit einem IQ < 130, sondern solche, die erst reden und dann denken, wie es Gerald zum Ausdruck bringt: „*Menschen, die über Dinge nur oberflächlich informiert sind (z. B. die meisten Politiker), werfen ständig mit Schlagwörtern und hohlen Phrasen, deren Bedeutung ihnen selbst oft gar nicht ganz klar ist, um sich. Viele Leute, die auch keine Ahnung haben, finden das dann ganz toll. Wenn man dann versucht, die Dinge in ihrer Komplexität zu erläutern, interessiert das schon kaum mehr jemanden. Es heißt dann eher: Jetzt kommt der wieder mit seinen langen Ausführungen… Manche Sachen erscheinen einem [Hochbegabten] auch zu trivial, als dass man sich rein formal damit groß beschäftigt. Andere Leute beschäftigen sich damit auch offiziell und machen z. B. einen Kurs, sind dann natürlich nach außen hin besser qualifiziert, weil sie ja ein schönes Zertifikat dafür bekommen.*"

Wie Sie Ihre Arbeitsbeziehung zu Hochbegabten optimieren

Sollte Sie das Verhalten eines Hochbegabten stören – sprechen Sie mit ihm. Wenn Sie die klassischen Feedback-Regeln beachten, also persönliche Angriffe vermeiden, konkretes Verhalten ansprechen und die Wirkung dieses Verhaltens auf sich selbst beziehen, kann Ihr Gegenüber dieses als konstruktiv auf- und annehmen. Hochbegabte Menschen sind leicht über die Ratio zu erreichen. Sobald sie verstanden haben, warum ihr Verhalten Sie irritiert, können Sie hoffen, dass sie sich das zu Herzen nehmen.

Keinesfalls sollten Sie zum Rädelsführer werden und gegen einen hochbegabten Mitarbeiter und Kollegen wettern (Mobbing ist ein starkes Wort, das ohnehin keinen Platz in Organisationen hat) oder derartiges Aufbegehren unterstützen.

Machen Sie sich einen hochbegabten Kollegen zum Freund, lassen Sie sich von ihm unterstützen. Fragen Sie ihn nach Informationen oder bitten Sie ihn um Hilfe, wenn er etwas besser weiß oder kann als Sie. Sie beide arbeiten in derselben Firma mit demselben

Firmenzweck. Helfen Sie Ihrem hochbegabten Kollegen dort, wo er selbst nicht stark ist. Als Team sind Sie stärker, und Sie werden beide davon profitieren.

Berufliche Herausforderungen für Hochbegabte aus der Sicht von Hochbegabten

Besonders in jungen Jahren kämpfen viele Hochbegabte mit Schwierigkeiten. So sind sie beispielsweise nicht selten Außenseiter in der Schule. Das legt sich mit der Zeit zumeist. Teamarbeit ist und bleibt für viele Hochbegabte eine große Herausforderung bis Qual, ebenso ihre Ungeduld mit Menschen mit sehr langsamer Auffassungsgabe. Vielen Hochbegabten ist nicht bewusst, dass sie zu hohe Ansprüche an ihre Umwelt stellen. Doch lassen wir ein paar Hochbegabte selbst zu Wort kommen, womit sie im Berufsalltag hadern:

Hochbegabter A: *„Meine Frau nennt es Gedankensprünge, viele Dinge nehme ich als gegeben an, die andere noch nicht angedacht haben."*

Hochbegabter B: *„Mir fehlen die Lockerheit und Ungezwungenheit, die viele meiner Kollegen haben. Dadurch, dass ich eher verschlossen und ernsthaft wirke, fühle ich mich ein bisschen ausgegrenzt."*

Hochbegabter C: *„Zusammenhänge werden nicht verstanden, und ich kann sie teilweise dann auch nur schwer erklären. Ich kann schwer einschätzen, welchen intellektuellen Anspruch ich an die Kollegen stellen darf."*

Hochbegabter D: *„Es ist schwierig, da ich nicht sagen kann, was mit mir los ist. Manche soziale Situationen sind extrem schwierig für mich, aber ich habe die Erfahrung gemacht, dass es besser ist, das nicht auszusprechen, sondern sich da irgendwie durchzukämpfen. So lerne ich viele Dinge auf die harte Tour. Telefongespräche mit Kunden sind für mich das Schwierigste an meiner ganzen Arbeit. Kommunikation, bei der ich den anderen nicht sehe, ist für mich sehr unsicher. Aber das sind Dinge, die ich weder zu meinem Chef noch zu meinen Kollegen sagen könnte. Hochbegabt heißt nicht, alles besser zu können. Im Gegenteil, viele Dinge, die in der Arbeitswelt nötig sind, kann man schlechter. Verständnis dafür wäre schön, ich habe aber leider Situationen erlebt, in denen ich verhöhnt wurde, als ich Schwächen zugab, mit Worten wie „Wieso kannst du DAS nicht, wenn du doch ach so schlau bist?"*

Hochbegabter E: *„Ich fühle mich manchmal ausgenutzt. Ineffizienz macht mich wahnsinnig."Das Erkennen der eigenen Stärken und Schwächen, eine Grundvoraussetzung für die richtige Platzierung im Job, fällt Hochbegabten offenbar nicht leicht. Ihre Selbstzweifel verhüllen ihre Stärken, und Schwächen trauen sie sich nicht recht zuzugeben, teilweise, weil sie meinen oder tatsächlich erlebt haben, dass ihr Umfeld seltsam darauf reagiert. Fachliche Überforderung wird bei Hochbegabten seltenst eintreten, dafür allerdings Konflikte auf emotionaler Ebene.*

9.2 Wie Sie als hochbegabter Kollege mit anderen Kollegen richtig umgehen

Hochbegabten fällt vieles leichter als ihren normalbegabten Kollegen. Sie erreichen demnach das gleiche Ergebnis mit weniger Aufwand, beziehungsweise, wenn sie den gleichen Aufwand treiben, wird ihr Ergebnis in der Regel über dem der Kollegen liegen. Dieser „Mensa-Vorteil" kann Ihre Kollegen mehr oder weniger erzürnen, auch dann, wenn Sie ihnen gegenüber zuvor- kommend sind und sich nichts „zuschulden" kommen lassen.

Seien Sie sich dessen bewusst! Auch Sie wären geneigt, eifersüchtig zu reagieren, wenn Ihrem

Nachbarn scheinbar alles leichter von der Hand geht.

Die Tatsache, dass Ihre Kollegen Ihnen ob Ihres Vorteils zürnen und Eifersucht gegen Sie hegen, kann dazu führen, dass sie einen kleinen Fehler von Ihnen, sobald sie diesen entdecken, aufblasen wie die sprichwörtliche Mücke zum Elefanten. Das können Sie nicht verhindern. Oft machen das Kollegen unbewusst, andere warten schlicht auf eine passende Gelegenheit, Ihnen „eines auszuwischen". Der Autor bekam einmal den Ratschlag von seinem Chef: *„Legen Sie sich eine Macke zu."* Möglicherweise ist das auch für Sie eine Option. Denken Sie nach, wo Sie eine kleine und unbedeutende Schwäche zeigen möchten. Ihre Kollegen werden heilfroh sein, diese bei Ihnen zu sehen. Kultivieren Sie Ihre Macke in Maßen.

Wirklich „schlimm" wird es dann für einen Hochbegabten, wenn er sich nicht in das Unternehmen einfügt und sich etwas auf seine Hochbegabung einbildet. Das spüren Ihre Kollegen (diese sind ja auch nicht dumm!). Ein hochbegabter Kollege des Autors rollte, nachdem andere etwas gesagt hatten, gerne seine Augen in einer Art, dass jeder wusste, was er dachte: *„diese Idioten..."*. Derartiges Verhalten hilft Ihnen nicht, Sie machen sich das Leben damit nur unnötig selbst schwer.

Sie haben das Gefühl, gemobbt zu werden? Betrachten Sie die Situation so: Irgendwie haben Sie als der Gemobbte die Missgunst Ihrer Kollegen auf sich gezogen. Wenn Sie als Hochbegabter also gemobbt werden, liegt es vermutlich – zumindest teilweise – daran, dass Sie etwas „getan" oder unterlassen haben, was die anderen mehr oder weniger massiv irritiert. Sie als Mobbingopfer tragen eine gewisse Mitschuld an der Situation. Wenn Sie herausfinden können, warum Sie Anlass zum Mobbing geben, stellen Sie dieses Verhalten ein, ansonsten verlassen Sie die Firma. Mehr dazu im nachfolgenden Abschnitt.

Leben und leben lassen – Ersticken Sie die Pflänzchen der Bemühung Ihrer Kollegen nicht mit den prächtigen Blüten Ihres Schaffens, indem Sie sie entwerten. Lassen Sie Ihren Kollegen Raum, und akzeptieren Sie, dass sie langsamere Denkprozesse haben als Sie. Bemühen Sie sich, in Teams mitzuarbeiten und Ihre Kollegen ihre Aufgaben machen zu lassen, auch, wenn es langsamer vorwärtsgeht als wenn Sie es machen würden.

Herausforderung Nr. 1 für Hochbegabte: Kommunikation

Der hochbegabte Unternehmer Volker Schatz sagt: „*Wenn ich meinen Mitarbeitern was erkläre, weiß ich oft nicht, ob ich zu viel oder zu wenig Information gegeben habe.*"

Hochbegabte können schwer beurteilen, wie andere Menschen sie verstehen. Wenn Hochbegabte anderen zu wenig erklären, versteht man sie nicht. Wenn sie ihnen allerdings zu viel erklären, laufen sie Gefahr, dass ihre Gesprächspartner glauben, sie hielten sie für begriffsstutzig. Keine leichte Aufgabe ...

Sorgen Sie dafür, richtig verstanden zu werden

Hochbegabte sprechen schnell und überspringen auch gerne einmal ein paar Gedanken, sodass sie ihre Zuhörer manchmal „abhängen". Somit haben manche Hochbegabte das latente Gefühl, nicht richtig verstanden zu werden. Sie reagieren genervt und gekränkt, wenn andere ihren Gedanken nicht folgen können.

So unterbrach sich Volker Schatz in einem Interview für das Handelsblatt selbst: „*Jetzt erkläre ich wieder viel zu viel auf einmal, jetzt bin ich wieder auf einer ganz anderen Ebene.*" [3]

Es klingt arrogant, wenn Hochbegabte sagen, sie hätten sich an das Niveau ihrer Umwelt anzupassen. Eine Grundregel der Kommunikation besagt, dass Sie als Sender dafür verantwortlich sind, dass Ihre Botschaft beim Empfänger richtig ankommt.

Hochbegabte als Außenseiter

Risikogruppen für soziale Isolation sind

- Senioren,
- Studierende,
- Alleinerziehende,
- Strafgefangene,
- Migranten,
- chronisch Kranke und Behinderte,
- Arbeitslose,
- Hochbegabte.

Neben den exogenen Faktoren von sozialer Isolation, wie der Zugehörigkeit zu einer dieser sozialen Risikogruppen, gibt es endogene Faktoren, die sich aus der Persönlichkeitsstruktur des Einzelnen ergeben. Hochbegabte wählen die Isolation oft bewusst. Schon als Kinder erfahren sie teilweise starke Ablehnung ob ihrer speziellen Fähigkeiten.

Hochbegabte werden von ihrer Umwelt häufig nicht aufgrund ihres IQs abgelehnt, sondern schlicht und ergreifend deshalb, weil sie andere Menschen nicht aufrichtig akzeptieren [4].

Mobbing und Bossing

Mobbing ist, nach der Definition von Monika Hirsch-Sprätz, der Leiterin einer Mobbingberatungsstelle, *„die Summe der negativen kommunikativen Handlungen am Arbeitsplatz, die von Kollegen oder Vorgesetzten ausgeübt werden, gegen eine Person gerichtet sind, regelmäßig und über einen längeren Zeitraum"*.

Gründe für Mobbing können Intoleranz, Frustration, Langeweile, Missgunst und Angst um den eigenen Arbeitsplatz sein [5]. Die häufigsten schikanösen Handlungen, die als Mobbing gelten, sind:

- Hinterrücks über jemanden schimpfen (Anschwärzen, Rufschädigung),
- abwertende Blicke und Gesten,
- Kontaktverweigerung,
- falsche oder kränkende Beurteilung der Arbeitsleistung,
- Überforderung durch zu viel Arbeit oder Arbeitsentzug sowie
- falsche Aussagen und Bewertung zur Arbeitsleistung.

Die letzten beiden Punkte gelten für den Chef des Mobbingopfers. Mobbing entwickelt sich zumeist schleichend. Tragisch ist, dass nach Schätzungen drei Viertel der Mobbingfälle vom Chef mitgetragen oder geduldet werden. Manche Experten meinen, dass es kein typisches Mobbingopfer gäbe, sondern dass es jeden treffen könne. Die Mobber sind häufig Neider, Hasser, Rächer oder Egomanen, die aus Ängsten heraus handeln. Marianne Skarics schreibt in ihrem Buch über hochsensible Menschen: *„Die typische Zielperson eines Mobbers ist laut diversen Untersuchungen talentiert, pflichtbewusst, scheu, höflich, integer, selbstsicher, kompetent, nett, intelligent, kreativ, hat eine hohe Moral und möchte andere erfreuen. Viele Mobbingopfer lieben ihre Arbeit und identifizieren sich stark mit ihrer Tätigkeit. Sie fühlen sich ihrer Arbeit sehr verbunden."* [5]

Häufig sind die „Hochleister" eines Unternehmens Mobbingopfer, wodurch den Firmen hohe Schäden entstehen [5].

> **Tipp** Um Mobbing zu vermeiden, sollten Sie regelmäßig mit Ihren Kollegen in Kontakt treten, etwa, indem Sie *Small Talk* betreiben und auch etwas von sich selbst preisgeben. Ihre Kollegen möchten Sie nicht nur beruflich, sondern auch privat kennen. Suchen Sie sich Freunde und Verbündete, und nehmen Sie auch an außerbetrieblichen Veranstaltungen wie Weihnachtsfeiern, Geburtstagsessen oder Kegelabenden teil.

Nicht übertreiben

Eine uralte Weisheit aus dem Showbusiness ist: „*Know when to get off stage.*"

Hochbegabte neigen dazu, vieles zu übertreiben. Das ist im Berufsalltag nicht notwendig und sinnvoll. Beispiele:

- Wenn ein Kunde bereits überzeugt ist, brauchen Sie keine weiteren Verkaufsargumente liefern.
- Wenn Ihr Chef bereits zufrieden ist, brauchen Sie Ihre Arbeit nicht weiter optimieren.
- Wenn ein Projekt im Dezember fertig sein soll, muss es nicht im August abgeliefert werden.

Setzen Sie sich nicht achtlos über Vorschriften hinweg

Manche Hochbegabte leben im gefährlichen Irrglauben, sie seien erhaben über allgemeingültige Vorschriften nach dem Prinzip: „*Ich brauche mich nicht an die Geschwindigkeitsbeschränkungen zu halten, weil ich die Radarfallen schon rechtzeitig sehe bzw. weil mir die 50 Euro Strafe nicht weh tun.*"

In Organisationen kann Sie das Negieren von Richtlinien und Vorschriften sehr schnell den Job kosten, auch wenn Ihre Leistung tadellos ist.

Nichts persönlich nehmen!

Hochbegabte nehmen sich Dinge stärker zu Herzen als die meisten Normalbegabten. Wenn Sie beispielsweise als Callcenter-Mitarbeiter den Großteil Ihrer Zeit damit verbringen, sich übelste Beschimpfungen anzuhören, während Sie versuchen, Menschen überteuerte Produkte aufzuschwatzen, gehen Sie seelisch zugrunde, falls Sie diese Hasstriaden persönlich nehmen.

Kollegen, die Ihnen feindselig begegnen, haben vielleicht Schwierigkeiten, ihre Rolle in der

Organisation zu erfüllen. Manche Rollen in Organisationen sind von wechselseitigen Zielkonflikten geprägt, da ist Reibung „vorprogrammiert" und hat nichts mit Ihnen als Person zu tun.

Eine interessante Beobachtung hat der Autor in China gemacht. Dort streiten Kollegen manch- mal miteinander, und wenn es zu heftig wird, sagt einer: „*Wir sind doch nur in der Arbeit.*"Danach vertragen sie sich wieder, weil sie sich in Erinnerung gerufen haben, dass jeder im Job seinen Standpunkt vertritt. Die Menschen in Asien teilen die Auffassung, dass Meinungsverschiedenheiten nicht zu persönlichen Konflikten und Feindschaften außerhalb des Büros führen sollten.

Teams

Hochbegabte schneiden bei vielen geistigen Aufgaben „besser" ab als ihre Kollegen. Das führt manchmal dazu, dass sie Teamarbeit kategorisch ablehnen, weil sie der Meinung sind, sie können das alleine ohnehin besser. Vielleicht liegt diese Haltung auch darin begründet, dass die Anforderungen früherer Aufgaben, die im Team zu lösen waren, derart beschaffen waren, dass sie von einer fähigen Person alleine rasch hätten gelöst werden können und sich daher in Wahrheit nicht als Gruppenaufgabe geeignet habe. Diese Erfahrung haben viele Hochbegabte in der Schule gemacht, wo einfachste Aufgaben in kleinen Teams bearbeitet wurden. Die Hochbegabten langweilten sich, weil sie die Lösung bereits wussten, bevor der Lehrer zu Ende gesprochen hatte, und wurden darauf konditioniert, Gruppenarbeiten zu schmähen (sogar Durchschnittsschüler langweilen sich ein Drittel der Zeit [6]).

In der Arbeitswelt sind Aufgaben und Projekte so groß und komplex, dass sie ein Einzelner nicht lösen kann, nicht einmal ein Hochbegabter mit viel Zeit. Daher ist Teamarbeit notwendig.

> **Tipp** Sie brauchen Teamarbeit nicht zu lieben, sollten allerdings „teamfähig" sein und in einer Gruppe „funktionieren".

Was fällt Hochbegabten bei Teamarbeit besonders leicht bzw. besonders schwer?

Für den Hochbegabten A ist das Anpassen seiner Kommunikation und seines Tempos an das Team eine Herausforderung. Hochbegabter B findet es einfach, *„die Leitung zu übernehmen und so viel wie möglich selbst zu machen"*, und schwierig, *„geführt zu werden und mich auf NUR einen Teil zu beschränken"*.Für Hochbegabten C ist es schwer, *„Gehör zu finden mit durchdachten Ansätzen (die teilweise als akademisch verunglimpft werden)"*.

Hochbegabter D: *„Teamarbeit mag ich nicht, weil ich meistens schneller arbeite als die anderen."*

Hochbegabter E: *„Leicht: ?? Schwer: Menschen zuzuhören, die lange brauchen, um sich auszudrücken; Menschen zuzuhören, die keine Prioritäten setzen können und/oder sich von Nebensächlichkeiten beeindrucken lassen."*

Hochbegabter F: *„Es ist mir schon öfter passiert, dass ich etwas in eine Diskussion eingeworfen habe, was anfangs nur Irritation ausgelöst hat. Erst nachdem ich meinen Gedankengang Schritt für Schritt erläutert habe (teilweise auch zweimal), war klar, was ich gemeint habe…"*

Hochbegabter G: *„Schwierig ist für mich, Geduld mit den anderen zu haben, ihre abgelieferten Resultate als gut genug zu akzeptieren. Nicht die Kontrolle an mich zu reißen (einfach aus dem Gefühl heraus, es ‚besser' machen zu* *können). Zu akzeptieren, dass es verschiedene, genauso gute, Lösungswege gibt.“*

Hochbegabter H: *„Schwer [ist für mich], alle meine Gedankengänge und Entscheidungen so zu dokumentieren, dass sie für alle nachvollziehbar sind.“*

Sie brauchen nicht immer recht zu haben

Wenn Sie als Radfahrer bei Grün in die Kreuzung einfahren wollen und ein Lastwagen aus dem Querverkehr trotz roter Ampel dasselbe zu tun scheint, ist es irrelevant, ob Sie recht haben oder nicht. Bremsen werden Sie wohl in beiden Fällen. Auch in der Berufswelt gibt es – zugegebenermaßen weniger kritische – Situationen, in denen Sie aus eigenem Interesse nicht auf Ihre intellektuelle Überlegenheit pochen sollten, vor allem, wenn diese zu einem Gesichtsverlust Ihres Gegenübers führen würde.

Hier ein Beispiel: Ein hochbegabter Manager war dabei, ein Umwelt-Audit in seiner Firma durchführen zu lassen. Aufgrund seiner Vorbereitung konnte der Auditor keine gravierenden Schwachpunkte feststellen, wollte sich (und wahrscheinlich auch seinem Chef zu Hause) allerdings beweisen, dass er sein Geld wert war, und suchte so krampfhaft nach einem Verbesserungspunkt. Plötzlich schien der Auditor etwas entdeckt zu haben. Auf den entleerten Säcken der Rohstoffe bemerkte er das Logo des Lieferanten, aufgedruckt in blauer Farbe. *„Wie stellen Sie sicher,dass die Farbe lösungsmittelfrei ist, und dass Ihr Entsorger oder dessen Kunde nicht Probleme durch das etwaige Lösungsmittel bekommt?“*

Der Manager – und er hätte auch als Nicht-Chemiker gewusst, dass Lösungsmittel, sofern in der ursprünglichen Farbe überhaupt vorhanden – längst verdunstet sind, entgegnete: *„Danke für Ihren Hinweis, wir werden das prüfen und unseren Entsorger gegebenenfalls informieren.“*Somit war der Auditor glücklich, das Audit bestanden, und die schmerzende Zunge des Managers, der sich daraufgebissen hat, um den Mund zu halten, tat nicht lange weh. Wenn er hingegen versucht hätte, dem Auditor klar zu machen, dass er ein fachlicher Idiot ist, der von der Materie nichts versteht – wie glauben Sie hätte der „Sieg“ ausgesehen?

Denken Sie zurück an den Abschnitt zur kritischen Grundhaltung von Hochbegabten, wo Jens aus seiner Bundeswehrzeit erzählt hat, wie er seinen Kollegen berichtigte, als dieser mit einer viel zu frühen Granatenexplosion geprahlt hat. Fachlich hatte er absolut recht, denn Schall braucht für eine Strecke von 2 km Entfernung 6 Sekunden (333 m/s) und nicht nur 2 Sekunden, doch wen hat diese Erkenntnis interessiert?

Die Kernfrage ist, welchen Nutzen Jens mit der Feststellung für sich erzeugt hat: keinen, im Gegenteil. Die Korrektur war absolut irrelevant, und in 50 Jahren wird keiner mehr darüber sprechen.

> **Tipp** Denken Sie sich manchmal Ihren Teil, und machen Sie andere Menschen nicht öffentlich auf Fehler aufmerksam, vor allem, wenn diese irrelevant sind.

9.3 Was Sie als Hochbegabter in der Arbeit lieber umgehen

Es gibt Verhaltensweisen, welche auf Kollegen stark irritierend wirken. Vermeiden Sie beispielsweise, belehrend zu wirken, und überhäufen Sie andere Menschen nicht mit „schlauen" Ratschlägen. Das gilt vor allem für andere Abteilungen, die Sie unmöglich im Detail kennen können. Auch bei hehren Absichten verstimmt zu viel Kritik Ihr Umfeld.

Wie sich Hochbegabte in Organisationen sehen

Auf die Frage, ob sie besonders wertvoll für ihre Organisationen wären, antworteten ein paar Hochbegabte wie folgt:

Hochbegabter A: *„Temporär, da ich sehr gut Belastungsspitzen abfangen kann bzw. komplexe Aufgabenstellungen entwirren kann."*

Hochbegabter B: *„Vermutlich könnte ich besonders wertvoll sein, wenn die Firma [von meiner Hochbegabung] wüsste und ich entsprechend gefördert/eingesetzt würde."*

Hochbegabter C: *„Ja, weil ich in der gleichen Zeit mehr Arbeit bewältigen kann als der Durchschnitt."*

Hochbegabter D: *„Potenziell ja, sofern das Potenzial genutzt wird. Nein, wenn es nicht genutzt wird."*

Hochbegabter E: *„Ja, aber ich habe mich nicht als hochbegabt ‚geoutet'."*

Hochbegabter F: *„Nur wegen der Hochbegabung allein nicht. Machen muss man auch etwas daraus."*

Hochbegabter G: *„Momentan nicht, ich bräuchte mehr Spielraum, um mich zu entfalten."*

Ein signifikanter Teil der Hochbegabten geht davon aus, einen größeren Beitrag für die Firma zu leisten oder leisten zu können als andere Mitarbeiter. Manche sehen die Tatsache, dass sie ihre Hochbegabung nicht „gemeldet" haben, als Hindernis an. Damit sitzen sie einem gravierenden Trugschluss auf. Hochbegabte D bis G verkennen, dass es in Unternehmungen auf Resultate ankommt. Solange sie ihre Hochbegabung nicht nutzen und das vorhandene Potenzial zu Ergebnissen machen, ist diese für ihre Chefs – berechtigterweise – irrelevant.

9.4 Berufseinstieg für Hochbegabte

Schule und Studium unterscheiden sich grundlegend von der Berufswelt. Von Underachievern einmal abgesehen, tun sich intellektuell herausragende Menschen im schulischen und universitären Umfeld verhältnismäßig leicht. Wenn im Beruf dann andere Fähigkeiten in den Vordergrund rücken, tauchen manchmal Schwierigkeiten auf. Daher sollten

Sie sich auf den Berufseinstieg vorbereiten. Lernen Sie die Arbeitswelt frühzeitig kennen, indem Sie Praktika bei Sie interessierenden Firmen machen, auch, wenn dies in Ihrem Studienplan nicht vorgesehen ist. Arbeiten Sie ein bis zwei Monate während der Sommerferien in einem Betrieb Ihrer Wahl.

Bevor Sie sich bei Ihren Wunscharbeitgebern bewerben, schicken Sie ein paar Bewerbungen zu für Sie weniger interessanten Firmen, und „üben“ Sie Vorstellungsgespräche. Lassen Sie sich zu ein oder zwei Assessment-Centers (AC) einladen, und durchlaufen Sie den Auswahlprozess. Am Ende werden Sie wertvolles Feedback erhalten und erfahren, worauf es für eine erfolgreiche Bewältigung ankommt.

Manche Personaler und Veranstalter von AC meinen, man solle darauf abzielen, die „natürliche“ Reaktion eines Kandidaten zu messen. Als Hochbegabter können Sie die Situation verstehen und sich anpassen. Nutzen Sie die Gelegenheit, zumal zahlreiche Untersuchungen zu dem Schluss kommen, dass die Aussagekraft von ACs für den Berufserfolg marginal ist.

Kaufen Sie sich ein paar Bücher zum Thema Bewerbung und Karriere, um für Sie zunächst unbekannte und „unlogische“ Zusammenhänge kennenzulernen.

9.5 Allgemeine Erfolgskriterien für Angestellte und eine *„Corporate Career“*

Da die meisten Menschen unselbständig tätig sind, empfiehlt es sich, die „Spielregeln“ zu kennen, die in Organisationen gelten. Wenn Sie die Firma wechseln, sollte das Ihre Entscheidung sein. Vermeiden Sie, dass jemand anderer darüber entscheidet, ob Sie in einem bestimmten Job bleiben können oder „freigesetzt“ werden.

Erfolgreiche Karrieren lassen sich nicht planen. Menschen, die ihre Stärken kennen und sich ihrer Werte bewusst sind, können die richtigen Chancen beim Schopf packen, wenn diese sich ihnen auftun.

Sorgen Sie dafür, dass Sie zumindest teilweise unabhängig sind. Wer als Manager oder Mitarbeiter über 40 nur von seinem Gehalt lebt und vom Wohlwollen seiner Firma abhängig ist, hat ein Problem. Schaffen Sie sich zumindest ein kleines „zweites Standbein“ (Vermieten einer Klein(st)wohnung, Lektorentätigkeit, Verkaufen spezieller Gegenstände im Internet etc.)

In den USA werden Mitarbeiter mit einem hohen Schuldenberg im Übrigen besonders gerne eingestellt, weil ihren Arbeitgebern eine gewisse Loyalität somit sicher ist …

> **Tipp** Vermeiden Sie private Schulden, denn sie machen Sie abhängiger als Zigaretten.

Mit dem Schreiben von Bewerbungen und dem Aufbau einer Existenz nach dem Rauswurf zu starten, ist reichlich spät. Sie sollten in der Lage sein, jederzeit bei ein bis zwei alternativen Arbeitgebern unterzukommen, indem Sie Ihre *Employability* und Kontakte aufrechterhalten.

Kündigen Sie niemals, bevor Sie eine neue, fixe Anstellung haben. Sich aus der Arbeitslosigkeit heraus zu bewerben, erweist sich zumeist als extrem schwieriges Unterfangen. Wenn Sie sich nach einem Angestelltenverhältnis selbständig machen wollen, bauen Sie Ihr Geschäft zuerst parallel auf, bis Sie davon leben können, und vollziehen Sie erst dann den Wechsel. Machen Sie Ihre Arbeit stets gerne und in hoher Qualität (das geht Hand in Hand!). Es gibt auch bei anderen Firmen genügend Arbeit. Vergeuden Sie nicht Ihre Zeit mit etwas, das Ihnen innerlich wider- strebt.

▶ **Brain Teaser** Auch für Angestellte gilt: Sie arbeiten immer für sich. Machen Sie einen Job nur dann und nur so, dass er Ihre Qualifikation und Ihren Marktwert steigert. Falls das nicht möglich ist: Wechseln Sie umgehend zu einer anderen Unternehmung.

▶ **Tipp** Arbeiten Sie 30 min am Tag an sich selbst und Ihrer Karriere!

Die Beziehung zu Ihrem Boss

Angestellte müssen mit ihrem Boss auszukommen, auch, wenn dieser ein „Idiot" oder sogar ein

„absoluter Idiot" zu sein scheint.

Er ist es, der über Ihren Verbleib in der Firma und über Ihr Fortkommen entscheidet, mitunter auch außerhalb der Organisation.

So schildert Noks Nauta in ihrem Buch [1] den Fall einer 45jährigen Hochbegabten, die sich mit Ihrer Meinung *„I think my manager is stupid"* das Arbeitsleben selbst unnötig schwer macht.

Versuchen Sie, mit Ihrem Chef in Symbiose zu leben. Er braucht Sie, und Sie brauchen ihn.

So ist das Gewerbe nun einmal. Zoff mit dem Chef wird in aller Regel dem Mitarbeiter zuge- schrieben, vermeiden Sie also Schwierigkeiten mit Ihrem Boss. So kompliziert oder „speziell" er auch sein mag – als Angestellter erwartet man, wie gesagt, in erster Linie von Ihnen, dass Sie mit Ihrem Chef auskommen.

Das stete Funktionieren im Sinne des Chefs kann der eigenen Karriere allerdings unter Umständen mehr schaden als sie zu fördern. Gehen Sie Ihren Weg, und seien Sie dabei konsistent.

Wenn Ihr Chef Sie mag und unterstützt, haben Sie ein angenehmes Arbeitsleben, und Sie können ihre Ziele erreichen. Merken Sie jedoch, dass Ihr Chef Sie nicht unterstützt, und sie dies nicht ändern können, verlassen Sie ihn so rasch wie möglich. Jack Welch erlebte auch einmal einen ihm nicht wohlgesonnenen Chef. Er schreibt: „*There is probably nothing worse in business than to work for a boss who doesn't want you to win.*"[7]

Erwarten Sie nicht, dass Ihr Chef Sie „deckt", wenn Sie etwas angestellt haben. Vor allem hoch- begabte Chefs lassen Sie fallen wie eine heiße Kartoffel, wenn Sie in deren Ungnade gefallen sind.

Strategien im Umgang mit schwierigen Chefs

Mit seinem Chef auszukommen, dieses Unterfangen wird mal einfacher und mal „komplizierter" sein.

Sie sollten ein akzeptables Arbeitsverhältnis mit Ihrem Chef anstreben, mehr verlangt niemand. Es gibt klare Fälle, die nicht tolerierbares Verhalten von Chefs darstellen und zu deren sofortiger Entlassung und sonstigen Konsequenzen führen. An skurrilen Beispielen ergötzen sich die Medien regelmäßig. Wenn Sie im Internet nach „*Bad boss award*" oder „schlechtester Chef" suchen, finden Sie beeindruckende Geschichten, deren Wahrheitsgehalt wohl in manchen Fällen näher zu prüfen wäre. Es gibt lustige Anekdoten von Chefs, die ihren Mitarbeitern das Jausenbrot wegessen, sowie echte Fälle von massiven Verfehlungen und kriminellen Handlungen. Davon ist hier nicht die Rede, sondern von Verhaltensweisen, die Mitarbeiter „nicht mögen". Nicht alle Arbeitnehmer haben die Möglichkeit, nach Belieben zu kündigen und anderswo eine gleichwertige Stelle zu finden. Hilflos „ausgeliefert" ist jedoch niemand.

Die folgende Zusammenstellung mit Tipps für den Umgang mit sieben schwierigen Cheftypen wurde nach Harvey Hornstein, Randall S. Hansen und Travis Bradberry [8] zusammengetragen. Es handelt sich dabei um folgende Typologien:

- der Inkompetente,
- der Boshafte,
- der Inkonsistente,
- der Mikromanager,
- der Möwenmanager,
- der Unmäßige und Irrationale,
- der Überfreundliche.

Der Inkompetente

Selten ist Ihr Chef, obwohl das das legendäre Peter-Prinzip [9] so vorhersagt, wirklich inkompetent. Höchstwahrscheinlich wissen Sie auf Ihrem Fachgebiet mehr als er, das macht Ihren Chef jedoch nicht inkompetent, auch, wenn er für sie so wirkt.

Es gibt Fälle, in denen jemandem ein Chef vorgesetzt wird[1], der tatsächlich nicht kompetent ist, beispielsweise, wenn ein frischgebackener MBA-Absolvent ohne Berufserfahrung in die Jobwelt eintritt und gleich eine Leitungsfunktion zugewiesen bekommt.

Folgende Strategie sollten Sie in so einer Situation verfolgen: Ihr neuer Chef ist sich vermutlich bewusst, dass Sie mehr wissen als er. Daher sollten Sie ihn nicht mit Ihrem Fachwissen zu beeindrucken versuchen, das würde nur seine Unsicherheit nähren. Vermeiden Sie Sätze wie „*Das haben wir hier immer schon so gemacht*". Wenn Sie einen seiner Pläne für absolut falsch halten, vermeiden Sie es, Ihren Chef öffentlich zu attackieren. Schlagen Sie ihm in einem Vier-Augen-Gespräch einige Alternativen vor, und geben Sie ihm das Gefühl, Teil der Lösung zu sein.

Der Boshafte

Sadisten arbeiten nicht nur bei der Sicherheitskontrolle auf Flughäfen, sondern auch in der Chefetage. Chefs, die rot anlaufen und um sich schreien, gibt es tatsächlich.

Um eine Strategie auszuarbeiten, können Sie erst versuchen, die Motivation für das Handeln Ihres Chefs zu ergründen. Einerseits kann er es genießen, Leute zu quälen. In diesem Fall sollen Sie ein Gefühl dafür entwickeln, was „Wutausbrüche" Ihres Chefs auslöst, und diese Momente vermeiden.

Falls Ihr Verhalten Ihren Chef irritiert und „böse" macht, kann es eine Überlegung wert sein, darüber selbst oder im Gespräch mit Kollegen nachzudenken und sich ggf. an die Wünsche des Chefs anzupassen. Wenn Ihre Kollegen Ihre Einschätzung vom boshaften Chef teilen, sollten Sie nicht gemeinsam jammern, sondern konstruktiv Lösungen ausarbeiten.

Es kann auch sein, dass Ihr Chef aus Angst heraus explosiv reagiert. Wenn Sie ihm seine Angst nehmen, werden sich auch die Wutausbrüche weniger häufig zutragen.

Der Inkonsistente

Es gibt Chefs, bei denen weiß man nicht, wo man „dran" ist. Sie ändern ihre Meinung häufig. Gerade Hochbegabte sind anfällig für dieses Verhalten! Auch gibt es Chefs, die sich mit dem Wind drehen wie eine Fahne.

Die Geschichte von Dr. Jekyll & Mr. Hyde ist ein sehr extremes Beispiel für das, was manchen Mitarbeitern im Arbeitsleben widerfährt: Zwischen großem Lob durch ihren Chef und vernichtender Kritik liegen oft nur Tage oder Stunden (vergleiche Jack Welch's „*Hug 'em & kick 'em*"). Wenn der Mitarbeiter einen Bezug zwischen dem „*Kicking*" und „*Hugging*" und seinen Handlungen herstellen kann, ist alles in Ordnung. Der Inkonsistente handelt nicht situationsbezogen, sondern rein aus seinen persönlichen Empfindlichkeiten heraus.

[1] Darum bezeichnet man ihn ja auch als Ihren „Vorgesetzten".

Folgende Regeln können Ihnen helfen, die Situation zu meistern:

- Fragen Sie nach spezifischen Punkten, die Sie anders machen können, wenn Ihrem Chef etwas nicht passt.
- Dokumentieren Sie Ihre Leistungen, indem Sie sie Ihrem Chef regelmäßig als kurzen Bericht oder E-Mail zusenden. Er wird darauf regieren. Sammeln Sie die „Beweise", und bringen Sie sie zum Jahresgespräch mit.

Der Mikromanager

Der Mikromanager agiert als pedantischer „Kontrollfreak": Er achtet peinlich genau auf die Einhaltung der vorgeschriebenen Arbeitszeiten, hat selbst zu viel Zeit oder kann nicht delegieren. In der Folge hat er für gar nichts mehr Zeit. Er besitzt ein unzureichendes Vertrauen in seine Mitarbeiter. Ein Mikromanager unterbricht die Arbeit seiner Mitarbeiter laufend für „Status Updates".

Als Gegenstrategie können Sie Vertrauen aufbauen und Ihrem Chef regelmäßig, zum Beispiel jeden Nachmittag, ungefragt einen kurzen „Zwischenbericht" mailen, damit er das Gefühl hat, stetig informiert zu sein.

▶ **Tipp** Wissensarbeiter lassen sich nicht im Detail kontrollieren oder überwachen. Ihr Manager sollte ihnen Unterstützung bei ihren Aufgaben geben. Er kann sie nicht im Detail anleiten, was sie wie zu tun haben. Wissensarbeiter sind eigenverantwortlich: Sie wissen selbst, was zu tun ist. Ein (weit hergeholtes Analogon) ist ein Soldat an der Front: Sein Chef ist zu weit weg, um ihm unmittelbar sagen zu können, was zu tun ist. Er trifft im Hier und Jetzt wichtige Entscheidungen alleine.

Der Möwenmanager

Eine amüsante Bezeichnung für einen weniger lustigen Managementstil ist die „Möwentaktik". Travis Bradberry [8] hat die Theorie aufgestellt, dass manche Manager um jeden Preis nicht als Mikromanager gesehen werden wollen. Dieses Gefühl könne so stark werden, dass sie versuchen, möglichst auf Distanz zu ihren Mitarbeitern zu bleiben. Sobald allerdings ein Problem zu Tage tritt, tauchen sie schnell auf, geben ein paar Anweisungen und verschwinden wieder, anstatt gemeinsam mit ihrem Team an einer Lösung zu arbeiten. Durch ihren kurzen Auftritt stiften sie nur Frustration und Befremdung.

Möwenmanager verbringen kaum Zeit mit dem, wofür sie da sind: Management ihres Teams.

Der Unmäßige und Irrationale

Es gibt Chefs, die Ihnen für jede erfolgreich erledigte Aufgabe zwei neue geben. In Zeiten von Rationalisierungen sind diese Chefs gefragt. Schlagen Sie so einen Vorgesetzten mit seinen eigenen Waffen: Geben Sie ihm drei Resultate, wenn er zwei verlangt. Der Chef, der seine Entscheidungen nicht begründet, ist für Hochbegabte oft eine große Herausforderung. Chefs, die den Stichtag kurzfristig vorverlegen, halten ihre Mannschaft auch auf Trab. Wenn Ihr Chef seinen eigenen Job hasst oder, im Gegenteil, nur für den Job lebt und seine Mitarbeiter als Gesprächspartner sucht, bringt das ebenfalls spezielle Brisanz für sein Team. Pflegen Sie mit einem solchen Chef eine professionelle Beziehung, und lassen Sie sich nicht zu sehr einsaugen. Delegieren Sie einen Teil der erhaltenen Aufgaben weiter.

Der Überfreundliche

Chefs, die sich für alles bedanken und Lob für einfachste Handlungen aussprechen, zermürben ihre Mitarbeiter. Zu viel Freundlichkeit legen Mitarbeiter gerne als Durchsetzungs- und Führungsschwäche aus, und in der Tat hadern überfreundliche Chefs mit harten und schwierigen Entscheidungen, aus Angst, sich bei ihren Mitarbeitern unbeliebt zu machen. Davor fürchten sie sich, weil sie meinen, Liebesentzug durch ihre Mannschaft sei gleichbedeutend mit Arbeitsverweigerung. Unter einem überfreundlichen Chef hat man für gewöhnlich ein entspanntes Arbeitsleben. Die eigene Karriere wird vermutlich darunter leiden, weil die Organisation diesen Chef und seine Mitarbeiter als leistungsschwach empfindet.

Mobben des Chefs Es ist fast unmöglich, seinen Chef „wegzumobben". Wenn ein ungeeigneter Chef abgesetzt wird, kann ein hochleistender Mitarbeiter aus der zweiten Reihe seinen Platz nur in den allerseltensten Fällen einnehmen. In der Regel wird man sogar die Mitarbeiter eines schwachen Chefs für „schwach" halten. Ebenso wird jeder Versuch, seinen Chef missionieren (oder auch

nur leicht verändern) zu wollen, von Misserfolg gekrönt sein. Wenn Ihnen Ihr Chef missfällt, sehen Sie zu, dass Sie wegkommen. Sie können auch einen Headhunter damit beauftragen, einen neuen Job für Ihren Chef zu suchen, was allerdings nicht klappen wird, wenn Sie gleich- zeitig Intrigen gegen ihn spinnen. Überlegen Sie lieber, warum Ihnen Ihr Chef unsympathisch ist. Kann es eine Charaktereigenschaft sein, die Ihnen an der eigenen Person missfällt? Kann es sein, dass Sie seine (berechtigten) Erwartungen nicht erfüllen?

„Face time" und „Exposure"

Um als karriereinteressierter Mitarbeiter aufzufallen, leisten Sie Überdurchschnittliches, damit Sie von einem Entscheidungsträger weiter oben in der Hierarchie „entdeckt" werden. Zwei Schlagworte in diesem Zusammenhang sind ***„face time"*** und ***„exposure"***.Ratgeber empfehlen das, was Blender von alleine wissen: Wer es regelmäßig schafft, „*face time*", also Zeit von Angesicht zu Angesicht, mit einem Entscheidungsträger zu erringen, beispielsweise in einer Firmenbesprechung, kann dort für sich punkten.

„**Exposure**", zu Deutsch „Ausgesetzt-Sein" oder auch Exposition, bedeutet, dass man sich ex- poniert, indem man „riskante" Projekte und Aufgaben übernimmt. Macht man diese zufrieden- stellend, kann man sich Pluspunkte verdienen.

> **Tipp für Hochbegabte** Sorgen Sie für ausreichende Sichtbarkeit Ihrer Resultate, wenn Sie
> Anerkennung in Ihrer Organisation erringen wollen. Ganz von alleine wird kein Mitarbeiter
> „entdeckt" und befördert.

„Das Geheimnis meines Erfolgs ist", sagte ein Vorstandsmitglied, „dass ich immer ein wenig Aufsehen um meine Leistungen verursacht habe. 80 % meines Erfolgs sind harte Ergebnisse, der Rest die „Werbung" dafür". Wenn Sie Werbung in eigener Sache machen, sollten Sie klarerweise vorher sicher- stellen, dass Ihre Resultate okay sind!

Was beim Firmenwechsel zu beachten ist

Mit einem Firmenwechsel sind bekanntlich alle bisherigen Fehler vergessen und verziehen.

Auch wenn ein Mitarbeiter absolut loyal zu seinem Arbeitgeber ist, stellt dies keine Garantie dafür dar, dass sich der Arbeitgeber im Gegenzug auch immer loyal dem Mitarbeiter gegenüber verhält. Loyalität zu einem Arbeitgeber kann die Karrierechancen eines Mitarbeiters massiv beschneiden, indem er andere, möglicherweise attraktivere, Optionen einfach ausblendet.

Kennen Sie Ihren Wert, und verhandeln Sie: Niemand wird Ihnen etwas schenken, nicht einmal der Weihnachtsmann. Nur, wenn Sie über Ihren Wert auf dem Arbeitsmarkt Bescheid wissen, können Sie diesen bekommen.

> **Tipp** Brennen Sie keine Brücken nieder, und verlassen Sie eine Firma niemals im Streit. Es liegt im Bereich des Möglichen, dass Sie Ihre ehemaligen Kollegen und Vorgesetzten später nochmals antreffen. Dann sollte Ihnen nicht zum Nachteil gereichen, wie Sie damals den Wechsel vollzogen haben. Die meisten Branchen, vor allem auf nationaler Ebene, sind durch enge Netzwerke der Mitglieder gekennzeichnet. Entweder man trifft sich bei der Konkurrenz wieder, bei einer Behörde, am Verhandlungstisch mit einem Kunden, in einer Beziehung zu einem Lieferanten oder in einer anderen Abhängigkeitssituation.

Effektives Nutzen von E-Mails

Vermeiden Sie, E-Mails an eine große Anzahl an Personen, vor allem in Kopie (cc), zu senden. Massen-E-Mails sind wahre Zeitdiebe, wenn sie an einen irrelevanten Verteiler geschickt werden. Sprechen Sie nur eine Person an, wenn Sie eine Aufgabe gelöst haben wollen. Falls Sie eine Aufforderung an eine Gruppe schicken, können Sie mit an Sicherheit grenzender Wahrscheinlichkeit davon ausgehen, dass sich niemand von Ihrem Begehr angesprochen fühlen wird. Ver- schicken Sie keine E-Mails in Wut, sondern schlafen Sie eine Nacht darüber, bevor Sie auf eine Nachricht antworten, die Sie erbost hat. Versenden Sie ferner keine E-Mails in Blindkopie (bcc). Das ist erstens unaufrichtig, und zweitens sind Sie nie davor gefeit, dass Ihre E-Mails weitergeleitet werden.

9.6 Weitere Tipps für Angestellte

Umgang mit Wissen und Information

Machen Sie sich nicht vermeintlich unentbehrlich, indem Sie Wissen für sich behalten. Dokumentieren Sie Ihr Wissen sauber. Vertrauliche Informationen sind klarerweise nicht weiterzugeben und dürfen auch nicht unachtsam auf allgemein zugänglichen Laufwerken abgelegt werden. Vermeiden Sie, an Klatsch und Tratsch teilzunehmen: Sie disqualifizieren sich, wenn Sie Gerüchte streuen und weiterverbreiten.

Zeitarbeitsfirmen

Bei Zeitarbeitsfirmen sollten Sie nicht lange verweilen und nur dann, wenn Sie nichts anderes, Passendes, finden oder innerhalb kurzer Zeit einige unterschiedliche Firmen beschnuppern möchten. Im Gegensatz zum Stammpersonal des Sie entlehnenden Unternehmens verdienen Sie als Mitarbeiter einer Zeitarbeitsfirma weniger und sind von betrieblichen Weiterbildungs- und Entwicklungsmaßnahmen quasi ausgeschlossen. Eine Übernahme durch das entleihende Unternehmen kann klappen, doch gibt es hier keine Garantie.

Jobsuche

Jobsuche – der eine sucht irgendeine Arbeit, um sich über Wasser zu halten, der andere strebt nach seinem „Traumjob". Das Thema Jobsuche ist für jeden Angestellten topaktuell. Menschen unter 35 werden im Durchschnitt etwa alle drei Jahre zu Jobsuchern, darüber etwa alle fünf bis acht Jahre.

„*What Color is your parachute?* ist ein über 10 Millionen Mal verkaufter Karriereratgeber [10], verfasst und laufend aktualisiert vom Mensa-Mitglied Richard N. Bolles [11].

Das Werk ist viel weitragender geschrieben als herkömmliche Karrierebücher. So wird Jobsuchenden empfohlen, zuerst einmal genug zu schlafen und ausreichend Wasser zu trinken. Einige Aussagen aus dem Buch:

- Nicht derjenige, der für einen Job am besten geeignet ist, erhält diesen, sondern derjenige,der das Vorstellungsgespräch am besten meistern konnte.
- Wir sind alle blind – nicht für die Fähigkeiten der anderen, sondern für unsere Besonderheiten.
- Viele Jobsuchende geben nach zwei Monaten bereits auf.
- Bewerben Sie sich nicht nur bei Konzernen, sondern auch bei kleineren Betrieben.
- Wenn Sie etwa die Hälfte der Zeit bei einem Jobinterview reden – und Ihr Gegenüber die andere Hälfte, stehen Ihre Chancen am besten, ein Angebot zu bekommen. Ihre Antworten sollten zwischen 20 Sekunden und zwei Minuten lang sein.
- Senden Sie nach einem Bewerbungsgespräch zwei Dankesnoten – eine per E-Mail, eine per Post.
- Es ist ein Mythos, einen neuen Job durch Belegen eines entsprechenden Studiums zu erlangen.
- Warum kündigen Mitarbeiter? Eine Hauptursache ist, dass sie sich erst nach dem Unterschreiben des Dienstvertrags über die Firma informieren [11].

Auswahl einer passenden Firma

Sie sollten sich nicht auf einen geographischen Ort oder auf nur einen Wunscharbeitgeber ver- steifen. Je mehr Optionen Sie sich offenhalten, desto eher wird Ihre Jobsuche von Erfolg gekrönt sein. Achten Sie darauf, dass die Firmenwerte zu Ihren eigenen Werten passen, ebenso wie die Größe des Unternehmens und dass Sie sich mit den Produkten identifizieren können!

Während Menschen in Europa erst einen Job wählen und nur in zweiter Linie einen Arbeitgeber, verhält es sich in Japan so, dass Angestellte zuerst eine Firma selektieren. Dort werden sie dann speziell ausgebildet. Es gibt im Land der aufgehenden Sonne keine strikten Rollenbeschreibungen wie im Westen. Zu erledigende Arbeiten werden einer Gruppe zugewiesen. Durch die Inkompatibilität der Jobs in unterschiedlichen Firmen tendieren Mitarbeiter in Japan dazu, bei ihrem Arbeitgeber zu verweilen (vergleiche das System der Pragmatisierung, das ursprünglich für Arbeitnehmer, die sich extrem spezialisierten und „draußen“ kaum Möglichkeiten für eine alternative Anstellung hatten, geschaffen worden war). Die Anstellung auf Lebenszeit ist auch aus Korea bekannt. Eine interessante Arbeit, die den Erfolg der koreanischen Konglomerate (Chaebols) anhand ihrer Managementpraktiken zu erklären versucht, ist [12]. Spezifika, die genannt werden, sind u. a. Management durch Familienangehörige und enge Beziehungen zur Regierung.

Das Vorstellungsgespräch

Vorstellungsgespräche meistern Sie am besten nach ein wenig Übung. Legen Sie Ihre Nervosität ab, denn *de facto* bewerben sich beide Seiten. Sprechen Sie nicht von den Vorteilen für sich selbst, sondern darüber, welche Vorteile Sie dem potenziellen Arbeitgeber bringen. Ein Knock-out-Kriterium ist, wenn Sie gefragt oder ungefragt über Ihren alten Chef bzw. Arbeitgeber herziehen.

Eine weitere, leider oft vernachlässigte, Binsenweisheit ist, dass Sie in einer Firma im Regelfall nicht mehr verdienen können als Ihr zukünftiger Chef. Unter zwei gleichwertigen Kandidaten gewinnt derjenige, der dieselbe Arbeit für weniger Geld zu machen bereit ist. Achten Sie auch auf den Wert des angebotenen Gesamtpakets. Die Nebenleistungen (*fringe benefits*) eines Arbeitgebers, etwa eine betriebliche Altersvorsorge, freie Kindergartenplätze oder ein Mobiltelefon, können 10 bis 30 % des Gehalts ausmachen.

Sie entscheiden ein Vorstellungsgespräch für sich, indem Sie sich „schmackhaft" machen. Streichen Sie Ihr Alleinstellungsmerkmal (USP, *unique selling proposition*) heraus. Es ist wie mit Produkten auf dem Markt: Differenzieren Sie sich, und Ihr zukünftiger Arbeitgeber wird neben Ihnen keinen anderen mehr sehen.

> **Tipp** So, wie ein erfolgreicher Verkäufer nicht die Eigenschaften, sondern den Nutzen seines Produkts verkauft, sollten Sie „Ihre Haut" beim Vorstellungsgespräch mit dem Nutzen für den zukünftigen Arbeitgeber anstatt Ihrer Merkmale anpreisen.

9.7 Weitere Anregungen für Hochbegabte im beruflichen Kontext

Hochbegabte trifft man in allen Ebenen von Organisationen an. Sie sind ihren Kollegen fachlich oft überlegen [13].

Intelligente Menschen finden sich häufig beratend in Stabsstellen (von dort wird man leider selten befördert)! Im Stab zu arbeiten ist angenehm – man kann „gescheit" reden, ohne die Last der Verantwortung zu übernehmen.

Nicht alle Hochbegabten stehen gerne in der ersten Reihe. Als „graue Eminenzen" im Hintergrund die Fäden zu ziehen, ist für viele von ihnen reizvoller, als das „Gesicht" einer Organisation zu sein. Als Beispiel mag hier Karl Rove herhalten, der langjährige Wahlkampfmanager und Chef-Berater von George W. Bush (Spitzname: „Bushs Gehirn").

Ergänzend zu den allgemein gehaltenen Denkansätzen aus dem vorigen Abschnitt lassen sich Hochbegabten die folgenden speziellen Gedanken als Hilfestellungen mit auf den Berufsweg geben:

Sie sind nie unbeobachtet

Vermeiden Sie Verhaltensauffälligkeiten auch in der Freizeit, denn auch dort können Sie Firmenangehörige treffen. Übrigens geht man davon aus, dass jeder Mensch jeden anderen Menschen über höchstens sieben „Ecken" kennt. Diese „Small-World-Hypothese" wurde in den

60er-Jahren vom Psychologen Stanley Milgram aufgestellt und 2008 als für das Internet gültig „bewiesen" [14]. Die Sieben-Ecken-Hypothese hilft Ihnen beim Netzwerken.

Netzwerken

„*Networking*"ist ein beliebtes Schlagwort und ein Reizwort für manche Hochbegabte. Da vieles im Leben über persönliche Beziehungen abläuft, haben Selbständige und Karriereinteressierte erkannt, dass das Netzwerken im beruflichen Umfeld vorteilhaft ist. Es gibt eine Fülle an Angeboten im Internet, um sich mit anderen Menschen zu vernetzen. Auch außerhalb des Internets finden sich zahlreiche Möglichkeiten, sich als Netzwerker zu versuchen, wie beispielsweise Visitenkartenpartys. Beim Netzwerken missachten die meisten Menschen jedoch einige grundlegende Elemente:

1. Es gibt kein Speed-Networking.
2. Man soll erst geben, bevor man nehmen kann.
3. Durch Zuhören und das Stellen von Fragen erfährt man, was der andere braucht.
4. Heterogenität ist der Schlüssel zu erfolgreichem Netzwerken.

Ad 1. Netzwerken basiert auf Vertrauen. Dieses baut sich langfristig auf.

Ad 2. Niemand will sich ausnutzen lassen. Überlegen Sie, was Sie anbieten können.

Ad 3. Ergründen Sie, was Ihr Gegenüber beschäftigt bzw. was er benötigt. Stellen Sie Fragen, und offerieren Sie dann etwas, was ihm bei der Lösung seiner Probleme hilft, und schon sind Sie im Geschäft!

Ad 4. Internetplattformen wie Facebook, die Freunde und ehemalige Schulkollegen zusammen- bringen, werden Ihnen vermutlich weniger berufliche Chancen bieten als eine Mitgliedschaft bei den Rotariern, wo jedes Mitglied einer anderen Zunft angehört.

Netzwerken ist nicht nur für Individuen interessant, sondern auch für Firmen. Wenn die Mitarbeiter untereinander eng vernetzt sind, über Hierarchieebenen und Standorte hinweg, lässt sich vieles leichter erledigen. Das soziale Kapital einer Firma befindet sich teilweise in den Netzwerken ihrer Mitarbeiter.

Wie Sie ein Profi-Netzwerker werden, können Sie in der einschlägigen Literatur studieren.

> **Tipp** Nutzen Sie auch Ihre privaten Kontakte für berufliche Zwecke, wenn es nicht gerade um Multilevelmarketing geht. Diese sind vermutlich breit gestreut, und Sie haben den Vor- teil des Vertrauensvorschusses!

Kooperation

Der wahre Egoist kooperiert.

Die meisten Menschen denken 99 % der Zeit an sich selbst. Freiwillig werden Ihnen die wenigsten helfen, und Altruisten gibt es vermutlich an anderen Orten als dort, wo Sie sich beruflich zumeist aufhalten. Kooperation erstreckt sich weiter als die Zusammenarbeit in Teams. Professionelle Menschen kooperieren auch mit solchen Leuten, die sie persönlich nicht mögen, ganz nach der Maxime: Der wahre Egoist kooperiert.

Wissen Sie, was Sie wollen

Es gibt viele Hochbegabte, die von Job zu Job vagabundieren. Sie haben keinen konkreten Berufswunsch und wollen sich viele Optionen möglichst lange offenhalten. Die Suche nach der beruflichen Identität ist für zahlreiche Hochbegabte ein echtes Lebensthema. Die üppig vorhandenen Begabungen machen es ihnen schwierig, sich zu entscheiden, und an Aufgaben, die sie reizen würden, trauen sie sich nicht heran [15].

Peter Drucker: „*But most people, and especially highly gifted people, do not really know where they belong till they are well past their mid-twenties. By that time, however, they should know where their strengths are.*“[16]

Sich für schlau(er) halten

Ein Fehler, der Hochbegabten manchmal unterläuft, ist, dass sie andere Menschen für weniger intelligent halten. Dadurch werden sie unvorsichtig und übersehen wichtige Dinge. Unterschätzen Sie andere Leute nie! Abgesehen davon wirkt arrogantes Verhalten, das sich aus einer derartigen Einstellung maninfestieren kann, nicht gerade förderlich für zwischenmenschliche Beziehungen.

> *Das beste Mittel, um getäuscht zu werden, ist, sich für schlauer zu halten als die anderen.*
> François Duc de La Rochefoucauld (1613–1680), französischer Literat und Moralist

An alle Überehrgeizigen

Leben Sie im Hier und Jetzt! Wer sein Leben erst zu leben beginnen will, wenn er etwas „erreicht hat“, verpasst die 20er-, 30er- und 40er-Jahre – und das unwiederbringlich. Versuchen Sie nicht, die Zeit bis zum „Idealzustand“ schnell durchzubringen. Wer den Weg als Teil seines Ziels sieht, ist gut beraten.

Selbstausbeutung

Das Phänomen der Selbstausbeutung wurde bereits angerissen. Der Beruf steht für ehrgeizige Menschen für Verwirklichung. Problematisch wird es, wenn man das Privatleben zu vernachlässigen beginnt. Besonders stark verbreitet ist die Selbstausbeutung in freien Berufen (Werber, Architekten, freie Journalisten, Berater – und natürlich Unternehmer [17]).

Selbstausbeutung ist eine Gefahr für den betroffenen Mitarbeiter und für seine Organisation, sobald er Manager wird.

Wenn junge, ehrgeizige Mitarbeiter sich an einer Aufgabe verbeißen und diese mit Leidenschaft in langen Nachtschichten lösen, ist nichts dagegen einzuwenden. Keine „Garagenfirma" wäre ohne den enormen Einsatz der Gründer jenseits einer 40-h-Woche groß geworden. Als Manager brauchen Sie nicht einzugreifen, wenn einer Ihrer Mitarbeiter sich für ein Projekt wirklich „reinhängt". Ist die Selbstausbeutung jedoch ein Dauerzustand, sollten Sie das Gespräch mit ihm suchen und ihn davon überzeugen, auch auf seine Gesundheit und auf Ausgleich zu achten.

Firmen sorgen bewusst für eine „Wohlfühlatmosphäre" im Büro, sodass Mitarbeiter gerne anwesend sind und kein Bedürfnis, nach Haus zu gehen, verspüren. Durch die Einführung von Vertrauensarbeitszeit greift der Mechanismus der sozialen Kontrolle, so der Soziologe Sasa Bosancic von der Universität Augsburg [18]. Somit werden teilweise Rahmenbedingungen geschaffen, die der freiwilligen Selbstausbeutung den Boden bereiten.

Manager sind vor Selbstausbeutung nicht gefeit und können leicht ihre Organisation „anstecken". Wenn Sie eine Führungskultur vorleben, die von persönlichen Opfern geprägt ist, wenn Sie selbst 14 h pro Tag im Büro sitzen und niemals in Urlaub fahren, erzeugen Sie einen Zustand, der nicht aufrecht zu erhalten ist.

Ihre Mitarbeiter werden zwar, wie der Hamster im Laufrad, emsig rackern, die Effizienz der Arbeit wird dessen ungeachtet alles andere als zufriedenstellend sein *(„Rat race")*.

Manche Branchen – wie das Gesundheitswesen, das Menschen mit einem „Helfersyndrom" anzieht, oder die Werbebranche – sind bekannt dafür, besonders ausbeuterisch zu sein.

Zwei interessante Bücher zum Thema „Selbstausbeutung" sind [17] und [19].

Menschen überzeugen

Sie mögen die besten Ideen haben – wenn Sie andere Menschen nicht dafür gewinnen können, werden Sie wohl einen sehr einsamen Weg vor sich haben. Das gilt für Mitarbeiter und Manager gleichermaßen.

Menschen lassen sich nicht nur von harten Fakten und Zahlen überzeugen. Gefühle spielen für das Treffen von Entscheidungen eine nicht zu unterschätzende Rolle. Um Menschen von einer Idee zu überzeugen, geben Sie ihnen am besten das Gefühl, es wäre ihre eigene Idee.

> **Tipp** Sprechen Sie mit Leidenschaft und Enthusiasmus, nicht zu nüchtern, von Ihren Projekten und Ideen, um Unterstützung für diese zu finden.

Interesse an Menschen

Entwickeln und zeigen Sie ein echtes Interesse an anderen Menschen, sprich Ihren Chefs, Mitarbeitern und Geschäftspartnern bzw. Kollegen. **Vorsicht!** Zwischen echtem Interesse und geheuchelter Anteilnahme kann Ihr Gegenüber für Gewöhnlich unterscheiden. Spielen Sie anderen Menschen daher nichts vor, sie stehen schließlich nicht auf der Bühne.

Andere Menschen werden sich für Sie interessieren, wenn Sie sich für sie interessieren. Diese Erkenntnis ist nicht nur für Verkäufer wichtig. Jeder hört am liebsten seinen eigenen Namen, sprechen Sie Menschen daher damit an! Notieren Sie sich Geburtstage, damit Sie angenehm auffallen können.

Small Talk

Zur Erinnerung: *Small Talk* erfüllt, auch wenn es auf den ersten Blick nicht so erscheint, eine wichtige Funktion. Er ist dafür da, dass sich zwei Gesprächspartner kennenlernen können. Sie haben durch ein erstes, unverfängliches Gespräch die Möglichkeit herauszufinden, was den anderen bewegt und wo sich Gemeinsamkeiten ergeben. So lassen sich Vertrauen und eine Grundlage für das geschäftliche Gespräch erzeugen.

Kaufen Sie sich einen Ratgeber zum Thema *Small Talk*. Nutzen Sie Gelegenheiten, *Small Talk* zu üben, beispielsweise auf dem Weg zur Arbeit oder auf Reisen, und meiden Sie das Thema Wetter.

Seien Sie umgänglich

Auch, wenn Sie „anders“ sind als das Gros Ihrer Kollegen, sollten Sie sich tunlichst bemühen, mit möglichst allen ein gutes Auskommen zustande zu bringen. Legen Sie ein positives Gemüt an den Tag. Lachen Sie, und integrieren Sie sich. Wenn Ihre Kollegen abends auf ein Bier gehen, folgen Sie ihnen. Das ist keine Zeitverschwendung, sondern wird Ihnen helfen, eine positive Beziehung zu Ihren Kollegen aufzubauen und zu erhalten. Diese werden Sie dann besser leiden können und Sie in der Arbeit stärker unterstützen!

Wenn Sie etwas an einem Kollegen besonders stört, versuchen Sie, diesen Punkt zu ignorieren und hinzunehmen. Als Hochbegabter sind Sie anders – akzeptieren Sie auch die Andersartigkeit der anderen!

Etikette

Manieren gelten für jeden. Auch wenn Sie der Star Ihres Teams sind, sollten Sie sich an die Regeln halten. Seien Sie höflich, und benehmen Sie sich so, wie es Ihre Mutter von Ihnen erwartet.

Im Geschäftsleben geht es zumeist um den persönlichen Kontakt. Auch wenn Sie brillant sind, gilt, dass der erste Eindruck und alle weiteren Begegnungen Ihren Mitmenschen in Erinnerung bleiben und eine gewisse Wirkung entfalten.

Zur Etikette gehört beispielsweise, sein Mobiltelefon in Besprechungen auf lautlos zu stellen. Achten Sie auch beim Telefonieren auf Ihre Manieren. Melden Sie sich mit Ihrem vollen Namen, und rufen Sie zurück, wenn Sie einen Anruf verpasst haben.

Etikette ist Wertschätzung Ihres Gegenübers.

Achten Sie auf ein gepflegtes Äußeres. „Fellpflege" gehört einfach dazu! Saubere Kleidung, nicht zu viel Parfum, jeden Morgen eine Dusche, ein Kamm in der Brust- oder Handtasche – viele Hochbegabte vernachlässigen ihr Erscheinungsbild, weil sie dermaßen in ihrer Beschäftigung versunken sind, dass sie alltägliche „Nebensächlichkeiten" nicht ausreichend beachten. Ihre Kollegen werden Sie vermutlich nicht auf Schweißgeruch aufmerksam machen, obgleich sie darunter leiden.

In [20] werden Organisationen als „Minenfelder" für Hochbegabte skizziert. Durch die Unzahl an Vorschriften ist es nicht leicht für sie, ihren kreativen Gedanken nachzugehen.

Tatsächlich lassen viele Hochbegabte kaum einen Fettnapf der zwischenmenschlichen Beziehungen aus. Ihnen sei die Lektüre eines „Benimm"-Werks wie [21] empfohlen.

Wie sieht es übrigens mit Ihrem Handschlag aus (siehe auch [21])?

Als Manager von Hochbegabten hat man es besonders schwer, diese in Sachen Etikette zu schulen. Nur wenn der Manager voll von ihnen akzeptiert wird, werden sie seine diesbezüglichen Anregungen beachten.

Vorschriften

Vorschriften sind für alle Mitarbeiter einer Organisation gültig. Wer sich als immun gegen bestimmte Regeln erachtet, lebt gefährlich. Manche Kollegen werden einen bewundern, und andere werden einem zürnen. Wiederholte Regelverstöße können auch den Besten auf die Straße setzen.

Im Normalfall sind Vorschriften sinnvoll. Sie können, wenn sie überholt oder zu schwerfällig werden, von Werkzeugen zu Beherrschenden werden.

Vorschriften sind – entgegen allgemeiner Auffassung – nicht da, um das Denken zu ersetzen. Sie regeln nur den Routinefall, für den ohnehin kein Nachdenken erforderlich ist [16].

Teamarbeit

Hochbegabte, die in Teams arbeiten sollen, können zwei negative Standpunkte einnnehmen.

1. Sie verstehen unter Team das Akronym „**T**oll, **e**in **a**nderer **m**acht's" (soziales Faulenzen, *social loafing*),
2. Sie gehen im Alleingang voran, weil es schneller zum Ziel führt als in der Gruppe.

Wenn Sie auch so denken, wurden Sie vermutlich im Zuge Ihrer Schul- und Ausbildungszeit „verdorben". Bringen Sie sich aktiv in Ihr Team ein. Lassen Sie jeden seine Rolle ausführen.

Wenn jemand etwas nicht richtig oder zu langsam macht, sollten Sie ihm die Arbeit nicht abnehmen, sondern ihn bei der Hand nehmen und anleiten.

Sie müssen niemandem Ihre Klugheit beweisen!

Auch wenn Sie sich als Hochbegabter über Ihren IQ definieren, ist es nicht notwendig, anderen Menschen Ihre Intelligenz krampfhaft beweisen zu wollen, denn mitunter bewirken Sie damit genau das Gegenteil.

Gunter Dueck schreibt in seinem Buch *„Lean Brain Management"*: *„Intelligente sind, wie gesagt,nicht wirklich gefährlich, weil sie in der kleinsten kläglichen Minderheit sind. Aber sie hetzen die anderen Menschen auf! Vor allem diejenigen, die immer wieder versuchen, intelligent zu sein. Das sind dann doch bedenklich viele."* [22]

▶ **Brain Teaser** Wer ist der Intelligenteste im ganzen Land?

Kunden sind sicher intelligenter als Marketingagenturen, vor allem dann, wenn diese von „irrationalen Kunden" sprechen.

Lustig sein

Menschen lieben Humor. Wer seine Zuhörer zu Beginn einer Präsentation zum Lachen bringt, dem ist die Aufmerksamkeit des gesamten Auditoriums sicher. Kunden, die ein Verkäufer zum Schmunzeln bringt, drücken ihm gegenüber so eine gewisse Zustimmung aus, was einen großen Sprung in Richtung Vertragsunterzeichnung bedeutet. Humor kann auch gefährlich sein. Wenn Sie versuchen, lustig zu sein, bewegen Sie sich rasch auf dünnem Eis. Die meisten Menschen denken, dass sie lustig sind.

Hochbegabte tendieren dazu, einen speziellen, eher trockenen/schwarzen Humor zu haben, den die Mehrheit ihrer Mitmenschen definitiv nicht versteht oder lustig findet.

Vermeiden Sie daher solchen „speziellen" Humor, und machen Sie sich nie über andere lustig.

Sich vorstellen

„*More often than none*", wie man nördlich des Ärmelkanals sagt, geraten Sie in die Situation, sich in Ihrer Arbeit vorzustellen.

Wenn Sie als externer Berater auftauchen, schöpfen Sie am besten aus dem Vollen und tragen dick auf. Im Fall einer Selbstpräsentation nicht vor Ihrem Vorstand, sondern vor Ihren Arbeitskollegen, wo es primär nicht um eine Leistungsschau, sondern um das gegenseitige Kennenlernen geht, ist es von Vorteil, wenn Sie nicht mir Ihren Erfolgen prahlen. Selbiges erzeugt erfahrungsgemäß eine tiefe Kluft. Erzählen Sie lieber etwas Privates, über Ihre Hobbys und Kinder. So ergeben sich Anknüpfungspunkte für Ihre Kollegen, die die nachfolgenden Gespräche „auf Augenhöhe" erleichtern.

Die Anregung an Hochbegabte, sich eine (harmlose) Macke zuzulegen, haben Sie ein paar Seiten weiter vorne bereits gelesen. Wenn jemand „aalglatt" erscheint, bringen die Menschen ihm Misstrauen entgegen. Als Hochbegabter haben Sie Ecken und Kanten, zeigen Sie diese ruhig.

Übrigens: Üben Sie, sich vorzustellen. Sind Sie in der Lage, sich innerhalb von 30 Sekunden prägnant darzustellen? Googeln Sie einmal nach „*The elevator pitch*". Von manchen amerikanischen Firmenlenkern hält sich das Gerücht, sie würden im Aufzug Mitarbeiter, die sie zum ersten Mal sehen, fragen, was sie hier täten. Wenn diese es nicht schaffen, sich während der kurzen gemeinsamen Fahrt sinnvoll vorzustellen und klarzumachen, was sie für die Firma tun, werden sie auf der Stelle gefeuert. Das klingt abenteuerlich, doch bedenken Sie: Wenn Sie nach einer Liftfahrt mit dem Chef des Chefs nicht gefeuert werden, jedoch eine seltene Chance ver- passt haben, Ihr Projekt vorzustellen, ist es auch nicht optimal für Sie gelaufen.

Feedback annehmen

Niemand lässt sich gerne kritisieren – weil jeder von uns unreflektiert glaubt, recht zu haben. Selbst bei leichter Kritik nehmen viele Menschen die Igelstellung ein. Die wenigsten Verbrecher denken von sich selbst, etwas falsch gemacht zu haben – wie sieht es dann erst mit Ihren Arbeitskollegen und Ihnen selbst aus?

Wie bereits weiter vorne erläutert, ist Feedback die beste Möglichkeit, sich weiterzuentwickeln. Vor allem, wenn Sie ähnliches Feedback von mehreren Personen erhalten haben, sollten Sie Ihr Verhalten überdenken, in Ihrem eigenen Interesse.

Auch in Fällen, wo Sie felsenfest davon überzeugt sind, „recht" zu haben: Wenn Ihr Verhalten auf Ihre Mitmenschen irritierend wirkt, sind Sie es, der die Folgen trägt. Passen Sie Ihr Verhalten an, und Ihre Mitmenschen werden Ihnen wohlgesonnen sein und Sie mit mehr Antrieb unterstützen.

Durchhalten

Hochbegabte neigen dazu, sich für viele Dinge zu interessieren und sich auch gleichzeitig mit ihnen zu beschäftigen. Sie halten zahlreiche Bälle gleichzeitig in der Luft.

Allerdings laufen sie Gefahr, beim Auftauchen von Hindernissen und Schwierigkeiten rasch aufzugeben und sich, wie ein Schmetterling auf einer Wiese, etwas Neuem zu widmen.

Im Gegensatz dazu gibt es andere Hochbegabte, die sich in ein Thema verbeißen und nicht locker lassen, bis sie es gelöst haben.

In [7] schreibt Jack Welch: „*In 1957, I was one of the university's two best students graduating with a degree in chemical engineering.*" Ein paar Seiten weiter hinten steht „*...I got my Ph.D. in three years, faster than almost anyone.*"

Danach etwas entkräftend: „*Despite not being the smartest,I did have the focus to get the work done. Some of the more intelligent people in the program had trouble finishing their theses. They couldn't bring them to a conclusion. My impatience helped me.*"

Denken Sie an die 10.000-h-Regel: Um an die Weltspitze in seinem Fach zu kommen, ist intensivste Praxis vonnöten.

Auch im Berufsalltag ist Persistenz wichtig. Bleiben Sie motiviert, wenn sich unerwartete Schwierigkeiten auftun. Halten Sie durch, bis Sie eine Lösung gefunden haben.

Sehen Sie Schwierigkeiten als Herausforderung, die es zu meistern gilt, und aus denen Sie etwas lernen und sich weiterentwickeln können.

Johann Wolfgang von Goethe wird in diesem Zusammenhang zitiert: „*Auch aus Steinen, die einem in den Weg gelegt werden, kann man Schönes bauen.*"

Angeberei

Niemand mag Angeber. Als Hochbegabter besteht die Gefahr, dass Ihr Umfeld Sie als Angeber wahrnimmt, ohne dass Sie dies bezwecken. Wenn Sie permanent von Ihren Erfolgen und – schlimmer – Ihren mühelosen Erfolgen – erzählen, fühlen sich Ihre Mitmenschen mitunter klein und beginnen, sich von Ihnen abzuwenden. Tiefstapeln und *Understatement* sind nicht immer falsche Bescheidenheit.

Arroganz

Es ist nachteilig für Sie, wenn Sie arrogant erscheinen. Arroganz und Ehrgeiz werden oft ähnlich wahrgenommen. Der Unterschied zwischen Arroganz und Selbstbewusstsein ist ein feiner: Wer selbstbewusst ist, lässt andere Ideen zu und stellt sich einer Diskussion.

Literatur

1. Noks Nauta, Sieuwke Ronner, Gifted Workers: Hitting the Target, Shaker Publishing B.V., ISBN: 978-9048900978 (2013).
2. Bärbel Schwertfeger Hochbegabte, Zu schlau für den Job, Der Spiegel, 3.6.2013, http://www.spiegel.de/karriere/berufsleben/hochbegabte-bei-der-arbeit-geniale-nervensaegen-a-903166.html
3. Schlau, schlauer, zu schlau, Hochbegabte im Beruf, Handelsblatt, 21.05. (2010), http://www.handelsblatt.com/unternehmen/strategie/hochbegabte-im-beruf-schlau-schlauer-zu-schlau;2586158.
4. J. Freeman, Morality and giftedness, pages 141-148, in T. Balchin, B. Hymer, & Mathews, D. (Eds.), The Routledge International Companion to Gifted Education, London and New York, Routledge, ISBN: 978-0415461368 (2008).
5. Marianne Skarics, sensibel kompetent, Zart besaitet und erfolgreich im Beruf, Festland Verlag, ISBN: 978-3-9501765-2-0 (2007).
6. Reed W. Larson and Maryse H. Richards, Boredom in the Middle School Years: Blaming Schools versus Blaming Students, American Journal of Education 99(4), 418-443 (1991).
7. Jack Welch, John A. Byrne, Jack : Straight from the Gut, Business Plus, ISBN: 978-0446690683 (2003).
8. Travis Bradberry, A Bad Boss Can Send You to an Early Grave, http://www.todaysengineer.org/2008/Oct/seagull.asp (2008).
9. Laurence J. Peter, Raymond Hull, The Peter Principle: Why Things Always Go Wrong, HarperBusiness, New Edition, ISBN: 978-0061699061 (2009).
10. Liz Wolgemuth, Richard Bolles Stays on the Job, October 1, 2008, http://money.usnews.com/money/careers/articles/2008/10/01/richard-bolles-stays-on-the-job
11. Richard N. Bolles, What Color is Your Parachute? 2010, A practical manual for job-hunters and career-changers, Ten Speed Press, revised edition, ISBN: 978-1-58008-987-6 (2010).
12. Sangjin Yoo, Sang M. Lee, Management Style and Practice of Korean Chaebols, California Management Review 19(4), 95-110 (1987).
13. Janko Tietz, Korrektiv für Größenwahn, Spiegel Wissen, 1 (2009).
14. Jure Leskovec, Eric Horvitz, Planetary-Scale Views on a Large Instant-Messaging Network, In: Proceedings of WWW 2008, Beijing, China, April 2008. http://research.microsoft.com/en-us/um/people/horvitz/Messenger_graph_www.htm
15. Andrea Brackmann , Ganz normal hochbegabt: Leben als hochbegabter Erwachsener, Klett-Cotta, 3. Auflage, ISBN: 978-3608860146 (2008).
16. Peter F. Drucker, The Essential Drucker: The Best of Sixty Years of Peter Druckers Essential Writings on Management, Harper Paperbacks, ISBN: 978-0061345012 (2008).
17. Jakob Schrenk , Die Kunst der Selbstausbeutung: Wie wir vor lauter Arbeit unser Leben verpassen, Dumont Buchverlag, ISBN: 978-3832180270 (2007).
18. Marie Amrhein, Fertig machen zur Selbstausbeutung, 27. Jänner 2013, Cicero, http://www.cicero.de/berliner-republik/fertig-machen-zur-selbstausbeutung/53291
19. Jeanette Moosbrugger, Subjektivierung von Arbeit: Freiwillige Selbstausbeutung: Ein Erklä-rungsmodell für die Verausgabungsbereitschaft von Hochqualifizierten, Vs Verlag, ISBN: 978-3531157504 (2008).
20. Alan Robertson, Graham Abbey, Managing Talented People, Momentum , ISBN: 9781843040248 (2003).
21. Martin H. W. Möllers, Business-Knigge. Internationales Lexikon des guten Benehmens, Ludwig, 3. Auflage, ISBN: 978-3937719061 (2006).
22. Gunter Dueck, Lean Brain Management: Erfolg und Effizienzsteigerung durch Null-Hirn, Springer, ISBN: 978-3540311461 (2006).

Management von speziellen Gruppen von Mitarbeitern

10

The fundamental task of the best manager is not to manage.
The job of the gifted boss is to create a magnetic environment, one capable of attracting great employees – the kind who don't need management, who lift up their coworkers and even their boss.

Dale Dauten, (1950-), amerikanischer Koluminst und Autor

Zusammenfassung

Spezielle Talente – darunter fallen die teilweise hochbegabten Forscher und Künstler.

In diesem Kapitel erfahren Sie, wie diese Gruppen gemanagt werden können, um maximale Wirksamkeit zu erzielen. Eine der Schwierigkeiten ist, dass Forscher und Künstler häufig der Ansicht sind, gar keine Führung zu benötigen. Sie sind selbst Wissenschafter? Nehmen Sie Anleihe am Paradigma der holländischen Admiräle, um Ihre Reputation zu managen. Sie sind Künstler bzw. kreativ tätig? Lesen Sie über die Professionalisierung von Kulturwirtschaft, Kulturmanagement und das Bestreiten des Lebensunterhalts als Künstler – mit und ohne Manager. Weitere Gruppen, die in diesem Kapitel behandelt werden, sind Ingenieure, Verkäufer und hochsensible Personen.

Verschiedene Mitarbeitertypen gehören unterschiedlich gemanagt, um den maximalen Führungserfolg zu erzielen. In der Literatur werden der Fließband- und der Wissensarbeiter als Gegenpole in Bezug auf den empfohlenen Führungsstil dargestellt. Während das Management in der klassischen Fabrik von klaren Anweisungen und engen Kontrollen geprägt ist, benötigt ein qualifizierter Wissensarbeiter einen Chef, der ihm Ressourcen zur Verfügung stellt und seinen Rücken frei hält, damit dieser seine Arbeit mehr oder weniger frei erledigen kann. Ein Fließbandarbeiter handelt strikt nach engen Vorgaben, ein Wissensarbeiter hingegen vergleichsweise unabhängig. Zwar hat auch er Zielvorgaben, wie er ein geistiges Resultat jedoch produziert, kann ihm sein Chef nicht vorschreiben. Die Mitarbeiter von Organisationen fallen in deutlich mehr Gruppen als Fabrik- und Büroarbeiter

M. Lackner, *Talent-Management spezial*,
DOI 10.1007/978-3-658-03183-1_10, © Springer Fachmedien Wiesbaden 2014

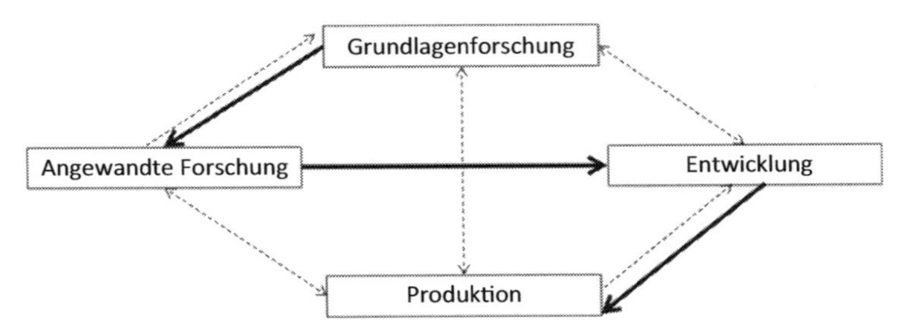

Abb. 10.1 Forschung und Entwicklung

(blue collar workers, white collar workers). Ob Forscher, Ingenieure, Verkäufer oder kreativer Kopf, ob in Linien-, Stab- oder Projektfunktion bzw. in einer Organisation der Wirtschaft, eines Staats oder einer nichtstaatlichen Einrichtung – unterschiedliche Mitarbeiter sind mit speziellen Schwerpunkten zu managen. Hochbegabte finden sich in sämtlichen Bereichen von Organisationen, in manchen davon sogar gehäuft. In diesem Abschnitt finden Sie eigene spezielle Regeln und Anregungen für Manager dieser besonderen Spezies Mitarbeiter, von denen ein gewisser, überproportionaler Anteil hochbegabt ist.

10.1 Management von Forschern

Ein Teil der Hochbegabten schlägt eine wissenschaftliche Laufbahn ein. Forscher finden sich an Universitäten und in den Forschungsabteilungen von Firmen. Das Thema Forschung & Entwicklung (F&E) besitzt einen hohen Stellenwert für den Erfolg einer Volkswirtschaft bzw. einer einzelnen Organisation. Der Anteil an Mitarbeitern in der Forschung & Entwicklung *(research & development, R&D)* bzw. die Forschungsausgaben als Prozentsatz von Umsatz oder BIP sind gängige Kennzahlen, um die Innovations- und damit auch die Ertragskraft von Organisationen zu ermitteln. Laut Eurostat lag die Forschungsquote (F&E-Ausgaben als % des BIP) in Deutschland 2011 bei 2,84 % und in der EU (27) bei 2,03 %. Große Konzerne wenden bis zu ~ 10 Mrd. USD/Jahr für F&E auf, etwa Toyota und Novartis [1]. Innovative Firmen investieren 10 % und mehr ihres Umsatzes in Forschung und Entwicklung.

„*Science is odd in some ways,*" sagt Robert Doms, Institutsvorstand der Universität Pennsylvania. „*You spend all your time as a student and postdoctoral fellow learning how to be a good experimentalist. Then you become an independent scientist, and if you are successful, before long you are no longer doing experiments because you don't have any time, and personnel management becomes a major issue.*"

Der Zusammenhang zwischen Grundlagenforschung, angewandter Forschung, Entwicklung und Produktion ist nach [2] in der folgenden Abb. 10.1 dargestellt:

Während sich Universitäten der rein auf Erkenntnisgewinn gerichteten Grundlagenforschung widmen, sind Firmen vor allem in der angewandten Forschung und Entwicklung tätig, welche auf die Schaffung konkreter, verkaufsfähiger Produkte abzielen. In der Forschung werden die Grundlagen für Innovationen erarbeitet, und Innovationen sind es, die jedes Unternehmen am Leben erhalten.

▶ **Brain Teaser** Mit der Investition in F&E ist es nicht getan. Für jeden Euro, den eine Firma in Forschung & Entwicklung steckt, geht sie gleichzeitig die Bereitschaft ein, später ein Vielfaches zu investieren, um ein verkaufsfähiges und verkaufskräftiges Produkt zu schaffen [2]

Forscher finden sich an Universitäten und in der Industrie. Wissensdrang und die Tatsache, dass eine gewisse Mindestintelligenz zur Behauptung in der internationalen Forschung notwendig ist, führen zu einem überproportional hohen Anteil an Hochbegabten unter Wissenschaftlern.

Gerade Universitäten, wo sich viel Talent „tummelt", behandeln Talentmanagement stiefmütterlich. In der Regel werden nur zwei Prozesse betreut: Personal einstellen und Personal freisetzen – der Rest soll sich nach weit verbreiteter Auffassung im akademischen Bereich von alleine erledigen.

Wissenschaftler sind der Archetyp von Peter Druckers „Wissensarbeitern". Generell gilt, dass das Management von Wissensarbeitern mehr Zeit benötigt als das Führen von Fabrikarbeitern. Die Aufgaben eines Fabrikarbeiters sind klar vorgegeben, und ihre Erfüllung lässt sich ohne viel Aufwand messen und mit dem Soll vergleichen.

Ob man Anweisungen an zehn oder 100 Fließbandarbeiter gibt, ist ziemlich gleich (der einzige Unterschied ist vielleicht, dass man im letzten Fall lauter reden sollte). Wenn man jedoch eine Gruppe von zehn Wissenschaftlern zu führen hat, wird jeder von ihnen individuelle Wechsel- wirkung mit seinem Manager benötigen.

Möglicherweise sind Wissenschaftler durch ihre Neugierde und ihren Ehrgeiz mit einer höheren Grundmotivation als andere Berufsgruppen ausgestattet [3], wie vielleicht auch Ärzte und Krankenschwestern, denen man ein „Helfersyndrom" nachsagt.

Forscher zu managen, das birgt seine eigenen, ganz speziellen Herausforderungen. Wie ein Institutsvorstand an der TU Wien, der früher Manager in der Industrie war, einmal sagte: *„For- scher sind wie ein Sack voller Flöhe, jeder möchte die Primadonna sein."*

Der amerikanische Mathematiker Richard Hamming, dessen Arbeiten großen Einfluss auf die Informatik und Telekommunikation hatten, meinte in einer Rede [4]: "*Don't let ego get in the way – conform on the small stuff to get along.*"

Wissenschaftler neigen dazu, die Wichtigkeit ihres eigenen Fachs zu überschätzen. Außerdem werden sie zu Einzelkämpfern erzogen [5]. Der Mythos vom Genie, das aus eigener Kraft eine

„geniale" Entdeckung macht, trägt sein Scherflein dazu bei. Eine prekäre Beobachtung ist, dass Kooperationen zwischen zwei Forscherteams leichter zu starten und aufrechtzuerhalten sind, wenn sie aus unterschiedlichen Ländern stammen, obgleich sich nicht selten innerhalb Rufweite Gruppen mit ähnlichen Kompetenzen und Interessen auf dem gleichen Institut bzw. der gleichen Universität finden.

Die Rahmenbedingungen in Forschung und Entwicklung sind andere als in der öffentlichen Verwaltung und der freien Wirtschaft. Anstelle der Gewinnmaximierung steht der Zugewinn von Erkenntnissen an Universitäten an oberster Stelle. Das Losgelöst-Sein vom Interesse an der praktischen Anwendbarkeit ihrer Forschungsergebnisse hat Universitäten den Ruf des „Elfen- beinturms" eingebracht. Auch Forscher unter sich zweifeln manchmal an der Sinnhaftigkeit gewisser Studien (vgl. Ig-Nobelpreis).

Forscher der unterschiedlichen Fachgebiete sprechen ihre eigene Sprache. Heutzutage ist jedoch **interdisziplinäres** Arbeiten angesagt, sodass Chemiker mit Biologen, Ingenieure mit Physikern und Maschinenbauer mit Mathematikern zusammenarbeiten, um international herzeigbare Resultate zu erzielen. Fachübergreifende Kommunikation setzt gegenseitiges Verständnis und die gleiche „Sprache" voraus.

Dadurch, dass Forscher unterschiedlicher Disziplinen ihre eigenen Ausdrücke gebrauchen, existieren Sprachbarrieren. So spricht ein Maschinenbauer von „Grad Kurbelwinkel", während ein Verbrennungschemiker die „Reaktionskoordinate" ins Spiel bringt, womit beide „Zeit" meinen. Der Physiker wiederum bevorzugt, von „Raumzeit" zu sprechen. Forscher tendieren dazu, ihre eigenen Ausdrücke beizubehalten und die der fachfremden Kollegen als „unwissenschaftlich" abzuqualifizieren. Es ist nicht peinlich, sich Fachwissen und Termini auch aus anderen Bereichen anzueignen, im Gegenteil. Wer sich weigert, die Begriffe der fachfremden Kolle- gen zu verstehen und anzuwenden, behindert die Kommunikation.

Genauso wie Mitarbeitern in der Industrie ihre „Hierarchie" wichtig ist, kommt es Forschern auf den Status und das Ansehen in der *Community* an.

Ein hoher **Freiheitsgrad** ist ihnen in der Regel wichtiger als ein hohes Gehalt. **Leistungsorien tierte Vergütung** stößt im wissenschaftlichen Bereich teilweise auf Skepsis [3], genauso wie **Zielvereinbarungen** (MBO) dort leider noch nicht voll genutzt werden, weil sie auch auf große Bedenken treffen [3]. Forscher meinen, man könne keine Ziele für unbekanntes Terrain festsetzen, sondern sollte sich von den Ergebnissen „überraschen" lassen.

Wissenschaftler sind oft der Meinung, ausreichende Fähigkeiten im Bereich der zwischen- menschlichen Interaktion und in der Kommunikation zu haben [6]. Das verwundert umso mehr, als sie nicht annehmen würden, ein Kommunikationsexperte könnte eine wissenschaftliche Arbeit in ihrem Gebiet ohne spezielle Ausbildung verfassen, von sich selbst jedoch den Umkehrschluss ziehen.

Auch für Forscher gilt zielgruppengerichtete Kommunikation. Das bringt sie mitunter in ein Dilemma. In der akademischen Forschung ist es „verboten", über den Ausgang eines Experiments zu spekulieren. Damit ein Forscher Kollegen in einer Unternehmung jedoch von seinem Vorhaben überzeugen kann, um beispielsweise Unterstützung oder Budget zu erhalten, hat er zuerst die Aufgabe, ihnen seine Idee zu „verkaufen", indem er andeutet, was möglicherweise herauskommen „könnte".

Auch führen Forscher nicht so gerne „wissenschaftsferne" Tätigkeiten aus, wie beispielsweise Verwaltungs-, Repräsentations- und Büroaufgaben. Es gibt auch Forscher, die ihre Gedanken nur im Kopf haben und ihre Arbeit äußerst karg dokumentieren. Sorgen

Sie hier als For- schungsmanager für Mindeststandards. Ein großer Klotz am Bein vieler Forschungseinrichtungen, und das gilt besonders für öffentliche, ist, dass sie **intern fokussiert** sind. Man konzentriert sich aus Angst, Forschungsgelder und Einfluss zu verlieren, auf die internen Abläufe und meidet Kooperationen.

Ein Unfug in den Augen vieler ist es, Universitäten wie Tennisspieler in eine Rangordnung zu pressen. Zumeist sind die *Rankings* zu eindimensional. Es lässt sich beobachten, dass Universitäten, die sich von der Rankingmanie einfangen lassen, ihre Anstrengungen in den bewerteten Kategorien auf Kosten anderer, wichtiger Aufgaben und Ziele intensivieren, um Studenten zu gewinnen.

Die „Kunden" von Forschern sind allzu oft die falschen: Forscher halten Wissen zurück, bis es in einer Fachzeitschrift veröffentlicht werden kann. Die Anzahl der Veröffentlichungen ist wich- tiger als das Ergebnis und der Austausch mit Fachkollegen. Wissenschaftler werden an der Anzahl der Veröffentlichungen und der Höhe der erhaltenen Forschungsgelder gemessen.

Andere „optimierungsbewusste" Forscher veröffentlichen ihre Ergebnisse nicht als ganze, schlüssige Studie, sondern fragmentweise, um eine möglichst hohe Anzahl an Publikationen zu generieren.

Viele Forscher haben ein außeruniversitäres Umfeld nie persönlich kennengelernt. Ein For- schungsmanager in [7] sagt: *„A large number of the Ph.D.'s have never been outside the academic world. I think a lot of them have a negative perception of the business world and really don't want any- thing to do with it. They often view people who went to the commercial world as individuals who compromised their intellectual integrity."*

Die obige Aussage bringt auch zum Ausdruck, dass viele Forscher das Treiben der Wirtschaft nicht gutheißen. Ein Universitätslehrer meinte einmal, man würde *„Perlen vor die Säue werfen"*, wenn die Jahrgangsbesten in die Wirtschaft wechselten.

Wenn Sie von der Universität in die Industrie gehen, treten Sie in eine „andere Welt" ein; an der Universität hat das Labor oft nur die allernotwendigste Ausstattung. Es gibt viele Provisorien, und manche Betriebsmittel kann man sich nur ausborgen oder selbst kaufen. Man kann dafür die Schwerpunkte seiner Arbeit zum allergrößten Teil selbst festlegen. In einem Labor der Industrie mangelt es für gewöhnlich nicht an Ausstattung. Allerdings kann es sein, dass Sie zum Experten eines Spezialgebiets werden, wo es Ihre einzige Aufgabe ist, ein bestimmtes Produkt weiter zu optimieren, anstatt Ihrem Forschungsdrang freien Lauf lassen zu können.

Anstelle enger Terminpläne für Forschungsarbeiten gibt es „open end" in der Welt der Forschungsförderung. Dieses Modell ist mit den Anforderungen in der Wirtschaft nicht kompatibel.

Wenn Forscher ein neues Projekt bewilligt bekommen, tendieren sie dazu, alles im eigenen Labor selbst machen zu wollen. Dadurch kommt es zu zeitlichen Engpässen. Es wäre effizienter, bestimmte Aktivitäten auszulagern, das liegt jedoch nicht im Naturell von Hochbegabten.

▶ **Tipp** Forscher mögen es nicht, wenn man in ihren Dokumenten herumstreicht. Falls Sie also eine Arbeit eines Kollegen oder wissenschaftlichen Mitarbeiters durchsehen und Kommentare machen wollen, stellen Sie diese auf einem separaten Blatt Papier zusammen, anstatt im „Korrekturmodus" Ihres Textverarbeitungsprogramms direkt im Dokument herumzuschmieren. Denken Sie an Einsteins Zitat mit der Mimose …

Hier ist ein Beispiel für die Spannungen, die zwischen Forschung und Industrie entstehen können, wenn man es verabsäumt, Erwartungen und Zielvereinbarungen klar festzulegen: Ein großes europäisches Pharmaunternehmen sponserte jahrelang die Forschung eines Universitätsprofessors in seiner Suche nach Synthesemethoden für Arzneistoffe, ohne sich so recht für den Projektfortschritt zu interessieren. Dieser publizierte kräftig und hielt weltweit Vorträge über sein Schaffen. Er wurde rasch zu einer international anerkannten Koryphäe.

Der Forschungspartner hatte einige Jahre später ein böses Erwachen und kündigte die Kooperation, weil sich herausstellte, dass sämtliche Synthesewege nur mit extrem teuren, kommerziell nicht erhältlichen Katalysatoren möglich waren.

▶ **Tipp für Firmen** Legen Sie für Auftragsforschung klar Ihre Zielsetzung fest, und überzeugen Sie sich in regelmäßigen Projektmeetings vom Fortschritt bei Ihrem universitären Partner.

▶ **Tipp für Universitäten** Wenden Sie erprobte HR-Techniken aus der Wirtschaft an. Führen Sie beispielsweise Zielvereinbarungen ein.

F&E-Management

Wissenschaftler haben keinen Businessplan, sie wollen Wissen vermehren. Ein Kernelement von F&E-Management ist das Festlegen von Zielen.

Ein **professioneller Manager** in Forschungsprojekten kann viel helfen. Er hat eine Außensicht-weise und ein Verständnis für wirtschaftliche Zusammenhänge.

In der EU wird in der Forschungsförderung seit dem 7. Rahmenprogramm (FP7) übrigens für große Projekte ein professionelles Projektmanagement verlangt und auch gefördert.

Forschungsförderung in der Wirtschaft

Es gibt eine beachtliche Fülle an Förderungsmöglichkeiten für Firmen, die Forschung betreiben wollen, für Industriebetriebe genauso wie für kleine Ingenieurbüros. Diese Geldquellen sollten innovative Firmen auf jeden Fall anzapfen.

Die goldene Regel der Forschungsförderung lautet hier: Machen Sie nur dann ein Projekt, wenn es sich auch ohne Förderung rechnen würde.

> **Tipp** Reichen Sie Ihr Fördervorhaben rechtzeitig ein, da zumeist bereits getätigte Ausgaben nicht erstattet werden.

Wie Sie als Wissenschaftler Ihre Reputation managen – das Paradigma der holländischen Admiräle

In der Wissenschaft gelten Sie als angesehen, wenn Ihre Arbeiten häufig von Fachkollegen zitiert werden. Es soll Arbeitsgruppen bzw. Wissenschaftler geben, die sich wechselseitig sehr stark zitieren, um so ihren vermeintlichen Stellenwert zu steigern. Das funktioniert vor allem in sehr engen, wenig umkämpften Disziplinen. Neu ist diese Art des „Zitierkartells" nicht. Der Reputationseffekt ist allgemein als „*Dutch Admiral Paradigm*" bekannt. Zwei Kadetten, die sich ausgemacht hatten, nur Gutes über das Schaffen des anderen zu vermelden, waren bald die jüngsten Admiräle der Niederlande.

> **Tipp** Gegenseitiges Loben beflügelt die Karriere von zwei Freunden in derselben Firma!
> Stellen Sie jedoch sicher, dass Ihr Freund kein Blindgänger ist ...
> Einen ähnlich positiven Effekt hat ein fördernder Ehepartner „im Hintergrund".

Der japanische Management-Forscher Ikujiro Nonaka sagt zu Wissensmanagement: „*Wissen ist nicht einfach eine Information, die man erlangen kann; Wissen entsteht aus einem Bedeutungszusammenhang heraus.*" [8].

Demnach ist eine wichtige Aufgabe von Managern von Forschern, Raum für den Austausch von Wissen zu schaffen.

Alice Sapienza vom Simmons College schreibt: „*Scientists have to learn that it's not the science they're managing, it's the people who are doing the science that they're managing.*"

Tipps, wie Sie Forscher richtig (also wirksam) managen, finden Sie in [3], [9], [10] und [11]. Dort steht auch: „*Leadership is a career path and should be treated as one. Scientists understand the rigor, discipline, and standards necessary to conduct their technical work; they should therefore demand no less for the requisite leadership and management acumen of their leaders.*"

Kann die Wissenschaft sich selbst lenken?

So titelte der Leitartikel im Bunsen-Magazin der Deutschen Bunsen-Gesellschaft für physikalische Chemie im Juli 2013 [12]. Die Forschung ist in dem Sinne frei, als Wissenschaftler ihre Projekte und Arbeitsschwerpunkte selber auswählen können. Allerdings üben die Rahmenbedingungen einen gewissen Selektionsdruck aus. Beispielsweise gibt es für spezielle Forschungsgebiete mehr Fördermittel als für andere. „Heiße“ Themen, zu denen mehrere Ausschreibungen (*calls*) laufen, ziehen die Aufmerksamkeit von Wissenschaftlern auf sich. Ebenso beeinflusst das Publikationssystem die Arbeit von Forschern. Zeitschriften treffen manchmal eine Vorauswahl, und die Veröffentlichung von wichtigen Resultaten kann durch diverse Prozesse stark verzögert werden: Etwa, wenn die Forscher bei sehr angesehenen Journalen einreichen, wo die Arbeit im 1. und 2. „Anlauf“ abgewiesen wird, oder wenn ein Rivale sie „abschießt“. Wissenschaftler, die starke Behauptungen aufstellen und die Forschungsarbeiten der Konkurrenz nicht zitieren bzw. ihre Freunde als Gutachter vorschlagen steigern die Chance auf Veröffentlichung.

Schlussendlich üben Firmenpartner auf Forschungsinstitute, die auf Drittmittel angewiesen sind, entscheidenden Einfluss auf die bearbeiteten Forschungsthemen aus.

10.2 Management von Ingenieuren

Ob jemand ein „Tüftler“ ist und sich für technische Zusammenhänge interessiert, bemerken Eltern früh. Wenn Ihr Sprössling Ihr Bügeleisen und Ihren Fernseher zerlegt, um herauszufinden, wie diese Geräte funktionieren, ist sein Berufsweg vorgezeichnet: Er wird vermutlich Ingenieur werden. Ingenieure sind ausgebildete Problemlöser. Wenn Sie als Manager die Fähigkeiten Ihrer Ingenieure richtig nutzen, steht dem Erfolg Ihrer Firma kaum mehr etwas im Weg. **Technischem Management**, sprich Management von Ingenieuren, Technikern, Forschern und Entwicklern, kommt eine Schlüsselrolle in technologischen Unternehmen zu.

Ingenieure und Management – wer dazu eine kurzweilige Beschreibung haben will, kann sich die Cartoons des (hochbegabten) Scott Sanders ansehen: Dilbert. Dilbert ist IT-Ingenieur und erlebt in seinen Comicstrips zahlreiche Abenteuer aus dem Irrsinn der Bürowelt, die vielen von uns nur allzu vertraut vorkommen. Dilberts Boss verkörpert den unfähigen Chef. Aus Caroons kann man im Allgemeinen viel lernen – sie führen uns Themen unserer Gesellschaft in satirischer, pointierter Weise unverblümt vor Augen. Es ist gewissermaßen wie mit dem Hofnarren alter Tage – Narren und Comicfiguren dürfen die Wahrheit sagen. Im realen Leben sieht es freilich ein wenig anders aus als bei Dilbert. Der erste an einer Universität ausgebildete Ingenieur, der im produzierenden Gewebe angestellt wurde, war Friedrich von Hefner-Alteneck, der Siemens 1867 beitrat.

Der Verband der Deutschen Ingenieure (VDI) nennt in [13] folgende Schlüsselqualifikationen für Ingenieure:

- Motivationsfähigkeit, Führungsstärke,
- wirtschaftliches Denken und Handeln,
- Projektmanagement, Projektarbeit,
- Selbstmanagement, Selbstorganisation,
- Teamfähigkeit,

- Kommunikationsfähigkeit und -stärke,
- Kreativität, innovatives Denken,
- Internationalität, interkulturelle Kompetenz,
- sicheres Auftreten, Überzeugungsvermögen, Durchsetzungsstärke,
- analytisches Denken, systematisches Denken,
- Flexibilität, Lernbereitschaft und Lernfähigkeit.

Ingenieure gelten als Technokraten. So, wie Taylor mit seinem Ansatz des *Scientific Management* die manuelle Fabrikarbeit standardisieren und optimieren wollte, baut eine Technokratie (Syno- nym: Expertokratie) rein auf sachlichen Argumenten auf und lässt soziale Aspekte und Bedürfnisse von Menschen außer Acht. In technokratischen Regierungen wird die Macht von demokratisch gewählten Organisationen zu Expertenkommissionen verlagert. Menschen sind jedoch keine Zahnräder, die rein deterministisch und sachlich handeln, weder in Staaten noch in einer Organisation. Besonders kritisch äußert sich Karl Popper in seinem Buch *„Die offene Gesellschaft und ihre Feinde“* [14] zu Technokratie. Wenn Sie einen technischen Hintergrund haben, achten Sie darauf, nicht zu technokratisch zu handeln. Wenn Sie als Ingenieur plötzlich Manager sind, machen Sie es genauso wie zehn oder zwanzig Jahre früher, als Sie Fernseher und Bügeleisen zerlegt haben, um deren Funktion zu verstehen: Finden Sie mehr über Ihre Mitmenschen her- aus, entdecken Sie, wie sie funktionieren. Als Sie den elterlichen Fernseher zerlegt haben, fragten Sie *„Warum?“* und haben nicht kritisiert. Machen Sie es auch bei Menschen so: Zeigen Sie ein echtes Interesse, und finden Sie etwas über die „Funktion“ heraus. Menschen sind keine Zahn- räder in einer Maschine, daher funktionieren sie anders. Das haben Sie als Manager auch anzu- erkennen. Handeln Sie nach den „Gesetzen“ der zwischenmenschlichen Beziehungen und nicht aus ihrer technokratischen Sicht der Dinge heraus.

Ein Ingenieur mit betriebswirtschaftlichen Grundkenntnissen, beispielsweise aus einem MBA- Aufbaustudium, ist viel weniger „gefährlich“ für eine Firma als ein „reiner Ingenieur“, denn er kennt und versteht die Zusammenhänge, die sich aus seinem Handeln ergeben.

Wer als Ingenieur interdisziplinär arbeiten will, dem seien die beiden Berufsfelder Patentanwalt und Wirtschaftsingenieur nahegelegt. In Organisationen arbeiten Ingenieure generell auch in multidisziplinären Teams.

Eine Eigenheit von Ingenieuren ist, dass sie einen großen Wert auf Fakten legen. Stellen Sie ihnen als ihr Manager die richtigen Fragen, und Sie werden die richtigen Antworten erhalten.

Wie für jede Zielgruppe gibt es auch für Ingenieure spezielle Bücher und Fortbildungsangebote aus dem Bereich Führung. Empfehlenswerte Bücher zum Thema Managementwissen für Inge- nieure sind [15], [16], [17] und [18].

10.3 Management von Verkäufern

Dem Verkäufer kommt in jeder Unternehmung eine besondere Rolle zu. Kaum ein Produkt verkauft sich von selbst. Verkaufen ist ein egozentrischer Job, bei dem es für das Individuum sehr stark um Anerkennung geht. Wenn ein umsatzstarker Verkäufer zum Verkaufsleiter befördert wird, lernt er bald damit umzugehen, dass er selbst nicht mehr die „Nr. 1" sein kann, und dass die Anerkennung seinen Mitarbeitern gilt.

Verkäufer führt man anders als die im letzten Abschnitt beschriebenen Ingenieure. Generell bevorzugen Mitarbeiter einen Chef, der ähnlich denkt wie sie. Während Ingenieure aufgaben- orientiert sind, sind die meisten Verkäufer emotionale Menschen. Wenn ein Manager von Ingenieuren plötzlich ein Team von Verkäufern zu führen hat, wird er beispielsweise mit seinem erprobten Werkzeug genauer Aufzeichnungen auf unerwarteten Widerstand stoßen.

Verkäufer gehören auf die Straße, hin zum Kunden. Minimieren Sie die Zeit, die Ihre Verkäufer unproduktiv in Meetings und beim Ausfüllen von Formularen absitzen.

Verkäufer wollen „speziell" behandelt werden. Hören Sie ihnen zu, vor allem, wenn sie etwas über das Begehr der Kunden zu sagen haben. Verkäufer arbeiten nicht nur für ihre Provision, sondern für die besagte Anerkennung. Sie lieben die Herausforderung.

Halten Sie ein kurzes, wöchentliches Treffen mit Ihren Verkäufern, allerdings in Einzelgesprächen. Wenn Sie die Verkäufe der letzten Periode unter vier Augen diskutieren, sparen Sie die Zeit der anderen Verkäufer ein. Besprechen Sie die erfolgreichen Verkäufe, und erzeugen Sie eine positive Stimmung. Diese Treffen sollten zu Wochenbeginn am Vormittag stattfinden.

Das Übermitteln von negativem Feedback sollte Freitagnachmittag passieren, damit die getrübte Stimmung, die Sie vermutlich bei Ihrem Mitarbeiter hinterlassen, sich nicht nachteilig auf den Verkauf auswirkt. Am Wochenende kann wieder „Gras über die Sache wachsen". Ihre Stimmung als Chef wirkt ansteckend auf Ihre Mitarbeiter. Zeigen Sie aufrichtiges Interesse an dem, was Ihre Verkäufer tun, und kommen Sie ab und zu mit ihnen mit zum Kunden.

Lassen Sie die Verkäufer ihre eigenen Verkaufsziele festlegen. Diese sind in der Regel höher, als Sie sie vorschlagen würden. Außerdem arbeiten Menschen härter an der Erfüllung ihrer selbst gesteckten Ziele. Unterziehen Sie die Ziele einem Realitätscheck, und heben Sie sie gegebenen- falls an. Wenn ein Ziel andererseits zu hoch ist, führt es rasch zu Frustration.

Schicken Sie Ihre Verkäufer zu Seminaren, und kaufen Sie ihnen CDs mit Motivationsbotschaften für ihre Reisen. Verkäufer erfahren jeden Tag Ablehnung, sie brauchen diesen Seelenbalsam.

Hier noch ein wichtiger Tipp nicht nur für Verkäufer: **Geben Sie nicht auf!** Stehkraft und Durchhaltevermögen sind der Schlüssel zum Erfolg im Verkauf. Als Manager sind Sie das Vorbild für Ihre Mannschaft. Hochbegabte sind besonders anfällig dafür, bei Schwierigkeiten aufzugeben, weil ihr Interesse gleichzeitig auf mehreren Gebieten und Themen liegt. Die Versuchung, das Schwierige fallenzulassen und sich etwas Neuem zuzuwenden, ist groß. Wenn sich ein Hochbegabter allerdings entschlossen vor ein Problem stellt, kann er es vermutlich erfolgreich lösen.

Die Chance, dass Sie als Manager einen Verkäufer zu führen haben, ist übrigens recht hoch. Nicht nur Verkaufsleiter managen Verkäufer. Ein Unternehmer beispielsweise sollte ein ausgewogenes Gründerteam zusammenstellen. Ein Verkäufer kann einen Techniker mit einer tollen Idee bzw. einem nutzenstiftenden Produkt ideal ergänzen.

Boni für Verkäufer

Sie haben als Unternehmen zwei Möglichkeiten, Ihre Verkäufer erfolgsorientiert zu entlohnen:

1. fast sittenwidrig niedriges Grundgehalt + satte Provisionen,
2. mittelmäßiges Gehalt + (gedeckelter) Jahresbonus.

Große Firmen praktizieren eher 2., um zu vermeiden, dass die besten Verkäufer mehr verdienen als der Vorstand, während kleine Firmen dazu neigen, Fixkosten durch großzügige Provisionen gering zu halten. Für Details, siehe [19].

> **Tipp** Achten Sie darauf, die richtigen Anreize zu schaffen. Belohnen Sie das, was Sie erreichen möchten: Umsatz, Marge oder andere Kennzahlen?

Kaufmann oder Techniker als Verkäufer?

Zahlreiche Firmen setzen Techniker als Verkäufer ein (Vertriebsingenieure, *technical sales*), um den Kunden fachlich versierte Ansprechpartner zu bieten. Dies bewährt sich vor allem bei erklärungsbedürftigen Produkten wie Spezialmaschinen. Für Ingenieure kann der Verkauf ein spannendes Tätigkeitsfeld sein.

10.4 Management von Künstlern und Kreativen

„*Manager verstehen nicht, mit Kreativen umzugehen*" – so viele junge Kreative – die einen Kreativen als Manager haben [20]. Sie haben die Erfahrung gemacht, dass ihrem Manager einfach die *Management*-Skills fehlen. Gepaart mit der Auffassung, Künstler und Kreative bräuchten gar keine Führung, da sie alleine Ergebnisse produzieren würden, stellt sich so eine Haltung aus Unverständnis und Abwehr gegenüber Management ein.

Künstler sind, so wie jeder Mensch, einzigartig. Oft sind sie exzentrisch und benutzen die Kunst, um sich auszudrücken und um sich von der Masse abzuheben. Künstler suchen häufig ihre Identität in ihrem Schaffen. Je stärker die Begabung ausgeprägt ist, desto exzentrischer und origineller sind Künstler oft. Idealistisch geprägte Künstler möchten der Welt Hoffnung spenden oder einfach nur etwas Schönes erschaffen. Kunst kann als Spiegel dienen und Menschen zum Nachdenken anregen. Sie kann auch zur Manipulation und Beeinflussung von Leuten verwendet werden (Stichwort Design, Marketing).

Künstler besitzen eine ausgeprägte Kreativität – diese ist eine bestimmte Form der Intelligenz im triarchischen Modell nach Robert J. Sternberg – und sind mitunter hochbegabt. Kreativität wird manchmal in Zusammenhang mit hoher Begabung und manchmal losgelöst von einer solchen gesehen. Künstler gelten als Exzentriker; Genie und Wahnsinn liegen bekanntlich nahe beisammen.

Motivation ist eine notwendige, jedoch keine hinreichende Bedingung für Kreativität. In [5] steht geschrieben: „*Die Persönlichkeitsmerkmale, die einen Menschen kreativ machen – Neugier, Schwung, Selbstbewusstsein und Ausdauer – komplizieren ... den Umgang mit ihm.*" Ein Manager wird in diesem Buch ferner wie folgt zitiert: „*Kreative Forscher sind oft logisch, kritisch, eigenwillig, voller Vorurteile und gehen mit Dümmeren nicht gerade freundlich um.*"

Kreativität wird gebremst, wenn Lob inflationär gebraucht wird, die Ressourcen fehlen, permanenter Wettbewerb und Zeitdruck sowie eingeschränkte Entscheidungsmöglichkeiten vorliegen [5]. Größe und Kultur einer Unternehmung haben auch einen nicht unbedeutenden Einfluss auf die Entfaltung von kreativem Potenzial der beschäftigten Mitarbeiter.

Über Künstler gibt es zahlreiche vorgefasste Meinungen und Stereotype; unter anderem sieht man sie gerne als Freigeister, die sich schwierig in Normen und Strukturen pressen lassen. Hochkreative Menschen werden häufig wie folgt falsch etikettiert [21]:

- sozial unangepasst,
- introvertiert,
- egozentrisch,
- emotional unausgeglichen,
- undiszipliniert.

Auch Künstler werden gemanagt, vor allem als die „kreativen Köpfe" in Organisationen. Diese sitzen nicht nur in Marketingabteilungen. Managern von Künstlern kann empfohlen werden, deren Charakteristika zu beachten, um mehr Führungserfolg zu erhalten.

„Multibegabungen" sind selten. Lediglich die Werbung erhebt Anspruch auf mehrfachen Nutzen mancher Produkte. In der Biologie gilt das „eierlegende Wollmilchschwein" als das unerreichbare Multitalent. „Universalgenies" wie Leonardo Da Vinci sind selten, auch Universalgelehrte (Polyhistoren) wie Imhotep (altägyptischer Baumeister, Mediziner und Ratgeber des Pharaos Djoser um das Jahr 2700 v. Chr.) und Wilhelm von Leibnitz. Umgangssprachlich nennt man Menschen mit zahlreichen Begabungen auch „Tausendsassa". Der österreichische Künstler Friedrich Stowasser (1928–2000) nannte sich selbst „Tausendsassa Friedensreich Regentag Dunkelbunt Hundertwasser". Künstler und Kreative sind nicht selten an mehreren Fronten tätig, und einzelne werden tatsächlich auf mehreren Gebieten erfolgreich, so wie der als Komponist, Pianist und Dirigent gefeierte Felix Mendelssohn Bartholdy (1809–1847). Der Frankfurter Sänger Schoyfler (Aaugust, bürgerlicher Name Andreas August) gab in einem Interview mit Detlef Kinsler in Pflasterstein zum Besten: „*Und das mit der Multibegabung ist eine Crux. Ich konnte mich nie entscheiden, ob ich jetzt Maler bin oder Musiker, und manchmal denke ich, das hinderte mich oft daran, mich auf eine Sache vollkommen einzu-lassen. Gab es Probleme mit der Musik, mit der ich nicht weiterkam, dann zog ich mich ins Atelier zurück und ließ die Musik Musik sein. Und fiel mir in der Malerei nichts ein, blieb ich nicht dran, sondern setzte mich tagelang ans Klavier. Gleichwohl kann ich weder das Eine noch das Andere lassen. Und von der Baustelle Literatur wollen wir gar nicht reden …*"

Kreative lassen sich in der Regel weniger durch Geld (Gehalt, Bonus) und Lob motivieren als andere Menschen in Organisationen.

Es wurde herausgefunden, dass kreative Individuen nicht unbedingt wirksame Führungskräfte sind. Allerdings kann jemand als Führungkraft reüssieren, wenn er kreative Ideen anwendet [22]. Robert J. Sternberg, der das Konzept der Erfolgsintelligenz entwickelt hat (siehe weiter vorne), schreibt in diesem Zusammenhang: „*…someone who is high in creativity but not analytical or practical intelligence may be a frustrated leader who comes up with ideas that seem lost on Cloud 9 …*" [23]

Grundsätzlich ist zu unterscheiden zwischen dem Management eines einzelnen Künstlers, also der möglichst gewinnbringenden Vermarktung eines Kunstschaffenden durch einen speziellen Agenten, und dem Management von Künstlern in einer Unternehmung.

Kreative Firmen werden nicht anarchistisch betrieben, sondern auch hier gibt es (klarerweise) Manager und Strukturen. Im Allgemeinen geht man davon aus, dass eine Führungskraft in kreativen Firmen nicht direkt am kreativen Denkprozess der Mitarbeiter beteiligt ist, zumal die Arbeit eines Managers nicht unterbrechungsfrei, sondern eher fragmentiert abläuft, da er sich mit einer Vielzahl wechselnder Themen befasst [24] und andere Schwerpunkte hat. Es wurde allerdings herausgefunden, dass die Kreativität und Innovationskraft einer Gruppe umso höher ausfallen, je stärker das technische Fachwissen ihrer Führungskraft ausgeprägt ist [25]. Das lässt sich dadurch erklären, dass Fachwissen für die Schaffung neuer Ideen, die auch umsetzbar sind, eine Grundvoraussetzung ist. Neben der Expertise [26] im jeweiligen Fachgebiet sind andere intellektuelle Fähigkeiten, wie Problemsuche, konzeptionelles Denken und Ideenschaffung, vonnöten, um Innovationsleistung zu vollbringen. Der ideale Beitrag von Führungskräften zu kreativen Teams wurde als „kreative Bewertung" erkannt. Dass Führung die Elemente der Bewertung und des Feedback enthält, ist nicht neu. Die Mitarbeiter gebären Ideen, die die Führungskraft bewertet. Dadurch, dass das Team die Ideen vorstellt, denkt es vorab gründlicher über diese nach und wertet sie in den Dimensionen von Machbarkeit und Relevanz auf [25].

Eine wichtige Schlussfolgerung ist, dass die *Leader* kreativer Gruppen Fachwissen haben und der Grundlagen des Feedbacks mächtig sein sollten.

Die Leistung von Künstlern und Kreativen lässt sich nicht über die abgedienten Stunden be- stimmen. Kreative Menschen vollbringen häufig mehr in zwei Stunden als jemand anderer in einem Monat.

Ein Manager von Künstlern sollte auf realistische und herausfordernde Zielvorgaben für seine Mannschaft achten. Das Selbstverständnis des Vorgesetzten sollte das eines Mentors, eines Informationsmaklers anstelle eines Kontrolleurs sein [27]. Er gestaltet die Rahmenbedingungen, unter denen seine Mitarbeiter optimale Leistungen bringen können.

Hier die Aussage von Anton, einem kunstschaffenden Hochbegabten: *„Meine persönliche Motivation – neben der Notwendigkeit, Geld zu verdienen, um die Rechnungen bezahlen zu können wie jeder andere auch, ist der Wunsch, mich in der Arbeit ‚wieder zu finden' , das heißt, ich versuche ‚Identität' und ‚Verdienst' unter einen Hut zu bringen. Diese Balance zu finden ist sehr schwer, denn meist ist man gezwungen, bei einem der beiden Abstriche zu machen. Oft findet man sich in der Situation, Ideale für viel Geld zu opfern, oder man setzt seine Sichtweisen durch, kann aber nicht finanziell reüssieren. Da es in der Kunst ja oft um subjektive Beurteilung/Betrachtung geht, zeigt sich diese Problematik dort eklatant."*

Eine andere Hochbegabte meint: *„Österreich mag keine Kreativen – zumindest nicht in der Führungsetage. Dort werden bevorzugt Betriebswirtschaftler und Juristen eingesetzt. Kreative und hochbegabte Kreative dürfen mit Werkvertrag arbeiten, weil sie als chaotisch und unsozial gelten. Ein weiteres Problem ist, dass für Hochbegabte spannende Jobs häufig nicht ausgeschrieben, sondern unter der Hand vergeben werden. Für hochbegabte Kreative, die nach der persönlichen Selbstverwirklichung streben, ist es in Österreich nicht einfach – man kann nur hoffen, dass sich zur vielen Erfahrung und ständigen Weiterbildung etwas Glück gesellt"*.

Professionalisierung von Kulturwirtschaft

Kultur und Wirtschaft galten lange als sich gegenseitig ausschließend. Gefördert wurde vom Staat das, was alleine nicht finanzierbar war. Klassische Kulturbetriebe sind Museen, Bibliotheken, Theater und Opernhäuser. Kultur ist ein wichtiger Wirtschaftsfaktor, und heutzutage sieht man Kulturförderung nicht rein als Subvention, sondern vor allem auf lokaler Ebene als Investition, weil sich sekundäre Wertschöpfung erzeugen lässt (Stichwort Umwegrentabilität). Bei kulturellen Unternehmungen aller Art stellt sich zunehmend die Kosten-Nutzen-Frage. Durch Reduktion der Zuschüsse und Förderungen von staatlicher Seite und das Bestreben von neuen Marktteilnehmern, sich ihren Teil des „Kuchens" zu sichern, kämpfen immer mehr Kultureinrichtungen um das Überleben. Rein aus den Karteneinnahmen und Umsätzen mit Besuchern lassen sich wenige Kultureinrichtungen finanzieren und gewinnbringend betreiben.

Das private Mäzenatentum wird durch Firmen bereichert, die sich aus kulturellem Engagement Vorteile versprechen. In diesem Spannungsfeld agiert der **Kulturmanager**.

Unter Kulturmanagement versteht man die Schaffung geeigneter Rahmenbedingungen für Kulturaktivitäten durch die Abwicklung entsprechender Projekte. Ein „guter" Kulturmanager ist nicht unbedingt derjenige, der die höchste Wirtschaftlichkeit realisiert, sondern der, der kulturell wertvolle Darbietungen ermöglicht, indem er betriebswirtschaftliches Wissen anwendet. Kulturbetriebe werden häufig als Non-Profit-Organisation (NPO) geführt und sind damit weniger an Gewinn als an einer künstlerisch gehaltvollen Schöpfung interessiert. Kunst richtet sich in erster Linie – im Gegensatz zu Produkten aus der Wirtschaft – nicht an Konsumenten- wünschen aus, sondern wird zuerst einmal um ihrer selbst willen geschaffen. Diese Ausgangs- basis, kombiniert mit limitierten Ressourcen, macht das Kulturmanagement zu einer besonderen Herausforderung.

Management von Künstlergruppen in Organisationen

Denken Sie an das Management eines erfolgreichen Fußballteams oder Orchesters. Nicht die Leistung des Einzelnen, sondern die des Teams entscheidet über den Erfolg. Der Schwerpunkt der Arbeit eines Managers von Künstlern, die in einer Organisation gemeinsam tätig sind, sollte demnach darauf liegen, das Ziel der Organisation zu verfolgen und darauf zu achten, dass alle Mitarbeiter dieses unterstützen. Das Fördern von Teamarbeit ist eine zentrale Aufgabe.

Management eines freischaffenden Künstlers

Viele Künstler halten sich selbst über Wasser, indem sie die Blüten ihres Schaffens verkaufen oder zum Besten geben. Ein herausragender Künstler braucht in der Regel einen professionellen Manager, der ihn medienwirksam bewirbt, für ihn Verträge aushandelt und seine Interessen optimal wahrnimmt. Ein Manager (Agent) arbeitet in diesem Fall für den Künstler.

Agenten haben in der Regel nur eine vermittelnde Rolle inne, während Künstler-Manager sich des kompletten Managements eines Künstlers annehmen. Künstler gelten als besonders „aufwendig“ zu managen. Ein extremes, schier unüberwindbares Spannungsfeld tut sich auf, wenn der Manager versucht, dem Künstler „Vorschläge“ zu dessen Schaffen zu machen.

Eine Diva gilt als Künstlerin von Weltrang, die sich extravagantes, eskapadenhaftes Verhalten erlauben kann. Der Umgang mit ihr ist entsprechend schwierig. Daher sollten alle, die mit einem derartigen Künstler zu tun haben, ein paar Grundgedanken für das Management solcher Leute mit großem Ego kennen. Ob Künstler von Weltrang oder von kleinerem Kaliber: Akzeptieren Sie die Eigenheiten, und lassen Sie sich auf keine Grundsatzdiskussionen über die Kunst ein.

Bestreiten des Lebensunterhalts als Künstler – mit und ohne Manager

In den letzten Jahren ist eine Verschiebung von Künstlern in Festanstellung zu freiberuflichen Marktteilnehmern zu beobachten. Der öffentliche (staatliche) Kulturbetrieb verliert zunehmend an Bedeutung (sprich Budget), sodass die Stellenangebote rarer werden. Die

Künstlerszene profitiert auch von zahlreichen kleinen, risikobereiten Unternehmungen, die Anstellungen bieten und Projekte finanzieren. Selbständige Künstler sollten sich tunlichst um ihre Ver- und Absicherung kümmern. Im Gegensatz zu anderen freien Berufen (Rechtsanwalt, Steuerberater, Wahlarzt) ist der Eingang von Aufträgen und Engagements für Künstler in der Regel nicht kontinuierlich, sondern starken Schwankungen unterworfen. Die Bestreitung des Lebensunterhalts, inklusive Fragen der sozialen Absicherung, ist daher ein wichtiges Thema für Künstler aller Couleur.

Ein professioneller Manager als Ihr Vertreter in Rechtsgeschäften, der Ihnen administrative und organisatorische Aufgaben abnimmt, damit Sie sich optimal auf Ihr künstlerisches Schaffen konzentrieren können, kann Ihnen zum Erfolg verhelfen. Wenn Ihr Manager die Branche kennt, wird er Sie schneller „groß" machen können als Sie selbst dazu in der Lage wären.

Achten Sie auf den Vertrag, denn auch unter Künstlermanagern gibt es solche, die primär auf ihren eigenen Vorteil erpicht sind. So sind Fälle bekannt, dass Manager ihren Künstlern sämtliche Rechte (Tantiemen, Verwertung, Namen, Lizenzen, Merchandising etc.) für ein „Butterbrot" abgeluchst haben. Prüfen Sie die Referenzen Ihres Managers; Verfügt er über Branchenerfahrung, hat er bereits Erfolge nachzuweisen? Wie viele Künstler betreut er, sprich: kann er Ihnen ausreichend Zeit widmen?

Der Vertrag zwischen Künstler und Manager

Grundvoraussetzung für eine erfolgreiche Zusammenarbeit zwischen Künstler und Manager ist wechselseitiges Vertrauen. Ein Vertrag sollte rechtzeitig und schriftlich fixiert werden. Im Internet finden sich Vorlagen. Es empfiehlt sich, den Vertrag auch nach Beendigung der Zusammenarbeit aufzubewahren, da Ansprüche auch noch Jahre später auftreten können. In der Regel ist ein Managementvertrag exklusiv. Der Künstler ist dem Manager nicht weisungsgebunden, dennoch haben beide Parteien Pflichten, die im Vertrag genau zu regeln sind.

Vom Wunderkind zum Problemfall

Elke Dommisch, Musikercoach, sagt: „ … [*es kommt*] *bei hochbegabten Musikern relativ häufig vor, dass ihre besondere Begabung im Kindes- oder Jugendlichenalter zwar erkannt und gefördert wurde, aber im Studium oder im Berufsleben sich massive Schwierigkeiten einstellen.*

Die Ursachen dafür können sehr unterschiedlicher Natur sein. Dafür drei Beispiele:

- *manchmal kann es besonders bei Musiker-Eltern vorkommen, dass sie in ihrem begabten Kind unbewusst eine Konkurrenz spüren, die sie deswegen ebenso unbewusst nicht ausreichend unterstützen.*

- *mancher Instrumental- oder Gesanglehrer ist mit den häufig sehr unbequemen Denk- und Handlungsweisen von hochbegabten Studierenden extrem gefordert.*
- *der hochbegabte Musiker ist mit seinem Arbeitsplatz unzufrieden, weil er dort nicht sein volles Potential einbringen kann*".

Coaching kann eine gute Möglichkeit für die Betroffenen sein, sich selbst zu erkennen und mehr aus den eigenen Potentialen zu machen.

Weitere Informationen zu Kunst- und Kulturmangement im Allgemeinen finden Sie in [28] und [29].

10.5 Management von hochsensiblen Personen

Hohe Sensibilität trifft, wie weiter vorne beschrieben, auf eine Teilpopulation der Hochbegabten zu.

Ganz wie „rohe Eier" sind Hochsensible nicht, dennoch geht man als Manager empfohlener- maßen behutsam mit diesen Mitarbeitern um. Zeitdruck und starke Kontrolle durch Vorgesetzte sind für Hochsensible kontraproduktiv, da sie ohnehin sehr gewissenhaft arbeiten. Übermäßige Kontrollen führen zu Stress, der die Konzentrationsfähigkeit von hochsensiblen Mitarbeitern verringert [30].

Hochsensible haben eine Abneigung gegen *Small Talk* und Büroklatsch. Dadurch, dass sie sich wenig mit Kollegen unterhalten, weil sie Pausen beispielsweise für sich selbst zur Regeneration benötigen, sind sie häufig ausgegrenzt und eine Risikogruppe für Mobbingangriffe (siehe weiter vorne). Vielen Hochsensiblen fällt es schwer, einen Kollegen bzw. den Chef um etwas zu bitten.

Hochsensible arbeiten bevorzugt in unterbezahlten Branchen wie Kunst, Pflege, Service, Um-weltschutz, NGOs und NPOs.

Hochsensible Personen tendieren zu falscher Bescheidenheit. Als Vorgesetzter sollten Sie auf ausreichendes Lob achten und Ihren Mitarbeitern auch in der Organisation zu Anerkennung verhelfen. Vermeiden sie es, „schwierige" Arbeiten von Hochsensiblen fernzuhalten und sie vor der Organisation abzuschirmen. Ob sensibel oder nicht, jeder Mitarbeiter wird von seinem Arbeitgeber für Leistung bezahlt.

Für weitere Hinweise zur Führung dieser Type Mitarbeiter siehe auch [30], [31] und [32] bzw. [33] mit speziellem Bezug zu Hochbegabung.

Literatur

1. Matthias Lambrecht, F + E-Ausgaben: Deutsche Industrie forscht mit hohem Aufwand, Financial Times Deutschland, 29.10.2012 http://www.ftd.de/unternehmen/industrie/:f-e-ausgaben-deutsche-industrie-forscht-mit-hohem-aufwand/70111509.html
2. Thomas W. Jackson, Jack M. Spurlock, Research and Development Management, Dow Jones-Irwin, Inc., Homewood, Illinois, 2nd printing, Library of Congress Catalog Card No. 66-24594(1969).

3. Reinhold Haller, Mitarbeiterführung in Wissenschaft und Forschung: Grundlagen, Instrumente, Fallbeispiele, Bwv – Berliner Wissenschafts-Verlag, ISBN: 978-3830513988 (2007).
4. http://www.paulgraham.com/hamming.html
5. Alice M. Sapienza, Forscher managen, Management für Naturwissenschaftler und Ingenieure,
6. Donna Wolk, Leadership Through Communication, Clinical Microbiology Newsletter 21(18), 148-152 (1999).
7. Elizabeth Haas Edersheim, The Definitive Drucker: The Final Word from the Father of Modern Management, Mcgraw-Hill Professional, ISBN: 978-0071472333 (2006).Wiley-VCH, ISBN: 978-3527294374 (1997).
8. Stephan Hofer, Vom Nutzen der Weisheit, 04. 09. 2012, http://www.wienerzeitung.at/themen_channel/wirtschaftsservice/job/484554_Vom-Nutzen-der-Weisheit.html
9. Sonia Blandford, Managing Professional Development in Schools, Routledge Chapman & Hall, ISBN: 978-0415197595 (2000).
10. Ralph Katz, The Human Side of Managing Technological Innovation: A Collection of Readings, Oxford University Press, 2. Auflage, ISBN: 978-0195135312 (2003).
11. Alice M. Sapienza, Managing Scientists: Leadership Strategies in Scientific Research, Wiley & Sons, 2. Auflage, ISBN: 978-0471226147 (2004).
12. Nikolaus Kriegeskorte, Kann die Wissenschaft sich selbst lenken? – Das A und E der freien Forschung, Bunsen-Magazin 15, 161–162, 4/2013
13. http://www.ingenieurkarriere.de (2010).
14. Karl R. Popper, Die offene Gesellschaft und ihre Feinde, Bd. 1: Der Zauber Platons Mohr Siebeck, 8. Auflage, ISBN: 978-3161480683 (2003).
15. Petra Hemmerling, Burkhard Kemmann, Vom Ingenieur zur Führungskraft: So meistern Sie den Karrieresprung, Hüthig, 1. Auflage, ISBN: 978-3778540169 (2007).
16. Matthias Gebhard-Rheinwald, Das Management 1 × 1 für Ingenieure. Was Sie im Studium nicht gelernt haben, Wiley-VCH, ISBN: 978-3527304479 (2005).
17. Adolf J. Schwab, Managementwissen für Ingenieure: Führung, Organisation, Existenzgründung, Springer, 4. Auflage, ISBN: 978-3540784081 (2008).
18. John V. Chelsom, Andrew C. Payne, Lawrence R. P. Reavill, Management for Engineers, Scientists and Technologists, 2. Auflage, Wiley, ISBN: 978-0-470-02126-2 (2005).
19. Jeffrey Gitomer, Sales Bible, Harper Collins Publishers, ISBN: 978-0-06-137940-6 (2008).
20. Ronald Kay, Managing Creativity in Science and Hi-Tech, Springer, 2. Auflage, ISBN: 978-3642246340 (2012).
21. Volker Heyse, Stefan Ortmann: Talentmanagement in der Praxis: Eine Anleitung mit Arbeitsblättern, Checklisten, Softwarelösungen, Waxmann Verlag, ISBN: 978-3-8309-1983-4 (2008).
22. David W. Chan, Leadership competencies among Chinese gifted students in Hong Kong: the connection with emotional intelligence and successful intelligence, The Free Library 22 March 2007 http://www.thefreelibrary.com/Leadership competencies among Chinese gifted students in Hong Kong:…-a0162695203
23. Robert J. Sternberg, Victor Vroom, The person versus the situation in leadership, The Leadership Quarterly 13, 301-323 (2002).
24. H. Mintzberg, The manager's job: Folklore and fact, Harvard Business Review 37, 66–75 (1975).
25. Michael D. Mumford, Shane Connelly, Blaine Gaddis, How creative leaders think: Experimental findings and cases, The Leadership Quarterly 14, 411-432 (2003).
26. Neil Charness, Paul J. Feltovich, Robert R. Hoffman, K. Anders Ericsson, The Cambridge Handbook of Expertise and Expert Performance, Cambridge University Press, ISBN: 978-0521600811 (2006).
27. Dietrich von der Oelsnitz, Volker Stein, Martin Hahmann, Der Talente-Krieg. Personalstrategie und Bildung im globalen Kampf um Hochqualifizierte. Haupt-Verlag, ISBN: 978-3258072456 (2007).

28. Felix Bamert, Thomas Skipwith, Musikmanagement : Der Leitfaden für die Praxis. Haupt, ISBN: 978-3258076614 (2011).
29. Peter Bendixen, Einführung in das Kultur- und Kunstmanagement, VS Verlag für Sozialwissenschaften, 4. Auflage, ISBN: 978-3531178660 (2010).
30. Marianne Skarics, sensibel kompetent, Zart besaitet und erfolgreich im Beruf, Festland Verlag, ISBN: 978-3-9501765-2-0 (2007).
31. Elaine N. Aron, Pia Gelpke, Cornelia Preuß, Sind Sie hochsensibel? Wie Sie Ihre Empfindsamkeit erkennen, verstehen und nutzen, Moderne Verlagsges. Mvg, ISBN: 978-3636062468 (2005).
32. Jutta Nebel, Wenn du zu viel fühlst: Wie Hochsensible den Alltag meistern, Schirner, 6. Auflage, ISBN: 978-3897673823 (2010).
33. Andrea Brackmann, Jenseits der Norm – hochbegabt und hoch sensibel? (Leben Lernen 180), Klett-Cotta, 4. Auflage, ISBN: 978-3608890143 (2007).

Management in speziellen Konstellationen 11

Zusammenfassung

In diesem Kapitel erfahren Sie Grundlegendes zum Management von Innovationen und Erfindern. Wie werden Freiwillige und Mitarbeiter in NPOs und NGOs (*non-profit organizations, non-governmental organizations*), darunter viele Hochbegabte, wirksam geführt? Weiters lesen Sie etwas zu Projektmanagement und der Kür von Management – der Führung von Geschäftspartnern und von nicht direkt unterstellten Personen.

11.1 Management von Innovation

Erfolgreiche Unternehmen machen etwas anders bzw. offenbar erfolgreicher als der Rest des Wettbewerbs. Konkret können Sie sich differenzieren, indem Sie Ihr Produkt oder Ihre Dienstleistung wie folgt gestalten:

- besser (Qualität)
- billiger (Preis)
- schneller (Geschwindigkeit)

Suchen Sie sich zwei von diesen drei Merkmalen für Ihr Angebot aus, wie schon weiter vorne erwähnt wurde. Wer sich auf eins oder drei konzentriert, wird bald aus dem Geschäft verschwunden sein. Jede der drei möglichen Kombinationen für Geschäftserfolg bedarf Innovation, denn von alleine wird Ihr Produkt nicht besser, billiger oder schneller als das, was die Konkurrenz bereits im Angebot hat. Innovation ist in aller Munde. Unternehmen geben sich innovativ, und die Presse berichtet ausführlich darüber. Lassen Sie uns mit ein paar Zitaten in das Management von Innovation einsteigen:

Zum Telefon: „*Das Telefon hat zu viele ernsthaft zu bedenkende Mängel für ein Kommunikationsmittel. Das Gerät ist von keinem Wert für uns.*" (Western Union, interne Kurzinformation, 1876)

M. Lackner, *Talent-Management spezial*,
DOI 10.1007/978-3-658-03183-1_11, © Springer Fachmedien Wiesbaden 2014

Zu Flugzeugen: „*Es wird nie möglich sein, mit Flugmaschinen zu fliegen, die schwerer sind als Luft.*“ (Lord Kelvin, Präsident der Royal Society, 1895)

Zum Tonfilm: „*Es ist eine absurde Idee, dass jemand Schauspieler hören will.*“ (Warner, 1927)

Zum PC: „*There is no reason for any individual to have a computer in their home.*“ (Ken Olsen, President von Digital Equipment Corp., 1977)

„*640K [of RAM] ought to be enough for anybody.*“

Dieses Zitat wurde Bill Gates in den Mund gelegt. Es stammt entgegen vieler Behauptungen NICHT von ihm. Was Bill Gates allerdings zu Innovation gesagt hat, ist dies (aus seinem Buch „*The Road Ahead*“ [1]: „*We always overestimate the change that will occur in the next two years and underestimate the change that will occur in the next 10. Don't let yourself be lulled into inaction.*“

Eine Innovation ist eine Idee oder Erfindung, die man oder mit der man etwas zu einem verkaufsfähigen Produkt umsetzen kann. Innovationen sind der Motor unserer Wirtschaft. Es gibt kleine und große Innovationen (inkrementelle Verbesserungen und stufenweise Neuerungen), und zwar nicht nur bei Produkten, sondern auch bei Prozessen und Dienstleistungen.

In der Praxis ist es nicht leicht, aus einer Idee eine echte Innovation hervorzubringen und erfolgreich auf dem Markt zu platzieren.

Große Firmen sehen jede Innovation/jede neue Idee als separates Projekt mit seiner eigenen, früh zu beweisenden Wirtschaftlichkeit. Was dabei verkannt wird, ist jedoch, dass das Spiel der Innovationen ein Spiel der Zahlen ist. Aus 100 Ideen werden typischerweise 20–25 Projekte, von denen 10 bis 15 zu Ende geführt werden. Fünf davon liefern ein Produkt, und eine oder zwei von ihnen haben am Markt tatsächlich Erfolg. Für das Management von Innovationen sollte man demnach einen **Portfolioansatz** wählen. Studieren Sie die einschlägige Literatur hierzu.

Wie IQ und CQ Ihnen Innovationen verschaffen

Kreative und hochbegabte Mitarbeiter sind das Mittel der Wahl zu Innovationen in Ihrer Organisation. Franz Corten et al. schreiben: „*We argue that most gifted people are capable of playing an important role in innovation*“ [2]. Innovative Mitarbeiter (die Literatur spricht auch von mit innovativer Intelligenz ausgestatteten Menschen) fordern häufig althergebrachte Managementmethoden heraus und laufen damit Gefahr, aus Organisationen verbannt zu werden oder sich selbst zu entfernen [3]. Da Intelligenz (IQ) und Kreativität (CQ) der Schlüssel zu Innovationen sind, stehen Firmen vor der Aufgabe, die entsprechenden Mitarbeiter zu finden und zu binden.

▶ **Tipp** Ihre Organisation benötigt Querdenker. Hochbegabte sind Querdenker. Schaffen Sie ein Klima, in dem diese gerne arbeiten.

Von der Vergänglichkeit der Innovationen

Auf einer Innovation ausruhen kann sich eine Firma nur in den allerwenigsten Fällen. Selbst ein Blockbuster-Medikament wird nach Auslaufen des Patentschutzes von Generika überrollt. Als Innovator ist Ihre Firma dem Wettbewerb ständig voraus. Innovatoren fahren in der Regel attraktivere Margen ein als Mitläuferfirmen. Es gibt allerdings auch nach dieser Strategie vorgehende, recht erfolgreiche Player, die sich in der Regel auf Kostenführerschaft konzentrieren und sich so auf dem Markt behaupten können.

Im Business, so wie im Krieg, sind die meisten Siege pyrrhusartig und nur von kurzer Dauer. Wahre Innovation veredelt nicht nur ein bestehendes Produkt, für das es bereits einen (teilweise gesättigten) Markt gibt, sondern schafft sich einen neuen Markt. Dieser Ansatz wird im Buch *„Blue Ocean Strategy“* [4] diskutiert.

Damit eine Firma innovativ sein kann, sollte sie sich systematisch von altem „Ballast“ entrümpeln. Krisen, ob von außen oder innen herbeigeführt, helfen dabei.

Wie schon im Abschnitt über *„Change Management“* erwähnt, ist zu empfehlen, dass die besten Köpfe für Innovationen eingesetzt werden.

Management von geistigem Eigentum

Die Kommerzialisierung von neuen Technologien stellt eine besondere Herausforderung dar. „Erfinder“ können die Entwickler, Forscher, Ingenieure, Techniker oder sonstigen Mitarbeiter Ihrer Organisation sein. Wichtig ist, dass Sie klare Ziele vorgeben. Für das Management von Forschern und Ingenieuren, siehe weiter vorne. In diesem Abschnitt wird beschrieben, wie man ein geistiges Eigentum (*intellectual property, IP* bzw. *intellectual propery rights, IPR*) am besten managt. Es gibt **Patent, Muster und Markenschutz**.

Patentmanagement ist mit Immobilienmanagement, Flottenmanagement, Geldmanagement etc. vergleichbar, weil hier Güter (*assets*) einer Organisation optimal verwaltet werden im Gegensatz zu Mitarbeitern.

Patentmanagement für Erfinder

Für einen einzelnen Erfinder bzw. ein selbständig handelndes Team von Erfindern ist zuerst einmal abzuklären, ob die gemachte Entdeckung patentfähig ist, und wer die Rechte an einer etwaigen Erfindung hält. Patentfähigkeit ist beim Zusammentreffen von drei Voraussetzungen gegeben:

- Die Neuerung weist eine gewisse „erfinderische Höhe“ auf, das heißt, sie ist nicht banal bzw. naheliegend.
- Die Neuerung wurde vorher noch nicht veröffentlicht (Publikation, Firmenzeitschrift, Messe etc.).

- Die Erfindung ist zulässig (dieses Kriterium wird ebenfalls vom zuständigen Patentamt beurteilt).

Falls die erfinderische Leistung im Rahmen einer Anstellung erfolgt ist bzw. in der Freizeit, jedoch ein Fachgebiet im Arbeitsbereich des Angestellten oder seiner Organisation betrifft, handelt es sich aller Wahrscheinlichkeit nach um eine sogenannte Diensterfindung, von der der Dienstgeber zu verständigen ist. Zur Abfassung der Patentschrift empfiehlt es sich, einen Patentanwalt zurate zu ziehen.

Wenn ihr Patent sodann erteilt wurde, machen viele Erfinder einen gravierenden Fehler: Sie glauben, dass ihr Patent von alleine „entdeckt" wird.

> **Tipp** Die aktive Vermarktung des Patents obliegt dem Erfinder, er kann sich entweder selbst darum bemühen oder einen versierten Spezialisten beauftragen.

Wenn Sie nach der nationalen Anmeldung auch internationalen Patentschutz beantragen wollen, stellt sich die Frage der Finanzierung. Es empfiehlt sich generell, rasch einen geeigneten Partner zu suchen. Es gibt unter Umständen auch die Möglichkeit, Förderungen für das Patent zu erhalten.

Patentmanagement für Unternehmen

Die Patentstrategie ist für ein Unternehmen mitunter erfolgsentscheidend!

Manche Firmen patentieren alle Innovationen. Der Nachteil dieser Strategie ist, dass sie dem Wettbewerb zeigen, woran sie arbeiten. Andere Firmen verfolgen die Taktik, dem Wettbewerb so weit und so schnell voraus zu sein, dass sie gar keine Zeit haben, Patente zu schreiben, und vor allem, dass der Wettbewerb ihnen nicht folgen kann. In jedem Fall sollte sichergestellt sein, dass eine produzierende Firma nicht die Patentrechte Dritter verletzt. Vor jedem Start einer neuen Serienproduktion empfiehlt sich daher dringend eine *„Freedom-to-operate"*-Studie (*FTO study*).

Schaffen Sie eine Richtlinie für Diensterfindungen, in welcher Rechte & Pflichten sowie Vergütungsstaffeln festgelegt sind.

Einem geeigneten Forum innerhalb der Organisation sollte die Pflege des Patentportfolios obliegen.

Für weiterführende Lektüre im Bereich IPR sind die Bücher [5] und [6] empfohlen. Zu Innovationsmanagement werden Sie ausreichend Material finden, beispielsweise folgenden Ratgeber [7].

11.2 Management von Freiwilligen

Im Regelfall erhalten Mitarbeiter Lohn oder Gehalt. Das trifft auf das Stammpersonal sowie auf flexibel eingesetzte Mitarbeiter (*contingent workforce*) zu. Auftragnehmer werden ebenfalls bezahlt, und auch bei Werkverträgen steht die monetäre Entschädigung im Vordergrund.

Daneben gibt es freiwilliges Engagement von Menschen für und in Organisationen, zumeist als Ehrenamt (ggf. auch als Bürgerarbeit). Ob unbezahltes Praktikum eines Studenten, wöchentlicher Dienst bei der örtlichen Feuerwehr, kostenlose Durchsicht von Fachartikeln für eine kom- merzielle Zeitschrift durch Wissenschaftler oder unentgeltliche Mitarbeit von Aktivisten in Umwelt- und Tierschutzorganisationen – diese „Mitarbeiter“ mit „*karmic paycheck*“ stellen andere Erwartungen an Organisationen als regulär Beschäftigte.

Generell lässt sich ein Trend zu mehr und mehr Freiwilligeneinsätzen beobachten. Im Lebenslauf wird ehrenamtliche Tätigkeit gerne gesehen, und in Asien ist sie ein wichtiger Bestandteil des öffentlichen Lebens – vergleiche die Zehntausenden „*volunteers*“, die das reibungslose Funk- tionieren der Weltausstellung 2010 in Shanghai ermöglicht haben. Für junge Menschen kann Freiwilligenarbeit im Ausland, ein sogenanntes Volontariat, eine interessante Erfahrung darstellen.

Besonders häufig kommt es in folgenden Bereichen bei uns zu Freiwilligenarbeit:

- Katastrophenhilfs- und Rettungsdienste
- Kunst, Kultur, Unterhaltung und Freizeit
- Umwelt-, Natur- und Tierschutz
- Religion
- Sozial-und Gesundheitsbereich

Etwa 44 % der Österreicher sind freiwillig tätig, typisch sind 2–4 Stunden/Woche an Engagement [8].

Firmen sehen Freiwilligenengagement aufgrund des gestiegenen Kostendrucks als immer interessanter an, und sowohl für Organisationen als auch für ihre Freiwilligen kann die Zusammenarbeit fruchtbringend sein. Für den Umgang mit Freiwilligen haben sich folgende Punkte als wichtig erwiesen:

- Abklären der Rahmenbedingungen, ggf. Versicherung,
- Vertrag,
- Wertschätzung im Umgang,
- Bereitstellen von Information, Einbinden in den Entscheidungsprozess,
- Ermöglichen von Fortbildungen.

Generell wünschen sich Freiwillige einen partizipativen Führungsstil. Ein fixer Ansprechpartner (Manager) in der Organisation ist von Vorteil.

Freiwillige können von einer Organisation direkt angeworben werden sowie über spezielle Agenturen. Bereits unter Vertrag genommene Freiwillige sind ebenfalls durch Mundpropaganda eine wichtige Quelle für weitere Freiwillige.

> **Tipp** Auf Gewinn ausgerichtete Organisationen sollten bezahlte Praktika anbieten, um potenzieller Kritik der (lokalen) Presse, man nutze sozial Schwächere aus, vorzubeugen.

In [9, 10, 11] und [12] findet der interessierte Leser weiterführende Informationen zum Management von freiwillig Engagierten.

11.3 Management in NGOs und NPOs

Es gibt zahlreiche NGOs (*non-governmental organizations*) und NPOs (*non-profit organizations*) auf nationaler und internationaler Ebene, die sich mit verschiedensten Themen auseinandersetzen, von Nachhaltigkeit (*sustainability*) über Welthandel und Tierschutz bis hin zu sozialen Themen. Die UIA (Union of International Associations) zählte 2007 über 7600 NGOs.

„*Kleine Budgets, aber große Herausforderungen*" titelte 2009 ein Artikel über nicht profitorientierte Organisationen in der österreichischen Tageszeitung „Die Presse".

Gemeinnützige Gesellschaften gehören genauso geführt wie auf Gewinn gerichtete Organisationen: professionell [13]. Dies wurde in den letzten Jahren umso wichtiger, als sich Rahmenbe- dingungen und Wettbewerb zunehmend verschärfen; mehr und mehr Organisationen konkur- rieren um die Gunst der Spender. Auch wird der Kostendruck höher, da Transparenz nach der Mittelverwendung verlangt wird. Neben der Öffentlichkeit und den Spendern werden auch die angestellten Mitarbeiter und freiwilligen Helfer anspruchsvoller. Der Bestellung der Vor- standsmitglieder kommt eine wichtige Rolle zu. Falls diese in der jeweiligen Szene einflussreich und vernetzt sind, können sie der Organisation helfen.

Auch Vereine zählen zu den NPOs. Der deutschsprachige Raum ist ein Paradies der Vereinsmeier. So mancher hochbegabte Mitarbeiter, der in der Firma brav seine Stunden absitzt, erweist sich in der Freizeit als fähiger Vereinsfunktionär.

NGOs und NPOs operieren teilweise mit angestellten, aber auch mit freiwilligen Mitarbeitern (siehe dazu im vorherigen Abschnitt).

Bei nicht auf Gewinn ausgerichteten Organisationen ist die Finanzierung („*Fund Raising*") eine elementare Frage. Wer von Spenden abhängt, sollte sich vor allem auf die Interessen seiner Hauptzielgruppen konzentrieren. Die Wahrnehmung der Organisation in der Öffentlichkeit, das heißt die Reputation, ist essenziell für NPOs und NGOs. Für das Management derartiger Unternehmungen ist es daher wichtig, Alleingänge besonders ehrgeiziger bis fanatischer Mit- glieder zu unterbinden. Ein Beispiel der jüngeren Vergangenheit ist eine Tierschutzorganisation, deren Spendeneinnahmen massiv eingebrochen sind, nachdem einige ihrer Aktivisten in Pelzfarmen eingedrungen waren und dort strafbare Handlungen begangen haben, was beinahe zum Aus dieser Organisation geführt hat.

Managementmethoden aus der Wirtschaft können nicht immer direkt für NPOs und NGOs übernommen werden. Generell ist die Komplexität in NPOs höher als in der Wirtschaft, weil die Manager nicht primär die Anliegen des Kunden vor Augen haben können, sondern vielmehr auf den Ausgleich der Vorstellungen aller Interessenträger (Mitglieder, Spender, politische Entscheidungsträger, Öffentlichkeit etc.) zu achten haben. Der Interessenausgleich ist besonders wichtig. Für das Management in NPOs und NGOs gibt es mittlerweile eine Fülle an Lehrgängen.

NGO-Management wird in [14] ausführlich besprochen, und NPO-Management in [13] und [15]. Zu Fundraising, siehe [16].

Eine interessante NPO ist „Manager ohne Grenzen“ [17].

11.4 Projektmanagement für Hochbegabte

Der anhaltende Trend zu projektbasierten Organisationen wurde bereits erwähnt. In diesem Abschnitt sollen daher einige Spezifika des Projektmanagements unter Berücksichtigung von Hochbegabten einführend behandelt werden.

Projekte sind einfach durchzuführen, solange sie eine geringe Komplexität aufweisen. Große Projekte wie die Mondlandung der USA oder der Bau des Airbus A380 sind nicht mehr so leicht überschaubar wie ein Drei-Mann-Programmierjob. In Projekten werden Spezialisten zusammengespannt, um eine enorme Menge an Informationen zu verarbeiten.

Ein Projektmanager ist gegenüber einer linienverantwortlichen Führungskraft insofern benachteiligt, als dass er keine direkte Macht über die Projektmitarbeiter hat. Er braucht hohe zwischenmenschliche Fähigkeiten und vorausschauende Planung [18] für seinen Erfolg. Gerade in Projekten sind Ressourcen – Zeit, Mannstunden und Geld – limitiert.

Wer als Projektmanager besteht, hat alle Voraussetzungen, sich als Linienmanager zu behaupten. Daher wird eine kleine Projektleiterfunktion von vielen Firmen als Prüfstein für Anwärter auf eine Managementfunktion genutzt. Der mögliche Schaden ist klein, weil zumeist nur eine geringe Mitarbeiteranzahl involviert und die Zeit auch im vorhinein beschränkt ist. Projekt- bzw. Gruppenleiter sind Gleiche unter Gleichen und brauchen ausgeprägte Kommunikationsfähigkeiten, um ihre Projektziele zu erreichen. Ein erfolgreicher Projektmanager kann aufgrund der schwierigeren Rahmenbedingungen generell als ein fähiger Manager angesehen werden.

Was Erfolg in einem Projekt bedeutet, ist einem stetigen Wandel unterworfen [19]. Projekterfolg definiert sich in der Regel nach den Plänen für Budget, Zeit und Qualität. Jedes Projekt besitzt andere Prioritäten.

Es wurde herausgefunden, dass sich unterschiedliche Führungsstile des Projektleiters auf den Erfolg seines Projekts auswirken können, und dass unterschiedliche Stile für verschiedene Projekte und Projektphasen optimal sind [20]. Das liegt auf der Hand. So ist ein idealer Projektleiter, der eine „schlüsselfertige Übergabe" durchziehen soll, zielorientiert, während ein anderes Projekt, das den Konsens vieler Parteien erfordert, am besten einen Projektleiter einsetzt, welcher flexibel und ein geduldiger Zuhörer ist [20].

Je komplexer ein Projekt gestaltet ist, desto stärker kommen die Unterschiede im Führungsstil des Projektleiters zum Tragen.

Nach [21] weisen erfolgreiche Projektmanager folgende Eigenschaften auf:

- Fähigkeit zur Problemlösung,
- Lösungsorientierung,
- Initiative,
- Selbstsicherheit,
- Visionen und Perspektiven,
- Kommunikation,
- Verhandlungsfähigkeit.

Für den Projekterfolg sind nach [20], wenn man das Kompetenzmodell der Führung aus [22] anwendet, die EQ-Qualitäten des Projektleiters, im Gegensatz zu seinen IQ- und MQrelevanten Eigenschaften, erfolgsentscheidend. Ein wirksamer Projektleiter passt seinen Führungsstil an die verschiedenen Phasen des Projekts an (vgl. situativer Führungsstil).

Er sollte zu Beginn und gegen Ende des Projekts einen eher beziehungsorientierten Führungsstil anwenden, während ein aufgabenorientierter Stil in der Kernphase des Projekts am effektivsten ist [18].

Dem richtigen **Projektteam** kommt eine Schlüsselrolle zu, siehe dazu auch die Ausführungen zu Teams im Allgemeinen weiter vorne. Ein Projektleiter kann sich seine Mitstreiter in der Regel nach anderen Kriterien aussuchen als ein Linienvorgesetzter, weil Ersterer in der Lage ist, in der gesamten Organisation nach den am besten geeigneten Personen zu „fischen", vor allem dann, wenn er ein virtuelles Team aufbaut (siehe dazu weiter vorne).

Für die Zusammenstellung Ihres Projektteams sollten Sie neben den fachlichen Qualifikationen auch auf die Persönlichkeit der Kandidaten achten. Ein Mix aus Mitarbeitern mit unterschiedlichem Bedürfnis nach Leistung, Macht und Harmonie wird empfohlen [18].

Andreas L, ein hochbegabter IT-Manager, meint auf die Frage nach dem adäquatesten Mitarbeiter für ein IT-Projekt: „*Wenn … bestimmte Positionen belegt sind (‚Ideengeber', ‚Denker', ‚Kritiker', ‚Brain', ‚Anpacker' usw.) sind die Adäquatesten für weitere Aufgaben definitiv solche mit einem anderen Profil, u. U. sogar wenn das im Widerspruch zur fachlichen Qualifikation steht. Es gibt auf IT-Projekte bezogen den wunderschönen Satz ‚Managing hackers is like herding cats'. Ich habe die Erfahrung gemacht, dass Teams, in denen die Chemie in dieser Hinsicht stimmt, und man eben auf so allerlei Rücksicht nimmt, in einer bisweilen immens großen Leistungsfähigkeit resultieren können.*"

In einem Projekt arbeiten Mitarbeiter aus unterschiedlichsten Bereichen und Hierarchieebenen einer Firma zusammen. Der erfolgreiche Projektmanager löst Probleme nicht selber, sondern baut auf die Kompetenz der Gruppe.

Der ideale Projektmanager sollte – im Gegensatz zu einem Teil (!) seiner Mitarbeiter, kein extrem hoch ausgeprägtes Leistungsbedürfnis haben, weil er sonst das große Projektziel bzw. Bedürfnisse seiner Mitarbeiter zu vernachlässigen droht [18]. Die extrem Leistungswilligen des Teams werden für den technologischen bzw. fachlichen Fortschritt des Projekts schon sorgen. Ist der Projektmanager selbst hingegen zu leistungsfokussiert, fehlt es ihm mitunter an der nötigen Geduld und Diplomatie, um die Truppe zu führen.

Projektmitarbeiter sind typischerweise ihrem Linienvorgesetzten und dem Projektleiter rechenschaftspflichtig. Der Linienvorgesetzte bzw. „Chef" ist derjenige in einer Organisation, an den jemand direkt berichtet. Ein Projektmitarbeiter ist demnach häufig in eine Matrixorganisation eingebettet.

Der typische Projektfortschritt kann als S-Kurve über der Zeit dargestellt werden. Es ist kein Drama, wenn ein Projekt nicht nach Plan läuft, doch es ist ein großes Drama, wenn der Projektmanager nichts davon weiß.

Hochbegabte arbeiten sehr gerne in Projekten (wenngleich nicht ganz so freudig in Teams), weil sie dort mehr Abwechslung erleben können als in regulären „Bürojobs".

Grundwissen zu Projektmanagement findet sich in der einschlägigen Literatur, beispielsweise im „*Project Management Body of Knowledge*" [23], einer Publikation des PMI (Project Management Institute).

11.5 Management von Geschäftspartnern

Eine Organisation ist mit ihren Geschäftspartnern, also Lieferanten und Kunden, in eine Wertschöpfungskette eingebunden, in welcher gewisse Abhängigkeiten existieren, die im Rahmen zahlreicher Wechselwirkungen mehr oder weniger Einflussnahme erlauben.

Nehmen Sie aktiv Einfluss auf sie, vor allem auf Ihre Lieferanten und Auftragnehmer, um deren Leistung zu steigern. So erhalten Sie die bestmögliche Unterstützung bei der Erreichung Ihrer Ziele.

Die Automobilindustrie lebt vor, wie sie nicht nur ihre Lieferanten, sondern auch ihre Sublieferanten erfolgreich managt, indem Autobauer beispielsweise Rohstofflieferanten direkt auditieren und ihnen bestimmte Auflagen erteilen, ebenso wie den dazwischenliegenden Verarbeitern. So wird sichergestellt, dass nicht nur die Blechteile, sondern auch der dafür eingesetzte Stahl den Anforderungen genügt. Auf der anderen Seite ist es dem Rohstoffhersteller möglich, die gesamte Wertschöpfungskette zu managen, indem er nicht nur seine direkten Kunden, sondern auch deren Kunden (Endkunden) von den Vorteilen seines Produkts überzeugt.

Wenn Sie eine Arbeit an einen Auftragnehmer (Kontraktor) vergeben, bleibt die Verantwortung immer noch bei Ihnen. Jeder mit dem Hausbau Vertraute kontrolliert sinnvollerweise die Qualität der Arbeit vor, während und nach der Ausführung. Ob Lieferanten oder Dienstleister wie Unternehmensberater, freiberufliche Mitarbeiter oder andere „*third parties*": Ohne Management kommt man kaum zur idealen, angestrebten Lösung.

Im Management von Lieferanten und Auftragnehmern liegt viel Potenzial. Ein klassisches Beispiel ist das Management der Sicherheit von Kontraktoren, ein weiteres der Einkauf. Durch Lieferantenentwicklung können Sie die Qualität der von Ihnen bezogenen Produkte und Dienstleistungen kontinuierlich steigern (Stichwort *Vendor Management* oder, etwas breiter gefasst, *Supply-Chain-Management* [SCM, Lieferkettenmanagement]).

> **Tipp** Klären Sie frühzeitig die Erwartungen ab, und fixieren Sie diese schriftlich, ebenso Entwicklungsziele.

Wenn Sie Berater einsetzen, können Sie diese auch vorteilhaft managen. Berater werden zu verschiedenen Zwecken engagiert, und der Markt für Unternehmensberatung ist heiß umkämpft. Das Angebot reicht von klassischen Management Consultants über IT-Berater bis hin zu Wirtschaftsprüfern und anderen Experten. Wesentliche Vorteile von Beratern gegenüber rein intern abgewickelten Projekten sind neben deren Expertise auch ein Blick von außen (neutrale Sichtweise, Einbringen von Erfahrung und Marktkenntnis) sowie die durch die dem Unternehmen zur Verfügung gestellten zusätzlichen Ressourcen höheren Chancen auf Abschluss des Projekts. Wichtig ist jedoch, dass die Umsetzung im Anschluss in der Linie erfolgt, wo sich entscheidet, ob ein Beratungsauftrag tatsächlich Erfolg gebracht hat.

Unter dem Schlagwort „Kundenmanagement" bzw. „Großkundenmanagement" (*Key Account Management, KAM*) versuchen Firmen, ihre Geschäftsbeziehungen zu den (Haupt-)Kunden zu optimieren. Zu dieser Marketing-Disziplin gehört die Strategie zur Schaffung und Umsetzung von Kundenentwicklungsplänen. Für eine Einführung in Key Account Management siehe beispielsweise [24].

11.6 Management von nicht direkt unterstellten Personen

Die Kür des Managements ist, Menschen außerhalb der Linie zu führen. Die klassischen Fälle des Projektmanagements und der Einflussnahme auf den eigenen Chef haben Sie bereits kennengelernt.

Führung anderer Menschen vollzieht sich in allen Organisationen und Situationen der menschlichen Interaktion nicht nur direkt, sondern auch indirekt, oft ohne dass wir uns dessen bewusst sind. Einige Beispiele von Führung nicht direkt unterstellter Personen:

- Arzt und Patient,
- Busfahrer und Fahrgäste,
- Vortragender und Zuhörer,
- Berater und sein Kunde,
- Täter und Opfer,
- Elternteil und Kind,
- Anwalt und Klient,
- Architekt und Bauherr.

▶ **Brain Teaser** Wer führt hier wen? In den Regel beide Seiten wechselseitig!

Sie haben in diesem Buch viel über Management gelesen. Dieses Wissen ist auf obige Situationen stets anwendbar, egal, auf welcher Seite Sie stehen. Der Schlüssel ist Ihre Sichtweise (*mindset*). Wenn Sie überzeugt sind, Ihr Gegenüber führen zu können, werden Sie erfolgreich in diesem Unterfangen sein. Ergreifen Sie die Initiative, und wirken Sie zielgerichtet auf Ihr Gegenüber ein.

Literatur

1. Bill G, Nathan M, Peter R, The RA, Viking P, ISBN: 978-0670772896 (1995).
2. Frans Corten, Noks Nauta, Sieuwke Ronner, Highly intelligent and gifted employees – key to innovation?, Academic paper International HRD–conference 2006 „The learning society for sustainable development", Amsterdam, 11. Oktober (2006). http://www.triplenine.org/articles/Nauta–200610.pdf.
3. Michael Harvey, Milorad M.Novicevic, Timothy Kiessling, Development of multiple IQ maps for use in the selection of inpatriate managers: a practical theory, International Journal of Intercultural Relations 26, 493–524 (2002).
4. W. Chan Kim, Renee Mauborgne, Blue Ocean Strategy : How to Create Uncontested Market Space and Make the Competition Irrelevant, Mcgraw-Hill Professional, ISBN: 978–1591396192 (2005).
5. Axel Mittelstaedt, Strategisches IP–Management – mehr als nur Patente: Geistiges Eigentum schützen und als Wettbewerbsvorsprung nutzen, Gabler, ISBN: 9783834913999 (2009).
6. Oliver Gassmann, Martin A. Bader, Patentmanagement : Innovationen erfolgreich nutzen und schützen, Springer, Berlin, 3. Auflage, ISBN: 978–3642166044 (2010).
7. Marcus Disselkamp I: Instrumente und Methoden zur Umsetzung im Unternehmen, Gabler, ISBN: 978–3409127394 (2005).
8. http://www.statistik.at/web_de/statistiken/soziales/freiwilligenarbeit/034732.html (2013).
9. Carola Reifenhäuser, Sarah G. Hoffmann, Thomas Kegel, Freiwilligen–Management, Verlag Ziel, ISBN: 978–3940562302 (2009).
10. Jörg–Achim Schröder, Human Ressource Management im Spannungsfeld „freiwilligen Engagements", Diplomica, ISBN: 978–3842854833 (2011).
11. Carolin Reintjes, Volunteers im Ausland: Frei und willig, 30.10.2008, http://www.spiegel.de/reise/aktuell/volunteers-im-ausland-frei-und-willig-a-580790.html.
12. Tina G, Manager im Sinn-Sabbatical, 02.08.2012, http://www.zeit.de/karriere/beruf/2012-06/manager-ohne-grenzen.
13. Andreas Langer, Andreas Schröer, Professionalisierung im Nonprofit Management, Vs Verlag, ISBN: 978–3531176055 (2010).
14. Chiku Malunga, NGO Strategic Management and Leadership: Processes and Responsibilities, LAP LAMBERT Academic Publishing, ISBN: 978–3838343983 (2010).
15. Maria Laura Bono, Performance Management in NPOs: Steuerung im Dienste sozialer Ziele, Nomos, ISBN: 978–3832950828 (2010).
16. Michael Urselmann F: Professionelle Mittelbeschaffung für NonprofitOrganisationen, Haupt Verlag, 4. Auflage, ISBN: 978–3258072432 (2007).
17. http://www.stiftung-managerohnegrenzen.de/ (2013).

18. Alice M. Sapienza, Forscher managen, Management für Naturwissenschaftler und Ingenieure, Wiley-VCH, ISBN: 978-3527294374 (1997).
19. K. Judgev, R. Müller, Success is a moving target: a retrospective look at project success and our evolving understanding oft he concept, Project Management Journal 36(4), 19–31 (2005).
20. Ralf Müller, J. Rodney Turner, Matching the project manager's leadership style to project type, International Journal of Project Management 25, 21–32 (2007).
21. J. R. Turner, The Handbook of project-based management: Improving the processes for achieving strategic objectives, 2nd edition, London, McGraw-Hill, ISBN: 978-0077091613 (1998).
22. V. Dulewicz, M.J. Higgs, Design of a new instrument to assess leadership dimensions and styles. Henley Working Paper Series HWP 0311, Henley-on-Thames, UK, Henley Management College (2003).
23. Project Management Institute, A Guide to the Project Management Body of Knowledge, Project Management Institute, 4. Auflage, ISBN: 978-1933890517 (2008).
24. Hartmut Sieck, Key Account Management: Wie Sie erfolgreich KAM im Mittelstand oder im global agierenden Konzern einführen und professionell weiterentwickeln, Books on Demand, ISBN: 978-3837035940 (2009).

Management in der Selbständigkeit 12

Zusammenfassung

Selbständigkeit kann für Hochbegabte eine interessante Alternative zur Anstellung sein. Was ist Selbständigkeit, und welche Unterschiede lassen sich bei selbständigen gegenüber angestellten Managern beobachten? Was kennzeichnet selbständige Akademiker sowie selbständige Hochbegabte? Dieses Kapitel offeriert einige Tipps für gründungswillige und selbständige Hochbegabte, darunter:

- Was ist Ihr USP (*unique selling proposition*)?
- Das wichtigste an einer Firma sind ihre Kunden, nicht ihre Produkte.
- Ein Schlüssel für den Erfolg als Selbständiger ist das Tun.

12.1 Selbständigkeit

Die meisten Menschen wählen zwischen einer unselbständigen bzw. einer selbständigen Beschäftigung.

Hochbegabte sind laut Karin Joder, Coach für Hochbegabte, *„oft gut aufgehoben in der Selbständigkeit, in Führungspositionen oder in Stabsstellen mit großem eigenem Entscheidungsspielraum oder mit einem Vorgesetzten, der selbst hochbegabt ist"*. Lassen Sie uns die Option „Selbständigkeit" für Hochbegabte näher beleuchten.

Selbstständige sind arbeitende Personen, die nicht abhängig beschäftigt sind. Manche von ihnen sind Gründer und Eigentümer großer Unternehmen. Viele von ihnen arbeiten in freien Berufen oder in Kleinbetrieben ohne Mitarbeiter. Laut dem Institut für Freie Berufe (IFB) der Universität Erlangen-Nürnberg gibt es in Deutschland aktuell 1,23 Mio. Selbständige, darunter 300.000 Menschen in freien Kulturberufen, 123.000 Ärzte, 54.000 Zahnärzte, 12.000 Tierärzte, 116.000 Rechtsanwälte und 38.000 Unternehmensberater [1]. Von den 834.000 Geschäftsgründern in Deutschland 2011 tat dies etwa die Hälfte im Nebenerwerb [2].

M. Lackner, *Talent-Management spezial*,
DOI 10.1007/978-3-658-03183-1_12, © Springer Fachmedien Wiesbaden 2014

Damit sind die Selbständigen eine Minderheit unter den Erwerbstätigen, von denen es in Deutschland knapp über 40 Mio. Menschen gibt. Als Erwerbsquote wird der Anteil der Erwerbstätigen an der Gesamtbevölkerung bezeichnet. Die Erwerbsquote in Deutschland wurde vom Statistischen Bundesamt auf 53 % im Jahr 2009 geschätzt [3].

75 % der Deutschen können es sich laut einer Umfrage nicht vorstellen, sich selbstständig zu machen [4].

Selbständigkeit bietet große Chancen, ist allerdings auch mit Risiken verknüpft.

Auf der einen Seite sagt schon der Hausverstand, dass man als Angestellter nicht reich werden kann. Auf der anderen Seite ist das Durchschnittseinkommen der Selbständigen beschämend gering, vor allen der Künstler.

Sie haben weiter vorne im Buch gelesen, dass Organisationen die Schwächen ihrer Mitarbeiter ausgleichen können, indem sich alle Mitarbeiter in einer arbeitsteiligen Welt auf ihr „Kerngeschäft" konzentrieren. Ein Selbständiger muss neben seiner Haupttätigkeit auch die anderen Bereiche abdecken, von Einkauf über Finanzierung und Steuern bis zu Marketing, Qualitätssicherung und Planung. Ein 40-Stunden-Job ist die Selbständigkeit zu Beginn auch zumeist nicht. Jedoch: Die Selbständigkeit kann sehr erfüllend sein, gerade für Hochbegabte.

Selbständig sein heißt nicht unbedingt, alleine zu arbeiten. Man kann auch in eine Organisation eingebunden sein.

An Arten der Existenzgründung gibt es folgende:

- Betriebsübernahme
- Neugründung
- Kauf durch das Management (*mangement buy out*, MBO und MBI, *management buy in*)
- Beteiligung
- Ausgründung/Spin Off
- Franchise

Geschäftsideen, die sich gewinnbringend umsetzen lassen, sind so gut wie keine Grenzen gesetzt.

Neben dem Potential eines hohen Einkommens und hohen Ansehens ist es für viele Selbständige vor allem die Flexibilität, welche sie besonders schätzen: Arbeitszeiten können frei eingeteilt werden, Tätigkeiten können von zu Hause erledigt werden, steuerlich gibt es gute Gestaltungsmöglichkieten, und man ist sein eigener Chef.

> **Tipp** Home office funktioniert nicht immer! Manchmal ist die Ablenkung zu Hause einfach zu groß. Es kann zielführend sein, ein kleines Büro in der Nähe der Wohnstätte speziell für die betriebliche Tätigkeit einzurichten, das wirkt auch professioneller, als wenn Sie Geschäftspartner im Wohnzimmer zwischen Urlaubserinnerungen und Haustieren empfangen.

12.2 Selbständige vs. angestellte Manager

Wenn Ihre Geschäfte als Selbständiger gut gehen, werden Sie früher oder später Mitarbeiter brauchen, die Sie unterstützen. In der Literatur gibt es zahlreiche Untersuchungen zu Unterschieden im Managementstil von eigentümergeführten Unternehmen und solchen, die von angestellten Managern geleitet werden.

Letztere sind vom Druck, kurzfristige Ergebnisse zu bringen, getrieben, während die Leitung eins Familienbetriebs mittel- und langfristig denkt. Private Firmen werden entsprechend den Erwartungen und Interessen der Unternehmer selbst gesteuert wird und nicht von externen Anteilseignern.

Generell lassen sich folgende positiven Beobachtungen im Führungsstil von „Eigentümermanagern" machen:

- Identifikation und Verantwortung sind höher
- Weniger Zwänge (beispielsweise Reiserichtlinien und Abrechungsmodalitäten)
- Höhere Effizienz durch Wegfall von Machtspielchen
- Kein Tolerieren von Minderleistung der Mitarbeiter aus Bequemlichkeit gegenüber einer Personalabteilung
- Weniger „faule Kompromisse"

An unvorteilhaften Eigentümlichkeiten kann bisweilen beobachtet werden:

- Patriarchalische Führung des Unternehmens nach „Gutsherrenart", dadurch Verhindern von Dialog und Einbeziehen der Mitarbeiter mit deren Ideen.
- Verfolgen privater Ziele, z. B. Anerkennung, anstatt rein betriebswirtschaftlicher Resultate

12.3 Akademiker als Selbständige

Akademiker verfügen über eine hochwertige Ausbildung, die sich zu Geld machen lässt.

Typische „Akademiker-Gründer" verdingen sich als Berater, Dozent, Coach, Publizist oder Übersetzer. Generell sind freie Berufe die häufigste Tätigkeit von akademischen Selbständigen, geschätzte 75–80 % [5]. Dazu zählen auch Architekten, Ärzte und Rechtsanwälte. Als besonders gründungswillig haben sich die Absolventen von Geistes- und Sozialwissenschaften herausgestellt.

So lag der Anteil der Selbständigen unter diesen in Deutschland fünf Jahre nach Beendigung des Studiums mit 20 % weit über dem von Ingenieuren, Wirtschafts- und Naturwissenschaftlern [5].

Generell lässt sich ein Trend zu selbständigen Akademikern feststellen, der auf mehreren Säulen fußt:

1. Unter dem Druck der Globalisierung wurden Konzerne in den letzten Jahren zunehmend schlanker, sodass Stammpersonal abgebaut wurde, darunter Akademiker.
2. Vermehrter Einsatz von *Outsourcing* bei Unternehmen, Zunahme von flexibler Beschäftigung, darunter Leiharbeit und Werkvertrag
3. Das Modell der „Anstellung auf Lebenszeit" hat ausgedient. Viele Manager starten in einer „2. Karriere" als Gründer, häufig in beratender Funktion.
4. Universitäten bieten verstärkt Unterstützung an, beispielsweise durch die Einreichung von Gründerzentren
5. Gründerwettbewerbe und mediale Berichterstattung motivieren zur Auseinandersetzung mit der Idee einer Firmengründung

Gerade für Studienabgänger lauern einige Gefahren, durch arbeitsrechtlich und tarifrechtlich nicht abgesicherte Beschäftigungsverhältnisse und Erwerbsformen (Honorarverträge, Projektarbeit, Werkverträge, Lehraufträge, Scheinselbständigkeit etc.) in eine prekäre Situation zu gleiten. Schlecht oder gar nicht bezahlte Praktika, etc, *„wurden ... für etliche Hochschulabsolventen – zumindest in der ersten Phase ihrer Berufstätigkeit – zur Normalität. Das bisherige „Normalarbeitsverhältnis" wurde für Berufsanfänger dagegen zunehmend eine Ausnahme"* [5].

Für Akademiker besteht zu frühen wie auch zu fortgeschrittenen Zeitpunkten ihrer Berufslaufbahn die Möglichkeit, sich selbständig zu machen. Da sie tendenziell „Kopfarbeit" in Dienstleistung anbieten, lassen sich zahlreiche Gründungsvorhaben auch ohne hohen Kapitaleinsatz bewerkstelligen.

12.4 Hochbegabte in der Selbständigkeit

Corinna Kegel [6] coacht Hochbegabte. Für sie sei auffällig, dass sich viele Hochbegabte irgendwann selbständig machen. *„Denn sie haben oftmals Schwierigkeiten mit Autoritäten – was die Situation als Angestellte noch* erschwert. *Doch das ergibt sich aus der Natur der Sache: Wenn ich den Eindruck habe, ich sei besser oder schneller als mein Vorgesetzter, dann schwindet manchmal der Respekt. Und wenn ich Weisungen als unsinnig empfinde, kann ich mich ihnen nur schwer fügen."*

Gerade für Hochbegabte bietet die Selbständigkeit unzählige Möglichkeiten, das vorhandene Potential zu nutzen. Hochbegabte können sich als Unternehmer in quasi alle Richtungen verwirklichen.

Viele Hochbegabte sitzen gewissermaßen in Organisationen fest und hadern damit, dass sie eigentlich „zu gescheit für das Angestelltenleben" seien. So titelte auch ein Zeitungsartikel in der Zeit 2010 „Schlau, schlauer, gefeuert" [7] und im österreichischen Standard 2012 „Zu schlau für den Job" [8].

Hier sind die Aussagen einiger Hochbegabter, die den Sprung in die Selbständigkeit gewagt haben:

Claudio: *„Heute ist meine Meinung gefragt, es geht nicht mehr darum, ob ich als Zahnrädchen in der Hierarchie richtig funktioniere."*

Eine hochbegabte Unternehmerin in [9]: *„Immer nach vorne – immer weiter – das kann ich nun exzessiv ausleben. Ich denke, dieser Schritt in die Selbständigkeit war auch der einzig richtige für mich. Dauerhaft am gleichen Ort, mit den gleichen Menschen in der gleichen Thematik arbeiten – das könnte ich überhaupt nicht."*

Und ein dritter Hochbegabter: *„Ich hatte das Vergnügen, selbständig zu sein und habe über 8 Jahre langeine eigene Zeitschrift herausgegeben.... Leider habe ich damals an einen Verlag verkauft.Da war mir auch noch nicht klar, dass ich solche Schwierigkeiten in den Unternehmen haben werde, für die ich arbeite. Vielleicht ist also die Selbständigkeit für einige Hochbegabte wirklich die Lösung?"*

Zur Selbständigkeit gehört Mut. Das Persönlichkeitsprofil eines Menschen muss für selbständige Tätigkeit passen. Wer hohen Wert auf ein sicheres Einkommen legt oder legen muss, etwa um Kredite zu bedienen, kann sicher als Beamter oder Angestellter besser schlafen.

> **Brain Teaser** Sicherheit bietet eine Anstellung heute auch nicht wirklich. Zu rasch gelten heute Menschen unter Personalern als „alt", als dass sie keine Schwierigkeiten hätten, nach einer Freisetzung wieder einen Job zu finden.

Dazu passt auch ein Zitat von Benjamin Franklin: *„Wer die Freiheit aufgibt, um Sicherheit zu gewinnen, wird am Ende beides verlieren."*

Anne Heintze schreibt in ihrem neuen Buch [10]: *„Gerne machen sich hochbegabte Menschen selbstständig oder haben es für die Zukunft geplant, wenn sie mit dem bestehenden Job unzufrieden sind. Viele Hochbegabte, deren besondere Begabung nicht im mathematischen, kaufmännischen oder unternehmerischen Bereich liegt, erleiden jedoch einen herben Rückschlag, denn sie begeistern sich schnell und denken zwar mutig, sind innovativ, aber oft auch zu risikofreudig.*

Alle Changeprozesse bedürfen jedoch sorgfältiger, geduldiger Planung, bevor die Umsetzung beginnt. Und in der Umsetzung ist große (Selbst)-Disziplin und Durchhaltevermögen nötig, auch wenn die Buchhaltung langweilig ist, die Herausforderungen mit der Zeit kleiner werden und eine gewisse Form von Routine eintritt".

Damit spricht Frau Heintze einen wichtigen Punkt an. Durch ihre optimistische Grundhaltung gehen Hochbegabte nicht selten extreme Risiken ein, was sich in der Selbständigkeit bitter rächen kann.

▶ **Achtung, Falle** Bauen Sie im Geschäftsleben nie alleine auf das Prinzip „große Hoffnung". Sie brauchen keine Angst haben, eine tolle –jedoch riskante – Chance zu verpassen. Es bieten sich unzählige Möglichkeiten, deren Risiko geringer ist.

12.5 Tipps für selbständige Hochbegabte

Neben den allgemeinen Ratschlägen für Unternehmensgründer, die sich auf einschlägigen Internetseiten und der entsprechenden Literatur finden lassen, erscheinen dem Autor die folgenden Punkte für hochbegabte Gründungswillige besonders hilfreich:

Zuerst brauchen Sie als Gründer klarerweise ein Konzept; Wollen Sie eine Dienstleistung anbieten oder ein Produkt herstellen? Welche Hürden gilt es zu überwinden, beispielsweise den Erwerb spezieller Qualifikationen oder das Aufstellen finanzieller Mittel? Möchten Sie ein Unternehmen aufbauen oder einen Betrieb übernehmen? Erst ein paar Jahre Berufserfahrung sammeln oder gleich in die Selbständigkeit? Checklisten von Gründerzentren leisten hier gute Hilfe.

- Prüfen Sie zuerst Ihre persönlichen Voraussetzungen für eine Selbständigkeit; Sind Ihre Familie bzw. ist Ihr Partner dazu bereit? Können Sie das zeitliche Engagement aufbringen und Durchhaltevermögen zeigen?
- Selbstorganisation – managen Sie sich selbst für maximale Effizienz.
- Erstellen Sie einen Businessplan, auch, wenn Ihnen das mühsam und nicht notwendig erscheint; Es wird Ihnen helfen, Partner zu überzeugen und vor allem, Ihre eigenen Gedanken zu ordnen und Ziele festzulegen.
- Stellen Sie ausreichend Startkapital auf.
- Starten Sie in einem komplementären Gründerteam.
- Achten Sie auf Ausgleich; Einstatz für Ihr Unternehmen ist wichtig, sie dürfen sich dabei aber nicht „ausbrennen".

Weiterer Hinweis: Falls möglich, lassen Sie sich Ihr Gründungsprojekt fördern. Loten Sie Möglichkeiten auf regionaler und überregionaler Ebene aus. Wenn Sie ein technologisch orientiertes Startup aufbauen wollen bzw. in einer Abwanderungsregion Arbeitsplätze schaffen, stehen die Chancen auf montetäre oder sonstige Unterstützung gut.

Machen Sie nicht alles nach Vorschrift bzw. Kochbuch! Ein entscheidender Fehler, den viele Hochbegabte bei einer Firmengründung begehen, ist laut Barbara Sher der Versuch, alles vorschriftsmäßig zu machen. Sie schreibt dazu in [11]: „*...Daher prüft ein kluger Scanner die Wassertemperatur zunächst mit dem großen Zeh, bevor er gleich einen Kredit aufnimmt und den ganzen See kauft. Der beste Weg, eine neue Geschäftsidee zu testen, besteht darin, die Anfgangsinvestitionen auf ein Minimum zu reduzieren und die Idee erst einmal auszuprobieren*".

Sie empfiehlt Gründern, einem Doppelagenten gleich, zuerst einmal neben der Anstellung mit dem Aufbau des Geschäfts zu starten, um so das zarte Pflänchen emporzubringen.

Die 3 wichtigten Tipps:

- Was ist Ihr USP (*unique selling proposition*)? Wofür stehen Sie, warum soll jemand bei Ihnen kaufen?
- Bei der Selbständigkeit dreht sich alles um das Geld-Verdienen. Sie brauchen vor allem einen oder besser, mehrere Kunden. Es gibt keine Firma ohne Kunden. Wer seine Dienstleistung zu billig anbietet oder sein Produkt nicht auf den Markt bringt, weil er es „noch ein bißchen" verbessern will, ist bald zahlungsunfähig.
- Einfach tun! Zögern Sie nicht, sondern setzen Sie Ihre Ideen um. Sie brauchen keine perfekte Lösung, sondern eine Lösung, die Ihren Kunden zufriedenstellt. Geraten Sie nicht in die Fänge einer endlosen Planungsschleife. Setzen Sie sich konkrete Ziele und Termine.

Mögen diese knappen Denkanstöße dem einen oder anderen hochbegabten Gründungswilligen oder Jungunternehmer nützen!

Literatur

1. Anzahl der Selbstständigen in freien Berufen in Deutschland nach Berufen (Stand: 01.01.2013) IFB Uni Erlangen-Nürnberg, http://de.statista.com/statistik/daten/studie/158667/umfrage/freie-berufe--selbststaendige-2010/
2. http://www.focus.de/finanzen/news/wirtschaftsticker/robuster-arbeitsmarkt-weniger-menschen-machen-sich-selbststaendig_aid_728001.html
3. Tilman Weigel, Daten & Fakten zur Erwerbstätigkeit, Statista, 2013 http://de.statista.com/statistik/faktenbuch/176/a/gesellschaft/arbeit-beruf/erwerbstaetigkeit/
4. Daten & Fakten über Selbstständige, Statista, http://de.statista.com/statistik/faktenbuch/178/a/gesellschaft/arbeit-beruf/selbststaendige/(2013).
5. Existenzgründung, Chancen für Akademikerinnen und Akademiker, Zentralstelle für Arbeitsvermittlung der Bundesagentur für Arbeit (ZAV), 2000 http://www.personalbarometer-online.de/page_1180714599159.htmlAM-Info-Existenzgruendung-Akadem.pdf
6. Andrea Pawlik, Warum hochbegabte Mitarbeiter oft anecken, 14.04.12, http://www.abendblatt.de/wirtschaft/karriere/article2245496/Warum-hochbegabte-Mitarbeiter-oft-anecken.html

7. Schlau, schlauer, gefeuert, Die Zeit (2010). http://www.zeit.de/karriere/beruf/2010-05/karriere-chancen-hochbegabte
8. Elisabeth Mittendorfer, Zu schlau für den Job?, Der Standard, 5. November 2012, http://derstandard.at/1350259786813/Hochbegabte-Zu-schlau-fuer-den-Job
9. http://www.dozenten-boerse.de/tools/download?dfID = 4528
10. Anne Heintze, Außergewöhnlich normal: Hochbegabt, hochsensitiv, hochsensibel: Wie Sie Ihr Potential erkennen und entfalten, Ariston, ISBN: 978-3424200942 (2013).
11. Barbara Sher, Bettina Lemke, Du musst dich nicht entscheiden, wenn du tausend Träume hast, Deutscher Taschennbuch Verlag, SBN: 978-3423347402 (2012).

Schlussbemerkungen

In der Einführung dieses Buchs haben wir über die Beziehung zwischen Hochbegabung und Management philosophiert. So passt zum Ausklang ein Zitat aus dem Prolog eines Managementbuchs. Jack Welch schreibt in [1] über den Beruf des Managers: „*Most important, it is a job that's close to 75 % about people and 25 % about other stuff. I worked with some of the smartest, most creative, and competitive people in the world – many a lot smarter than I was.*"

Sie als Hochbegabter, der dieses Buch in Händen hält, sind mitunter schlauer als viele praktizie- rende Manager, oder Sie als Manager, der eine Handvoll Hochbegabter führt, sind auf der Suche nach einer Antwort auf die Frage nach der Symbiose von Führung und Intelligenz. Führung und Intelligenz lassen sich wie folgt zusammenbringen:

> *Schlau sein ist wie Führungskraft sein: Wer es anderen sagen muss, ist es nicht.*
> In Anlehnung an einen Ausspruch von Margaret Thatcher

Manager und Hochbegabte in Organisationen brauchen nicht in Parallelwelten zu leben, sondern können wirkungsvoll zusammenarbeiten. Der Autor ist zuversichtlich, mit diesem Buch einen Beitrag zu mehr wechselseitigem Verständnis der beiden Welten geschaffen zu haben und im Speziellen zu einer Steigerung der Wirksamkeit des Managements von Hochbegabten und durch Hochbegabte beizutragen.

Was nehmen Sie aus diesem Buch mit? Auf jeden Fall haben Sie interessante Erkenntnisse ge- wonnen. Nun liegt es an Ihnen, diese auch umzusetzen, denn Management zeigt sich in aktivem Handeln. Nutzen Sie die Anregungen und das Wissen dieses Buchs, um Ihren Zielen näher zu kommen! Dies ist leichter gesagt als getan. Die Umsetzung von neuen Ideen und Anregungen ist die Krux der meisten Ratgeber. Das Wissen erscheint logisch und plausibel, doch wie lässt sich etwas daraus machen? Manchmal kann man sich des Eindrucks nicht verwehren, dass Autoren zwar wissen, wie etwas „funktioniert", dessen Umsetzung allerdings auch nicht so gut hinbekommen.

M. Lackner, *Talent-Management spezial*,
DOI 10.1007/978-3-658-03183-1, © Springer Fachmedien Wiesbaden 2014

Umsetzbarkeit

Um das Wissen aus diesem Buch zu nutzen, können Sie wie folgt vorgehen:

- Greifen Sie maximal fünf, besser drei, Punkte auf, die Sie im Buch bewegen. Selektieren Sie Bereiche, in denen Sie noch besser werden wollen.
- Schreiben Sie Ihre Ziele in diesen drei bis fünf Gebieten auf ein Blatt Papier.
- Sehen Sie sich diesen Zettel täglich an, um befassen Sie sich aktiv mit der Änderung Ihres Denkens bzw. Verhaltens.
- Halten Sie mindestens 30 Tage lang durch.
- Formulieren Sie anschließend für jeden Punkt ein Ziel, das Sie innerhalb eines Jahres erreichen wollen. Schreiben Sie die Ziele auf.
- Prüfen Sie nach einem Jahr den Grad der Zielerreichung, und passen Sie Ihre Ziele an die neuen Gegebenheiten an.

Dieser strukturierte Prozess ist eine Anregung, wie Sie neues Verhalten verinnerlichen können. Er beruht auf der Erfahrung, dass der Mensch leicht in seine alteingesessenen Muster abgleitet, sobald sich sein Fokus verschiebt. Gerade für Hochbegabte stellt es eine Herausforderung dar, die nötige Disziplin aufzubringen. Der potenzielle Nutzen wiegt diese Unwägbarkeiten locker auf. Also, erkennen Sie „Ihre" Themen"; und nehmen Sie sie in Angriff.

Der Autor hofft, mit diesem Buch einen Beitrag zum besseren Verständnis von Hochbegabung in der Berufswelt zu leisten. Hochbegabte, Forscher und Künstler – sie alle brauchen geeignete Rahmenbedingungen, in denen Sie Höchstleistungen erbringen können, und diese schafft das Management für sie, damit beide Seiten profitieren.

Viel Erfolg bei der Umsetzung!

[1] Jack Welch, John A. Byrne, Jack: Straight from the Gut, Business Plus, ISBN: 978-0446690683 (2003) vgl. S539, Z226.

Feedback

Diese zweite Auflage des Buchs wurde um Tipps & Tricks sowie einige Ergänzungen erweitert. Rückmeldungen zur ersten Auflage wurden in den Text eingearbeitet mit dem Ziel, das Werk noch leserfreundlicher und nutzenstiftender zu gestalten.

Welche Anregungen haben Sie?

Stimmen Sie dem hier Geschriebenen zu, oder sehen Sie etwas grundlegend anders?

Senden Sie Ihre Gedanken zu Management, Hochbegabung, Talentmanagement und diesem Buch an feedback@management130.com

M. Lackner, *Talent-Management spezial*,
DOI 10.1007/978-3-658-03183-1, © Springer Fachmedien Wiesbaden 2014

Kernaussagen dieses Buchs

Sie haben dieses Buch nun von vorne bis hinten gelesen oder sich zumindest kapitelweise angesehen. Damit wissen Sie, wie spezielle Talente erfolgreich selbst managen und gemanagt werden können. Daneben haben Sie einige interessante Begebenheiten kennengelernt und eventuell auch den einen oder anderen englischen Ausdruck mitgenommen.

Im ersten Teil des Buchs haben Sie die Grundlagen von Management als knappe Darstellung kennengelernt und sich im Anschluss dem Begriff der Hochbegabung in zahlreichen Facetten genähert.

Im zweiten, praxisbezogenen Teil, konnten Sie einen Einblick gewinnen, mit welchen Methoden sich Hochbegabte effizient und effektiv managen lassen, und mit welchen Werkzeugen sie selbst wirksame Manager sind. Kriterien und Voraussetzungen für den Erfolg als hochbegabter Mitarbeiter und als hochbegabter Selbständiger wurden vorgestellt. Daneben haben Sie gelesen, welche Nuancen im Management ganz spezieller Talente, wie z. B. Künstler, Verkäufer und Wissenschaftler, sowie in besonderen Organisationen wie NPOs beachtenswert sind, und Sie haben zusätzlich einige Informationen zu betriebswirtschaftlichen Konzepten gestreift.

Sie haben die Aussagen spezieller Talente unterschiedlichen Erfolgs gesehen – vom Genie und Überleister bis zum Unauffälligen und Minderleister –, um daraus Inspiration für Ihre eigenen Ziele und deren Erreichung zu gewinnen.

Führung als Hochbegabter und mit Hochbegabten – die zielgerichtete Einflussnahme auf andere

Menschen bringt Sie zum Erfolg.

Talentmanagement spezial zielt darauf ab, aus und mit den allerbesten Mitarbeitern, das heißt den Hochbegabten mit Potenzial und Begeisterung, das allermeiste herauszuholen.

Lassen wir einige Kerngedanken aus diesem Buch Revue passieren:

Führung und Management

- Führung ist, wenn jemand Initiative ergreift und Menschen den Wunsch verspüren, sich von jemandem führen zu lassen.
- Für Management gibt es Werkzeuge, doch kein allgemeingültiges Rezept.

M. Lackner, *Talent-Management spezial*,
DOI 10.1007/978-3-658-03183-1, © Springer Fachmedien Wiesbaden 2014

- Management ist vor allem durch den Umgang mit anderen Menschen gekennzeichnet.
- Ein „guter“ Manager ist wirksam in Sinne von effektiv und effizient.
- Eine Führungskraft verfolgt ein Ziel mit den ihr zur Verfügung stehenden Mitteln.
- Management bedeutet, eine Lösung zu finden.
- Führung ist reziprok, sie findet in allen Lebenslagen statt.

Management-Aufgaben

- Ein Ziel definieren und es mit anderen und durch andere Schritt für Schritt erreichen
- Selbstmanagement, inklusive Zeitmanagement
- Kommunikation – Erwartungen mitteilen, Feedback geben – und zuhören
- Delegation – man kann nicht alles selbst machen
- Team – Zusammenspannen der Mitarbeiter, Nutzen der jeweiligen Stärken
- Entscheidungen treffen
- Mitarbeiter entwickeln
- Wandel herbeiführen und unterstützen
- Motivation nicht nur der direkt unterstellten Mitarbeiter
- Kontinuierliche Verbesserung

Organisationen

- Unser Leben trägt sich in Organisationen zu.
- Organisationen addieren die Stärken ihrer Mitarbeiter.
- Selbständige multiplizieren ihr Fähigkeitsbündel.
- Die Werte einer Organisation sind ihre „Seele“.
- „Gut“ ist ein Mitarbeiter, wenn er zu einer Organisation „passt“ und dort so gesehen wird.
- Große Organisationen benötigen aus Effizienzgründen Prozesse und Strukturen, die Hochbegabte lieber erschaffen als nach ihnen zu arbeiten.
- Jeder Mitarbeiter arbeitet für sich selbst.

Hochbegabte

- Hohe Begabung wird unterschiedlich definiert.
- Ein Drittel der Hochbegabten ist hochleistend, der Rest unauffällig.
- Hochbegabte sind teilweise hochsensibel.
- Hochbegabte tragen ein herausragendes Potenzial in sich. Wenn sie dieses nützen, sind Höchstleistungen möglich.
- Organisationen haben das volle Potenzial von Hochbegabten noch nicht entdeckt.

Stärken von Hochbegabten in Organisationen

- Hochbegabte brauchen ein optimales Umfeld, um Potenzial in Leistung zu übersetzen.
- Abwechslung und Herausforderung sind ihnen in der Arbeit wichtig.
- Hochbegabte wollen und brauchen keine Sonderbehandlung, dafür jedoch ein Eingehen auf ihre Eigenheiten.
- Bei Innovationen können Hochbegabte besonders viel Mehrwert stiften.
- Projektarbeit kommt dem Naturell von Hochbegabten entgegen.
- Die kritische Grundhaltung Hochbegabter und ihr Hinterfragen von Annahmen lassen sich nutzbringend einsetzen.
- Hochbegabte sind für Routineaufgaben nicht besonders geeignet.

Erfolg

- Wir sind das, was andere aus uns machen.
- Eine Voraussetzung für Erfolg ist, andere Menschen führen zu können.
- Achtung vor gut gemeintem Rat.
- Für Weltklasseniveau sind 10 Jahre intensiven Übens erforderlich.
- Für persönlichen Erfolg bedarf es eines konkreten Ziels und Konzentration darauf.
- Für Erfolg in Organisationen gilt es, die Erwartungen zu kennen.
- Glück entscheidet manchmal über Erfolg. Ergreifen Sie Gelegenheiten am Schopf.
- Wissen und Erfahrung können Erfolg begünstigen.

Talentmanagement

- Talentmanagement sorgt für die optimale Stellenbesetzung im Jetzt und in der Zukunft – aus Sicht des Unternehmens und seiner Mitarbeiter.
- In den „speziellen Talenten" liegt enormes, ungenutztes Potenzial.

Hochbegabte und Erfolg

- Hochbegabung kann Ermöglicher und Hindernis für Erfolg sein.
- Potenzial ist nicht gleich Leistung.
- Der Fokus auf ein Ziel ist der Schlüssel zum Erfolg.
- Wenn Hochbegabte ihrem Perfektionsstreben widerstehen, können Sie hohe Leistung zeigen.
- Es empfiehlt sich für Hochbegabte, ihre Selbstzweifel zu überwinden.
- Anpassung kann in manchen Bereichen helfen. Noch entscheidender ist Anerkennung der eigenen Hochbegabung.

- Scheitern gehört zum Erfolg.
- Mitmenschen zu unterschätzen ist nicht empfehlenswert.
- In manchen Situationen ist Ungeduld ein Erfolgsfaktor.
- Andere Menschen brauchen nichts von Ihrer Hochbegabung zu wissen. Lassen Sie Fakten und Ergebnisse für sich sprechen.
- Angst vor Erfolg – viele Hochbegabte fühlen sich als Hochstapler

Hochbegabte und Führungserfolg

- Hochbegabte haben eine Disposition zu bestimmten Denk- und Verhaltensweisen, was ihreWirksamkeit beeinflusst. Sie sind erfolgreicher, wenn sie diese Muster bei sich selbst erken-nen und sich der Wirkung auf andere Menschen bewusst sind.
- Ein hoher IQ ist eine notwendige, jedoch keine hinreichende Bedingung, um seine Ziele zuerreichen.
- Der EQ ist entwicklungsfähig.
- Für den Erfolg als Manager von Hochbegabten hilft es, deren Eigentümlichkeiten zu kennen und zu beachten.
- Hochbegabte haben das Potenzial, herausragende Manager zu sein.

Die Welt der Manager ist die Welt der Taten – mit Hochbegabten können es große sein, sofern sie umgesetzt werden. Fangen Sie am besten gleich damit an, indem Sie, wie angeregt, drei bis fünf Punkte, wo Sie Ihre Wirksamkeit ausbauen wollen, aufgreifen und beginnen, sich intensiv mit diesen auseinanderzusetzen.

Ihr persönliches Resümee

Standortbestimmung - nachdem Sie dieses Buch gelesen haben

Zu Beginn des Buchs waren Sie eingeladen, eine Standortbestimmung in Bezug auf Ihr Konzept über Management und Hochbegabung vorzunehmen.

Nun, wo Sie am Ende Ihrer literarischen Reise angelangt sind, können Sie abermals innehalten und resümieren, was Sie für sich behalten und anwenden möchten.

Nehmen Sie sich ausreichend Zeit, und bringen Sie Ihre Antworten zu Papier.

Was ich für mich Brauchbares über **Management** in Erinnerung behalten und anwenden möchte:

✍ ______________________________

____

____

____

Was ich für mich Brauchbares über **Hochbegabung** in Erinnerung behalten und anwenden möchte:

✍ ______________________________

____

____

____

Was verstehe ich nun unter **Talentmanagement**? Was mache ich mit diesem Wissen?

✍ ______________________________

____

____

M. Lackner, *Talent-Management spezial*,
DOI 10.1007/978-3-658-03183-1, © Springer Fachmedien Wiesbaden 2014

Drei **Ziele**, die ich **mittelfristig** erreichen will:

✍ ______________________________

____

____

Was werde ich **konkret** dafür tun?

✍ ______________________________

____

____

Drei **Ziele**, die ich **langfristig** erreichen will:

✍ ______________________________

____

____

Was werde ich **konkret** dafür tun?

✍ ______________________________

____

____

Literaturempfehlungen und Weblinks

Empfohlene Literatur

An dieser Stelle sind einige Bücher angeführt, die dem Leser zur Vertiefung empfohlen werden.

1. Standardwerke zum Thema Management und Führung

Peter F. Drucker, The Essential Drucker: The Best of Sixty Years of Peter Drucker's Essential Writings on Management, Harper Paperbacks, ISBN: 978-0061345012 (2008).

Richard Boyatzis, Daniel Goleman, Annie McKee, Emotionale Führung, Ullstein Tb, ISBN: 978-3548364667 (2003).

2. Biografien und Autobiografien bedeutender Manager

Lee Iacocca, Where Have All the Leaders Gone?, Scribner, ISBN: 978-1416532491 (2008).

Jack Welch, John A. Byrne, Jack: Straight from the Gut, Business Plus, ISBN: 978-0446690683 (2003).

Henry Ford, Curt Thesing, Marguerite Thesing, Mein Leben und Werk: Die Autobiografie, Deltus Media, ISBN: 978-3940626028 (2008).

Richard Branson, Geht nicht gibt's nicht!: So wurde Richard Branson zum Überflieger. Seine Erfolgstipps für Ihr (Berufs-) Leben, Börsenmedien AG, ISBN: 978-3938350898 (2009).

3. Bücher über Hochbegabung

Jürgen vom Scheidt, Das Drama der Hochbegabten: Zwischen Genie und Leistungsverweige- rung, Piper, ISBN: 978-3492244954 (2005).

Albert Ziegler, Hochbegabung, UTB 3027, Ernst Reinhardt Verlag, ISBN: 978-3825230272 (2008).

Andrea Brackmann, Ganz normal hochbegabt: Leben als hochbegabter Erwachsener, Klett- Cotta, 3. Auflage, ISBN: 978-3608860146 (2008).

Mary-Elaine Jacobsen, The Gifted Adult: A Revolutionary Guide for Liberating Everyday Genius, Ballantine Books, ISBN: 978-0345434920 (2000).

M. Lackner, *Talent-Management spezial*,
DOI 10.1007/978-3-658-03183-1, © Springer Fachmedien Wiesbaden 2014

Marylou Kelly Streznewski, Gifted Grownups: The Mixed Blessings of Extraordinary Potential: The Mixed Blessings of Extraordinary Potentials, John Wiley & Sons, ISBN: 978-0471295808 (1999).
Pauline Rose Clance, The Imposter Phenomenon: Overcoming the Fear That Haunts Your Success, Peachtree Pub Ltd, ISBN: 978-0931948770 (1985).
Noks Nauta, Sieuwke Ronner, Gifted Workers: Hitting the Target, Shaker Publishing B.V., ISBN: 978-9048900978 (2013).
Katharina Fietze, Kluge Mädchen. Frauen entdecken ihre Hochbegabung, Orlanda Frauenverlag, 2. Auflage, ISBN: 978-3936937749 (2013).

4. Allgemeine Ratgeber zu Beruf und Karriere

Richard N. Bolles, What Color is Your Parachute? 2010, A practical manual for job-hunters and career-changers, Ten Speed Press, revised edition, ISBN: 978-1-58008-987-6 (2010).

5. Spezielle Ratgeber

Zeitmanagement

Lothar J. Seiwert, Das neue 1 × 1 des Zeitmanagement: Zeit im Griff, Ziele in Balance, Gräfe und Unzer Verlag, ISBN: 978-3774256705 (2007).

Körpersprache

Samy Molcho, Körpersprache des Erfolgs, Ariston, ISBN: 978-3720526562 (2005).
Samy Molcho, Alles über Körpersprache: sich selbst und andere besser verstehen, Goldmann Verlag, ISBN: 978-3442390472 (2002).

Kommunikation

Larry King, Bill Gilbert, How to Talk to Anyone, Anytime, Anywhere, Three Rivers Press, New York, ISBN: 978-0517884539 (1994).

Rhetorik

Roman Braun, Die Macht der Rhetorik: Besser reden – mehr erreichen, Piper, ISBN: 978-3492252522 (2008).

Verhandeln

Roger Fisher, William Ury, Bruce Patton, Ulrich Egger, Werner Raith, Wilfried Hof, Das Har- vard-Konzept: Der Klassiker der Verhandlungstechnik, Campus Verlag, 23. Auflage, ISBN: 978-3593389820 (2009).

Kulturmanagement

Andrea Hausmann, Kunst- und Kulturmanagement: Kompaktwissen für Studium und Praxis, VS Verlag für Sozialwissenschaften, ISBN: 978-3531171722 (2012).
Werner Heinrichs, Kulturmanagement: Eine praxisorientierte Einführung, Wissenschaftliche Buchgesellschaft, 3. Auflage, ISBN: 978-3534253807 (2012).

6. Bücher für Hochbegabte

Pauline Rose Clance,The Imposter Phenomenon: Overcoming the Fear That Haunts Your Success, Peachtree Pub Ltd, ISBN: 978-0931948770 (1985).
Barbara Sher, Bettina Lemke, Du musst dich nicht entscheiden, wenn du tausend Träume hast, Deutscher Taschennbuch Verlag, SBN: 978-3423347402 (2012).

Weblinks

Hochbegabten-Organisationen

Mensa	http://www.mensa.org/
	http://www.mensa.at/
	http://www.mensa.de/
	http://www.mensa.ch/
Mensa Business International (MBI)	http://www.xing.com/net/mensa
	http://www.linkedin.com/
Triple Nine Society	http://www.triplenine.org/
Prometheus Society	http://www.prometheussociety.org

Förderung für Hochbegabte

http://www.hochbegabt.ch/
http://www.bmbf.de/de/762.php
http://www.begabtenzentrum.at/
http://www.hochbegabt.ch/

Coaching und Mentoring für Hochbegabte

http://www.coaching-fuer-hochbegabte.de/
http://www.Coaching-for-Success.de
http://www.gudrun-graichen.de/
http://www.hemmerde-coaching.de
http://www.ludwig-coaching.de/
http://www.egleder.com/
http://www.coaching-fuer-hochbegabte.com/
http://www.hochbegabten-coaching.ch/
http://www.hochbegabten-coaching.com/

Hochsensible Menschen

http://www.zartbesaitet.net/
http://www.hochsensibel.org

Weitere Weblinks

http://www.guide2womenleaders.com/
http://www.ingenieurkarriere.de
http://stiftung-managerohnegrenzen.de/
http://iqtest.sueddeutsche.de

Der Autor

Maximilian Lackner (1977 geboren in Österreich) ist als Innovator, Investor und internationaler Manager tätig. Er hat an der TU Wien technische Chemie studiert und sich im Rahmen seiner Dissertation mit der Laserzündung als Nachfolgetechnologie der Zündkerze befasst. Für seine Habilitation in chemischer Verfahrenstechnik hat er neue laseroptische Diagnoseverfahren für hohe Drücke und hohe Temperaturen entwickelt. Dazu war er Gastforscher an der Technischen Hochschule in Lund/Schweden sowie an der technischen Universität Graz/Österreich und der Technischen Hochschule Darmstadt/Deutschland. Maximilian Lackner absolvierte auch ein Global Executive MBA Studium in Linz, Hongkong, Atlanta und Brüssel.

An der TU Wien ist Maximilian Lackner als Dozent sowie im Verein der Ingenieure (VDI) als Beirat tätig. Außerdem fungiert er als Gutachter für das US DOE (Department of Energy) und die EU.

2001 hat er ein Unternehmen (Lackner & Partner OEG) im Bereich Finanzinformationsdienste und 2002 ein Ingenieurbüro für technische Chemie (ProcessEng Engineering GmbH) gegründet.

2004 ging Maximilian Lackner in die chemische Industrie. Bei einem Kunststoffkonzern startete er als Prozessingenieur und wechselte als Gruppenleiter in die Forschung & Entwicklung. In dieser Rolle leitete er ein dezentrales Team in Österreich und Schweden und unterstützte Produktionsstandorte in Europa, Nord- und Südamerika. Anschließend wurde er Produktionsleiter und baute in weiterer Folge als Betriebsleiter einen neuen Standort in Shanghai/China für eine Jahresproduktion von 50.000 Tonnen mit 60 Mitarbeitern auf. Hierzu lebte er zwei Jahre lang als Expatriate im Land der Mitte. 2011 gründete Maximilian Lackner die Firma AMiSTec GmbH & Co. KG, die auf dem Prinzip des natürlichen Säureschutzmantels der Haut Lösungen für keimfreie Oberflächen v. a. in Kunststoffen anbietet. 2013 startete Maximilian Lackner mit Partnern das Unternehmen Vienna Water Monitoring GmbH, welches Messgeräte zur raschen und empfindlichen Detektion von

M. Lackner, *Talent-Management spezial*,
DOI 10.1007/978-3-658-03183-1, © Springer Fachmedien Wiesbaden 2014

E.Coli-Bakterien baut, um damit die Wassergüte messen und Prozesse wie beispielsweise in Wasseraufbereitungsanlagen steuern zu können.

Als Autor und Editor hat Maximilian Lackner u. a. folgende Bücher herausgebracht: Lasers in Chemistry (Wiley VCH, 2008), Handbook of Combustion (Wiley VCH, 2010), Handbook of Climate Change Mitigation (Springer, 2012), Angst vor Erfolg? (Springer, 2013) sowie das Lehrbuch *Combustion – From Basics to Applications* (Wiley VCH, 2013).

Stimmen zum Buch

„Wer als Hochbegabter erfolgreich führen will, wird in diesem Buch sehr viele hilfreiche Hin- weise für sich finden. Wer Hochbegabte zu führen hat, wird anhand dieses Buchs erkennen, wie er gewinnbringend deren Ressourcen einsetzen kann, statt sie zu unterdrücken. Dieses bahnbre- chende Managementbuch hilft, das Potenzial der Hochbegabten anzuerkennen statt sich davor zu fürchten. Endlich wird diese verkannte Randgruppe ins rechte Licht gerückt."

Stéphane Etrillard
Top Executive Coach und Bestseller-Autor, Düsseldorf
www.etrillard.com

„Fazit dieses Buchs ist: Hochbegabte sind anders - aber auch nicht. In seinem übersichtlichen Werk gibt Lackner wertvolle Tipps für Hochbegabte und ihre Vorgesetzten anhand praktischer Beispiele und beschreibt die wichtigsten Instrumente der Führungslehre in komprimierter Form. Mit der Fokussierung auf die wesentlichen Aspekte ist dieses Buch unverzichtbar für alle, in deren Arbeitsumfeld die Talentförderung als wichtiges Führungsziel erkannt wurde."

Una Hügli
Head of Corporate Project Management, Daniel Swarovski Corporation AG

„Mir kommt es vor, als hätte mir dieses Buch einen Spiegel vorgehalten".

Paul Maier
Musiker

„Hochbegabung stellt eine große Kraft zur Verfügung. Doch Kraft an sich ist nur Potenzial - nett aber wirkungslos. Große Kraft birgt außerdem neben dem Versprechen auf große Leistungen das Lauern von besonderen Schwierigkeiten. Viele fundierte Hinweise darauf, wie Sie die Schwierigkeiten umschiffen und Hochbegabung nützen um außergewöhnliche

M. Lackner, *Talent-Management spezial*,
DOI 10.1007/978-3-658-03183-1, © Springer Fachmedien Wiesbaden 2014

Leistungen für Ihre betrieblichen Herausforderungen generieren zu können, bietet dieses Buch. Ein gelungener Spagat zwischen Theorie und Praxis zur Vereinigung von Management und Hochbegabung."

Jörg Krenmayr
Führungskräftecoach, Intelligenzforscher, Autor, Wien

„Der Ratgeber für den richtigen Umgang mit Hochbegabung im beruflichen Umfeld!

Gerade im Bereich des Managements ist der Umgang mit Hochbegabung ein graues Feld. Maxi- milian Lackner zeigt eindrucksvoll Wege und Möglichkeiten, um hochbegabte Menschen in ihrem beruflichen Umfeld zu fördern und zu führen."

Jasmin Wollesen
Erfinderin, Gründerin von Inventrio, Berlin

„Maximilian Lackner gelingt es, mit vielen illustrierenden Beispielen einen außerordentlichen Einblick in die Welt der Hochbegabten zu geben. Gleichzeigt vermeidet er, den Begriff der Hochbegabung auf die reine Intelligenz einzuschränken. Ausführlich befasst er sich auch mit den Aspekten der Kreativität, der Motivation und der sozialen Kompetenz. Er geht auch spezi- ell auf die Situation von Hochbegabten in Unternehmen ein und gibt zahlreiche Hinweise für eine erfolgreiche Zusammenarbeit. Diese Anregungen lassen sich durchaus auch auf die Füh- rung aller Mitarbeiterinnen und Mitarbeiter übertragen, die als selbständig denkende Persön- lichkeiten motiviert werden sollen."

Prof. Dr. Wilhelm-A. Buckermann
Hochschule Esslingen, Chemiemanagement

„Heutzutage denken viele junge Menschen möglicherweise, sie sollten besser nicht durch Hochbegabung unnötig auffallen. Nicht zuletzt, weil ihre Vorgesetzten sich direkt bedroht füh- len könnten, aber auch, weil der potenziell anspruchsvolle und schwierige Mitarbeiter in die ‚Standard-Corporate- Schubladisierung' einfach nicht hineinpasst und nicht gefragt ist. Diese Haltung ist als Ausgangslage bedauernswert.

Ein guter Manager weiß die Stärken seines Teams einzusetzen und zu fördern und fürchtet sich nicht, seine eigenen Kompetenzen mit denen seines Teams zu ergänzen. Dieses Buch wird sehr hilfreich sein, in diesem Bereich feste Brücken zu schlagen."

Ian David Marsden
Illustrator & Cartoonist

„Mit diesem Buch über das spezielle Management spezieller Talente können Unternehmen zu größerem Erfolg kommen. Es macht Hochbegabte auf die Herausforderungen, die sie ganz selbstverständlich anderen stellen, aufmerksam und schärft bei ihnen die soziale Intelligenz, die Erfolg auch ausmacht. Die größte menschliche Herausforderung im Management von Hochbe- gabten bleibt aber die, als Vorgesetzter geistig unterlegen zu sein und trotzdem die richtigen Vorgaben machen zu können und zu müssen.

Allen drei Gruppen hilft dieses Buch, was auch seine imposante Länge erklärt, die jedoch nicht abschrecken darf.

Genießen Sie die Lektüre und ernten Sie den Erfolg."

Florian Laszlo
Geschäftsführer, Observer GmbH, Wien

„Talent-Management spezial beschreibt fundiert den Umgang mit außergewöhnlichen Begabungen im Arbeitsleben. Selten zuvor wurden die Besonderheiten hochbegabter Führungskräfte bzw. ebensolcher MitarbeiterInnen so wohltuend objektiv und lesefreundlich aufbereitet. Das Buch wirbt für gegenseitiges Verständnis beiderseits der „IQ 130-Grenze"".

Katja Higatzberger, Begabungsexpertin

„Speziell für Hochbegabte besteht der Übergang von der Ausbildung/dem Studium zu einem Arbeitsverhältnis in der Wirtschaft aus vielen Stolpersteinen.

Endlich liegt ein Buch vor, das viele dieser Stolpersteine überwinden hilft. Es geht eindrucksvoll auf die Belange der Hochbegabten in Unternehmen ein, ohne zugleich den weniger Intelligenten zu übersehen.

Unschätzbar sind die Vorteile, die die Beherzigung der Überlegungen des Autors für alle Beteiligten (Mitarbeiter, Chef, Hochbegabter, Normalbegabter) bringen: Kommunikationsprobleme sind vom Tisch. Dosierte Redundanz (aus der Perspektive des Hochbegabten) bei Besprechungen mit unterschiedlich intelligenten Personen sowie geschickte Feedbackmechanismen vermeiden Reibungsverluste. Außerdem verhilft das Buch Hochbegabten zu konstruktiver Ichstärke und das in Synergie zu unternehmerischen Idealen. Ich kann es wärmstens als Lektüre empfehlen. Auch eilige Hochbegabte können sehr gut profitieren. Dazu dienen die Zusammenfassungen und die einzelnen Abschnitte lassen sich weitgehend unabhängig von den anderen lesen".

Dr. Dr. Gert Mittring, Rechenweltmeister

„Ich bin selbst hochbegabt und dachte immer, dass mich nicht viel von normalen Menschen unterscheidet. Nach diesem Buch habe ich verstanden, dass ich doch ein wenig anders bin. Das hat mir sehr geholfen".

MMag. Andrea Ofner

„Lackner hat eine großartige Arbeit verfasst. Er verschafft diesem wichtigen Thema Aufmerksamkeit".

Dr. Noks Nauta, Betriebsärztin und organisatorische Psychologin

„In der Arbeitswelt gibt es eine Eigenschaft, die wichtiger ist als jede Qualifikation: Passung. Wer anders ist, bekommt den Druck von Kolleg/inn/en zu spüren und wird vor die Wahl gestellt: Anpassen oder Aussteigen.

Hochbegabung und Passung widersprechen sich. Hochbegabte verstehen nicht, was von ihnen verlangt wird. Wie auch? Die Normalwelt ist ihnen gänzlich femd. Jeder Versuch sich anzupassen, geht auf Kosten ihrer Kreativität und Hochleistung. Auf diese Weise geht Firmen weltweit wertvolle Arbeitskraft verloren.

Dies kann verhindert werden! Wie das geht, erfahren Sie bei Dr. Maximilian Lackner. Sein Ratgeber zeigt, was ein Management tun kann, um mit Hochbegabten effektiv zusammenzuarbeiten. Es ist ein Buch, von dem Führungskräfte, Selbstständige, Angestellte, Hochbegabte sowie Nicht-Hochbegabte profitieren.

Viel Erfolg!"

PD Dr. Katharina Fietze, Coach für Hochbegabte und Publizistin

„Seit dem Hollywood-Drama Good Will Hunting wimmelt es im Kino von unentdeckten Hochbegabten. Zuerst werden sie meistens unterschätzt und ignoriert: Bevor das Mathegenie Will, gespielt von Matt Damon, sein Talent endlich nutzt, anstatt tagtäglich das beim Putzen verdiente Geld in Kneipen zu versaufen, muss Robin Williams als Professor viel Überzeugungsarbeit leisten. Was Manager mit Hochbegabten in ihrem Team machen müssen, geht in die gleiche Richtung: Die komplizierten Superhirne sind alles andere als leicht zu handhaben – aber wer ein Ausnahmetalent motivieren kann, wird wissen, dass es sich lohnt. Der Autor wirbt bei beiden Seiten um Verständnis. Sein Buch ist nicht nur ein Ratgeber für normal Begabte, die mit Supertalenten arbeiten, sondern auch für den umgekehrten Fall. Es hilft dabei, mehr aus sich bzw. aus den umworbenen Spitzenkräften herauszuholen und besser mit dem jeweiligen Gegenüber zurechtzukommen. Eine … anregende Lektüre. getAbstract empfiehlt sie allen, die mit Hochbegabten zu tun haben oder selbst zu ihnen gehören".

Rolf Dobelli, Schweizer Schriftsteller und Unternehmer

Sachverzeichnis

M. Lackner, *Talent-Management spezial*,
DOI 10.1007/978-3-658-03183-1, © Springer Fachmedien Wiesbaden 2014

FSC
www.fsc.org
MIX
Papier aus verantwortungsvollen Quellen
Paper from responsible sources
FSC® C141904

Druck:
Customized Business Services GmbH
im Auftrag der
KNV Zeitfracht GmbH
Ein Unternehmen der Zeitfracht - Gruppe
Ferdinand-Jühlke-Str. 7
99095 Erfurt